高等政法院校规划教材

律师公证制度与实务

LÜSHI GONGZHENG ZHIDU YU SHIWU

（第二版）

司法部法学教材编辑部　审定

主　编　陈　宜　王进喜
副主编　徐新跃　司　莉
撰稿人（以撰写章节先后为序）
　　　　陈　宜　司　莉　王进喜
　　　　周院生　胡占山　张晓维
　　　　许身健　王才亮　刘红宇
　　　　庞正中　徐新跃

 中国政法大学出版社

2014·北京

图书在版编目（ＣＩＰ）数据

律师公证制度与实务/陈宜，王进喜主编. —2版. —北京：中国政法大学出版社，2014.9

　　ISBN 978-7-5620-4911-1

　　Ⅰ.①律…　Ⅱ.①陈…②王…　Ⅲ.　①律师制度—中国②公证制度—中国　Ⅳ.　①D926.5②D926.6

　　中国版本图书馆CIP数据核字(2013)第173244号

出 版 者　　中国政法大学出版社

地　　址　　北京市海淀区西土城路 25 号

邮　　箱　　fadapress@163.com

网　　址　　http://www.cuplpress.com (网络实名：中国政法大学出版社)

电　　话　　010-58908435(第一编辑部) 58908334(邮购部)

承　　印　　保定市中画美凯印刷有限公司

开　　本　　720mm×960mm　1/16

印　　张　　26.75

字　　数　　550 千字

版　　次　　2014 年 9 月第 2 版

印　　次　　2020 年 7 月第 4 次印刷

印　　数　　20101～25100

定　　价　　43.00 元

陈　宜　中国政法大学副教授，硕士生导师。曾为律师法修改专家起草小组成员，是教育部部级课题《律师流动问题研究》、司法部部级课题《律师收费制度研究》、横向课题《律师事务所管理评估体系》第二主持人。主编《律师职业行为规则概论》、《律师职业行为规则论》等多部教材和论著。在《法制日报》、《现代法学》、《中国律师》、《中国司法》、《行政法学研究》、《政法论坛》等学术刊物上发表学术论文数十篇。

王进喜　中国政法大学教授，博士生导师，中国政法大学律师学研究中心主任，中国政法大学证据科学研究院副院长，美国西北大学法学院2002～2003年富布莱特项目研修学者，司法部律师法修改专家咨询委员会专家，教育部部级课题《律师流动问题研究》、司法部部级课题《律师收费制度研究》、横向课题《律师事务所管理评估体系》第一主持人。代表作：《美国律师职业行为规则理论与实践》、《刑事证人证言论》、《律师职业行为规则概论》、《美国律师协会职业行为示范规则（2004）》、《律师的流动：合伙人退伙和律师事务所解散的法律和道德问题》（译著）等，在《政法论坛》、《诉讼法学研究》、《中国司法》等刊物发表论文近百篇。

徐新跃　西南政法大学副教授，硕士生导师，具有二十多年律师执业经历，主要从事公证律师制度、刑法学的教学研究，曾多次主编或参编《公证与律师制度》、《律师制度与实务》、《刑法学》等教材，发表过若干专业论文。

司　莉　河南财经政法大学教授，河南省律师学研究会副会长，兼职律师，并任全国律师协会教育委员会和宣传委员会委员，河南省律师协会纪律委员会委员，河南省律师协会行政法律事务委员会会员，郑州市政府法律顾问专家组成员。著有《律师职业属性论》，主编或参编《法律职业道德》、《法律论辩》等7部教材，主持过河南省哲学社会科学规划课题《法律职业伦理内化实施机制研究》等3项省级项目和7项厅级项目，在《法律适用》、《法制日报》等发表论文三十余篇。

第二版说明

　　改革开放以来，随着经济的发展和社会的进步，我国社会主义民主法治建设取得了显著成就。我国律师、公证事业迅速发展，在国家和社会生活中发挥着越来越重要的作用。律师公证工作的法律法规不断完善，律师公证员队伍不断壮大（目前，全国已有执业律师 23 万余人），律师业务领域不断拓展，为促进经济社会发展、推动民主法治建设、维护社会和谐稳定作出了积极贡献。与此同时，中外律师界的交流与合作也不断发展，中国律师逐步走向国际舞台参与国际法律服务。中外律师界的交流与合作在推动和谐世界建设中已经并正在发挥着积极作用。

　　我国律师业、公证业在近几年间取得了长足的发展，公职律师、公司律师的试点，社区法律服务工作的推进，律师服务的拓展和规范，合伙律师事务所的规范等举措在实践中取得了明显的效果。2007 年 10 月 28 日第十届全国人民代表大会常务委员会第三十次会议对《律师法》进行了第一次修订，此后，司法部颁布、修订了《律师事务所管理办法》、《律师执业管理办法》、《律师和律师事务所执业证书管理办法》、《律师事务所名称管理办法》、《律师和律师事务所违法行为处罚办法》、《律师事务所年度检查考核办法》等一系列规范性文件，2010 年全国律协颁布了《律师执业年度考核规则》，2011 修订了《律师执业行为规范》，2012 年 10 月 26 日第十一届全国人民代表大会常务委员会第二十九次会议对《律师法》进行了第二次修订。在此期间我们的教育部课题《律师流动问题研究》和司法部课题《律师收费问题研究》课题结项，《新律师法实施中律师执业组织形式问题研究》课题也即将结项，我们还参与了北京律师协会《北京律师行业发展报告》的编写以及《律师事务所评价体系》、《中小律师事务所现状与对策》的研究，我们研究的内容如律师事务所管理规则、律师信托账户管理、律师权利保护、律师事务所组织形式、律师职业责任、北京律师协会市区（县）两级管理架构的探索、公职律师的理论与实践等，都取得了相应的成果。律师公证制度教学也在不断地梳理和完善相应的内容。

本书在上述研究成果和最新国内外资料收集的基础上，对律师、公证制度进行了全面、系统的阐述，注重理论与实践的结合，理论性和实践指导意义兼备。本书有利于开阔研究律师、公证制度的视野，加深人们对律师、公证制度的认识，促进我国律师、公证制度的完善。本书主要编写人员为讲授《律师学》、《公证学》课程的骨干教师，他们工作在教学一线，在教学的过程中，一直致力于教学改革及课程建设，并有相关教学研究论文发表。为了使本书的修订及时反映、跟进律师公证制度完善的新举措及律师、公证实践中出现的新问题，我们特邀请了在司法部律师公证指导司长期担任管理工作、起草律师法和律师管理文件的周院生副司长、胡占山处长来撰写律师管理、律师收费制度的内容，邀请中华全国律师协会发展战略委员会委员、行政法委员会执行委员王才亮律师撰写行政诉讼中的律师代理、律师担任法律顾问的内容，邀请"全国优秀律师"张晓维律师、北京市律师协会商业银行法律事务专业委员会主任刘红宇律师、全国律协知识产权专业委员会主任庞正中律师共同撰写了非诉讼业务的内容。

鉴于本书出版后律师法、刑事诉讼法、民事诉讼法及规范性文件、全国律师协会规章的修订和发布，编写人员特对本书进行了修订，以使本书的内容能与时俱进，使新的研究成果得以体现。

全书共两编二十八章，由作者按照分工撰写，最后由主编统改定稿。由于我们的水平有限，所存在的不足之处敬请读者批评指正，以便再版时予以修订。

本书的撰写分工如下（以撰写章节先后为序）：

陈 宜：第一、四、五、十章；

司 莉：第二、八章；

王进喜：第三章；

周院生：第六章；

胡占山：第七章；

张晓维：第九章、第十四章第一至四节；

许身健：第十一章；

王才亮：第十二、十三章；

刘红宇：第十四章第五节；

庞正中：第十四章第六节；

徐新跃：第十五至二十八章。

此外，硕士研究生王敏重、赵相妃、栗红、孙芳芳参与了某些章节的资料收集与整理，本科生和丽琦对初稿进行了校对，在此表示感谢。最后，衷心希望通过学者和律师们的共同努力，我们这本教材的修订在全面系统地介绍我国律师公证制度的同时，能够固化理论研究成果，注重理论与实践的结合，培养法学学生职业精神及其基本职业技能。

陈　宜
2014 年 6 月 27 日于北京昌平军都山下

目　录

律　师　编

律 师 编

第一章 律师制度的产生和发展

■ 学习目的和要求

通过本章的教学让学生了解律师制度产生和发展的历史，系统地总结历史上多种类型律师制度的有益经验，并加以批判地借鉴、利用和吸收，以利于我国律师制度的建设。通过了解律师制度的产生和发展，让学生探究律师和律师制度的最初形态、律师制度得以产生的一系列客观条件和因素以及这些条件和因素在律师制度的演变过程中所起的作用，研究律师制度发展的规律。

■ 重点及难点

律师制度产生的社会原因。

律师制度是司法制度的一个重要组成部分，但是律师制度作为一种法律现象不是随着国家与法的出现而出现的，而是法律发展到一定阶段的产物。律师制度的产生与发展经历了一个漫长的过程。通过了解律师制度的产生和发展，我们可以探究律师和律师制度的最初形态，律师制度得以产生的一系列客观条件和因素以及这些条件和因素在律师制度的演变过程中所起的作用，研究律师制度发展的规律。正如列宁所说："最可靠、最必需、最重要的就是不要忘记基本的历史联系，考察每个问题都要看某种现象在历史上怎样产生，在发展中经过了哪些主要阶段，并根据它的这种发展去考察这一事物现在是怎样的。"学习律师制度产生和发展的历史，目的在于系统地总结历史上多种类型律师制度的有益经验，并加以批判地借鉴、利用和吸收，以利于我国律师制度的建设。

第一节　西方律师制度的产生和发展

一、西方国家律师制度的萌芽

据史料记载，早在公元前 5 世纪至公元前 4 世纪，古希腊雅典已出现"雄辩家"的活动。当时古希腊雅典的诉讼分为侦查与庭审两个阶段，在庭审阶段，允许双方当事人发言进行辩论，也允许当事人委托他人撰写发言稿，并允许被委托人在法庭上宣读，法官听取辩论，并检验双方提出的证据，作出裁决。由于法官的裁决取决于双方当事人的辩论结果，善辩对法官的影响是显而易见的，当事人觉察到法官易受善辩的影响，于是不惜花钱雇佣精通法律而又口齿伶俐的人来为自己在法庭上辩论。这种受委托在法庭上为他人辩论的人被称为"雄辩家"，有点类似于现在的诉讼代理人。由于他们的活动并没有形成一种职业，诉讼代理人也没有形成一个阶层，因此，只应看做是律师制度的萌芽。

二、西方国家律师制度的雏形

（一）律师制度的雏形最早出现在罗马奴隶制时期

罗马律师制度被认为是世界各国律师制度的初级形式。罗马古代并没有律师和律师制度，但其所谓"保护人"制度，与后世的诉讼代理制度相近，后来发展为律师制度。

1. 古罗马的"保护人"制度。是指保护人（Patronus）代表被保护人进行诉讼行为，也就是由被告人的亲戚朋友陪同被告人出席法庭，在法庭审理时为被告提供具体意见和帮助。当然，能够作为保护人的只是少数地位显赫的公民，而且这种诉讼代理人的选任，必须在法庭上为之，选任时还得用一定的术语，相对人也须到场，被选任的人可以不到场，事后承认即可，代理人都以自己的名义出庭应诉。

2. 古罗马的辩护士。公元前 3 世纪，僧侣贵族对法律事项的垄断被取消以后，只要权利能力不受法律限制的罗马公民，都享有出席法庭为诉讼当事人利益进行辩护的资格，诉讼代理制度渐次扩大了适用范围，一些善于辞令的人就经常代人出庭辩护和代人办案，被称为辩护士（Advocatus）。在著名的古罗马法律文献《十二铜表法》中也有关于辩护士活动的记载。

3. 罗马律师制度的产生。在共和国后半期，罗马国经济生活迅速发展，各种社会矛盾也日趋尖锐，古代的法律规范已难以适应新的形势，统治阶级为了维护其统治秩序，缓和社会矛盾，制定和颁布了大量的法律、法规。但由于社会经济生活日益复杂化，法律又尚未完备，统治阶级不得不借助法学家的研究活动和他们的著述，以弥补法律上的某些不足，因而法学家的活动十分活跃，他们不仅从事法学研究、著书立说，而且负责解释、答复法律上的疑难问题，编撰合法证书，指导当事人诉讼。逐渐地，法学家作为法律顾问、律师和法学研究人员三位一体的崇高社会地位得以确立。罗马皇帝又进一步以诏令的形式承认了诉讼代理制度，律师可为平民咨询法律事项提供服务，法律也允许他人委托和聘请律师从事诉讼代理活动，而且国家还通过考试制度来遴选具有法律知识的善辩之人担任诉讼代理人，规定他们代理诉讼可以获得相当的报酬，职业律师阶层得以形成，律师制度得以确立。

（二）罗马律师制度的特点

1. 实行"二元制"的律师制度。罗马统治者出于各种考虑，将全国划分为若干个司法管辖区，每一个司法管辖区内都有一定限额的从业律师从事律师业务活动，且不得超过此限额。此外还存在候补律师，候补律师不能从事律师业务活动，只有当从业律师的名额空缺时才予以递补。从业律师具有很高的社会地位。

2. 取得律师资格的条件相当严格。罗马时期，公民要成为律师须具备以下条件：①必须具有完全的行为能力。依据罗马法规定，行为能力以权利能力为前提，只有同时具备自由权、市民权、家属权才能在政治、经济和家庭等方面享有完全的能力。三种身份权中有一个消失或发生变化，即所谓"人格减等"，就不能享有完全的权利能力。如此规定就排除了未成年人、精神病人、奴隶以及异邦人。因此真正有资格当选的是同时具有三种身份权的罗马公民。②必须是男性公民。③必须具备相当的法律知识。古罗马的法学教育程度很高，在历史上首创了5年制法律教育的典型，与此同时，是否受过专门的高等法律教育，便成为国家任免司法官吏及律师的先决条件。罗马帝国后期至查士丁尼安时代的法律规定：申请律师职业的人，必须受过5年的法律教育。所以，罗马时期的律师基本上是法学家或长期从事法律教育和研究的人。

公民取得律师资格后，需参加律师团体，接受执政官的领导和监督。

3. 律师业务范围较为广泛。罗马律师的业务范围包括参与诉讼，担任代理人和辩护人；代公民起草和书写合同、诉讼及其他法律文书；解答司法、行政官员和公民提出的各种法律问题；指导辩护人进行法庭辩论。此外，还研究法律、著书立说、从事法学教育工作。

4. 律师的社会地位较高。罗马律师一般都具有渊博的知识和雄辩的口才，备受社会的尊重和推崇。政界的权威人士多出自律师。

（三）律师制度产生的条件

任何社会现象的产生都有着深刻的阶级根源和经济根源。作为一种法律现象的律师制度的产生也不例外。律师制度起源于罗马奴隶制国家也正是由于当时的罗马存在一系列使律师制度产生的政治、经济及法律条件。

1. 律师的活动有利于维护统治阶级的统治秩序。罗马奴隶制时期，原始商品经济已相当发达，这种经济关系愈发达，它反映在法律上的财产关系便愈复杂。同时，随着商业的发展和罗马征服地区的扩大，罗马公民与异邦人以及被征服地区广大居民间关于适用法律的矛盾也越来越突出，古代的法律规范已无法调整社会中层出不穷的各种法律关系。为此，统治阶级颁布了大量法律、法规、规定，以求适应罗马奴隶制经济的发展和统治阶级利益的要求。然而，不管罗马私法在当时怎样完备，但始终无法将层出不穷的各种法律关系概括无遗，这就需要通过司法活动来弥补法律的不足，而当时的法学家们研究法律、著书立说、参与诉讼、编撰法律文书、解答法律问题的一系列活动，正好起到了这一作用，有利于统治阶级的统治秩序。因此，律师的活动为统治阶级所认可，并受到重视，诉讼代理制度也被皇帝以诏令的形式加以确认。

2. 律师的活动迎合了奴隶主阶级参与市场贸易的需要。奴隶主阶级作为市场贸易的积极参与者，不可能通晓所有调整财产关系和人身非财产关系的法律规范，他们为了进行经济交往，及时解决经济等各种纠纷，就需要通晓法律的人士的帮助，职业律师的出现正迎合了奴隶主阶级的需要。

3. 辩论式的诉讼结构使职业律师的出现有了可能。罗马的刑事、民事案件大都实行公开审理，与公开审理相应，案件审理采取法庭辩论的原则，被控诉人享有与控诉人相同的权利，双方诉讼地位平等，在法庭上可以充分陈述自己的意见，提出证人证据，反驳对方的诉讼请求，而且可以委托他人代理诉讼，向法庭表述意见，法官本身不调查取证，只根据双方辩论的结果作出裁判。一方面，在辩论式的诉讼结构下，当事人被允许委托他人代理诉讼，从而使律师的出现成为可能；另一方面，由于诉讼的结果取决于双方的辩论，通晓法律的人士善辩的口才总是给法官的裁决造成影响，这也促使当事人愿意花钱请律师代理诉讼。

由于一系列因素和条件的存在，加之罗马法学家有担任法律顾问指导办案的传统，所以罗马律师制度的产生是一种历史的必然。

三、西欧封建制时期的律师制度

（一）西欧封建制时期律师制度的衰落

公元5世纪，日尔曼人侵入西罗马，西罗马帝国灭亡，欧洲大陆从此进入封建社会。自给自足的自然经济取代商品经济占据了主导地位。在诉讼制度上，废除了辩论式的诉讼形式，以与封建政治统治相适应的纠问式的诉讼形式取而代之，在审理中，广泛地采用刑讯逼供，强迫被告人作出有罪的供认，并不准其抗辩，诉讼当事人完全是被审讯、拷问的对象，毫无诉讼权利可言。法官主动询问当事人和证人，以查清事实，为判决提供根据。律师制度几乎失去了赖以生存的社会条件，走向衰落。恩格斯曾经说过，西欧中世纪"从没落了的古代世界承受下来的唯一事物就是基督教和一些残破不全而且失掉文明的城市"。"政治和法律都掌握在僧侣手中，也和其他一切科学一样，成了神学的分支，一切按照神学中通行的原则来处理。"宗教的权势很大，在诉讼中起着很大作用，律师制度也不能不打上这一历史的烙印。在法国，12世纪以前，有资格担任律师的是僧侣阶层，他们主要在宗教法院执行职务，世俗法院的诉讼中，虽然也允许当事人请律师辩护，但只有僧侣阶层的人才能充当辩护人和代理人的角色。这些僧侣参加诉讼的目的，不是为了维护当事人的利益，而是向当事人灌输宗教思想，让刑事被告人认罪服刑。在英国，13世纪以前，任何公民只要在诉讼当事人申请到专门的"国王许可证"，并到法庭上证明其有代理权时，都可以作为代理人参加诉讼。在教会法逐渐渗入世俗法院后，诉讼代理权转到了僧侣手中，法律规定不是僧侣不得被委托为诉讼代理人。

（二）西欧封建制律师制度的复兴

13世纪末，法国腓力四世因向教会领地征收土地税，和教皇卜尼法八世发生冲突，结果教会权力被大大削弱，僧侣被禁止在世俗法院执行律师职务，代之以受过封建法律教育、经封建统治者严格挑选、受国会严密监督的律师。这些律师站在国王一边，尽力帮助国王维护国家的集权和统一，受到王权的保护。12世纪，英国亨利二世进行了司法、军事方面的改革以及限制教会权力的斗争，大大加强了王权，僧侣被禁止在世俗法院执行律师职务。13世纪中叶，由于国内外对羊毛的需求，刺激了牧羊业和羊毛加工业的发展，羊毛的生产、加工、贸易十分活跃，商品经济逐步成为社会经济的主要成分。在政治上，1265年国会正式成立，并且权力日益扩大，从监督财政支出开始逐渐取得有限的立法权，立法的范围涉及民法、刑法和诉讼制度等广泛领域。与此相适应，社会上出现了学习、研究法律的职业阶层。英国的诉讼结构主要是辩论式，诉讼当事人地位平等，并享有一定的诉讼权利，这一系列政治、经济、法律条件的出现，使英国的律师制度兴旺起来。加之英国的法庭审理中采用直接言词原则，当事人必须以言词的方式在法庭上陈述，并且不得更改，而其代理人在法庭上的陈述则可以更改，这也促使当事人倾向于委托诉讼代理人。公元11世纪，欧洲大陆开始了"复兴罗马法"的热潮，对罗马法的重新研究也随诺曼底人对大不列颠的征服传到英国，古罗马的律师制度对英国律师制度的建立也产生了影响。14世纪初，英国成立了四大法学院和其他一些较小的法学院，专门负责培训律师，律师的活动范围也日益广泛。16世纪，英国律师开始划分为大律师和小律师，形成了英国律师的等级制度，这一特点一直延续至今。

（三）资本主义律师制度的产生

封建社会末期，一些资产阶级启蒙家和思想家如洛克、里尔本、孟德斯鸠等无情地抨击了封建社会的政治制度和法律制度，提出"天赋人权"、"主权在民"、"平等、自由、博爱"等新思想，法国著名思想家伏尔泰提出了在审判中广泛实行辩护的主张；17世纪，英国小资产阶级政党平均主义派在其《人民约法》宣言中提出了"被告有亲身辩护或者请人辩护的权利"。意大利法学家贝卡利亚在《论犯罪与刑罚》中，强烈反对纠问式诉讼，认为应该给被告人以辩护权。英国的洛克、法国的狄德罗、孟德斯鸠等思想家也都提出：在诉讼中必须用辩论式代替纠问式。当事人（尤其是被告人）有权为自己辩护，有权请律师或其他公民为自己辩护。资产阶级革命成功后，资本主义各国都用宪法和法律肯定了律师制度。1679年《英国人身保护法》首次明文确立了诉讼中的辩论原则，承认被告有权获得辩护；1791年《美国宪法修正案》第6条规定：被告人在一切刑事诉讼中享有法庭律师为其辩护的协助。同年颁布的法国宪法也规定了在整个刑事诉讼中"不得禁止被告人接受辩护人的帮助"，1808年法国的刑事诉讼法典又将律师制度系统化。由于资本主义社会具备适合律师制度发展的政治、经济、法律条件，所以律师制度一经法律确定，便得到空前的发展，律师在社会生活中的作用越来越重要，活动范围越来越广泛。

第二节　旧中国律师制度的产生和发展

封建制的古代中国，实行集权统治，自给自足的自然经济占统治地位，诉讼结构实行的是纠问式的诉讼形式。被告人是被刑讯拷打的对象，有时对原告甚至证人也进行刑讯，当事人根本无诉讼权利可言，更谈不上委托他人代为行使权利。由于缺乏律师制度产生的基础，中国古代虽然存在一些类似现代代理和辩护现象，但始终没有产生现代意义的律师及律师制度。直到清末，我国才从西方引进了律师制度。

一、中国古代律师现象探源

（一）中国古代代理诉讼现象

《周礼·秋官》记载："凡命夫命妇，不躬坐狱讼。"《周礼疏》又解释说："古者取囚要辞皆对坐，治狱之吏皆有威严，恐狱吏亵，故不使命夫命妇亲坐。若取辞之时，不得不坐，当使其属或了弟代坐也。"也就是说，为了使奴隶主贵族不致在狱吏面前受辱，大夫以上的贵族涉及诉讼，必要时可以派下属或子弟代替出庭。据史料记载，公元前 7 世纪春秋时期，在元咺指控卫侯杀死叔武一案的审判中，卫侯因不便与其臣下元咺同堂辩论，就委派宁武子为证人，针庄子为坐，士荣为大士代表其出庭。台湾学者杨鸿烈在《中国法律发达史》中认为："士荣系充律师也。"公元前 563 年，楚王叔陈生和伯舆争讼，王叔派其家宰，伯舆派其大夫坐狱于庭，双方各自代表自己的主子进行了激烈的争辩。以上案例说明我国古代已有诉讼代理现象存在。史料还记载，春秋战国时期郑国大夫邓析能言善辩，素好刑名。《淮南子》说他是个"巧辩"之人。刘歆的《邓析子·序》称他可以"操两可之说，设无穷之词"，并且"持之有故，言之成理"（《荀子·非十二子》）。邓析在诉讼中，不以周礼为准，《吕氏春秋》说他是"以非为是，以是为非，是非无度，可与不可日变，所欲胜因胜，所欲罪因罪"。邓析不仅助人诉讼，而且教人诉讼。《吕氏春秋·离谓》记载：邓析"与民有讼者约，大狱一衣，小狱襦袴，民之献衣襦袴而学讼者，不可胜数"。由于邓析的法律思想及助人诉讼、传播诉讼法律知识的活动危害了奴隶主贵族的统治，其思想及活动受到禁锢，最后惨遭奴隶主贵族的杀害。邓析的活动也很有些类似律师代理、辩护的色彩。自元代开始，如诉讼当事人为老弱病残者，除了某些重大案件和涉及告者本身利益的案件以外，可令家人亲属代理诉讼。明会典也有类似规定，同时还规定"诬告者，罪坐代告之人"。中国古代的诉讼代理现象，就代理目的及代理人的身份而言与现代的诉讼代理都大相径庭。前者主要是为维护贵族特权而设立，后者的诉讼代理并不具有普遍意义。

（二）古代讼师的代书活动

中国古代有关诉讼的法律制度较为完备。法律对案件的起诉、受理等都有明确的规定，若不符合规定，则要受到处罚。如违反亲亲相容隐原则、奴婢为主隐原则，仍行控告的，告者要被处罚；对控告不实的，控告者要受处罚；越级诉讼的，越诉者要受处罚；告状不合要求的，告者也要受处罚。而在当时的政治、经济、文化条件下，一般人对打官司的知识可说是一窍不通，一旦涉讼不得不求助于他人，于是，一些求官不得、入幕无门的失意仕子便以识文断字的本领代人书写诉状，同时也兼做其他文字抄写工作，以维持生计，被称为讼师。明清两代代写诉状的讼师已普遍存在，甚至在社会中还出现了传授"代写词状"的"专著"，如明代的《做状十段锦》就是讲述写状子的要领。但由于这些人的活动没有法律依据，也没有法律来规范和约束，不少讼师敲诈勒索、坑骗当事人，深为百姓痛恶，也为统治阶级所不容，早在《唐律》中对"代作词状"的活动就有明确的限制性规定。《唐律》规定："诸为人作词牒，加增其状，不如所告者，笞五十；若加增罪重，减诬告一等。"明律还规定："凡教唆词讼及为人作词状，增减情罪诬告人者与人同罪，若受人雇诬告人者与自诬告同，受财者计赃以枉法从重论。其见人愚而不能申冤教令得实，及为人书写词状而无增减者，勿论。"直至清朝灭亡，千百年来，讼师始终没有合法地位。

二、清末从西方引进律师制度

1840 年鸦片战争后，外国侵略者凭借不平等条约攫取了领事裁判权，设立了会审公廨，外国律师也开始在中国出现，近代史上著名的"苏报案"便是在辩护律师的参与下，使清廷引渡章炳麟、邹容的企图未能得逞。外国律师先在"租界"的法庭执行职务，后来也在中国法院担任辩护人或代理人，他们不仅担任外国当事人的代理人，一些中国人在与外国人发生诉讼时也寄希望于洋律师的帮助，请他们作代理人。修订法律大臣沈家本目睹这一现象，上书光绪皇帝指出：华人讼案借助外人辩护，"已觉扦格不通"，如果遇到与外国人打官司的"交涉事件"，请外国律师为自己"申诉"，外国律师绝没有帮助华人打官司而限制其本国人的，如此下去，"后患何堪设想"。因此，提出了建立中国律师制度的设想。1910 年完成起草的《大清刑事民事诉讼法》仿效西方的律师制度，规定了律师资格、申请手续、照章宣誓、原被告律师的职责、对律师的惩罚、关于外国律师出庭办案等内容，但这一法律草案未来得及批准颁行，清政府即被推翻。

三、旧中国律师制度的发展

（一）南京临时政府时期的律师制度

武昌起义胜利后，孙中山领导的南京临时政府，进行了大量的立法工作和司法改革，准备仿效资本主义国家采用律师制度，并且起草了律师法草案，后因袁世凯窃取了革命果实，解散了临时政府，而未能公布。这一时期，苏杭地区率先建立辩护士会，接着上海地区也组织起中华民国律师总工会。苏沪地区的律师组织、律师纷纷到都督府领凭注册，出庭办案。

（二）北洋军阀政府时期的律师制度

北洋军阀政府在继承清末法统的同时，又颁布了大量新的法规，在律师制度方面有：《律师暂行章程》、《律师登录暂行章程》、《律师惩戒会暂行规则》、《律师甄别章程》。1912 年公布施行的《律师暂行章程》，标志着中国律师制度的开始。该《暂行章程》共 8 章 38 条，规定有：律师资格、律师证书、律师名簿、律师职务、律师义务、律师公会、律师惩戒等。其特点是：①律师必须是男性；②律师年龄限制在 20 岁以上；③律师履行职务无区域限制。该《暂行章程》规定律师有如下守则：不得兼任公职、不得经商、对于法院指定的出庭不得任意推辞、不得收买当事人间所争的权利、对于先前曾参与的事件不得执行其职务等；对违反律师章程规定的惩戒有：训诫、500 元以下罚款、2 年以下停职、除名；对律师的惩戒采取诉讼形式，地方检察长根据律师公会会长的申请或职权呈请其上属高等检察长，由高等检察长向高等审判厅提起惩戒之诉。北洋政府时期全国约有律师 3000 名。该《暂行章程》颁布后又作了数次修改。

（三）国民党政府的律师制度

国民党南京政府建立后，在沿用北洋政府法律制度的同时，不断提出新的修正意见，颁布新的法规。在律师制度方面，以《律师章程》取代北洋政府时期的《律师暂行章程》，还颁布了《律师法》、《律师法施行细则》、《律师检核办法》、《律师惩戒规则》等新的法规。1927 年公布施行的《律师章程》较《律师暂行章程》有较大的变化：①允许女子担任律师；②增加律师公会就法律修改向司法部长提出建议之权；③提高律师年龄至 21 岁以上；④增设高等法院接受律师惩戒诉讼和律师惩戒委员会及司法部长复审的规定。1919 年 5 月，在上海律师公会倡议下，经南京国民政府司法行政部核准，在南京召开了"中华民国律师协会"成立大会，产生了中国第一个全国性的律师组织。1949 年 3 月，南京国民政府开始筹组"中华民国律师公会全国联合会"，同年 9 月 9 日在南京召开了首届代表大会，通过了该会章程，选举了理事、监事会。国民党时期，律师主要集中于城市。1935 年全国有律师 10 249 人。

旧中国的律师由个人经营，大多数是大地主、官僚、买办资产阶级的代理人，但也不乏像沈钧儒、史良、施洋这样追求民主、为民撑腰的进步律师。

第三节　新中国律师制度的产生和发展

新中国的律师制度是在砸碎旧的律师制度的基础上建立起来的，而新民主主义革命时期颁布的一些条例，确立的辩护原则以及苏联社会主义国家的律师制度，都为新中国律师制度的建立提供了有益的经验。

新中国建立以后，我国彻底废除了旧的司法制度，同时通过颁布法律建立了新的司法制度。1950 年 7 月颁布的《人民法庭组织通则》和 1954 年宪法以法律的形式确立了辩护制度。然而，要使被告人的辩护权利得以实现，还需要一系列制度的保障，律师辩护制度则是实现被告人辩护权的重要保障。因此，在废除旧律师制度的同时，国家着手创建人民律师制度。1950 年夏，司法部草拟了《京、津、沪三市辩护人制度试行办法（草案）》准备提交第一届全国司法会议讨论。在同年七八月间召开的第一届全国司法会议上，司法部长史良作了《关于目前司法行政工作报告》，明确提出了建立新律师制度的问题，并要求各地有条件的予以试办。1950 年 12 月，司法部针对当时仍然存在的旧律师与讼棍的活动，发出了《关于取缔黑律师及讼棍事件的通报》。一些大城市开始试创新律师制度，上海市人民法院专门建立了"公设辩护人"室，重点帮助一些刑事被告人进行辩护，摸索建立律师制度的经验。1954 年 7 月，司法部发出《关于试验法院组织制度中几个问题的通知》，决定在北京、上海、天津、重庆、沈阳等大城市试行开展律师工作。随后，又有一些省、市、县成立法律顾问处，建立了律师组织。从 1955 年起，经国务院批准，开始在全国推行律师工作。1956 年 3 月，司法部召开了第一次全国律师工作座谈会，讨论了《律师章程》和《律师收费暂行办法》两个草案。同月司法部公证律师司转发了上海市、沈阳市法律顾问处工作细则。1956 年 5 月，国务院全体会议通过了司法部关于建立律师工作的请示报告，对律师的性质、组织、任务及条件等问题作了一系列规定。1956 年 7 月，《律师收费暂行办法》颁布。1957 年上半年《律师暂行条例（草案）》脱稿，该草案是在前一年《律师章程（草案）》的基础上拟定的，分 4 章，共 22 条，第 1 章规定了律师的任务；第 2 章规定了律师和实习律师的资格，兼任律师的条件和不能担任律师的限制；第 3、4 章规定了法律顾问处的组织机构、职权和律师进行活动时应遵守的纪律和应负的责任。六七月间司法部通过座谈等方式，广泛征求了各地法学家、律师和司法工作者的意见，在第二次全国律师工作座谈会上，讨论并批准了《律师暂行条例（草案）》，呈请国务院批准颁布。9 月，董必武同志在党的第八次全国代表大会上的发言指出："律师制度是审判工作中保护当事人诉讼权利不可缺少的，律师制度……应该逐步建立起来。"截至 1957 年 6 月，全国已有法律顾问处 817 个，专职律师和兼职律师分别发展为 2528 名和 350 名，30 万人口以上的城市和中级人民法院所在地的县一般都设有法律顾问处，同时，全国已有 14 个省、市、自治区开始筹建律师协会。

1957 年下半年，由于极左思潮的影响，反右斗争扩大化，一批律师被打成"右派"，被下放、劳动改造，甚至判刑，律师队伍受到严重摧残。律师执行职务被说成是"丧失立场"、"为罪犯开脱"，律师制度被宣布为资产阶级的东西，被彻底否定，律师机构相继瓦解，《律师暂行条例（草案）》也被打入冷宫，新中国的律师制度被扼杀在摇篮里。

"文化大革命"结束后，党中央提出了健全社会主义法制的重大任务。1979 年党中央决定恢复和健全律师制度，全国各地陆续开始重建律师队伍，全国人大也加快了《律师暂行条例》的起草工作，经过广泛的讨论，1980 年 8 月 26 日第五届全国人民代表大会常务委员会第十五次会议通过了《中华人民共和国律师暂行条例》，《律师暂行条例》共 4 章 21 条，规定了我国律师的性质、律师的任务和权利、主要业务、律师资格、律师的工作机构及组织原则、律师协会等。《律师暂行条例》规定，律师是国家的法律工作者，法律顾问处（后来改称律师事务所）受国家司法行政机关的组织领导和业务监督。律师协会的职责是"维护律师的合法权益，交流工作经验，促进律师工作的开展，增进国内外法律工作者的联系"。《律师暂行条例》使我国律师制度的建立和健全，及律师参加诉讼活动有了可靠的法律保证，从此，我国律师工作开始走上正轨。随着经济体制改革的开展，律师事业也得到了空前的发展，律师业务范围不断拓宽。

在新的形势下，《律师暂行条例》的许多规定也开始表现出历史的局限性，并影响到律师事业的进一步发展，律师体制的改革势在必行。1983年3月，司法部召开了六市一县律师工作体制改革座谈会，探索实行律师的体制改革，并指定到会单位进行试点。1984年8月全国司法行政工作会议召开后，一些法律顾问处改为律师事务所，并在经营管理上进行了改革的尝试，打破了收入和支出由国家包办的框框。1986年7月，在全国第一次律师代表大会上成立了中华全国律师协会。同年8月，司法部举行了第一次全国律师资格考试。1987年，中华全国律师协会正式加入亚太律师协会。1988年初，深圳3名青年律师创办了新中国第一家律师事务所。同年3月，河北保定市成立了全国第一家合作制律师事务所，随后，上海、天津、北京等地都创办了合作制律师事务所。1988年5月，司法部下发了《合作制律师事务所试点方案》，1993年合作制律师事务所在全国推广，1994年北京大部分合作制律师事务所转为合伙律师事务所。

随着律师事业的不断发展，对外开放的扩大，对外经济往来不断发展，我国的律师事业也开始走向国际化。我国律师同外国律师之间在业务上的联系和协作也日益增多，1991年5月，司法部在给江西省司法厅的批复中就律师事务所与外国律师事务所建立业务协作关系一事作出了原则性规定。为进一步推动涉外律师业务的开展，1992年2月，司法部发出《关于律师事务所与外国律师事务所建立业务协作关系有关问题的通知》，就律师事务所与外国律师事务所建立业务协作关系的有关问题作出具体规定。1992年，司法部开始进行允许外国律师事务所在中国境内设立办事处的试点工作，确定北京、上海、广州、深圳和海南省为首批试点城市（地区）。司法部于同年10月20日批准了首批12家外国及香港地区的律师事务所分别在北京、上海、广州设立办事处。同年8月，司法部还发出了《关于我国律师事务所在境外设立办事机构有关事宜的通知》，规定国内有条件的律师事务所到外国设立办事机构，必须在充分论证的基础上，提出可行性方案报告，经过批准后，向我国律师管理部门提出申请。1995年，司法部发布了《律师事务所在外国设立分支机构暂行管理办法》，规定了申请在外国设立分支机构的条件。

1993年12月26日，国务院批准了《司法部关于深化律师工作改革的方案》。该方案提出要进一步解放思想，不再使用生产资料所有制模式和行政管理模式界定律师机构的性质，大力发展经过主管机关资格认定，不占国家编制和经费的自律性律师事务所；积极发展律师队伍，努力提高队伍素质，建立起适应社会主义市场经济体制和国际交往需要的，具有中国特色，实行自愿组合、自收自支、自我发展、自我约束的律师体制。逐步建立激励机制、竞争机制和优胜劣汰机制使律师工作充满生机与活力。律师要充分发挥在市场经济中的中介作用。强调努力建设有中国特色的律师管理体制。1995 年 7 月召开的第三次全国律师代表大会审议和通过了新的《中华全国律师协会章程》，选举了新一届全国律师协会理事会并产生了新一届全国律师协会领导班子，141 名理事全部由执业律师组成，会长、副会长、常务理事全部由理事会产生。这对于充分发挥律师协会的自律作用无疑具有重要的意义。

截至 1995 年底，全国律师达 9 万多人，律师机构达 7200 家。律师队伍的素质有了一定的提高，在专职律师中大专以上学历的占 71.6%，其中博士、硕士和留学归国人员达 3000 多名。

在律师事业发展的同时，律师立法也在加紧进行。1992 年 10 月，司法部发布了《律师惩戒规则》，规定了对律师或律师事务所违反法律、法规、律师职业纪律行为进行惩戒的程序、惩戒的种类、惩戒的事由、惩戒的原则、惩戒的执行以及惩戒的机构等。1993 年 12 月，司法部发布了《律师职业道德和执业纪律规范》，明确规定律师在执行职务、履行职责过程中应遵守的职业道德和执业纪律，规定律师因违反执业纪律给当事人造成损失的应进行赔偿。需要惩戒的，由律师惩戒委员会予以惩戒；触犯刑律的，由司法机关依法追究刑事责任。1994 年 7 月，司法部发布了《律师事务所审批登记管理办法》和《律师事务所设立分所管理办法》，对律师事务所及分所的设立条件、设立程序、律师事务所及分所的登记作了明确的规定。1995 年 2 月，司法部发布了《关于反对律师行业不正当竞争行为的若干规定》和《律师事务所在外国设立分支机构暂行管理办法》。1995 年 2 月，司法部发布了《律师事务所名称管理办法》，对律师事务所名称的组成、核定、使用等作了规定。1996 年 5 月 15 日，第八届全国人民代表大会常务委员会第十九次会议通过了《中华人民共和国律师法》，规定了律师执业条件、律师事务所、执业律师的业务和权利义务、律师协会、法律援助、法律责任等。这一系列的法律法规，对于加强完善律师制度，保障律师依法执业、规范律师行为，维护当事人的合法权益和保障法律的正确实施，发挥律师在社会主义法制建设中的积极作用具有重要意义。

《律师法》颁布以后，为了保障《律师法》的顺利实施，司法部颁布了一系列规章，包括《律师事务所登记管理办法》、《律师事务所分所登记管理办法》、《律师执业证管理办法》、《律师资格全国统一考试办法》、《律师资格考核授予办法》、《兼职从事律师职业人员管理办法》、《国家出资设立的律师事务所管理办法》、《合作律师事务所管理办法》、《合伙律师事务所管理办法》、《律师违法行为处罚办法》。1997 年 3 月，国家计委、司法部制定了《律师服务收费管理暂行办法》。

2000 年 8 月，司法部根据《国务院办公厅关于清理整顿经济鉴证类社会中介机构的通知》和国务院清理整顿经济鉴证类社会中介机构领导小组《关于经济鉴证类社会中介机构与政府部门实行脱钩改制意见》，发布了《律师事务所、社会法律咨询服务机构脱钩改制实施方案》，要求已实现自收自支的国资律师事务所，挂靠事业单位、企业或社会团体的律师事务所，司法行政机关批准设立的、挂靠政府部门、事业单位、企业或社会团体的社会法律咨询服务机构，要在人员、财务、业务、名称四个方面，与挂靠的政府部门、事业单位、企业或社会团体彻底脱钩。律师事务所脱钩后，应改制为合伙律师事务所或合作律师事务所。社会法律咨询服务机构脱钩后，一律改制为"有限责任公司"。

2001年3月，司法部下发关于部直管律师事务所实施属地管理的通知，司法部及司法厅不再管理律师事务所。同月，司法部发布的《司法部关于律师工作为西部大开发服务的意见》把支持西部大开发，加速西部律师业的发展作为今后一个时期的重要任务。同年10月，高法、高检、司法部联合发布《国家司法考试实施办法（试行）》，确定国家司法考试为国家统一的从事特定法律职业的资格考试。初任法官、初任检察官和取得律师资格必须通过国家司法考试。同月，司法部决定在全国律师队伍中开展职业道德和执业纪律教育评查活动。

2002年3月，全国律师协会通过了《律师出庭服装使用管理办法》。根据该办法，律师担任辩护人、代理人参加法庭审理，必须穿着律师出庭服装。5月，第五次全国律师代表大会召开，大会选举产生了新一届理事会，25名常务理事全部由执业律师担任。8月，司法部在沪召开全国大中城市社区法律服务工作座谈会，要求各地司法部门研究整合法律服务职能，全面推动大中城市社区法律服务工作规范、有序、健康发展，更好地为广大居民群众服务，提出街道法律服务所要从诉讼领域逐步调整出来。10月，司法部发布《关于开展公职律师试点工作的意见》，积极开展公职律师、公司律师的试点工作，完善律师队伍结构。11月，党的十六大提出要拓展和规范法律服务，"十一五"规划明确指出要大力发展包括法律服务在内的现代服务业。截至2002年底，执业律师已达102 198人。

2003年2月，司法部对兼职律师队伍进行清理和规范，对每名兼职律师是否符合规定的条件进行审查，对不符合担任兼职律师条件的人员一律不予注册。8月，司法部发布《关于拓展和规范律师法律服务的意见》，提出拓展和规范律师工作，努力提高律师的职业道德水准和业务素质，大力拓展律师的法律服务领域和服务功能，全面规范律师执业行为，进一步探索和改革律师管理制度，积极完善律师组织结构，力争到2010年形成比较完善的中国特色的社会主义律师制度。11月，司法部发布《香港法律执业者和澳门执业律师受聘于内地律师事务所担任法律顾问管理办法》、《取得内地法律职业资格的香港特别行政区和澳门特别行政区居民在内地从事律师职业管理办法》。

2004年，司法部发布《律师和律师事务所违法行为处罚办法》、《律师事务所收费程序规则》、《律师会见监狱在押罪犯暂行规定》、《合伙律师事务所管理办法》。为规范律师事务所的内部管理，中华全国律师协会制定《律师事务所内部管理规则（试行）》。为了引导律师事务所向规范化、高层次发展，不断提高律师队伍的政治素质、业务素质及职业道德素质，积极推动律师行业的健康发展，五届全国律协常务理事会第七次会议审议通过了《全国优秀律师事务所评定办法》、《全国优秀律师事务所评定标准》。2004 年，司法部决定在全国范围内开展律师队伍集中教育整顿活动，截至 2004 年底，教育整顿工作告一段落。先后有 719 名律师受到了不同程度的处罚，213 家律师事务所受到了查处，律师队伍的整体素质得到了提高，律师队伍的社会形象得以有力地维护和提升。

2005 年 2 月，司法部发布《关于进一步建立健全律师队伍建设长效机制的意见》，并启动合伙律师事务所规范建设年活动。在律师行业开展为期一年的合伙律师事务所规范建设年活动。截至 2005 年 6 月，我国执业律师已达 11.8 万多人，其中专职律师 103 389 人，兼职律师 6841 人，公职律师 1817 人，公司律师 733 人，军队律师 1750 人，法律援助律师 4768 人。另外，还有律师辅助人员 3 万多人。具有本科以上学历的律师已占律师总数的 64.6%，其中，研究生以上学历的律师已经超过 1 万人，同时，律师执业组织形式逐步完善，全国共有律师事务所 11 691 个，其中合伙律师事务所 8024 个，合作律师事务所 1746 个，国家出资设立的律师事务所 1742 个。律师事务所的专业化、规模化程度不断提高，在北京、上海、广东等大城市和经济发达地区，已经出现了一批专门或主要从事证券、金融、房地产等业务的专业律师事务所。律师每年办理诉讼案件 150 多万件、非诉法律事务 80 多万件。但从总体上看，律师数量仍然不足，地区分布不均衡、不合理，中西部地区律师数量短缺严重，全国还有 206 个县没有律师，高层次、复合型人才十分缺乏，一些专业领域还缺乏高水准、富有办理国际业务经验的律师人才。

2006 年 12 月，中华全国律师协会举办全国律师事务所主任培训班。

2007 年 1 月，在广东省东莞市召开全国律师文化建设座谈会。

2004 年司法部正式启动了《律师法》修改的程序。经过多方的调研、征求意见、各方利益的博弈，2007 年 10 月 28 日，十届全国人大常委会第三十次会议审议通过了修订后的《中华人民共和国律师法》。同日，胡锦涛主席签署了第七十六号主席令予以公布。修订后的律师法于 2008 年 6 月 1 日起正式实施。此后，司法部颁布、修订了《律师事务所管理办法》、《律师执业管理办法》、《律师和律师事务所执业证书管理办法》、《律师事务所名称管理办法》、《律师和律师事务所违法行为处罚办法》、《律师事务所年度检查考核办法》等一系列规范性文件，2010 年全国律协颁布了《律师执业年度考核规则》，2011 年底修订了《律师执业行为规范》。2010 年 11 月，中共中央办公厅、国务院办公厅转发了《司法部关于进一步加强和改进律师工作的意见》，该意见阐述了律师工作在全面建设小康社会和社会主义现代化建设全局中的重要地位和作用，阐明了坚持律师工作社会主义方向的根本要求，进一步明确了健全完善律师工作体制机制的主要内容和途径，强调了对律师行业发展的扶持和保障政策，回答了律师事业发展面临的重大理论和实践问题，是新时期推动律师事业又好又快发展的重要指导性文件。该意见的出台，对于坚持和完善中国特色社会主义律师制度、促进律师工作更好地服务党和国家工大局，将起到十分重要的作用。2012 年 3 月，我国《刑事诉讼法》修改并颁布，2012 年 10 月 26 日，中华人民共和国第十一届全国人民代表大会常务委员会第二十九次会议通过《全国人民代表大会常务委员会关于修改〈中华人民共和国律师法〉的决定》，并于 2013 年 1 月 1 日起施行。

2012 年底，我国执业律师人数已达 23 万，律师事务所 1.93 万家。

■思考题

1. 简述律师制度的产生、发展过程中政治、经济、法律条件所起的作用。
2. 简述新中国律师立法的变迁。

■参考书目

1. 党江舟：《中国讼师文化——古代律师现象解读》，北京大学出版社 2005 年版。
2. 徐家力、吴运浩：《中国律师制度史》，中国政法大学出版社 2000 年版。
3. 徐家力：《中华民国律师制度史》，中国政法大学出版社 1998 年版。
4. 冯宾：《中国律师的第二次飞跃——以律师法修改为契机》，民主与法制出版社 2007 年版。

第二章　律师职业属性

■ **学习目的和要求**

　　通过本章的教学让学生掌握律师法关于律师职业属性的规定；理解我国立法关于律师性质的变迁；了解我国律师的任务。

■ **重点及难点**

　　律师法关于律师性质的规定及其意义。

第一节　律师职业属性的基本定位

一、国内学界关于律师职业属性的主要观点

对于律师职业性质的界定，学者们早已从不同的理论旨趣，从不同的逻辑出发，用不同的话语渊源进行了多种诠释，目前，国内学界关于律师性质的主要观点有如下几种：

（一）律师职业二性说

律师职业二性说，就是将律师职业的性质界定为两个方面。这种观点是从阶级属性和职业属性两个方面来阐释律师的性质。这种分类观点认为，所谓律师的阶级属性，是指律师制度作为一国法律制度的重要组成部分具有阶级性，而律师作为特定律师制度内的从业人员，从根本上说，他必然服务于统治阶级的根本利益。律师的职业属性，则是指律师区别于其他职业而具有的本质特性。持这种观点的学者在考察西方律师法的基础上，把律师的性质概括为独立性、社会性、自主性、自律性、专业性等几个方面，并认为完全可以把律师称之为"法律职业中的自由职业者"或"自由法律职业者"。[1]

（二）律师职业三性说

律师职业三性说，就是将律师职业的性质界定为三个方面。[2] 该观点认为律师的属性是一个综合的概念，是政治属性、社会属性和职业属性三者的高度统一。政

---

〔1〕 陈卫东主编：《中国律师学》，中国人民大学出版社 2000 年版，第 26～28 页。
〔2〕 张耕主编：《中国律师制度研究》，法律出版社 1998 年版，第 39～52 页。

治属性，是指律师执业所依据的是国家的法律，律师执行什么样的法律，就具有什么样的政治属性。该观点认为，我国是人民民主国家，我国律师的政治属性体现在四个方面，即"严格执行国家法律；严格依法维护当事人的合法权益；维护法律尊严和维护当事人合法权益的高度统一；坚持党的领导"。律师的社会属性，是指律师是一种社会性职业，面向社会为需要法律服务的人提供法律服务。这种职业是一种开放的职业，它不是仅为全社会某一行业或某一阶层提供服务，而是面向全社会开放地、无选择地、全方位地提供法律服务的职业。其具体体现在律师的身份、服务领域、服务对象的社会性上。律师的职业属性，是指律师以自己渊博的法律知识和高超的辩论技巧为社会提供法律服务，属于社会结构中的知识阶层，其独特的职业属性体现在以下四个方面：律师具有独立人格；律师是具有渊博知识的专业人员；律师的执业条件有严格的规定；律师应具有高尚的职业道德。

（三）其他几种观点

律师职业四性说认为，律师的职业属性包括专业性、有偿性、独立性和维权性四个方面。律师的专业性、有偿性、独立性从本质上讲，是为了维护当事人的合法权益。[1] 律师职业五性说将律师职业的性质界定为阶级性、民主性、社会性、独立性和商业性等五个方面。[2] 中国律师职业六性说认为，探究律师的性质，应与法官、检察官等官方法律职业相比较，其特殊性表现在业务性、服务性、有偿性、独立性、自主性和自律性。[3] 还有学者提出律师角色具有边缘性、民间性、服务性、诚信性、自律性、独立性、复合性和风险性。[4]

二、律师职业属性的应然界定

律师究竟是什么？对于律师概念的解释，比较权威的有以下几种：

《法学词典》的解释是："受当事人委托或法院指定，协助当事人进行诉讼或处理其他法律事务的专业人员。"[5] 《中国大百科全书》法学卷的解释是："律师是指受国家机关、企业、团体或个人的委托，或者法院的指定，协助处理法律事务或代理当事人进行诉讼的法律专业人员。"美国《国际大百科全书》的解释是："律师或称法律辩护人，是受过法律专业训练的人，他在法律上有权为其当事人于法律内外提出意见或代表当事人的利益行事。"[6] 我国律师学创始人徐静村先生曾经为律师概念提出了这样一个界定："律师是依照法定条件和程序取得资格，并对公民、法人和国家机关提供法律帮助的专业人员。或者律师是指受过法律专业训练，依法经过

〔1〕 王进喜、陈宜主编：《律师职业行为规则概论》，国家行政学院出版社2002年版，第2~7页。

〔2〕 谢佑平：《社会秩序与律师职业——律师角色的社会定位》，法律出版社1998年版，第28~59页。

〔3〕 陈卫东主编：《中国律师学》，中国人民大学出版社2000年版，第30~31页。

〔4〕 刘俊武："解析中国语境的律师角色"，载《律师文摘》2003年第4期。

〔5〕 中国社科院法学研究所编纂：《法学词典》，上海辞书出版社1980年版，第519页。

〔6〕 转引自徐静村："关于律师学的几个基本问题"，载《政法论坛》1992年第5期。

考核，在法律上有资格充当当事人的辩护人或代理人以及处理其他法律事务并受法律保护的专业人员。"[1] 律师的属性"就是律师取得资格和业务范围的法定性、工作内容的非公务性、活动方式的民间性和工作目的的正义性。"[2] 对于律师的属性，不同学者的著述有着不同的描述，表明人们对律师职业性质的不同认识，表述上的细微差别是其认识差别的外在表现。其实，关于律师职业的"国家法律工作者"、"社会法律工作者"、"法律服务工作者"、"自由职业者"的概括，正是体现了人们在不同时期，或者基于不同的意识形态对律师职业的不同认识而已。而从不同的认识基点出发，对律师制度建构和律师行业发展规划就会产生不同的思考和不同的效应。

笔者认为，用"自由法律职业"来概括律师的职业属性是比较准确的。这个词可以涵盖律师职业各个方面的性质。独立性是律师职业生存和健康发展的保障，律师和当事人之间的关系是基于信任而建立的，而律师要想赢得当事人的信任，就必须使当事人相信律师不是代表国家、不是代表政府，是真正代表民间的一种具有法律专业知识和技能，能够不受国家、政府、社会组织、任何个人、政党左右的独立的力量。这样的一种职业力量必然或者必须具有以下属性：即法定性、社会性、专业性和专门性、独立性、自治性和自律性。

三、律师职业的法定性

律师职业只有得到一国法律的认可，才能够成为一国法律制度的组成部分，律师职业的发展才有基本的保障，所以，法定性是律师职业当然的和首要的属性。律师职业的法定性，是指律师执业资格和执业资格的获得、律师执业的范围和律师执业的权利与义务都是由法律确定的。法定性是自律师职业产生就伴随而生的属性。律师职业的法定性决定了律师职业是法律职业共同体的重要组成部分，也决定了律师职业在社会制度建构中的基本地位。

律师职业的法定性，是通过律师制度的整体运行体现出来的，主要表现在以下几个方面：

（一）律师执业资格的获得需要符合法定程序和法定条件

为了保证律师队伍的素质和专业水准，维护律师界的信誉和形象，世界各国都对律师资格的获得规定了一定的条件和程序。授予律师资格的条件，一般都分为两个方面：①知识和能力的条件，即学历条件和执业经验方面的要求，一般通过学历和考试反映；②品格和人格方面的要求，都要求有良好的品德。有些国家还有年龄和国籍的要求。在授予律师资格的程序上，有很多国家把宣誓作为取得律师资格的必经程序。

---

[1] 徐静村：《律师学》，四川人民出版社1988年版，第5页。

[2] 徐静村："关于律师学的几个基本问题"，载《政法论坛》1992年第5期。

（二）律师执业活动范围限于法律规定

律师执业活动范围，就是律师的业务范围，是相当广泛的。一般来说，各个国家都是通过法律和职业惯例确立律师的执业活动范围，同时，也通过法律规定律师不能从事的事务。

（三）律师执业权利受法律保护

对于律师的执业权利，尽管各国法律保护的范围和程度不同，但是，都对律师执业提供法律保护，它是律师开展法律服务的保障和基础条件。我国法律也有对律师执业活动进行保护的法律规定，如"律师依法执业受法律保护"、"律师担任诉讼代理人或辩护人的，其辩论或者辩护的权利应当依法保障"、"律师在其执业活动中的人身权利不受侵犯"等。新律师法作了突破性的规定。

（四）律师执业负有法定义务

各国的律师法以及律师执业行为规则都规定了律师执业过程中必须遵守的规范，这些规范构成律师执业的法定义务。各国都将不得担任或从事任何减损律师执业独立或尊严的职务或活动，作为律师的义务。

四、律师职业的社会性

律师职业的社会性，是指律师不是国家工作人员，[1] 不隶属于任何机构和组织；其业务活动是服务性的，不是公务性的；律师执业的权利完全来自当事人的授权，律师的业务完全依赖于律师自身的知识和能力，没有任何一个组织或者机构为律师的生存和发展提供经济上的帮助；律师的执业行为也没有强制力。也就是说，主体身份的社会性、业务活动的服务性、执业权利的当事人授予性、执业行为效力的非强制性，这四个方面构成了律师职业社会属性内涵的完整意义。

（一）律师职业社会性的表现形式

1. 律师职业服务主体身份的社会性。服务主体身份的社会性，是指律师是以民而非以官的身份，是以社会人而非以国家人的身份向社会主体提供法律服务的，律师职业的社会性决定了律师制度的主要方面和律师职业的发展方向。

2. 律师职业服务领域和服务对象的社会性。在"社会人"身份之下的律师有着极强的生存动力，而这种动力使得律师的业务领域可以达致社会的各个层面，服务对象可以达致各色人等。律师职业是面向全社会开放的，是无选择地、全方位地为社会各类主体提供法律服务的职业。律师服务的领域和服务对象的社会性，要求律师对社会公共利益必须承担一定的责任。

（二）律师和当事人之间关系的社会性

律师和当事人之间关系的社会性表现为两者之间是合同关系，因此，相互之间平等地受合同约定的制约。律师提供法律服务，其行为方式和活动过程都表现出极

---

[1] 律师的执业类型可以分为社会律师、公职律师和公司律师，政府律师是公职律师的一种。本章所论及的律师职业属性主要是以社会律师为研究对象的。

大的个体化特征。

（三）律师职业法律服务方式的社会性

律师法律服务方式的社会性，表现在业务来源的社会性、服务的有偿性和服务行为无强制力等方面。律师的业务来源完全是社会需求的自然表现，是社会主体的自主选择。律师必须用自己的知识和技能赢得社会的信任，然后，才可能有业务办理，才可能在社会中生存。律师职业法律服务的有偿性是律师社会性这一职业属性的必然结果。有偿性是律师职业生存的物质基础，是保证律师完成保护社会及公众利益使命的物质条件，然而，尽管律师的服务是有偿的，也可以对报酬进行协议约定，但是，律师的报酬或者收费也应该有一个客观的参照标准，以体现公平合理。

（四）律师职业的服务行为无强制力

律师对社会主体的法律服务行为，对于服务主体和与服务主体存在矛盾冲突的对方以及相关人士来讲，并不具有必须服从的效力。尤其对于服务主体来讲，律师的意见仅供参考。当然，如果服务主体欲强迫律师进行非法行为或者利用律师进行非法行为，律师可以拒绝或者终结代理关系，并且，不退还已经收取的律师费用，也不存在赔偿损失问题。

（五）社会性是律师职业最主要的属性

在所有法律职业中，律师职业因其自身的社会性，使它成为与社会联系最广泛、最密切的法律职业。在与社会广泛而密切的联系中，律师职业的社会性属性也得以凸现。可以说，社会性是律师职业最主要和最突出的特性。此特性也成为律师职业与同属法律职业共同体的法官职业、检察官职业的重要区别，而且，由此属性决定了律师业必然存在竞争，必然会在法律允许的最大限度内进行业务领域的扩张，一国律师职业的发展与竞争以及律师职业国际间的发展与竞争都成为必然，因此，为了律师行业的健康发展，必然需要鼓励正当竞争和约束不正当竞争的执业规范；此属性也要求律师业必须具有高度的专业知识和技能，必须具有高度的自律精神。

五、律师职业的专业性和专门性

律师职业之所以称之为一个职业，除了国家法律制度确认之外，还在于它存在着一般人或者其他职业不具有的特殊知识和特殊技能，并且这种特殊知识和技能也需要这个职业的执业人员共同认可和维持。

律师职业的专业性，是指律师的执业活动是依靠专门的知识和技能进行的。律师为当事人提供服务不是依赖国家或者政府用权力进行运作，而是用自己的法律知识和运用法律的技能为当事人提供服务。律师职业是典型的知识阶层，其专业性使得律师成为法律的专家，成为诉讼中当事人得以依赖的专家。当事人对律师专门知识的依赖程度越强，律师发挥作用的空间就越大，律师在执业活动中以其知识和技能，并利用自己的社会声威，影响当事人，并在他们之间营造一种相互尊重、相互妥协和协调的关系，这在民事或者经济法律服务方面表现得尤为突出。

律师职业的专门性，是指律师职业专门由满足一定条件的人士从事，律师的执业范围由法律专门规定。

律师职业的专业性和专门性表现为：①律师资格只授予达到一定专业水准的人士；②律师业务只能由符合执业条件的人士从事；③以专业技能使专业知识发挥到极致；④从事律师业务的专业人士必须保持专业水准。

律师职业的专业性是律师职业生存的保证，也是律师赢得社会尊重、提升职业地位的资本。律师的知识和技能的高度专业性为法律服务这种职业的垄断提供了现实基础，为律师法律服务垄断在立法方面的完善提供了前提条件，同时，也为他能够与法官、检察官形成法律的共同体创造了条件，为我国从律师中选拔法官、检察官的制度改革提供了专业上的保证。

六、律师职业的独立性

法律制度形式上的公平，要求帮助社会主体实现权利的律师职业应该在制度上与国家权力和拥有权力的人员分离，与其他社会组织和人员分离，保证律师的职业判断和执业行为仅仅来自律师个人。这种律师个人的判断和行为仅仅来自法律规定和职业经验、技能，不受任何组织和个人的干预或影响。为保障律师职业的独立性，使得律师职业整体能够在社会主体整体的稳固的信任中运行和发展，为此，律师职业自身往往制定了大量的行为规范来规制律师个体的执业行为的独立性。

（一）律师职业独立性的完整内涵

律师职业独立性的完整内涵至少包括以下四个方面：

1. 律师职业的行业自治和律师自律。律师职业的社会性决定了律师执业活动涉及面的广泛性，这是其他行业无法比拟的，同时，律师职业的独立性又使得律师职业存在一个比较大的自决空间，在时间和空间领域，律师的活动几乎很难为他人控制，这就要求律师职业必须具有高度的自律性方可生存。律师职业的社会性要求最大限度的减少行政权力对律师业务活动的直接干预，由此又产生了律师职业的自治要求。律师职业的自治性表现为三个方面，即律师组织形式上的自治、律师个人工作条件的自治和较大范围的政治经济上的自治。律师业的自治必须以自律为条件，律师自治是律师职业独立性的突出表现。

2. 律师职业的执业独立。律师执业独立要求律师在执业活动中，独立地进行辩护或代理以及独立地提出意见或建议，不受非律师左右，包括不受委托人、自己的执业机构、自己行业的管理部门和管理组织以及承办此案的法官和其他人员的影响。同时，律师执业独立，还有另外一层含义，就是律师执业取得的收入应该是独立地来自于执业本身，而不是依赖政府或社会团体的拨款，不是依赖于律师的其他经营性活动收入或依赖于律师执业影响的活动的收入。同时，也不得为了获得业务与非律师人员分享律师执业收入。

3. 律师职业独立于当事人。律师职业独立于当事人，就是要求律师要始终与当事人保持职业距离。律师必须谨小慎微地处理与当事人的关系。最低限度是不能以损害社会公共利益为代价来为自己的当事人谋利益。

4. 律师职业独立于法官（仲裁官）、检察官。

（二）律师职业独立是律师职业的根本属性

律师职业独立是律师职业的根本属性，律师职业独立，可以更有效地促进律师提高对当事人的服务质量。律师一旦失去这种独立性，也就失去了其存在的价值与意义。世界各国的律师制度都极力强调和保障律师职业的独立性。一方面，通过律师协会保障律师个人执业权利来保障整个律师队伍的独立性，通过立法确立律师在法律上的独立地位；另一方面，立法和律师协会也作出规定，要求律师在执业中保持职业的独立性。独立性是律师职业生存和发展的保障，承认和尊重律师职业的独立性可以充分发挥律师职业的保护公民权利、制约权力滥用的价值和功能。

（三）自治性和自律性是律师职业独立性的派生属性

律师职业的自治性和自律性是与律师职业的社会性和独立性密切相关的。律师职业的自治性和自律性是律师职业独立性的必然要求，也是律师职业独立性的内涵之一。律师职业自治是律师职业保持职业独立性的保障。同时，又可以抑制个体执业的独立性所带来的法律服务无序的负面影响，而且，通过律师职业自治还可以维护律师职业整体在社会体系中的特殊身份。

七、关于律师职业是否存在商业性的争论

如果简单地把有偿服务看成是律师职业的商业性或者经营性的证据的话，那么，就会出现用金钱购买技艺的情形。但是，简单地否定律师职业具有商业性似乎又无法使人信服，也无法对一些现象作出合理解释。对于这个问题，无论学界还是实务界的认识都是不一致的，尤其进入现代以后，律师人数增多，由此使得律师之间的竞争加强，使律师职业本身固有的其他属性淡化，并表现出日益增强的商业性，在市场经济条件下营利活动与传统伦理规范的矛盾在律师职业中也表现得特别尖锐。在全球经济日益一体化的今天，这个问题在律师领域已经成为一个世界范围内带有共性的问题，对此进行理性的探讨是非常必要的。

关于律师职业是否存在商业性的问题，国内学界存在肯定和否定两种看法。在传统观念中，律师职业无疑是不具有商业性的，而且，"在现代西方社会中，法律家阶层甚至曾经被作为制衡庸俗的商业文明和大众政治泛滥的学识贵族而由国家彰显其地位。"[1] 许多国家的律师法都规定律师不得以营利为目的。但是，必须注意到，近20年来，情况在悄然发生着变化，无论是在律师业高度发达的美国、律师地位较低的德国，还是在律师初步发展的中国，在世界范围内，律师职业都表现出越来越多的商业倾向。

法律服务是商业服务，这是一个法律界定，而且是国际公认的。乌拉圭回合《服务贸易总协定》中规定，法律服务是商业服务中的专业服务。在这个前提下，必

---

[1]　季卫东：《法治秩序的建构》，中国政法大学出版社 1999 年版，第 240 页。

须承认律师职业的商业性。笔者认为，有利可图的职业法律服务市场的存在，必然会造就营利的律师职业，使之成为一个商业性的职业，但是，法律在实现社会秩序等价值方面的功能又要求法律职业（指整体）必须以法律目的的实现为第一要旨，所以，自治的律师职业为了法律目的的实现，也为了职业长远的、持续的利益，必须对职业的经营性进行必要的限制。

对于律师职业的商业倾向以及由此导致的律师职业伦理减弱等问题，西方一些国家已经注意到其对律师职业生存的威胁，并开始采取措施，如美国，"全美律师协会在 1983 年制定新的伦理规章，在 1984 年设置一个专门调查委员会来研究少数律师无原则地追求利润的问题，并发动了重振'法律人文主义'（Legal Humanism）的职业精神运动。"[1] 而目前，国内有些学者却在强调律师的商业性和怂恿律师日益泛滥的广告行为，管理部门也没有对律师日益严重的商业倾向给予必要的干预。这是十分值得注意的问题。

八、中国律师职业属性的再构筑

今日之中国，商品经济正逐步形成。在市场经济条件下，对法律服务的需求存在共性。在民主政治方面，中国政府已经迈开民主政治的步伐，现代法治的理念也逐渐深入人心，人们有着多样的、多层次的品位和需求，正向着多元文化的方向发展，文化多元的格局正逐步显现，而这一切都为律师职业的健康发展提供了社会基础，使得从文化观念层面、从制度层面对律师职业进行符合其自身性质和规律的塑造成为可能。

（一）文化改造是关键

一国的制度建构必定会在某种程度上反映该国的文化传统和一定时期人们的意识形态状况，中国律师职业属性的状态就是中国传统文化观念和人们意识形态状况某种程度的现实反映。中国现实社会对律师认识的偏差，主要源于中国的传统习惯和道德意识，因此，法律教育的大众化工作很重要。我国的法律教育大众化工作主要是通过普法完成的。要强调的是，在普法中要改变只注重法律规范尤其是义务灌输的倾向，要进行现代的法律意识教育，要进行权利以及权利实现方式的教育，培养公民的理性意识。只有民众或多数民众对律师职业的属性和价值与功能有了理性的认识和认同，才能使律师职业的生存和发展有一个广阔深厚的文化保障。一旦造就了适宜承载民主与法治产物的律师职业的文化载体，律师职业属性就可获得充分、正确表达的社会基础。

（二）职业的引导、示范效应

在对律师职业性质的认识和再构筑方面，不能忽视成功律师和其他资深法律职业者的引导、示范效应。目前，律师队伍中存在的某些缺乏执业信念甚至违反执业

---

〔1〕　季卫东：《法治秩序的建构》，中国政法大学出版社 1999 年版，第 251 页。

行为准则的行为一定程度上对这种现象起到了推波助澜的作用，这也是社会对律师职业认识产生认识偏差的重要原因，即律师职业自身的行为加深了社会对于律师职业的偏见。因此，在律师职业内部弘扬律师的职业精神、注重律师职业形象的维护对于重塑律师的职业属性也是至关重要的。律师行业组织和执业机构应该鼓励律师职业典范，引导律师对律师职业的经济成功进行正当化处理，共同塑造律师的职业形象，提高律师职业群体的地位。

第二节 公职律师和公司律师的属性

公职律师和公司律师是法治发达国家成熟的律师职业类型。为了促进政府依法行政、规范公司经营，适应国际形势的需要，我国从 2002 年开始，开展了公职律师和公司律师的试点工作，截至 2005 年，全国已经有 633 个政府机关开展了公职律师试点工作，公职律师达到 1817 人，162 家企业开展了公司律师试点工作，公司律师达到 733 人，军队律师 1750 人，法律援助律师 4768 人。[1] 截至 2005 年 7 月，全国 31 个省（自治区、直辖市）全部开展了公职律师、公司律师试点工作。公职律师和公司律师已经逐渐成为中国律师职业队伍的组成部分，在促进政府依法行政和企业依法经营方面发挥着重要作用。

一、公职律师的属性

我国的律师制度改革，在律师类型方面的远景设计将律师划分为社会律师、公职律师和公司律师三种类型，以适应不同方面、不同层次的不同需要，适应"入世"后形势的需要。

（一）公职律师的概念和特点

公职律师是一个与私人律师相对应的概念。所谓公职律师是指有公职的为国家公共权力机关或组织提供法律服务的律师。司法部司法研究所的严军兴先生将公职律师分为国家权力机关的公职律师、国家司法机关的公职律师、国家行政机关的公职律师即政府律师、国家军事机关的公职律师即军队律师、法律援助律师、国有公司的律师、事业单位的律师、社团组织的律师、党组织内部的律师和民主党派内的律师 10 种。[2] 但是，从司法部 2002 年 10 月发布的《关于开展公职律师试点工作的意见》中规定的公职律师的任职条件和职责范围看，只是将公职律师界定为政府律师。有人给公职律师的定义也只是限于政府律师的范畴，认为公职律师就是政府律师，是指具有律师资格或法律职业资格，并且供职于政府职能部门或行使政府职能部门的权力，或经招聘到上述部门专职从事法律事务的人员，经司法行政部门授予

---

〔1〕 资料来源：2005 年 7 月 15 日的《证券时报》和 2005 年 6 月 14 日的《人民日报》，载 http：//www.91study.com.

〔2〕 严军兴：《政府律师制度研究》，群众出版社 2002 年出版，第 40～48 页。

公职律师资格，专门为政府提供法律服务的律师。严格地讲，这样界定公职律师是不准确的，政府律师只是公职律师的一种。

（二）公职律师与社会律师的属性区别

公职律师与社会律师因为身份不同而导致其间诸多方面的差别：

1. 公职律师是国家公务员或具有公务员性质的人员，不具有社会律师的社会性。公职律师是国家公务员，故享受国家公务员的一切待遇，也必须遵守国家关于公务员管理的规定。这与为社会提供法律服务的社会律师，在身份上是有着区别的。正是因为公职律师是国家公务员，故不得办理"公务"以外的法律事务。我国司法部发布的《关于开展公职律师试点工作的意见》规定公职律师"不得以律师身份办理本级政府或部门以外的诉讼或非诉讼业务"。

2. 公职律师的法定性和专业性以及专门性与社会律师有着不同的内容。公职律师与社会执业律师相比，既有共同之处，又有不同的特点。因为都称之为律师，都接受过法律专业的学习和训练，而且，在有些国家，公职律师还以取得律师资格或者律师执业证书为条件，他们所从事的都是法律业务工作；公职律师作为律师，享有律师的执业权利，同时，负有律师的义务，同样要遵守律师的执业行为规范，尽管他们也要接受所在单位的管理（是否接受律师管理部门的管理，各国做法不尽相同），但是，在自律性上的要求是相同的，所以，公职律师也具有法定性、专业性和专门性，而且，有的国家在专业性和法定性的要求上与社会律师是相同的，有的国家在法定性和专业性的具体内容上的要求有些差别。在我国，公职律师的业务范围仅限于为政府部门提供法律服务，公职律师业务范围没有社会律师广泛。由于现行及修订后的《律师法》都没有对公职律师制度作出规定，致使我国公职律师的法定性存在缺陷。

3. 公职律师的独立性会受到挑战。因为公职律师也具有律师资格或法律职业资格，有些公职律师还有一定的律师执业经验，因此，理论上可以保证公职律师在业务知识和技能操作上的独立性，但是，公职律师与所在单位的隶属关系和为所在单位服务的直接目的，使得他们的独立性容易受到干扰，但是，仍然要把独立性作为公职律师的属性来要求。因为律师职业的独立性是由法律的自治品质和法律职业的独立性决定的。如果公职律师不能独立地从事法律工作，那么，设立公职律师以规范政府依法行政的初衷就打折扣了。

4. 公职律师不具有商业性。正是因为公职律师是国家公务员，所以，公职律师的法律服务就不得收费，公职律师也不得在为政府工作期间向社会提供法律服务。这与社会律师的服务有偿性是有区别的。社会律师可以向社会提供有偿服务，而且，往往以提供有偿服务为主要生存和发展方式。社会律师介入法律援助，实际上还是拿的国家的钱做的国家的事，因为是国家替当事人向社会律师付了钱，尽管数量很少、尽管不能协商报酬或费用数额，但是，因为取得了报酬或费用，不论多少，社会律师在履行法律援助义务时，也不能改变其社会律师的基本属性。

5. 公职律师管理的多重性。公职律师也是律师，也应该遵守与社会律师同样的律师职业道德和执业规范，但是，又因为公职律师是公职人员，实践中，公职律师在自治性和自律性上区别于社会律师，存在管理的多重性。按照我国司法部 2002 年10 月发布的《关于开展公职律师试点工作的意见》规定，公职律师既受所服务的部门的管理，还要接受司法行政的资质管理和业务指导，也要加入律师协会，受律师协会的领导和监督，接受律师协会组织的培训和纪律教育活动。

随着《法律援助条例》的实施，法律援助专职律师将逐步纳入公职律师序列，我国目前进行的公职律师试点的重点在于政府律师，对于政府律师的职责和运行机制，不论厦门模式、扬州模式，还是沈阳模式,[1] 皆处于探索阶段，尚需完善。

总之，公职律师与社会执业律师相比，其区别可以归纳为身份上的特殊性、服务范围的内部性、业务报酬的确定性、管理的多重性，即存在双重身份，只为本单位服务，只能获得国家给予其确定岗位的物质待遇，不能按照业务的数量收取费用。可见，在上述几个属性上，公职律师与社会执业律师的区别主要表现在社会性方面。

由于律师法中并没有对公职律师作出规定，因此，尽管试点多年，至今仍在试点中。

二、公司律师的属性

在英美等西方发达国家，公司律师制度已经是一项发展非常成熟的制度，私人律师、公司律师、政府律师在执业律师中的比例大致为 70％、15％、15％,[2] 世界知名的通用电器公司拥有公司律师达 400 多人，世界上最大的证券交易所——纽约证券交易所 4000 多工作人员中就有 2000 多人是公司律师。公司律师制度是律师制度与国际接轨的需要，也是企业与国际接轨的需要，因此，我国正在进行公司律师试点工作，试图建立公司律师制度。

（一）公司律师的概念和特点

公司律师，是指具有律师资格或法律职业资格，受雇于企业，专门为企业提供法律服务的执业律师。公司律师的具体业务包括：帮助公司依法制定各项制度和内部规范，就企业的各项决策提供充分的法律意见，起草审查各类合同，参与公司的各种对外项目谈判，进行必要的资信调查，代理本企业的诉讼、仲裁等争议法律事务等。

世界各国对公司律师的业务范围都作出了限制，按照我国司法部 2002 年 10 月发布的《关于开展公司律师试点工作的意见》的规定，公司律师不得从事有偿法律服务，不得在律师事务所和法律服务所兼职；也不得以律师身份办理公司以外的诉讼

〔1〕 厦门、扬州和沈阳都是公职律师的试点城市，是各个试点城市中相对有代表性的，被业内人士简称为厦门模式、扬州模式、沈阳模式。对于这几种模式的介绍，参见发表于 2004 年第 3 期《中国律师》第 27～31 页的相关文章。
〔2〕 贺洪涛、徐保民："法律顾问制度与公司律师制度之比较"，载《中国律师》2003 年第 7 期。

和非诉讼案件。

（二）公司律师和社会律师的属性区别

从理论上讲，公司律师和社会律师都是执业律师，他们在资格条件和业务能力以及职业道德方面的要求都是共同的，但是，就律师的职业属性来讲，公司律师与社会律师相比，还是存在一些区别。

1. 公司律师不具有社会律师的社会性。公司律师不是国家工作人员，其业务工作也不是公务性的；律师执业的权利也来自于授权，律师的执业行为也没有强制力，似乎公司律师也具有社会性，但是，与社会律师不同的是，公司律师毕竟隶属于某个企业，其业务活动是专门服务于该企业的，不服务于其他企业、机关或社会公众；公司律师不用考虑业务来源，其报酬不直接受公司法律业务数量多少的影响，也不直接和其所办理的公司事务的标的额、难易程度发生联系，只需完成公司或多或少的法律事务，就可以获得相对于公司雇员比较高的报酬，比社会律师的生存危机要小得多。

2. 律师职业独立属性的实践状况不同。因为公司律师大量参与公司诉讼业务和公司其他争议性事务，对于公司的忠诚义务和履行律师职业操守之间往往会发生冲突，按照职业律师的要求，这种情况下可以拒绝代理，这种要求对于社会律师而言是可以做到的，但是，因为公司律师是公司的雇员，他对于公司的服从和忠诚义务又常常使其履行律师的职业操守变得比较困难。也就是说，在律师职业属性问题上，公司律师的职业独立性往往会受到折损。

3. 公司律师的职业专业性和专门性不同于社会律师。公司律师的业务范围受所在公司法律事务范围限制，基本上是专司公司法律事务，公司律师与社会律师在专业性和专门性方面的区别，主要表现在对这种专业性和专门性的主观选择的能动性的程度上。

4. 公司律师因为只为自己所属企业服务，不具有社会律师的商业性。公司律师是为企业服务的，但是，它并不直接为企业利润的最大化服务。如果公司律师处理公司事务也把企业效益最大化作为目标的话，就可能使公司行为偏离法律轨道。公司律师在处理公司法律事务时，必须遵循法律的基本原则，尽管这样做可能会与公司的眼前利益发生冲突，但是，就长远看，通过公司律师对企业经营行为的规范，使企业获得了持续发展的力量。这也正是设立公司律师制度的初衷。尽管要求公司律师在公司利益和法律原则冲突时选择法律原则对于双重身份的公司律师比较难，但是，作为职业律师的公司律师必须清醒而深刻地铭记这种要求，必须清醒地意识到公司律师不具有商业性，与允许社会律师具有一定的商业性是有区别的。

5. 公司律师在律师职业的自治管理方面也不同于社会律师。公司律师一方面受所属企业管理，必须服从公司的纪律和安排，另一方面还要接受律师职业管理，这是世界通例。只是因为各国律师管理体制的细微差别，在管理的具体环节上存在些许差别，但是，管理的多重性是一致的。在我国，按照《司法部关于开展公司律师试点工作的意见》的规定，公司律师属于企业内部人员，在企业的领导下开展业务活动，人事关系、工资待遇等由所在企业管理；司法行政机关负责公司律师的资质管理和业务指导；公司律师应加入所在地律师协会，参加律师协会组织的培训和职业纪律教育活动。既要接受所属公司的管理，又要接受律师协会的管理，接受司法行政部门的监督和指导。

总之，公司律师和社会律师都具有律师职业的法定性、专业性和专门性，只是其具体内容存在一些差别，公司律师不具有社会律师的社会性和商业性，但是，在独立性上与社会律师的要求是一致的，只是公司律师独立性的实践难度要大一些。

■思考题

1. 试述律师的职业属性。
2. 简述《律师法》关于律师性质的规定及其意义。
3. 如何正确处理维护委托人合法权益和维护国家法律正确实施的关系？
4. 如何看待律师职业的商业化趋势？

■参考书目

1. 陈光中主编：《律师学》，中国法制出版社 2004 年版。
2. 李本森：《中国律师业发展问题研究》，吉林人民出版社 2001 年版。
3. 谢佑平：《社会秩序与律师职业——律师角色的社会定位》，法律出版社 1998 年版。
4. 司莉：《律师职业属性论》，中国政法大学出版社 2006 年版。

第三章　律师执业基本要求

■ 学习目的和要求

　　通过本章的教学让学生掌握律师执业基本要求。了解我国律师资格取得制度、律师执业的有关规定。

■ 重点及难点

　　律师执业规定。

　　律师执业是指依法取得律师执业证书的执业人员，接受委托或者指定，为当事人提供法律服务的活动。律师执业须获得律师管理部门的执业许可，没有取得律师执业证书的人员，不得以律师名义从事法律服务业务。我国《律师法》和司法部制定的《律师执业管理办法》、全国律师协会制定的《律师执业行为规范》以及地方司法行政机关、律师协会的规章等对律师执业许可及律师执业活动管理进行规制，对律师执业提出了基本的要求。本章将从形式和实质两方面具体探讨律师执业的基本要求。简单地讲，律师执业的形式要求是指律师执业需要取得律师资格并申领到律师执业证书，这种要求是对律师执业主体的规范；而律师执业的实质要求是指律师执业过程中所应具有的称职性，这种要求是对律师执业过程中的行为进行的规范。

第一节　律师的称职性

　　律师的称职性是律师执业的一个重要问题。委托人找律师的目的就是获得有效的法律帮助，而律师作为提供法律服务的执业人员，其职业理想就是以高超的法律技能和娴熟的法律技术为委托人提供有效的服务。律师的称职性是指律师提供法律服务的适当性。具体而言，律师提供法律服务的适当性主要包括以下几个因素：

　　1. 法律知识和技能。称职的律师应当能够就法律向委托人提供足够的信息，以便有效解决法律问题。例如英国《巴律师行为守则》第 603 条规定，如果缺少处理某事务的经验或称职性，则该巴律师不得接受任何办理案件的指示。美国律师协会

《职业行为示范规则》在规则 1.1［称职］中明确规定："律师应当为委托人提供称职的代理。称职的代理要求律师具备代理所必需的法律知识、技能、细心和准备工作。"在该条的评注中，美国律师协会指出："在特定的事务中，决定律师是否具有必需的法律知识和技能的相关因素包括：有关事务的相对复杂程度和专业化性质、律师的经验、律师在相关领域的训练和经历、律师能够对该事务进行的准备和研究以及把该事务介绍于、咨询于一位在相关领域已经能够提供称职代理的律师或与之合作的可行性。在许多情况下，一个综合执业者的精通程度就能符合该要求。在某些情况下，可能需要在特定法律领域的专业知识。""律师不需要必须具有处理某种其不熟悉的法律问题的特殊训练和事前经验。一个新律师能够像一个有着长期经验的律师一样称职。一些重要的法律技能，例如分析先例、评估证据以及起草法律文书，在任何法律事务中都必须具备。可能最基本的法律技能是确定某种情况可能涉及哪种法律问题，这种必需的技能超越于任何具体的专业知识。通过必要的学习，一个律师能在一个全新的领域中提供充分的代理服务。通过与在相关领域已经能够提供称职代理的律师合作，他也能够提供称职的代理。"一般认为，作为一种职业，取得了律师执业证书以后，其所具有的法律知识和技能就已经外在化，达到了称职性的一般要求。换言之，只要取得了律师执业证书，一般即认为该律师已经达到了向社会提供法律服务的最低要求。我国在《律师法》和司法部发布的有关规定中也规定了严格的律师执业证书取得制度。一个人要成为律师，除了要通过国家统一司法考试取得法律职业资格以外，还要经过实习以及其他方面的必要培训和考察，从而保证律师在法律知识和技能方面具有基本的称职性。此外，我国还建立了律师继续教育制度，使得律师在法律知识和技能方面的称职性，能够处于动态的发展状态中。

2. 适当的工作条件。所谓适当的工作条件，是指律师在接受委托事务后，能够有充分的时间和便利的条件来准备该案件。如英国《巴律师行为守则》第 603 条规定，如果由于其他职业事项他不能或者缺乏足够的时间和机会来为某事务的处理进行准备工作，则该巴律师不得接受办理该事务的指示。在律师没有充分时间和条件来准备该案件的情况下，法律服务的质量很难得到保障。因此，律师在办理案件时，应当根据具体情况来保持适当的工作量，在业务撞车而又无法解决的情况下，我们不能说该律师具有接受该案件委托的适当性。

3. 有效管理。所谓有效管理，是说律师在提供法律服务时，应当处于律师事务所的有效管理之下。这是律师向社会提供法律服务的基本要求之一。这一条件具有两个含义：首先，律师应当在律师事务所执业。我国《律师法》规定，律师事务所是律师的执业机构；律师承办业务，由律师事务所统一接受委托，与委托人签订书面委托合同，按照国家规定统一收取费用并如实入账。北京市律师协会通过的《北京市律师执业规范》也规定："律师的执业活动必须接受律师事务所的监督、管理。"因此，律师未经律师事务所正常手续，不能以律师名义对外提供法律服务。其次，律师在提供法律服务时，能够通过律师事务所的管理避免利益冲突。如果因为律师提供法律服务的活动使得委托人之间、律师和委托人之间产生了各种各样的利益冲突，则不能说明该律师具有办理该案件的称职性。律师在执业时应当接受律师事务所的管理，一方面是为了保证律师法律服务的有效性，如律师事务所的重大案件集体讨论等制度能避免或减少律师执业的不称职行为；另一方面是为了保障委托人的基本权益。

总之，律师办理案件的称职性，既包括宏观的法律知识和技能以及律师事务所管理方面的要求，也包括个案中所需要具体考虑的利益冲突等问题。因此，在确定律师是否应当接受某案件的委托时，应当进行多方面的考察。

第二节　律师的执业条件

在我国，以律师名义执业须获得律师执业许可。律师执业证书是律师依法获准执业的有效证件。

一、法律职业资格证书的取得

获得法律职业资格证书和律师资格证是是律师执业的前提条件。根据《律师法》的规定，申请律师执业，应当具备下列条件：拥护中华人民共和国宪法；通过国家统一司法考试；在律师事务所实习满 1 年；品行良好。实行国家统一司法考试前取得的律师资格凭证，在申请律师执业时与国家统一司法考试合格证书具有同等效力。

（一）我国统一司法考试的发展历程

我国的统一司法考试经历了一个从无到有，从单一行业资格统一考试到三个行业资格合并的统一考试，即从律师资格统一考试到律师资格、法官资格、检察官资格统一考试的发展历程。

1. 考核授予律师资格。从新中国成立到 1978 年，取得律师资格采取由律师事务所申报，地（市）司法局审核，省、自治区、直辖市司法厅（局）批准，最后报司法部备案的做法。这一规定在我国律师制度恢复初期，为发展律师队伍起到了重要作用，但随着民主法制建设的发展，该规定已不能适应律师事业的发展。据司法部有关部门统计，从 1979 年 8 月到 1984 年 6 月，全国通过考核取得律师资格的仅有 1.1 万人，远远不能满足社会的需求。此外，这种做法因主观随意性较大、缺乏统一的标准，不利于广泛吸收人才，使一些素质较低的人也混入了律师队伍。

2. 律师资格考试。1984 年，江西省首创全省律师资格统一考试，取得了良好的社会效果。1985 年，北京等地也举行了类似的考试。1986 年，司法部在借鉴国外做法和总结各地律师资格考试经验的基础上，作出了实行全国范围内的律师资格统一考试的决定。

1986 年 8 月，第一次全国律师资格统一考试举行，但它基本上是一次内部考试，应考人员中的绝大部分为已在律师事务所从事律师工作的人员。考试科目为律师实务、宪法、法学基础理论、刑法、刑事诉讼法、民法、民事诉讼法、婚姻法、继承法。

1988 年 9 月，第二次全国律师资格考试举行，报考人员的范围不加限制，无论有无职业、从事何种工作都有资格报考。考试分为三类：①综合考试部分，包括宪法、法学基础理论、国际法、国际私法、国际贸易法、国外法制史、法医学、刑侦学等学科中的基本知识和律师工作的常用知识；②专业法律部分，包括刑法、刑事诉讼法、民法、民事诉讼法、婚姻法、继承法、经济法；③律师制度与律师实务。同时规定对具有大学本科以上学历者免试部分科目。

1990 年，第三次全国律师资格考试举行。此次考试在考试科目中增加了时事政治和政治理论内容，取消了外国法制史、法医学、刑侦学等学科。

1992 年的全国律师资格考试由各省、自治区、直辖市司法厅（局）公布录取人数，划定分数线。

1993 年，司法部决定将每两年举行一次的全国律师资格考试改为每年举行一次，并调整了考试科目。

1994 年的全国律师资格考试采取全国统一录取分数线的方式进行，并从 1994 年起允许港澳台居民参加全国律师资格考试。

为了规范律师资格考试制度，1996 年《律师法》对全国律师资格考试作出了相应规定，国家实行律师资格全国统一考试制度。具有高等院校法学专科以上学历或者同等专业水平，以及高等院校其他专业本科以上学历的人员，经律师资格考试合格的，由国务院司法行政部门授予律师资格。律师资格全国统一考试办法，由国务院司法行政部门制定。1996 年 12 月，司法部发布了《律师资格全国统一考试办法》，规定了律师资格考试的性质、原则、考试时间、报考条件和办法、考试组织以及违反考试纪律的处罚办法等内容。2000 年 7 月 26 日，司法部发布了《律师资格考试办法》，1996 年司法部颁布的第 48 号部令《律师资格全国统一考试办法》同时废止。《律师资格考试办法》是我国历史上对律师资格考试最初系统规范的行政规章。截至 2000 年，全国律考报名人数已突破 21 万，律师资格考试已经成为仅次于高考的国家级考试，这也反映出我国律师行业兴旺发展的良好态势。

3. 统一司法考试。2001 年 6 月 30 日，第九届全国人民代表大会常务委员会第二十二次会议通过了《全国人民代表大会常务委员会关于修改〈中华人民共和国检察官法〉的决定》和《全国人民代表大会常务委员会关于修改〈中华人民共和国法官法〉的决定》。两个决定都规定，国家对初任检察官、法官和取得律师资格实行统一的司法考试制度。国务院司法行政部门会同最高人民检察院、最高人民法院共同制定司法考试实施办法，由国务院司法行政部门负责实施。2001 年 7 月 12 日，司法部根据第九届全国人民代表大会常务委员会上述两个决定发布了《关于废止〈律师资格考试办法〉的决定》，决定废止司法部于 2000 年 7 月 26 日颁布施行的《律师资格考试办法》。2001 年 7 月 15 日，最高人民法院、最高人民检察院和司法部联合发布公告，确定 2001 年度最高人民法院的初任法官考试、最高人民检察院的初任检察官考试和司法部的律师资格考试都不再单独组织，纳入 2002 年年初举办的首次国家司法考试。首次国家司法考试于 2002 年 3 月 30、31 日在全国统一举行。

最高人民法院、最高人民检察院和司法部于 2001 年联合发布《国家司法考试实施办法（试行）》明确规定："国家司法考试是国家统一组织的从事特定法律职业的资格考试。初任法官、初任检察官和取得律师资格必须通过国家司法考试。"司法统一考试的报名条件为：①具有中华人民共和国国籍；②拥护《中华人民共和国宪法》，享有选举权和被选举权；③具有完全民事行为能力；④符合《法官法》、《检察官法》和《律师法》规定的学历、专业条件；⑤品行良好。

2008 年，《国家司法考试实施办法》修订，规定初任法官、初任检察官，申请律师执业和担任公证员必须通过国家司法考试，取得法律职业资格。法律、行政法规另有规定的除外。司法考试的报名条件修订为：①具有中华人民共和国国籍；②拥护《中华人民共和国宪法》，享有选举权和被选举权；③具有完全民事行为能力；④高等院校法律专业本科毕业或者高等院校非法律专业本科毕业并具有法律专业知识；⑤品行良好。

（二）特许律师执业

在统一司法考试实施之前，我国除了通过考试取得律师资格之外，还存在着通过考核授予律师资格的情况。考核授予律师资格，是指司法行政机关对符合条件的公民考察核准后，即授予其律师资格，这是考试取得律师资格的例外情况。

1. 考核授予律师资格制度回顾。在 1986 年以前，考核授予律师资格是我国吸收律师的主要途径，1986 年颁布的《中华人民共和国律师暂行条例》第 8 条规定："热爱中华人民共和国，拥护社会主义制度，有选举权和被选举权的下列公民，经考核合格，可以取得律师资格，担任律师：①在高等院校法律专业毕业，并且做过 2 年以上司法工作、法学教学工作或者法学研究工作的；②受过法律专业训练，并且担任过人民法院审判员，人民检察院检察员的；③受过高等教育，做过 3 年以上经济、科技工作，熟悉本专业以及本专业有关的法律、法令，并且经过法律专业训练，适合从事律师工作的；④其他具有本条例第 1 项或第 2 项所列人员的法律水平，并且有高等学校文化水平，适合从事律师工作的。"这样的规定存在着很大的局限性，例如它规定的政治条件比较笼统，难以掌握；它对专业知识的要求过低，既未要求高等院校"毕业"，也没有规定最低学历。由于没有统一的具体标准，各地做法不太一致，甚至在操作过程出现了盲目追求数量和为照顾关系而降低条件的不正常现象。1993 年司法部在《关于深化律师工作改革的方案》中，提出建立考核授予律师资格的制度，将此作为律师考试制度的一种补充。1996 年 5 月 15 日通过的《中华人民共和国律师法》对此给予了确认："具有高等院校法学本科以上学历，从事法律研究、教学等专业工作并具有高级职称或者具有同等专业水平的人员，申请律师执业的，经国务院司法行政部门按照规定的条件考核批准，授予律师资格。"

1996 年 10 月 25 日，司法部发布了《律师资格考核授予办法》，对《律师法》的规定从授予对象、条件、程序等方面加以具体规范。根据《律师资格考核授予办法》，考核授予律师资格的对象是拥护中华人民共和国宪法，品行良好，身体健康，年龄在 65 岁以下，具有高等院校法学本科以上学历，在被授予律师资格后能够专职从事律师工作的中华人民共和国公民。该公民必须具备以下积极条件之一：①在高等法律院校（系）或法学研究机构从事法学教育或研究工作，已取得高级职称的；②具有法学专业硕士以上学位，有 3 年以上法律工作经历或者在律师事务所工作 1 年以上的；③其他具有高级职称或者同等专业水平，可以考核授予律师资格的。同时，该公民不能具有以下任何情形：①受过刑事处罚的，但过失犯罪的除外；②被开除公职或被吊销律师执业证的；③无民事行为能力或者限制民事行为能力的；④伪造证明材料申请考核授予律师资格的；⑤其他不适宜从事律师职业的。

2. 《律师法》有关特许律师执业制度的规定。《律师法》第 8 条规定："具有高等院校本科以上学历，在法律服务人员紧缺领域从事专业工作满 15 年，具有高级职称或者同等专业水平并具有相应的专业法律知识的人员，申请专职律师执业的，经国务院司法行政部门考核合格，准予执业。具体办法由国务院规定。"2008 年 5 月颁布的《律师执业管理办法》第 8 条规定，申请特许律师执业，应当符合《律师法》和国务院有关条例规定的条件。2012 年 3 月，国务院法制办公室发布关于《特许律师执业考核条例（征求意见稿)》公开征求意见的通知，截至 2013 年 5 月，该条例尚未出台。

二、律师执业证书的取得

律师执业证是律师执业的有效证件。律师执业，应当依照规定领取律师执业证。未取得律师执业证书的人员，不得以律师名义执业。

（一）申请律师执业的条件和程序

1. 有关规定。我国的《律师法》和司法部 2008 年 7 月发布的《律师执业管理办法》对申请律师执业的条件和程序作出了规定。

根据《律师法》的规定，申请律师执业的条件是：①拥护中华人民共和国宪法；②通过国家统一司法考试；③在律师事务所实习满 1 年；④品行良好。《律师执业管理办法》规定，实行国家统一司法考试前取得的律师资格证书，在申请律师执业时，与法律职业资格证书具有同等效力。享受国家统一司法考试有关报名条件、考试合格优惠措施，取得法律职业资格证书的，其申请律师执业的地域限制，按照有关规定办理。申请兼职律师执业，除符合律师法规定的条件外，还应当具备下列条件：①在高等院校、科研机构中从事法学教育、研究工作；②经所在单位同意。

2. 实习。申请律师执业还必须经过一定期间的实习，并经考核合格。《律师执业管理办法》规定，申请律师执业的人员，应当按照规定参加律师协会组织的实习活动，并经律师协会考核合格。

2007 年 2 月，根据第六届全国律协第三次常务理事会决议，并经司法部审核同意，《申请律师执业人员实习管理规则（试行）》颁布，司法部决定由律师协会承担实习管理职责。2010 年，全国律协修订了《申请律师执业人员实习管理规则》，根据该规则，律师协会承担的实习管理职责主要内容包括：①拟申请实习的人员，应当通过拟接收其实习的律师事务所向住所地设区的市级律师协会申请实习登记，并提交相关材料。②设区的市级律师协会应当自收到申请实习登记材料之日起 20 日内予以审核，对于符合规定条件的，准予实习登记，并向申请实习人员颁发《申请律师执业人员实习证》；对于不符合规定条件的，不准予实习登记，并书面告知申请实习人员和拟接收其实习的律师事务所不准予实习登记的理由，同时将不准予实习登记的决定报省、自治区、直辖市律师协会备案，抄送当地设区的市级或者直辖市区（县）司法行政机关。申请实习人员对不准予实习登记决定有异议的，可以自收到书面通知之日起 15 日内，向作出决定的律师协会或者省、自治区、直辖市律师协会申请复核。律师协会应当自收到复核申请之日起 15 日内进行复核，并将复核结果通知申请人。③实习分集中培训和实务训练两个阶段进行。实习期限为 1 年。集中培训由省级律师协会或者有条件的地市级律师协会组织进行。集中培训时间不得少于 1 个月。集中培训内容包括：中国特色社会主义基本理论和社会主义法治理念、律师制度和律师的定位及其职业使命、律师执业管理规定、律师职业道德和执业纪律、律师实务知识和执业技能等内容。组织集中培训的律师协会可以根据本地实际情况增加有关的培训内容。④集中培训结束时，应当对参加培训的实习人员进行考核。经考核合格的，由地方律师协会发给《实习人员集中培训结业证书》；考核不合格的，由地方律师协会安排其再次参加集中培训，所需时间不计入实习时间。⑤实习人员的实务训练，由接收其实习的律师事务所负责组织实施。律师事务所应当按照中华全国律师协会制定的实务训练指南，指派符合条件的律师指导实习人员进行实务训练，并为实习人员进行实务训练提供必要的条件和保障。⑥ 实习人员实习期满后，应当通过律师事务所向准予其实习登记的律师协会提出实习考核申请，并提交相应材料，律师协会应当自收到律师事务所提交的实习考核申请材料之日起 60 日内，组织对实习人员进行考核。律师协会对实习人员的考核，实行材料审查与素质测评相结合的方法，对实习人员的政治素质、道德品行、业务素质以及完成实习项目的情况和遵守律师职业道德、实习纪律的情况进行全面考核，据实出具考核意见。⑦律师协会出具的考核合格意见，是实习人员符合申请律师执业条件的有效证明文件。经律师协会考核合格的人员，应当自收到考核合格通知之日起 1 年内向司法行政机关申请律师执业。超过 1 年申请律师执业的，应当由律师协会重新对其进行考核。⑧对律师事务所、实习指导律师、实习人员违反规定的行为加以惩戒。

　　律师协会对实习人员实习活动的管理，应当接受司法行政机关的指导和监督。

　　3. 申请律师执业。律师执业许可，由设区的市级或者直辖市的区（县）司法行政机关受理执业申请并进行初审，报省、自治区、直辖市司法行政机关审核，作出是否准予执业的决定。实习人员在实习期满后申请领取律师执业证书的程序包括向司法行政机关提出申请、司法行政机关进行审核、审核通过颁发执业证书三个阶段：

（1）提交相关材料。申请律师执业，应向设区的市级或者直辖市的区（县）司法行政机关提交下列材料：①执业申请书；②法律职业资格证书或者律师资格证书；③律师协会出具的申请人实习考核合格的材料；④申请人的身份证明；⑤律师事务所出具的同意接收申请人的证明。申请兼职律师执业，还应当提交下列材料：①在高等院校、科研机构从事法学教育、研究工作的经历及证明材料；②所在单位同意申请人兼职律师执业的证明。申请执业许可时，申请人应当如实填报《律师执业申请登记表》。

（2）律师执业许可。由设区的市级或者直辖市的区（县）司法行政机关受理执业申请并进行初审，受理申请的司法行政机关应当自决定受理之日起20日内完成对申请材料的审查。经审查，应当对申请人是否符合法定条件、提交的材料是否真实齐全出具审查意见，并将审查意见和全部申请材料报送省、自治区、直辖市司法行政机关。

（3）省、自治区、直辖市司法行政机关应当自收到受理申请机关报送的审查意见和全部申请材料之日起10日内予以审核，作出是否准予执业的决定。准予执业的，应当自决定之日起10日内向申请人颁发律师执业证书。不准予执业的，应当向申请人书面说明理由。有下列情形之一的人员，不得从事律师职业：①无民事行为能力或者限制民事行为能力的；②受过刑事处罚的，但过失犯罪的除外；③被开除公职或者被吊销律师执业证书的。

（二）律师执业年度考核制度

2007年《律师法》将"对律师的执业活动进行考核"明确规定为律师协会的职责，2010年，全国律师协会颁布了《律师执业年度考核规则》，明确律师执业年度考核，是指律师协会在律师事务所对本所律师上一年度执业活动进行考核的基础上，对律师的执业表现做出评价，并将考核结果报司法行政机关备案，记入律师执业档案。

律师执业年度考核由设区的市级律师协会和直辖市律师协会负责组织实施；设区的市未建立律师协会的，可以由所在的省、自治区律师协会负责组织实施。省、自治区、直辖市律师协会指导、监督本区域的律师执业年度考核工作。律师事务所应当召开律师执业年度考核工作会议，听取律师个人总结，组织进行民主评议。根据考核评议情况，由律师事务所依据本规则规定的考核内容、考评标准，对律师上一年度的执业表现出具考核意见。设区的市级律师协会和直辖市律师协会应当按照当地司法行政机关规定的时间将律师执业年度考核结果报所在地设区的市级或者直辖市区（县）司法行政机关备案；由其通过备案审查后，在律师执业证书上加盖"律师年度考核备案"专用章。

律师经年度考核被评定为"不称职"的，设区的市级律师协会或者直辖市律师协会应当根据其存在的问题，书面责令其改正，并安排其参加律师协会组织的培训教育。律师连续两年被评定为"不称职"的，由律师协会给予通报批评或者公开谴责的行业惩戒；情节严重的，建议司法行政机关依法给予相应的行政处罚，也可以建议律师事务所与其解除聘用关系或者经合伙人会议通过将其除名。

（三）律师执业证书的收回、注销

律师有下列情形之一的，由其执业地的原审核颁证机关收回、注销其律师执业证书：①受到吊销律师执业证书处罚的；②原准予执业的决定被依法撤销的；③因本人不再从事律师职业申请注销的；④因与所在律师事务所解除聘用合同或者所在的律师事务所被注销，在6个月内未被其他律师事务所聘用的；⑤因其他原因终止律师执业的。

三、律师从事专业法律服务资格及律师职务回顾

从某种意义上讲，律师专业法律服务资格和律师专业职务是我国律师制度中具有"中国特色"的内容，这两项制度是基于我国律师行业的发展不够成熟而产生的，随着我国律师行业的发展已退出历史舞台。

（一）律师专业法律服务资格

在我国律师制度刚刚起步，律师执业的水平参差不齐，很多专业化的法律服务并非仅仅具备一般的法律知识就能提供的情况下，为了加强国家对这些专业法律服务领域的监管，保证律师能够合格地提供专业法律服务，我国曾对律师从事某些专业法律服务规定了特殊的资格要求。但是随着我国律师行业的进一步发展，律师执业水平的不断提高，其向客户提供专业法律服务的合格性将由市场来控制，不能称职地依法履行职务的律师必然会被市场淘汰，因此，专业法律服务资格已被取消从而和国际社会接轨。

这些特殊的专业法律服务资格包括证券法律服务律师资格、集体科技企业产权界定律师资格、招标投标法律业务律师资格和企业法律顾问律师资格。

（二）律师职务

律师职务是根据律师的性质以及实际工作需要而设置的工作岗位，实际上就是律师职称。

1987年10月10日，司法部制定了《律师职务试行条例》，经中央职称改革工作领导小组审核，于1987年10月22日发布试行。该条例将律师职务分为一级律师、二级律师、三级律师、四级律师和律师助理五种。其中，一级律师和二级律师为高级职务，三级律师为中级职务，四级律师与律师助理为初级职务。律师职务属于我国在科学技术工作中所实行的专业技术职务的一种，这一制度是由我国律师制度初建及恢复重建时期的特点和国家的干部管理体制所决定的。

第三节 律师的素质与律师职业教育

一、律师的业务素质

法律职业者担负着正确适用法律、公正解决纷争、有效维护社会秩序的重要职责。法律职业人的职业素养决定着法律运作过程及其结果的质量与效率，一个国家法治化程度的高低与其法律职业素养的要求成正比，现代法治社会都要求法律职业者必须具备较高的职业素质。

自从有了律师，人们就开始用"好"与"差"来评论一个律师，评论律师办理的某一个案子，评论律师的能力，重要的是对律师能力的评价，然而，好与差是一个模糊的概念，对于当事人来说，一个好律师应该是百分之百地履行委托而且收费低廉的律师。不同的国度，不同的时期，人们评价一个好律师的标准不尽相同，但都离不开对律师办案能力的要求。

何谓能力？辞书上解释为："能胜任某项任务的本领。"要达到有能力这个标准，就要求具备一定的素质。作为一个成功的、优秀的律师，应该在法学理论方面有高深的造诣、深入的研究，具有娴熟的办案技巧，严密的逻辑思维能力，具备演说家的口才等。但是，不可能要求每一个律师都具有优秀律师的素质。然而作为一名律师应具备律师职业应有的基本素质，尤其是业务素质，这是不同时期、不同国度对律师的共同要求。委托人找到律师的目的就是获得有效的法律帮助，而律师作为提供法律服务的人员，其职业理想就是以高超的法律技能和娴熟的法律技术为委托人提供有效服务。称职的律师应当能够就法律向委托人提供足够的信息，以便有效解决法律问题。具体说来，律师以向社会提供法律服务为职责，律师应具有对基本法学知识全面掌握并加以运用的能力。此外，为了提供优质的法律服务，学习和掌握有关的科学知识也显得尤为重要，律师服务还是一项实践性很强的业务，具有律师业务技巧也是必不可少的。综述之，律师的业务素质应包括多层次的知识结构和律师业务技巧。

（一）法律知识的综合运用能力

1. 掌握基本的法学知识。法学基础知识是每一位法律工作者必须熟练掌握并加以应用的，也是律师提供法律服务起码应当具备的。基本的法学知识包括宪法学、刑法学、民法学、经济法学、婚姻法学、国际法学、诉讼法学、证据法学等法学基础知识和有关的法律、法规以及有关的立法、司法解释和党在各个时期的方针政策等。只有掌握基本法学基础知识，才能在法律服务中准确地认定法律事实，分析法律关系，正确地运用有关法律，解决好涉及的法律问题。法律、法规是律师进行各项业务活动必须遵循的准绳，而我国的法律大都规定得较为原则、笼统，难以将现实生活中层出不穷的法律关系概括无遗，有的法律还存在明显的滞后性，为了弥补法律的不足，国家出台了大量的补充规定和司法解释，它们与法律具有同等的效力，要求律师也必须掌握。对一些法律没有规定的问题，需要依据有关政策的精神加以解决，故了解有关政策精神也同样具有重要性。目前，我国法律、法规颁布、废止的比例较大，及时学习、贯彻执行立法机关颁布的新法律、新规定、新条例以及有关司法解释，显得尤为重要。律师业务涉及的法律知识非常广泛，律师不可能全部掌握，也没有必要全部掌握，随着律师业务专业化的发展，律师不再局限于为委托人提供一切的法律服务，而是提供更具专业性的高层次的法律服务，成为处理某专业、某领域法律问题的专家，这就要求律师在掌握基本法学知识的同时，根据自己的特长，精通某个领域或某个专业的法学知识，熟悉与之相关的法律、法规和政策，并对服务对象的业务知识有所了解，以更高的层次提供法律服务。此外，随着我国对外开放政策的贯彻实施，涉外纠纷、诉讼也日益增多，律师办理涉外业务的机会也增多，这就要求律师不仅要熟悉我国有关法律，还应掌握我国缔结或参加的有关国际条约，了解国外的法律规定、国际惯例等。

司法部 1993 年《关于深化律师工作改革的方案》提出了要根据律师队伍的知识结构状况，有计划地组织律师向着专业型、复合型和外向型的方向发展。

2. 发展综合运用法学知识的能力。作为一名律师，重要的是运用法学知识为委托人解决法律问题。因此，仅仅背诵几个法律条文是远远不够的，必须对法律知识加以融会贯通，发展综合运用法学知识的能力，才能更好地提供法律服务。

（二）丰富的社会知识拥有能力

律师业务涉及社会生活的各个领域，律师法律服务的对象涉及各行各业的机关、团体、企事业单位、经济组织、公民个人，律师服务的广泛性，决定了律师要想更好地提供法律服务，履行职责，除了具有基本的法学知识外，还必须具有丰富的社会知识，对于经济、金融、会计、商务等知识都应有广泛的了解，对于当事人所从事的业务，更要进一步的学习、掌握。例如作为贪污案件被告人的辩护人参加诉讼，律师就必须对会计学的基本原理等知识有所了解，应用会计学知识分析、判断被告人的行为是否构成贪污犯罪，检察机关认定的贪污数额是否准确。不仅如此，律师还应对被告人实施贪污行为涉及的经济活动的有关知识有所了解，因为贪污行为往往同正常的经济活动交织在一起，只有对相关的经济活动的原则、环节等有所了解，才能区别什么是执行正常的经济活动，什么是贪污行为，并以此为依据加以分析判断，进行辩护，才会取得较好的效果。又如律师办理有关伤害的案件，就必须正确认定重伤、轻伤及伤害程度，这既涉及适用法律条款，又涉及定罪量刑。而正确地认定重伤与轻伤及伤害程度，要求律师了解有关的医学知识，否则就可能被一些专门术语所困惑。拥有丰富的社会知识，律师要善于学会拓宽自己的知识面，并虚心求教于有关专家、工程技术人员，学习有关的科技书籍、规章制度等。

（三）律师要有一定的文学修养

律师在执行职务中，无论作为辩护人、代理人、法律顾问，参与非诉讼法律事务、解答法律咨询，代写法律文书等都要同文字打交道。接案后阅卷要做阅卷笔录，在法庭审理时要发表辩护词、代理词、答辩状等，无不和文字相联系，这就要求律师提高文学修养，掌握语言文字基本功，使撰写的法律文书条理清晰、文字流畅、论点明确、论证有力。随着律师涉外业务的开展，律师对外语的掌握和运用也变得越来越重要。

（四）律师要有善辩的口才

律师执行业务无不需要进行语言交流，与委托人接触，解答法律咨询，进行调查访问，参加谈判，主持调解都离不开语言，法庭论辩更显示出善辩口才的重要性。早在古希腊的雅典，当事人正是觉察到法官易受善辩的影响，才不惜花钱雇佣精通法律而又口齿伶俐的人来为自己辩解。从证明方式的发展看，从神明裁判、法定证据制度到法庭论辩，只有法庭论辩才是将公正诉诸于人的理性，依靠充分说理的方法分清是非，这无疑是历史的进步。善辩的口才是一个律师必备的条件。善辩的口才，要求律师要有准确、清楚、简洁、生动的口语表达能力。当然，善辩的口才还需要充实的论辩内容的支持。

（五）律师要有一定的应变能力

世间万物处在不断的运动、变化和发展之中，静止是相对的。曾有一位律师说过：世上没有不可能发生的事，只有没有想到的事。瞬息万变的事物，有些是可以预见的，并能事先作出对策，而有些却是无法预见的，面对无法预见的情况的出现，每个人的反应各异，或惊慌失措，或镇静自若。作为律师，其业务活动涉及的范畴十分广泛，各种无法预料的事物，随时都可能发生，要面对各种情况。为当事人提供良好的法律服务，就要求律师应具备一定的应变能力。对出现的新情况，应处变不惊，对与自己掌握的材料有出入的事实，应加以分析对证，及时修正自己的意见，切忌"以不变应万变"，不顾案情的变化，按照事先准备好的方法处理。提高应变能力，除了加强心理素质的训练外，重要的是对法律、政策的理解和运用，以及对证据材料的掌握。只有"胸有成竹"，才能对突如其来的变故处之泰然。

（六）律师要有科学的思维方式

科学的思维方式，就是逻辑的思维方式。在律师的业务中，涉及的材料往往很多，但并非都是有用的，这就要求律师对发问加以具体分析、综合、判断、推理，最后得出结论，确立自己的观点。在律师必备的诸项素质中，良好的逻辑思维能力占据极为重要的地位。律师在业务活动中，无论担任刑事辩护、民事代理、法律顾问，还是提供法律咨询、代写法律文书都离不开判断、推理、证明、反驳等逻辑思维手段，可以说逻辑知识运用的好坏，直接影响到律师工作的成败。

（七）公关和竞争能力

律师业务涉及的领域和对象非常广泛，这就要求律师处理好方方面面的关系，具有一定的公关能力。律师机构作为市场经济的中介机构，也必须置身于市场经济竞争的大潮之中。这就要求律师具有竞争意识，学会竞争，敢于竞争。

二、律师的职业教育

法律教育是从事法律职业的必经之路，从逻辑上讲，法律教育提供的系统的法律学问为法律职业技能和职业伦理铺设了专业基础。有效的法律职业教育对于保障法律职业人的称职性不可或缺，世界许多国家都建立了完备的法律职业教育体系，由法学院及法律行业组织共同担负起法律职业的过渡教育和继续教育的责任。

为了保持法律职业较高的职业素养，各国在规定严格的准入制度的同时，还要求具有完备的培训制度，各国普遍成立有专门的培训机构，对法律职业者进行过渡教育和继续教育，并设立强制性规章。要求法律职业者在一定的期间接受不得低于一定时间的培训。使得律师在法律知识和技能方面的称职性得以维持并能够处于动态的发展状态中。

（一）法学院教育中的职业教育

在美国，学校教育与律师事务所实践的差距被业内人士称为"代沟"。普遍认为法学院学生所接受的技术训练从广度和深度上都无法应付实际的律师事务。欧洲在整个中世纪时期，法律职业者的培训都是依靠学徒制来完成的。通过训练筛选新成员、进行思想灌输，培养出掌握相应执业技能，并有着一致世界观的成员。学徒制一方面保障了法律职业者在法律服务市场的垄断地位，另一方面则保证了法律服务市场的"产品"质量。在美国，内战后，随着经济的发展和新的复杂法律领域的开辟，大学法学教育质量在19世纪末的逐步提高，使得法学院的学习过程成为法律职业的准备过程，而不再只是一般的普通高等人文教育。尤其是兰德尔（Langdell）出任哈佛法学院院长期间推行的案例教学法，极大地改善了法律教育，特别是对于学生"理论联系实际"能力的培训起到了很大的帮助作用。大学法律教育越来越注重培养学生运用法律的实践能力。

由于我国近代法学是作为一种人文知识而非一种职业的科学知识引入的，长期以来，素质教育说一直主导着法学教育，使得法学教学过于理论化，法学院与法律职业相去甚远。法学学科属于实践性、应用性很强的学科，实践教学作为培养人才模式中的重要组成部分，在实现培养人才目标尤其是在培养学生职业技能素质、激发学生创新精神等方面具有其他教学环节所不能替代的作用。因而，法学教育实践化成为世界法学教育出现的明显趋势之一。目前在实践中的做法主要有：提倡案例教学，加大课堂讨论的方法在课堂教育中所占的比例；定期在法学院内部举行模拟法庭比赛或开设模拟法庭训练课程，以弥补传统法学教育中的不足；开设"法律诊所课程"，"法律诊所课程"是20世纪60年代在美国法学院兴起的一种新型的法学教育方法，这种教学模式已成为当今世界法学教育改革的一种趋势；与法院、检察院、律师事务所等实务部门建立法律教育实践基地，增加实践性课程的比重，为学生参加法律实践活动创造了更好的条件，取得了良好的效果。

（二）律师职业过渡教育

《关于律师作用的基本原则》的联合国司法文件强调，各国政府、律师专业组织和教育机构应确保律师受过适当教育和培训，具有对律师的理想和道德义务以及对国内法和国际法所公认的人权和基本自由的认识。

法律职业是理论与实践紧密联系的职业，而法律职业者在进入法律职业之前所受的法律教育往往偏重于理论，而对实务的重视不足，为此世界多数国家都有着比较严格的、系统的过渡教育制度。

1. 境外律师职业过渡教育。

（1）日本的司法研修。在日本，每年通过司法资格考试者，要成为法官、检察官或律师必须强制进入司法研修所学习一年半，学习安排分为前期学习、后期学习和实习三个阶段。司法研修生在司法研修所带薪学习，薪水标准大致相当于同学历同年龄的国家公务员水准。司法研修分为前 4 个月的理论研修；1 年的实务研修，主要是到法院、检察院与律师事务所实习。

（2）美国强制性的"过渡教育"。全美大约有 2/3 的州把法学院毕业生毕业后接受某种程度的法学继续教育规定为强制性的要求，还有 7 个州已经规定了"过渡教育"的要求，以帮助法学院毕业生顺利地向执业律师过渡。律师执业技能培训采取分小组角色扮演、讲座等形式。

（3）法国的律师培训中心。法国有 25 个律师职业培训中心，每年培训 1500 ～ 2500 名律师，培训中心的费用大部分来自律师协会，一部分由政府补贴。培训中心的主要任务是对新加入律师职业的人员进行职业培训，凡是法学本科毕业、申请加入律师队伍的人员必须经过培训中心的培训。

（4）德国的实践培训。在德国，在首次国家考试举行后，通过考试的"候选者"可以注册参加为期 2 年的实践培训。作为一种"预备服务"，这种培训由各州负责组织。由国家支付工资，享受准公务员待遇。实习结束后，可申请参加第二次考试，通过第二次考试的，可以申请担任法官、检察官或律师。

（5）英格兰及威尔士初级律师的法律职业课程（LPC）及高级律师的法庭职业培训课程（BVC）。在英格兰及威尔士，获得英格兰及威尔士初级律师资格，都必须参加一个为期 1 年的全日制进修课程——律师协会组织的法律职业课程（Legal Practice Course）。这一课程具有较强操作性和针对性，综合了实体法、法律实践和程序法的内容，大约有 25% 的时间用于掌握诸如起草文件、会见、谈判、辩论和法律调查的技巧。在年度课程结束时，学员们必须通过四项必修实体法课程（不动产转让、遗嘱认证、商法、诉讼与法庭辩论）以及他们选修的民法系列或商法系列其他课程的考试。培训的另外一个重要内容是职业道德和执业规则教育，不合格者不允许毕业。律师协会负责监督实习律师培训的全过程。完成了法律职业课程（LPC）后，这些未来的律师便可以进入律师事务所开始为期 2 年的实习，参加进一步的律师职业培训，在此培训期结束后，才能获得英格兰及威尔士最高法院的律师资格。实习期满，便可以与事务所签订聘用合同，在律师协会办理有关的律师业准入手续。高级律师的培训则在获得了大学法律学位后进行，课程为法庭职业培训课程（BVC）。此课程为期 1 年，由强化的技能培训课程组成。侧重点放在律师的辩护上，因为这是大多数律师的主要工作。培训完成后，进入律师训练期，又称"见习期"。职业道德的培养在高级律师的职业培训中及以后的见习期中起着十分重要的作用。

2. 我国律师职业的过渡教育。我国《律师法》第 5 条第 1 款规定："申请律师执业，应当具备下列条件：①拥护中华人民共和国宪法；②通过国家统一司法考试；③在律师事务所实习满 1 年；④品行良好。"全国律协《申请律师执业人员实习管理规则》规定，已取得法律职业资格证书或者律师资格证书者，申请成为执业律师，需要到律师事务所进行为期 1 年的实习，实习分集中培训和实务训练两个阶段进行。

（三）律师继续教育

1. 境外律师继续教育。在英国，实习期满后，一旦获得初级律师资格，法律协会则要求参加必需的继续教育课程。此项教育将延续至律师的整个职业生涯。德国律师协会规定律师每年必须接受两周以上的培训，培训由律师协会下属的律师培训中心组织实施。在美国，许多州设立了"法学继续教育中心"，为那些希望提高执业技能或者学习新技能的执业律师提供接受再教育的机会，为了适应执业律师繁忙的工作日程，很多培训计划不采用集中完成的方式，而是可能在长达 3 年的时间内陆续进行。美国有的州规定了律师进修的义务，实行律师强制进修制度。法国规定已执业律师接受不少于 20 小时/年的培训，不参加者，将不再在其执业证书上注署"律师专长"。日本"日律联"制定的"特别进修规则"，以律师的继续学习为目的，规定了参加研究会的目的及律师的研究课题，同时要求律师们在 6 个月内完成 50 学时的必修课。

2. 我国律师继续教育。我国《律师执业行为规范》要求，律师应当参加、完成律师协会组织的律师业务学习及考核。在实践中，各级律师协会通过论坛、讨论、沙龙、网络远程教育等多种形式，组织律师的业务学习，许多规范的律师事务所也积极开展所内的培训活动，以提高执业律师的职业素养。

■ 思考题

1. 如何取得律师资格？
2. 取得律师执业证的条件和程序是什么？
3. 简述律师执业证的管理。
4. 《律师法》对律师执业有哪些限制性规定？
5. 如何看待律师的业务素质及其优势与不足？
6. 你认为律师应具备怎样的知识结构？

■ 参考书目

1. 王进喜、陈宜主编：《律师职业行为规则概论》，国家行政学院出版社 2002 年版。
2. ［美］马丁·梅耶：《美国律师》，胡显耀译，江苏人民出版社 2001 年版。

3. 〔美〕科林·埃文斯：《美国法庭名流》，马永波译，北方文艺出版社 2002 年版。

4. 〔美〕理查德．卡伦伯格：《毁约——哈佛法学院亲历记》，胡正勇、林正译，世界知识出版社 2003 年版。

5. 〔美〕艾伦·德肖微茨：《致年轻律师的信》，王楚明、汤家芳译，上海人民出版社 2004 年版。

6. 刘瑛：《律师的思维与技能》，法律出版社 2006 年版。

7. 马贺安：《生存与尊严——律师的案源从哪里来》，人民法院出版社 2006 年版。

第四章　律师的权利和义务

■ **学习目的和要求**

　　通过本章的学习，掌握律师享有哪些权利并承担哪些义务。

■ **重点及难点**

　　律师权利的实现

　　律师的权利与义务内容反映了一个国家律师制度是否完备，以及律师所处的法律地位如何。世界各国几乎都在律师法或其他相关法律中作了明确规定。

第一节　律师的权利

　　为了保障律师执业活动的正常进行，各国法律都对律师的权利作了明确规定。我国《律师法》、《刑事诉讼法》、《民事诉讼法》、《行政诉讼法》以及有关的法规对律师的权利作了规定，律师的权利主要有：调查取证权、阅卷权、会见通信权、得到人民法院适当的开庭通知的权利、出席法庭、参与诉讼的权利、获取本案各种法律文书副本的权利、代行上诉权、拒绝辩护、代理权等。我国有关法律法规在对律师的权利加以规定的同时，也进行了一些限制，使得律师权利的行使在实践中遭遇许多困难。随着司法改革的进行，有关的试点在不断地摸索经验，有关部门也出台了相应的规定，维护律师的权利。2003 年 12 月最高人民检察院发布了《关于人民检察院保障律师在刑事诉讼中依法执业的规定》，对律师会见犯罪嫌疑人、听取律师意见、律师查阅案卷材料、辩护律师申请收集、调取证据、律师投诉的处理等都作了规定。2006 年，最高人民法院发布《关于认真贯彻律师法依法保障律师在诉讼中执业权利的通知》，要求进一步学习律师法和诉讼法有关规定，依法保护当事人及代理律师、辩护律师的各项诉讼权利。2007 年《律师法》对律师权利的规定有所突破，2012 年 3 月，我国《刑事诉讼法》修改并颁布，其中对律师的会见权、阅卷权、调查权等作了修改，2012 年 10 月 26 日，中华人民共和国第十一届全国人民代表大会常务委员会第二十九次会议于通过《全国人民代表大会常务委员会关于修改〈中华人民共和国律师法〉的决定》，对与刑事诉讼法规定不一致的内容加以修改，其内容主要涉及律师参与刑事诉讼的权利。

一、律师的调查取证权

律师的调查取证权，是律师的一项基本的权利，是指律师在承办法律事务的过程中，有走访知情人、收集与案件有关的事实材料的权利。律师承办法律事务离不开证据，尤其在诉讼案件中。在实践中，律师收集、判断、运用证据的好坏，往往影响到代理活动的质量。律师调查取证的权利不仅仅源自被追诉人自身固有的基本权利——辩护权。同时，律师作为一个专业行业，代表着来自民间的社会力量，处于国家权力体系之外。因此，律师的诉讼权利从根本而言是以社会权力作为依托和支撑的。正是这一权利来源决定了律师具有不依附于法官、检察官和被追诉人的独立的诉讼地位和诉讼权利。

我国1996年《律师法》第31条和《刑事诉讼法》第37条明确了辩护律师享有调查取证权，但又给予了较多的限制，《律师法》第31条规定，律师承办法律事务，经有关单位或者个人同意，可以向他们调查情况。《刑事诉讼法》第37条规定，辩护律师经证人或者其他有关单位和个人同意，可以向他们收集与本案有关的材料，也可以申请人民检察院、人民法院收集、调取证据，或者申请人民法院通知证人出庭作证。辩护律师经人民检察院或者人民法院许可，并且经被害人或者其近亲属、被害人提供的证人同意，可以向他们收集与本案有关的材料。如此的规定使律师的调查取证权在司法实践中难以实现。有关单位和证人拒绝律师调查的事例屡见不鲜，但法律没有对这种拒绝作证的行为作出任何制裁性的规定。2012年修订的《刑事诉讼法》第41条仍规定：辩护律师经证人或者其他有关单位和个人同意，可以向他们收集与本案有关的材料，也可以申请人民检察院、人民法院收集、调取证据，或者申请人民法院通知证人出庭作证。辩护律师经人民检察院或者人民法院许可，并且经被害人或者其近亲属、被害人提供的证人同意，可以向他们收集与本案有关的材料。但在此限制之外，也规定了"辩护人认为在侦查、审查起诉期间公安机关、人民检察院收集的证明犯罪嫌疑人、被告人无罪或者罪轻的证据材料未提交的，有权申请人民检察院、人民法院调取"。新《刑事诉讼法》自2013年1月1日施行，新规定在实践中的落实，是否还像学者们曾经批判的"形同虚设"，我们将拭目以待，毕竟从立法层面来讲，新刑事诉讼法有关律师权利的规定前进了一大步。

解决执行难的矛盾，充分发挥申请执行人及其代理律师的积极性，2004年北京市各级法院积极探索、试行委托调查制度。根据规定，由法院授权申请执行人的代理律师签发调查令，调查令上载明，法院授权代理律师向有关单位或个人调查被执行人的财产情况。有关单位或个人必须接受调查并如实反映情况，拒不接受调查或者不如实反映情况的，按拒不协助法院执行的行为处理。代理律师持调查令可向银行、工商、房管、税务等单位或个人调查被执行人财产证据和线索。该项制度的试点及推广对律师调查取证权的立法起到了积极的作用。

2012 年新修订的《民事诉讼法》第 61 条规定，代理诉讼的律师和其他诉讼代理人有权调查收集证据，可以查阅本案有关材料。查阅本案有关材料的范围和办法由最高人民法院规定。第 64 条规定，当事人及其诉讼代理人因客观原因不能自行收集的证据，或者人民法院认为审理案件需要的证据，人民法院应当调查收集。人民法院应当按照法定程序，全面地、客观地审查核实证据。并且第 200 条中，将"对审理案件需要的主要证据，当事人因客观原因不能自行收集，书面申请人民法院调查收集，人民法院未调查收集的"的情形规定为人民法院应当再审的情形。

1996 年《刑事诉讼法》第 96 条规定律师在犯罪嫌疑人被采取强制措施或被第一次讯问后就可以介入诉讼，但对律师的身份和地位始终没有明确，使得律师相应的权利义务都无法得到体现，律师究竟应当享有哪些诉讼权利、承担怎样的法律义务也就处于一种模棱两可的状态，使得在侦查阶段律师权利的范围极其有限，不能及时开展调查活动，不利于有效防止侦查阶段可能出现的偏差，也不利于以后的辩护活动的进行。2012 年修订的《刑事诉讼法》则明确规定：犯罪嫌疑人自被侦查机关第一次讯问或者采取强制措施之日起，有权委托辩护人；在侦查期间，只能委托律师作为辩护人。被告人有权随时委托辩护人。从而在立法上确定了律师在侦查阶段介入诉讼辩护人的身份和地位。

二、阅卷的权利

《民事诉讼法》第 61 条规定，代理诉讼的律师和其他诉讼代理人有权调查收集证据，可以查阅本案有关材料。查阅本案有关材料的范围和办法由最高人民法院规定。

2012 年修订的《刑事诉讼法》第 38 条规定："辩护律师自人民检察院对案件审查起诉之日起，可以查阅、摘抄、复制本案的案卷材料。其他辩护人经人民法院、人民检察院许可，也可以查阅、摘抄、复制上述材料。"1996 年《刑事诉讼法》第 36 条规定，辩护律师自人民检察院对案件审查起诉之日起，可以查阅、摘抄、复制本案的诉讼文书、技术性鉴定材料。其他辩护人经人民检察院许可，也可以查阅、摘抄、复制上述材料。辩护律师自人民法院受理案件之日起，可以查阅、摘抄、复制本案所指控的犯罪事实的材料。其他辩护人经人民法院许可，也可以查阅、摘抄、复制上述材料。审查起诉阶段，律师虽然看到案卷材料，但仅仅是本案的诉讼文书、技术性鉴定材料；即使到了审判阶段，律师也只能查阅、摘抄和复制指控被告人犯罪的证据材料，而人民检察院提起公诉，移送到法院的只是起诉书、证据目录、证人名单和主要证据复印件或者照片，使得辩护律师几乎无卷可阅。从而受到学者和律师们的批评。2012 年刑事诉讼法修正案有关律师阅卷权的规定，在实践中能否使长期以来律师阅卷难的问题得以解决，尚有待实践的考验。

三、同被限制人身自由的人会见和通信的权利

《联合国关于律师作用的基本原则》规定，遭逮捕、拘留或监禁的一切个人应有充分机会、时间和便利条件，毫无迟延地、在不被窃听、不经检查和完全保密的情

况下接受律师来访和与律师联系协商。这种协商可在执法人员能看得见，但听不见的范围内进行。《联合国囚犯待遇最低限度标准规则》中关于在押或等待审讯的囚犯一节规定："受刑事指控而被逮捕或监禁，由警察拘留或监狱监禁但尚未审讯和判刑的人在会见律师时，警察或监所官员对于囚犯和律师的会谈，可以用目光，但不得在可以听见谈话的距离以内。"被指控犯罪的人及时与律师联系并与律师自由地交谈，被认为是犯罪嫌疑人所享有的基本权利。我国 1996 年《刑事诉讼法》第 36 条规定，辩护律师自人民检察院对案件审查起诉之日起，可以同在押的犯罪嫌疑人会见和通信。但实践中，律师会见权的实现长期存在着许多阻碍。律师们普遍感到提前介入流于形式，律师为犯罪嫌疑人提供法律帮助还受到很大限制，尤其是在律师会见犯罪嫌疑人、被告人时，遇到的困难更多，公、检、法各有自己的规定、规则、解释，在执行中律师们无所适从。办理刑事案件"会见难"是律师们的共同感受。

根据 1996 年《刑事诉讼法》第 96 条规定，律师会见在押的犯罪嫌疑人，侦查机关根据案件情况和需要可以派员在场，涉及国家秘密的案件，律师会见在押的犯罪嫌疑人，应当经侦查机关批准。实际工作中，侦查机关往往派员干涉限制律师询问犯罪嫌疑人；以领导不在等理由故意拖延时间不给律师会见犯罪嫌疑人；或以涉及国家秘密为由拒绝律师会见犯罪嫌疑人。为了便于律师在刑事侦查阶段依法履行职责，切实维护在押犯罪嫌疑人、被告人的合法权益，各地出台了相应的规定。2012 年修订的《刑事诉讼法》第 37 条规定，辩护律师可以同在押的犯罪嫌疑人、被告人会见和通信。其他辩护人经人民法院、人民检察院许可，也可以同在押的犯罪嫌疑人、被告人会见和通信。辩护律师持律师执业证书、律师事务所证明和委托书或者法律援助公函要求会见在押的犯罪嫌疑人、被告人的，看守所应当及时安排会见，至迟不得超过 48 小时。危害国家安全犯罪、恐怖活动犯罪、特别重大贿赂犯罪案件，在侦查期间辩护律师会见在押的犯罪嫌疑人，应当经侦查机关许可。上述案件，侦查机关应当事先通知看守所。辩护律师会见在押的犯罪嫌疑人、被告人，可以了解案件有关情况，提供法律咨询等；自案件移送审查起诉之日起，可以向犯罪嫌疑人、被告人核实有关证据。辩护律师会见犯罪嫌疑人、被告人时不被监听。辩护律师同被监视居住的犯罪嫌疑人、被告人会见、通信，适用第 1 款、第 3 款、第 4 款的规定。该规定明确了自案件移送审查起诉之日起，辩护律师会见犯罪嫌疑人、被告人时不被监听。

为了进一步保障犯罪嫌疑人的辩护权，20 世纪八九十年代开始，一些国家和地区开始实行值班律师制度。即由律师协会事先根据律师本人的志愿和日期制作值班表，依值班表负责当日值班的律师在事务所等待，一旦身体受到拘束的嫌疑人或其配偶、亲属等要求律师帮助，值班律师经律师协会转告后即速与嫌疑人会面。在我国，一些地方也进行了"首次讯问，律师在场"的尝试，尽管还在实验中，但它已经凸显了法律的保护作用，让人们看到了我国法律制度的不断改革和完善。

四、律师的有限豁免权

我国《刑法》第 306 条规定："在刑事诉讼中，辩护人、诉讼代理人毁灭、伪造证据，帮助当事人毁灭、伪造证据，威胁、利诱证人违背事实、改变证言或者作伪证的，处 3 年以下有期徒刑……"但在现实中，证人在律师调查后因各种原因出现反复的情况是屡见不鲜的，这就有可能把律师置于十分危险的境地，导致司法机关错误追究律师的法律责任。1996 年《刑事诉讼法》第 38 条规定："辩护律师和其他辩护人，不得帮助犯罪嫌疑人、被告人隐匿、毁灭、伪造证据或者串供，不得威胁、引诱证人改变证言或者作伪证以及进行其他干扰司法机关诉讼活动的行为。"这一规定容易被控方错误利用。控方可以主观地认为律师触犯该规定而将律师绳之以法，公诉机关作为诉讼主体同时拥有惩罚辩方律师的权力，这就使辩护律师面临成为"阶下囚"的风险。全国发生律师涉嫌伪证罪方面的事例并不鲜见。《法制日报》曾发表文章说，1997～2002 年间，至少有 500 名律师被"滥抓、滥拘、滥捕、滥诉、滥判"，其中 80% 是由司法机关"送进班房"，"绝大部分（占 80%）又最终宣判无罪"。2012 年《刑事诉讼法》第 42 条，在规定"辩护人或者其他任何人，不得帮助犯罪嫌疑人、被告人隐匿、毁灭、伪造证据或者串供，不得威胁、引诱证人作伪证以及进行其他干扰司法机关诉讼活动的行为"的同时，规定"违反前款规定的，应当依法追究法律责任，辩护人涉嫌犯罪的，应当由办理辩护人所承办案件的侦查机关以外的侦查机关办理。辩护人是律师的，应当及时通知其所在的律师事务所或者所属的律师协会"。并增加第 46 条、第 47 条，根据这两条规定，辩护律师对在执业活动中知悉的委托人的有关情况和信息，有权予以保密。但是，辩护律师在执业活动中知悉委托人或者其他人，准备或者正在实施危害国家安全、公共安全以及严重危害他人人身安全的犯罪的，应当及时告知司法机关。辩护人、诉讼代理人认为公安机关、人民检察院、人民法院及其工作人员阻碍其依法行使诉讼权利的，有权向同级或者上一级人民检察院申诉或者控告。人民检察院对申诉或者控告应当及时进行审查，情况属实的，通知有关机关予以纠正。从而对律师的执业权利加以保护。

世界上许多国家如英国、德国、法国、日本等都在立法上确立了律师刑事辩护豁免权，律师的辩护言论不受法律追究已成为绝大多数国家的共识。在我国，赋予律师刑事辩护豁免权更有其现实意义。

五、拒绝辩护、代理的权利

律师拒绝辩护或代理权，是指律师接受委托后，出现法定事由而拒绝再继续辩护或代理的权利。我国 1996 年《律师法》第 29 条、新《律师法》第 32 条第 2 款明确规定，律师接受委托后，无正当理由的，不得拒绝辩护或者代理。但是，委托事项违法、委托人利用律师提供的服务从事违法活动或者委托人故意隐瞒与案件有关的重要事实的，律师有权拒绝辩护或者代理。《律师执业行为规范》第 41 条规定："律师接受委托后，无正当理由不得拒绝辩护或者代理、或以其他方式终止委托。委托事项违法、委托人利用律师提供的服务从事违法活动或者委托人故意隐瞒与案件有关的重要事实的，律师有权告知委托人并要求其整改，有权拒绝辩护或者代理、或以其他方式终止委托，并有权就已经履行事务取得律师费。”

律师在接受委托后发生可以拒绝辩护或代理的情况，应当向委托人说明理由，促使委托人接受律师的劝告，纠正导致律师拒绝辩护或代理的事由。在解除委托关系前，律师必须采取合理可行的措施保护委托人利益，如及时通知委托人，使其有充分时间再委聘其他律师、收回文件的原件以及返还提前支付的费用等。因拒绝辩护、代理而解除委托关系的，律师可以保留与委托人有关的法律事务文件的复印件。此外，对律师接受委托后，无正当理由拒绝辩护或者代理的，律师法还规定了相应的处罚。

六、其他的权利

1. 对公、检、法采取强制措施超过法定期限的，要求解除强制措施的权利。

2. 得到人民法院适当的开庭通知的权利。依据《刑事诉讼法》、《民事诉讼法》和有关规定，人民法院确定开庭日期，应当给律师留出准备出庭所需的时间；律师因案情复杂、开庭日期过急，有权申请延期审理，人民法院应在法定结案时间内予以考虑；人民法院应当通知律师到庭履行职务，不得使用传票传唤律师；人民法院的开庭通知书至迟应在开庭 3 日前送达辩护律师；案件开庭后，如果必须继续审理，在再次开庭前，人民法院也应适时通知承办律师。

3. 出席法庭、参与诉讼的权利。我国《刑事诉讼法》、《民事诉讼法》、《行政诉讼法》都对律师参加法庭审理的权利作出明确规定。具体包括：发问权、对法庭出示或宣读的证据提出异议的权利、提出新的证据的权利、参加法庭辩论的权利，以及对法庭的不正当询问有拒绝回答的权利。

4. 代行上诉的权利。律师代行上诉权是指律师参加诉讼活动，在当事人不服地方各级法院的一审裁判时，经当事人同意或授权，可以代行向上一级法院提起上诉的权利。《刑事诉讼法》明确规定辩护人经被告人的同意可以提出上诉。《民事诉讼法》规定诉讼代理人提起上诉必须有委托人的特别授权。

5. 获取本案诉讼文书副本的权利。律师承办诉讼案件，有权得到法院判决书、裁定书、调解书的副本和人民检察院公诉书、抗诉书的副本。律师参加的仲裁案件，仲裁机构的裁决书副本也应转送承办律师或律师机构。

第二节　律师的义务[1]

律师的义务是指律师在依法执业活动中，所必须履行的职责。《联合国关于律师作用的基本原则》的文件中明确规定了律师的义务和责任："①律师应随时随地地保

---

〔1〕 律师义务的内容与律师执业行为规范的内容多有交叉、重合，请结合本书第八章"律师的职业道德和执业行为规范"学习。

持其作为司法工作重要代理人这一职业的荣誉和尊严。②律师对其委托人负的职责应包括：其一，对委托人的法定权利和义务，以及在与此种权利和义务有关的范围内，对法律系统的运作，提出咨询意见；其二，以一切适当的方法帮助委托人，并采取法律行为保护他或她的利益；其三，在法律、法庭或行政当局面前给委托人以适当的帮助。③律师在保护其委托人的权利和促进维护正义的事业中，应努力维护受到本国法律和国际法承认的人权和基本自由，并在任何时候都根据法律和公认的准则以及律师的职业道德，自由和勤奋地采取行动。④律师应始终真诚地尊重其委托人的利益。"

1996 年《律师法》和新《律师法》都对律师的义务作了规定。根据其针对的对象不同，律师义务主要有以下内容：

一、律师对委托人的义务

律师—委托人关系，是指律师和委托人之间的权利义务关系。律师—委托人关系是律师执业的核心问题，它贯穿律师执业活动的始终，调整律师执业活动的方方面面。律师应当维护当事人合法权益，这是律师特殊的社会职能。

（一）律师不得私自接受委托、收取费用，不得接受委托人的财物或者其他利益

近几年，在对律师的投诉中，有关律师收费的投诉一直占较大比例。我国《律师法》规定，律师事务所是律师的执业机构。律师承办业务，由律师事务所统一接受委托，与委托人签订书面委托合同，按照国家规定统一收取费用并如实入账。律师事务所和律师应当依法纳税。律师事务所是律师服务收费的主体，在收费管理基础环节中担负重要职责。建立健全并落实统一收取服务费和办案费、统一与委托人结算制度，防止和纠正通过律师个人收取和结算的做法。

律师不得私自收案、收费。委托人所支付的费用应当直接交付律师所在的律师事务所，律师不得直接向委托人收取费用。委托人委托律师代交费用的，律师应将代交的费用及时交付律师事务所。《律师和律师事务所违法行为处罚办法》规定，私自接受委托，私自向委托人收取费用，收受委托人财物，利用提供法律服务的便利牟取当事人争议的权益，或者接受对方当事人的财物的；违反律师服务收费管理规定或者收费合同约定，擅自扩大收费范围，提高收费标准，或者索取规定、约定之外的其他费用的，由司法行政机关给予相应的行政处罚。

（二）律师的保密义务

律师应当保守在执业活动中得知的案情秘密，即职业保密义务，这是世界各国法律对律师的普遍要求。日本《律师法》规定："律师或曾任律师的人，有权利和义务保守由其职务上所得知的秘密。但法律另有规定时，不在此限。"法国 1972 年 6 月 9 日第 468 号法令规定："律师绝对不得泄露任何涉及职业秘密的事项。"美国《律师职业行为标准规则》亦规定："除非委托人在同律师磋商后表示认可，律师不得公开同代理有关的案情。"1990 年 9 月 7 日联合国预防犯罪和罪犯待遇大会通过的《关于律师作用的基本原则》第 22 条明确规定："各国政府应确认和尊重律师及其与委托

人之间在其专业关系内所有联络和磋商均属保密性。"律师职业秘密保守义务已成为世界各国律师执业中一项基本的、重要的义务。

我国 1996 年的《律师法》第 33 条规定："律师应当保守在执业活动中知悉的国家秘密和当事人的商业秘密，不得泄露当事人的隐私。"《律师执业行为规范（试行）》对律师的保密义务作了更为详尽的规定。2009 年修订的《律师执业行为规范》则原文照搬了律师法的法条，没有进一步的规定。2012 年修订的《刑事诉讼法》第 46 条规定："辩护律师对在执业活动中知悉的委托人的有关情况和信息，有权予以保密。但是，辩护律师在执业活动中知悉委托人或者其他人，准备或者正在实施危害国家安全、公共安全以及严重危害他人人身安全的犯罪的，应当及时告知司法机关。"保守执业秘密，对于律师不仅仅是义务，还应是职业特权。世界不少国家赋予了律师拒绝作证的职业特权。既可以从法律上保障律师保守职业秘密，又可以避免律师因拒绝作证而被治以包庇罪的后果。当然，为了国家和社会的重大利益，也须对律师的拒绝作证权作出限制：①律师对于其在执业外获知的秘密不享有拒绝作证权，此时，他们应履行作为普通公民的作证义务。②对于律师在执业中获知的被告人未被发现的犯罪事实或尚未被抓获或抓获后逃脱的犯罪嫌疑人的行踪，如果该犯罪事实危及国家安全，或该未被抓获的犯罪嫌疑人可能对国家安全或人民群众生命、财产安全构成重大威胁，则律师也不能享有拒绝作证的豁免权，以防重大损害后果的发生。

新《律师法》第 38 条规定："律师应当保守在执业活动中知悉的国家秘密、商业秘密，不得泄露当事人的隐私。律师对在执业活动中知悉的委托人和其他人不愿泄露的情况和信息，应当予以保密。但是，委托人或者其他人准备或者正在实施的危害国家安全、公共安全以及其他严重危害他人人身、财产安全的犯罪事实和信息除外。"较以前的规定，新《律师法》扩大了律师保密义务范围，但并没赋予律师拒绝作证的豁免权。

（三）利益冲突的回避义务

利益冲突是律师在执业活动中面临的一个具有普遍意义的重大问题，如何有效地识别和处理利益冲突问题，也是律师事务所日常管理的重要事项。一般认为，利益冲突规则的理论基础主要有两个，一个是律师保守职业秘密的职责的要求，另一个是律师忠诚于委托人的职责的要求。美国律师协会《职业行为示范规则》规定："律师应当采用与该律师事务所及其业务的规模和类型相适应的适当程序，来测定在诉讼和非诉讼事务中涉及到哪些当事人和问题，来确定是否存在实际或潜在的利益冲突。"因此，在一些大型律师事务所，内部都设立专门负责检查处理本所律师代理的业务是否存在利益冲突问题的部门，并创设有专门处理这些问题的计算机程序，以避免律师出现不当执业行为。维护委托人的合法权益，是律师特殊的社会职能，从委托人的角度出发，根据法律和事实，为委托人提供全面公正的法律帮助，是对律师的起码要求。如果律师与委托人、准委托人之间以及律师代理的委托人之间存在利益冲突，要律师最大限度维护委托人的权益，势必使律师陷入自相矛盾的两难境地，也无法消除委托人的顾虑。因此要求律师对委托人之间存在利益冲突的案件加以回避是十分必要的。新《律师法》第 39 条明确规定："律师不得在同一案件中为双方当事人担任代理人，不得代理与本人或者其近亲属有利益冲突的法律事务。"此前，《律师执业行为规范（试行）》也规定了律师事务所利益查证、回避制度，要求在接受委托之前，律师及其所属律师事务所应当进行利益冲突查证。北京、上海等地律师协会还出台了律师执业冲突处理的相关规定。规定了律师执业利益冲突的定义及类型、不同类型利益冲突的表现形式、利益冲突的处理原则、律师事务所利益冲突查证制度、有关管理机关监督检查职责以及违反规则的责任。2011 年修订的《律师执业行为规范》以专节规定了利益冲突相关规则，比过去更为全面、系统。在律师实践中，一些律师事务所也建立了律师执业利益冲突的查证、回避制度。2010年修订的《律师和律师事务所违法行为处罚办法》列举了《律师法》第 47 条第 3 项规定的律师"在同一案件中为双方当事人担任代理人，或者代理与本人及其近亲属有利益冲突的法律事务的"违法行为，以及属于《律师法》第 50 条第 5 项规定的律师事务所"违反规定接受有利益冲突的案件的"违法行为的情形。

此外，新《律师法》还规定，律师不得利用提供法律服务的便利牟取当事人争议的权益；不得接受对方当事人的财物或者其他利益，与对方当事人或者第三人恶意串通，侵害委托人的权益。

二、律师对裁判庭的义务

在现代社会，仲裁和诉讼是解决纠纷的重要途径。审判被认为是社会公正的最后一道防线，仲裁也被普遍采用以解决民事经济纠纷。律师参与诉讼在享有权利的同时，也承担相应的义务。

（一）律师维护裁判庭公正的义务

公正乃是司法永恒的主题，在构建司法公正的制度体系中，律师作为维护当事人合法权益、维护法律正确实施、维护社会公平和正义的法律专业执业人员，有着举足轻重的作用。

司法公正要求司法机关"应不偏不倚，以事实为根据并依法律规定来裁决其所受理的案件，而不应有任何约束，也不应为直接、间接不当影响、怂恿、压力、威胁、或干涉所左右，不论其来自何方或出于何种原因"[1]。要求"法官个人应当自由地履行其职责，根据他们对事实的分析和法律的理解公正地裁决其所受理的案件，而不应有任何的约束，也不应为任何直接或间接不当影响、怂恿、压力、威胁、或干涉所左右，不论其来自何方和出自何种理由"。"在作出判决的过程中，法官应与其司法界的同事和上级保持独立"。律师进入诉讼不可避免地要和司法机关和司法人

---

〔1〕 载于第七届联合国预防犯罪和罪犯待遇大会于 1985 年制定并经联合国大会决议核准的《关于司法机关独立的基本原则》。

员发生联系。在诉讼中律师担任辩护人、诉讼代理人通过帮助当事人正确地行使诉讼权利，履行诉讼义务，保护他们的合法利益。对于审判机关的不当诉讼行为，及时发现并提出纠正意见，并从不同角度提出事实材料和意见，可以使审判人员及时听到关于事实的不同评价和关于定案的不同判断，从而及时矫正不正确的认识，作出公平合理的裁判。同时代理律师还能在具体案件的诉讼中及时教育当事人"守法讲理"，不至于提出不合法、无道理的主张和要求，使诉讼活动顺利进行，案件得以公正解决。

律师在诉讼中，尊崇法律制度，尊敬司法人员，切实维护委托人的合法权益。同时，监督司法人员行为的正直性，促进司法公正，也是律师的职责。世界许多国家和地区，律师在执业前，都要进行宣誓，其宣誓的誓词多是遵守宪法和法律，维护司法公正。此外，律师的职业道德也明确规定了律师在诉讼中对于实现公平正义负有责任，同时律师在诉讼中的不当行为会受到纪律惩戒并承担责任风险。此外，还有可能会受到司法上的制裁。新《律师法》规定律师不得违反规定会见法官、检察官、仲裁员以及其他有关工作人员，对于违反规定会见法官、检察官、仲裁员以及其他有关工作人员，或者以其他不正当方式影响依法办理案件的将予以处罚。

（二）律师对裁判庭的真实义务

真实的发现——司法活动的重要目的之一，司法活动从其诞生伊始，就担负起在查明案件真实情况的基础上，准确适用法律的职责。在司法活动中，人们一直在追求真实的发现，追求事实真相的查明。这一追求跨越了时空，也超越了不同法律文化、法律制度的限制。

在司法活动中律师的参与，其对于司法活动实现真实和公正的目的有着不可忽视的积极作用。在司法活动中，对真实的追求主要通过对证据的收集、审查判断以及审判方听取各方意见的基础上得以实现。而律师在司法活动中，作为一方当事人的代理人，从其委托人的角度出发，收集有利于委托人的证据材料，并对对方提出的证据材料及观点提出反驳意见，在此基础上依据自己对事实的认定，对法律的理解，提出有利于委托人的意见，从而使法官能够兼听各方的意见，并遵循一定的规则，认定事实，作出裁判。尤其在刑事诉讼中，作为被告人的辩护律师，其辩护活动对于司法活动追求真实、公正的目的起着不容忽视的作用。律师参与诉讼对于司法活动实现真实、公正，有着积极的意义。但这只是在理想的状态下所期望的结果。而实践中，制度的运作往往会与理想的目标形成偏差。律师参与诉讼维护法律的正确实施，是通过维护其委托人的利益来实现的。如果律师在参与诉讼时一味地追求维护其委托人的利益，而不择手段，并不管其委托人的利益是否合法时，律师的活动就很可能妨碍司法活动对真实的发现。

为了消除律师参与诉讼对查明真实的消极影响，各国都对律师参与诉讼对法庭的真实义务作了明确规定。《英格兰和威尔士出庭律师行为准则》第130条规定出庭律师"不得故意欺骗法院或使法院产生误解"。日本《律师道德规范》第25条规定律师所作鉴定，必须以事实为依据，进行公正判断，不得受委托人利害关系的影响，而应坦率说明意见。美国律师协会《职业行为示范规则》规定，律师应坦诚面对法庭。律师参与司法活动不仅要维护其委托人的利益，还应维护法律的正确实施。在诉讼活动中，律师应积极收集有利于委托人的证据材料，并据理反驳对方的不实证据，但绝不允许伪造证据，不得帮助委托人隐匿、毁灭、伪造证据，串供，或者威胁、利诱他人提供虚假证据。《律师法》规定律师不得故意提供虚假证据或者威胁、利诱他人提供虚假证据，妨碍对方当事人合法取得证据，对有违反的情形将给予处罚。司法部《律师和律师事务所违法行为处罚办法》列举了属于《律师法》该条规定的违法行为的三种情形。

（三）律师维护裁判庭廉正性的义务

诉讼作为解决纠纷的最终手段和途径，各国法律都赋予了它追求案件真实，体现社会公平正义的职责。为了实现这一目标，各国法律制订了相应的配套制度，但是法不能徒行，诉讼最终仍要由法官代表国家来行使审判权，法官在查明案件事实的基础上，适用法律。司法公正需要一个依法设立的合格的、独立的和无偏倚的法庭来实现。但法官毕竟是人，而不是一部机器，作为人来讲，法官不可能完全把自己从作为个体而具有的一切情感、偏好和价值观中分离出来，于是不少办理诉讼业务的律师把研究法官作为"必修课"。诚然，研究法官、了解法官，避免与法官不必要的冲突，提出易于被法官接受的意见，这些是无可厚非的，但律师如果以法律禁止的方式对法官、陪审员或其他司法人员施加影响，与之进行有倾向性的交流，则会妨碍司法的公正。司法公正不仅要求法官作出一个公正的判决，还要求以人们看得见的方式实现公正，其中包括了法官应公正行事，公正对待诉讼当事人。美国律师协会法官行为准则强调法官应当尊重和遵守法律，并必须始终以加强公众对法院系统的公正和公平的信心的方式来行事。并规定，法官在一般情况下不能发动、履行或考虑单方面的交流以及没有当事人在场的情形下对悬而未决或即将解决的程序的其他交流。不少国家立法对不准律师与执法人员非正常的接触都作了规定。日本律师职业道德规范规定："律师不得为了有利于案件，而与审判官、检察官进行私人方面的接触和交涉活动。"律师不得宣传其在职务方面与审判官、检察官之间的关系，或者利用这种关系。《韩国辩护士法》第30条（缘故关系等宣传禁止）规定，辩护士或者其事务职员，不得为了接受法律事件或法律事务的委托，而表示其与审判或者从事搜查业务的公务员之间有缘故等私人关系，从而以能够影响案件作为宣传手段。

在英格兰和威尔士，"出庭律师无论向谁支付佣金或送礼以得到辩护要点，都是严重违反职业道德的行为，如果被发现，很可能要被除名"。美国律师协会职业行为标准规则规定，律师不能通过被法律禁止的方式来试图影响法官、陪审员、预备陪审员或其他官员。

在我国当前的司法实践中，存在着司法不公的现象，而一些律师则在其中扮演了不光彩的角色，向承办案件的法官、检察官以及其他有关工作人员请客送礼、馈赠钱物，以及以许诺、回报或提供其他便利等方式，与承办案件的司法人员进行交易，造成了很坏的影响。

律师职业从其诞生伊始，就担负起维护委托人权益的特殊社会职能。但是律师不是也不应该是仅仅维护委托人的利益，他还必须对法律负责，对国家负责。我国1996年《律师法》明确规定，律师不得违反规定会见法官、检察官、仲裁员；不得向法官、检察官、仲裁员以及其他有关工作人员请客送礼或者行贿，或者指使、诱导当事人行贿。2007年《律师法》在此内容外，还增加了不得"以其他不正当方式影响法官、检察官、仲裁员以及其他有关工作人员依法办理案件"。《律师执业行为规范》第68条规定："律师在办案过程中，不得与所承办案件有关的司法、仲裁人员私下接触。"第69条规定："律师不得贿赂司法机关和仲裁机构人员，不得以许诺回报或者提供其他利益（包括物质利益和非物质形态的利益）等方式，与承办案件的司法、仲裁人员进行交易。律师不得介绍贿赂或者指使、诱导当事人行贿。"

《律师和律师事务所违法行为处罚办法》也明确规定，属于《律师法》第49条第1项规定的律师"违反规定会见法官、检察官、仲裁员以及其他有关工作人员，或者以其他不正当方式影响依法办理案件的"违法行为情形，及属于《律师法》第49条第2项规定的律师"向法官、检察官、仲裁员以及其他有关工作人员行贿，介绍贿赂或者指使、诱导当事人行贿的"违法行为的情形。2004年最高人民法院、司法部发布了《关于规范法官和律师相互关系维护司法公正的若干规定》，杜绝法官与律师间的非正常关系，维护司法公正。此外，律师行业也开展了队伍的整肃活动。

（四）律师尊重裁判庭的义务

法院及司法人员在一定意义上是公平正义的化身，是法律价值的载体。对法院及司法人员的尊重，对法院及司法人员威信的维护，是对法律的至高性的尊重，也是对自己职业的尊重。许多国家和地区的律师法和律师职业行为规则都规定了律师应尊重法院及司法人员。《律师法》规定，律师不得扰乱法庭、仲裁庭秩序，干扰诉讼、仲裁活动的正常进行。对违反者将给予相应处罚。《律师执业行为规范》规定"在开庭审理过程中，律师应当尊重法庭、仲裁庭"。

三、律师回避的义务

我国《律师法》第41条规定："曾任法官、检察官的律师，从人民法院、人民检察院离任后2年内，不得担任诉讼代理人或者辩护人。"律师违反此规定，由设区的市级或者直辖市的区人民政府司法行政部门给予警告，可以处5000元以下的罚款；有违法所得的，没收违法所得；情节严重的，给予停止执业3个月以下的处罚。

作为司法制度的回避，通常指司法人员对与本人有特定关系的案件回避而不承担办理该案的任务，目的是防止徇私舞弊或发生偏见，以利于诉讼的正常进行和对案件的公平、正确处理，也有利于司法人员避开嫌疑。司法制度中的回避应属执行职务的回避。对于律师的回避，我们可以将其分为任职回避和执行职务的回避。关于任职回避，也即对律师从业准入的限制，《律师法》第11条明确规定："公务员不得兼任执业律师。律师担任各级人民代表大会常务委员会组成人员的，任职期间不得从事诉讼代理或者辩护业务。"对律师从业准入以上方面的限制，其出发点是考虑到这些人的工作职责与律师作为向社会提供法律服务的执业人员的身份不相符合。

2010年修订的《律师和律师事务所违法行为处罚办法》第8条规定，曾经担任法官、检察官的律师，从人民法院、人民检察院离任后2年内，担任诉讼代理人、辩护人或者其他方式参与所在律师事务所承办的诉讼法律事务的，属于《律师法》第47条第4项规定的"从人民法院、人民检察院离任后2年内担任诉讼代理人或者辩护人的"违法行为。

2000年《最高人民法院关于审判人员严格执行回避制度的若干规定》在规定审判人员回避的同时，也规定了律师的回避。第4条规定："审判人员及法院其他工作人员离任2年内，担任诉讼代理人或者辩护人的，人民法院不予准许；审判人员及法院其他工作人员离任2年后，担任原任职法院审理案件的诉讼代理人或者辩护人，对方当事人认为可能影响公正审判而提出异议的，人民法院应当支持，不予准许本院离任人员担任诉讼代理人或者辩护人。但是作为当事人的近亲属或者监护人代理诉讼或者进行辩护的除外。"第5条规定："审判人员及法院其他工作人员的配偶、子女或者父母，担任其所在法院审理案件的诉讼代理人或者辩护人的，人民法院不予准许。"第8条第2款还规定："审判人员明知诉讼代理人、辩护人具有本规定第4、5条规定情形之一，故意不作出正确决定的，参照《人民法院审判纪律处分办法（试行）》第24条的规定予以处分。"

2000年底，中纪委第四次全会提出"省（部）、地（厅）级领导干部的配偶、子女，不准在该领导干部管辖的业务范围内个人从事可能与公共利益发生冲突的经商办企业活动"的规定。为此，最高人民法院作出规定，严格禁止本院庭（局）级以上领导干部的配偶、子女从事有偿法律服务活动和商务活动。规定的主要内容包括：领导干部的配偶、子女不准在其所辖地区开办律师事务所。院长、副院长以及立案庭、刑事审判庭、民事审判庭、行政审判庭（赔偿办）、审判监督庭、执行办等业务部门领导干部的配偶、子女，不准在律师事务所从事诉讼代理活动；其他领导干部的配偶、子女不准在本院审理的案件中从事诉讼代理等有偿法律服务活动。规定强调，对违反上述规定的，必须如实报告并限期纠正。领导干部的配偶、子女应当停止可能与公共利益发生冲突的有偿法律服务活动和商务活动，或者领导干部本人辞去现任职务。拒不纠正的，依照有关规定，对领导干部本人追究其党纪、政纪责任。修正后的《检察官法》和《法官法》对此也作了相应的规定。《检察官法》第20条规定，检察官从人民检察院离任后2年内，不得以律师身份担任诉讼代理人或者辩护人。检察官从人民检察院离任后，不得担任原任职检察院办理案件的诉讼代理人或者辩护人。《法官法》第15条规定，法官不得兼任律师。第17条规定，法官从人民法院离任后2年内，不得以律师身份担任诉讼代理人或者辩护人。法官从人民法院离任后，不得担任原任职法院办理案件的诉讼代理人或者辩护人。

四、律师的其他义务

除上述义务外，《律师法》还规定，律师、律师事务所应当按照国家规定履行法律援助义务，为受援人提供符合标准的法律服务，维护受援人的合法权益。律师不得"煽动、教唆当事人采取扰乱公共秩序、危害公共安全等非法手段解决争议"。

■ 思考题

1. 根据我国法律、法规的规定，律师享有哪些主要权利？
2. 律师的主要义务有哪些？
3. 简述律师利益冲突的查证与回避。
4. 简述律师的保密义务与职业特权。

■ 参考书目

1. 程稻：《辩护律师的诉讼权利研究》，中国人民公安大学出版社 2006 年版。
2. 谢佑平：《社会秩序与律师职业——律师角色的社会定位》，法律出版社 1998 年版。
3. 马宏俊主编：《〈律师法〉修改中的重大理论问题研究》，法律出版社 2006 年版。
4. 吕良彪：《"我反对！"——宪政维度下律师的价值》，法律出版社 2007 年版。
5. 〔美〕克罗曼：《迷失的律师：法律职业理想的衰落》，周战超、石新中译，法律出版社 2002 年版。

第五章 律师执业机构

第一节 律师事务所概述

一、新中国律师执业机构发展历程

　　在我国，新中国律师制度初创于 1950 年 12 月，司法部针对当时仍然存在的旧律师与讼棍的活动，发出了《关于取缔黑律师及讼棍事件的通报》。一些大城市开始试创新律师制度，上海市人民法院专门建立了"公设辩护人"室，重点帮助一些刑事被告人，为他们进行辩护，摸索建立律师制度的经验，那是新中国最早的律师执业机构。1954 年 7 月，司法部发出《关于试验法院组织制度中几个问题的通知》，决定在北京、上海、天津、重庆、沈阳等大城市试行开展律师工作。随后，又有一些省、市、县成立法律顾问处，建立了律师组织。当时法律顾问处的设置与建立，由各地法院筹建，报司法厅批准。地方律师协会筹备委员会成立后，法律顾问处的设置与建立，报经省级律师协会筹备委员会批准，并受其领导。

　　1980 年颁布的《律师暂行条例》规定，律师执行职务的工作机构是法律顾问处。"法律顾问处"这一名称源于 20 世纪 50 年代律师制度初建时，照搬苏联的模式，而

《律师暂行条例》予以沿用。随着律师工作的深入开展,这一称谓已不能恰当地反映律师执业机构的性质和它所担负的任务,也与国际上通称的律师事务所叫法不同,不利于律师对外业务的开展。1983 年 7 月,蛇口律师事务所在深圳市挂牌开业,成为新中国最早称为律师事务所的律师工作机构。随后深圳等地的法律顾问处改名为律师事务所,1984 年 8 月,在全国司法行政工作会议闭幕会上,司法部领导讲话明确指出:法律顾问处改称律师事务所,大部分的律师执业机构都采用这一称谓,但仍有小部分沿用原来的称谓。1996 年《律师法》颁布后,所有律师执业机构都统一称为律师事务所。

根据《律师暂行条例》,律师事务所是由司法行政机关以行政区划为标准,按照县、市、市辖区设立的,目的在于与基层人民法院、人民检察院的设置相适应,便于办案,方便群众委托律师,也便于司法行政机关对律师工作的组织领导和业务监督。随着律师工作的迅速发展,以及社会对律师服务的需求增大,律师事务所的设置突破了原有的规定,形成了一种多层次、多形式、多种类的设置格局。1996 年颁布的《律师法》明确了律师事务所的三种形式——国家出资设立的律师事务所、合作律师事务所和合伙律师事务所。根据司法部《律师事务所、社会法律咨询服务机构脱钩改制实施方案》,全国绝大部分国办律师事务所在 2000 年完成了脱钩改制工作,把原国资律师事务所改为合伙制律师事务所,小部分被改制为合作律师事务所。司法部《2004 年中国律师业发展政策报告》要求强化律师事务所基础管理,建立健全律师事务所管理的各项制度,完善自我约束机制,加强质量内控,规范业务流程,提高服务质量。司法部《2005 年中国律师业发展政策报告》提出在律师行业开展为期 1 年的合伙律师事务所规范建设年活动。截至 2012 年 12 月,全国律师事务所已近2 万家。

《律师法》颁布以后,司法部颁布了一系列管理办法,以规范对律师事务所的管理,如《律师事务所登记管理办法》、《律师事务所分所登记管理办法》、《国家出资设立的律师事务所管理办法》、《合伙律师事务所管理办法》、《合作律师事务所管理办法》、《律师违法行为处罚办法》。全国律师协会常务理事会于 2004 年 3 月 20 日通过了《律师事务所内部管理规则(试行)》,第五届全国律协常务理事会第七次会议审议通过了《全国优秀律师事务所评定办法》、《全国优秀律师事务所评定标准》。《律师和律师事务所违法行为处罚办法》自 2004 年 5 月 1 日起施行。个人律师事务所从 1994 年开始试点。2007 年 10 月修改后的《律师法》确定了我国律师事务所的组织形式为:国家出资的律师事务所、合伙律师事务所及个人律师事务所。2008 年 7月 18 日司法部发布了《律师事务所管理办法》,2012 年 11 月 30 日进行了修正。

二、律师事务所名称

律师事务所对经司法行政机关依法核准的律师事务所名称享有专用权。律师事务所依法使用名称,受法律保护。律师事务所名称应当由"省(自治区、直辖市)行政区划地名、字号、律师事务所"三部分内容依次组成。

合伙律师事务所的名称，可以使用设立人的姓名连缀或者姓氏连缀作字号。律师事务所名称中的字号应当由两个以上汉字组成，并不得含有下列内容和文字：有损国家利益、社会公共利益或者有损社会主义道德风尚的，不尊重民族、宗教习俗的；政党名称、党政军机关名称、群众组织名称、社会团体名称及其简称；国家名称，重大节日名称，县（市辖区）以上行政区划名称或者地名；外国国家（地区）名称、国际组织名称及其简称；可能对公众造成欺骗或者误解的；汉语拼音字母、外文字母、阿拉伯数字、全部由中文数字组成或者带有排序性质的文字；"中国"、"中华"、"全国"、"国家"、"国际"、"中心"、"集团"、"联盟"等字样；带有"涉外"、"金融"、"证券"、"专利"、"房地产"等表明特定业务范围的文字或者与其谐音的文字；与已经核准或者预核准的其他律师事务所名称中的字号相同或者近似的；字号中包括已经核准或者预核准的其他律师事务所名称中的字号的；与已经核准在中国内地（大陆）设立代表机构的香港、澳门、台湾地区律师事务所名称中的中文字号相同或者近似的；与已经核准在中国境内设立代表机构的外国律师事务所名称中的中文译文字号相同或者近似的；其他不适当的内容和文字。

律师事务所分所名称应当由"总所所在地省（自治区、直辖市）行政区划地名、总所字号、分所所在地的市（含直辖市、设区的市）或者县行政区划地名（地名加括号）、律师事务所"四部分内容依次组成。

律师事务所使用名称，不得在核准使用的名称中或者名称后使用或者加注"律师集团"、"律师联盟"等文字。

律师事务所可以根据业务需要，将本所名称译成外文。律师事务所外文名称，应当自决定使用之日起15日内报省、自治区、直辖市司法行政机关备案。外文名称违反译文规则的，备案机关应当责令其纠正。

三、律师事务所章程

律师事务所章程是设立律师事务所应当具备的基本条件之一，是指律师事务所依法制定的、规定律师事务所名称、住所、宗旨、组织形式、设立资产、律师事务所负责人、决策管理机构、本所律师权利义务、管理制度等重大事项的基本文件，律师事务所章程应当包括下列内容：律师事务所的名称和住所；律师事务所的宗旨；律师事务所的组织形式；设立资产的数额和来源；律师事务所负责人的职责以及产生、变更程序；律师事务所决策、管理机构的设置、职责；本所律师的权利与义务；律师事务所有关执业、收费、财务、分配等主要管理制度；律师事务所解散的事由、程序以及清算办法；律师事务所章程的解释、修改程序；其他需要载明的事项。

设立合伙律师事务所的，其章程还应当载明合伙人的姓名、出资额及出资方式。律师事务所章程的内容不得与有关法律、法规、规章相抵触。律师事务所章程自省、自治区、直辖市司法行政机关作出准予设立律师事务所决定之日起生效。

四、律师事务所的职能

《律师法》第23条规定，律师事务所应当建立健全执业管理、利益冲突审查、收费与财务管理、投诉查处、年度考核、档案管理等制度，对律师在执业活动中是否遵守职业道德、执业纪律的情况进行监督。2012年修订的《律师事务所管理办法》规定，律师事务所应当依法开展业务活动，加强内部管理和对律师执业行为的监督，依法承担相应的法律责任。

律师事务所是律师执业最基本的管理单元，律师事务所在整个律师工作中处于十分重要的地位。律师事务所是律师执业机构，是律师履行职责、服务社会的组织者，是律师服务功能的承担者和体现者，加强律师事务所建设，是提高律师行业的服务能力和整体实力的基础环节。律师事务所是律师自律管理的最小单元，是律师自我教育、自我约束的实现方式，加强律师事务所建设，是强化律师管理、改善律师队伍形象的基础环节。

律师事务所是法律规定的、面向社会提供法律服务的执业主体，是组织律师开展业务活动的机构。律师事务所的业务建设，不仅关系到律师事务所自身生存发展的问题，而且直接影响着律师职能作用的发挥。

律师事务所是律师最直接的自律管理组织，负有提高律师的思想政治素质、业务素质和职业道德素质，监督管理律师执业行为的职责，以及加强内部管理建设，发挥管理律师的作用。这是维护律师事务所的声誉，保证律师事务所长远发展的需要，更是维护律师行业的社会形象，推动律师事业健康发展的需要。通过健全内部管理制度，加强对律师职业道德的培训教育，加强对律师事务所日常事务的管理，加强对律师执业活动的监管，切实发挥律师事务所对律师的管理作用。

第二节　律师事务所的组织形式

1996年颁布的《律师法》明确了律师事务所的三种形式——国家出资设立的律师事务所、合作律师事务所、合伙律师事务所。早在1994年左右，广东就进行了个人设立律师事务所试点，随后一些省市也进行了个人律师事务所的试点。2007年修订的《中华人民共和国律师法》规定的律师执业机构有：国家出资设立的律师事务所、合伙律师事务所、个人律师事务所。目前，律师事务所的主要管理规范是《律师法》和《律师事务所管理办法》（2012年修订）。

一、国家出资的律师事务所

（一）概念

国家出资设立的律师事务所是指由司法行政机关根据国家需要设立，并以其全部资产对债务承担有限责任的律师执业机构。需要国家出资设立律师事务所的，由当地县级司法行政机关筹建，申请设立许可前须经所在地县级人民政府有关部门核拨编制、提供经费保障。

（二）特征

国资所的特征为：

1. 需要国家出资设立律师事务所的，由当地县级司法行政机关筹建，申请设立许可前须经所在地县级人民政府有关部门核拨编制、提供经费保障。

2. 国家出资设立的律师事务所，除符合《律师法》规定的一般条件外，应当至少有两名符合《律师法》规定并能够专职执业的律师。

3. 律师会议为国家出资设立的律师事务所的决策机构。

4. 国家出资设立的律师事务所应当按照规定为聘用的律师和辅助人员办理失业、养老、医疗等社会保险。

5. 国家出资设立的律师事务所的负责人，由本所律师推选，经所在地县级司法行政机关同意。

6. 国家出资设立的律师事务所以其全部资产对其债务承担责任。

7. 律师事务所律师的权利与义务、律师事务所有关执业、收费、财务、分配等主要管理制度则由律师事务所章程予以规定。

（三）国资所的改革历程和现状

1980 年《律师暂行条例》第 13 条规定："律师执行职务的工作机构是法律顾问处。法律顾问处是事业单位，受国家司法行政机关的组织领导和业务监督。"第 14 条规定："法律顾问处按县、市、市辖区设立。必要时，经司法部批准，可以设立专业性的法律顾问处。"依据《律师暂行条例》的规定，法律顾问处的性质是国家事业单位，人员编制属于司法事业编制，经费列入国家预算，实行全额管理、差额补助的办法，依靠国家财政拨款。如此的规定有着历史的原因。

随着律师业的发展，《律师暂行条例》的规定逐渐显现出其历史的局限性。律师执业机构的性质是国家事业单位，由司法行政机关组建，并隶属于各级司法行政机关，使律师事务所成为变相的行政机关，妨碍了律师独立执行职务。律师事务所人员编制属于司法事业编制，使律师队伍的壮大受到严重制约。经费列入国家事业预算，使得律师事务所缺乏财务上的自主权，分配制度上实行铁饭碗、大锅饭，干多干少、干好干坏、干与不干一个样，严重挫伤了律师的工作积极性，导致律师工作中的消极、被动、坐等办案等现象大量出现。同时也加重了国家财政负担。在设置上按行政区划在县、市、市辖区设立律师事务所，使得律师事务所分布不均，律师事务所大部分聚集于市区，出现了广大县乡、边远地方人民请律师不便，区、市、县的律师事务所苦乐不均，并且不能站在同一起跑线上竞争等一系列弊端。这些弊端的存在严重制约了我国律师事业的发展，律师体制改革势在必行。

1983 年 3 月司法部召开了六市一县律师工作体制改革座谈会，探索实行律师的体制改革，并指定到会单位进行试点。1984 年司法部提出了《加强和改革律师工作的意见》对法律顾问处的经费管理办法进行改革。1985 年司法部关于加强和改革律师工作的报告中指出应当逐步改变全部由国家下达事业编制、经费和行政包干的办法，对有的地方的司法行政部门对某些有条件的律师机构实行"单独核算、自负盈亏、自收自支、结余留用"，以解决经费不足的问题的做法加以肯定，拟通过试点，在总结经验的基础上逐步推广。1989 年，《司法部关于加强司法行政机关对律师工作的领导和管理的通知》指出：人事上，除律师事务所主任要通过选举报司法厅（局）批准外，其他人员的进出，由律师事务所按有关政策和规定办理；经费上，除财政部规定缴纳管理费和预决算报司法厅（局）审批外，平常的经费开支，由律师事务所按财务规定自理。1993 年，根据小平同志南巡讲话的精神，国务院批准了司法部《关于深化律师工作改革的方案》，指出不再以生产资料所有制的性质和行政级别的属性来界定律师及律师事务所的性质，大力发展经过主管机关资格认定，不占国家编制和经费的自律性律师事务所。鼓励占用国家编制和经费的律师事务所逐步向不占国家编制和经费的方向转变。允许经济欠发达地区的律师事务所继续实行原有的组织形式。

1996 年颁布的《律师法》确定了国家出资律师事务所的律师执业组织形式，但在实践中，多数国办律师事务所依然步履维艰，未能真正走出困境。2000 年依据国务院关于经济鉴证类中介机构脱钩改制政策，全国范围内的国资所进行了脱钩改制，所有自收自支的国资所改为了合伙所，小部分改为了合作所作为过渡形式。由于各地经济发展不平衡，一些边远地区的律师事务所难以实现自收自支和自我发展，经济不发达地区的律师事务所继续采取原有的组织形式。修订后的《中华人民共和国律师法》保留了国家出资设立的律师事务所的组织形式。

二、合伙律师事务所

修订后的《律师法》规定合伙律师事务所可以采用普通合伙或者特殊的普通合伙形式设立。合伙律师事务所的合伙人按照合伙形式对该律师事务所的债务依法承担责任。合伙律师事务所是我国目前律师执业机构的主要形式。

1. 合伙律师事务所（普通合伙）是依法设立的由合伙人依照合伙协议约定，共同出资、共同管理、共享收益、共担风险的律师执业机构。合伙律师事务所的财产归合伙人所有，合伙人对律师事务所的债务承担无限连带责任。

2. 特殊的普通合伙形式律师事务所。合伙人在执业活动中非因故意或者重大过失造成的合伙企业债务以及合伙企业的其他债务，由全体合伙人承担无限连带责任。合伙人执业活动中因故意或者重大过失造成的合伙企业债务，以合伙企业财产对外承担责任后，该合伙人应当按照合伙协议的约定对给合伙企业造成的损失承担赔偿责任。

特殊的普通合伙即我们习惯上所称的"有限责任合伙律师事务所"。合伙制律师事务所不仅是我国现行律师事务所的重要组织形式，而且在国际上也是常见的组建方式。但是由于合伙人对该律师事务所的债务承担无限责任和连带责任，一方面，随着律师事务所规模的扩大，合伙人不可能全部参与管理；另一方面，随着人员和业务的增加，律师事务所的执业风险会逐步加大，给合伙人造成很大的心理压力，在客观上阻碍律师事务所规模的扩大。20 世纪 90 年代以来，在美国、英国等发达国家，律师事务所新的组织形式——有限责任合伙被广泛采用。原因在于有限责任合伙可以起到对合伙人保护的作用，不至于在律师事务所经历重大损失时其合伙人也随之破产。有限责任合伙将合伙人无条件的无限责任变为有条件的无限责任，有利于减轻律师执业的心理压力，促进执业律师拓展业务，有利于吸纳合伙人的加入，扩大律师事务所的规模。有限责任合伙的意义在于，它规定各合伙人仍对合伙债务承担无限责任，但仅对本人负责的业务或过错所导致的合伙债务承担无限责任，对因其他合伙人过错造成的债务不负无限连带责任。

3. 合伙人。合伙人是指加入合伙律师事务所，参与合伙律师事务所内部管理，并按照合伙形式对该律师事务所的债务依法承担责任的律师。《律师法》规定，设立合伙律师事务所的设立人应当是具有 3 年以上执业经历的律师。并对合伙人的其他条件作出了新的规定。

4. 合伙律师事务所的负责人，应当从本所合伙人中经全体合伙人选举产生；

5. 合伙人协议。设立合伙律师事务所应签订书面合伙协议。根据《律师事务所管理办法》，合伙协议应包括以下内容：①合伙人，包括姓名、居住地、身份证号、律师执业经历等；②合伙人的出资额及出资方式；③合伙人的权利、义务；④合伙律师事务所负责人的职责以及产生、变更程序；⑤合伙人会议的职责、议事规则等；⑥合伙人收益分配及债务承担方式；⑦合伙人入伙、退伙及除名的条件和程序；⑧合伙人之间争议的解决方法和程序，违反合伙协议承担的责任；⑨合伙协议的解释、修改程序；⑩其他需要载明的事项。合伙协议的内容不得与有关法律、法规、规章相抵触。合伙协议由全体合伙人协商一致并签名，自省、自治区、直辖市司法行政机关作出准予设立律师事务所决定之日起生效。

三、个人律师事务所

（一）概念及特征

1. 概念。个人律师事务所是指由 1 名律师开办的律师事务所。设立人对律师事务所的债务承担无限责任。

2. 特征。个人律师事务所设立人是该所的负责人。个人律师事务所的设立人对律师事务所的债务承担无限责任。

（二）个人律师事务所的发展

1996 年《律师法》并没有确定个人律师事务所这种形式，但个人律师事务所却进行了"静悄悄的试点"，早在 1994 年左右，广东就进行了个人设立律师事务所试点，当时是准备全省每一个市批准设立一个个人所进行试点，但深圳、珠海等地没人申请，因此广东最终只批准了 3 家个人所。北京等地也进行了个人所的试点，并出台了一些相应的规定。但是，这些试点在全国没有大规模进行。2007 年《律师法》修订，确定了个人律师事务所组织形式，近年来，个人律师事务所数量增长迅速。

四、外国律师事务所驻华代表机构

2001 年 12 月 19 日国务院第 51 次常务会议通过《外国律师事务所驻华代表机构管理条例》，对外国律师事务所驻华代表机构（以下简称"代表机构"）在中国境内从事法律服务活动进行规制。条例规定外国律师事务所在华设立代表机构、派驻代表，应当经国务院司法行政部门许可。代表机构及其代表从事法律服务活动，应当遵守中国的法律、法规和规章，恪守中国律师职业道德和执业纪律，不得损害中国国家安全和社会公共利益。外国律师事务所、外国其他组织或者个人不得以咨询公司或者其他名义在中国境内从事法律服务活动。外国律师事务所申请在华设立代表机构、派驻代表，应当具备下列条件：①该外国律师事务所已在其本国合法执业，并且没有因违反律师职业道德、执业纪律受到处罚。②代表机构的代表应当是执业律师和执业资格取得国律师协会会员，并且已在中国境外执业不少于 2 年，没有受过刑事处罚或者没有因违反律师职业道德、执业纪律受过处罚；其中，首席代表已在中国境外执业不少于 3 年，并且是该外国律师事务所的合伙人或者是相同职位的人员。③有在华设立代表机构开展法律服务业务的实际需要。

代表机构及其代表，只能从事不包括中国法律事务的下列活动：①向当事人提供该外国律师事务所律师已获准从事律师执业业务的国家的法律咨询，以及有关国际条约、国际惯例的咨询；②接受当事人或者中国律师事务所的委托，办理在该外国律师事务所律师已获准从事律师执业业务的国家的法律事务；③代表外国当事人，委托中国律师事务所办理中国法律事务；④通过订立合同与中国律师事务所保持长期的委托关系，办理法律事务；⑤提供有关中国法律环境影响的信息。代表机构按照与中国律师事务所达成的协议约定，可以直接向受委托的中国律师事务所的律师提出要求。代表机构及其代表不得从事上述规定以外的其他法律服务活动或者其他营利活动。

代表机构不得聘用中国执业律师，聘用的辅助人员不得为当事人提供法律服务。

代表机构的代表不得同时在两个以上代表机构担任或者兼任代表。代表机构的代表每年在中国境内居留的时间不得少于 6 个月；少于 6 个月的，下一年度不予注册。

中国按照 WTO《服务贸易总协定》对法律服务行业作出的承诺，只允许外资所对国际规约、惯例以及该律所被注册执业的其他 WTO 成员的法律，向客户提供法律意见，不得从事中国法律事务，不得雇佣中国律师。《外国律师事务所驻华代表机构管理条例》也重申了这个界线。然而事实上，上述规定并未真正阻止外国律师在暗中从事中国法律事务，无形中却严严实实地为中国现职律师戴上了"紧箍咒"。

五、港澳律师事务所与内地律师事务所联营

2003 年 11 月 30 日司法部令第 83 号发布《香港特别行政区和澳门特别行政区律师事务所与内地律师事务所联营管理办法》，2012 年 11 月进行了第五次修正。根据该办法，已在内地设立代表机构的香港、澳门律师事务所可与 1 ~ 3 家内地律师事务所，按照协议约定的权利和义务，在内地进行联合经营，向委托人分别提供香港、澳门和内地法律服务。

1. 香港、澳门律师事务所与内地律师事务所联营，不得采取合伙型联营和法人型联营。香港、澳门律师事务所与内地律师事务所在联营期间，双方的法律地位、名称和财务应当保持独立，各自独立承担民事责任。

2. 香港、澳门律师事务所申请联营，应符合以下条件：

（1）根据香港、澳门有关法规登记设立；

（2）在香港、澳门拥有或者租用业务场所从事实质性商业经营满3年；

（3）独资经营者或者所有合伙人必须为香港、澳门注册执业律师；

（4）主要业务范围应为在香港、澳门提供本地法律服务；

（5）律师事务所及其独资经营者或者所有合伙人均须缴纳香港利得税、澳门所得补充税或者职业税；

（6）已获准在内地设立代表机构，且代表机构在申请联营前2年内未受过行政处罚；申请联营时代表机构设立未满2年的，自代表机构设立之日起未受过行政处罚。

3. 内地律师事务所申请联营，应符合条件：

（1）成立满3年；

（2）申请联营前两年内未受过行政处罚、行业惩戒。

成立满1年并至少有1名设立人具有5年以上执业经历、住所地在广东省的内地律师事务所，也可以申请联营。内地律师事务所分所不得作为联营一方申请联营。

4. 香港、澳门律师事务所与内地律师事务所联营，应当以书面形式订立联营协议。联营协议应当包括下列内容：①联营双方各自的名称、住所地、独资经营者、合伙人姓名；②联营名称、标识；③联营期限；④联营业务范围；⑤共用办公场所和设备的安排；⑥共用行政、文秘等辅助人员的安排；⑦联营收费的分享及运营费用的分摊安排；⑧联营双方律师的执业保险及责任承担方式的安排；⑨联营的终止及清算；⑩违约责任；⑪争议解决；⑫其他事项。联营协议应当依照内地法律的有关规定订立。联营协议经司法行政机关核准联营后生效。

5. 联营期限。香港、澳门律师事务所与内地律师事务所联营协议约定的联营期限不得少于1年。双方联营协议约定的联营期满，经双方协商可以续延。

6. 参与联营业务的香港、澳门律师，不得办理内地法律事务。香港、澳门律师事务所与内地律师事务所联营，有违反内地法律、法规和规章及本办法规定的行为的，由省级司法行政机关给予警告，责令限期改正；逾期不改正的，处1万元以下罚款；有违法所得的，处违法所得1倍以上3倍以下罚款，但罚款最高不得超过3万元。

六、中国律师事务所在境外设立分所

1993年司法部允许律师事务所到国外设立分支机构，司法部于1995年发布《律师事务所在外国设立分支机构管理办法》。该办法规定，律师事务所在外国设立分支机构，须经省、自治区、直辖市司法厅（局）审核，报司法部批准。申请在外国设立分支机构的律师事务所，应当具备以下条件：①设立时间满2年；②有执业律

10 人以上，其中能熟练运用外国语工作的不少于 3 人；③在提出申请之日前 2 年内未受过惩戒处分；④具有相应的经济实力和办公通讯设备和其他开展涉外法律服务业务的工作条件。律师事务所委派驻外分支机构的律师，应当具备以下条件：①具有良好的政治素质和职业道德，在执业期间未受过惩戒处分；②在国内连续执业 2 年以上；③具有承办涉外法律事务的业务能力，了解拟驻在国的法律；④能熟练运用拟驻在国语言工作。律师事务所获准在外国申请设立分支机构的，在依照驻在国规定获准执业后的 30 日内，应将该国有关部门的批准文件（副本）和驻外分支机构的名称、派驻人员、执业场所、通讯办法等情况，书面报所在地的省、自治区、直辖市司法厅（局），并由其报司法部备案。律师事务所申请在香港、澳门地区设立分支机构，参照本办法办理。2004 年 5 月，《国务院关于第三批取消和调整行政审批项目的决定》取消了律师事务所设立外国分支机构审批项目。2009 年 2 月，《司法部关于废止十二件部颁规章的决定》废止了《律师事务所在外国设立分支机构管理办法》，意味着律师事务所在境外设立分所，不需要经过行政许可。

2011 年 12 月召开的全国司法厅（局）长会议透露，鼓励和支持有条件的律师事务所到境外设立分所。

七、退出历史舞台的合作制律师事务所

合作制律师事务所是指由律师自愿组合，共同参与，其财产由合作人共有，合作律师事务所以其全部资产对债务承担有限责任的律师执业机构。合作律师事务所的所有专职律师均为合作人。

1988 年 3 月，经国务院领导批准的合作制律师事务所试点在河北保定拉开序幕，同年 5 月，司法部下发了《合作制律师事务所试点方案》，对合作所的设立、组织形式、经营管理分别作了规定。到 1993 年，合作制律师事务所得以推广开来。由于《试点方案》中规定合作所是由律师人员采用合作形式为国家机关、社会组织和公民提供法律服务的社会主义性质的事业法人组织。据此，人们通常的看法是合作所在经济上属于传统的集体所有制性质。一些合作所的短期行为比较严重，挣多少花多少、分光、花光、不留后路。多数合作所律师积极办案的直接动因是较高的经济收入，虽然也产生了一定的社会效果，但这并非是每个合作者追求的目的，如果只注重单纯的经济观点，便会导致仅仅忙于办案，而忽视律师素质的提高。1994 年北京市的合作制律师事务所全部转为合伙律师事务所，1996 年《律师法》依然规定了合作制律师事务所的形式，新《律师法》取消了这种律师事务所形式，至此，合作制律师事务所退出历史舞台。

第三节　律师事务所的设立、变更与终止

一、律师事务所的设立

（一）律师事务所设立的原则

律师事务所的设立和发展，应当根据国家和地方经济社会发展的需要，实现合理分布、均衡发展。

（二）律师事务所设立的条件

《律师法》第 14 条规定，设立律师事务所应当具备下列条件：①有自己的名称、住所和章程；②有符合律师法规定的律师；③设立人应当是具有一定的执业经历，且 3 年内未受过停止执业处罚的律师；④有符合国务院司法行政部门规定数额的资产。相对于 1996 年《律师法》关于设立律师事务所必须"①有自己的名称、住所和章程；②有 10 万元以上的人民币资产；③有符合本法规定的律师"的规定，2007 年修订的《律师法》将三种形式律师事务所设立的基本条件进行了概括，《律师事务所管理办法》作了进一步的规定。

1. 设立普通合伙律师事务所。设立普通合伙律师事务所，除应当符合律师法规定的一般条件外，还应当具备下列条件：①有书面合伙协议；②有 3 名以上合伙人作为设立人；③设立人应当是具有 3 年以上执业经历并能够专职执业的律师；④有人民币 30 万元以上的资产。

2. 设立特殊的普通合伙律师事务所，除应当符合律师法规定的一般条件外，还应当具备下列条件：①有书面合伙协议；②有 20 名以上合伙人作为设立人；③设立人应当是具有 3 年以上执业经历并能够专职执业的律师；④有人民币 1000 万元以上的资产。

3. 设立个人律师事务所。设立个人律师事务所，除应当符合律师法规定的一般条件外，还应当具备下列条件：①设立人应当是具有 5 年以上执业经历并能够专职执业的律师；②有人民币 10 万元以上的资产。

4. 国家出资设立的律师事务所。国家出资设立的律师事务所，除符合《律师法》规定的一般条件外，应当至少有两名符合《律师法》规定并能够专职执业的律师。需要国家出资设立律师事务所的，由当地县级司法行政机关筹建，申请设立许可前须经所在地县级人民政府有关部门核拨编制、提供经费保障。

省、自治区、直辖市司法行政机关可以根据本地经济社会发展状况和律师业发展需要，适当调整本办法规定的普通合伙律师事务所、特殊的普通合伙律师事务所和个人律师事务所的设立资产数额，报司法部批准后实施。

（三）律师事务所设立的许可机关

设立律师事务所的审核机关为省、自治区、直辖市司法行政机关。

（四）设立的程序

律师事务所的设立许可，由设区的市级或者直辖市的区（县）司法行政机关受理设立申请并进行初审，报省、自治区、直辖市司法行政机关进行审核，作出是否准予设立的决定。

1. 申请设立律师事务所，应当提交下列材料：①设立申请书；②律师事务所的名称、章程；③设立人的名单、简历、身份证明、律师执业证书，律师事务所负责人人选；④住所证明；⑤资产证明。设立合伙律师事务所，还应当提交合伙协议。设立国家出资设立的律师事务所，应当提交所在地县级人民政府有关部门出具的核拨编制、提供经费保障的批件。

2. 设立律师事务所，应当向设区的市级或者直辖市的区（县）司法行政机关提出申请，受理申请的部门应当自受理之日起 20 日内予以审查，并将审查意见和全部申请材料报送省、自治区、直辖市人民政府司法行政部门。省、自治区、直辖市人民政府司法行政部门应当自收到报送材料之日起 10 日内予以审核，作出是否准予设立的决定。准予设立的，向申请人颁发律师事务所执业证书；不准予设立的，向申请人书面说明理由。

3. 律师事务所变更名称、负责人、章程、合伙协议的，应当报原审核部门批准。律师事务所变更住所、合伙人的，应当自变更之日起 15 日内报原审核部门备案。

（五）律师事务所分所的设立

律师事务所可以在所在的市、县以外的地区设立分支机构，设在直辖市、设区的市的合伙律师事务所也可以在本所所在城区以外的区、县设立分所。律师事务所设立的分支机构称为律师事务所分所。设立分所的律师事务所对分所的业务活动和债务承担法律责任。

1. 律师事务所设立分所的条件：成立 3 年以上并具有 20 名以上执业律师的合伙律师事务所。

2. 设立分所，须经拟设立分所所在地的省、自治区、直辖市人民政府司法行政部门审核。申请设立分所的，依照新《律师法》第 18 条规定的程序办理。

3. 分所应当具备下列条件：①有符合《律师事务所名称管理办法》规定的名称；②有自己的住所；③有 3 名以上律师事务所派驻的专职律师；④有人民币 30 万元以上的资产；⑤分所负责人应当是具有 3 年以上的执业经历并能够专职执业，且在担任负责人前 3 年内未受过停止执业处罚的律师。分所律师除由律师事务所派驻外，可以依照《律师执业管理办法》的规定面向社会聘用律师。

律师事务所到经济欠发达的市、县设立分所的，前款规定的派驻律师条件可以降至 1~2 名；资产条件可以降至人民币 10 万元。具体适用地区由省、自治区、直辖市司法行政机关确定。

4. 分所的终止。有下列情形之一的，分所应当终止：①律师事务所依法终止的；②律师事务所不能保持《律师法》规定设立分所的条件，经限期整改仍不符合条件的；③分所不能保持规定的设立条件，经限期整改仍不符合条件的；④分所在取得设立许可后6个月内未开业或者无正当理由停止业务活动满1年的；⑤律师事务所决定停办分所的；⑥分所执业许可证被依法吊销的；⑦法律、行政法规规定应当终止的其他情形。分所终止的，由分所设立许可机关注销分所执业许可证。

分所应当接受住所地司法行政机关的监督和指导。

二、律师事务所的终止

（一）律师事务所终止的事由

律师事务所有下列情形之一的，应当终止：

1. 不能保持法定设立条件，经限期整改仍不符合条件的；

2. 律师事务所执业证书被依法吊销的；

3. 自行决定解散的；

4. 法律、行政法规规定应当终止的其他情形。

律师事务所在取得设立许可后，6个月内未开业或者无正当理由停止业务活动满1年的，视为自行停办，应当终止。律师事务所在受到停业整顿处罚期限未满前，不得自行决定解散。

（二）律师事务所终止的公告及清算

律师事务所在终止事由发生后，应当向社会公告，依照有关规定进行清算，依法处置资产分割、债务清偿等事务。因被吊销执业许可证终止的，由作出该处罚决定的司法行政机关向社会公告。因其他情形终止、律师事务所拒不公告的，由设区的市级或者直辖市的区（县）司法行政机关向社会公告。

（三）律师事务所注销

律师事务所应当在清算结束后15日内向所在地设区的市级或者直辖市的区（县）司法行政机关提交注销申请书、清算报告、本所执业许可证以及其他有关材料，由其出具审查意见后连同全部注销申请材料报原审核机关审核，办理注销手续。

律师事务所被注销的，其业务档案、财务账簿、本所印章的移管、处置，按照有关规定办理。

第四节　律师事务所的内部管理

律师事务所应当依照《律师法》和有关法律、法规、规章及行业规范，建立健全执业管理和其他各项内部管理制度，加强对本所律师执业行为的监督。律师应当接受律师事务所的管理。

一、律师事务所的内部管理组织结构

（一）决策机构

合伙人会议或者律师会议为合伙律师事务所或者国家出资设立的律师事务所的决策机构；个人律师事务所的重大决策应当充分听取聘用律师的意见。

（二）日常管理机构

律师事务所日常管理机构的职责是依照律师事务所章程及其内部管理制度，负责管理律师事务所的日常工作。律师事务所根据本所章程可以设立相关管理机构或者配备专职管理人员，协助本所负责人开展日常管理工作。

（三）律师事务所负责人

律师事务所的负责人负责对律师事务所的业务活动和内部事务进行管理，对外代表律师事务所，依法承担对律师事务所违法行为的管理责任。

合伙律师事务所的负责人，应当从本所合伙人中经全体合伙人选举产生；国家出资设立的律师事务所的负责人，由本所律师推选，经所在地县级司法行政机关同意。个人律师事务所设立人是该所的负责人。

二、律师事务所内部管理的主要内容

具体来说，律师事务所对内部事务的管理职能主要有以下几个方面。

（一）人事管理

律师事务所应当依法建立健全人员管理制度，加强对律师和其他工作人员的管理，监督律师恪守职业道德和执业纪律，不断提高律师执业水平，依法维护委托人的合法权益。

1. 人员的聘用。律师事务所不得聘用下列人员从事律师业务：①反对中华人民共和国宪法的；②被开除公职或者被吊销律师执业证书的；③受过刑事处罚的，但过失犯罪的除外；④品德不良的；⑤其他因生理、精神等方面的原因不适合从事律师职业的。律师事务所聘用律师和其他工作人员，应当与其签订聘用合同，并应当按照规定为聘用的律师和辅助人员办理失业、养老、医疗等社会保险。

合伙人的入伙及律师晋升合伙人的制度也是人事管理的重要内容，将在合伙人有关章节中讲述。

2. 人力资源配置。"让最合适的人做最合适的事"是人力资源的最佳配置原则，律师事务所的人力资源配置方向应与该律师事务所的最终目标相适应。实现人力资源的最佳配置，人才的引进和培养是一个关键问题，人才的引进和培养必须要有律师事务所的制度作保障。

3. 日常的管理。

（1）实习人员的管理。律师事务所应当依法接受和管理实习人员学习。律师事务所不得指派实习人员单独办理律师业务。律师事务所应当依照《律师法》等有关规定，对申请律师执业人员的条件进行严格审查，如实出具实习鉴定材料或者相关证明材料。

（2）行政后勤人员的管理。主要是规定和落实各人员的岗位职责，服务于律师。

（3）执业律师的管理。包括：①律师事务所建立律师执业年度考核制度，负责组织对本所律师上一年度执业活动进行考核评议，出具考核意见；②所内业务学习与培训；③建立投诉查处制度。通过处理投诉，查找出现当事人投诉问题的原因，提出适当的补救措施，并改正不能令人满意的程序。

4. 律师离所的管理。律师变更执业机构时应当维护委托人及原律师事务所的利益；律师事务所在接受转入律师时，不得损害原律师事务所的利益。

2008 年北京市律师协会纪律委员会规范执业指引第 4 号，对有关律师转所事宜作了较为详细的规定。包括：①律师变更执业机构，律师与其所在的原律师事务所有义务互相配合，就业务和财务等相关事宜办理交接。②案卷属于律师事务所所有，律师在调离原所之前应当将所办结的案件卷宗全部归档，不得带离原所；在律师调离之前，原所应当向调离的律师主动索取案卷，不得允许律师将办理完结的案件的卷宗带离本所。③对于尚未办理完结的案件，原所及调转律师有义务在调离申请提出后及时以书面方式将该情况通知委托人，并就委托事项是否随律师转入新所征询委托人的意见。如委托人坚持继续委托该调离的律师承办，则该律师有义务在委托人与原所解除委托关系之前，征询拟调入的律师事务所的意见。除存在利益冲突等原因外，新所不得拒绝与委托人建立委托关系，同时原所应当与委托人签订书面的解除委托代理的协议。新所因上述原因不能与委托人建立委托关系的，除委托人明确表示另行委托律师外，原所应当指派其他律师继续办理委托人的委托事项，并与委托人签订书面的变更协议及授权委托书。④原所与新所应当以维护当事人在该案件中的合法权益为原则，协商一致，办理案件档案和费用的交接。

（二）业务管理

律师事务所应当依法建立健全业务管理制度，保证律师事务所正常开展业务活动。

1. 业务的拓展。在将律师事务所定位为市场经济的中介组织的前提下，律师服务的营销也相应地提上了议事日程。律师事务所应根据自己的规模、实力、专业化方向等因素确定自身的服务定位，采取多种合法的手段，诸如见面、刊登广告、举办研习班、讲座、发送业务通讯、公开演说等，进行展业宣传。

2. 委托合同的签定。建立利益冲突检索和回避制度，有效地识别和处理利益冲突问题，以确保律师服务质量。律师事务所应当统一接受委托，统一与委托人签订书面委托代理合同。律师事务所应当建立业务登记簿，进行分类登记，编号管理。

律师事务所与委托人签订委托合同时，应当如实告知委托人收费标准、需办理的相关手续、办理委托中应当注意的事项、可能存在的风险和出现的后果。

律师事务所应当加强对本所印章的管理，指派专人保管。律师事务所印章的使用，必须履行相应的批准手续，并在用印登记簿上注明，保存备查。

律师事务所办理重大案件以及其他社会影响较大的案件，应当及时告知律师协会和司法行政机关。

3. 业务的质量控制及绩效考评。质量是律师服务的根本，律师事务所及其律师办理业务，应当遵守律师协会制定的业务操作规程为委托人提供优质的法律服务。要使律师服务质量得到有效的控制，要在律师服务形成的各个环节确定相应的策略、标准，并定期或不定期地加以检查，以确保律师服务的消费者享受符合规范的服务。律师事务所可以设立专门业务指导机构，对律师办理重大疑难案件进行指导。建立相应的制度不可或缺。主要有：①工作日志制度；②案件讨论制度；③请示汇报制度；④客户关照制度。

4. 结案及质量跟踪监督制度。律师事务所应当根据有关规定建立健全档案管理制度。并建立相应制度，对律师的服务质量进行跟踪监督。此外，律师事务所应当及时向律师协会和司法行政机关报送各项业务报表。

（三）财务管理

律师事务所的财务管理大体上包括实行统一的收费制度、事务所的成本核算、分配制度等几个方面。

1. 律师事务所应当依法建立健全财务管理制度，加强财务管理。

2. 统一收案及收费制度。律师事务所应当统一收取服务费用和办案费用，并给委托人出具合法票据。案件办结后，由律师事务所统一与委托人进行结算。

3. 分配制度。律师事务所应当依照国家有关规定，按照按劳分配、兼顾效率与公平的原则，合理确定分配制度。从当前律师事务所普遍采用的分配机制来看，分配机制形式主要可以分为：内部承包制、纯提成制、固定工资加奖金制、底薪加提成再加年终奖金制和年薪制五种。

4. 律师事务所应当设立培训、职业责任保险等基金。律师事务所应当参加当地司法行政机关或者律师协会组织的执业责任保险。

（四）行政管理

律师事务所的行政管理主要包括三个方面：①办公秩序的管理；②会议制度；③后勤保障。

办公场所可以反映出律师职业所具有的重要价值观念。同时，良好的办公条件是提供优质律师服务的物质基础，作为律师服务管理的基本单元，律师事务所应当为每一位在册的律师提供最基本的办公条件。律师事务所的办公场所所在的环境应与律师职业的性质与社会声望相称。

律师事务所必须在办公场所的醒目位置张挂律师事务所执业证书、税务登记证书等与律师事务所执业资格相关的证书或许可证等。律师事务所的办公场所必须满足基本的办公功能。应分别设置律师办公区、行政办公区、接待区、图书文档区等。各区域应有比较明确的划分。事务所应有一个符合大多数律师需求的图书馆。保证图书资料定期和及时的更新，以便律师能够随时得到所提供服务领域的最新的法律参考资料。此外，律师事务所每一个人都有责任通过其衣着展示一个职业化的办公室所具有的职业精神。

（五）律师事务所文化建设

经过二十多年的快速发展，律师行业进入了一个相对稳定的发展阶段。许多律师事务所看到了文化对律师事务所建设和发展的无形影响，意识到律师事务所的一切问题都可归根于人，人的思想、态度和精神决定了律师事务所的发展和竞争力，因此，自觉地开展起律师事务所的文化建设。文化对于加强律师事务所建设、提升律师事务所竞争力的作用是不争的事实。律师事务所的文化建设，从根本上讲就是要改善办所理念，确立发展目标，构建共同价值，由此达到激励士气、强化认同、规范行为、增强竞争力的目的。开展文化建设需要把律师事务所置于大社会背景中，立足现实，面向未来，从深处挖掘律师事务所的存在意义和生存价值，寻找专业定位，确立发展目标，更新价值观和理念，赋予律师事务所新的精神生命力。

律师事务所的文化建设应遵循以下原则：①面向市场；②适应时代；③立足自身；④扎根行业。律师事务所文化建设的主要内容应从律师事务所的物化层、制度层和精神层三个层次入手，通过确立共同价值、理念和远景，提高全所人员对律师事务所的认同感和归属感，规范行为，提高效率，改善形象，增强律师事务所的竞争力。

第五节　律师事务所发展趋势

目前，国内律师事务所存在以下几个问题：首先，规模普遍较小。在律师业发展程度较高的北京，截至 2007 年 5 月份，全市各类国内律师执业机构达 1044 家。执业律师人数超过 50 人的有 37 家，过百人的大所达到 5 家，平均每个所的律师人数不足 15 人，实际上 10 名以下律师的小所占了很大的比例。规模小的律师事务所有着其灵活的优点，却也存在律师事务所内部专业分工较低、竞争能力差、难以树立自己的品牌服务的问题。其次，律师事务所业务范围过窄，大部分律师事务所提供的法律服务还局限于传统领域。同时，很多律师事务所由于受其规模与专业水平的限制，无力开拓新的业务领域。最后，管理落后，使得很多律师事务所处于一种松散的状态，各自为政，单兵作战，无暇顾及发展，多数律师事务所缺乏营销文化，缺少品牌意识，与国外的品牌律师事务所存在着很大的差距。中国的律师业要与国际的大型品牌律师事务所抗衡，必须学习和借鉴国外品牌所的经验，走规范化、规模化、专业化、品牌化、国际化的道路。

一、律师事务所的规范化

目前国内律师事务所中，合伙律师事务所占相当数量，但不少合伙所只是挂"合伙制"之名，行"个体经营"之实，律师事务所的内部管理直接关系到一个事务所的生存，一个事务所具有一套科学的、切实可行的管理制度，就可以使事务所的工作有序进行，使经营成本尽可能减少，从而提高自己的竞争力。因此，律师事务所内部首先需要解决的问题是如何完善管理运作机制，调动每一位律师的积极性，充分发扬律师团队合作精神。

所谓的规范化管理，就是指律师事务所内部所有的管理工作，依据《律师法》、《律师协会章程》、《律师执业行为规范》等法律、法规、规章的要求，结合本所的实际情况，制定一套较为完整的、合理的、严密的并具可操作性的规章制度。规范化管理要求严肃认真地制定好本所的所有制度，要求事务所的每一项制度从形式上、从内容上要符合国家法律法规的规定，符合本所的实际情况，具有明确的针对性、稳定性和可行性，这样才可能调动全所员工的积极性和创造性，可以使律师事务所高效运作并获取最佳效能。

在管理机制中，首先，要处理好合伙人之间的关系，这是律师事务所稳定发展的基础。其次，要选择适合的管理方式和管理者，理顺合伙人与管理者之间的关系。再次，要处理好合伙律师和聘用律师之间的关系，调动他们的积极性。最后，要规范服务，完善办案机制。

律师事务所的管理机制应当与业务和规模的发展相适应。

二、关注中小律师事务所的发展

截至 2008 年底，全国共有 14 425 家律师事务所，101 人以上的律师事务所有 28 家，51 ~ 100 人以上的律师事务所 149 家，31 ~ 50 人以上的所 471 家，30 人以下的律师事务所 13 777 家，随着一些大型所规模的进一步扩大和个人律师事务所开办数量的增加，中小型律师事务所所占比例越来越大，截至 2009 年 7 月，我国最大的律师事务所律师人数为 319 人。数据表明，30 人以下的律师事务所占到了律师业的 95%。然而，在过往的 10 年当中，律师界受到一些误导，把规模化视为律师事务所发展的方向，盲目地追求所的规模，律师事务所的评优标准、评先标准都把专职律师的人数、藏书数量、办公面积、电脑台数作为评优的条件，对中小型所的发展缺乏正确的指引，这违背了律师的发展规律。在成熟的发达国家里，中小所是律师业的主力军，律师协会很注重对中小型律师事务所的指引，美国律师协会网站专门将个人执业者和小型所（solo & small firm）作为独立的内容，从如何设立、如何管理等各方面加以指引。目前我国司法行政机关、律师协会已经着手从行业管理的角度关注和鼓励发展中小型律师事务所。

三、律师事务所的专业化

在英国有不少大型律师行，一个大型律师行拥有五六百名律师，有的甚至超过千人，大型律师行一般下设诉讼部、公司部、财产部、私人信托部等业务部门，各业务部内又分各专业组，律师专业分工已经很细，服务也正在向更深层、更具体、更专业的方向发展。目前，我国法律服务正朝着市场化方向发展，律师越来越多、业务竞争越来越激烈，法律服务市场对律师的要求越来越高，"万金油"式的律师已经不能适应市场的要求。律师事务所要想更好地满足或迎合客户的需要，就必须打造自己的专业特长，获取相对优势。专业化分工可以促进优秀律师之间的互补和配合，使事务所向规模化、大型化发展，可改变律所的"作坊式"运作，改变律师"万金油"式的低级服务状态。

律师事务所的专业化有整体的专业化和内部的专业化。整体的专业化就是整个律师事务所只从事某一领域或几个特定领域的业务，在同行业中拥有领先优势并形成了品牌效应。在一些大城市已有专门从事证券、房地产的专业律师事务所。而律师事务所内部的专业化是综合性事务所内部专业的划分。专业化分工要求律师要有所侧重，要有专长，一业为主，兼顾他业，在所内进行科学的专业化分工协作。内部的专业化以一定规模为基础，专业化的目标就是要明确内部分工，提高服务效率和质量。关于专业分工方面，著名的贝克·麦肯思律师事务所的做法为：①根据业务需要选人；②为各专业部门选拔负责人；③定期的专业培训及交流；④专业部门内的资源共享；⑤事务所内全球化业务交流。

四、律师事务所的品牌化

品牌是律师事务所整体形象的社会评价，具有不可估量的社会效益和无形价值，对于提升律师事务所的业务竞争力具有重大意义，是律师事务所长远发展的根本。品牌，代表着事务所的形象，是事务所非常重要的无形资产、宝贵财富。如何打造律师事务所品牌，以良好的服务、信誉赢得客户，占领市场，特别是占领高端法律服务市场，使律师事务所取得经济效益和社会效益的统一，是一个律师事务所永恒的主题。

律师事务所的品牌化建设包括：①搞好品牌定位，即确立一个品牌所的发展的市场目标——专业定位。②选择科学管理模式。

五、律师事务所国际化

法律服务的国际化包含两个方面：一方面，外国律师事务所大量进入中国，与中国律师合作处理业务，促进中国律师业的发展，也与国内律师形成激烈竞争。另一方面，有越来越多的中国公司将在国外遇到反倾销、对外收购等法律难题，需要寻求法律服务。中国律师事务所要争取走出去，在外国设立办事处或收购外国律师事务所，从而使中国律师、中国法律融合在全球化进程中。《司法部关于拓展和规范律师法律服务的意见》指出："要适应经济全球化和加入世贸组织的新形势，坚持对国外、境外律师'引进来'和让中国律师'走出去'相结合，在更大范围、更广领域和更高层次上参与国际律师业的合作和竞争……要着力扶持和培养一批具有国际竞争力的律师事务所和律师，拓展涉外法律服务领域，逐步增强我国律师在国际法律服务市场上的竞争力，提升中国律师的国际地位。"

司法部制定的《2005 年中国律师业发展政策报告》指出："加强涉外法律服务人才的培养，培养一批懂国际规则、懂 WTO、能打国际官司的律师人才，进一步加强律师在反倾销、反不正当竞争和知识产权保护等领域中的参与能力，不断拓展涉外法律服务空间，提高对外开放的整体水平。"

六、商业化律师事务所

在众多的新观念中，商业化律师事务所的提出最为引人注目。律师事务所的商业化就是指将律师业作为一种产业，向商业化的经营管理型发展。就目前而言，律师事务所的非法律化因素已经越来越受到国外同行的重视，许多著名的国际化律师事务所开设了公关部、市场营销部，为自身塑造形象，巩固律师事务所的品牌概念。

此外，为了弥补知识结构上的缺陷，这些大型的律师事务所还招聘诸如工程师、会计师、经济师、电脑专家、金融专家、医师等其他专业领域内的人员，以充实和扩大自己的服务领域。

■思考题

1. 我国律师事务所有几种组织形式？它们之间有什么区别？
2. 简述律师事务所设立的条件和程序。
3. 律师事务所的权利和义务有哪些？
4. 律师事务所内部管理的基本原则有哪些？

■参考书目

1. 史建三：《上海律师事务所管理模式研究》，法律出版社 2005 年版。
2. ［加］司威克：《发展和管理一家成功的律师事务所》，冯秀梅译，法律出版社 1999 年版。
3. 刘桂明：《律师中国》，人民法院出版社 2007 年版。
4. 李本森：《中国律师业发展问题研究》，吉林人民出版社 2001 年版。
5. 何云选：《律师事务所新体制构想——如何创建规模宏大的现代化律师所》，法律出版社 2005 年版。

第六章　律师管理

■ **学习目的和要求**

　　通过本章的学习，掌握我国律师管理制度的变迁和发展，认真比较过去单一的司法行政管理体制同现在"两结合"的律师管理体制的区别与优劣，认真思考我国律师管理体制未来的发展趋势。

■ **重点及难点**

　　"两结合"管理体制的前景。

　　律师管理是指对律师行业及律师群体的管理和规制，是律师制度中的重要内容。如何搞好律师的管理工作，制定好律师管理的制度规范，直接关系到各项律师具体制度的构建，对于保障律师行业健康发展有着至关重要的作用。目前在我国，广义的律师管理可以分为四个层次：司法行政机关的管理指导，律师协会行业管理，律师事务所的管理和律师的自律。狭义的律师管理仅指司法行政机关的行政管理和律师协会的行业管理。

第一节　律师管理体制

一、我国律师管理体制的变迁

　　我国律师制度初创于建国初期，1954 年《宪法》中明确规定了被告人享有辩护权之后，随着律师辩护工作在我国司法程序中的逐渐开展，有关律师组织也相继建立和发展起来，最早的律师执业机构是在人民法院内部设立的"公设辩护人室"。《律师暂行条例》规定，律师事务所"受国家司法行政机关的组织领导和业务监督"。《关于〈律师暂行条例〉的几点说明》中明确指出："对律师人员的调配、考核、奖惩、思想教育、专业培训，以及律师经费的管理、律师机构的设置和各项物质设施的筹措一系列组织建设和行政管理工作，都要各级司法行政机关来抓，也只有各级司法行政机关才能办"，"律师的业务……各级司法行政机关也应进行指导"。这种对律师机构实行统管的管理体制，在律师制度的恢复和重建时期对设置律师工作机构，组建律师队伍，开展律师业务曾起到积极的推动作用，但也存在一切由国家包办、事无巨细、统得过死、卡得过严的弊端。例如：律师事务所主任由司法行政机关任命；财务收支由司法行政机关掌握；律师事务所人员调动也由司法行政机关自己做主，不征求律师事务所意见，甚至一些地方律师业务收费及其购置的一些财产也被司法行政机关无偿占用。使律师事务所没有人、财、物的必要的自主权，妨碍律师及律师事务所充分发挥主动性和积极性；把律师事务所视同司法行政机关，采取行政管理的办法管律师，妨碍了律师独立执行职务；律师事务所人员受国家司法行政编制的限制造成律师队伍发展缓慢。为了克服上述各种弊端，各级司法行政机关已逐步采取了一些改革措施。改革律师的管理体制一直是律师工作改革的一个重要方面。1984年《司法部关于加强和改革律师工作的意见》明确规定，司法行政机关对律师事务所的具体管理事项为：①及时向律师事务所的人员传达党和国家的有关方针、政策、指示，加强律师人员的政治思想工作和业务培训，督促、检查律师事务所执行政策、法律。②审查律师事务所的长远规划、年度计划和财务预决算。③审查律师事务所的重要业务活动方案，特别是重大刑事案件，与检察院、法院有严重分歧的刑事案件的辩护意见。④帮助律师事务所与有关部门疏通渠道，解决工作中遇到的困难和问题。⑤考核、管理律师事务所的干部。

1989年司法部在《关于加强司法行政机关对律师工作的领导和管理的通知》中强调，各级司法行政机关在加强对律师工作的领导和管理时，要充分考虑律师工作的特点，尊重律师事务所的自主权，在人事方面除律师事务所主任外其他工作人员的进出，由律师事务所按有关政策和规定办理。经费方面，律师事务所除按规定上缴管理费，重大开支报司法行政机关审批外，一般性的开支由律师事务所按照有关财务制度自理。

1992年司法部《关于律师工作进一步改革的意见》指出：要改善司法行政机关对律师的管理，司法部与省、自治区、直辖市司法厅（局）对律师事务所要宏观指导，微观放开搞活。所谓宏观指导，主要是制定律师工作的方针政策、规章制度，把握律师工作的政治方向，加强律师队伍中党团组织建设，加强律师队伍的思想政治工作；加强律师业务指导，抓好律师培训工作；加强律师职业道德、执业纪律及奖惩的管理。所谓微观上放开搞活，主要是人事上、财务上和业务活动上，由律师事务所按法律和政策的规定自主办理，司法行政机关不干预具体事务。

1993年司法部关于深化律师工作改革的方案指出：要努力建设有中国特色的律师管理体制，建立司法行政机关的行政管理与律师协会的行业管理相结合的管理体制，经过一段时期的实践后，逐步向司法行政机关宏观管理下的律师协会行业管理体制过渡。司法行政机关对律师工作主要实行宏观管理，其职责是：①制定律师行业发展规划，起草和制定有关律师工作的法律草案、法规草案和规章制度；②批准律师事务所及其分支机构的设立；③负责律师资格的授予和撤销；④负责执业律师的年检注册登记；⑤加强律师机构的组织建设和思想政治工作。

1996年《律师法》的实施为律师队伍的规范化、科学化管理提供了法律依据。

加强管理，就是要根据《律师法》逐步形成新型的律师管理模式。①加强司法行政机关对律师、律师事务所和律师协会的监督和指导，主要职责是对律师行业进行政策指导、机构管理、人员管理、执业活动监督和业务指导。同时协同有关部门制定适合律师行业特点的政策、法规和规章，为律师事业的发展创造良好的外部环境。②加强律师协会的行业管理。主要职能是保障律师依法执业，维护律师的合法权益；总结交流工作经验；组织业务培训；进行律师职业道德和执业纪律的教育、检查和监督；适当组织开展对外交流；调解法律活动中发生的执业纠纷；按照章程对律师给予奖励或给予处分。③以律师事务所自律性管理为基础，健全民主管理机制、合理的收益分配机制、严格的监督约束机制、规范的业务管理机制。

现行《律师法》第4条明确规定，司法行政部门依照《律师法》对律师、律师事务所和律师协会进行监督、指导。

目前，律师管理体制以司法行政机关的行政管理与律师协会行业管理相结合的方式为主，有的地方如北京已初步形成司法行政机关宏观管理下的律师行业管理体制。

（一）司法行政管理体制的特点

在管理体制上实行单一的司法行政机关管理，是在特殊计划经济体制下建立的律师管理制度，具有强烈的时代特点。

1. 单一的司法行政机关管理是计划经济体制的产物。在计划经济体制下，国家对社会生产的各个环节都实行控制和管理，律师工作也不例外。当时全国并没有统一的律师协会，律师协会是在司法行政机关内部设置的并归其管理，律师协会并不具有行业自律的性质，只是隶属于司法机关。

2. 单一的司法行政机关管理体现了当时社会状况的客观要求，与当时律师制度的总体设计相适应。我国律师制度恢复初期及以后相当一段时期，律师是作为"国家法律工作者"的身份存在的，律师工作机构也一直被定性为"国家事业单位"，由政府核拨经费和编制。在当时的历史条件下，采取单一的司法行政机关管理体制符合我国律师制度初创阶段的实际情况。

（二）司法行政管理体制的弊病

伴随着我国社会政治、经济的巨大发展，原来管理体制的不合理性和弊端日益显现出来。过去单一的司法行政机关管理体制存在很多弊端，在很大程度上束缚了律师的发展，限制了律师在社会活动中的作用，也严重阻碍了整个律师业的发展壮大。

1. 司法行政机关管理过宽、过滥，管理效率低下。在单一的律师行政管理体制下，由于没有律师行业的自律组织，司法行政机关对涉及律师行业的问题，事无巨细都要介入管理，但管理机关的人员是有限的，且律师行业事务庞杂又具有极强的专业性，司法行政机关在管理时必然耗费大量人力财力，从而降低了管理效率。

2. 单一行政管理不能适应律师管理的规律，不能充分发挥管理效能。律师行业是专业性很强的职业，其发展有着自身的规律，对律师行业的管理应该适应律师行业发展规律的要求。行政管理机关往往很难深入律师行业的实践，缺乏对律师行业发展规律的把握，因此，实行单一的行政管理不能科学发挥律师管理的效能。

3. 由于行政管理的不深入性和行政机关本身固有的缺陷使得在管理过程中容易导致管理的主观化、官僚化，这不但不能充分调动律师参与管理的积极性，反倒会压制律师积极性，从而制约律师业的发展。

二、我国《律师法》对律师管理体制的规定及完善

（一）"两结合"的律师管理体制

1993 年，国务院批准的《司法部关于深化律师工作改革的方案》中，明确提出了建立司法行政机关行政管理与律师协会行业管理相结合的"两结合"律师管理体制。从 1995 年 7 月第三次全国律师代表大会开始，全国律协会长、副会长全部由执业律师担任，常务理事会聘任司法部推荐的干部任律协秘书长，秘书处工作人员全部实行聘任制，全国律协的经费全部来源于律师会费，协会租房办公，与司法行政机关在机构、人员及办公场所等方面完全分开。律师行业管理开始得到体现。1996 年通过的《律师法》将这种管理体制确立了下来，便是现行的司法行政机关的行政管理与律师协会的行业管理结合，并逐步向司法行政机关宏观管理下的律师行业管理过渡的律师管理体制。2002 年 5 月，第五次全国律师代表大会召开后，新任的第五届中华全国律师协会秘书长贾午光对"两结合"管理的内涵进行了界定，即所谓的"两结合"的管理是指以司法行政机关的宏观管理为核心、律师协会的行业管理为主体、律师事务所的自律性管理为基础、政府宏观调控部门的调控管理为保障的一种管理体制。

必须坚持和完善"两结合"的律师管理体制。从当前的情况看，有中国特色的律师管理模式，应当是"两结合"、"四层次"。司法行政机关行政管理与律师协会行业管理"两结合"的管理体制，是被实践证明符合我国国情、富有中国特色且行之有效的做法，必须继续坚持，并在实践中不断完善。"四层次"除了上述"两结合"管理外，还包括律师事务所的自律性管理，以及税务、审计等政府有关部门的管理与监督。这四个层次相互关联，相辅相成，不可或缺。我们要通过实践不断地丰富这一管理模式的内涵，改进管理方式，完善管理手段，提高管理效能。

司法行政机关在律师管理工作中肩负着重要职责，主要有以下四个方面：①行业准入，即通过实施资质管理，把好律师行业的入口关；②制定"游戏规则"，即通过建立健全各项规章和规范性文件，指导推动律师行业健康发展；③当好"裁判员"，对法律服务市场进行监管和对律师协会进行监督指导；④协调有关部门为律师业的发展创造良好的政策法制环境。

（二）司法行政部门对律师的管理

在"两结合"律师管理体制下，司法行政机关在律师管理体制中处于核心地位，享有对律师事务以及律师协会的监督权和指导权。司法行政机关的宏观管理职责应包括如下方面：①依法制定行业发展政策和法规。主要包括组织制定律师行业的发展规划，与相关部门协调制定律师行业的税收、收费、社会保障、执业责任保险等政策，完善律师制度。②指导性宏观管理。《律师法》在总则第4条规定，国务院司法行政部门依照《律师法》对律师、律师事务所和律师协会进行监督和指导。③监督管理。主要是对律师协会行业的管理进行监督，保证行业管理的正确性和合法性。④准入和退出管理。在准入管理上包括两方面，一是对自然人，通过考试授予律师资格（法律职业资格），再经过一定的程序，颁发律师执业证；二是对机构，对于符合法定条件的国内律师事务所及香港澳门律师事务所驻华内地代表处颁发律师事务所执业许可证。在退出管理方面，主要是做好执业证照的吊销、注销工作，组织监督清算工作等。⑤协调各方面关系，改善执业环境，为律师依法执业提供支持。⑥调整法律服务供需关系，通过市场机制与政策调控手段相结合的方法解决法律服务供需矛盾的问题。

（三）律师协会的行业管理

根据现行《律师法》相关规定，律师协会作为行业管理组织，具有以下主要职能：

1. 制定律师行业规范和惩戒规则。行业规范由律师代表大会或常务理事会制定。主要包括：律师执业行为规范，如《律师执业行为规范》；律师业务指引规范，如《律师办理刑事案件指引》；律师协会组织性规范，如《律师协会章程》等。

2. 执业律师教育培训。教育培训工作是提高律师职业道德和业务水平的重要途径，也是实现行业健康发展的基本手段。

3. 律师维权。这是保障行业发展，提高行业凝聚力的重要方式。由于目前我国法治环境、律师地位等诸多因素，律师的执业权益乃至人身权屡被侵犯，需要律师协会多方协调以保障律师权益。近年来，全国律协致力于律师维权工作，在建立律师维权机构和制度的同时，开始重视律师个案维权。

4. 组织管理申请律师执业人员的实习活动并予以考核。新修订的《中华人民共和国律师法》明确赋予了律师协会"组织管理申请律师执业人员的实习活动，对实习人员进行考核"的职责。由律师协会负责实习组织管理工作，可以充分发挥行业自律管理的优势，直接体现律师行业对实习人员各项素质的基本要求，从入门开始，严把质量关，确保律师队伍后备人才的高素质。

5. 对律师的执业活动进行考核。律师协会在律师事务所对本所律师上一年度执业活动进行考核的基础上，对律师的执业表现做出评价，并将考核结果报司法行政机关备案，记入律师执业档案。律师执业年度考核，由设区的市级律师协会和直辖市律师协会负责组织实施；设区的市未建立律师协会的，可以由所在的省、自治区律师协会负责组织实施。省、自治区、直辖市律师协会指导、监督本区域的律师执业年度考核工作。

6. 负责律师的奖励与处分。通过树立行业先进，弘扬行业主流，惩戒违规者等方式，实现保持行业健康与纯洁性，保障行业有序发展。其依据为《律师法》及《全国律协表彰奖励办法》、《全国优秀律师、优秀律师事务所评定办法》、《律师协会会员违规行为处分规则》。2005 年评选产生了 115 家全国优秀律师事务所和 107 名全国优秀律师。

7. 受理对律师的投诉或者举报，受理律师的申诉等。

8. 负责律师国际交流工作。近年来，全国律协参加了国际律师联盟、环太平洋律协等 4 个律师国际组织；与美、欧、亚、非等洲的多个国家律师协会进行了互访；组织了"WTO 与法律服务国际研讨会"等律师国际会议。通过一系列的国际交流，带动了我国律师行业管理理念的转变和管理水平的提高，促进了我国律师执业水平的发展。

除此以外，全国律协还积极号召全国广大律师参政议政、组织律师参与国家立法、社会公益活动等。

第二节　律师协会

一、律师协会概述

《律师法》第 43 条规定，律师协会是社会团体法人，是律师的自律性组织。律师协会是律师进行自我管理的行业组织。《律师法》第 45 条规定，律师必须加入所在地的地方律师协会，加入地方律师协会的律师、律师事务所，同时是全国律师协会的会员；律师协会会员享有章程规定的权利，履行章程规定的义务。这里明确规定了律师与律师协会的关系，即律师必须加入律师协会，也就是所有律师都是律师协会的会员，而且都要遵守律师协会的章程。《中华全国律师协会章程》规定：中华全国律师协会是由律师、律师事务所组成的社会团体法人，是全国性的律师自律组织，依法对律师行业实施管理。由此可见，我国的律师协会不是国家行政机关，也不是司法机关，而是社会团体法人，是具有民事主体地位的社会组织，是在国家司法行政机关直接指导下进行工作的社会团体。它具有民事权利能力和民事行为能力，能够独立地享有民事权利承担民事义务。律师协会是由律师组成的组织，负责对律师进行管理、教育、监察和监督以及惩戒。

二、律师协会的职责

1996 年《律师法》第 40 条规定，律师协会履行下列职责：保障律师依法执业，维护律师的合法权益；总结、交流律师工作经验；组织律师业务培训；进行律师职业道德和执业纪律的教育、检查和监督；组织律师开展对外交流；调解律师执业活动中发生的执业纠纷；法律规定的其他职责。新《律师法》第 46 条规定，律师协会应当履行下列职责：保障律师依法执业，维护律师的合法权益；总结、交流律师工作经验；制定行业规范和惩戒规则；组织律师业务培训和职业道德、执业纪律教育，对律师的执业活动进行考核；组织管理申请律师执业人员的实习活动，对实习人员进行考核；对律师、律师事务所实施奖励和惩戒；受理对律师的投诉或者举报，调解律师执业活动中发生的纠纷，受理律师的申诉；法律、行政法规、规章以及律师协会章程规定的其他职责。

律师协会按照章程对律师给予奖励或给予处分。除此之外，根据 2011 年修订的《中华全国律师协会章程》规定，律师协会承担以下职责：保障律师依法执业，维护律师的合法权益；总结、交流律师工作经验；制定行业规范和惩戒规则；组织律师业务培训和职业道德、执业纪律教育，对律师的执业活动进行考核；组织管理申请律师执业人员的实习活动，对实习人员进行考核；对律师、律师事务所实施奖励和惩戒；受理对律师的投诉或者举报，调解律师执业活动中发生的纠纷；法律、行政法规和规章规定的其他职责。

律师协会的职责反映了律师协会在律师管理中的地位和作用，一般而言，律师协会的行业自治管理越彻底，律师协会的职责和权限越广泛。

三、律师协会的设置

自 20 世纪末，中国逐步恢复律师制度，随着法律的发展，律师制度也不断发展，执业律师人数越来越多。伴随着律师的发展，律师行业管理自治组织——律师协会，亦逐渐发展起来。1986 年 7 月第一次全国律师代表大会召开，成立了中华全国律师协会，并且通过了《中华全国律师协会章程》，标志着律师协会在中国的起步。此后，1991 年 5 月召开了第二次全国律师代表大会。1995 年 7 月，第三次全国律师代表大会召开，对《中华全国律师协会章程》作了修改，而且此次大会产生的全国律师协会的领导机构人员全部由执业律师组成。这不仅是律师协会自身组织建设的进步，也意味着律师协会逐步发展成为律师自己管理事务的行业协会，预示着律师协会的独立性在日益增强。1996 年《律师法》及修订后的《律师法》都以专章规定了律师协会的内容，对律师协会的重要内容都作了原则性的规定。

《律师法》规定，全国设立中华全国律师协会，省、自治区、直辖市设立地方律师协会，社区根据需要可以设立地方律师协会。上述规定明确了我国律师协会分为两个层次，即全国性的中华全国律师协会和各省、自治区、直辖市以及市辖区的地方律师协会。

四、中华全国律师协会

（一）中华全国律师协会的宗旨

中华全国律师协会的宗旨是：坚持中国共产党的领导，团结带领会员高举中国特色社会主义伟大旗帜，忠实履行中国特色社会主义法律工作者的职责使命，维护当事人合法权益，维护法律的正确实施，维护社会公平和正义，为建设社会主义法治国家，促进社会和谐发展和文明进步而奋斗。

中华全国律师协会的最高权力机构为全国律师代表大会。中华全国律师协会每 4 年举行一次全国律师代表大会，选举产生理事会，理事会选举协会会长、副会长和常务理事。在全国律师代表大会和理事会闭会期间，常务理事行使理事会的职权，执行全国律师代表大会的决议。秘书长领导执行机构进行日常工作。

（二）中华全国律师协会的职责

依据《中华人民共和国律师法》、《中华全国律师协会章程》，中华全国律师协会的主要职责为：①保障律师依法执业，维护律师的合法权益；②总结、交流律师工作经验；③制定行业规范和惩戒规则；④组织律师业务培训和职业道德、执业纪律教育，对律师的执业活动进行考核；⑤组织管理申请律师执业人员的实习活动，对实习人员进行考核；⑥对律师、律师事务所实施奖励和惩戒；⑦受理对律师的投诉或者举报，调解律师执业活动中发生的纠纷；⑧法律、行政法规和规章规定的其他职责。

中华全国律师协会自成立以来，在对律师业务指导，交流工作经验，维护律师合法权益，加强与外国律师之间的民间交流等方面发挥了很大的作用，逐步完善了行业管理体制，为我国律师事业的发展作出了贡献。

（三）中华全国律师协会的组织机构

中华全国律师协会，简称全国律协。根据《中华全国律师协会章程》规定，其组织机构主要有律师代表大会、理事会、常务理事会、办事机构和专门委员会、专业委员会。

1. 律师代表大会是最高权力机构，全国律师代表大会每4年举行一次。必要时，经常务理事会决定，可以提前或延期举行。全国律师代表大会必须有超过半数的代表出席始得举行。

全国律师代表大会代表由省、自治区、直辖市律师协会从个人会员中选举或推举产生。各省、自治区、直辖市律师协会中担任会长的执业律师为全国律师代表大会的当然代表。根据需要，全国律协可以邀请有关人士作为特邀代表参加全国律师代表大会。

全国律师代表大会代表应当出席代表大会，并行使下列职权：在代表大会上行使审议权、表决权、提案权、提议权、选举权和被选举权；联系会员、反映会员呼声，维护会员权益；章程规定的其他职权。

2. 理事会是全国律师代表大会的常设机构，对全国律师代表大会负责。理事会由全体理事组成。理事由律师代表大会从有良好职业道德和较高业务水平、执业3年以上，具有奉献精神，热心律师行业公益活动的执业律师中选举产生。

理事会的职责为：召开全国律师代表大会；选举会长、副会长、常务理事；在全国律师代表大会闭会期间，讨论决定重大事项；增补或更换理事；审议、批准常务理事会的年度会费收支报告和工作报告；其他应由理事会履行的职责。

理事会会议每年至少举行1次。

3. 常务理事会在理事会闭会期间主持协会工作。常务理事会一般3个月举行一次会议，按照理事会的决议研究、决定、部署协会的工作。

4. 会长办公会议制度。全国律协实行会长办公会议制度，会长办公会议由会长、副会长组成，由会长定期召集开会。会长办公会议负责督促、落实常务理事会决议和决定。

5. 秘书处。全国律协设秘书处，负责实施全国律师代表大会、理事会、常务理事会的各项决议、决定，承担协会日常工作。秘书处设秘书长1人，副秘书长若干人。秘书长由常务理事会聘任，副秘书长由秘书长提名，常务理事会决定。秘书长在常务理事会的授权范围内，领导秘书处开展工作。秘书长、副秘书长列席理事会议、常务理事会议、会长办公会议。

6. 专门委员会。专门委员会是律师协会履行职责的专门工作机构。律师协会应当设立维护律师执业合法权益委员会、律师纪律委员会、规章制度委员会、财务委员会等。经常务理事会决定，可以设立其他专门委员会。

7. 专业委员会。协会设立若干专业委员会。各委员会设主任1人，副主任若干人和委员若干人。专业委员会的设置、调整和主任、副主任人选由常务理事会决定。专业委员会按照专业委员会活动规则，组织开展理论研究和业务交流活动，起草律师有关业务规范。常务理事会可以聘请专家、学者和有关领导担任专业委员会的顾问。

（四）会员

律师协会会员分为团体会员和个人会员。依照律师法取得律师执业证书的律师，为律师协会个人会员；依法批准设立的律师事务所为律师协会团体会员。

1. 个人会员的权利与义务。

（1）个人会员的权利包括：享有表决权、选举权和被选举权；享有合法执业保障权；参加协会组织的学习和培训；参加协会组织的专业研究和经验交流活动；享受协会举办的福利；使用律师协会的图书、资料、网络和信息资源；提出立法、司法和行政执法的意见和建议；对协会的工作进行监督，提出批评和建议；通过协会向有关部门反映意见。

（2）个人会员的义务包括：遵守协会章程，执行协会决议；遵守律师执业行为规范，遵守协会行业规则和准则；接受协会的指导、监督和管理；承担协会委托的工作；承担律师协会委托的工作，履行律师协会规定的法律援助义务；自觉维护律师职业声誉，维护会员间的团结；按规定交纳会费。

2. 团体会员的权利与义务。

（1）团体会员的权利包括：参加协会举办的会议和其他活动；使用协会的信息资源；对协会工作进行民主监督，提出意见和建议。

（2）团体会员的义务包括：遵守协会章程；遵守协会的行业规范，执行协会决议；教育律师遵守律师执业行为规范；组织律师参加协会的各项活动；制定、完善内部规章制度；为律师行使权利、履行义务提供必要条件；组织和参加律师执业责任保险；对实习律师加强管理；对律师的执业活动进行考核；按规定交纳会费；承担协会委托的工作。

五、地方律师协会

我国律师制度恢复以后，省、自治区、直辖市陆续成立了律师协会。1986 年 10 月 4 日《司法部关于同意本溪成立律师协会的批复》认为：把本溪市律师协会作为地、市律师协会的试点单位。但地、市设置律师协会的做法并未迅速推广。1989 年《司法部关于地、市是否可以设置律师协会的批复》认为：省以下一般不宜成立律师协会，沿海地区和经济发达地区的大中城市的确需要成立律师协会的，报司法部批准。随着律师体制改革的进一步深入，为实现司法行政管理与律师协会行业管理相结合，并逐步过渡到司法行政机关宏观管理下的律师协会的行业管理的需要，我国律师法明确规定，设区的市根据需要可以设立地方律师协会。这一规定，有利于进一步加强地、市律师协会的建立，为实行律师协会行业管理准备了条件。

第三节　境外律师管理体制介绍

一、美国的律师管理及律师组织

美国律师管理体制的最大特点，是以行业协会——律师协会为主对律师进行管理。联邦政府的司法行政部门并不管理律师。除律师协会管理律师外，法院也管理律师，与律师协会共同管理律师，并且在名义上，法院占有更重的份量。法院有行使颁发律师执照、对律师进行惩戒、通过或创制一些律师规则等司法权监督管理律师的权利。当然，许多具体的工作是由律师协会来进行的。美国律师组织在对律师的监督管理，保护律师利益，提高律师职业道德水平，促进律师之间的交流，促进律师制度的发展等方面，都发挥着十分重要的作用。与美国政治制度和联邦与州的关系相一致，各州在本州事务上享有很大的自主权，在律师组织方面，联邦有联邦的律师协会，州有州的律师协会。联邦和州的律师协会没有隶属关系，最大和最有势力的法律职业协会是美国律师协会。州一级的律师协会在律师管理体制中扮演主要角色，除此之外，美国还有一些基于特别目的或特殊问题、案件、职业集团利益等因素或者其他特殊原因而组织起来的律师社团。如全国妇女律师协会、美国诉讼律师协会、美国诉讼律师团、全国律师同业公会、海关律师协会等。

1. 美国律师协会（American Bar Association），简称 ABA，是世界上最大的自愿性法律职业组织。美国律师协会设有主席委员会执行行政管理职能，其政策制定机构是代表议会，议会的代表来自各州和大地区的律师协会。协会的常务委员会负责处理协会的事务和活动，还有一些不同类型的机构，如法官会议、法律学生部、青年律师部、老年律师部以及其他一些分支机构，此外还有大量的专业领域里的论坛委员会。美国律师协会对其使命的陈述是：作为国家法律职业的代表，通过捍卫自由，伸张正义，平等地服务于会员、法律职业及社会。美国律师协会的主要事务是：①服务于会员，通过提供福利、项目和服务，提升会员的专业水准和生活品质。②改善法律职业。包括在法学教育方面，对全国的法学院进行考察鉴定，促进法律教育高品质的保持；促进法律职业的称职性、职业伦理和职业精神；促进法律职业法律援助和公益性服务。③消除法律职业和司法系统中存在的偏见，增强多样性。促进法律职业司法系统，所有人士充分平等地参与协会的工作。④推进法治。增加公众对法治、法律程序、法律职业在国内外作用的理解和尊重；致力于法律的公正、人权、法律程序的公平；确保司法公正；维护法律职业和司法的独立。

2. 美国州一级律师协会。州的律师协会才是律师管理体制的主要管理主体。州的律师协会在法学教育、执业管理、惩戒处罚上起着重要作用，律师从业管理和惩戒处罚程序，都主要由州的律师协会来实施，律师协会也在监督管理律师上发挥重要作用。美国州一级律师协会的功能主要有：主持每年两次的律师资格考试；对律师进行继续教育；对律师的举报进行调查，对不遵守职业道德的律师进行惩戒；修改、发展律师工作规则；协助立法；推荐法官；帮助律师开展业务活动。

二、英国律师管理[1]

英国的律师行业协会分为大律师公会、英威事务律师公会、苏格兰事务律师公会和北爱尔兰事务律师公会。不同的律师协会管辖不同的律师，其中，英威事务律师公会是针对英威地区事务律师的自治管理机构。大律师公会是针对诉讼律师的自律组织。英国对律师的行业管理和行业监管均已达到相当完善的地步，形成了一整套完整的制度和运行机制，英国律师公会的职能包括：①规章、规则的制订和进行纪律处分；②教育培训；③法律变革或改革；④会员利益的维护或代表。

英国律师的监督管理主要由英国律协律师监督办公室来负责，该办公室有两项权力：①对专业行为的规范；②对不尽职的行为进行监管。办公室有法律上的权力审查律师的卷宗，责令律师把卷宗交到办公室。如果拒绝，办公室可以请法院发出命令，办公室人员持法院命令将卷宗调出。另外，英国律协律师监督办公室的工作人员大部分曾经是资深职业律师，也包括专家学者，既具有丰富的职业经验，又具有法律地位的超然性，能够使人比较信服地行使权力。专家首先是律协的雇员，代表律协。他可以依自己的理解来执行这些规则。但他们的解释是否权威，最终取决于法院的判决或纪律委员会的裁决。

三、法国德国的律师管理[2]

法国和德国的律师协会为公法社团，是律师自律管理的行业组织。律师协会由律师依照法律的规定，经司法行政部门批准后设立，毋须进行工商、社团等登记，但法律规定律师必须加入一个地方律师协会。

两国的全国性律师协会是由地方律师协会发起成立的全国性的律师自律组织，属于联合会性质，由地方律师协会的会长组成理事会，由理事会从理事中选举产生

---

[1] "北京市律师协会代表团赴英国及芬兰考察访问报告"，载北京律师网。

[2] 司法部《律师法》立法考察团于 2003 年 3 月 17 日~3 月 28 日赴法国、德国进行考察。有关法德两国律师管理的资料来源于此次考察的报告——《关于法国、德国律师制度的考察报告》。

会长。全国性律师协会具有与地方律师协会完全不同的性质，没有任何实质性管理职责，只负责协调地方律师协会之间的关系，制定行业性的一些规范，对外宣传和联系。其会员为各地方律师协会，律师和律师事务所不是其会员。全国性律师协会与地方律师协会之间相互独立、互不隶属。地方律师协会是地区性律师行业管理组织，行使法律赋予的各项管理职责。在法国，地方律师协会是按照根据法庭辖区设立的。德国则按"一州一会"的模式设立。

法国和德国地方律师协会的职责有较大的不同。在法国，地方律师协会主要行使以下职责：①制定律师职业道德和纪律规范；②负责审查申请领取律师资格人员的条件、监督和指导实习活动、进行执业登录；③负责对律师违法违纪行为进行调查和处罚；④组织会员进行培训；⑤对会员的客户账户进行监督，防止会员挪用客户的财物；⑥为会员提供福利和服务。与法国相比，德国的地方律师协会不具有授予资格和处罚律师的职责，其具体职能为：①制定律师执行职务的行为准则；②制订职业教育和培训计划，制定会员福利计划；③对会员提供业务咨询和指导；④根据申请调解会员之间、会员与委托人之间的纠纷；⑤监督会员履行义务，并有权给予训诫的处分；⑥推荐律师担任律师纪律法庭法官和司法考试委员会成员；⑦向司法行政部门出具申请领取律师资格人员的鉴定书；⑧对实习律师进行培训。

在法国，律师协会负责律师纪律惩戒，其惩戒权来源于《律师法》。惩戒措施主要有：警告、严重警告、暂停执业7日~3年、直接停止执业（只适用于紧急情况下）、吊销律师资格。附加处分有：禁止10年内成为某律师协会的会员，向社会公开惩戒结果。惩戒的实体法依据为律师协会制定的律师行为规范。在德国，负责对违法违纪律师进行惩戒的机构有两个：①律师协会。律师协会只能对律师违反职业道德的轻微行为进行处分，处分种类只有一种即训诫。律师对处分不服的，可以向律师协会设立的申诉委员会进行申诉，对申诉委员会的复核决定不服的，还可以向法院提起诉讼。②法院。根据德国联邦律师法的规定，在地方法院、州法院、联邦法院设立律师纪律法庭，律师纪律法庭接受法院院长的业务指导和监督，律师纪律法庭的法官在执行职务时，拥有与职业法官相同的权利和地位，作出的判决具有司法效力。

无论在法国还是德国，律师虽然为自由职业，但律师协会必须接受司法行政部门的监督和指导。司法行政部门的主要职责是监督律师协会遵守法律和章程，特别是履行其职责的情况。

四、日本律师管理体制[1]

日本律师是完全独立的职业，律师的管理由日本律师联合会与所属的地方律师协会实行完全自治的管理制度，律师联合会与律师协会行使对律师事务所的指导、

---

[1] 《律师法》修改考察团于2003年3月18日~3月28日对日本、新加坡进行了为期10天的考察。有关日本律师管理的资料来源于这次考察的报告——《关于日本、新加坡律师制度的考察报告》。

联络、监督职责，律师设立律师事务所必须在其所属的律师协会管辖的区域内，并向所属的律师协会及律师联合会申报登记。

1949 年 5 月 30 日，由众议院通过《律师法》修正案。在该部《律师法》中，确立了律师自治原则，规定了全国律师联合会和地方律师协会两级的律师自律组织构架，由日本律师联合会和地方律师协会对日本律师进行直接或间接的指导、联络与监督。1949 年 9 月 1 日，根据新的律师法，成立了日本律师联合会，52 个地方律师协会成为日本律师联合会的团体会员。日本律师联合会和地方律师协会不受任何政府机构领导和监督，拥有高度的自治权，其主要职能为：律师资格的审查和登记；对律师与地方律师协会进行指导、联络和监督；制定行业自律规则；律师执业纠纷的调处；举办律师的福利事业；编辑出版律师刊物；制订律师继续教育计划，提高律师道德和业务素质；参与国家立法、修改法律的活动；参与司法改革活动；负责对律师的惩戒；对国家机关提出的建议和询问作出答复；需要国家机关协助调查时提出申请；根据受到人权侵害的公民的申诉行使调查权，向行政当局提出救济、改善的意见；开展消费者权益受到侵害的救助活动，如加入国际律师组织，开展国际交流等。

日本对律师的惩戒权由日本律师联合会和地方律师协会共同行使，任何国家机关不能对律师进行监督和惩戒。这是日本律师制度的一个重要特点。

■思考题

1. 简述我国律师管理体制的变迁及其原因。
2. 试述在"两结合"的管理体制下，律师协会同司法行政机关的管理。
3. 论述我国律师管理体制的发展趋势及其展望。

■参考书目

1. 王隽、周塞军主编：《北京律师发展报告 NO. 1（2011）》，社会科学文献出版社 2011 年版。
2. 王进喜：《美国律师职业行为规则理论与实践》，中国人民公安大学出版社 2005 年版。
3. 邵建东编（译）著：《德国法学教育的改革与律师职业》，中国政法大学出版社 2004 年版。

第七章 律师收费

■ 学习目的和要求

　　本章介绍了律师收费制度的主要内容，介绍了我国律师收费和国外律师收费的基本情况，重点阐述了律师收费定价机制、收费方式和收费行为规则以及律师收费争议的解决方法等内容。通过本章学习，了解律师收费定价方式、律师收费方式和标准及其如何进行适用，了解律师事务所及律师在收费过程的行为限制。

■ 重点及难点

　　律师收费的种类和有关规定，律师风险代理。

第一节 律师收费制度概述

　　一般来说，律师提供的法律服务是一种有偿服务，委托人只有支付酬金才能得到律师提供的法律服务。收取律师费用，是律师行业的古老行规。

一、律师收费

　　律师收费是指律师通过运用自己的知识和技能为委托人提供法律服务，向委托人收取报酬的行为。律师通过提供法律服务向委托人收取的费用，称为律师费或者律师费用。早在公元5世纪古罗马时期，辩护人团体从事辩护时，就收取费用，后在10多个世纪的发展演变过程中，收费规则一直保持不变，并支撑着律师行业在漫长的历史隧道中发展壮大。律师收费是由律师的社会地位决定的，律师大多来自民间，在凭借知识和理想促进社会公平正义的同时，必须要按照市场规则来糊口谋生。收费也是由律师独立、客观、公正的职业属性所决定的。律师只有自食其力，实现经济上的独立，不依附任何个人或者组织，才能独立客观地运用自己掌握的专业知识和技能，依据事实和法律为当事人提供服务。律师收费是律师行业赖以生存和发展的基础。

二、律师收费制度

律师收费制度是由关于律师收费的法律、规范规则、习惯、文化和传统等因素构成的体系。这些因素有的以法律、法令、政府规章等形式表现出来，有的以律师协会颁发的行业规范、职业道德和纪律等形式出现，还有的是未成文但被公众普遍认可、接受的习惯做法和观念、信息，这些因素相互作用，相互影响，通过强制性规范和潜移默化引导的方式，塑造了现实社会生活中的律师收费行为，构建了律师收费的秩序。通常，律师收费制度包括以下几个方面的内容：

1. 律师收费的定价方式和原则。从世界各国的情况看，由于历史文化、风俗习惯、律师行业的传统不同，不同国家的律师收费形成机制也不同。一些国家用立法的方式规制律师收费，一些国家在法律中对律师收费不作任何规定，完全由律师与委托人自由协商确定，或者由律师协会自我管理。还有一些国家实行双轨制，部分律师收费项目由国家管制，部分项目由律师通过协商收费。我国实行的就是双轨制。

2. 律师收费的分类。由于律师收费的名目较多、性质不同，考虑到纳税的因素，在律师收费的实践中常常对这些费用进行细分。大体上分为三类：①代付费用，包括代委托人向法庭交纳的诉讼费，向公证处交纳的公证费，向婚姻、土地、工商等登记部门交纳的费用，等等。②办案费用，一般指律师办理法律事务的成本，如差旅、邮资、通讯等费用。③律师报酬，即律师提供法律服务应得的经济收入。律师报酬一般要交税，有的国家委托人在支付律师报酬的同时，还要替律师交纳报酬部分的所得税或者营业税。

3. 律师收费方式和标准。律师收费方式和标准指律师采用什么样的方式进行收费，以什么样的标准确定收费数额。律师行业经过长期的发展，积累沉淀，形成了一些比较成熟的做法。最常见的律师收费方式有：

（1）计件收费或者按件收费。计件收费是指根据法律事务的种类确定每一类法律事务的收费标准，然后按照办理案件的数量收取律师费。这种收费方式通常适用于较为简单、没有财产争议的案件。

（2）按标的比例收费。按标的比例收费指律师根据案件所涉及的诉讼标的额或者财产争议额，以一定的比例来收取律师费。比如，某个财产纠纷案件的争议额为100万，律师收费的比例为3%，则律师费为3万。这种收费方式适用于涉及财产关系的法律事务。

（3）计时收费。计时收费是比较流行的一种律师计费形式，具体是指律师、律师事务所根据为委托人提供法律服务所花费的时间计算收取律师费。计时收费中，决定收费金额的因素有两个：①工作时间，即律师在办理委托人所委托的法律事务实际花费的有效工作时间。比如，律师办理法律事务过程中，实际花费在起草文件、调查取证、出庭、谈判、会见等事务上的时间，属于有效工作时间，而一些与所托事务无关的事宜，则不能计入有效工作时间。②收费标准，即每小时收取多少钱。收费标准，一般是由律师事务所根据律师的资历、经验、声望以及市场行情，为每个律师制定相应的收费标准。计时收费是律师根据花费在案件上的实际工作时间和自己每小时收费数额来确定收费数额的。这种收费方式可适用于全部法律事务。计时收费把律师的劳动与报酬紧密地连接起来，在一定程度上真实、客观地反映出律师的价值，较好地体现了律师服务的单位时间价值，具有广泛的适用空间。但是，鉴于委托人不可能了解律师的全部活动，无法知道律师到底在自己的案件上用了多少心思、花费多少精力，如何防止律师不负责地多记工作时间，如何做到取信于民是关键。为此，许多国家的律师协会制定了计时收费规则，规定出律师办理各种法律事务的平均工作时间，通常为一个时间段，供律师事务所确定工作时间时参照，同时也便于委托人对照审查律师事务所提供的工作时间。大多数律师事务所也建立了严格的收费审查制度，由合伙人或者高级管理人员对律师提交的工作时间进行审查，为顾及本所的声誉，许多律师事务所、律师通常会对工作时间进行压缩。

（4）固定费用。固定费用是指律师不考虑工作时间、办理法律事务的件数，甚至不考虑支出成本，事先向委托人收取的一笔数额确定的费用。这种费用构成比较复杂，有的只含律师报酬，有的包括律师报酬、代付费用和办案费用，完全取决于律师与委托人的协商结果。这种收费方式通常用于大型项目的法律服务、包干式一揽子服务，也常用于律师担任长期的个人、企业法律顾问。律师担任个人、企业法律顾问的收费，也称为顾问费，一般按年度、月份收取固定的律师费。

（5）风险代理收费。风险代理收费是指律师与委托人事先约定，根据律师代理的结果来收取费用，结果不同，收费的数额不同。这种方法常常适用于委托人无力支付律师费用，或者委托人认为胜诉可能性不大、将风险转嫁给律师的情形。由于这种收费方式将律师收费与案件办理结果直接挂钩，许多人认为这样会损害司法活动的公正形象，容易鼓励律师为多收费而采取不正当手段争取胜诉。许多国家将风险代理限制在特定的范围，我国也对风险代理作出严格限制。

4. 律师收费行为准则。由于律师收费直接涉及委托人利益、公众利益，一些国家的律师法对律师收费行为作了大量的规定，各国律师协会也以执业规范的形式对律师收费行为提出了要求。概括起来，对律师收费行为的要求主要有：①律师要诚信收费。律师要客观评估办理时间、难度、风险等因素后向委托人报价，如实告知委托人相关信息。②律师要在自愿平等的前提下与委托人签订书面的收费协议，律师不得利用优势地位在协议中订立免除律师应当承担的责任的条款。③律师要如实提供工作清单和收费细目以便委托人审查，对委托人的质疑要认真解释、及时答复。④律师收费后要及时向委托人提供正式票据。⑤发生收费争议后，律师一般不得为索要律师费用，扣留委托人提供的证据、文件等资料，干扰委托人另聘律师继续诉讼。

5. 律师收费争议的解决。律师与委托人因律师收费发生争议的，一般先由律师、律师事务所与委托人协商解决。协商不成的，可以提请律师事务所所在地的律师协会调解，提请仲裁或向人民法院提起诉讼。

三、律师收费制度的发展趋势

收费制度是律师行业的基础性制度。它既是律师行业生存发展的支柱，也是引导、影响律师行业发展的杠杆。这种杠杆作用，从律师行业来看，通过调整律师行业的整体收费水平，可以加快或者减缓律师行业的发展速度，通过提高或者降低某一领域律师服务收费，可以引导律师进入或者退出某一业务领域；从公共关系来看，是调节律师行业利益与公众利益的均衡器。如果律师收费的整体水平过高，势必加重委托人的经济负担，迫使许多当事人放弃委托律师进行诉讼，由此会影响到律师作用的发挥，影响到司法活动的效率。因此，除经济发展、社会进步、法制健全等因素对律师收费制度的发展产生影响外，国家、律师、公众三种力量的冲突、协调决定了律师收费制度的建构，推动着律师收费制度的发展变迁。

律师收费制度的核心是定价方式，表现为国家管制和市场定价。在律师行业发展的早期，大多数国家对律师收费实行严格管制，制定详尽的律师收费标准，强制执行收费标准。在市场经济诞生、发展、成熟的漫长历史进程中，律师业务也由传统的诉讼业务，向非诉讼领域拓展，产生了大量的新型律师业务，这些游离在国家的收费管制范围之外的新业务，一般是遵循市场经济原则，由律师与委托人协商确定收费，由此形成了新的定价机制。政府对律师收费的管制日趋放松，有的国家甚至不再制定律师收费标准，完全由市场定价。但是，律师利益与公众利益的紧张关系并没有消除。过去，许多国家制定律师收费标准一般采取最高价和最低价的方法，对每一项律师收费项目都规定最高价和最低价，用最低价保护律师的利益，防止律师行业的过度恶性竞争影响律师的服务质量，用最高价保护委托人的利益，使得更多的人能够用得起律师。律师业务的迅猛发展，服务项目的日益复杂化、多样化，导致制定合理价格的难度越来越大。另外，一些新型的市场经济理念和规则，也对一些律师收费惯例造成了冲击。例如，全美律师联合会曾规定各项律师收费的"最低收费标准"，要求会员遵守执行。1975年，联邦最高法院对全美律师联合会的"最低收费标准"进行审理，认为最低收费标准违反了反托拉斯法，裁定废止。针对出现的新情况，许多国家不断调整、改进管制律师收费的方式。一方面，进一步放松管制，允许律师依据市场原则，与委托人自由协商确定收费。另一方面，把对公众利益保护的重点，转向对贫困人群的救助，以法律援助方式，出钱购买律师服务，帮助穷人打官司。

国家对律师收费管制的放松，催生了律师收费方式方法的与时俱进。律师在与委托人协商收费中，围绕着如何更好地适应委托人的要求、更科学地体现律师的工作价值，不断创新收费方式方法。计件收费、按比例收费日渐式微，计时收费在许多国家流行起来，过去一向被禁止使用的风险代理收费，在一些国家也被允许在一些特定类型的案件中使用。一些国家的律师将多种收费形式混合运用于同一个案件的收费，也有的将商业营销方法运用于律师收费。最近，出现了一种新的收费方法，委托人可以预先向律师事务所交纳一定费用，一旦出现争议，需要律师提供服务，律师则按约定提供一定工作时间或者工作量的服务，这部分的收费一般要比平时低，超过预定工作时间或者工作量的部分则正常收费。预先交纳的费用，多余部分不予退还，不足部分则要委托人补齐。我国，一些律师事务所推出的"家庭律师"、"一元律师"活动与此类似。律师收费方式方法的变化，是律师适应法律服务行业激烈竞争的产物。竞争使律师收费方式更加合理，使律师收费下降，律师服务质量不断提高。

许多国家在放宽对律师收费管制的同时，加强了对律师收费行为的规范。许多国家的律师协会制定了约束律师收费行为的行规，严厉查处违法违规行为，维护律师行业的声誉，维护律师行业与公众的良好关系。

第二节　我国律师收费制度

一、我国律师收费制度的历史发展

我国律师收费制度随着我国社会经济的发展，适应律师工作改革发展的要求，从建国以来经历了五次改革完善。新中国历史上第一个规范律师收费的文件，是司法部于1956年5月25日批准的《律师收费暂行办法》。《律师收费暂行办法》规定了律师收费的原则、收费方式、各项法律事务业务的收费标准。1989年，我国恢复重建律师制度后，司法部、财政部根据改革开放的新形势，于1981年12月9日颁布了《律师收费试行办法》。1981年《律师收费试行办法》继承了原《律师收费暂行办法》确立的原则，根据律师工作的实际情况对律师收费标准进行了调整。主要内容是：①律师收费标准由国家统一制定。②律师收费主体是法律顾问处（律师事务所），律师个人不得私自收费。③律师收取费用必须在国家确定的标准幅度内，根据律师业务的繁简程度、需时长短、诉讼标的多寡等实际情况，确定收费的具体数额。律师只有在办理复杂的民事案件、涉外案件时，才可以与委托人协商确定收费。④律师除收取律师劳动报酬外，可以收取伙食费、住宿费和交通费。⑤律师办理请求支付赡养费、抚养费、扶养费、抚恤金、救济金、公伤赔偿等案件，可以减免收费。

1990年2月15日司法部、财政部、国家物价局颁布了《律师业务收费管理办法》及《律师业务收费标准》。这次修改主要对律师收费项目进行了细化，适度提高了收费标准，同时为适应合作、合伙律师事务所的发展需要，扩大了各项收费标准的浮动幅度。

1997年3月1日，国家计划委员会、司法部颁布了《律师服务收费管理暂行办法》。该办法适应建立我国社会主义市场经济体制的客观要求，对原有的律师收费制度进行了较大的改革，主要表现在以下三个方面：①扩大了协商收费的范围。适应市场经济发展的要求，国家只制定律师办理刑事诉讼案件、民事诉讼案件、行政诉讼案件、各类诉讼案件的申诉及仲裁案件的收费标准，其他的律师收费项目，比如担任法律顾问、办理非诉讼法律事务、法律咨询等业务，由律师与委托人协商确定收费标准。②引入了计时收费制度。此前，一些从事涉外法律服务的律师事务所、律师，只在向外商、外国公民提供法律服务过程中使用计时收费。考虑到计时收费对群众来说还比较陌生，全面推开的时机还不成熟，该办法只规定律师办理非诉讼法律事务可以使用计时收费。③明确了律师费和办案费。针对办案费不规范，容易引起群众误解、引发纠纷的问题，明确规定鉴定费、公证费、异地（跨省）办案所需差旅费和律师代委托人支付的其他费用，不属于律师服务费，由委托人另行支付。该办法出台后，在规范律师收费行为、推动律师工作发展方面发挥了积极作用，但同时也遇到了问题。我国幅员辽阔，各地的经济发展极不平衡，国家统一制定的律师收费标准很难符合各地律师的收费实际，出现了最高收费标准在发达地区仍太低、最低收费标准在经济欠发达地区仍太高的问题，为此，2000 年 4 月司法部、国家计委下发了《关于暂由各地制定律师服务收费临时标准的通知》，提出国家暂不出台统一的律师收费标准，由各省、自治区、直辖市根据当地的经济社会发展水平和人民群众的承受能力，制定当地的律师服务收费临时标准。

2006 年 4 月 13 日，司法部、国家发展改革委员会颁布了现行的《律师服务收费管理办法》。现行《律师服务收费管理办法》在 1997 年《律师服务收费管理暂行办法》的基础上，又迈出了较大的改革步伐：①确立了律师收费实行政府指导价和市场调节价相结合的原则。律师办理刑事诉讼案件、民事诉讼案件、行政诉讼案件、各类诉讼案件的申诉及仲裁案件，实行政府指导价，由政府制定收费标准；律师担任法律顾问、办理非诉讼法律事务、法律咨询等业务，实行市场调节价，由律师与委托人协商确定收费标准。②明确了国家不再统一制定律师收费标准。属于政府定价范围的律师收费项目，由各省、自治区、直辖市根据当地的经济社会发展水平和人民群众的承受能力制定。③引入了风险代理的收费方式。实践中，风险代理在一些地区比较普遍。由于风险代理事先不需要委托人交纳费用，受到了经济困难、暂无力支付诉讼费用群众的认可，同时也随之出现了风险代理收费不规范、收费过高等问题，引起了社会各界的关注。现行律师收费办法在对风险代理收费予以认可的同时，在适用的律师业务范围、收费合同、收费比例等方面作出了严格的限制。④规范了律师收费的程序。现行律师收费办法对律师收费过程的签定合同、提供费用概算、结算、出具正式票据等环节作了明确的规定。总体上看，现行律师收费办法较好地适应了律师工作的实际，适应律师行业的发展规律，满足了律师和群众的需要。

二、律师收费原则和定价方式

根据现行的《律师服务收费管理办法》的规定，律师服务收费遵循公开公平、自愿有偿、诚实信用的原则。律师收费为服务性收费，根据律师提供法律服务的内容不同，采用政府指导价和市场调节价两种定价方式。

1. 政府指导价。政府指导价是指政府有关部门依法定职责和程序制定的律师办理法律事务的收费标准。政府指导价按照补偿律师服务社会平均成本，加合理利润与法定税金的原则确定。政府指导价一般由基准价和浮动幅度构成，具体内容是在基准价基础上设定浮动上限和浮动下限。每一项律师服务项目都设定一个浮动范围，以适应同一省内不同地区的经济发展状况和群众承受力，适应不同律师事务所、不同律师的业务能力、办案质量、声誉的差异。通过设定浮动上限，避免律师收费过高，保证广大群众有经济能力聘请律师维护自己的合法权益，设定浮动下限，防止律师低价揽案，搞不正当竞争，维护律师行业的正常秩序，维护律师行业的整体服务水平。政府指导价由省、自治区、直辖市人民政府的价格主管部门会同同级司法行政部门，在充分考虑当地经济发展水平、社会承受能力和律师业的长远发展的基础上制定。制定过程应当公开、公正、透明，广泛听取社会各方面意见，必要时应进行听证。

实行政府指导价的具体律师服务项目包括：①代理民事诉讼案件；②代理行政诉讼案件；③代理国家赔偿案件；④为刑事案件犯罪嫌疑人提供法律咨询、代理申诉和控告、申请取保候审，担任被告人的辩护人或自诉人、被害人的诉讼代理人；⑤代理各类诉讼案件的申诉。律师事务所收费时，可以根据本律师事务所的实际情况和案件的复杂程度、工作时间等情况，在规定的收费标准的浮动幅度内确定具体的收费数额。应当注意的是，律师事务所异地设立的分支机构，应当执行分支机构所在地的收费规定。律师事务所跨省异地提供法律服务，可以执行律师事务所所在地或者提供法律服务所在地的收费规定，具体办法由律师事务所与委托人协商确定。

2. 市场调节价。市场调节价是指由律师事务所与委托人，根据案件的复杂程度、律师服务的开支及法律服务市场的需求状况等因素，协商确定律师服务的收费数额或者标准。市场调节价适用政府指导价之外的其他法律服务的收费，包括律师担任法律顾问、办理非诉讼法律事务、法律咨询等业务。律师事务所与委托人协商律师服务收费应当考虑以下因素：①耗费的工作时间；②法律事务的难易程度；③委托人的承受能力；④律师可能承担的风险和责任；⑤律师的社会信誉和工作水平。协商收费具有针对性强、收费灵活、运用范围广等特点，能最大限度地满足协商双方的要求，体现律师的劳动价值，反映法律服务的供需关系，推动律师收费趋于合理。但是，由于律师事务所处于优势地位，拥有信息优势，委托人处于相对弱势，就个案而言，协商确定的收费有时会发生偏移，不能正确反映供需关系及律师服务的真实价值。

三、律师收费方式

律师收费方式，是指律师在向委托人提供法律服务时所采用的计算、收取服务报酬的形式。现行《律师服务收费管理办法》规定了三种律师收费形式：①计件收费。计件收费是指以律师提供法律服务的件数来计算、确定收费数额的计价形式，主要适用于不涉及财产关系的法律事务。②按标的额比例收费。按标的额比例收费是指根据律师办理法律事务涉及的标的，以一定比例计算、确定律师收费数额的计价形式，适用于涉及财产关系的法律事务。③计时收费。计时收费是指律师根据办理法律事务实际花费的有效工作时间，计算、确定收费数额的计价形式，适用于全部法律事务。

根据律师工作的实际，《律师服务收费管理办法》引入了一种特殊的收费形式，即风险代理收费。风险代理收费是一种将律师收费与办理法律事务的结果相挂钩，依据办理法律事务的结果来计算、确定律师费的收费形式。律师办理法律事务达到预期的效果，可以多收取律师服务费用，达不到预期效果的，少收或者不收律师服务费用。《律师服务收费管理办法》对风险代理收费进行了严格限制：①风险代理的适用范围：一是实行市场调节价的法律事务。二是部分涉及财产关系的民事案件。律师事务所必须是在告知委托人政府指导价后，委托人仍要求实行风险代理的情况下，才可以实行风险代理收费。②禁止实行风险代理的案件范围：一是刑事诉讼案件。二是行政诉讼案件、国家赔偿案件以及群体性诉讼案件。三是婚姻、继承案件，请求给予社会保险待遇或者最低生活保障待遇的案件，请求给付赡养费、抚养费、扶养费、抚恤金、救济金、工伤赔偿的案件，请求支付劳动报酬的案件等民事案件，不得进行风险代理收费。③实行风险代理收费，律师事务所必须与委托人签订风险代理收费合同，明确约定双方应承担的风险责任、收费方式、收费数额或比例。④实行风险代理收费，最高收费金额不得高于收费合同约定标的额的30%。

四、律师收费程序和基本规则

律师事务所收取律师服务费时，应当遵循以下程序要求：①签订收费合同。律师事务所接受委托，应当与委托人签订律师服务收费合同或者在委托代理合同中载明收费条款。收费合同或收费条款应当包括：收费项目、收费标准、收费方式、收费数额、付款和结算方式、争议解决方式等内容。②收费合同的变更。律师事务所与委托人签订合同后，不得单方变更收费项目或者提高收费数额。确需变更的，律师事务所必须事先征得委托人的书面同意。双方协商确定后，对律师收费合同的有关内容进行更改。③律师收费的结算。律师服务费应由律师事务所向委托人统一收取，律师不得私自向委托人收取费用。律师事务所向委托人收取律师服务费，应当向委托人出具合法票据。律师事务所不能提供有效凭证的部分，委托人可不予支付。

律师收费应当遵循以下准则：①诚实信用。律师收费应当遵循自愿有偿、诚实信用的原则。律师、律师事务所要便民利民，努力降低服务成本，减少不合理开支，为委托人提供方便优质的服务。②收费公开。律师事务所应当公示律师服务收费办法和收费标准等信息，接受社会监督。③统一收费。律师事务所统一接受委托，统一与委托人签订委托合同、收费合同，统一收取律师服务费用、代委托人支付的费用和异地办案差旅费用。④法律援助。律师事务所应当接受指派承办法律援助案件，办理法律援助案件不得向受援人收取任何费用。对于经济确有困难，但不符合法律援助范围的公民，律师事务所可以酌情减收或免收律师服务费。

五、律师收费争议解决和违规查处

《律师服务收费管理办法》第30条规定，因律师服务收费发生争议的，律师事务所应当与委托人协商解决。协商不成的，可以提请律师事务所所在地的律师协会、司法行政机关和价格主管部门调解处理，也可以申请仲裁或向人民法院提起诉讼。

律师事务所、律师收费的监督检查由各级政府价格主管部门和各级司法行政机关负责。政府价格主管部门和司法行政机关依据有关法律、法规，对律师事务所、律师的收费行为进行检查，并对违法行为依法进行处罚。

律师事务所、律师有下列违法收费行为之一的，由司法行政机关依照《律师法》以及《律师和律师事务所违法行为处罚办法》实施行政处罚：①违反律师事务所统一接受委托、签订书面委托合同或者收费合同规定的；②违反律师事务所统一收取律师服务费、代委托人支付的费用和异地办案差旅费规定的；③不向委托人提供预收异地办案差旅费用概算，不开具律师服务收费合法票据，不向委托人提交代交费用、异地办案差旅费的有效凭证的；④违反律师事务所统一保管、使用律师服务专用文书、财务票据、业务档案规定的；⑤违反律师执业纪律和职业道德的其他行为。

律师事务所、律师有下列违法收费行为之一的，由价格主管部门依照《价格法》和《价格违法行为行政处罚规定》实施行政处罚：①不按规定公示律师服务收费管理办法和收费标准的；②提前或者推迟执行政府指导价的；③超出政府指导价范围或幅度收费的；④采取分解收费项目、重复收费、扩大范围等方式变相提高收费标准的；⑤以明显低于成本的收费进行不正当竞争的；⑥其他价格违法行为。

律师收费接受社会监督。公民、法人和其他组织认为律师事务所、律师存在违法收费行为的，可以通过函件、电话、来访等形式，向价格主管部门、司法行政机关或者律师协会举报、投诉。

第三节　外国律师收费制度简介

一、律师收费定价方式

从世界各国的情况看，律师收费定价方式主要有三种类型：①市场定价，即按照意思自治的原则，由律师与委托人协商确定律师收费。在美国，律师收费原则上由律师与委托人自由协商确定。尽管一些州的律师协会也出台了一些律师收费的规定，比如，针对削价竞争的不正当行为而制订的最低报酬标准等，就本质而言，律师协会的这种规定仍然属于律师行业的自治。泰国、印度、新西兰、卢森堡等国家也没有统一的律师收费规定，由律师与委托人协商确定律师收费。②国家定价，即由国家通过法律或者授权政府部门、其他机构规定律师收费的方法和标准。比较典型的是德国。德国有专门规范律师收费的法律——《联邦律师收费条例》（BRAGO），该法详尽规定了什么样的官司应当付多少律师费。德国虽然是由国家定价，但在个别情况下，也允许律师与委托人协商收费。日本律师的收费办法和标准，是由法律授权日本辩护士联合会制定的，属于律师必须执行的强制性规定。该规定详尽规定了律师办理各类业务的收费标准、为当事人出差的差旅费标准等内容。比如，律师代理刑事辩护可以收取手续费、胜诉报酬，办理涉及财产的诉讼案件、非诉案件、行政案件按标的额的比例收取手续费，胜诉后再按相同比例收取胜诉报酬。③部分律师收费项目由国家定价，其余部分由市场定价。在西欧大多数国家，律师办理与民事诉讼有关的法律事务，按照民事诉讼法规定的标准进行收费；律师办理与刑事诉讼有关的法律事务（除法律援助除外），完全由律师与委托人协商确定律师费用数额。在法国，律师办理诉讼代理和起草诉讼文件的收费标准由民事诉讼的规则规定，其他律师服务项目由律师与委托人协商收费。意大利的做法则不同。意大利律师法规定，司法部设立全国法律工作委员会负责制定律师办理刑事案件的收费标准。律师办理刑事案件的收费，必须依照专门价目表规定的最低收费和最高限额收取。

二、律师收费原则和标准

1. 美国。美国的大多数州，由律师与委托人自由协商确定律师收费。美国的律师收费主要有以下几种类型和方式：①计时收费。计时收费（Hourly Rate）是美国律师使用最普遍、适用范围最广的收费方式。律师个人的每小时收费标准，是根据律师的资历、声誉、工作能力等因素确定的。②定额收费。具体是指律师对一个案件按照事先约定的一个固定数额收取费用。例如，律师事务所办理一起公司改组业务，与客户约定不管工作的周期和工作量，也不考虑涉及的资产数额，固定收取200万美元。③计件收费。在一些简单、程式化的律师业务如遗嘱继承、破产等业务中，律师也常采用计件收费，比如起草遗嘱200美元/份。④风险代理。在美国，风险代理收费被称为"Contingency Fees"。律师费按照律师所代理的案件的判决结果，以提取标的的一定比例或者固定数额收取律师服务费用。通常，胜诉后，律师会以很高的提取比例收费，一旦输掉了官司，律师将分文不收或者只收很低的费用。风险代理一般适用于人身伤害、交通事故、追索财产等涉及财产的案件，风险代理在刑事案件中被禁止使用。在美国，律师风险代理的收费比例，一般是在20%～60%之间，一些州对风险代理的收费比例有限制，如纽约、新泽西等州，律师风险代理的收费比例不得超过50%。⑤预聘费（Retainer Fees）。律师担任法律顾问时，向客户收取的固定聘请费用。除上述五种收费方式外，美国还有一些其他律师收费形式和项目，比如咨询费（Consultation Fee）、介绍费（Referral Fee）等。

2. 德国。《德国联邦律师法》对律师收费有三项禁止性规定：①禁止律师低于《联邦律师收费条例》规定的收费标准进行收费。律师只有遇到特殊情况，尤其是在委托人的要求下，才可以在办结法律事务后减少或者免除收费。②禁止律师进行风险代理收费。③禁止律师与第三者分享律师费。

《德国联邦律师收费条例》明确规定，除本条例未规定收费标准的法律事务外，律师办理其他的法律事务均应按本条例规定的收费标准进行收费。同时也规定两种例外情况，但是有严格的限制：①只有当委托人以书面形式表示同意时（需提出单独的书面声明或者承诺），律师才能通过签订书面收费协议的形式，收取高于法定收费标准的收费。②律师办理非诉讼法律事务，可以与委托人约定收取低于法定收费标准的一次总付报酬或者计时收费，但是必须以书面协议的形式确定，如果产生争议，由委托人承担举证责任。

在德国比较常见的律师收费方式是定额收费。《德国联邦律师收费条例》对定额收费作了非常具体、明确的规定。

律师办理刑事案件的收费标准，是根据审级、开庭法院、开庭时间等情况确定的。此外，德国还有许多的律师收费项目，如民事诉讼中有诉讼费、辩论费、证明费、商议费等。

3. 英国。英国律师分为事务律师（Solicitor，又称小律师）和出庭律师（Barrister，又称大律师）。出庭律师的报酬不能直接向当事人收取，而是通过事务律师收取。一般情况下，出庭律师通过事务律师与当事人进行联系，事务律师将案卷材料送给出庭律师，提出当事人的要求和愿望，代当事人与出庭律师商定收费数额，诉讼结束后负责将酬金支付给出庭律师。出庭律师的酬金是以开庭只占一天时间为根据确定的，如果开庭时间超过了一天，则超过的开庭时间则要追加酬金。

根据 1974 年《英国律师法》的规定，事务律师收取诉讼案件的报酬，可以与委托人用签订书面协议的形式协商确定收费。协议可以规定收取酬金总数、支付固定薪金或者以其他方式计酬，协议规定的酬金数额可以高于或者低于通常的收费标准。事务律师办理非诉讼案件的收费标准，则由大法官、高等法官、首席大法官、律师协会主席、地区律师协会主席等组成的委员会制定。英国律师的计时收费标准是比较高的，并且无上限规定。近年来，英国开始允许律师以风险代理收费协议的方式收费，律师胜诉后除收取正常的律师费用外，还可收取胜诉费，有的在计时收费标准的基础上加倍收费。

4. 其他国家或者地区。日本律师联合会制定了律师办理各类业务详尽的收费标准和开支费用标准。报酬包括初始报酬（固定）、胜诉报酬、费用、咨询报酬、给予建议的报酬、担任法律顾问报酬、日常津贴以及处理受委托的法律事务的实际支出和必要费用。律师在接受委托时，必须向委托人明确说明收费方式和收费标准。律师应当根据争议性质合理确定收费。加拿大律师的收费主要采取计时收费。

三、协商收费应遵循的原则

为解决协商收费的公平合理问题，各国都对律师与委托人协商确定收费提出了原则性要求。在美国，全美律师联合会《美国律师职业行为标准规则》规定，律师不应为收取不合理的费用或者不合理的开支数量而订立协议，确定协商收费的合理性时，必须考虑以下因素：①所需的时间和付出的劳动，法律事务涉及到的问题的新颖性和困难程度，提供相应的法律服务所需的技能；②律师一旦接受此业务，是否能够接受其他的业务；③特定地区内同类法律服务的通常收费标准；④案件的标的数额及审理的结果；⑤委托人提出的或案件本身的时间限制；⑥律师同委托人职业关系的性质和时间长短；⑦从事该项业务的律师的经验、声誉及业务能力；⑧收费是固定的，还是附条件的。

英国要求事务律师应当公平合理地确定收费，考虑与事务有关的所有情况。收取报酬应依据以下因素：①事情的复杂程度，或者是提出的问题的新奇程度、难度；②要求律师具备的技能、花费的工作量、需要掌握的专门知识以及承担的责任；③需要准备或审查文件的数量、重要程度；④办理委托事务的地点和周围环境情况；⑤办理委托事务所要花费的时间；⑥案件涉及的金钱、财产数额和价值；⑦委托事项对委托人的重要程度。

在日本，根据《报酬等标准规程》规定，律师报酬的收取应考虑：①花费时间的长短；②工作量的大小；③所涉及标的多寡；④设立、变更公司涉及的资本额；⑤顾问费可考虑公司的规模；⑥民事、行政诉讼可以涉及的标的额为计算依据；⑦刑事诉讼可以涉及的程序、刑期为计算依据，此外还可考虑实际费用的支出以及差旅费的津贴。

在法国，《巴黎律师工会章程》规定，律师协商确定酬金，要考虑以下指标：①在案件上花费的时间；②研究调查工作；③案件的难度大小；④案件对诉讼各方的重要性；⑤费用税的归属和律师在律师事务所中要交纳的税款；⑥律师的声誉、头衔、资历、经验和专长；⑦律师的工作给委托人带来的好处和结果；⑧委托人的经济情况。

四、律师收费争议的解决

在大多数国家，律师收费发生争议后，一般由律师、律师事务所与委托人协商解决。协商不成的，可以交律师协会调解或者处理，也可以申请仲裁或向人民法院提起诉讼。许多国家，法院对律师收费拥有裁量权，可以对律师收费项目、收费数额的合理性作出裁决，可以对一方当事人是否承担他方当事人的律师费用进行裁决，即法院在审理过程中责令有过错的当事人或诉讼代理人承担其他当事人因其过错行为而产生的诉讼费用和律师费用。这就是被人们熟知的败诉方承担胜诉方律师费用的费用分担规则。

第四节   律师法律援助

一、律师法律援助概述

法律援助（Legal Aid）制度，是国家向社会成员提供的，保障公民平等地、真实地享有法律赋予的诉讼权利的重要措施。一般规定，无收入或低收入者以及特定案件的当事人，经审查符合法律规定条件的，可以申请法律援助。法律援助包括诉讼费、律师费的减免（有的还规定公证或其他费用的减免）。法律援助的资金来源一般以政府拨款为主，也包括社会的捐献等。法律援助制度最早产生于西方国家，被认为是实行公平审判的一项重要措施，是人类文明进步的一个标志。随着社会文明的发展和法制的不断完善，法律援助制度已成为国家为了保障公民实现法律所赋予的权利的社会保障制度，为世界多数国家所确认。到 20 世纪 50 年代，发达国家的法律援助制度已经相当完备，连非洲的许多发展中国家也于20世纪六七十年代纷纷建立起了法律援助制度。从法律援助的产生和发展，我们不难看出律师始终是法律援助的生力军。

（一）法律援助制度的产生和发展及律师的作用

法律援助从产生至今，可以说经历了以下几个阶段：

1. 法律援助制度产生的初期。在这一阶段，法律援助行为主要是一种慈善行为。经常被表述为"法律救助"、"法律救济"，法律援助的实施由私人宗教组织、行政机关、公共援助机构以及律师个人进行，没有国家的参与，自愿、分散地进行，法律援助的资金主要是私人捐款。如在美国，1870年第一个美国法律援助协会成立，当时，该协会主要是帮助德国移民的。在20世纪60年代以前，法律援助主要是依靠个人的自愿为贫穷的当事人提供服务，如在刑事案件中无偿地参与诉讼活动，在民事案件中由法律援助团体为穷人提供帮助。

2. 法律援助制度被看成国家责任。这一阶段，法律援助由单纯的慈善事业向国家责任转化。在理论上，法律援助被认为是保障公民诉讼权利的重要措施。政府拨款成为法律援助基金的重要来源。国家也制定了法律援助的相应法律、法规。从原则上对法律援助进行规范和控制。

在美国，1938年美国最高法院认为在联邦法院中为刑事被告人提供辩护是宪法赋予被告的权利，1963年，联邦最高法院又将这一解释扩展到各州法院的重罪被告，政府有责任提供法律帮助，这项工作由公共辩护制度来完成。后来美国律师协会设立了法律援助委员会，其主要工作是支持地方的法律援助机构。在法国，长期以来认为审判是平等原则的体现，这种平等不能因为当事人没有财力而不能实现。因而在律师协会内部就逐渐形成一种律师为贫困者无偿进行法庭辩论的惯例。这种惯例在1851年由法律规定为一种制度。根据这个法律，对于所有可以判处重罪及轻罪刑罚的刑事案件，不论被告人的情况和收入如何都必须依职权给予审判上的救助，对重罪案件应为他指定辩护。对轻罪案件，法院院长在被告人提出请求时和证明确系贫困时也应为他指定辩护。此外，关于养老金、少年犯、业务上的事故、解雇工人以及其他有关劳资纠纷等案件，在法律上也规定必须给予审判上的救助。在其他情况下，也应根据请求的情况作出决定。1972年法国颁布实施了《审判援助法》，该法规定对于想实现审判上的权利但财力不足的人，可以受到全部或部分的审判援助。

3. 战后法律援助的新发展。二战以后，一些西方发达国家将法律援助纳入国家的福利制度，法律援助作为一种由国家提供的福利而面向社会。强调为实现公民之间的平等，当事人有取得律师帮助的权利，法律援助的社会化程度得到较大的提高，法律援助的国家责任原则得到充分的体现。国家制定相应的法律、法规，从原则上对法律援助进行规范和控制。国家设立专门的组织机构，雇佣专门的人员进行法律援助工作。这种将法律援助制度视为国家福利制度的体制，以瑞典、丹麦为典型。

（二）国外、境外法律援助制度中的律师

1. 英国的"25 英镑计划"（又称"绿色计划"）。在 1972 年的法律扶助及法律咨询法的提案中"25 英镑计划"的方案得以实现。根据这一计划，小律师对咨询人的财产状况进行简单了解后，假如当事人的"自由动用资本"及税后收入低于免于支付或分担诉讼费用的限额，小律师就可以对其进行相当于 25 英镑报酬的法律咨询及对必要的事件进行处理。如果咨询和援助的费用高出 25 英镑，小律师可求助于地方法律援助机构支付更高的费用。英国的法律扶助由法律社内的法律扶助委员会代表政府实施。法律扶助共有三种：①法律指导与协助；②民事法律扶助；③刑事法律扶助。

2. 美国的公设辩护人及法律服务公司。1972 年美国开始强制实行为重罪被告人提供辩护人的制度，为了适应这一需要，大多数的司法管辖区创立了由政府支付薪水的公设辩护人。1974 年国会建立了一个独立的、由联邦提供资金的法律服务公司，为穷人提供法律帮助，这个公司通过设在街道的法律事务所帮助穷人处理日常事务。该公司的董事会成员由总统任命，参议院批准，该公司的服务对象是年收入在贫困线以下的贫困者。一般而言，每个地区都有法律事务所负责向当地人士提供法律服务。

3. 法国的审判援助。1972 年法国颁布实施了《审判援助法》，该法规定对于想实现审判上的权利但财力不足的人，可以受到全部或部分的审判援助。该法还规定，是否许可给予审判援助，不必作出必定胜诉的判断，只要有明显的不至于败诉的情形就可以给予审判援助。审判援助的范围包括诉讼事件和非诉讼事件的全部费用。律师在经其所属职业团体首长提名时，应立即参与办理该审判援助的案件。由于审判援助而支付的费用，虽然应由国家负担，但接受部分援助的人应根据自己的收入分担该项费用。关于审判援助的事务工作，由司法系统或行政系统的各法院管辖地区设立的审判援助事务所处理。

4. 日本的国选辩护人和律师法律援助。在日本，有些被告人请不起律师或不愿请律师，在这种情况下，就由法院指定律师担任辩护人，称为国选辩护人。国选辩护人由律师会向法院提供轮流担任的律师名单，这种法院指定的辩护人由法院支付报酬费。日本还有日本值班律师制度，该制度创立于 1991 年 9 月日本的大分县，当公民受到警察调查时，本人或家属可向值班律师发出辩护请求，值班律师接到申请后立即赶来进行面谈，从法律的角度提供援助。由日本律师联合会领导和管理的直属机构——日本法律扶助协会为无力承担律师费的当事人或其他符合免费提供律师帮助的人免费提供法律服务。作为一项社会法律服务救济，每年由国家财政补助一笔费用，用于支付法律扶助协会的日常办公费用、聘用职员的工资及轮流在这里提供法律服务的律师的补贴。

（三）我国法律援助制度的发展

建国后很长时期以来，我国的法律援助主要是通过法院对符合法律规定条件的诉讼当事人减免诉讼费以及为刑事被告人指定辩护律师和律师费的减免及律师的自愿行动来实施的，尚未形成制度，也没有专门的法律加以规范。早在人民法院设立之初，就已开始实行案件无偿审理制度。《民事诉讼法》规定对当事人交纳诉讼费用确有困难的，可以按照规定向人民法院申请缓交、减交或者免交。《刑事诉讼法》规定了指定辩护制度。在律师法律援助方面，早在 1956 年颁布的《律师收费暂行办法》就规定"律师是为了给人民以法律上的帮助"，并规定了免收律师费的情形。《律师暂行条例》也规定了律师费减免的情形。司法部 1993 年颁布实施的《律师职业道德和执业纪律规范》规定，律师应积极履行为有经济困难的当事人提供法律援助的义务。律师不得拒绝律师事务所的指派为无能力交纳费用的当事人提供法律援助。1995 年 1 月，司法部正式提出建立中国法律援助制度，并开始了一些地方的试点。1996 年 3 月 17 日通过的《中华人民共和国刑事诉讼法》和 1996 年 5 月 15 日通过的《中华人民共和国律师法》，在中国立法史上，首次将"法律援助"明确写入法律，明确了公民获得法律援助的范围。1997 年 5 月，司法部发布《关于开展法律援助工作的通知》，明确规定了法律援助机构、法律援助的对象、法律援助的范围和形式、法律援助的程序以及法律援助中的权利、义务和法律责任。

2003 年 9 月 1 日国务院《法律援助条例》施行，以行政法规的形式对法律援助工作进行了全面规范，标志着我国法律援助事业的发展进入了一个新的阶段。这是我国第一部关于法律援助的全国性立法。《法律援助条例》规定，法律援助是政府的责任，县级以上人民政府应当采取积极措施推动法律援助工作，为法律援助提供财政支持，保障法律援助事业与经济、社会协调发展。

2009 年 6 月司法部在全国范围内部署开展了为期一年半的"法律援助便民服务"主题活动，2011 年将深化法律援助便民服务确定为司法行政系统年度重点工作，2012 年又组织开展了"法律援助为民服务创先争优年"活动，努力为困难群众提供便捷高效的法律援助。

党的十八大报告强调要把保障和改善民生放在更加突出的位置，习近平总书记在中共中央政治局第四次集体学习时的讲话强调要加大对困难群众维护合法权益的法律援助，2013 年政府工作报告要求健全法律援助制度，2013 年 5 月，司法部下发了《关于进一步推进法律援助工作的意见》，对做好新形势下法律援助工作作出了部署。从四个方面就加大对困难群众法律援助服务力度提出了具体要求：①是做好为困难群众提供法律援助的工作。②扩大法律援助覆盖面。③深化法律援助便民服务。④提高法律援助服务质量。

二、律师法律援助是法律援助制度的重要组成部分

律师的法律援助一直是法律援助行动的重要组成部分。法律援助很大一部分内容是律师的法律服务。律师是实施法律援助的主要力量。许多国家的法律、法规规定了律师的法律援助。如《德意志联邦共和国律师法》规定了律师有提供民事、刑事、咨询法律援助的义务。《泰国律师法》专章规定了法律援助会、法律援助金、法律援助的对象、范围等。美国律师协会拟定的律师职业责任模范条例具体规定每名律师每年应自愿地做 50 小时的免费工作。

联合国文件《关于律师作用的基本原则》明确规定：各国政府应确保拨出向穷人并在必要时向其他处境不利的人提供法律服务所需的资金和其他资源。律师专业组织应在安排和提供服务、便利和其他资源方面进行合作。任何没有律师的人在司法需要情况下均有权获得按犯罪性质指派给他的一名有经验和能力的律师以便得到有效的法律协助，如果他无足够力量为此种服务支付费用，可不交费。

我国《刑事诉讼法》规定，对于符合指定辩护情形的案件，由人民法院指定承担法律援助义务的律师为被告人提供辩护。新《律师法》第 42 条规定，律师、律师事务所应当按照国家规定履行法律援助义务，为受援人提供符合标准的法律服务，维护受援人的合法权益。并且规定律师拒绝履行法律援助义务的，可以处 5000 元以下的罚款；有违法所得的，没收违法所得；情节严重的，给予停止执业 3 个月以下的处罚。

《法律援助条例》规定，律师应当依照律师法和法律援助条例的规定履行法律援助义务，为受援人提供符合标准的法律服务，依法维护受援人的合法权益，接受律师协会和司法行政部门的监督。法律援助机构可以指派律师事务所安排律师办理法律援助案件。

2004 年 9 月，司法部发布《律师和基层法律服务工作者开展法律援助工作暂行管理办法》，规定律师应当根据《律师法》、《法律援助条例》的有关规定履行法律援助义务，为受援人提供符合标准的法律援助，维护受援人的合法权益。律师和基层法律服务工作者每年应当接受法律援助机构的指派，办理一定数量的法律援助案件。承办法律援助案件的年度工作量，由省、自治区、直辖市司法行政机关根据当地法律援助的需求量、律师和基层法律服务工作者的数量及分布等实际情况确定。承办法律援助案件的律师和基层法律服务工作者，应当根据承办案件的需要，依照司法部、律师协会有关律师和基层法律服务工作者执业规范的要求，尽职尽责地履行法律服务职责，遵守职业道德和执业纪律。对重大、复杂、疑难的法律援助案件，律师事务所、基层法律服务所应当组织集体研究，确定承办方案，确保办案的质量和效果。律师事务所、基层法律服务所应当对本所律师、基层法律服务工作者办理法律援助案件的质量进行监督，发现问题的，应当及时纠正。

2007 年 4 月，司法部在全国范围内开展为期 1 年的"法律服务和法律援助工作为构建社会主义和谐社会服务"主题实践活动。

2009 年中国法律援助基金会会同司法部律师公证工作指导司、司法部法律援助工作司、团中央青年志愿者工作部、司法部法律援助中心、中华全国律师协会联合下发了《关于组织开展"1 + 1"中国法律援助志愿者行动的通知》，决定自 2009 年 6 月起，在全国范围内实施"1 + 1"法律援助志愿者行动。即通过宣传、组织、动员，在全国招募律师志愿者、法学应届大学生志愿者，为每个无律师县派遣 1 名志愿律师、1名大学生志愿者，为当地困难群众提供法律援助服务。

三、律师关注、参加公益活动

《律师执业行为规范》第 93 条规定，律师和律师事务所应当按照国家规定履行法律援助义务，为受援人提供法律服务，维护受援人的合法权益。

目前我国律师公益活动平台正在形成，律师公益活动进一步深化。2006 年 5 月，北京市律协在现有的 53 个专业委员会的基础上增设农村法律事务专业委员会。经过筛选，该委员会吸收了 65 位委员，大多是在农村基层一线为农村经济发展提供法律服务的律师。委员会成立后，带动引导全市律师为农村提供公益性法律服务，关注涉及农村、农民的法律空白点、有争议的热点，提出立法、执法建议，推进新农村的法制建设进程。

2005 年 12 月 1 日，为了更好地开展法律援助工作，全国律协在五届六次常务理事会上决定成立法律援助委员会（后改名为法律援助与公益事务委员会），2007 年该专业委员会在工作报告中强调要进一步提升和扩大各种律师公益活动的影响力，继续搞好"影响性诉讼"的评选活动。

司法部决定自 2007 年 4 月至 2008 年 4 月，在全国范围内开展"法律服务和法律援助工作为构建社会主义和谐社会服务"主题实践活动，提出"让公益法律服务体系长效运行"。据司法部统计，自 2007 年年初部署开展"法律服务和法律援助工作为构建社会主义和谐社会服务"主题实践活动以来，法律援助工作取得较大进展。上半年，全国共办理法律援助案件 172 647 件，比上年同期增加 38.3%，受援人总数214 380 名，其中仅农民工受援人数就达 57 400 名，同比增加 31.7%。中华全国律师协会和各地律协采取积极措施为农村提供公益性法律服务，法律援助委员会已帮助21 个省、自治区、直辖市成立了"农民工法律援助工作站"。

2012 年 9 月，全国律协法律援助工作委员会和公益法律服务与社会责任委员会成立，中华全国律师协会会长王俊峰表示，这是律师行业成熟、自律、勇于担当、乐于奉献的重要标志，是律师行业服务社会和谐建设、服务社会管理创新的重要举措。这两个委员会的成立，既是为了更好地组织广大律师开展公益法律服务，也是要向全社会表明律师行业履行社会责任的态度和决心。

■ 思考题

1. 律师收费定价方式有哪些？各自有什么利弊？我国律师收费定价方式应如何改革完善？

2. 律师收费有哪些方式？它们的适用范围如何？

3. 什么是风险代理？它的适用范围有哪些？

4. 政府指导价适用于哪些法律服务？如何制定政府指导价？

5. 律师事务所收费争议的查处有哪些方式？由败诉方承担胜诉方律师费用的做法有哪些利弊？

6. 为什么说律师收费是调整律师行业利益和公众利益的杠杆？律师收费是如何对司法体

制的效率产生影响的?

■ **参考书目**

1. 季卫东:"律师收费:政府管制还是行业自律?",载北大法律信息网。

2. 司法部律师公证工作指导司编:《外国律师法律法规译本汇编》,法律出版社 2006 年版。

3. 徐昕:"英国民事诉讼费用制度",载 http://www.civillaw.com.cn/article/default.asp? id = 25689。

4. 杜永浩:"美国律师的收费方式",载 http://www.law-walker.net/detail.asp? id = 3747.

5. 陈立峰:"香港事务律师收费制度研究",载 http://www.china-lawyering.com/main/list.asp? unid = 345.

6. "各国律师计时收费标准",载广东刑事辩护网。

第八章　律师的职业道德和执业行为规范

■ **学习目的和要求**

通过本章的教学让学生掌握律师职业道德的概念、特征、效力和渊源等基本知识；熟悉我国律师职业道德的具体内容；理解律师职业道德建设的功能和作用；了解律师职业道德建设的历史发展以及律师职业道德规范体系的完善趋势。

■ **重点及难点**

律师职业道德的概念、特征和效力；律师职业道德的具体内容。

律师制度是司法制度的重要组成部分，律师职业是典型的法律职业之一。律师职业队伍的职业道德水平反映着一国法治的总体状况。关于律师职业道德规范的重要性，法国著名律师色何勒－皮埃尔·拉格特和英国著名律师帕特里克·拉登在其合著的《西欧国家的律师制度》一书中写到："要介绍管理律师职业的法律而不说明它所必须遵守的职业行为规则，就像要塑造一个没有灵魂的躯体一样空洞和荒唐，因为那些规则是影响律师职业的最重要的规则，它们反映了律师职业的精髓和实质。"[1] 正因为如此，律师的职业道德不仅被律师行业管理组织规定在章程和行业规范中，而且，许多内容还被明确规定在国家立法机关的法律中。

第一节　律师职业道德概述

为了便于掌握律师职业道德的基本内容，先就律师职业道德的概念、特征、效力、渊源和功能等一般范畴进行梳理是很有必要的。

一、律师职业道德的概念和特征

所谓职业，就是人们由于社会分工和生产内部的劳动分工，而长期从事的具有

---

[1]　［法］色何勒－皮埃尔·拉格特、［英］帕特里克·拉登：《西欧国家的律师制度》，陈赓生等译，吉林人民出版社 1991 年版，第 154 页。

专门业务和特定职责，并以此作为主要生活来源的社会活动。[1] 从事相同工作的人之所以成为一个职业，通常是因为他们具有以下四个共同的特点：①该职业所需的知识和技能需要经过长期的教育和训练；②该职业之外的相对人无法评价这种高度复杂的活动，而全凭对职业人士的信任而接受其服务；③职业人士会把相对人的利益置于其个人利益之上，这已经为社会公众所认可；④这个群体以自律作为基本的管理方式。所谓职业道德，就是同人们的职业活动紧密联系的，具有自身职业特征的道德准则、规范的总和。职业道德就是一定的社会道德原则和规范在职业行为和职业关系中的特殊表现，是从业人员在职业活动中应该遵循的道德规范及应当具备的道德观念、道德情操和道德品质。职业道德集中、全面反映了职业的特性，律师职业道德亦是如此。

律师职业道德是指从事律师职业和相关工作的人的内心所应该信奉的和执行职务时以及执行职务以外以律师身份存在时必须遵守的道德准则和行为规范。

律师职业所具有的独特属性已经使律师职业的社会形象直接地传递着法律的价值和法律职业的价值，甚至影响到人们对于法治的理解和认识。律师职业道德因律师职业的特殊属性具有如下特征：

1. 从内容上讲，律师职业道德是社会公德在律师职业内的补充，它以律师的职业性质和执业活动特点为依据，以律师的执业行为为主要调整对象，以律师这一职业所特有的道德传统、道德心理、道德习惯和道德准则为主要内容，鲜明地表达了律师这一职业的责任和义务以及在律师职业行为上的道德准则。由于律师职业的特殊性，律师职业道德在某些方面又表现出与一般社会道德不同的要求。

2. 从调整对象上讲，律师职业道德主要是对律师职业内部从业人员的执业行为进行调整，但是，不限于律师，也不限于执业行为本身。无论是在执行职务以内，还是在执行职务以外，只要一个律师是以律师的身份出现在社会公众面前，就应该用律师的职业道德来约束自己的言行。

3. 从律师职业道德的形成看，律师职业道德产生于绝大多数律师的意愿。广大律师为了共同的利益，必须自觉地维护行业利益，这是律师职业道德产生和得以遵守的基础。律师职业道德是以律师的自律为基础的。当然，律师协会作为律师的自律性组织也具有对从业人员进行教育、监督和管理的职能。

4. 从律师职业道德的表现形式看，比较具体、灵活和多样。比如在法律、法规、规章以及律师协会的章程、律师事务所的规章或者守则当中都可以有律师职业道德规范的内容。只要律师行业内部成员可以接受，形式上可以不拘泥于某种程式。

5. 从违反律师职业道德的后果看，违反律师职业道德不仅要受到社会舆论的谴责，还要受到律师行业组织的惩戒，甚至要承担民事法律责任或刑事法律责任。与

---

〔1〕 罗国杰主编：《伦理学》，人民出版社 1989 年版，第 244 页。

违反社会公众道德的后果不同，律师职业道德是一种有约束力的行为规范。

二、律师职业道德的效力问题

律师职业道德规范的实行，主要依赖广大律师的遵守，但是，如果违背律师职业道德规范的要求，也会受到惩戒，程度严重的，还会受到刑事处罚，在这一点上，律师职业道德完全不同于一般的道德规范，它具有一定的强制执行的效力。律师职业道德的效力范围，指律师职业道德规范所适用的时间、空间和对象范围。

1. 律师职业道德规范所约束的对象，不仅限于律师，还包括没有取得律师执业资格的实习学生以及律师事务所的事务管理人员。

2. 律师职业道德规范所适用的时间和空间范围较为宽泛。只要是以律师的身份出现，只要其他人知道了所处环境中有律师身份的人，那么，这时，律师职业道德规范的约束力就开始了，而不论时间和空间。

三、律师职业道德的渊源

律师职业道德规范产生于绝大多数律师的意愿，但是，律师职业道德的表现形式是多种多样的，律师协会制定的律师职业道德规范仅仅是律师职业道德的表现形式之一。在我国，律师职业道德渊源包括：

1. 法律是律师职业道德的渊源之一。在《律师法》中，关于律师职业道德的条款是以律师义务的形式表现出来的。此外，《刑法》、《刑事诉讼法》、《民事诉讼法》和《行政诉讼法》中都有一些关于律师的行为规范，它们也属于律师职业道德的范畴。

2. 法规也可以成为律师职业道德的渊源。如 2003 年 7 月 16 日国务院公布的《法律援助条例》中关于律师法律援助义务的规定，就是律师职业道德的规范。

3. 部门规章以及行政规范性文件也可以成为律师职业道德的渊源。这方面，司法部颁布了一系列的规章，如《律师惩戒规则》、《关于反对律师行业不正当竞争行为的若干规定》、《律师和律师事务所违法行为处罚办法》等。行政规范性文件就更多了，如《司法部关于开展法律援助工作的通知》、司法部为了评选部级文明律师事务所而发布的《关于创建司法部部级文明律师事务所实施办法》等，在这个《办法》中，把遵守职业道德的情况作为评选的首要标准。

4. 最高法院的司法解释也会成为律师职业道德的渊源。如 2002 年 11 月 4 日最高法院通过的《关于诉讼代理人查阅民事案件材料的规定》，最高法院、最高检察院、公安部、国家安全部、司法部、全国人大常委会法制工作委员会联合下发的《关于实施刑事诉讼法若干问题的规定》中，也有一些律师职业道德的规范。

5. 律师协会的自律性规范。这是律师职业道德的最主要的渊源。1996 年 10 月 6 日，中华全国律师协会常务理事会第五次会议通过了《律师职业道德和执业纪律规范》，并且在 2001 年对之进行了修订，在内容上进行了进一步完善。2004 年 3 月 20 日第五届全国律师第九次常务理事会在此基础上通过了新的律师职业道德规范，名称为《律师执业行为规范》（2009 年修订）。目前，我国律师职业的技术性规范和道德规范之间的界限还不十分清晰，因此，在一些技术性规范中，也有道德规范的内容。如《律师办理刑事案件规范》、《律师办理民事案件规范》在规定办理程序、步骤和方法以及技巧的同时，也有一些道德规范的内容。

6. 律师事务所的管理规章。律师事务所作为律师的执业机构和最基础的管理单位，它可以制定技术性的和道德性的管理规定。这些也可以认为是律师职业的道德规范的渊源，它可以成为律师承担民事责任的依据。

总体上看，我国已经形成了多层次的道德规范体系框架，但是目前这些渊源之间缺乏协调和衔接，存在内容上的重复甚至矛盾，而且，在体系结构方面也有许多不合理的地方。如何构筑和完善符合律师职业属性要求和社会发展要求的律师职业道德规范体系，是需要深入研究的。

四、律师职业道德规范的功能和作用

（一）律师职业道德规范的功能

鉴于律师职业道德的性质和特征，律师职业道德具有多方面的功能。

1. 规范和保护功能。律师职业道德的规范功能，在于律师据此可以十分清楚自己应该在执业过程中保持什么样的行为规则。而律师职业道德的保护功能，是基于律师职业的特点体现出来的，因为律师职业总是处于矛盾纠葛中，律师职业的风险很大，而按照律师职业道德规范的要求执业，就可以化解很多风险。

2. 指引和教育功能。律师职业道德的内容融合了全体律师对律师职业的价值判断，构成了律师执业的理想境界，引导律师采取正确的执业行为。

3. 评价和校正功能。依照律师执业行为的价值判断标准对律师的执业行为进行评价，包括自我评价和同行以及社会的评价，对于确立律师个体在律师职业内部的地位和确立律师职业在社会中的地位，都具有重要的作用。当律师个体将自己的行为与职业道德规范相比较，发现自己的行为偏离规范的要求，重新按照规范要求调整自己的行为时，规范本身的要求就起到了校正作用。

4. 约束和强制功能。通过教育使律师个体获得对律师职业价值的认同，将道德规范的外在要求变成律师个体的主动道德选择，实现律师个体主动的道德判断与道德规范要求相一致的目标，也就是说，将律师职业道德规范的外在约束力和外在的引导功能变成律师个体的内在约束和内在价值（价值观）。

律师职业道德的上述功能不是单独发生作用，而是共同发挥作用的。

（二）律师职业道德规范的作用

法律科学和律师职业的特点以及职业道德的功能决定了律师职业道德在法律实践、社会风尚方面的重要作用。这种重要作用，可以从职业内部和外部两个方面来看。

对于律师职业内部而言，律师职业道德集中体现了律师职业的理想信念、行为规范、精神风貌，它对于律师职业的作用，表现在以下五个方面：①律师职业道德有效地保证了职业活动的有序进行；②律师职业道德有助于保障律师职业的独立性；

③律师职业道德有助于维护司法秩序、维护司法的权威和实现司法公正；④遵守律师职业道德可以避免职业风险；⑤律师职业道德规范可以使社会公众正确地认识律师职业的性质、独特的活动方式和基本作用，有助于树立律师的职业形象，提高律师的社会地位。

对于律师职业外部而言，律师职业道德不仅维系了律师职业的整体性和独立性，而且，对其他职业、社会其他成员的思想和行为也有着重要的影响。由于律师职业活动的广泛性和特殊性，广大律师能否遵循律师行业的职业道德，是否能够自觉抵制各种诱惑和抵制行业不正之风，对于整个社会环境状况的良莠都有着至关重要的影响。这种影响是通过律师执业活动传播的，律师在执业活动中，如何阐释法律、适用法律，如何处理与当事人的关系，如何处理同其他法律职业的关系，如何处理同行间的关系等，都在向所有接触律师的人们诠释着律师这个职业的道德。通过这种传播，既可以使人们通过律师的执业活动，感受到法律的价值和功能，也可以通过律师的执业活动提升人们的道德认识，消除许多社会不安定因素。

五、我国律师职业道德的历史发展

我国在律师制度恢复的初期就开始了律师队伍的职业道德建设。1980 年颁布的《中华人民共和国律师暂行条例》就包含有一些体现律师职业道德建设的规定。但是由于历史条件的限制，《律师暂行条例》没有对律师的职业道德作出具体的规定。近十几年来，律师行政管理部门、行业管理组织以及律师执业管理机构在律师道德建设方面做了大量的工作，使律师职业道德建设有了很大的发展。这些进步可以总结为以下五个方面：

（一）进行了道德和纪律规范的立法

1990 年 11 月 12 日司法部制定了"律师十要十不要"；1992 年司法部颁布《律师惩戒规则》。这在当时对于维护律师与当事人之间的诚信关系、当事人的合法权益，起到了积极的促进作用。但是，由于其内容过于原则，有着历史的局限性，矛盾日益暴露出来。

1993 年 12 月司法部颁布了《律师职业道德和执业纪律规范》，就内容讲，这是我国历史上第一部比较完整和具体的律师职业道德规范，在我国律师职业道德建设过程中发挥了重要的作用。随后，1995 年司法部以第 37 号令的形式颁布的《关于反对律师行业不正当竞争行为的若干规定》，其中有很多内容是律师职业道德规范。

1996 年 5 月，第八届全国人大常委会第十九次会议审议通过了《中华人民共和国律师法》，《律师法》基本确立了司法行政机关监督指导与律师行业协会管理相结合的管理体制。根据新的管理体制，中华全国律师协会常务理事会第五次会议于1996 年 10 月通过了律师自律性组织——律师协会制定的《律师职业道德和执业纪律规范》。这个规范与 1993 年 12 月 27 日司法部颁布的《律师职业道德和执业纪律规范》相比，在内容方面有了一些进步。

《律师法》颁布后，司法部及时制定了十几个配套规章或规范性文件，其中，

1996 年 11 月 25 日颁布的《律师执业证管理办法》中，有部分内容是律师职业道德的规范；1997 年，司法部又颁布了《律师违法行为处罚办法》。同时，1998 年中华律师协会制定了《律师办理刑事案件规范》，其中除了对律师办理刑事案件的程序进行了规定外，还有很多是律师在办理刑事案件中必须遵守的职业道德规范。2001 年中华律师协会对其制定的《律师职业道德和执业纪律规范》进行了修订。2004 年 3 月 20 日第五届中华律师协会第九次常务理事会通过了《律师执业行为规范（试行）》，共计 190 条，与其先前制定的《律师职业道德和执业纪律规范》相比，内容丰富了很多。2009 年 12 月 27 日七届二次理事会对《律师执业行为规范》进行了修订。北京、上海等地方律师协会也制定了律师执业行为规范，规制律师、律师事务所的执业行为。

从总体看，我国律师职业道德的规范建设已经基本完成，但是，还存在体系不科学、内容不完整等问题，需要进一步完善。

（二）成立了相关组织

1993 年，司法行政部门在部、省两级设立律师惩戒委员会，负责对违反律师职业道德的行为进行调查和惩戒。近几年来，各地律师协会逐步建立了纪律委员会，负责对违反律师职业道德的执业机构和律师个人进行惩戒。

（三）进行文明所和优秀律师的评比活动

1995 年 11 月 29 日，司法部发出了《关于表彰全国十佳律师的决定》，并在人民大会堂举行了隆重的颁奖仪式。1997 年司法部发布了《关于创建司法部部级文明律师事务所实施办法》，在全国的律师事务所中进行了部级文明律师事务所的评选。在这个《办法》中规定了部级文明律师事务所的 8 个标准，分别是职业道德好、服务质量优、人员素质高、社会形象好、组织规模大、管理规范化、业务实力强、设备较先进。可见，在这 8 个标准中，司法部把职业道德作为了一个首要标准。这个《办法》公布之后，尤其是在随后几年进行的评选活动中，各地都进行了部级文明律师事务所和省级文明事务所的评选，纷纷制定了省级文明事务所的评选和考核办法，对省级文明事务所制定了具体的量化指标，而且，对其实行动态考核，每两年进行一次，通过动态考核，每次都要将一些情况变化后不符合省级文明所要求的事务所淘汰。通过文明所和优秀律师的评选活动，极大地促进了律师职业道德意识的提高。

在大力表彰先进的同时，司法行政机关和律师协会进行了一系列的维护律师合法权益的活动。在维权的过程中，对外呼吁尊重律师的权利，对内也在不断总结和教育律师遵守律师职业道德。现在，已经有很多律师认识到，违反律师职业道德是律师职业风险的最主要原因，遵守律师职业道德是防范律师执业风险的最为有效的措施。

（四）进行职业道德和执业纪律执行情况的监督与评查

自 1995 年开始，司法部决定在全国律师队伍中开展律师职业道德和执业纪律的评查和教育活动。每年的 3 月份被确定为"律师职业道德和执业纪律评查月"。通过一年一度的评查活动，提高了广大律师对遵守律师职业道德和执业纪律重要性的认识，一些律师事务所还通过评查建立健全了相关制度，强化了管理工作。

在 2004 年，司法部经过认真部署和安排，在全国范围内的开展了为期 1 年的律师集中教育整顿工作。通过教育整顿，使律师队伍中的突出问题得到了解决，很多律师执业机构建立健全了各项管理制度，行业管理得到加强，行政管理的权威更强。

2010 年 3 月，司法部部署在全国律师队伍中开展警示教育活动。要求广大律师要始终坚持严格依法执业，带头严格守法，努力做"法律之师"。广大律师要严格遵守职业道德和执业纪律，在执业活动中要经得起名利、金钱的考验，树立正确的世界观、人生观、价值观和社会主义荣辱观，切实增强职业道德和执业纪律观念，严格遵守职业道德规范和行为准则，努力成为社会的道德楷模和表率，努力成为"道德之师"。

2010 年，司法部发布《律师事务所年度检查考核办法》、《律师执业年度考核规则》，将"组织律师开展思想政治教育和律师职业道德、执业纪律教育的情况""在开展业务活动中遵守法律、法规、规章和行业规范的情况""律师在执业活动中遵守法律、法规和规章，遵守职业道德、执业纪律和执业行为规范的情况"作为律师事务所年度检查考核的内容。将"律师在执业活动中遵守宪法、法律、法规和规章，遵守职业道德、执业纪律和行业规范，履行法定职责的情况"作为律师年度检查考核的内容。从而使对律师、律师事务所职业道德、执业纪律执行情况的监督与评查制度化、常规化。

（五）对违纪律师执业机构和律师进行惩处

尽管对于律师的道德问题重在教育，但是，对于严重违反律师职业道德的事件，司法行政部门绝不祖护，绝不姑息养奸。近年来，各地都查处了一些违纪律师，对于构成刑事犯罪的律师也移送司法部门处理，使其受到了应有的处罚。2013 年，全国律协研究制定了《全国律协关于进一步加强和改进律师行业惩戒工作的意见》，加强和改进律师行业惩戒工作，完善律师行业惩戒工作机制，着力完善投诉的受理、立案、调查、听证、处分等工作程序，建立投诉督办制度、惩戒通报制度、统计报告制度，依法依规严肃查处违规违纪行为。

第二节　律师职业道德规范的主要内容

尽管律师职业道德的渊源包括法律、法规、规章和司法解释以及律师协会的自律性规范和律师执业机构的规章制度，但是，就内容的完整性和集中性看，律师职业道德的内容集中反映在律师执业行为规范中。因此，本节根据《律师法》和《律师执业行为规范》，将律师职业道德的内容总结为八个大方面：忠实于宪法、法律；诚实守信；在委托权限内尽力维护委托人的利益；服从管理；尊重同行；保守职业秘密；维护职业形象；合理收费。

为了更好地学习律师职业道德规范的内容，理解规范的基本要求，进而深刻理解和掌握律师职业乃至法律职业的精神要义，本节不是按照中华律师协会制定的《律师执业行为规范》的体系顺序介绍，而是将综合律师职业道德各个渊源的内容进行总结概括，分类阐释。

一、忠实于宪法、法律

忠实于宪法、法律，是所有法律职业人的最基本的要求，对于经常处于矛盾冲突中并为一方利益服务的律师也不例外。律师对于宪法和法律的忠实表现在律师执业活动的各个方面，体现在具体的行动中。

（一）尊重法庭、尊重法官

律师对于法律的尊重，首先表现在律师在执业活动中对于其他从事法律职业者及其执业活动的态度，这种尊重又集中表现在对于法庭和法官的尊重。具体体现在：

1. 遵守出庭时间、举证时限、提交法律文书期限及其他程序性规定；

2. 庭审中服从审判长、首席仲裁员主持；

3. 与案件承办人在司法机关指定场所内接触和交换意见，不得以不正当的动机与司法、仲裁人员接触；

4. 不得向司法、仲裁机关和工作人员馈赠财物、许诺回报、提供便利。

（二）规范取证

律师在办理诉讼案件和非诉讼案件的过程中，在对事实查证的过程中，往往需要进行证据的收集、分析、整理。在诉讼中，因为案件的客观事实无法重演，只能依赖证据再现，所以，双方律师都会十分重视证据的搜集和出示工作。在这样的过程中，律师能否规范自己的行为，对于树立律师的职业形象是至关重要的。律师应该以自己的行为表现出对法律的尊重。具体要求是：

1. 不得伪造证据。

2. 不得威胁、利诱他人提供证据。

3. 明知是虚假证据不得提交。

4. 不得暗示委托人或有关人员出具无事实依据的证据。律师对于事实的尊重，在某种意义上讲，也是对于法律的尊重。

5. 不得与证人身份混同。《律师执业行为规范》第64条规定："律师作为证人出庭作证的，不得再接受委托担任该案的辩护人或者代理人出庭。"

（三）规范仪表

仪表是一个人展现给人们的外在形象，从某种程度上反映着一个人的内在修养和内心活动。仪表是一种辅助语言，律师的仪表是律师语言的组成部分。严格讲，律师在任何以律师身份出现的场合都应该注意通过仪表装束传达自己的素养和对法律的尊重，整体要求是整洁、端庄，出席法庭的要求更严格。因此，《律师执业行为规范》对律师出席法庭的仪表专门作出了规定："律师担任辩护人、代理人参加法庭、仲裁庭审理，应当按照规定穿着律师出庭服装，佩戴律师出庭徽章，注重律师职业形象。"

（四）规范语态、体态

从某种意义上讲，律师是靠语言影响他人进行工作的，所以，对律师的语言能力有更高的要求，不仅要有很好的书面语言表达能力，也要有非常好的口头语言表达能力。律师可以有意识的结合具体语言环境使用态势语言：一是态势语言要与话语主题相吻合；二是要符合个人情况。对于律师语态、体态的基本要求是文明、得体、规范、普通话。《律师执业行为规范》规定："律师在法庭或仲裁庭发言时应当举止庄重、大方，用词文明、得体。"

二、诚实守信

诚实守信，不仅是民事法律的基本原则，也是做人的基本规范。这种做人的基本规范，也是律师执业行为的基本准则，可以说，基于诚实守信而产生的律师职业道德的内容是最为丰富的，也是律师职业道德最为核心的内容。它不仅反映在律师职业道德规范的各种渊源之中，也反映在律师职业道德的各方面要求中。

（一）客观承诺

"客观承诺"看似很简单的要求，但如果注意得不好，往往成为律师与委托人之间纠纷的隐患。一般讲，当事人在委托律师时都希望律师就拟委托事项作出某些或者某种程度的承诺，对此，律师应该保持客观理性，对于当事人的任何承诺都应该非常谨慎。《律师执业行为规范》对于律师的承诺有以下要求：

1. 不得就判决结果作出虚假承诺。实践中，有些律师为了承揽案件的需要，急于承诺能够满足当事人的要求，有的律师甚至作出违背法律和事实的承诺。律师虚假承诺的危害很大，不仅误导了当事人，耽误了当事人的事情，而且也严重损害了律师的职业形象。《律师执业行为规范》明确规定："律师根据委托人提供的事实和证据，依据法律规定进行分析，向委托人提出分析性意见。"律师不得"就法律服务结果或者诉讼结果作出虚假承诺"，但律师的辩护、代理意见未被采纳，不属于虚假承诺。

这样做，并不仅仅是出于律师的自我保护，更是因为法律事项的结果往往受多种因素影响，律师在接受委托前对于事实的了解往往是有限的甚至是虚假的，这时所做的法律分析也是初步的，如果在此时给委托人作出某种承诺很可能对委托人是一种误导，不利于事情的解决。

2. 谨慎、诚实、客观告知风险。无论是诉讼业务，还是非诉讼业务，律师对于拟委托事项，对可能发生一切不利于当事人的后果或者法律风险，应该有所预见，并且应该在接受委托之前或接受委托之时，谨慎、诚实、客观地向当事人解释，使当事人了解并理解可能发生的风险，这样做，不仅使当事人对于自己的要求保有客观清醒的态度，也能够对律师的工作给予更多的理解和支持。

3. 拒绝不当要求。在实践中，经常会遇到委托人对律师提出不当要求的情形，这种时候律师要谨记律师执业行为规范的要求，明白哪些行为可以为，哪些行为不可以为，拒绝的时候，要直接、明确，说明原因和利害关系。《律师执业行为规范》规定，律师接受委托后，无正当理由不得拒绝辩护或者代理，或以其他方式终止委托。委托事项违法、委托人利用律师提供的服务从事违法活动或者委托人故意隐瞒与案件有关的重要事实的，律师有权告知委托人并要求其整改，有权拒绝辩护或者代理、或以其他方式终止委托，并有权就已经履行事务取得律师费。

（二）不非法牟取委托人的利益

律师与委托人是委托代理关系，代理人的工作是以实现委托人利益为目标的，如果律师在代理委托人的过程中谋取自己的利益，则有可能使委托人的利益受到损失，所以，《律师执业行为规范》对律师谋取委托人利益的情况进行严格禁止，其目的就是要使律师与委托人之间建立和保持诚实守信的关系，而委托人与律师的信任关系是律师职业健康发展的基础，也是律师职业生存的基础，《律师执业行为规范》规定，律师和律师事务所不得利用提供法律服务的便利，牟取当事人争议的权益。律师和律师事务所不得违法与委托人就争议的权益产生经济上的联系，不得与委托人约定将争议标的物出售给自己；不得委托他人为自己或为自己的近亲属收购、租赁委托人与他人发生争议的标的物。律师事务所可以依法与当事人或委托人签订以回收款项或标的物为前提按照一定比例收取货币或实物作为律师费用的协议。

（三）避免利益冲突

由于律师与委托人的关系，或者由于律师事务所的规模或管理结构以及由于律师的流动等问题，常常会在律师和委托人之间产生利益冲突。利益冲突问题是律师在执业活动中经常会遇到的情形，无法完全避免，律师所要做的只是应该在事前做到公开，给予当事人判断和选择的机会，使委托人免于受到来自自己委托的律师的可能性侵害。因为利益冲突问题是律师职业道德中最重要的问题，是最能够反映律师职业乃至法律职业特性的问题，所以，这里做比较详细的阐释。

1. 利益冲突的概念。按照我国《律师执业行为规范（试行）》第 76 条的解释："利益冲突是指同一律师事务所代理的委托事项与该所其他委托事项的委托人之间有利益上的冲突，继续代理会直接影响到相关委托人的利益的情形。"因此，在这种情况下，律师应该回避，避免继续代理给委托人的利益造成损害，或者避免被认为有可能造成损害。2009 年修订后的《律师执业行为规范》没有对利益冲突加以定义，而是采取列举的方式规定律师及律师事务所不得与当事人建立或维持委托关系的情形和律师在告知委托人并主动提出回避，但委托人同意其代理或者继续承办的情形。

2. 避免利益冲突的理论依据[1]。律师的利益冲突规则是由两个部分组成的：一部分是利益冲突规则的本体，一部分是利益冲突规则的例外或者豁免。

---

[1] 美国是律师职业最发达的国家，也是律师职业准则最完备的国家之一，因此，以上理论依据的内容引自王进喜：《美国律师职业行为规则理论与实践》，中国人民公安大学出版社 2005 年出版，第 85~87 页。

利益冲突规则本体要求律师要避免利益冲突。利益冲突规则本体的理论基础包括以下几个方面：①保证律师对委托人的忠诚。为了在委托人——律师关系中维护委托人对律师的信任，需要通过利益冲突规则来保证律师对委托人持有不可分割的忠诚。②保守委托人的秘密。利益冲突规则规定了相应的原则，从而减少了律师向他人披露委托人秘密的机会和动机，有利于减少律师利用该信息为自己的利益或者为他人的利益滥用该信息的行为。③保证司法制度的有效运作。例如，律师不能在诉讼中同时代理双方当事人，将有利于保证双方都能够充分提出自己的意见，避免同一律师因同时代理双方当事人而削弱辩论的力度，从而有利于保证司法裁决活动的质量。④防止律师侵犯委托人的利益。律师在代理委托人的过程中因其地位而具有诸多优势，如果不设定特定的利益冲突规则，则律师有可能利用这种优势地位来侵犯委托人的利益。⑤保证代理的有效性。通过利益冲突规则保证律师职业判断的独立性，否则委托人得到有效代理的期待就会遇到挫折。

然而，利益冲突在律师的执业活动中是不可避免的，而利益冲突的回避可能给委托人和律师带来很高的成本问题。因此，对利益冲突的禁止应当限制在具体情况所必需的范围内。

3. 利益冲突的情形。律师在执业过程中可能遇到各种情况的利益冲突，但是，归纳起来可以分为三种情况：同时性利益冲突；连续性利益冲突；以及因为律师与委托人进行商业交易而产生的利益冲突。

同时性利益冲突，就是指某律师代理的委托人与该律师或者该律师事务所其他律师代理的委托人之间存在利益冲突。最典型的情况就是，同一律师或者同一个律师事务所的律师同时代理同一法律事务的双方，或者共同代理存在利益冲突的被告。这种冲突挑战的是律师对委托人的忠诚，因为即使律师认为自己会在"这个事务中代理这个委托人"，但是，仍然会使人对律师的忠诚度感到怀疑。

连续性利益冲突，是指同一律师或者同一律师事务所先后代理的事务的委托人之间存在利益冲突。这种情况往往比较复杂，需要律师和律师事务所花费比较多的精力和时间才能够及时识别。最为典型的例子是，同一律师或者同一律师事务所的律师在一审中代理原告，在二审中又代理被告。在连续性利益冲突的情况下，律师能否为委托人的信息保密的问题受到挑战。

还有一种是因为律师与委托人进行商业交易而产生的利益冲突，这其实是一种特殊的同时性利益冲突。由于律师和委托人在代理活动中形成的私人友谊，以及律师在代理活动中的专业精神和专业技能，或者仅仅因为律师这一职业本身所拥有的信任资源，在律师和委托人之间比较容易形成商业关系。但是，一旦律师和委托人之间形成商业关系，就使得委托人和律师同时存在两种关系：交易关系和委托人——律师关系。委托人和律师的关系是一种信托关系。委托人将依靠律师来保护其利益，而律师可能了解了委托人的秘密信息，处于优势地位。在这种情况下，律师同委托人的商业交易是不是会影响律师的独立职业判断？美国采取的方法是，要求律师对交易事项进行全面的公开，以解除委托人关于信任的误解。[1]

4. 利益冲突的解决。美国《律师职业行为示范规则》对各种情况的利益冲突以及冲突的解决方法作了比较详细的规定，[2] 对我们很有借鉴意义。我国《律师执业行为规范》也对利益冲突问题进行了规范，该《规范》第48条规定："律师事务所应当建立利益冲突审查制度。律师事务所在接受委托之前，应当进行利益冲突审查并作出是否接受委托决定。"第49条规定："办理委托事务的律师与委托人之间存在利害关系或利益冲突的，不得承办该业务并应当主动提出回避。"第50条规定："有下列情形之一的，律师及律师事务所不得与当事人建立或维持委托关系：①律师在同一案件中为双方当事人担任代理人，或代理与本人或者其近亲属有利益冲突的法律事务的；②律师办理诉讼或者非诉讼业务，其近亲属是对方当事人的法定代表人或者代理人的；③曾经亲自处理或者审理过某一事项或者案件的行政机关工作人员、审判人员、检察人员、仲裁员，成为律师后又办理该事项或者案件的；④同一律师事务所的不同律师同时担任同一刑事案件的被害人的代理人和犯罪嫌疑人、被告人的辩护人，但在该县区域内只有一家律师事务所且事先征得当事人同意的除外；⑤在民事诉讼、行政诉讼、仲裁案件中，同一律师事务所的不同律师同时担任争议双方当事人的代理人，或者本所或其工作人员为一方当事人，本所其他律师担任对方当事人的代理人的；⑥在非诉讼业务中，除各方当事人共同委托外，同一律师事务所的律师同时担任彼此有利害关系的各方当事人的代理人的；⑦在委托关系终止后，同一律师事务所或同一律师在同一案件后续审理或者处理中又接受对方当事人委托的；⑧其他与本条第1～7项情形相似，且依据律师执业经验和行业常识能够判

---

[1]   如何进行这种全面的公开具有重要的操作意义。美国律师协会《职业行为示范规则》1.87（a）对于律师的全面公开义务提出了技术性要求。根据该项规定，律师不得同委托人进行商业交易或者在明知的情况下取得不利于委托人的所有权、占有权、担保利益或者其他财产利益，除非上述交易和律师获得上述利益的条件，对于委托人而言是公平的、合理的，并且是以委托人能够合理理解的书面形式向其全面公开和传达的；在该交易中，要以书面形式告知委托人最好是就该交易寻求独立法律顾问的建议，并且委托人就该交易有寻求建议的合理机会；并且委托人就该交易的重大条款和律师在该交易中的作用，包括律师是否正在该交易中代理该委托人，以其签字的书面形式作出了明智同意。根据美国律师协会《职业行为示范规则》1.0 的定义，"书面材料（的）"（Writing or Written），表示对某个交流或者说明的有形或者电子记录，包括手写记录、打字记录、印刷记录、复印记录、照片、音频或者视频记录以及电子信函。"签字（的）"（Signed）书面材料包括由有签写该书面材料意图的某人签发或者批准的、附于书面材料的或者与其有逻辑联系的电子声音、符号或者程序。这一程序是非常严格的，在违反该要求的情况下，委托人并不需要证明律师从事了欺诈或者不当影响行为。美国的法院曾指出，在这种情况下，并不需要委托人证明这种协议是因为律师的欺诈或者不当影响而形成的，尽管存在这种情形的时候这种协议当然不具有可执行性。即使律师不存在这样的不当行为，如果律师在交易中获得了更多的好处，则这种协议也可能是无效的，除非律师能够证明委托人对其后果有全面的认识，并且律师没有利用委托人对律师的信任。参见王进喜：《美国律师职业行为规则理论与实践》，中国人民公安大学出版社2005年4月版，第93～94页。

[2]   《美国律师协会职业行为示范规则（2004）》，王进喜译，中国人民公安大学出版社2005年版。

断为应当主动回避且不得办理的利益冲突情形。"第51条规定："有下列情形之一的，律师应当告知委托人并主动提出回避，但委托人同意其代理或者继续承办的除外：①接受民事诉讼、仲裁案件一方当事人的委托，而同所的其他律师是该案件中对方当事人的近亲属的；②担任刑事案件犯罪嫌疑人、被告人的辩护人，而同所的其他律师是该案件被害人的近亲属的；③同一律师事务所接受正在代理的诉讼案件或者非诉讼业务当事人的对方当事人所委托的其他法律业务的；④律师事务所与委托人存在法律服务关系，在某一诉讼或仲裁案件中该委托人未要求该律师事务所律师担任其代理人，而该律师事务所律师担任该委托人对方当事人的代理人的；⑤在委托关系终止后一年内，律师又就同一法律事务接受与原委托人有利害关系的对方当事人的委托的；⑥其他与本条第1~5项情况相似，且依据律师执业经验和行业常识能够判断的其他情形。律师和律师事务所发现存在上述情形的，应当告知委托人利益冲突的事实和可能产生的后果，由委托人决定是否建立或维持委托关系。委托人决定建立或维持委托关系的，应当签署知情同意书，表明当事人已经知悉存在利益冲突的基本事实和可能产生的法律后果，以及当事人明确同意与律师事务所及律师建立或维持委托关系。"委托人知情并签署知情同意书以示豁免的，承办律师在办理案件的过程中应对各自委托人的案件信息予以保密，不得将与案件有关的信息披露给相对人的承办律师。

（四）妥善保管委托人的财产

《律师执业行为规范》对妥善保管委托人的财产较之试行的规范简约了许多。只规定了律师事务所可以与委托人签订书面保管协议，妥善保管委托人财产，严格履行保管协议。律师事务所受委托保管委托人财产时，应当将委托人财产与律师事务所的财产、律师个人财产严格分离。

1. 签订书面保管协议。

2. 妥善保管与委托事项有关的财物，不得挪用或侵占。

3. 严格保管协议。

4. 与所、与己财产分离保管。律师事务所受委托保管委托人财物时，应将委托人财产与律师事务所的财产严格分离。委托人的资金应保存在律师事务所所在地信用良好的金融机构的独立账号内，或保存在委托人指定的独立开设的银行账号内。委托人其他财物的保管方法应当经其书面认可。

（五）终止代理及其善后处理

之所以将律师终止代理及其善后处理作为诚实守信的内容之一，是因为律师—委托人关系的特殊性。服务是一种无形的产品，与有形产品不同，无法在合同结束时以物的交接或者价款的换算结束彼此的关系，如果不要求律师在结束代理关系时将相关事宜作出合理安排，就可能使委托人因为代理关系的结束而遭受损失。

1. 终止代理的情形。我国《律师执业行为规范》第58条规定："有下列情形之一的，律师事务所应当终止委托关系：①委托人提出终止委托协议的；②律师受到吊销执业证书或者停止执业处罚的，经过协商，委托人不同意更换律师的；③当发现有本规范第50条规定的利益冲突情形的；④受委托律师因健康状况不适合继续履行委托协议的，经过协商，委托人不同意更换律师的；⑤继续履行委托协议违反法律、法规、规章或者本规范的。"在这些情况下，律师要考虑到终止代理关系后，可能给委托人利益造成的影响，及时作出妥善安排。第59条规定："有下列情形之一，经提示委托人不纠正的，律师事务所可以解除委托协议：①委托人利用律师提供的法律服务从事违法犯罪活动的；②委托人要求律师完成无法实现或者不合理的目标的；③委托人没有履行委托合同义务的；④在事先无法预见的前提下，律师向委托人提供法律服务将会给律师带来不合理的费用负担，或给律师造成难以承受的、不合理的困难的；⑤其他合法的理由的。"

2. 终止代理的善后处理。终止代理，律师事务所应当尽量不使委托人的合法利益受到影响。因此，终止代理，律师应当尽可能提前向委托人发出通知。律师事务所在征得委托人同意后，可另行指定律师继续承办委托事项，否则应终止委托代理协议。在解除委托关系前，律师必须采取合理可行的措施保护委托人利益，如及时通知委托人，使其有充分的时间再委托其他律师、收回文件的原件以及返还提前支付的费用等。但是，如果是因拒绝辩护、代理而解除委托关系的，律师可以保留与委托人有关的法律事务文件的复印件。

（六）转委托

未经委托人同意，律师事务所不得将委托人委托的法律事务转委托其他律师事务所办理。但在紧急情况下，为维护委托人的利益可以转委托，但应当及时告知委托人。

受委托律师遇有突患疾病、工作调动等紧急情况不能履行委托协议时，应当及时报告律师事务所，由律师事务所另行指定其他律师继续承办，并及时告知委托人。

非经委托人的同意，不能因转委托而增加委托人的费用支出。

（七）公平竞争

在市场经济的体制之下，竞争是不可避免的，而且，竞争是行业发展的动力，但是，如果恶意竞争、无序竞争，则会损害律师职业的形象，给行业的发展带来危害。因此，公平竞争就成为律师职业道德的一个重要内容。同时，公平竞争也体现出对同行的尊重，以及行业的素养和风貌，我国《律师执业行为规范》第9条规定："律师应当尊重同行，公平竞争，同业互助。"也就是说，公平竞争，是律师执业竞争的原则。第15条规定："律师和律师事务所推广律师业务，应当遵守平等、诚信原则，遵守律师职业道德和执业纪律，遵守律师行业公认的行业准则，公平竞争。"

律师之间的竞争，应提倡以提高自身素质和能力，提高服务质量为核心，辅之以适当方式的业务推广手段。律师和律师事务所推广律师业务，应当遵守平等、诚信原则，遵守律师职业道德和执业纪律，遵守律师行业公认的行业准则，公平竞争。我国《律师执业行为规范》允许采取的推介手段有：①律师和律师事务所可以依法以广告方式宣传律师和律师事务所以及自己的业务领域和专业特长；②律师和律师事务所可以发表学术论文、案例分析、专题解答、授课等，以普及法律并宣传自己的专业领域；③律师和律师事务所可以举办或者参加各种形式的专题、专业研讨会，以宣传自己的专业特长；④律师可以以自己或者其任职律师事务所的名义参加各种社会公益活动。

我国《律师执业行为规范》禁止的 6 种竞争行为是：①诋毁、诽谤其他律师或者律师事务所信誉、声誉；②无正当理由，以低于同地区同行业收费标准为条件争揽业务，或者采用承诺给予客户、中介人、推荐人回扣、馈赠金钱、财物或者其他利益等方式争揽业务；③故意在委托人与其代理律师之间制造纠纷；④向委托人明示或者暗示自己或者其律师事务所与司法机关、政府机关、社会团体及其工作人员具有特殊关系；⑤就法律服务结果或者诉讼结果作出虚假承诺；⑥明示或者暗示可以帮助委托人达到不正当目的，或者以不正当的方式、手段达到委托人的目的。

我国《律师执业行为规范》对于律师执业宣传和广告的基本态度是，允许宣传和广告，但有限制。这也是目前国际社会对于律师执业宣传和广告行为的基本态度。这种限制体现在内容和形式方面：

1. 宣传和广告的内容限制。包括：①广告内容限于身份要素。②广告内容不得对律师个人、律师事务所做出容易引人误解或者虚假的宣传；不得进行律师之间或者律师事务所之间的比较宣传；不得出现违反所属律师协会有关律师执业广告管理规定的行为。③宣传内容上，律师和律师事务所可以宣传所从事的某一专业法律服务领域，但不能自我声明或暗示其被公认或证明为某一专业领域的专家；不能进行歪曲事实或法律，或可能会使公众产生对律师不合理的期望的宣传；不得伪造或者冒用法律服务荣誉称号，使用已获得的律师以及律师事务所法律服务荣誉称号的应当注明获得时间和期限。④在宣传内容上，律师和律师事务所不得擅自或非法使用社会专有名称或知名度较高的名称以及代表其名称的标志、图形文字、代号以混淆、误导委托人。这里所称的社会特有名称或知名度较高的名称是指：有关政党、国家行政机关、行业协会名称；具有较高社会知名度的高等法学院校或者科研机构的名称；为社会公众共知、具有较高知名度的非律师公众人物名称；知名律师以及律师事务所名称；律师和律师事务所不得变造已获得的荣誉称号用于广告宣传。律师事务所已撤销的，其原取得的荣誉称号不得继续使用。

2. 宣传和广告的方式限制。包括：①律师和律师事务所不能以有悖于律师使命、有失律师形象的方式制作广告，不能采用一般商业广告的艺术夸张手段制作广告。②律师发布广告应当具有可识别性，能够使社会公众辨明是律师广告。③律师和律师事务所不能进行律师之间或律师事务所之间的比较宣传。④律师和律师事务所可以通过发表学术论文、案例分析、专题解答、授课、普及法律等活动，宣传自己的专业领域。⑤律师和律师事务所可以通过举办或者参加各种形式的专题、专业研讨会，宣传自己的专业特长。⑥律师可以以自己或者其任职的律师事务所名义参加各种社会公益活动。此外，我国《律师执业行为规范》还规定，下列情况下，律师和律师事务所不得发布律师广告：没有通过年度考核的；处于停止执业或停业整顿处罚期间的；受到通报批评、公开谴责未满 1 年的。

三、在委托权限内尽力维护委托人的利益

在委托权限内尽力维护委托人的利益，这是律师作为代理人的基本职责，也是一项要求很细致的职业道德内容。

（一）律师代理的基本要求

律师作为代理人，除了要按照民法一般代理要求行事外，还因律师职业的特殊性，应满足更高的要求：

1. 独立思考和判断。律师提供法律服务时，应当进行独立的职业思考与判断，认真负责。独立思考和判断，是法律职业的共同要求。

2. 以适当方式提供服务。律师提供法律服务时，不仅应当考虑法律，还可以以适当方式考虑道德、经济、社会、政治以及其他与委托人的状况相关的因素。律师有权根据法律规定、公平正义及律师执业道德标准，选择实现委托人或者当事人目的的方案。

3. 充分运用专业知识。律师应当充分运用自己的专业知识，根据法律的规定完成委托事项，维护委托人的利益。

4. 严格按照期间、时效与约定办理。律师应当严格按照法律规定的期间、时效以及与委托人约定的时间办理委托事项。

5. 建立档案、保存工作记录。律师应当建立律师业务档案，保存完整的业务工作记录。这不仅是为了维护委托人的利益需要，在律师与委托人发生服务分歧时，还可以起到保护律师的作用。

6. 谨慎保管证据和其他法律文件。律师应当谨慎保管委托人提供的证据原件、原物、音像资料底版以及其他材料，保证其不遭灭失。

7. 及时答复委托人询问的事项。律师对委托人了解委托事项情况的要求，应当及时给予答复。

8. 明确代理权限，特别授权需要书面确认。律师接受委托后，只能在委托权限内开展执业活动，不得擅自超越委托权限。如需特别授权，应事先取得委托人的书面确认。律师在处理受托的法律事务时，如发现委托人所授权限不能适应需要时，应及时告知委托人，在未经委托人同意或办理有关的授权委托手续之前，律师只能在授权范围内办理法律事务。

9. 转委托应该规范进行。未经委托人同意，律师不得将委托人委托的法律事务转委托其他律师事务所办理，在紧急情况下，为维护委托人的利益可以转委托，但应当及时告知委托人。

受委托律师遇有突患疾病、工作调动等紧急情况不能履行委托协议时，应当及时报告律师事务所，由律师事务所另行指定其他律师继续承办，并及时告知委托人。

非经委托人同意，不能因转委托而增加委托人的费用支出。

（二）谨慎使用拒绝辩护或代理的权利

对于律师来讲，拒绝辩护或代理，既是权利，又是义务。这种权利的行使会给委托人的利益带来重大影响，因此，即使是一种权利，在行使时也要非常谨慎，必须满足一定的条件才可以行使，即此权利的行使有严格的限制。

1. 律师接受委托后，无正当理由不得拒绝履行协议约定的职责，不得无故拒绝辩护或代理。我国《律师法》第32条规定："委托人可以拒绝已委托的律师为其继续辩护或者代理，同时可以另行委托律师担任辩护人或者代理人。律师接受委托后，无正当理由的，不得拒绝辩护或者代理，但是，委托事项违法、委托人利用律师提供的服务从事违法活动或者委托人故意隐瞒与案件有关的重要事实的，律师有权拒绝辩护或者代理。"也就是说，接受委托后，只有在委托事项违法的情况下，律师才可以拒绝辩护或代理。

2. 可以拒绝辩护或代理的情形。我国《律师执业行为规范》第41条规定，律师接受委托后，无正当理由不得拒绝辩护或者代理、或以其他方式终止委托。委托事项违法、委托人利用律师提供的服务从事违法活动或者委托人故意隐瞒与案件有关的重要事实的，律师有权告知委托人并要求其整改，有权拒绝辩护或者代理、或以其他方式终止委托，并有权就已经履行事务取得律师费。

四、服从管理

（一）服从执业机构的管理

1. 统一接受委托，由律师执业机构对外统一承担责任。律师承接业务由律师事务所统一接受委托，律师不得私自接受委托承办法律事务，不得私自向委托人收取费用、额外报酬、财物或可能产生的其他利益。律师在承办受托业务时，对已经出现的和可能出现的不可克服的困难、风险，应当及时通知委托人，并向律师事务所报告。并且，律师因执业过错给律师事务所造成损失的，律师事务所有权向律师追究。也就是说，委托人可以将律师事务所作为被告，要求律师事务所承担因律师的过错造成的损失，律师事务所承担责任后再向过错律师追究责任。

2. 律师必须在一个执业机构执业。同时在一个律师事务所和一个其他法律服务机构执业的视同在两个律师事务所执业。如果是因涉及专业领域问题而邀请另一律师事务所参与办理，且该律师所在的律师事务所与被邀请的律师事务所之间以书面形式约定法律后果由前者承担并告知委托人的，不违背上述规定。

律师变更执业机构的，应当按规定办理转所手续，维护委托人及原律师事务所的利益；律师事务所在接受转入律师时，不得损害原律师事务所的利益。

3. 不得拒绝法律援助等公益服务。按照《律师法》和《法律援助条例》的规定，律师具有法律援助的义务，因此，律师进行法律援助，不仅是一种职业道德，而且是一种法定义务，同时，作为更高的要求，我国《律师执业行为规范》规定，律师和律师事务所应当按照国家规定履行法律援助义务，为受援人提供法律服务，维护受援人的合法权益。

（二）遵守行政管理规定和行业管理规范

律师和律师事务所应当遵守司法行政管理机构制定的有关律师管理的规定、律师协会制定的律师行业规范、规则和章程。

1. 在取得法律职业资格证书以后，要按照《律师法》的规定，依程序向律师行政管理部门申请律师执业许可，这是律师执业的前提，也是接受律师行政管理的开始。我国《律师执业管理办法》第 18 条第 1 款规定："律师执业证书是律师依法获准执业的有效证件。"

2. 律师在执业期间不得以非律师身份从事法律服务。律师只能在一个律师事务所执业。

3. 律师和律师事务所享有律师协会章程规定的权利，承担律师协会章程规定的义务。

4. 律师和律师事务所应当遵守律师协会制定的律师行业规范和规则。

5. 参加律师协会组织的活动。律师和律师事务所应当参加、完成律师协会组织的律师业务学习及考核。律师应当积极参加律师协会组织的律师业务研究活动，完成律师协会布置的业务研究任务，参加律师协会组织的公益活动。

6. 律师参加国际性律师组织并成为其会员的，以及以中国律师身份参加境外会议等活动的，应当报律师协会备案。

7. 接受律师协会的监督管理。律师和律师事务所因执业行为成为刑、民事被告，或者受到行政机关调查、处罚的，应当向律师协会书面报告。律师应当妥善处理律师执业中发生的纠纷，履行经律师协会调解达成的调解协议。律师应当执行律师协会就律师执业纠纷作出的处理决定。律师应当履行律师协会依照法律、法规、规章及律师协会章程、规则作出的处分决定。

8. 按时交纳会费。律师和律师事务所应当按时交纳会费。律师协会是律师行业自治组织，其运行依赖会员的支持，按时交纳会费是一个律师作为行业一员最起码的职业道德义务。

五、尊重同行

尊重同行是维护律师职业形象的重要方面。同行既包括不同的律师执业机构之间的律师，也包括同一个律师执业机构的律师；既包括律师与律师之间，也包括律师与律师助理人员之间；既包括代理同一方委托人的律师，也包括代表不同利益当事人的律师。也就说，把律师和所有法定的从事律师辅助工作的所有人看成一个职业整体，每一个律师都有义务维护这个职业整体共同的利益。律师能否在执业过程中给予同行应有的尊重，反映律师行业的精神风貌，是社会对律师职业进行评价的重要依据。有些律师为了获得案源，在展业活动和宣传材料中贬低同行甚至贬损同行，压低价格，或者在业务活动中不尊重对方律师，都是对律师职业形象的破坏，造成了很坏的影响。这些行为不仅破坏了律师职业内部的团结，还破坏了律师行业的公平竞争秩序，同时也降低了律师职业的社会评价，损害了律师行业的整体利益，因此，各国律师职业道德都有关于律师相互尊重甚至相互帮助的规定[1][2]。

我国《律师执业行为规范》也用大量内容对律师之间的关系进行了规范。其基本要求可以概括为以下几个方面：

1. 共同服务，分工合作。在律师执业活动中，经常出现委托人就同一事项委托多个律师的情况，有时律师自身为了合作的方便，也会在不增加委托人经济负担的情况下，建议委托人接受两个以上律师针对同一事项的法律服务。在这种情况下，提供法律服务的律师之间应明确分工，相互协作，如果出现律师之间意见不一致的情况，应当及时通报委托人决定，而不是按照律师内部的工作关系或工作制度确定。

2. 律师与其他律师之间应当相互帮助、相互尊重。律师在执业活动中，往往与对方律师处于对立的立场上，如果不能够清醒的认识到律师之间相互尊重的意义，就会出现感情用事的情况，把工作立场的对立延展到个人感情上，这种情况最容易出现在法庭上，因此，我国《律师执业行为规范》在广泛规定律师相互尊重的同时，规定："在庭审或者谈判过程中各方律师应互相尊重，不得使用挖苦、讽刺或者侮辱性的语言。""律师或律师事务所不得在公众场合及媒体上发表恶意贬低、诋毁、损害同行声誉的言论。"

3. 不得阻挠委托人就同一事务再委托其他律师参与。

4. 公平竞争。对于公平竞争，在前面诚实守信的职业道德中已经做了要求。这里从尊重同行的角度，做出如下要求：

（1）与委托人的行为禁止。律师和律师事务所在与委托人及其他人员接触中，不得采用下列不正当手段与同行进行业务竞争：①以误导、利诱、威胁或者作虚假承诺等方式承揽业务；②无正当理由，以低于同地区同行业收费标准为条件争揽业务，或者采用承诺给予客户、中介人、推荐人回扣、馈赠金钱、财物或者其他利益等方式争揽业务；③以对本人及所在律师事务所进行不真实、不适当宣传或者诋毁其他律师、律师事务所声誉等方式承揽业务的；④故意在委托人与其代理律师之间制造纠纷；⑤向委托人明示或者暗示自己或者其所属的律师事务所与司法机关、政府机关、社会团体及其工作人员具有特殊关系；⑥就法律服务结果或者诉讼结果作出虚假承诺；⑦明示或者暗示可以帮助委托人达到不正当目的，或者以不正当的方式、手段达到委托人的目的。

（2）不得利用行政权力进行竞争。律师或律师事务所在与行政机关或行业管理部门以及企业的接触中，不得采用下列不正当手段与同行进行业务竞争：①通过与某机关、某部门、某行业对某一类的法律服务事务进行垄断的方式争揽业务；②限定委托人接受其指定的律师或律师事务所提供的法律服务，限制其他律师或律师事

〔1〕《美国律师协会职业行为示范规则（2004）》，王进喜译，中国人民公安大学出版社2005年版。
〔2〕 许世芬主编：《香港律师执业行为规范》，法律出版社1999年版。

务所正当的业务竞争。

（3）不得利用司法权威误导公众。律师和律师事务所在与司法机关及司法人员接触中，不得利用律师兼有的其他身份影响所承办业务正常处理和审理的手段进行业务竞争。

（4）不得利用特殊技能损害委托人的利益。依照有关规定取得从事特定范围法律服务的执业律师和律师事务所不得采取下列不正当竞争的行为：①限制委托人接受经过法定机构认可的其他律师或律师事务所提供法律服务；②强制委托人接受其提供的或者由其指定的其他律师提供的法律服务；③对抵制上述行为的委托人拒绝、中断、拖延、削减必要的法律服务或者滥收费用。

（5）不得抬价或压价。律师和律师事务所相互之间不得采用下列手段排挤竞争对手的公平竞争，损害委托人的利益或者社会公共利益：①串通抬高或者压低收费；②为争揽业务，不正当获取其他律师和律师事务所收费报价或者其他提供法律服务的条件；③非法泄露收费报价或者其他提供法律服务的条件等暂未公开的信息，损害相关律师事务所合法权益。

（6）不得贬低、毁损同行。这是一个广泛性的规定，要求律师和律师事务所不得在公众场合及传媒上发表贬低、诋毁、损害同行声誉的言论。

六、保守职业秘密

关于律师职业保密责任，在我国《律师执业行为规范》中规定的内容过于简单，不能对律师的执业行为进行有效引导，也不能对律师职业群体形成应有的保护。

（一）保密对象

保密对象就是向谁保密的问题。保密就是对所有的人保密。但是，在律师执业中有两种人是需要特别注意的：一是委托人，二是同一律师事务所的其他律师，对这两类人的保密问题，往往容易被忽略。

1. 对委托人的保密的问题。对委托人的保密的问题，在民事案件中，委托人往往就是案件的亲历者，或者事件与委托人本人有着密切的关系，律师需要把自己阅卷或调查了解到的情况与委托人核实，所以，在民事案件中基本不存在对委托人的保密问题。在刑事案件中，律师对于查阅的案卷材料、调查取证的情况能否向委托人透露，在学界是存在争议的。

2. 对同一事务所的律师的保密问题。一般情况下，案件承办律师没有必要将案情透露给其他律师，但是，出于业务探讨、请示领导、寻求帮助或指导实习律师的需要可以向同所律师介绍案情，但应注意两点：①合伙律师有义务要求参与研讨的律师保密；②合伙律师、承办律师有义务要求实习律师、律师助理、法律实习生、行政等辅助人员保守秘密。

（二）保密期间

保密期间，就是律师对自己在执业过程中知悉的国家秘密、当事人的商业秘密和当事人的隐私在一个什么样的期间内负有保密义务的问题。对此，应该掌握三个原则：

1. 律师在辩护或代理期间及其工作结束后都负有保密义务。

2. 国家秘密和当事人的商业秘密都有很强的时效性，当其已经成为公开信息后律师也不再负有保密义务。

3. 对于当事人的隐私，不论当事人自己是否向自己的亲友公开，律师无论在辩护或代理期间，还是辩护或代理工作结束后，都负有保密的义务。这是基于当事人对律师的信任和维护律师的职业形象所必须的。

（三）保密措施

要想较好地履行保密义务，关键还在于采取比较完备的保密措施。保密措施很多，可以概括为五项基本措施：①律师自己保管好正在承办中的案卷材料。②律师不得向亲友、社会传播负有保密义务的案件信息。③合伙律师、律师要经常给予实习律师、律师助理、法律实习生、行政人员进行保密知识和道德纪律的指导和监督。④律师对办理完结的案件要及时归档。⑤律师事务所对案卷材料要进行妥善保管。律师将案卷材料归档以后由律师事务所负责保管材料，承担保密的责任。

（四）律师履行保守职务秘密义务的例外情形

我国《律师法》规定，律师对在执业活动中知悉的委托人和其他人不愿泄露的有关情况和信息，应当予以保密。但是，委托人或者其他人准备或者正在实施危害国家安全、公共安全以及严重危害他人人身安全的犯罪事实和信息除外。

七、维护职业形象

律师职业的社会性决定了维系律师业务来源的根本在于律师自身优良的服务。律师业务活动的开展必须取得委托人的信任，律师职业的整体发展必须赢得社会的认可，律师在执业中维护律师自身和律师职业整体的形象就至关重要。这包括公平竞争、遵守执业推广的各种限制、尊重同行、业务水平的维持和提高、规范仪表和语态及体态等。

我国《律师执业行为规范》第14条明确规定：律师不得为以下行为：①产生不良社会影响，有损律师行业声誉的行为。②妨碍国家司法、行政机关依法行使职权的行为。③参加法律所禁止的机构、组织或者社会团体。④其他违反法律、法规、律师协会行业规范及职业道德的行为。⑤其他违反社会公德，严重损害律师职业形象的行为。其目的除了维护委托人的利益外，就是为了维护律师的职业形象。这条只是从禁止的方面进行了简单列举，如果从应然的角度也可以列举很多，可以说，上述所有要求都有助于律师树立良好的职业形象。

八、合理收费

遵守《律师服务收费管理办法》的规定进行服务收费，是律师职业道德的一项内容。

律师职业道德规范的主要内容反映了该行业的主要精神旨趣，反映了该行业所有从业人员维护行业发展的共同要求，即满足这些规范要求是保证每个律师每次服务的服务质量和服务水准的基本要求，同时，也能够向社会传达该行业的执业理念和要求。虽然《律师执业行为规范（试行）》已对律师应具备的职业道德进行了比较全面的概括，但是，司法实践的情形是复杂的、多变的，再完善的律师职业道德规范也不可能穷尽律师执业中遇到的所有情形，它只能为律师提供职业道德行为实践方面的指导，因此，对于律师执业实践中遇到的很多问题，还需要律师依赖职业道德意识自己作出谨慎的判断和审慎的行为。教育和训练的目的，就是培养形成良好的律师职业素质和职业道德素养，建立时刻维护律师职业形象和荣誉的职业道德意识，这样才能对执业中出现的各种道德问题进行善意的理解、准确的判断和理性的处理。

近几年，我国律师行业管理部门在律师职业道德规范建设方面做了很多工作，但是仍然存在不足，需要不断的发展完善。

■ 思考题

1. 简述律师职业道德的概念和特征。

2. 律师职业道德包括哪些具体内容？

3. 在刑事辩护业务中，应告知当事人的风险有哪些？尝试列举。如果你是律师，如何给委托人讲解这些风险？又如何帮助委托人避免这些风险？

4. 思考并分析下面的案例：

美国法学院的教科书《法律之门》提供了一个这样的案例——在纽约的"快乐湖"（Lake Pleasant）有这样一起案件：两名律师被指定为一个被指控谋杀罪的男人辩护，当事人告诉两名律师，他还犯有两起不为警方所知的谋杀案。两名律师依照当事人的指点，在一个废弃的矿井中发现了两具尸体，并拍了照片。然而，直到他们的当事人在几个月后坦白了这些罪行，他们才告知警方。不仅如此，一名被害人的家长曾经向一名律师询问过有关他们失踪女儿的信息，这位律师否认掌握了任何信息。[1]

分析参考：该书引注了门罗·H. 弗里德曼（Monroe H. Freedman）（一位法学院院长，杰出的有关法律职业道德方面的学者）的一段评论：

对抗制——律师在其中发挥着作用——预见到律师会频繁接触当事人的有关信息，这些信息非常可能被认定为是犯罪的证明，甚至可能像"快乐湖"案一样，得知当事人真的犯有严重罪行。在这种情形下，如果律师被要求泄露该信息，那么，保守秘密的义务就会被毁灭，与之一起毁灭的，还有对抗制本身。[2]

对此意见，你赞同吗？为什么？由此思考：律师的职业道德有哪些特性？律师的职业道德与大众道德有哪些区别？因为律师职业道德与大众道德的诸多不同，使得律师在执业过程中可能会遇到来自社会各方面的或褒或贬的评价，当此种情形发生时，执业律师应该如何应对？应抱有什么样的心态？

---

〔1〕 〔美〕博西格诺等：《法律之门》，邓子滨译，华夏出版社 2002 年版，第 448 页。

〔2〕 〔美〕博西格诺等：《法律之门》，邓子滨译，华夏出版社 2002 年版，第 448 页。

■参考书目

1. ［美］安索尼·T. 克罗曼:《迷失的律师——法律职业理想的衰落》,周战超、石新中译,法律出版社 2002 年版。

2. 王进喜:《美国律师职业行为规则理论与实践》,中国人民公安大学出版社 2005 年版。

3. 王进喜、陈宜主编:《律师职业行为规则概论》,国家行政学院出版社 2002 年版。

4. 《美国律师协会职业行为示范规则》,王进喜译,中国人民公安大学出版社 2005 年版。

5. 许世芬主编:《香港律师执业行为规范》,法律出版社 1999 年版。

第九章　律师的职业责任

■ 学习目的和要求

　　通过本章的教学让学生掌握律师法规定的律师的职业责任，尤其是关于行政法律责任的法律规定，理解律师赔偿责任制的意义和作用，了解实践中律师赔偿责任制的有关做法。

第一节　律师的职业责任概述

一、法律责任

　　法律责任，是指行为人因违反法律的规定而应当承担的后果。设立法律责任的目的是为了保证法律规定能够得以实现。根据我国现行法律的规定，法律责任一般分为刑事责任、民事责任和行政责任。

二、律师的职业责任

　　律师的职业责任，是指律师在执业过程中，因故意或者过失违反法律法规、执业纪律的规定而必须承担的责任。从外延上看，可以按照不同的标准对律师的职业责任作出不同的分类。根据责任主体的不同，律师的职业责任可以分为律师法律责任和律师事务所法律责任。

　　律师是为社会提供有偿法律服务的专业人员，为了能使律师更充分地发挥其在社会生活中的重要作用，法律、法规作出了相应的规定。律师在享有法律、法规给予的权利的同时，也要承担相应的义务。律师的职业责任是一种特定的行为责任，是对律师执业的一种特殊要求。

　　律师职业责任的主体是取得律师执业资格或司法人员从业资格的由司法行政部门颁发律师执业证书并按照司法行政部门规定按时注册的执业律师。律师职业责任的客体是执业律师在故意或过失的主观意识支配下所从事的违反国家法律、法规，违背律师职业道德和执业纪律的行为。律师职业责任的承担必须在客观上具有损害当事人合法权益，以及扰乱正常司法秩序的客观行为。律师职业责任的内容，包括刑事责任、民事责任、行政责任、纪律处分。

三、我国律师职业责任制度的发展

自 1979 年律师制度恢复以来，我国律师业迅速发展，律师队伍不断壮大，律师事务所日益增加，律师业务逐步拓展，律师为社会提供了大量优质的法律服务，有力地促进了我国社会主义法治建设的发展，并在社会公众中树立起了良好的职业形象。同时我们也不难看到，律师在执业过程中出现了各种违法违纪行为。因此，从法律上对律师的执业行为加以规制是十分必要的。律师职业道德规范从律师内部对律师执业行为进行了约束，而律师的职业责任则从外部有效地约束了律师的执业行为。1993 年司法部《关于深化律师工作改革的方案》明确提出加紧建立律师的责任赔偿制度。1996 年《律师法》明确规定了律师的法律责任。经过 2007 年、2012 年两次修改的《律师法》第六章更是作了更为完善的规定。

第二节 律师的行政法律责任

一、律师行政法律责任的概念和特征

行政法律责任包括广义和狭义两个方面的含义。广义的行政法律责任是指行政法律关系主体由于违反行政法律规范或者不履行行政法律义务，而依法应当承担的法律后果。其主体包括行政主体及其公务人员和行政相对人。狭义的行政法律责任是指行政主体因违反行政法律规范而依法必须承担的法律后果。本节内容是从广义上对行政法律责任加以界定的，律师的行政法律责任是指律师和律师事务所在执业过程中，因违反《律师法》和其他法律法规、规章规定的义务，由司法行政机关依照法律规定对律师和律师事务所实施的行政处罚。从理论上看，司法行政机关实施的行政处罚针对的是律师及律师事务所在执业中的违法行为，这种责任的承担主体是律师或者律师事务所。

律师的行政法律责任具有如下特征：

1. 律师行政法律责任的主体是特定的，即律师和律师事务所。非特定主体不构成特定的责任，即使其违反《律师法》的有关规定，也只能构成一般主体的行政责任。

2. 律师客观上实施了违反《律师法》的行政违法行为。律师的行政法律责任有其特定的范围，如果违反的是《治安管理处罚法》，则承担的是治安行政责任，不能包括在本节所指律师行政法律责任的范围之内。

3. 律师的行政法律责任体现了社会对律师行政违法行为的否定。正因为社会对律师行政违法行为持否定性评价，才由法律法规规定律师承担相应的义务。

4. 律师行政法律责任的直接后果是承担行政处罚。行政处罚不同于律师职业道德的约束，其具有强制性，是行政机关单方面对行政管理相对人的制裁。

5. 律师行政法律责任的惩戒机关是司法行政机关。

二、律师承担行政法律责任的违法行为

《律师法》第一章总则第 4 条规定:"司法行政部门依照本法对律师、律师事务所和律师协会进行监督、指导。"律师在执业过程中,不仅和委托人之间形成一种平等的横向民事关系,而且还同上级主管司法行政机关及律师协会之间形成了一种管理、指导、监督与被管理、被指导、被监督的纵向关系。后者从本质上说就是一种行政管理关系,因此,司法行政机关在对律师和律师事务所行使行政处罚权时,应当严格依据《律师法》的规定进行。律师和律师事务所承担行政法律责任的前提是在执业过程中做出了违反《律师法》的行政违法行为。与原《律师法》相比,现行《律师法》将律师的行政违法行为按照严重程度细分为三个层次,并删去了原有的"兜底条款"。[1]

1. 《律师法》第 47 条规定,律师有下列行为之一的,由设区的市级或者直辖市的区人民政府司法行政部门给予警告,可以处 5000 元以下的罚款;有违法所得的,没收违法所得;情节严重的,给予停止执业 3 个月以下的处罚:

(1) 同时在两个以上律师事务所执业的。《律师法》第 10 条规定:"律师只能在一个律师事务所执业。律师变更执业机构的,应当申请换发律师执业证书。"这样的规定首先有利于律师开展工作,因为如果律师同时在几个律师事务所接受委托,将无法确保其认真尽职地完成任务。其次,有利于律师事务所对律师进行管理,有效监督其完成工作和遵守职业道德的情况。跨所执业必然带来多头领导的局面,从而导致领导不力的问题。再次,有利于确定律师责任赔偿的主体,防止互相推诿,可以有效地维护委托人的合法权益。最后,有利于防止发生不正当竞争,规范律师服务市场的秩序。违反法律规定,必然损害律师业的健康发展,有必要给予行政处罚。

(2) 以不正当手段承揽业务的。《律师和律师事务所违法行为处罚办法》第 6 条规定,有下列情形之一的,属于《律师法》第 47 条第 2 项规定的律师"以不正当手段承揽业务的"违法行为:①以误导、利诱、威胁或者作虚假承诺等方式承揽业务的;②以支付介绍费、给予回扣、许诺提供利益等方式承揽业务的;③以对本人及所在律师事务所进行不真实、不适当宣传或者诋毁其他律师、律师事务所声誉等方式承揽业务的;④ 在律师事务所住所以外设立办公室、接待室承揽业务的。律师事务所从事或者纵容、放任本所律师从事以上违法行为的,属于《律师法》第 50 条第4 项规定的律师事务所"以诋毁其他律师事务所、律师或者支付介绍费等不正当手段承揽业务的"违法行为。

(3) 在同一案件中为双方当事人担任代理人,或者代理与本人及其近亲属有利益冲突的法律事务的。《律师法》第 39 条规定:"律师不得在同一案件中为双方当事人担任代理人,不得代理与本人或者其近亲属有利益冲突的法律事务。"在诉讼业务

---

〔1〕 2001 年《律师法》第 44 条第 11 项规定:"应当给予处罚的其他行为。"

中，双方当事人在权利义务和利益上存在矛盾和冲突，如果律师身兼二职，在维护一方当事人利益时，就有可能损害另一方的利益，使自身处于自相矛盾的境况，从而无法正常履行职责。此外，《律师执业行为规范》专节规定了"利益冲突审查"，并以列举的形式规定了律师及律师事务所不得与当事人建立或维持委托关系的情形和经告知但委托人同意其代理或者承办的情形。

（4）从人民法院、人民检察院离任后2年内担任诉讼代理人或者辩护人的。《律师法》第41条规定："曾经担任法官、检察官的律师，从人民法院、人民检察院离任后2年内，不得担任诉讼代理人或者辩护人。"《法官法》第17条第1款规定："法官从人民法院离任后2年内，不得以律师身份担任诉讼代理人或者辩护人。"《检察官法》第20条第1款规定："检察官从人民检察院离任后2年内，不得以律师身份担任诉讼代理人或者辩护人。"

（5）拒绝履行法律援助义务的。《律师法》第42条规定："律师、律师事务所应当按照国家规定履行法律援助义务，为受援人提供符合标准的法律服务，维护受援人的合法权益。"法律援助是律师应当履行的法定义务，是指为经济困难的公民或者特殊案件的当事人提供免费的法律帮助与服务的一项法律保障制度。律师履行法律援助的义务，是法律服务向基层、社区和贫弱群体的延伸，是律师职业追求公平正义的根本要求。

2. 《律师法》第48条规定，律师有下列行为之一的，由设区的市级或者直辖市的区人民政府司法行政部门给予警告，可以处1万元以下的罚款；有违法所得的，没收违法所得；情节严重的，给予停止执业3个月以上6个月以下的处罚：

（1）私自接受委托、收取费用，接受委托人财物或者其他利益的。在执业中秉持职业操守，不收受贿赂、不私自收费、不以职谋私，这是世界各国的传统司法道德准则，也是律师最基本的职业道德。美国律师入行时的宣誓词中写道："我将在作出影响委托人的决定时确保他们知悉"。在我国的社会主义法治建设环境下，同样要求律师在执业中应当保护当事人合法权益，获取劳动报酬必须合法合理，违反执业规定和职业道德谋取不义之财的行为是与我国律师的基本性质不相容的。

（2）接受委托后，无正当理由，拒绝辩护或者代理，不按时出庭参加诉讼或者仲裁的。出庭参加诉讼或者仲裁，是律师履行职责的基本方式，不按时出席法庭或者仲裁庭，就无从举证、质证，无从发表代理或者辩护意见，无从与对方当事人展开辩论，势必严重损害当事人的合法权益，还会延误诉讼或者仲裁活动，影响法律的正确实施。因此，对律师不履行正当职责的行为应当给予行政处罚。

（3）利用提供法律服务的便利牟取当事人争议的权益的。如果律师在提供法律服务时以获取私利为前提，不仅会腐蚀自己的心灵，而且真理、公平、正义必然会遭到严重践踏。当事人委托律师为自己提供法律服务，表明他在某一方面或某一事项上存在困难，需要得到法律服务。当事人按照与律师事务所签订的法律服务合同，所付出的不仅是金钱，更多是对律师事务所和律师的信任。对律师来说，信用就是一种向当事人信守承诺的责任感；信用就是对自己提供的法律服务之后果负责的道德感。

（4）泄露商业秘密或者个人隐私的。在执业活动中为当事人保守商业秘密和个人隐私，是律师职业道德的基本要求之一。保守秘密的义务一方面充分保护了当事人的合法权益不受非法侵害，另一方面，也有助于打消当事人的疑虑，增强其对律师的信赖，保障律师顺利履行职务，并提高律师职业在公众中的社会信誉。

3. 《律师法》第 49 条规定，律师有下列行为之一的，由设区的市级或者直辖市的区人民政府司法行政部门给予停止执业 6 个月以上 1 年以下的处罚，可以处 5 万元以下的罚款；有违法所得的，没收违法所得；情节严重的，由省、自治区、直辖市人民政府司法行政部门吊销其律师执业证书；构成犯罪的，依法追究刑事责任：

（1）违反规定会见法官、检察官、仲裁员以及其他有关工作人员，或者以其他不正当方式影响依法办理案件的。"违反规定会见"，是指律师在承办案件期间，在非工作时间、非工作场所，私自会见承办案件的法官、检察官、仲裁员以及其他有关工作人员。如果律师单方面私下接触法官、检察官、仲裁员或者其他有利害关系的工作人员，或者请客送礼，搞"感情投资"，靠人际关系等不正当手段办案，势必影响案件的依法办理，影响司法、仲裁活动的中立，干扰正常的诉讼秩序和仲裁秩序。从大局的角度来看，"办人情案"等不正当方式最终会践踏社会的公平正义，影响公众对司法和仲裁制度的信任，势必破坏律师业的社会形象。

（2）向法官、检察官、仲裁员以及其他有关工作人员行贿，介绍贿赂或者指使、诱导当事人行贿的。

（3）向司法行政部门提供虚假材料或者有其他弄虚作假行为的。

（4）故意提供虚假证据或者威胁、利诱他人提供虚假证据，妨碍对方当事人合法取得证据的。

（5）接受对方当事人财物或者其他利益，与对方当事人或者第三人恶意串通，侵害委托人权益的。

（6）扰乱法庭、仲裁庭秩序，干扰诉讼、仲裁活动的正常进行的。

（7）煽动、教唆当事人采取扰乱公共秩序、危害公共安全等非法手段解决争议的。

（8）发表危害国家安全、恶意诽谤他人、严重扰乱法庭秩序的言论的。

（9）泄露国家秘密的。

律师因故意犯罪受到刑事处罚的，由省、自治区、直辖市人民政府司法行政部门吊销其律师执业证书。

三、律师承担行政法律责任的方式

2007 年 10 月 28 日修订的《律师法》重大变化之一是深化了律师执业管理改革，将司法行政部门对律师的行政处罚权部分下放。原《律师法》规定主要由省、自治区、直辖市的人民政府司法行政部门实施处罚权；而新《律师法》则规定主要由设区的市级或者直辖市的区级人民政府司法行政部门来行使，省、自治区、直辖市一级的司法行政部门仅负责"吊销执业证书"这一项行政处罚。这一改革措施，不是单纯的行政处罚权的下放，而是有其深层的立法背景。原《律师法》实施以来，随着我国市场经济的不断发展，社会生活中发生的案件日渐增多，律师业也随之蓬勃发展，在律师执业过程中出现的问题也日益纷繁复杂。原《律师法》中由省级司法行政部门主导行政处罚权的规定已经不符合实践的需求，因为该规定将导致对律师违法、违纪行为处罚的滞后，不能及时处理律师行政法律责任带来的后果，是律师管理缺乏效率的表现，并影响律师业的发展。有鉴于此，新《律师法》对此作出了修订，将绝大部分的行政处罚权下放给设区的市级或者直辖市的区级人民政府司法行政部门单独行使。

综合新《律师法》和司法部 2010 年颁布的《律师和律师事务所违法行为处罚办法》的规定，律师承担行政法律责任的方式主要有如下几种：警告、罚款、没收违法所得、停止执业和吊销执业证书。

1. 警告。警告是指司法行政机关对有违法行为的律师进行的谴责和警戒。它是各种行政处罚中程度最轻的一种处罚形式，主要适用于那些比较轻微、对社会危害不大的违法行为。警告以精神惩戒为特点，通过对当事人名誉、荣誉、信誉等施加影响，引起其精神上的警惕，使其今后不再违法。警告是世界各国普遍采用的惩戒措施，在法国、日本、德国的律师惩戒制度中都明文规定了警告措施。美国律师协会规定的惩戒种类中没有警告这种措施，其类似警告措施的是谴责和不公开谴责。它们与警告一样，对被惩戒的律师都不限制其执业的权利。

2. 罚款。罚款是修订后的《律师法》新增的行政处罚方式，根据律师违法程度的不同分为三个档次：5000 元以下、1 万元以下和 5 万元以下，处罚权均由设区的市级或者直辖市的区人民政府司法行政部门行使。根据《律师法》第 47 ~ 49 条的规定，罚款为一种附加适用的惩戒措施，即在对律师处以警告或者停止执业处罚的同时，可以附加一定数额的罚款。

3. 没收违法所得。没收违法所得是指由行政机关实施的将违法当事人的违法收入收归国有的处罚方式。对于律师而言，是指司法行政部门对律师的违法所得予以没收的一种行政处罚，是一种经济性的行政处罚。具体来说，罚款与没收违法所得的区别是：罚款是对当事人合法财产的剥夺；而没收违法所得则是对当事人非法占有的财产的剥夺。

4. 停止执业。《律师法》第 53 条规定："受到 6 个月以上停止执业处罚的律师，处罚期满未逾 3 年的，不得担任合伙人。"

5. 吊销执业证书。根据《律师法》规定对律师行政处罚的主体，主要是设区的市级或者直辖市的区级人民政府司法行政部门，省、自治区、直辖市一级的司法行政部门仅负责"吊销执业证书"这一项行政处罚。该项处罚方式是律师承担行政法律责任的方式中最为严重的一种。

四、律师事务所承担行政法律责任的违法行为

《律师法》第50条规定，律师事务所有下列行为之一的，由设区的市级或者直辖市的区人民政府司法行政部门视其情节给予警告、停业整顿1个月以上6个月以下的处罚，可以处10万元以下的罚款；有违法所得的，没收违法所得；情节特别严重的，由省、自治区、直辖市人民政府司法行政部门吊销律师事务所执业证书：

1. 违反规定接受委托、收取费用的。根据律师法的规定，律师在执业活动中不得私自接受委托、收取费用，接受委托人的财物或者其他利益；律师承办业务，应当由律师事务所统一接受委托，与委托人签订书面委托合同，按照国家规定统一收取费用并如实入账。

2. 违反法定程序办理变更名称、负责人、章程、合伙协议、住所、合伙人等重大事项的。《律师法》第21条规定，律师事务所变更名称、负责人、章程、合伙协议的，应当报原审核部门批准。律师事务所变更住所、合伙人的，应当自变更之日起15日内报原审核部门备案。因此，以上事项非经法定程序不得随意变更。

3. 从事法律服务以外的经营活动的。律师事务所设立的目的是为了提供法律服务，其经营内容也应当仅限于法律服务。因此，《律师法》第27条规定，律师事务所不得从事法律服务以外的经营活动。违反者，将受到相应处罚。

4. 以诋毁其他律师事务所、律师或者支付介绍费等不正当手段承揽业务的。不正当手段包括诋毁其他律师事务所、律师或者支付介绍费、佣金、回扣、分成等不正当竞争的手段。律师事务所之间的不正当竞争不仅危害当事人利益，也同时破坏法律服务的市场平衡，最终给律师行业带来极大危害。

5. 违反规定接受有利益冲突的案件的。律师执业中的利益冲突是指委托人的利益与提供法律服务的律师、律师事务所或者与其所代表的其他利益之间存在某种形式的对抗，进而有可能导致委托人的利益受损，或者有可能带来法律服务品质的实质性下降。法律服务过程当中存在利益冲突必将伤及法律服务的职业精神和社会公信力。因此，无论是立法还是职业道德规范均要求律师、律师事务所有义务采取有效措施避免出现利益冲突。通常的做法是，在接受一项委托前有义务进行利益冲突查证，确保律师、律师事务所未向委托人的对立方（或者在利益上有对抗的任何一方）提供过或者正在提供服务；在接受委托后发现存在利益冲突的，律师、律师事务所必须向委托人说明情况并主动辞去委托。在某些情形下，经过委托人的同意（通常要求书面形式），律师、律师事务所可以豁免此项义务，比如：利益冲突并不显著的情形；律师、律师事务所与委托人有利益冲突的前委托人提供的服务已经超过了一定的年限等。

6. 拒绝履行法律援助义务的。法律援助义务是各国律师行业通行的职业义务，我国《律师法》第42条规定，律师、律师事务所应当按照国家规定履行法律援助义务，为受援人提供符合标准的法律服务，维护受援人的合法权益。

7. 向司法行政部门提供虚假材料或者有其他弄虚作假行为的。

8. 对本所律师疏于管理，造成严重后果的。律师事务所对本所律师的管理不仅仅体现为义务，其规章管理制度也是事务所发展的重要动力源泉。只有建立完善的、切合实际、相互协调的事务所管理制度体系，并加以落实，才能提升事务所的管理层次，充分发挥律师的积极性，促进事务所的全面发展。因此，《律师法》规定，对律师事务所因前款违法行为受到处罚的，对其负责人视情节轻重，给予警告或者处2万元以下的罚款。

五、律师事务所承担行政法律责任的方式

律师事务所承担行政法律责任的方式和律师类似，主要包括：警告、罚款、没收违法所得、停业整顿和吊销律师事务所执业证书。在此不再详细介绍。

第三节　律师的民事法律责任

律师事务所作为市场经济下的中介机构，以向社会提供法律服务为其业务，律师事务所统一受案，以律师事务所的名义与委托人签订合同，统一收取费用，指派律师具体履行合同，律师事务所和委托人之间是提供法律服务与支付相应报酬的关系，双方在法律地位上是处于平等的状态，都是平等的民事权利主体，双方之间因委托合同产生的法律关系应当受民法的调整。由于委托合同具体由律师来履行，因此如果律师在履行合同时给委托人造成了损失的，根据民法原理，应当负赔偿责任。我国《律师法》第54条规定，律师违法执业或者因过错给当事人造成损失的，由其所在的律师事务所承担赔偿责任。律师事务所赔偿后，可以向有故意或者重大过失行为的律师追偿。律师和律师事务所不得免除或者限制因违法执业或者因过错给当事人造成损失所应当承担的民事责任。这是我国律师承担民事责任的法律依据，也是进一步健全我国律师民事赔偿制度的基本法律保障。

一、律师民事法律责任的概念和构成要件

律师的民事法律责任，是指律师违法执业或者因过错给当事人造成损失，其所在的律师事务所承担民事责任后，因该律师有故意或者重大过失行为而被律师事务所追偿的一种法律责任。因此，律师承担民事责任应当具备以下条件：

1. 律师在主观上必须有过错。所谓主观上的过错，就是指律师对行为的实施主观上存在故意或者过失。如果对行为和结果的发生，律师既没有主观过错，也没有出现工作上的失误，即使给当事人带来经济损失，律师也不应当承担责任。因此，律师承担赔偿责任，不适用民法通则中的无过错责任、客观归责原则，而适用过错责任原则。在实践中，因律师的过错给委托人造成损害的，除少数是由于律师职业道德品质败坏，故意损害委托人的合法权益外，大多数是由于律师主观上的过失造成的，表现为工作不负责任、粗心大意等，这些过失都是可以避免的。

2. 律师的行为必须是已经给当事人造成了经济损失，行为和损失结果之间具有直接的因果关系。这是构成过错行为承担责任的首要条件，如果律师的行为虽有过错，但是并未在实际上给当事人造成任何经济上的损失，律师就只能受到惩戒，而不应当承担赔偿责任。同样地，如果律师的行为与当事人合法权益受损害之间无因果关系，律师当然也不可能承担任何责任。

3. 律师的行为违法或有过错是承担赔偿责任的两大原则。这种违法行为可能是作为的违法行为，例如与对方当事人恶意串通，泄露当事人的秘密，或者与第三人恶意串通实施危害当事人合法权益的行为；也可能是不作为的违法行为，也就是不履行法定义务或者约定义务的行为。

4. 律师的行为必须是发生在律师的执业过程中。如果律师的行为不是发生在执行职务过程中，那就不是我们所要讨论的律师过错行为，而是非职务的个人行为。因为律师与委托人之间的委托关系表现形式是委托合同，律师执业是根据律师事务所的指派，履行律师事务所与当事人订立的委托或者聘请合同，只有在这个过程中发生的行为才可能是律师过错行为，才可能出现律师民事赔偿问题。而实践中出现的个别律师瞒着律师事务所私自收案收费的行为，导致当事人合法权益受损的情况，就与律师事务所无关，不属于律师职务行为中的责任赔偿范围，只能是公民个人民事侵权赔偿问题。

二、律师承担民事法律责任的范围

在确定律师的赔偿范围时，应当以律师承担民事法律责任的四个要件为准，律师的行为只要符合这四个要件，无论是诉讼事务还是非诉讼事务，都应当承担赔偿责任。具体来看，律师承担民事法律责任的范围包括以下几种情况：

1. 律师已经决定不接受委托，而不及时告知委托人，给委托人造成损失的。许多国家的法律都把该情形作为律师责任赔偿的范围之一。例如日本律师法规定：律师在不承诺事件的委托时，应当迅速将其意旨通知委托人。如果律师没有及时通知委托人的，则要对其损失承担赔偿责任。这样的规定意义在于，律师必须在拒绝委托的情况下，及时将不接受委托的决定及原因告知委托人，以便委托人另行委托他人。

2. 律师对委托授权代理的法律事务无故拖延，导致超过时效，给委托人造成损失的。为了案件的顺利解决，无论诉讼、仲裁都规定了一定的时效，当事人只有在规定时效期间内才能行使法定程序权利，从而使得实体权利有实现的可能。如果在法定时效期间内，当事人没有行使程序上的权利，也就失去了实现实体权利的机会。因此，律师对委托人授权代理的法律事务无故拖延，导致超过时效并给当事人造成损失的，律师应当负赔偿责任。

3. 案件已经决定开庭，律师无故未按照通知日期出庭，给委托人造成损失的。出庭参加诉讼或者仲裁，是律师代理或者辩护的主要环节，对维护当事人的合法权益至关重要，律师不能按时出庭，就不能在案件审理时维护委托人的合法权益，由此而造成的损失，应当由律师来承担民事赔偿责任。

4. 泄露委托人的隐私、秘密和委托人不愿意公开的其他事实，给委托人造成损害的。律师接受委托后，为了根据事实和法律提出有利于委托人的证据和意见，需要了解与案件有关的情况，包括委托人的隐私、秘密和委托人不愿意公开的一些事实。而委托人出于对律师的信赖，愿意告知律师。律师对此应负有保密义务，如果律师泄露当事人的上述信息，违反了律师职业道德和执业纪律，应当受到相关惩戒，同时由此给委托人造成损失的，还应当负民事赔偿责任。

5. 超越委托权限或者在委托关系终止后继续代理，给委托人造成损失的。律师接受委托后，是以被代理人的名义进行活动的，其活动必须在委托人委托权限内进行，代理律师在授权范围内活动而产生的法律后果由被代理人来承担。律师超越代理权进行的活动，事后未能得到委托人的追认，或者代理关系已经终止律师仍然以被代理人的名义进行活动，都是滥用代理权的行为，由此给委托人造成的损失，律师应当负赔偿责任。

6. 与对方当事人恶意串通或者唆使当事人规避法律，导致当事人遭受损失的。律师以向社会提供法律服务为职业，应当具备基本的法律专业素养并加以综合运用。当事人委托律师的目的就在于借助律师的法律知识来维护自己的合法权益。律师接受委托后也有义务为委托人提供正确的法律意见和法律帮助，严格遵守法律，不规避法律也不应唆使当事人规避法律，否则因此给当事人造成损失的，应当负赔偿责任。

7. 丢失委托人证据材料，导致当事人败诉的。无论诉讼或者非诉讼法律事务，其案情的认定都必须以事实为根据，以法律为准绳。这里的事实有别于客观真实，而是有充分证据加以证明的法律意义上的事实。在民事诉讼或者仲裁中，都强调当事人谁主张谁举证，如果律师丢失了当事人掌握的具有决定性证明作用的原始证据，或者在明知证据可能灭失的情况下，没有及时申请证据保全或者主动采取其他保全措施，使得当事人不能对自己的主张进行举证，因此造成当事人败诉的后果，律师对此应当承担民事赔偿责任。

8. 其他不尽职行为。例如在起草合同中遗漏重要条款、审查合同时没有进行必要调查，导致当事人遭受损失的，律师也应负赔偿责任。

三、律师承担民事法律责任的方式和标准

律师在执业过程中，因违法执业或者过错给当事人造成损失的，应当承担赔偿责任。律师赔偿责任可以看做一般合同违约责任，即律师没有提供合格的法律服务而产生的责任。律师承担责任的方式应当是赔偿损失和支付违约金。

关于赔偿数额，从各国立法来看，大多数国家是根据实际造成的损失进行赔偿的。我国律师民事赔偿的标准也应当以弥补当事人的实际损失为限，同时支付违约金。因此，当赔偿的情况发生后，无论当事人有无损失，首先应当退回全部的收费。其次，对造成当事人损失的，根据律师过错大小来确定赔偿的数额，即律师赔偿数额应当与律师的过错给委托人造成的实际损失相一致。因为我国律师责任赔偿实行的是过错责任原则，即根据过错的大小和有无来确定赔偿责任的大小和有无。赔偿责任的分担，除了要分清律师与当事人之间的过错有无和大小之外，在对受害的当事人给予赔偿之后，还应当考虑律师与律师事务所之间责任分担的问题。这是由于我国目前律师收费实行的是由律师事务所统一受案收费，然后指派律师承办的方式，故律师在执业中给当事人造成损失的，受害当事人都是向律师事务所请求赔偿。律师事务所赔偿后，有权要求负有责任的律师承担部分或者全部赔偿费用。我国《律师法》规定，律师因违反执业纪律给当事人造成损失的，由其所在律师事务所实行责任赔偿的，该律师事务所可视损失大小及情节轻重责成该律师承担部分或者全部费用。总之，律师赔偿数额的大小应当与律师过错大小、给当事人造成的损失大小相一致。

四、律师赔偿资金的来源

律师赔偿责任的落实关键要看律师赔偿资金的来源。国外立法一般有两种做法：一是律师向律师协会每年上交一定数额的赔偿基金，以此作为律师赔偿资金，比如英国的规定；二是建立律师责任保险制度，由律师向保险公司投保，一旦律师在执业活动中，由于失误造成当事人损失需要赔偿的，经当事人提出索赔要求，由律师事务所申请保险公司代为赔偿。保险公司查明当事人受到的损失是由律师负赔偿责任之后，即根据投保数额的大小向当事人支付一定的赔偿金。目前在我国，律师赔偿资金的来源没有统一。有的是由律师直接向受损害的委托人支付赔偿金，其资金来源是律师事务所从本所的福利基金中按照专职律师每年业务量的多少发给律师的风险补助金；有的是在律师事务所的业务收入中提取一部分作为赔偿基金；还有的是由律师事务所向保险公司投保律师责任保险。

五、律师执业责任保险

2002 年 3 月，司法部《关于加快建立律师诚信制度的通知》要求各地要在年内强制推行责任赔偿和保险制度，使由于律师违法执业或因过错给当事人造成的损失都能够得到赔偿，以有效保护当事人的合法权益，强化律师行业的社会信用。2002年，许多地方将律师赔偿责任制作为律师业诚信制度的一项重要内容。目前，许多地方律师协会都积极探索律师执业责任保险的实践，与保险公司签署律师执业责任保险协议，以降低律师执业风险。

第四节 律师的刑事法律责任

律师的刑事法律责任，是指律师在执业过程中，利用职务之便实施犯罪行为，依照《刑法》应当承担的法律责任，它是律师三种法律责任中最为严厉的一种。规定律师的刑事法律责任有利于规范律师执业行为，维护委托人的合法权益。世界各国都有关于律师刑事责任的立法。例如英国法律规定，律师可因为藐视法庭或者违抗法院的命令而被监禁；在欧洲大陆国家，律师违反保守职务秘密的强制义务即属于犯罪；在日本，也有关于律师必须保守职务秘密的法律条款。

在我国，《律师法》第 49 条规定了律师可能承担刑事责任的 9 种情形，包括：①违反规定会见法官、检察官、仲裁员以及其他有关工作人员，或者以其他不正当方式影响依法办理案件的；②向法官、检察官、仲裁员以及其他有关工作人员行贿，介绍贿赂或者指使、诱导当事人行贿的；③向司法行政部门提供虚假材料或者有其他弄虚作假行为的；④故意提供虚假证据或者威胁、利诱他人提供虚假证据，妨碍对方当事人合法取得证据的；⑤接受对方当事人财物或者其他利益，与对方当事人或者第三人恶意串通，侵害委托人权益的；⑥扰乱法庭、仲裁庭秩序，干扰诉讼、仲裁活动的正常进行的；⑦煽动、教唆当事人采取扰乱公共秩序、危害公共安全等非法手段解决争议的；⑧发表危害国家安全、恶意诽谤他人、严重扰乱法庭秩序的言论的；⑨泄露国家秘密的。

律师执业中的刑事法律责任具有以下几个特点：首先，其产生于律师的执业过程之中；其次，其实质在于违反了律师执业要求的法律规范；最后，必须依照《刑法》中的具体规定追究律师执业中的刑事法律责任。从实践情形来看，律师可能承担的刑事法律责任主要包括以下几种罪名：

一、泄露国家秘密罪

《刑法》第 398 条规定，国家机关工作人员违反保守国家秘密法的规定，故意或者过失泄露国家秘密，情节严重的，处 3 年以下有期徒刑或者拘役；情节特别严重的，处 3 年以上 7 年以下有期徒刑。非国家机关工作人员犯前款罪的，依照前款的规定酌情处罚。以故意泄露国家秘密罪为例，故意泄露国家秘密罪，是指国家机关工作人员违反国家保密法的规定，故意泄露国家秘密，情节严重的行为。

二、行贿罪

《刑法》第 389 条规定，为谋取不正当利益，给予国家工作人员以财物的，是行贿罪。在经济往来中，违反国家规定，给予国家工作人员以财物，数额较大的，或者违反国家规定，给予国家工作人员以各种名义的回扣、手续费的，以行贿论处。因被勒索给予国家工作人员以财物，没有获得不正当利益的，不是行贿。

三、辩护人、诉讼代理人毁灭证据、伪造证据、妨害作证罪

《刑法》第 306 条规定，在刑事诉讼中，辩护人、诉讼代理人毁灭、伪造证据，帮助当事人毁灭、伪造证据，威胁、引诱证人违背事实改变证言或者作伪证的，处 3 年以下有期徒刑或者拘役；情节严重的，处 3 年以上 7 年以下有期徒刑。辩护人、诉讼代理人提供、出示、引用的证人证言或者其他证据失实，不是有意伪造的，不属于伪造证据。该条罪名针对刑事诉讼中的辩护人、诉讼代理人而设立，在理论界存在较大争议，一度被人称为悬在律师头上的“306 大棒”。辩护人、诉讼代理人毁灭证据、伪造证据、妨害作证罪的主要特征包括：

1. 辩护人、诉讼代理人毁灭证据、伪造证据、妨害作证罪侵犯的客体是公民的人身权利与司法机关的正常活动，是复杂客体。辩护人、诉讼代理人毁灭证据、伪造证据、妨害作证妨碍司法机关的正常活动，是指司法机关的刑事诉讼活动。司法机关的民事诉讼活动、行政诉讼活动不能成为辩护人、诉讼代理人毁灭证据、伪造证据、妨害作证罪的客体要件。《民事诉讼法》第111条规定，诉讼参与人或其他人有下列行为之一……构成犯罪的，依法追究刑事责任。《行政诉讼法》第49条第1款规定，诉讼参与人或者其他人伪造、隐藏、毁灭证据的，或者指使、贿买、胁迫他人作伪证及威胁、阻止证人作证的，人民法院可以根据情节轻重，予以训诫、责令具结悔过或者处1000元以下的罚款、15日以下的拘留；构成犯罪的，依法追究刑事责任。因为刑事诉讼与民事、行政诉讼性质不同，同是妨害证据行为妨碍诉讼所造成的社会危害大小也有不同，故妨碍民事诉讼或行政诉讼活动的，不能直接以辩护人、诉讼代理人毁灭证据、伪造证据、妨害作证罪论处。

2. 辩护人、诉讼代理人毁灭证据、伪造证据、妨害作证罪在客观方面表现为在刑事诉讼中，毁灭、伪造证据，帮助当事人毁灭、伪造证据，威胁、引诱证人违反事实改变证言或者作伪证的行为。所谓证据，指1996年《刑事诉讼法》第42条所称的证据，即证明案件真实情况的一切事实。当事人是指1996年《刑事诉讼法》第82条第2项所称之当事人，即被害人、自诉人、犯罪嫌疑人、被告人、附带民事诉讼的原告人和被告人。在本条中，主要是指犯罪嫌疑人和刑事被告人。所谓毁灭证据，是指湮灭、消灭证据，既包括使现存证据从形态上完全予以消失，如将证据烧毁、撕坏、浸烂、丢弃等，又包括虽保存证据形态但使得其丧失或部分丧失其证明力，如玷污、涂划证据使其无法反映其证明的事实等。所谓伪造证据，是指编造、制造实际上根本不存在的证据或者将现存证据加以篡改、歪曲、加工、整理违背事实真相。其既可以自己单独实施，也可以指使当事人或者与当事人共同实施，但必须是有意实施。倘若不是有意伪造，即使在辩护、代理活动中提供出示、引用了失实的证人证言或者其他证据，也不能构成辩护人、诉讼代理人毁灭证据、伪造证据、妨害作证罪。所谓帮助当事人毁灭、伪造证据，是指为当事人就如何毁灭、伪造证据进行出谋划策，提供物资条件、精神资助等行为。但当事人没有毁灭、伪造的犯意，而由辩护人、诉讼代理人教唆、指使毁灭、伪造证据的，则不能视为帮助行为，对之，应直接以毁灭、伪造证据论。所谓威胁，是指以杀害、伤害、毁坏财产、破坏名誉、揭露隐私等方法要挟、恐吓证人，使其提供虚假证言或改变自己已经提供的真实证言。所谓引诱，是指利用金钱、财物、女色等物质利益或精神利益诱惑、勾引证人提供虚假证言或者违背事实改变证言。所谓违背事实改变证言，是指证人变更、否认已向司法机关提供符合客观情况的实事求是的证言内容。所谓提供伪证，是指向司法机关提供虚假的、不真实的、不符合事实真相的证言，如威胁、引诱知道案件真实情况的人作虚假证明；或者让不知道案件真实情况的人作有利于委托人、被代理人的证言等。辩护人、诉讼代理人的上述行为还必须发生在刑事诉讼中才能构成辩护人、诉讼代理人毁灭证据、伪造证据、妨害作证罪。如果不是发生在其中，而是在刑事诉讼前或后，则即使有上述行为也不能以辩护人、诉讼代理人毁灭证据、伪造证据、妨害作证罪论处。所谓在刑事诉讼中，是指在刑事诉讼的整体过程中，包括立案、侦查、起诉、审判（含一审、二审）、再审以及执行等各个阶段。

3. 辩护人、诉讼代理人毁灭证据、伪造证据、妨害作证罪的主体只能是刑事案件中的辩护人和诉讼代理人。其他刑事诉讼参与人，以及刑事案件的侦查人员、检察人员、审判人员，不能成为辩护人、诉讼代理人毁灭证据、伪造证据、妨害作证罪的主体。所谓辩护人，是指接受犯罪嫌疑人、被告人的委托依法为其行使辩护权的人，即律师，人民团体或者犯罪嫌疑人、被告人所在单位推荐的人，犯罪嫌疑人、被告人的监护人、亲友。所谓诉讼代理人，是指公诉案件的被告人及其法定代理人或者近亲属，自诉案件的自诉人及其法定代理人委托代为参加诉讼的人和附带民事诉讼的当事人及其法定代理人委托代为参加诉讼的人。

4. 辩护人、诉讼代理人毁灭证据、伪造证据、妨害作证罪在主观方面是直接故意。行为人的犯罪动机可能是袒护亲友、挟私报复、贪利图财等，但是不同的动机不影响辩护人、诉讼代理人毁灭证据、伪造证据、妨害作证罪的成立。

律师犯辩护人、诉讼代理人毁灭证据、伪造证据、妨害作证罪的，处 3 年以下有期徒刑或者拘役；情节严重的，处 3 年以上 7 年以下有期徒刑。

四、妨害作证罪

《刑法》第 307 条第 1 款规定，以暴力、威胁、贿买等方法阻止证人作证或者指使他人作伪证的，处 3 年以下有期徒刑或者拘役；情节严重的，处 3 年以上 7 年以下有期徒刑。律师在执业实践中也可以构成妨害作证罪，妨害作证罪的主要特征有：

1. 妨害作证罪侵犯的客体是国家司法机关的正常诉讼活动和公民依法作证的权利。采用暴力或威胁手段妨害证人作证的，还侵害了公民的人身权利，是复杂客体。证人证言是最普遍使用的证据，对司法机关及时查明案件事实、正确适用法律有着非同一般的意义和作用。依法作证是证人的一项法定义务。既然法律规定证人有作证的义务，那么就应该依法规定证人相应的权利，其中之一便是证人应该享有能够顺利及时依法作证的环境和条件，也即证人作证享有不受外界非法干扰的权利，享受人身不受侵犯的权利和依法自由作证的权利。

关于妨害作证行为的社会危害性，我国立法机关也有所认识，也认为对于妨害作证行为，构成犯罪的，应该依法追究刑事责任。例如，我国《民事诉讼法》第 111 条规定："诉讼参与人或者其他人有下列行为之一……构成犯罪的，依法追究刑事责任……"该条第 2 项所列的行为之一便是"以暴力、威胁、贿买方法阻止证人作证或者指使、贿买、胁迫他人作伪证的"。我国《行政诉讼法》第 49 条也作了相同的规定。可见，根据目前我国法律的规定，妨害证人作证的行为，只要达到相当的社会危害性，就构成犯罪，就应该追究刑事责任，为了便于司法实践准确适用刑事法律，及时有效地打击犯罪行为，《刑法》增设了妨害作证罪。

2. 妨害作证罪在客观方面表现为行为人实施了采用暴力、威胁、贿买等方法阻止证人依法作证或者指使他人作伪证的妨害作证行为。行为人非法劝止、阻止证人依法作证，具体可采用暴力方式如绑架等方法使证人人身自由受到严重限制甚至丧失自由而无法作证；或者以暴力作后盾对证人进行威胁使证人不敢作证；或者采用金钱、财物或其他利益，或许诺钱财或其他利益使证人不愿作证；或者采用引诱、唆使、劝说来说服证人不要作证；还有利用职务等身份迫使从属部下不要作证，等等。无论采用何种方式，只要主观上具有故意，客观上实施了妨害证人依法作证的行为，妨害了司法机关的正常的诉讼活动，就构成妨害作证罪。证人是否被劝止或被阻止而没有作证，或者证人是否接受贿买的金钱、财物，对行为人构成犯罪没有影响。

行为人实施希望他人作伪证的行为。行为人具体可用胁迫的手段来实施，可以采用贿买的办法，也可以采用唆使、引诱的方法，还可以采用其他手段如利用职务迫使下属作伪证等。不管采用何种办法、手段，其实质都是一样的，即都是行为人希望他人作伪证，在客观上侵害了司法机关的诉讼活动，因此都是妨害作证的行为，行为人依法构成犯罪。在刑事案件侦查或审判过程中，辩护人、诉讼代理人以各种手段致使证人作伪证这种方式来妨害作证，如果构成犯罪的，应以辩护人、诉讼代理人妨害作证罪论处。

妨害作证罪是举动犯，只要实施了妨害作证的行为，均构成犯罪，情节严重是妨害作证罪的加重情节。所谓情节严重，主要是指行为人实施的妨害作证行为严重侵害了司法机关正常的诉讼活动，甚至使之无法进行；或者采取的手段极其恶劣；或者产生严重的后果，如造成冤、假、错案；或者行为人经批评教育后，仍继续实施妨害行为，等等。对于那些妨害作证行为情节显著轻微，危害不大，不能认定构成妨害作证罪。

3. 妨害作证罪的主体为一般主体，凡是年满 16 周岁、具有刑事责任能力的自然人都可以成为妨害作证罪的主体。根据规定，律师犯妨害作证罪的，从重处罚。

4. 妨害作证罪在主观方面表现为故意，且为直接故意，即行为人明知自己妨害证人作证的行为会妨害国家司法机关正常的诉讼活动和他人的作证权利或人身权利，仍决意实施妨害作证行为，希望这种社会危害的发生。

妨害作证罪可以发生在刑事诉讼活动中，也可以发生在民事诉讼或行政诉讼中，范围较广。但是如果行为人在刑事侦查或审判过程中，采用强迫、威胁、唆使或贿买等方法使证人作伪证，而且证人构成伪证罪的，行为人构成伪证罪的共同犯罪；证人没有构成伪证罪，行为人如果是辩护人、诉讼代理人则构成辩护人、诉讼代理人妨害作证罪。如果证人是不具备刑事责任能力的人，则行为人单独构成伪证罪或辩护人、诉讼代理人妨害作证罪。

犯妨害作证罪的，处 3 年以下有期徒刑或者拘役；情节严重的，处 3 年以上 7 年以下有期徒刑。

第五节　律师执业处分

世界各国都对律师违反法律、法规、职业道德、执业纪律的行为规定了专门的惩戒制度。其目的在于：①对违反法律、法规、职业道德、执业纪律的律师予以惩戒；②通过惩戒，对广大的律师和律师事务所起到教育作用；③通过惩戒，维护律师的良好形象。

一、境外律师惩戒制度简述

世界各国对律师惩戒的种类不尽相同，一般都包括警告、一定期限的停止执业、罚款、取消律师资格。此外，还有暂停执业、训诫（又称谴责）、留用察看、命令退会或从律师协会的名录中除名、责令支付惩戒程序所需要的费用、责令退还所获酬金、放弃应该获得的报酬等。

1. 警告。是世界各国对律师惩戒普遍采用的最轻的处罚方式。

2. 训诫。分公开和不公开两种，公开训诫是公开宣告律师的行为不当的惩戒方式，不公开训诫则是不公开宣告律师行为不当的惩戒方式，该处罚并不限制律师的执业。

3. 暂停执业。即在一定期间内被惩戒律师不允许执业的惩戒方式。

4. 临时即停执业，是一种临时性地停止律师执业的措施。包括对被宣判犯有"严重犯罪"的律师适用的临时即停执业和律师继续实施某种行为，或是某种行为有可能马上引起对当事人或公众危害的情况下适用的临时即停执业。该措施不是最后的处罚，而是在对律师最后的惩戒决定尚未确定的情况下对有"严重犯罪"行为的律师或律师继续实施某种行为，马上引起或有可能引起对当事人、对公众的危害的情况，采取的一种有效的临时性处置措施。

5. 罚款。有的国家对较严重的违反律师职业道德和执业纪律的律师，可以单处罚款，或与其他处罚并用。

6. 留用察看。是美国实行的一种允许律师在特定的情况下执业的处罚，可以单独适用，也可以与训诫合并适用，或在暂停执业后随即适用。该处罚是在律师的执业权需要监控或限制而不予以暂停或取消的情况下而适用的一种措施。取消资格或暂停执业的律师，在特定的条件下，可以予以留用察看。

7. 取消律师资格。是各国律师惩戒种类中最严厉的一种。取消律师资格后，能否再申请律师执业，各国的规定不尽一致。在美国，大多数州对于取消律师资格的人员，允许在一段时间以后再重新申请取得从业资格。但一般都规定了一些条件，主要是：取消资格生效之日起 5 年内不应考虑接受其申请，申请者应用充分确实而清楚的证据表明其已成功地通过了律师资格考试，遵从了所有适用的惩戒处罚或认定丧失能力的法令、裁定，已经改正并适合从业。

8. 命令退会或从律师协会中除名。这一处罚，在实行非自愿性加入律师协会的国家，命令退会或从律师协会除名可能意味着不能执业，而在另一些国家，如挪威，被律师协会除名者，只要司法部不剥夺其律师资格，就仍可以继续执行律师业务。

二、我国律师执业处分

我国《律师法》明确规定，律师协会对律师、律师事务所实施奖励和惩戒。受理对律师的投诉或者举报，调解律师执业活动中发生的纠纷，受理律师的申诉。

2006 年全国律协颁布的《关于加强律师行业自律的意见》健全了律师惩戒体系，起到了及时预防和纠正律师的违法违规执业行为的作用。2013 年《全国律协关于进一步加强和改进律师行业惩戒工作的意见》要求，各地律师协会一定要从全面推进依法治国、从律师事业发展大局出发，进一步提高思想认识，加强和改进律师行业惩戒工作，完善律师行业惩戒工作机制，着力完善投诉的受理、立案、调查、听证、处分等工作程序，建立投诉督办制度、惩戒通报制度、统计报告制度，依法依规严肃查处违规违纪行为。要综合施策，坚持惩戒工作与奖励、维权、考核、预警、社会监督工作相结合，不断提高律师行业惩戒工作水平。要切实加强律师行业惩戒工作的监督指导，认真研究解决当前律师行业惩戒工作中存在的突出问题。要加强组织领导和工作指导，努力提高行业自律管理水平，进一步树立律师行业依法、诚信、规范的良好形象。

《律师协会会员违规行为处分规则（试行）》（1999 年 12 月 18 日第四届全国律协第五次常务理事会通过，2004 年 3 月 20 日第五届全国律协第九次常务理事会修订）具体规定了律师执业处分的有关事项。

（一）律师协会对会员违规行为作出的行业处分种类

1. 训诫；

2. 通报批评；

3. 公开谴责；

4. 取消会员资格。

（二）应予处分的情况

1. 个人会员有下列行为之一的，由省、自治区、直辖市及设区的市的律师协会给予训诫、通报批评、公开谴责：

（1）同时在两个以上律师事务所执业的或同时在律师事务所和其他法律服务机构执业的；

（2）在同一案件中为双方当事人代理的，或在同一案件中同时为委托人及与委托人有利益冲突的第三人代理、辩护的；

（3）在两个或两个以上有利害关系的案件中，分别为有利益冲突的当事人代理、辩护的；

（4）担任法律顾问期间，为顾问单位的对方当事人或者有利益冲突的当事人代理、辩护的；

（5）不按规定与委托人签订书面委托合同的；

（6）接受委托后，无正当理由，不向委托人提供约定的法律服务的，拒绝辩护或者代理的，包括：不及时调查了解案情，不及时收集、申请保全证据材料，或者无故延误参与诉讼、申请执行，逾期行使撤销权、异议权等权利，或者逾期申请办理批准、登记、变更、披露、备案、公告等手续，给委托人造成损失的；

（7）无正当理由，不按时出庭参加诉讼或者仲裁的；

（8）泄漏当事人的商业秘密或者个人隐私的；

（9）私自接受委托，私自向委托人收取费用，或者收取规定、约定之外的费用或者财物的；违反律师服务收费管理规定或者收费协议约定，擅自提高收费的；

（10）超越委托权限，从事代理活动的；

（11）利用提供法律服务的便利牟取当事人利益；接受委托后，故意损害委托人利益的，或者与对方当事人、第三人恶意串通侵害委托人利益的；妨碍对方当事人合法取得证据的；

（12）为争揽业务，向委托人作虚假承诺，或者宣称与承办案件的法官、检察官、仲裁员有特殊关系的；

（13）利用媒体、广告或者其他方式进行不真实或者不适当宣传的；

（14）捏造、散布虚假事实，损害、诋毁其他律师、律师事务所声誉的；以诋毁其他律师或者支付介绍费等不正当手段争揽业务的；

（15）利用与司法机关、行政机关或者其他具有社会管理职能组织的关系，进行不正当竞争的；

（16）明示或者暗示法官、检察官、仲裁员为其介绍代理、辩护、仲裁等法律服务业务的；

（17）为阻挠当事人解除委托关系，威胁、恐吓当事人或者扣留当事人提供的材料的；

（18）假借法官、检察官、仲裁员的名义或者以联络、酬谢法官、检察官、仲裁员为由，向当事人索取财物或者其他利益的；

（19）执业期间以非律师身份从事有偿法律服务的；

（20）承办案件期间，为了不正当目的，在非工作期间、非工作场所，会见承办法官、检察官、仲裁员或者其他有关工作人员，或者违反规定单方面会见法官、检察官、仲裁员的；

（21）在事前或事后为承办案件的法官、检察官、仲裁员牟取物质的或非物质的利益的。为了承揽案件事前或事后给予有关人员物质的或非物质利益的；

（22）曾任法官、检察官的律师，离任后未满2年，以律师身份担任诉讼代理人或者辩护人的，或者担任其任职期间承办案件的代理人或者辩护人的；

（23）违反规定，携带非律师人员会见在押的犯罪嫌疑人、被告人或者在押犯，或者在会见中违反有关管理规定的；

（24）因过错导致出具的法律意见书存在重大遗漏或者错误，给当事人或者第三人造成重大损失的，或者对社会公共利益造成危害的；

（25）向司法行政机关或者律师协会提供虚假材料、隐瞒重要事实或者有其他弄虚作假行为的；

（26）在受到停止执业处罚期间，或者在律师事务所被停业整顿、注销后继续执业的；

（27）因违纪行为受到行业处分后在规定的期限内拒不改正的；

（28）有其他违法或者有悖律师职业道德、公民道德规范的行为，严重损害律师职业形象的；

（29）其他应受处分的违规行为。

2. 个人会员有下列行为之一的，由省、自治区、直辖市律师协会取消会员资格，同时报请同级司法行政机关吊销其律师执业证书：

（1）泄漏国家秘密的；

（2）向法官、检察官、仲裁员以及其他有关工作人员行贿或者指使、诱导当事人行贿的；

（3）提供虚假证据，隐瞒重要事实，或者威胁、利诱、唆使他人提供虚假证据，隐瞒重要事实的。

3. 团体会员有下列行为之一的，由省、自治区、直辖市及设区的市律师协会给予训诫、通报批评、公开谴责：

（1）使用未经核定的律师事务所名称从事活动，或者擅自改变、出借律师事务所名称的；

（2）变更名称、章程、负责人、合伙人、住所、合伙人协议等事项，未在规定的时间内办理变更登记的；

（3）采取不正当手段阻挠合伙人、合作人、律师退所的；

（4）将不符合规定条件的人员发展为合伙人、合作人或者推选为律师事务所负责人的；

（5）不按规定统一接受委托、签订书面委托合同和收费合同，统一收取委托人支付的各项费用的，或者不按规定统一保管、使用律师服务专用文书、财务票据、业务档案的；

（6）不向委托人开具律师服务收费合法票据，或者不向委托人提交办案费用开支有效凭证的；

（7）违反律师服务收费管理规定或者收费合同约定，擅自扩大收费范围，提高收费标准，或者索取规定、约定之外的费用的；

（8）未经批准，擅自在住所以外的地方设立办公点、接待室，或者擅自设立分支机构的；

（9）聘用律师或者其他工作人员，不按规定与应聘者签订聘用合同，不为其办理社会统筹保险的；

（10）恶意逃避律师事务所及其分支机构债务的；

（11）利用媒体、广告或者其他方式进行不真实或者不适当的宣传的；

（12）采用支付介绍费、给回扣、许诺利益等不正当方式争揽业务的；

（13）利用与司法机关、行政机关或其他具有社会管理职能组织的关系，进行不正当竞争的；

（14）捏造、散布虚假事实，损害、诋毁其他律师事务所和律师声誉的；

（15）在同一案件中，委派本所律师为双方当事人或者有利益冲突的当事人代理、辩护的，但本县（市）内只有一家律师事务所，并经双方当事人同意的除外；

（16）泄漏当事人的商业秘密或者个人隐私的；

（17）向司法行政机关、律师协会提供虚假证明材料、隐瞒重要事实或者有其他弄虚作假行为的；

（18）允许或者默许受到停止执业处罚的本所律师继续执业的；

（19）采用出具或者提供律师事务所介绍信、律师服务专用文书、收费票据等方式，为尚未取得律师执业证书的人员或者其他律师事务所的律师违法执业提供便利的；

（20）为未取得律师执业证的人员印制律师名片、标志或者出具其他有关律师身份证明，或者已知本所人员有上述行为而不制止的；

（21）允许或者默许本所律师为承办案件的法官、检察官、仲裁员牟取物质的或非物质的利益的；允许或者默许给予有关人员物质的或非物质利益的；

（22）不依法纳税的；

（23）应当给予处分的其他行为。

4. 团体会员有下列行为之一的，由省、自治区、直辖市律师协会取消会员资格，同时报请同级司法行政机关吊销其律师事务所执业证书：

（1）受到停业整顿处罚后拒不改正，或者在停业整顿期间继续执业的；

（2）向法官、检察官、仲裁员或者其他有关工作人员行贿的；

（3）受到刑事处罚的；

（4）从事其他违法活动，严重损害律师职业形象的。

（三）处分适用的原则

律师协会实施行业处分时，应遵循客观、公正、公开的原则，以事实为根据，以法律为准绳，严格执行律师协会的有关规定，坚持教育与处分相结合。

（四）处分的实施机构

中华全国律师协会设立纪律委员会，负责律师行业处分相关规则的制定及对各级律师协会处分工作的指导与监督。

各省、自治区、直辖市律师协会及设区的市律师协会设立惩戒委员会，负责对违规会员进行处分。惩戒委员会日常工作机构设在律师协会秘书处，职责是：①接待投诉或接受有关部门移送的投诉，办理受理手续；②制作惩戒委员会评审记录，制作、送达惩戒委员会决定书及有关文书；③与行业处分工作有关的其他事项。

（五）处分的程序

1. 受理和立案调查。投诉人可以采用信函、电话、传真和直接来访等方式进行投诉，也可以委托他人代为投诉。惩戒委员会日常工作机构接待时有权要求投诉人提供具体的事实和相关证据材料。

惩戒委员会应在接到投诉案件后的 7 个工作日内对案件作出是否立案的决定。惩戒委员会认为应当立案的，应于 10 个工作日内（偏远地区可适当延长）向被投诉会员发出通知，要求被投诉会员到律师协会说明情况，回答质询，并提供书面答辩。

惩戒委员会必须全面、客观、公正的审查有关证据。惩戒委员会对于不予立案的投诉应在 10 个工作日内向投诉人答复并说明理由，但匿名投诉的除外。

需由司法行政机关或其他律师协会处理的投诉案件，应予移送，并告知投诉人。投诉的案件涉及违反《律师法》、《律师和律师事务所违法行为处罚办法》可能构成刑事犯罪的，或有重大社会影响的，惩戒委员会应及时报告同级司法行政部门和上一级律师协会。

2. 处分决定。调查终结，惩戒委员会应当根据不同情况，分别作出如下决定：①确认会员有违规违纪行为，依据本规则给予相应处分；②撤销案件或不予处分；③建议司法行政机关给予行政处罚。惩戒委员会在作出决定前，应通知被投诉会员本人到会陈述、申辩。被投诉会员不到会的视为放弃；放弃陈述或申辩权利的，不影响作出决定。

惩戒委员会在作出决定前，应当告知被投诉会员有要求听证的权利。被投诉会员要求听证的，应当在惩戒委员会告知后的 7 个工作日内提出听证要求，惩戒委员会应当组织听证。

决定书经惩戒委员会主任审核后，由律师协会会长签发。决定书应当在签发后的 15 个工作日内送达被投诉会员，同时将决定书及证据材料副本报上级律师协会备案。

发生法律效力的处分由直接管理被处分会员的律师协会执行。

3. 复查。各省、自治区、直辖市律师协会应设立会员处分复查机构，负责受理复查申请和作出复查决定。

会员对惩戒委员会作出的决定不服的，可在接到决定书的 30 个工作日内向律师协会复查机构申请复查。复查机构自收到申请复查书之日起 15 个工作日内应作如下处理：①对符合申请复查条件的，复查机构应当作出受理决定，并通知申请人；②下列情况不予复查：不符合申请人主体资格；申请复查已超过规定期限；申请复查的事项不属于原决定书的范围；申请复查的事实和理由不充分。

复查机构应当自受理申请复查书之日起 10 个工作日内将申请复查书的副本送达作出原决定的惩戒委员会。作出原决定的惩戒委员会自收到申请复查书副本之日起

10 个工作日内，应向复查机构提交作出原决定的有关法律和事实依据，提交答辩书，逾期不作答辩的，不影响复查。

复查机构在对被申请复查的原决定所依据的事实、证据、行业规范等进行审查的基础上，于 15 个工作日内作出复查决定：

（1）维持原决定。复查机构认为原决定事实认定清楚，适用依据正确，责任划分适当，程序合法的，应当作出维持原决定的复查决定；

（2）补正原决定。复查机构认为原决定在程序上存在不足，应当作出补正原决定的复查决定，要求作出原决定的惩戒委员会进行补正；

（3）原惩戒委员会重新作出决定。复查机构认为原决定具有明显不当的，应当作出原惩戒委员会重新作出决定的复查决定。

复查机构作出的维持原决定的复查决定为最终决定。

■思考题

1. 简述吊销执业证书的事由。
2. 简述行政处罚的种类及处罚机关。
3. 简述律师责任赔偿制度的法律规定及意义。
4. 简述净化法律服务市场与律师垄断的关系。
5. 简述律师执业处分及救济。

■参考书目

1. 姜世明：《律师民事责任论》，台湾元照出版公司 2004 年版。
2. ［美］詹姆斯·E. 莫利泰尔诺：《律师职业责任》，中信出版社 2003 年版。
3. ［美］内森·M. 克里斯特尔：《律师职业责任概论》，中信出版社 2003 年版。
4. 王丽：《律师刑事责任比较研究》，法律出版社 2002 年版。

第十章　刑事诉讼中的律师辩护与代理

■ 学习目的和要求

　　通过本章学习，重点掌握辩护制度的内容，明确辩护律师的诉讼地位、诉讼权利和法律责任，理解律师辩护的性质和意义，了解律师参与刑事辩护的规范。

■ 重点及难点

　　律师办理刑事案件的规范与技巧。

第一节　辩护制度及律师辩护

一、辩护制度及律师辩护的历史发展

　　刑事辩护是律师业务中开展最早、最广泛的一项，被认为是律师业务的精髓。公元前5世纪～公元前4世纪的古希腊雅典"雄辩家"的活动表明了刑事辩护的出现。此后，随着社会经济、政治、法律条件的变化，律师辩护制度经历了一场"兴起—衰落—发展"的曲折历程。在欧洲封建制时期，辩护制度虽然得以保留，但是担任辩护人的只能是僧侣，并且他们只参与教会迫害异端和反抗封建统治的少数案件。后来，僧侣被禁止在世俗法院担任辩护人，代之以受过封建法律教育的律师，但律师权限受到很大限制，律师辩护制度未能得到发展。十七八世纪，资产阶级启蒙思想家无情地抨击了野蛮落后的封建司法制度，提出"天赋人权"、"主权在民"、"平等、自由、博爱"等新思想，主张实行公开的、辩论的诉讼程序，并提出被告人应享有辩护权等一系列民主原则。资产阶级革命成功后，资本主义各国都以法律的形式确认了辩护制度和辩论原则。律师辩护制度成为资产阶级司法制度中不可缺少的组成部分，刑事辩护成为资产阶级律师的一项重要业务。在刑事诉讼中，辩护律师起着重要的作用，尤其在实行当事人主义的英美法系国家的刑事诉讼程序中，辩护律师十分活跃，律师的辩论对判决影响极大。

二、我国的辩护制度及律师辩护

　　辩护制度是我国司法制度的一项重要内容，我党历来注意尊重和保护人民的各项权利，在革命战争时期就曾根据具体情况实行过辩护。1954年《宪法》第76条规

定："……被告人有权获得辩护。"把被告人的辩护权利作为宪法原则予以确定，在确定辩护制度的基础上，建立起律师辩护制度。

（一）我国的辩护制度

1. 法律规定。我国《宪法》第 125 条规定："……被告人有权获得辩护。"《刑事诉讼法》第 11 条规定："……被告人有权获得辩护，人民法院有义务保证被告人获得辩护。"该法第 32 条第 1 款还规定犯罪嫌疑人、被告人除自己行使辩护权以外，还可以委托律师，人民团体或者犯罪嫌疑人、被告人所在单位推荐的人，犯罪嫌疑人、被告人的监护人、亲友 1~2 人作为辩护人。此外，《刑事诉讼法》还对被告人、犯罪嫌疑人辩护权的享有、行使，以及辩护人何时介入诉讼、辩护人的职责、辩护人的权利义务等作了详尽规定。

2. 辩护制度的内容。根据《刑事诉讼法》第 11 条的规定："……被告人有权获得辩护，人民法院有义务保证被告人获得辩护。"我国的辩护制度包括两个方面的内容：①从被告人、犯罪嫌疑人的角度规定被告人、犯罪嫌疑人享有的辩护权及其行使的方式；②从司法机关的角度规定为保障被告人辩护权的实现，司法机关负有的义务。这两方面的内容互相联系、互相依存，共同构成辩护制度的完整内容。

辩护权是辩护制度的中心内容，它是法律规定的，被告人、犯罪嫌疑人为进行辩护活动享有的各项诉讼权利的总称。辩护权行使的方式一般有：自行辩护、委托辩护和指定辩护。自行辩护是辩护权行使的最原始、最直接、最普遍的方式。委托辩护是指由犯罪嫌疑人、被告人或者其法定代理人与可以充任辩护人的律师签订委托协议，使其作为犯罪嫌疑人、被告人的辩护人参加诉讼，根据事实和法律，提出证明犯罪嫌疑人、被告人无罪、罪轻或者减轻、免除其刑事责任的材料和意见，维护被告人的合法权益。委托辩护是辩护权行使的方式之一，被告人有权自行决定是否委托他人辩护，若被告人是未成年人或生理上、精神上有缺陷不能正常进行诉讼活动的人，其法定代理人有权独立决定是否委托辩护人。能够担任辩护人的人有：①律师；②人民团体或者犯罪嫌疑人、被告人所在单位推荐的人；③犯罪嫌疑人、被告人的监护人、亲友。《刑事诉讼法》同时规定，正在被执行刑罚或者依法被剥夺、限制人身自由的人，不得担任辩护人。指定辩护是指人民法院对某些应有辩护人参加的案件，在被告人没有委托辩护人的情况下，为被告人指定承担法律援助义务的律师担任辩护人。

（二）我国的律师辩护

1. 法律规定。《刑事诉讼法》规定律师可以担任刑事辩护人，犯罪嫌疑人自被侦查机关第一次讯问或者采取强制措施之日起，有权委托辩护人；在侦查期间，只能委托律师作为辩护人。被告人有权随时委托辩护人。同时还规定辩护律师在侦查期间可以为犯罪嫌疑人提供法律帮助；代理申诉、控告；申请变更强制措施；向侦查机关了解犯罪嫌疑人涉嫌的罪名和案件有关情况，提出意见。辩护律师可以同在押的犯罪嫌疑人、被告人会见和通信。自案件移送审查起诉之日起，可以向犯罪嫌疑人、被告人核实有关证据。辩护律师会见犯罪嫌疑人、被告人时不被监听。辩护律师自人民检察院对案件审查起诉之日起，可以查阅、摘抄、复制本案的案卷材料。其他辩护人经人民法院、人民检察院许可，也可以查阅、摘抄、复制上述材料。辩护人认为在侦查、审查起诉期间公安机关、人民检察院收集的证明犯罪嫌疑人、被告人无罪或者罪轻的证据材料未提交的，有权申请人民检察院、人民法院调取。辩护律师经证人或者其他有关单位和个人同意，可以向他们收集与本案有关的材料，也可以申请人民检察院、人民法院收集、调取证据，或者申请人民法院通知证人出庭作证。辩护律师经人民检察院或者人民法院许可，并且经被害人或者其近亲属、被害人提供的证人同意，可以向他们收集与本案有关的材料。辩护人或者其他任何人，不得帮助犯罪嫌疑人、被告人隐匿、毁灭、伪造证据或者串供，不得威胁、引诱证人作伪证以及进行其他干扰司法机关诉讼活动的行为。违反前款规定的，应当依法追究法律责任，辩护人涉嫌犯罪的，应当由办理辩护人所承办案件的侦查机关以外的侦查机关办理。辩护人是律师的，应当及时通知其所在的律师事务所或者所属的律师协会。辩护律师对在执业活动中知悉的委托人的有关情况和信息，有权予以保密。但是，辩护律师在执业活动中知悉委托人或者其他人，准备或者正在实施危害国家安全、公共安全以及严重危害他人人身安全的犯罪的，应当及时告知司法机关。辩护人、诉讼代理人认为公安机关、人民检察院、人民法院及其工作人员阻碍其依法行使诉讼权利的，有权向同级或者上一级人民检察院申诉或者控告。人民检察院对申诉或者控告应当及时进行审查，情况属实的，通知有关机关予以纠正。

《律师法》规定接受刑事案件被告人的委托或人民法院的指定担任辩护人是律师的业务之一，以及律师担任刑事辩护人的职责。在 2012 年《刑事诉讼法》修正后，为配合《刑事诉讼法》的实施，2012 年 11 月，最高人民法院制定并发布了《最高人民法院关于适用〈中华人民共和国刑事诉讼法〉的解释》，其中也规定了有关辩护律师参与刑事诉讼的内容。

2. 律师辩护的优越性。

（1）律师出庭为被告人辩护，是依法执行职务，是正当的业务活动，受国家法律保护。辩护律师能够在法律允许的范围内，通过一切合法的途径，最大限度地维护被告人的合法权益，充分发挥辩护的作用。

（2）律师是具有律师资格、取得律师执业证书、向社会提供法律服务的专业人员，具有较丰富的法学专门知识和办案经验，能够较全面地分析案情，对事实是否清楚、证据是否充分以及罪与非罪、此罪与彼罪、情节轻重、罪责的大小等有关定性量刑的问题作出准确判断，并且在辩护中能够抓住问题的实质，把握辩护的方向，根据案件的具体情况采取相应的辩护方法和技巧。遇有重大、复杂、疑难的案件，承办律师还可以提交律师事务所集体讨论，一般案件也可以随时与其他律师交流看法，做到集思广益，取长补短，避免错辩、漏辩，保证办案质量。

（3）法律赋予辩护律师较一般辩护人更为广泛的诉讼权利。辩护律师有权阅卷，有权同在押的犯罪嫌疑人、被告人会见和通信，有权通过调查访问收集有利于犯罪嫌疑人、被告人的证据材料，并提交法庭，要求法院附卷。从而能够全面了解案件事实，提出论点正确、论证充分、令人信服的辩护意见，维护犯罪嫌疑人、被告人的合法权益。同时律师执行辩护职能，旨在维护国家法律的正确实施，从而能够正确处理好犯罪嫌疑人、被告人利益同国家利益、人民利益的关系，避免了其他辩护人可能产生的片面性和偏激的辩护观点。

3. 律师辩护的作用。律师辩护对于刑事辩护制度的正确实施，切实维护被告人的合法权益，保障刑事诉讼的顺利进行，起着重要作用。具体体现在：

（1）律师辩护有助于法律的正确实施。准确、及时地惩罚犯罪分子和保障无罪的人不受刑事追究，是刑事诉讼法任务的两个方面。罪刑相适应则是我国刑法的一项重要原则。辩护律师依据事实和法律，提出被告人无罪、罪轻、减轻或免除刑事责任的材料和意见，使人民法院能够听取公诉人和辩护律师两方面的意见，全面了解案件情况，作出正确的判决，使无罪的人不受刑事追究，有罪的人罚当其罪，从而维护法律的正确实施。

（2）律师辩护有利于促使犯罪嫌疑人、被告人认罪服法。宣传法律知识，提高全民法律意识是律师的任务之一，律师在辩护活动中也要针对被告人的不同心态，有的放矢地进行法制宣传。一般来说，犯罪嫌疑人、被告人对于自己委托的律师比较依赖，能够对律师讲出自己的真实想法，也容易接受律师的意见和规劝。

4. 辩护律师的诉讼地位。在我国，律师接受犯罪嫌疑人、被告人的委托或人民法院指定，作为辩护人参加刑事诉讼，在诉讼地位上，具有双重的性质，即独立性和对被告人一定的依附性。独立性表现为：在诉讼中，辩护律师依法执行职务，依据事实和法律，独立提出自己的辩护意见，不受其他机关、团体和个人的非法干涉，也不为犯罪嫌疑人、被告人的意见所左右，犯罪嫌疑人、被告人隐瞒事实的，辩护律师有权拒绝辩护，辩护律师既不是犯罪嫌疑人、被告人的"代言人"，也不是司法机关的陪衬；对犯罪嫌疑人、被告人一定的依附性表现在：①律师参加刑事诉讼，履行辩护职责，是基于犯罪嫌疑人、被告人的委托，即使是人民法院为被告人指定的辩护律师，其参与刑事诉讼，一般应由法院征得被告人同意，如果被告人拒绝指定的律师为其辩护，并且确有理由的，人民法院应指定其他律师为他辩护。律师在辩护活动中不能做不利于犯罪嫌疑人、被告人合法权益的事，否则就是失职。②犯罪嫌疑人、被告人认为辩护律师工作不得力，不能维护其合法权益的，有权拒绝律师继续为他辩护。如果律师不能参加诉讼，也就毫无独立性可言。③上诉权是被告人的一项专属权，律师只能帮助被告人行使上诉权，而无权独立上诉。律师的整个辩护活动就是帮助犯罪嫌疑人、被告人行使辩护权，从而决定了辩护律师对犯罪嫌疑人、被告人一定的依赖性。

5. 辩护律师的职责。《律师法》明确规定，律师担任刑事辩护人的，应当根据事实和法律，提出证明犯罪嫌疑人、被告人无罪、罪轻或者减轻、免除其刑事责任的材料和意见，维护犯罪嫌疑人、被告人的合法权益。

第二节　律师介入刑事诉讼的基本规范

一、接受犯罪嫌疑人、被告人及其法定代理人的委托或人民法院的指定，担任辩护人

接受委托或人民法院的指定是律师履行辩护职能的基础。律师事务所可以接受犯罪嫌疑人、被告人，或者他们的法定代理人、近亲属或者犯罪嫌疑人、被告人委托的人的委托，或者接受人民法院的指定，指派律师为犯罪嫌疑人或被告人提供法律帮助或担任辩护人；可以接受被害人及其法定代理人或者近亲属、附带民事诉讼的当事人及其法定代理人、自诉案件的自诉人及其法定代理人的委托，指派律师担任诉讼代理人；可以接受申诉案件当事人及其法定代理人、近亲属的委托，指派律师担任申诉案件的代理人；可以接受被不起诉人及其法定代理人、近亲属的委托，指派律师代为申诉；在公安机关、人民检察院作出不立案或撤销案件的决定后，可以接受被害人及其法定代理人、近亲属的委托，指派律师代为申诉或起诉。

对犯罪嫌疑人、被告人及其法定代理人的委托，律师应审查：①该委托是否经被告人、犯罪嫌疑人的同意。如果被告人、犯罪嫌疑人的意见与其近亲属的意见不一致时，律师应尊重被告人、犯罪嫌疑人的意见。②对辩护案件的受理，由律师事务所统一决定并统一收费，决定受理的案件，应办理有关的法律手续，作为律师参加诉讼的合法依据。被告人、犯罪嫌疑人可以委托两名辩护人为自己辩护，若委托了两名辩护律师，应让委托人确定谁是主要的辩护人，谁是辅助的辩护人，以便明确责任。律师事务所应当尽可能满足委托人指名委托的要求。

二、律师事务所收案

1. 律师事务所收案应根据下列情况分别办理委托手续。

（1）犯罪嫌疑人自被侦查机关第一次讯问或者采取强制措施之日起，有权委托辩护人；犯罪嫌疑人、被告人在押的，也可以由其监护人、近亲属代为委托辩护人。

（2）辩护人接受犯罪嫌疑人、被告人委托后，应当及时告知办理案件的机关。

（3）担任公诉案件被害人或者附带民事诉讼当事人的诉讼代理人，须自案件移送审查起诉之日起；

（4）担任自诉案件的自诉人，附带民事诉讼的当事人及他们的法定代理人的诉讼代理人，可以随时接受委托；

（5）担任二审辩护人或诉讼代理人，须在一审判决宣告以后；

（6）担任申诉案件的代理人须在人民法院的判决、裁定发生法律效力后，或者公安机关、人民检察院撤销案件、不起诉的决定作出之后；

（7）犯罪嫌疑人、被告人的近亲属或者其他人代为委托的，须在会见时得到犯罪嫌疑人、被告人的确认。

律师受理刑事案件，应当在侦查、审查起诉、一审、二审、申诉各阶段分别办理委托手续；也可以一次性签订委托协议，但应分阶段签署授权委托书。律师不得接受同一案件两名以上犯罪嫌疑人、被告人的委托，参与刑事诉讼活动。

律师受理案件须办理以下手续：①律师事务所与委托人签署一式二份的委托协议，一份交委托人，一份由律师事务所存档；②委托人签署一式三份的授权委托书，一份呈交办案机关，一份由承办律师存档，一份交委托人保存；③开具律师事务所介绍信，由律师呈交办案机关。

律师不得私自收案、私自收费。

2. 律师在承办刑事诉讼业务中，必须遵守国家法律、法规，必须坚持以事实为根据，以法律为准绳的原则，恪守律师职业道德和执业纪律。

3. 律师办理刑事案件应当保守国家秘密、当事人的商业秘密和委托人的隐私。

4. 律师参与刑事诉讼必须坚持依法维护委托人的合法权益，维护法律的正确实施的原则，忠于职守，认真负责，不得损害委托人的合法权益。律师担任辩护人或为犯罪嫌疑人提供法律帮助，依法独立进行诉讼活动，不受委托人的意志限制。

第三节　侦查阶段律师介入刑事诉讼

一、律师介入刑事诉讼的时间

我国《刑事诉讼法》规定，犯罪嫌疑人自被侦查机关第一次讯问或者采取强制措施之日起，有权委托辩护人；在侦查期间，只能委托律师作为辩护人。辩护律师在侦查期间可以为犯罪嫌疑人提供法律帮助；代理申诉、控告；申请变更强制措施；向侦查机关了解犯罪嫌疑人涉嫌的罪名和案件有关情况，提出意见。

二、与犯罪嫌疑人会见、通信

2012 年 12 月，公安部修订了《公安机关办理刑事案件程序规定》，其中，对辩护律师与犯罪嫌疑人的会见与通信也根据新《刑事诉讼法》的规定进行了修订。

（一）及时与侦查机关取得联系

根据《刑事诉讼法》的规定，在侦查阶段，律师接受委托后，辩护人接受犯罪嫌疑人、被告人委托后，应当及时告知办理案件的机关。辩护律师可以同在押的犯罪嫌疑人、被告人会见和通信。辩护律师持律师执业证书、律师事务所证明和委托书或者法律援助公函要求会见在押的犯罪嫌疑人、被告人的，看守所应当及时安排会见，至迟不得超过 48 小时。危害国家安全犯罪、恐怖活动犯罪、特别重大贿赂犯罪案件，在侦查期间辩护律师会见在押的犯罪嫌疑人，应当经侦查机关许可。上述案件，侦查机关应当事先通知看守所。

辩护律师会见在押的犯罪嫌疑人、被告人，可以了解案件有关情况，提供法律咨询等；自案件移送审查起诉之日起，可以向犯罪嫌疑人、被告人核实有关证据。辩护律师会见犯罪嫌疑人、被告人时不被监听。

承办律师应向侦查机关了解犯罪嫌疑人涉嫌的罪名，及时提出会见犯罪嫌疑人的具体要求，以便及时了解被告人、犯罪嫌疑人的思想动态、被关押以来的心理状态，有的放矢地做思想工作；征求被告人、犯罪嫌疑人对指控的意见，对被告人、犯罪嫌疑人提出的新的证据和线索，尽可能询问清楚，并记录下来，以便收集查证。

律师在会见时还应为犯罪嫌疑人提供法律服务，告知法律赋予犯罪嫌疑人的各项诉讼权利，刑事诉讼的程序以及犯罪嫌疑人在各个阶段应注意的问题。此外还应了解犯罪嫌疑人自被传讯起有无被剥夺法定诉讼权利的情况。辩护人有权申请变更强制措施。人民法院、人民检察院和公安机关收到申请后，应当在 3 日以内作出决定；不同意变更强制措施的，应当告知申请人，并说明不同意的理由。辩护人对于人民法院、人民检察院或者公安机关采取强制措施法定期限届满的，有权要求解除强制措施。

应注意，律师不得为犯罪嫌疑人做保证人。

（二）律师会见犯罪嫌疑人时应注意的事项

辩护律师在侦查期间要求会见前款规定案件的在押或者被监视居住的犯罪嫌疑人，应当提出申请。对辩护律师提出的会见申请，公安机关应当在收到申请后 48 小时以内，报经县级以上公安机关负责人批准，作出许可或者不许可的决定。除有碍侦查或者可能泄露国家秘密的情形外，应当作出许可的决定。公安机关不许可会见的，应当书面通知辩护律师，并说明理由。有碍侦查或者可能泄露国家秘密的情形消失后，公安机关应当许可会见。

1. 会见的场所。律师会见未在押的犯罪嫌疑人，可以在其住所、单位或者律师事务所进行。会见时其他人不应在场。犯罪嫌疑人是未成年人或者盲、聋、哑人的，律师会见时其法定代理人或者近亲属应该在场。

2. 会见应携带的证明及文件。律师会见在押的犯罪嫌疑人，应携带以下证明、文件：①律师事务所证明；②律师本人的律师执业证；③委托人签署的《授权委托书》或法律援助公函。律师会见在押的犯罪嫌疑人时，应当征询其是否同意聘请本律师。如表示同意，应让其在聘请律师的授权委托书上签字确认；如表示不同意，应记录在案并让其签字确认。新《律师法》第 33 条规定，犯罪嫌疑人被侦查机关第一次讯问或者采取强制措施之日起，受委托的律师凭律师执业证书、律师事务所证明和委托书或者法律援助公函，有权会见犯罪嫌疑人、被告人，可以了解案件有关情况，提供法律咨询等；辩护律师会见犯罪嫌疑人、被告人时不被监听。

律师会见犯罪嫌疑人、被告人不被监听。

3. 律师可以向犯罪嫌疑人了解的情况。律师会见犯罪嫌疑人时可以向其了解有关案件的情况，包括以下内容：①犯罪嫌疑人的自然情况；②是否参与以及怎样参与所涉嫌的案件；③如果犯罪嫌疑人承认有罪，陈述涉及定罪量刑的主要事实和情节；④如果犯罪嫌疑人认为无罪，陈述无罪的辩解；⑤采取强制措施的法律手续是否完备，程序是否合法；⑥犯罪嫌疑人被采取强制措施后，其人身权利及诉讼权利是否受到侵犯；⑦其他需要了解的情况。

4. 律师会见犯罪嫌疑人，应当遵守羁押场所依法作出的有关规定。不得为犯罪嫌疑人传递物品、信函，不得将通讯工具借给其使用，不得进行其他违反法律规定的活动。律师会见完毕后应于羁押场所办理犯罪嫌疑人交接手续。

律师会见犯罪嫌疑人应制作会见笔录，并交犯罪嫌疑人阅读或者向其宣读。如果记录有遗漏或者差错，应当允许犯罪嫌疑人补充或者改正。在犯罪嫌疑人确认无误后要求其在笔录上签名。律师会见犯罪嫌疑人，可以进行录音、录像、拍照等，但事前应征得犯罪嫌疑人同意。

辩护律师向公安机关了解案件有关情况的，公安机关应当依法将犯罪嫌疑人涉嫌的罪名以及当时已查明的该罪的主要事实，犯罪嫌疑人被采取、变更、解除强制措施，延长侦查羁押期限等案件有关情况，告知接受委托或者指派的辩护律师，并记录在案。

5. 律师与犯罪嫌疑人通信。辩护律师与犯罪嫌疑人通信应注明律师身份、通信地址，并加盖律师事务所公章以证明其律师身份。通信内容应限于与本案有关的问题，了解犯罪嫌疑人在押期间的情况及其对案件的意见。不得向犯罪嫌疑人提及可能妨碍侦查的有关同案犯罪嫌疑人及其亲友的情况。

辩护律师与犯罪嫌疑人通信，应保留信函副本及犯罪嫌疑人来信的原件并附卷备查。

6. 辩护律师对在执业活动中知悉的委托人的有关情况和信息，有权予以保密。但是，辩护律师在执业活动中知悉委托人或者其他人，准备或者正在实施危害国家安全、公共安全以及严重危害他人人身安全的犯罪的，应当及时告知司法机关。

7. 辩护律师会见在押或者被监视居住的犯罪嫌疑人时，违反法律规定或者会见的规定的，看守所或者监视居住执行机关应当制止。对于严重违反规定或者不听劝阻的，可以决定停止本次会见，并及时通报其所在的律师事务所或者所属的律师协会。辩护人或者其他任何人在刑事诉讼中，违反法律规定，实施干扰诉讼活动行为的，应当依法追究法律责任。

第四节　在审查起诉阶段担任辩护人或诉讼代理人

根据我国《刑事诉讼法》规定，人民检察院自收到移送审查起诉的案件材料之日起 3 日以内，公诉部门应当告知犯罪嫌疑人有权委托辩护人，并告知其如果经济困难或者其他原因没有聘请辩护人的，可以申请法律援助。公诉案件的被害人及其法定代理人或者近亲属，附带民事诉讼的当事人及其法定代理人，自案件移送审查起诉之日起，有权委托诉讼代理人。人民检察院自收到移送审查起诉的案件材料之日起 3 日以内，应当告知被害人及其法定代理人或者其近亲属、附带民事诉讼的当事人及其法定代理人有权委托诉讼代理人。辩护律师自人民检察院对案件审查起诉之日起，可以查阅、摘抄、复制本案的案卷材料。在这一阶段，律师可以接受犯罪嫌疑人的委托以辩护人的身份参与诉讼，也可以接受公诉案件的被害人及其法定代理人或者近亲属、附带民事诉讼的当事人及其法定代理人的委托以诉讼代理人的身份参与诉讼。

1. 接受委托。律师接受委托后，应告知人民检察院，并提交其律师执业证书、律师事务所证明和授权委托书或者法律援助公函，以便人民检察院案件管理部门及时登记辩护人的相关信息，并将有关情况和材料及时通知、移交相关办案部门。

2. 会见和通信。自案件移送审查起诉之日起，辩护律师可以向犯罪嫌疑人、被告人核实有关证据。审查起诉阶段辩护律师会见犯罪嫌疑人不需要经过检察机关批准，会见时检察机关也不应派员在场。

辩护律师与犯罪嫌疑人通信应注明律师身份、通信地址，并加盖律师事务所公章以证明其律师身份。通信内容应限于与本案有关的问题，了解犯罪嫌疑人在押期间的情况及其对案件的意见。辩护律师可以与犯罪嫌疑人通信，但其内容不得向犯罪嫌疑人提及可能妨碍侦查的有关同案犯罪嫌疑人及其亲友的情况。

辩护律师与犯罪嫌疑人通信，应保留信函副本及犯罪嫌疑人来信的原件并附卷备查。

3. 查阅、摘抄、复制案件有关材料。辩护律师自人民检察院对案件审查起诉之日起，可以持律师事务所证明、授权委托书及律师执业证，到人民检察院查阅、摘抄、复制本案的案卷材料。案卷材料包括案件的诉讼文书和证据材料。复制案卷材料可以采取复印、拍照等方式，律师摘抄、复制有关材料时，必须忠于事实真相，不得伪造、变造、断章取义，保证其准确性、完整性。查阅、摘抄、复制案卷材料，应当在人民检察院设置的专门场所进行。律师摘抄、复制的材料应当保密，并妥善保管。

4. 调查和收集案件有关材料。每一个刑事案件的认定都离不开证据。律师在辩护活动中，必须认真审查案卷材料，会见犯罪嫌疑人，进行必要的调查访问，以收集证据材料，并加以反复的审查核实，从中发现能够证明犯罪嫌疑人无罪或罪轻的事实材料，在此基础上，组织辩护观点，提出辩护意见。

律师调查、收集与案件有关的材料，应持律师事务所证明，出示律师执业证，一般应由两人进行。律师调查笔录应当载明调查人、被调查人、记录人的姓名，调查的时间、地点；笔录内容应当有律师身份的介绍，被调查人的基本情况，律师对证人如实作证的要求，作伪证或隐匿罪证要负法律责任的说明，以及被调查事项的基本情况。律师制作调查笔录，应全面、准确地记录调查内容，并须经被调查人核对或者向其宣读。被调查人如有修改、补充，应由其在修改处签字、盖章或者按指纹确认。调查笔录经被调查人核对后，应由其在每一页上签名并在笔录的最后签署记录无误的意见。律师调查、收集证据材料时，根据需要可邀请有关人员在场见证，并在调查笔录上签名。审查起诉阶段，辩护律师认为必要时，可以申请人民检察院收集、调取证据。辩护律师向被害人或者其近亲属、被害人提供的证人收集与本案有关的材料，向人民检察院提出申请的，人民检察院应当在 7 日以内作出是否许可的决定，通知辩护律师。人民检察院没有许可的，应当书面说明理由。人民检察院根据辩护律师的申请收集、调取证据时，辩护律师可以在场。

在人民检察院侦查、审查逮捕、审查起诉过程中，辩护人提出要求听取其意见的，案件管理部门应当及时联系侦查部门、侦查监督部门或者公诉部门对听取意见作出安排。辩护人提出书面意见的，案件管理部门应当及时移送侦查部门、侦查监督部门或者公诉部门。

辩护律师必须充分运用法律赋予的权利，认真地查阅案卷材料，会见被告人，询问证人、知情人，了解有关案件情况，走访有关的专家和技术人员，了解有关专门知识，到现场实地考查，提取有关的物证书证。收集到的证据材料是否具有证明力，还必须加以甄别，进行分析研究，鉴别真伪，只有查证属实的证据，才能作为认定案件事实的根据。辩护律师不仅要对自己收集的证据材料加以甄别，而且要对司法机关收集的证据材料加以鉴别。对有错误的鉴定结论及时要求补充鉴定或者重新鉴定。

5. 提出辩护或代理意见。律师担任辩护人或诉讼代理人，应根据《刑事诉讼法》第 170 条的规定，向人民检察院提出关于本案的辩护、代理意见。

人民检察院对移送起诉的案件审查的结果不外乎三种情形：①人民检察院认为犯罪嫌疑人的犯罪事实已经查清，证据确实、充分，依法应当追究刑事责任的，应当作出起诉决定，按照审判管辖的规定，向人民法院提起公诉，并将案卷材料、证据移送人民法院；②犯罪嫌疑人没有犯罪事实，或者有刑事诉讼法第 15 条规定的情形之一的，人民检察院应当作出不起诉决定。对于犯罪情节轻微，依照刑法规定不需要判处刑罚或者免除刑罚的，人民检察院可以作出不起诉决定；③对于需要补充侦查的案件，退回公安机关补充侦查，或自行侦查。辩护律师在全面、深入、详细地收集和分析一切有利于犯罪嫌疑人的证据后，认为案件具有法律规定的不追究刑事责任的情形的，应提出对犯罪嫌疑人不应起诉的辩护意见。对于人民检察院决定不起诉的案件，《刑事诉讼法》规定"应当同时对侦查中查封、扣押、冻结的财物解除查封、扣押、冻结"；"不起诉的决定，应当公开宣布，并且将不起诉决定书送达被不起诉人和他的所在单位。如果被不起诉人在押的，应当立即释放"。如果检察机关没有依照法律的规定办理的，辩护律师应及时向检察机关提出解除扣押、冻结、释放犯罪嫌疑人，以维护犯罪嫌疑人的合法权益。

人民检察院作出不起诉决定，被不起诉人不服要求申诉的，辩护律师可以在被不起诉人收到决定书后，向人民检察院代为申诉。人民检察院作出不起诉决定，被害人不服的，代理律师可以在被害人收到决定书后 7 日内向上一级人民检察院代为申诉。申诉被驳回后，可以代理其向人民法院起诉，或者不经申诉直接代理其向人民法院起诉。代理向人民法院起诉的，应按自诉程序办理委托手续。

对于人民检察院决定提起公诉的案件，辩护律师要在深入、全面的调查和对证据进行认真、细致的甄别的基础上，依据事实和法律，针对指控，撰写辩护提纲，准备出庭辩护。犯罪嫌疑人在审查起诉阶段被超期羁押的，辩护律师有权要求对犯罪嫌疑人依法释放或改变强制措施，实行取保候审。犯罪嫌疑人人身权利受到侵害或人格受到侮辱的，辩护律师有权代理犯罪嫌疑人提出控告。

6. 辩护人、诉讼代理人认为其依法行使诉讼权利受到阻碍的，有权向人民检察院申诉或者控告。

第五节 担任公诉案件辩护人

一、收案

律师事务所可以接受被告人及其法定代理人的委托，指派律师担任被告人的辩护人，也可以接受法律援助机构的指派，指派律师为被告人进行辩护，律师事务所与委托人按规定办理委托手续。律师接受委托后，应注意审查该案是否属于受案法院管辖。发现法院管辖不当、侦查机关管辖不当等情形，应及时以书面方式向法院提出，请求退案或移送。

审判期间，辩护人接受被告人委托的，应当在接受委托之日起3日内，将委托手续提交人民法院。法律援助机构决定为被告人指派律师提供辩护的，承办律师应当在接受指派之日起3日内，将法律援助手续提交人民法院。

二、庭前准备工作

（一）查阅、摘抄、复制案件材料

辩护律师可以查阅、摘抄、复制案卷材料。合议庭、审判委员会的讨论记录以及其他依法不公开的材料不得查阅、摘抄、复制，复制案卷材料可以采用复印、拍照、扫描等方式。辩护人查阅、摘抄、复制案卷材料的，人民法院应当提供方便，并保证必要的时间。

律师应当认真查阅案件材料，了解分析案件。律师认为在侦查、审查起诉期间公安机关、人民检察院收集的证明被告人无罪或者罪轻的证据材料未随案移送，可以书面申请人民法院调取，并提供相关线索或者材料。人民法院接受申请后，应当向人民检察院调取。人民检察院移送相关证据材料后，人民法院应当及时通知辩护人。

律师查阅、摘抄、复制案件材料，应当记明查阅、摘抄、复制案件材料的时间、地点，并应注明案卷页数，证据材料形成的时间、地点及制作证据的人员。律师查阅案件材料应当着重了解以下事项：①被告人的自然情况；②被告人被指控犯罪的时间、地点、动机、目的、手段、后果及其他可能影响定罪量刑的法定、酌定情节等；③被告人无罪、罪轻的事实和材料；④证人、鉴定人、勘验检查笔录制作人的自然情况；⑤被害人的基本情况；⑥侦查、审查起诉阶段的各种法律手续和诉讼文书是否合法、齐备；⑦技术性鉴定材料的来源、鉴定人是否具有鉴定资格、鉴定结论及其理由等；⑧同案被告人的有关情况；⑨有关证据的客观性、关联性和合法性，证据之间及证据本身的矛盾和疑点；⑩相关证据能否证明起诉书所指控的犯罪事实及情况，有无矛盾与疑点；⑪其他与案件有关的材料。

（二）会见被告人

律师会见在押被告人，应当携带人民检察院的起诉书副本、授权委托书、律师事务所会见被告人专用证明和律师执业证。律师会见被告人，事先应准备会见提纲。会见时，应认真听取被告人的陈述和辩解，发现、核实、澄清案件事实和证据材料中的矛盾和疑点，重点了解以下情况：①被告人的身份及其收到起诉书的时间；②被告人是否承认起诉书所指控的罪名；③指控的事实、情节、动机、目的是否清楚、准确；④起诉书指控的从重情节是否存在；⑤被告人关于无罪辩解的理由；⑥有无从轻、减轻、免予处罚的事实、情节和线索；⑦是否有立功表现；⑧是否存在超期羁押及合法权益是否受到侵害等情况。

律师应向被告人介绍法庭审理程序，告知被告人在庭审中的诉讼权利、义务及应注意的事项。

（三）调查和收集证据

在审判阶段，律师可以根据实际情况依法调查、收集与案件有关的证据材料。

律师向证人调查、收集证据，证人不同意作证的，律师可以申请人民法院通知其出庭作证。律师根据案件需要可以申请人民法院收集、调取证据。申请应以书面形式提出，并说明理由，写明需要收集、调取证据材料的内容或者需要调查问题的提纲。对辩护律师的申请，人民法院应当在5日内作出是否准许、同意的决定，并通知申请人；决定不准许、不同意的，应当说明理由。

辩护律师可申请向被害人及其近亲属、被害人提供的证人收集与本案有关的材料，人民法院认为确有必要的，应当签发准许调查书。辩护律师向证人或者有关单位、个人收集、调取与本案有关的证据材料，因证人或者有关单位、个人不同意，可申请人民法院收集、调取，或者申请通知证人出庭作证，人民法院认为确有必要的，应当同意。辩护律师还可以直接申请人民法院向证人或者有关单位、个人收集、调取证据材料，人民法院认为确有收集、调取必要，且不宜或者不能由辩护律师收集、调取的，应当同意。人民法院收集、调取证据材料时，辩护律师可以在场。

人民法院收集、调取证据材料后，应当及时通知辩护律师查阅、摘抄、复制，并告知人民检察院。

（四）撰写辩护提纲，做好辩护准备

撰写辩护提纲是律师出庭辩护重要的准备工作。辩护观点是辩护意见的核心内容，确定正确的辩护论点十分重要。每个案件的具体情况不同，所依据的案件材料不同，辩护论点的确立也不同。从实践看，辩护论点可以有：认为被告人无罪；认为被告人不应被追究刑事责任；认为被告人所实施的犯罪行为轻于人民检察院起诉书中所指控的罪名；认为被告人具有法律规定或其他应当或者可以从轻、减轻、免除处罚的情节；认为现有的证据材料不足以认定被告人就是实施犯罪行为的人，也不能肯定被告人并未实施犯罪行为；提出在侦查、起诉过程中有刑讯逼供和以威胁、引诱、欺骗或其他非法方法收集证据，或者存在其他违反诉讼程序的情形、可能直接影响到作出正确的判决，等等。《刑事诉讼法》第195条第3项规定："证据不足，不能认定被告人有罪的，应当作出证据不足、指控的犯罪不能成立的无罪判决。"辩护律师应特别注意对证据不充分的案件提出不能认定被告人为犯罪人，要求法院作无罪判决的辩护意见。

辩护律师应事先对法庭上可能出现的情况进行预测，如对控方提出的证据材料如何质证，对证人应如何提问，提问要查证的问题是什么；控方对有利于辩护方的证人会提出什么样的问题，证人可能如何回答；有利于被告方的证人若因被提问而陷入被动时，律师将如何补救。罗列出所有可能发生的问题，并提出相应的对策，在此基础上写出法庭调查的发问提纲。

（五）出庭准备

在开庭以前，审判人员可以召集公诉人、当事人和辩护人、诉讼代理人，对回避、出庭证人名单、非法证据排除等与审判相关的问题，了解情况，听取意见。律师申请人民法院通知证人、鉴定人、勘验检查笔录制作人出庭作证的，应制作上述人员名单，注明身份、住址、通讯方式等，并说明拟证明的事实，提交人民法院。律师拟当庭宣读、出示的证据，应制作目录并说明所要证明的事实，也予以提交。申请排除非法证据的，应当在开庭审理前提出，但在庭审期间才发现相关线索或者材料的除外。开庭审理前，当事人及其辩护人、诉讼代理人申请人民法院排除非法证据的，人民法院应当在开庭前及时将申请书或者申请笔录及相关线索、材料的复制件送交人民检察院。

律师接到开庭通知书后应按时出庭，因下列情形之一不能出庭的，应及时与法院联系，申请延期开庭：①律师收到两个以上开庭的通知，只能按时参加其中之一的；②庭审前律师发现重大证据线索，需进一步调查取证或申请新的证人出庭作证的；③由于客观原因律师无法按时出庭。律师申请延期开庭，未获批准，又确实不能出庭的，应与委托人协商，妥善解决。律师在开庭前3日内才收到出庭通知的，有权要求法院更改开庭日期。

开庭前律师应向法庭了解通知证人、鉴定人、勘验检查笔录制作人出庭作证情况。如发现有未予通知或未通知到的情况，应及时与法庭协商解决。律师应了解公诉人、法庭组成人员情况，协助被告人确定有无申请回避的事由及是否提出回避的申请。

三、辩护律师出庭辩护

法庭审判阶段是刑事诉讼中最基本的、具有决定意义的诉讼阶段。人民法院在审判阶段，将依法对被告人是否实施了犯罪行为，犯了什么罪，犯罪情节轻重，是否判处刑罚以及处以什么样的刑罚依法作出判决，律师出庭辩护以维护被告人的合法权益就显得十分重要。在法庭审判的每个阶段，辩护律师都有其特定的任务。

（一）法庭准备阶段的辩护工作

这一阶段法庭将查明当事人是否到庭，宣布案由，宣布合议庭组成人员、书记员、公诉人、辩护人、鉴定人和翻译人员名单，告知被告人享有申请回避权及其他各项诉讼权利。辩护律师的任务是维护被告人的诉讼权利，注意法庭的组成人员是否符合法律规定，有无法律规定的应当回避的情形。审判长宣布被告人的诉讼权利后，律师可以接受被告人的委托，对合议庭组成人员、书记员、公诉人、鉴定人和翻译人员代为申请回避，并提供相关证据。对于需要提出新的证人、新的证据的情形，辩护律师应同审判长联系，依法提出。对查清案件事实和处理结果有重大影响的，或者辩护律师怀疑其书面证言的证人、鉴定结论的证明力的鉴定人没有到庭的，应向法庭提出传唤他们到庭的申请；审判长应告知被告人享有的各项诉讼权利而没有告知的，辩护律师应及时提出；对于不公开审理的案件，有其他人员旁听的，辩护律师应建议法庭采取措施。

律师出庭应当遵守法庭规则和法庭秩序，听从法庭指挥。两名以上被告人的案件有多名律师出庭的，辩护律师应按被告人的被指控顺序依次就座。

法庭核对被告人年龄、身份、有无前科劣迹等情况有误，可能影响案件审理结果的，律师应认真记录，在法庭调查时予以澄清。

（二）做好法庭调查阶段的辩护工作，为法庭辩论做好准备

法庭调查是法庭审理的中心环节，在这一阶段法庭要在公诉人、当事人以及其他诉讼参与人的参加下，对案件的事实情节进行全面的调查核实。一切证据材料都必须经过审查核实，才能作为定案的根据。在这一阶段，辩护律师可以核实自己所掌握的事实和证据，并能获得自己尚未掌握的新事实和证据；通过发问还可以查清自己怀疑、而审判人员发问又未涉及的问题，依据法庭调查的情况，对拟订的辩护词加以充实、修改，为法庭辩论做好准备。辩护律师在法庭调查阶段的主要任务是查清有利于被告人的事实情节，核实能够证明被告人无罪、罪轻、减轻或免除刑事责任的证据。

1. 在法庭调查过程中，公诉人、辩护人应当向法庭出示物证，让当事人辨认，对未到庭的证人的证言笔录、鉴定人的鉴定意见、勘验笔录和其他作为证据的文书，应当当庭宣读。律师应该认真听取对被告人的讯问、发问，做好发问准备。对控方的举证进行质证。辩护律师应当认真听取当事人的陈述、公诉人发问及当事人、诉讼代理人及其他辩护人的发问。对回答含糊的问题，辩护律师应当作重点记录，以便在亲自发问时弄清。公诉人向被告人提出威逼性、诱导性或与本案无关问题的，辩护律师有权提出反对意见。法庭驳回反对意见的，应尊重法庭决定。

辩护律师要注意对对方出示的证据依据不同种类的证据的特性及案件的具体情

况进行质证，对证据的可信性及时发表意见并阐明理由，如有异议，应与控诉方展开辩论。

辩护律师应对未出庭证人的证言的可信性及时发表意见并阐明理由，如有异议，应与控诉方展开辩论。必要时，有权建议法庭不予采信或要求法庭延期审理，通知证人出庭作证。

2. 发问与举证。辩护人、诉讼代理人经审判长许可，可以对证人、鉴定人发问。发问既是辩护律师的一项重要诉讼权利，也是辩护律师获得证据、维护被告人合法权益的重要手段。辩护律师发问的目的是证明有利于被告人的证据材料，特别是对于在庭前准备工作中掌握的有利于被告人的一些情况，要在发问过程中加以核实，以确认其证据效力。

法庭调查阶段辩护律师的发问，要为以后的法庭辩论打下基础，做好准备。巧妙的发问可以使辩护律师在辩论中掌握主动权。辩护律师发问的方式、方法，依据不同的案件情况而有所不同。辩护律师的发问应注意的问题是：辩护律师发问的内容应与主要辩护观点相互联系，应证明有利于被告人的证据材料，但不能为了发现对被告人有利的情节而采取诱供的手段进行发问；辩护律师的发问应明确、具体，要求被问者做出明确回答，避免产生歧义或造成不必要的误解；辩护律师发问必须尊重事实；辩护律师在公诉人讯问被告人、被害人及其代理人向被告人发问后，经审判长许可，可向被告人发问。被告人不承认指控犯罪，应问明情况和理由。

在控诉方举证完毕后，辩护律师应向法庭申请对本方证据进行举证。辩护律师举证时，应向法庭说明证据的形式、内容、来源以及要证明的问题，公诉人对律师的发问提出反对意见的，律师可进行争辩。法庭支持公诉人反对意见的，律师应尊重法庭的决定，改变发问内容或方式。

对本方的举证，控诉方提出异议的，辩护律师应当有针对性地进行辩论，维护本方证据的可信性。案件每项事实的举证、质证完毕后，辩护律师可以发表综合性意见。

法庭审理过程中，当事人和辩护人、诉讼代理人有权申请通知新的证人到庭，调取新的物证，申请重新鉴定或者勘验。

公诉人、当事人和辩护人、诉讼代理人可以申请法庭通知有专门知识的人出庭，就鉴定人作出的鉴定意见提出意见。

当事人及其辩护人、诉讼代理人申请人民法院排除以非法方法收集的证据的，应当提供涉嫌非法取证的人员、时间、地点、方式、内容等相关线索或者材料。

法庭调查活动，有不符合法律规定或不利于查明案件事实的，辩护律师可依法提出建议或异议。

（三）法庭辩论阶段的辩护工作

法庭辩论是辩护律师履行辩护职责最重要的阶段，辩护律师的任务是：依据法庭调查中查证核实的证据和查明的案件事实对被告人是否构成犯罪、犯罪的性质和情节提出全面的见解；对案件应该适用的法律条款，向法庭提出建议。在法庭辩论中，辩护律师应全面阐述自己对案件事实认定、适用法律的基本观点，以维护被告人的合法权益，维护法律的正确实施，同时进行法制宣传，形象地宣传国家法律、鞭挞各种犯罪违法活动。对与定罪、量刑有关的事实、证据都可以进行辩论。

法庭辩论阶段，辩护律师应认真听取控诉方发表的控诉意见，记录要点，并做好辩论准备。控诉方发表控诉意见后，经审判长许可，辩护律师可以发表辩护意见。辩护意见应针对控诉方的指控，从事实是否清楚、证据是否确实充分、适用法律是否准确无误、诉讼程序是否合法等不同方面进行分析论证，并提出关于案件定罪量刑的意见和理由。

为被告人做无罪辩护，应主要从以下方面进行：①控诉方指控的证据不足，不能认定被告人有罪。②控诉方或辩护方提供的证据，能证明属于下述情况，依据法律应当认定被告人无罪的：其一，被告人行为情节显著轻微，危害不大，不认为是犯罪；其二，被告人行为系合法行为；其三，被告人没有实施控诉方指控的犯罪行为。③其他依法认定被告人无罪的情况。

为被告人作有罪辩护，应着重从案件定性和对被告人从轻、减轻或者免除处罚等方面进行。

辩护律师在法庭辩论中应注意以下几点：①坚持真理、敢于辩论。在忠于事实和法律、忠于人民利益的前提下，冲破阻力，仗义执言，敢于承担个人可能遇到的风险，认真履行辩护律师的职责，理直气壮地为被告人据理力争，不为外界的压力所动摇。②尊重事实，依法辩论。尊重事实，要求辩护律师应围绕与定罪量刑有关的问题进行，抓住要害，重点突出，不在枝节问题上纠缠，不能无中生有，背离事实，更不能捏造事实和证据，为被告人开脱罪责；依法辩论，要求辩护律师的辩论要有法律依据，包括实体法、程序法以及最高司法机关对某些法律作的解释和批复，对于有关的学术观点、学理解释，可以作为一种参考，但不应作为辩论的依据。律师的辩论必须有法律和事实根据，律师发表辩护意见所引用的证据、法条一定要清楚准确，核对无误。同时，要注意掌握分寸，对被告人的犯罪要进行全面的评价，不能片面强调客观原因，而忽视被告人主观上不可推卸的责任，更不能过多地指责被害人，以达到为被告人辩护的目的。③律师的辩护发言应观点鲜明，论据充分，论证有力，逻辑严谨，抓住实质，切忌纠缠枝节。在辩护中，应在尊重事实和法律的前提下，对基本事实和基本证据的认定、案件的性质和如何适用法律等实质性问题上的根本分歧点进行辩论。对于一些无关紧要、对正确判决没有什么影响的枝节问题，不要纠缠不休。不能把法庭辩论作为与公诉人争输赢的方式，切忌用讥讽的语言挖苦公诉人，更不能搞人身攻击；律师多次辩护发言应避免重复，而且重点突出，着重针对控诉方的新问题、新观点及时提出新的辩护意见。④掌握技巧、善于辩论。其一，要善于运用逻辑方法，使论点鲜明、论据充分、判断准确、推理正确，辩护意见有说服力；其二，要善于把握辩论的方向，辩论发言必须维护其辩护主题，对公诉人提出的新问题，要有针对性地辩驳；其三，要善于把握听众的心理，让广大听众对律师的辩论发言在心理上产生共鸣；其四，律师在辩论中应该用词准确、语言简洁清晰、快慢适度、表达准确、音调和谐。

辩护律师应向法庭陈述自己的意见和观点，以期得到采纳，不应以旁听人员为发言对象，哗众取宠。律师发表辩护意见应当以理服人，尊重法庭，尊重对方，不得讽刺、挖苦、谩骂、嘲笑他人。

在法庭辩论和被告人的最后陈述中，律师发现有新的或遗漏的事实、证据需要查证的，可以申请恢复法庭调查。

在法庭审理过程中，被告人当庭提出拒绝辩护律师为其辩护或更换律师的，辩护律师应依法与其解除委托关系。在法庭审理过程中，出现律师拒绝辩护的法定事由，辩护律师可以请求休庭，参照有关规定办理解除委托手续。

在庭审过程中发现审判程序违法，律师应当向法庭指出并要求予以纠正。

四、案件宣判后，听取各方意见，总结经验教训

休庭后，律师应就当庭出示、宣读的证据及时与法庭办理交接手续并尽快整理辩护意见。对于在法庭上出示的证据，休庭后律师应及时与审判人员办理移交手续。

一审判决后，律师有权获得判决书。在上诉期间，律师可会见被告人，听取其对判决书内容的意见及是否上诉，并给予法律帮助。案件宣判后，辩护律师应对判决加以分析，看判决是否正确，对被告人罪名认定是否准确、量刑是否恰当作出判断，并为被告人提供法律服务。

辩护律师应当征求被告人对辩护工作的意见，并针对被告人的不同心态做好思想工作。如果被告人上诉，并且要求律师继续为其辩护的应重新办理委托手续。辩护律师还应广泛征询审判人员、公诉人、旁听群众和被告人及其近亲属、监护人对辩护工作的意见，及时总结辩护工作的经验教训。

五、二审、再审案件中的律师辩护

（一）二审中的律师辩护

二审的审理方式分开庭审理和不开庭审理两种。辩护律师在这两种二审审理方式中的辩护活动亦有所不同。

1. 辩护律师在第二审人民法院不开庭审理案件时的辩护工作。第二审人民法院不开庭审理的案件，由于合议庭将根据法律的规定讯问被告人，辩护律师应事先告知被告人在二审中的诉讼权利，以维护被告人的合法权益。同时，辩护律师应在了解案情的基础上，根据事实和法律，认真分析、研究一审判决，找出其在认定事实和适用法律等问题上的不当之处。对还需要进一步了解的问题，可到一审法院了解或向有关单位或个人调查，写出详细的二审辩护意见，以便在二审法院合议庭听取辩护律师的意见时，及时、全面地向合议庭提出。

2. 辩护律师在第二审人民法院以开庭审理方式审理案件时的辩护工作。参加采取开庭方式审理的第二审案件，律师辩护活动的方式因法院开庭审理案件的具体程序的不同而有所不同。对因被告人上诉引起的二审，辩护律师的诉讼活动与第一审程序一样，但辩护的理由和根据，要侧重于指出原判在认定事实、适用法律或者量刑上的错误，要求正确判处；对因人民检察院抗诉引起的二审审判，辩护律师的辩护应对原审判决、裁定是否正确表明态度，对抗诉意见加以反驳、辩论。对上诉、抗诉引起的二审程序，律师辩护则应从两方面进行，既要对原判决、裁定有错误的地方进行论证，又要对抗诉书中的不实之处和不符合法律规定的地方加以反驳。

（二）再审案件中的律师辩护

《刑事诉讼法》第245条第1款规定："人民法院按照审判监督程序重新审判的案件，由原审人民法院审理的，应当另行组成合议庭进行。如果原来是第一审案件，应当依照第一审程序进行审判，所作的判决、裁定，可以上诉、抗诉；如果原来是第二审案件，或者是上级人民法院提审的案件，应当依照第二审程序进行审判，所作的判决、裁定，是终审的判决、裁定。"因此，辩护律师参加再审案件的辩护工作，应视其程序采用不同的工作方法。

第六节　办理其他刑事诉讼业务

一、担任公诉案件被害人的诉讼代理人

（一）接受委托

我国《刑事诉讼法》规定，公诉案件的被害人及其法定代理人或者近亲属，自案件移送审查起诉之日起，有权委托诉讼代理人。人民检察院自收到移送审查起诉的案件材料之日起3日以内，应当告知被害人及其法定代理人或者其近亲属有权委托诉讼代理人。律师可以接受公诉案件被害人、被害人的法定代理人或者近亲属的委托，担任其诉讼代理人。律师接受委托后，应向委托人提供法律咨询和其他法律帮助，积极准备代理意见。

（二）审查起诉阶段的代理

人民检察院审查案件，应当讯问犯罪嫌疑人，听取辩护人、被害人及其诉讼代理人的意见，并记录在案。辩护人、被害人及其诉讼代理人提出书面意见的，应当附卷。在此阶段，代理律师应积极主动代理意见。

当事人和辩护人、诉讼代理人、利害关系人对于司法机关及其工作人员有下列行为之一的，有权向该机关申诉或者控告：采取强制措施法定期限届满，不予以释放、解除或者变更的；应当退还取保候审保证金不退还的；对与案件无关的财物采取查封、扣押、冻结措施的；应当解除查封、扣押、冻结不解除的；贪污、挪用、私分、调换、违反规定使用查封、扣押、冻结的财物的。受理申诉或者控告的机关应当及时处理。对处理不服的，可以向同级人民检察院申诉；人民检察院直接受理的案件，可以向上一级人民检察院申诉。人民检察院对申诉应当及时进行审查，情况属实的，通知有关机关予以纠正。

（三）审判阶段的代理

人民法院确定开庭日期后，应当将开庭的时间、地点通知人民检察院，传唤当事人，通知辩护人、诉讼代理人、证人、鉴定人和翻译人员，传票和通知书至迟在开庭3日以前送达。公开审判的案件，应当在开庭3日以前先期公布案由、被告人姓名、开庭时间和地点。公诉案件被害人和代理律师在开庭前3日内未收到出庭通知的，代理律师有权要求法院更改开庭日期。法院已决定开庭而不通知被害人及其代理律师出庭的，代理律师有权要求法院依法通知。

在开庭以前，审判人员可以召集公诉人、当事人和辩护人、诉讼代理人，对回避、出庭证人名单、非法证据排除等与审判相关的问题了解情况，听取意见。诉讼律师应提前做好准备，及时提出相关意见。如果案件涉及被害人的隐私，代理律师可以向人民法院申请不公开审理。应告知被害人有权对合议庭组成人员、书记员、公诉人、鉴定人和翻译人员申请回避，并协助被害人行使此项权利。

在法庭审理过程中，代理律师应依法指导、协助或代理委托人行使以下诉讼权利：①陈述案件事实；②出示、宣读有关证据；③请求法庭通知未到庭的证人、鉴定人和勘验、检查笔录制作人出庭作证；④经审判长许可，向被告人、证人、鉴定人、勘验检查笔录制作人发问；⑤对各项证据发表意见；⑥对被告人及其辩护人向被害人提出的威胁性、诱导性或与本案无关的发问提出异议；⑦申请通知新的证人到庭，调取新的证据，申请重新鉴定或者勘验；⑧必要时，请求法庭延期审理。

在法庭审理中，代理律师应与公诉人互相配合，依法行使控诉职能，与被告人及其辩护人展开辩论。代理意见与公诉意见不一致的，代理律师应从维护被害人的合法权益出发，独立发表代理意见，并可与公诉人展开辩论，对与定罪、量刑有关的事实、证据都可以进行辩论。

宣告判决，一律公开进行。当庭宣告判决的，应当在5日以内将判决书送达当事人和提起公诉的人民检察院；定期宣告判决的，应当在宣告后立即将判决书送达当事人和提起公诉的人民检察院。判决书应当同时送达辩护人、诉讼代理人。

当事人及其诉讼代理人有权申请人民法院对以非法方法收集的证据依法予以排除。申请排除以非法方法收集的证据的，应当提供相关线索或者材料。

休庭后，代理律师应告知委托人有权核对庭审笔录，补充遗漏或修改差错，确认无误后再签名或盖章。

被害人及其法定代理人不服一审判决的，代理律师可协助或代理委托人，在其收到判决书后5日内，请求人民检察院抗诉。

诉讼代理人认为公安机关、人民检察院、人民法院及其工作人员阻碍其依法行使诉讼权利的，有权向同级或者上一级人民检察院申诉或者控告。人民检察院对申诉或者控告应当及时进行审查，情况属实的，通知有关机关予以纠正。

公诉案件进入第二审程序后，律师的代理工作参照一审相关规定进行。第二审人民法院决定不开庭审理的，应当讯问被告人，听取其他当事人、辩护人、诉讼代理人的意见。律师应积极提交意见。

二、担任自诉案件当事人的诉讼代理人或辩护人

自诉制度是公诉制度的补充，与公诉制度一并构成了刑事诉讼的基本内容。

（一）担任自诉人的诉讼代理人

自诉案件的自诉人及其法定代理人有权随时委托诉讼代理人。人民法院自受理自诉案件之日起 3 日以内，应当告知自诉人及其法定代理人有权委托诉讼代理人。律师可以接受自诉人及其法定代理人的委托，担任其诉讼代理人。接受委托前，应审查案件是否属于法定自诉案件范围，是否符合立案条件，并按规定办理委托手续。

自诉案件中被告人有罪的举证责任由自诉人承担。代理律师应帮助自诉人分析案情，确定被告人和管辖法院，调查、了解有关事实和证据，代写刑事起诉状。被告人是 2 人以上的，应按被告人的人数提供起诉状的副本。自诉人同时要求民事赔偿的，代理律师可协助其制作刑事附带民事起诉状，写明被告人犯罪行为所造成的损害，具体的赔偿请求及计算依据。

律师代理提起自诉时，应携带下列材料和文件：①自诉人身份证件；②刑事起诉状；③证据材料及目录；④授权委托书；⑤律师事务所证明；⑥律师执业证。同时提起附带民事诉讼的，应提交刑事附带民事起诉状。民事部分单独起诉的，应单独提交民事起诉状。人民法院对自诉案件进行审查后，要求自诉人补充证据或说服其撤回自诉的，律师应协助自诉人做好补充证据工作，或与自诉人协商是否撤回自诉。人民法院通知自诉人对自诉案件不予立案的，律师可以代理自诉人向人民法院申请复议。

人民法院决定开庭的，代理律师应做好开庭前准备工作。对于自己无法取得的证据，可申请人民法院依法调查取证。

刑事自诉案件，被告人提起反诉的，代理律师可接受自诉人委托，担任其反诉辩护人，但应办理相应委托手续。

代理律师应向自诉人告知有关自诉案件开庭的法律规定，避免因自诉人拒不到庭或擅自中途退庭导致案件被法院按自动撤诉处理。自诉人因故不能出庭的，代理律师应按时出庭履行职责。

自诉案件开庭审理时，代理律师应协助自诉人充分行使控诉权，运用证据证明自诉人的指控成立，可与被告人及其辩护人相互辩论。

自诉案件依法可以适用简易程序的，代理律师可以代理自诉人要求人民法院适用简易程序。自诉案件依法不应适用简易程序的，代理律师可以代理自诉人对于法院适用简易程序的决定提出异议。

自诉案件法庭辩论结束后，代理律师可以根据委托人的授权参加法庭调解。

代理律师应协助自诉人在法院宣告判决前决定是否与被告人和解或者撤回自诉。

自诉人和他们的法定代理人，不服地方各级人民法院第一审的判决、裁定，有权书面或者口头向上一级人民法院上诉。也可以委托代理律师担任二审诉讼代理人。

（二）担任自诉案件被告人的辩护人

律师可以接受自诉案件被告人的委托担任其辩护人，并办理委托手续。律师担任自诉案件被告人的辩护人，应注意以下事项：①自诉案件被告人有权提起反诉；②自诉人经两次依法传唤无正当理由拒不到庭或者未经法庭许可中途退庭的，按撤诉处理；③自诉案件可以调解；④自诉人可以同被告人自行和解，或者撤回自诉。

对于被羁押的自诉案件被告人，辩护律师可代其申请取保候审。自诉案件被告人的辩护人，在一审、二审及简易程序中的活动，参照有关规定进行。

三、担任附带民事诉讼当事人的诉讼代理人

律师可以接受公诉案件被害人、自诉案件自诉人及其法定代理人的委托，担任附带民事诉讼的诉讼代理人。可以授权委托律师提起附带民事诉讼的人包括因犯罪行为遭受物质损失的被害人、已死亡被害人的近亲属或者丧失行为能力的被害人的法定代理人。

（一）担任附带民事诉讼原告人的诉讼代理人

1. 律师接受委托应按规定办理委托手续。律师接受委托前，应审查下列内容：①作为提起附带民事诉讼前提的刑事诉讼是否已经提起；②附带民事诉讼的被告人是否符合法定条件（附带民事诉讼的被告人除刑事被告人外，还包括未被追究刑事责任的其他共同致害人、未成年刑事被告人的监护人、已被执行死刑的罪犯的遗产继承人、审结前已死亡的被告人的遗产继承人、对刑事被告人的犯罪行为依法应当承担民事赔偿责任的单位和个人等）；③被害人的物质损失是否由被告人的犯罪行为所引起；④附带民事诉讼提起的时间是否在刑事案件立案之后第一审判决宣告之前。

2. 代理律师接受委托后，应代理委托人撰写附带民事起诉状。其基本内容包括：①附带民事诉讼原告人、被告人的自然情况；②具体诉讼请求；③基本事实和理由；④致送人民法院的名称和具状时间；⑤相关的证据材料。

对于人民法院决定不予立案的附带民事诉讼，可以建议委托人另行提起民事诉讼。

3. 代理律师应指导、协助委托人收集证据，展开调查，申请鉴定。

4. 在提起附带民事诉讼时，代理律师可以建议或协助委托人申请人民法院对被告人的财产予以扣押或查封。

5. 代理律师应注意并告知委托人，附带民事诉讼原告人经人民法院两次传唤无正当理由拒不到庭，或者未经法庭许可中途退庭的，将被视为自动撤诉。

6. 代理律师在庭审中享有以下权利：①经委托人授权可以对本案合议庭组成人员、书记员、公诉人、鉴定人和翻译人员提出回避申请；②陈述案件事实；③出示、宣读本方证据；④申请法庭通知本方证人出庭作证；⑤经审判长许可对被告人、证人、鉴定人发问；⑥对方证据提出异议；⑦对对方代理人的不当发问提出异议；⑧发表代理意见。

7. 代理律师应指导委托人参加调解，准备调解方案。

8. 原告人对于一审判决、裁定中附带民事诉讼部分不服的，代理律师应协助其提起上诉。

附带民事诉讼进入二审程序后，律师可以接受附带民事诉讼原告人的委托，担任二审诉讼代理人。律师代理参加二审附带民事诉讼的，参照一审程序的相关规定办理。

（二）担任附带民事诉讼被告人的诉讼代理人

1. 律师可以接受附带民事诉讼的被告人及其法定代理人的委托，在一审、二审程序中担任诉讼代理人。刑事诉讼被告人的辩护律师也可接受委托，同时担任附带民事诉讼被告人的诉讼代理人。律师接受委托应按规定办理委托手续。

2. 代理律师应帮助被告人撰写答辩状，进行调查取证，申请鉴定，参加庭审，举证质证，进行辩论，发表代理意见。其诉讼权利与附带民事诉讼原告人的律师相同。

3. 附带民事诉讼被告人对于一审判决中附带民事诉讼部分不服的，代理律师应协助其提起民事诉讼。

四、简易程序的辩护与代理

适用简易程序审理的公诉案件被告人和自诉案件被告人均可委托律师担任其辩护人；适用简易程序审理的公诉案件被害人和自诉案件的自诉人可以委托律师担任其诉讼代理人。《刑事诉讼法》虽规定适用简易程序的被告人可以聘请律师为其辩护，案件符合《刑事诉讼法》第34条第1款规定的，人民法院应当告知被告人及其近亲属可以申请法律援助。

律师担任公诉案件、自诉案件被告人的辩护人，或者公诉案件被害人、自诉案件自诉人的诉讼代理人，均应向委托人阐明关于简易程序的法律规定。对于不符合《刑事诉讼法》适用简易程序审理的案件，律师可以向人民法院提出异议，请求转为普通程序。

适用简易程序审理的公诉案件，公诉人不出庭的，在被告人就起诉书指控的犯罪进行陈述和辩护后，辩护律师可以出示相关证据，并发表辩护意见。公诉人出庭时，辩护律师可以与公诉人互相质证，申请法庭通知证人出庭作证；经法庭许可，可以互相进行辩论。

适用简易程序审理的自诉案件，自诉人的代理律师和被告人的辩护律师可以依法陈述，举证质证，发表代理、辩护意见，互相进行辩论。

适用简易程序审理的案件，在法庭审理过程中发现以下情形时，辩护律师应建议法庭中止审理，转为普通程序：①被告人的行为可能不构成犯罪的；②被告人可能不负刑事责任的；③被告人当庭对起诉指控的犯罪事实予以否认的；④案件事实不清、证据不足的；⑤不应当或者不宜适用简易程序的其他情形。

五、担任申诉案件的代理人

律师可以接受案件当事人及其法定代理人、近亲属的委托，对已经发生法律效力的判决、裁定向人民法院或者人民检察院提出申诉，律师接受委托的应按规定办理委托手续。

（一）申诉案件的特点

1. 从复查结果上看，申诉案件维持原处理决定的较多；

2. 从申诉处理程序上看，进行刑事申诉公开审查的案件少；

3. 从申诉案件参与人看，申诉人多是案件的被告人、被害人及被告人、被害人的近亲属，申诉人聘请律师作为代理人参加复查过程的较少；

4. 从申诉案件原处理过程上看，其中多数案件都经过检察委员会或审判委员会讨论，有些案件还要向上级检察院业务部门汇报，说明申诉案件普遍具有复杂性及疑难性；

5. 从申诉案件的受理上看，到上级检察机关申诉后转下级检察院的占相当大的比重。

（二）刑事申诉主体的义务

根据有关法律规定，刑事申诉主体的义务主要有以下四点：

1. 必须按法律规定的程序提出申诉。如果案件未处理完毕，可以向正在办理的部门反映情况，不能进行复查程序；如果对检察机关作出的不起诉决定不服的，可以在 7 日内提出申诉，超过这个法定时效申诉的就不一定能立案复查；申诉人还可以依照部门管辖和级别管辖的规定申诉，不得以申诉为借口到司法机关无理缠诉或越级申诉。

2. 必须按法律规定的方式提出申诉。申诉人应出具申诉书，并附原判决书、裁定书、决定书的副本或复制件；委托他人申诉的要有委托书等。

3. 不得因申诉而停止执行人民法院的判决、裁定或人民检察院的决定。

4. 必须维护正常的社会秩序、工作秩序，申诉人不得以判决、裁定或决定不公、执法人员徇私枉法为由，滥用申诉权，无理取闹，妨碍公务或诬告陷害他人，否则要负法律责任。

（三）律师代理申诉案件

律师有理由认为申诉符合《刑事诉讼法》规定的下列情形之一的，可以依法要求人民法院重新审判，也可依法提请人民检察院抗诉：

1. 有新的证据证明原判决、裁定认定的事实有错误，可能影响定罪量刑的；

2. 据以定罪量刑的证据不确实、不充分、依法应当予以排除，或者证明案件事实的主要证据之间存在矛盾的；

3. 原判决、裁定适用法律确有错误的；

4. 违反法律规定的诉讼程序，可能影响公正审判的；

5. 审判人员在审理该案件的时候，有贪污受贿、徇私舞弊、枉法裁判行为的；

人民法院对申诉案件决定再审的，律师按照原审程序进行辩护或代理，但应另行办理委托手续。

■思考题

1. 我国律师辩护制度的主要内容是什么?
2. 试述辩护权的主要特征。
3. 如何理解辩护律师的诉讼地位?
4. 试述辩护律师的主要权利。
5. 试述辩护律师的庭前准备工作。
6. 辩护律师在庭审中应注意什么问题?
7. 比较一、二审辩护律师工作的异同。
8. 试述律师代理刑事被告人进行申诉的性质。
9. 律师参与刑事申诉有何意义?
10. 如何理解辩护律师的阅卷权和调查权?

■参考书目

1. 李运午:《成功辩护》,机械工业出版社 2005 年版。
2. [美] 萨拉·格雷戈里:《最佳辩护》,郑道根等译,军事谊文出版社 2001 年版。
3. [英] 麦高伟、切斯特·米尔斯基:《陪审制度与辩诉交易:一部真实的历史》,陈碧、王戈等译,中国检察出版社 2006 年版。
4. [美] 科林·埃文斯:《超级律师:美国 40 位顶级律师成名案例》,马永波译,北方文艺出版社 2002 年版。
5. 江礼华、杨诚主编:《美国刑事诉讼中的辩护》,法律出版社 2001 年版。
6. 李宝岳主编:《律师参与辩护、代理存在问题及对策》,中国政法大学出版社 2006 年版。
7. [美] 艾伦·德肖微茨:《最好的辩护》,唐交东译,法律出版社 1998 年版。
8. 林正编著:《哈佛辩护——哈佛法学院 MJS 案例教程》(上、下),改革出版社 1999 年版。

第十一章   民事诉讼中的律师代理

■ 学习目的和要求

　　通过本章学习，重点掌握民事诉讼中律师代理的内容，明确代理律师的诉讼地位、诉讼的权利和义务，理解民事诉讼中律师代理的规范，了解民事诉讼律师代理的意义。

■ 重点及难点

　　民事诉讼中律师代理的步骤和方法。

第一节   民事诉讼中的律师代理概述

一、民事诉讼中律师代理的概念和特征

　　民事诉讼中的律师代理是指根据《民事诉讼法》的规定，律师接受民事诉讼当事人或法定代理人的委托，受律师事务所或者法律援助机构的指派，为维护被代理人的合法权益，以被代理人的名义，在代理权限范围内代理被代理人进行民事诉讼的行为。根据我国《律师法》、《民事诉讼法》的有关规定，接受当事人的委托，参与民事和经济案件的代理活动是律师的重要业务之一。律师接受当事人的委托，参与民事案件的代理，具有以下特征：

　　（一）代理律师必须以被代理人的名义进行诉讼活动

　　律师参加诉讼活动，根本上是接受当事人及其法定代理人的授权，诉讼案件归根到底是当事人之间的权利义务之争，律师不是案件的当事人，所以律师必须以被代理人的名义开展诉讼活动，才能产生应有的法律效力。

　　（二）代理律师必须在被授权范围内进行诉讼活动

　　所谓民事诉讼中的律师代理权，是指代理人基于法律规定或被代理人的授权而取得的实施诉讼行为的资格。代理律师实施诉讼行为必须以代理权为根据，并且只能在代理权限范围内进行，没有代理权、超越代理权或者代理权终止后实施的诉讼行为，被代理人都不承担责任。

　　（三）代理行为所产生的法律后果由被代理人承担

　　由于代理人是在代理权限内以被代理人名义实施诉讼行为，因此在法律上，代

理人的行为被拟制为被代理人自己的行为，由此产生的法律后果也就应由被代理人承担。但是，如果是因为代理人不履行职责给被代理人造成损害的，则应由代理人承担责任。

（四）代理人为律师

在民事诉讼中，当事人及其法定代理人既可以委托律师参加民事诉讼，又可以委托基层法律服务工作者、当事人的近亲属或者工作人员、当事人所在社区、单位以及有关社会团体推荐的公民参加民事诉讼。但是其他人的代理不属于律师代理，不是执业律师的人也不能以律师名义代理诉讼。

（五）民事诉讼中的律师代理具有专业性、非个人性及规范性

律师是为社会提供法律服务的专业人员，有丰富的法律专业知识和实践经验，可以在民事诉讼中利用自己掌握的法律知识更好的维护当事人的合法权益。当事人和律师之间的委托关系是通过当事人和律师事务所签订委托合同、由律师事务所指派或者由法律援助机构指派确立的，而非当事人的直接委托。律师进行民事诉讼活动要受法律、法规的规范，还要受律师职业道德和事务所的规章制度的约束，这些规范的约束为律师完成当事人委托的事务提供了有力保障。

二、民事诉讼中律师代理的种类

民事诉讼中的律师代理是一项复杂的法律制度，为了便于司法机关对之进行把握和理论界的深入研究，可以根据一定的标准对其进行科学的分类。

（一）一般代理和特别授权代理

这种分类的标准是委托人的授权是否涉及实体权利。

所谓一般代理，是指当事人是将普通的诉讼权利委托给律师行使，也就是说当事人是把那些不直接涉及实体权利的一般诉讼权利授权代理律师去行使。在这种代理关系中，律师无权行使当事人重要的诉讼权利和实体权利，只能行使如代为陈述事实、申请回避、提出管辖权异议等不涉及当事人实体权利的一般诉讼权利。

特别授权代理，是指当事人不仅将一般的诉讼权利，而且将重要的诉讼权利和实体权利的处分权利一并交由律师行使。根据我国《民事诉讼法》的有关规定，需特别授权的、涉及当事人实体权利的范围包括：代为承认、放弃、变更诉讼请求，代为上诉、撤诉，进行和解，提起反诉或上诉等。

《民事诉讼法》规定，委托他人代为诉讼，必须向人民法院提交由委托人签名或者盖章的授权委托书。

授权委托书必须记明委托事项和权限。诉讼代理人代为承认、放弃、变更诉讼请求，进行和解，提起反诉或者上诉，必须有委托人的特别授权。

（二）一审程序、二审程序、审判监督程序和执行程序的律师代理

这种分类的标准是以代理工作所处的诉讼程序而划分的。

一审程序、二审程序、审判监督程序和执行程序是人民法院处理民事案件的4个阶段，它们都有各自特定的任务以及不同的要求和特点。与此相适应，在上述4

种程序中律师作为代理人应有不同的工作方式、方法和步骤，也应有不同的工作重点。代理律师在第一审程序中，应当通过调查、阅卷等方式，帮助当事人举证，向法院提出有利于委托人的事实根据和法律意见，要求法院作出有利于委托方当事人的判决、裁定。代理律师在二审程序中，首先要了解一审判决、裁定认定的事实是否清楚，证据是否确实充分，适用的法律是否正确，然后听取委托人对一审裁判的意见以及在二审程序中的诉讼请求，提出代理意见，代理意见应包括对一审裁判评价等内容。审判监督程序中，代理律师应当就生效判决、裁定存在的错误，对委托人造成的危害以及如何纠正等问题发表代理意见。在执行程序中，代理律师应当帮助当事人实现生效判决所确定的其应享有的权利或应得的利益。

此外，根据当事人委托的代理律师的人数，可将律师代理划分为单独律师代理和共同律师代理。以代理的案件有无涉外因素，划分为涉外民事诉讼律师代理和非涉外民事诉讼律师代理。以诉讼标的为标准，划分为一般民事案件律师代理和经济、商事案件律师代理，等等。

三、民事诉讼中律师代理的范围

民事诉讼中律师代理的范围是指律师作为民事诉讼代理人参加诉讼活动的案件的范围。

（一）民事诉讼中律师代理的案件范围

我国《民事诉讼法》第 3 条规定："人民法院受理公民之间、法人之间、其他组织之间以及他们相互之间因财产关系和人身关系提起的民事诉讼，适用本法的规定。"据此，凡是人民法院依据《民事诉讼法》受理和审判的案件，律师均可接受委托，进行代理。具体有以下几方面：①民法所调整的财产关系、人身关系、知识产权关系案件；②婚姻法所调整的婚姻家庭关系案件；③继承法所调整的继承关系案件；④经济法所调整的经济纠纷案件；⑤收养法所调整的收养关系案件；⑥劳动法所调整的劳动纠纷案件；⑦其他与财产关系和人身关系有关的案件。

上述案件，当事人都可以委托律师进行民事诉讼代理，但以下情况则不属于律师代理民事诉讼的范围：

1. 争议或纠纷不属于人民法院的主管范围，即不能通过司法程序加以解决而只能由法院以外的其他部门进行处理。

2. 必须先经其他机关处理法院才能受理的案件。

3. 依法在一定时期内不得向法院提起诉讼的案件。女方在怀孕期间、分娩后 1 年内或中止妊娠 6 个月内，男方不得提出离婚。女方提出离婚的，或人民法院认为有必要受理男方离婚请求的，不在此限。

（二）民事诉讼中律师代理的程序范围

根据《民事诉讼法》的规定，民事诉讼程序分为审判程序和执行程序两类。其中，审判程序包括第一审普通程序、简易程序、第二审程序、特别程序、审判监督程序、督促程序和公示催告程序。在以上各类和各种程序中，律师均可接受当事人的委托，作为代理人参加诉讼。

（三）民事诉讼中律师代理的对象范围

《民事诉讼法》第58条第1款规定："当事人、法定代理人可以委托1~2人作为诉讼代理人。"可知，当事人、法定代理人可以委托律师作为诉讼代理人参加诉讼。民事诉讼当事人有广义和狭义之分，广义当事人包括原告、被告、共同诉讼人、诉讼代表人和第三人，狭义当事人就是我们通常所说的原告和被告。这里是指广义的当事人。

四、民事诉讼中律师代理的意义

接受民事案件当事人的委托，担任代理人参加诉讼，这是律师的一项基本业务，在我国社会生活中具有重要的作用。主要表现在：

（一）有利于当事人进行诉讼，更好地维护他们的合法权益

在现实社会生活中，民事案件纷繁多样，极为复杂，涉及社会主体生产、经营、生活的各个方面。在民事诉讼中，根据现行法律规定和司法实践，主要由当事人提出诉讼请求、提供证据以及其他诉讼理由，并由当事人承担举证责任。法律赋予了当事人广泛的诉讼权利的同时也规定了当事人需要承担的诉讼义务。所以，当事人实际进行诉讼的能力，对于保护自己的合法民事权益显得极为重要。而在实际生活中，当事人的实际诉讼能力千差万别，有的当事人在合法权益受到侵犯时不知道或不敢运用法律手段保护自己的权益；有的当事人由于诉讼行为能力的限制，如未成年、有精神病或生理缺陷等无法亲自进行诉讼；有的当事人虽然有诉讼能力，但由于年龄过高、生病、外出或其他原因不能亲自到庭参加诉讼；有的当事人因缺乏法律知识或不善于行使自己的权利，因而难以充分保护自己的合法权益。而律师有丰富的法律知识和办案经验，能够正确灵活地理解和应用法律，收集有利的证据，有效地展开辩论，提出有利于当事人的代理意见和证明材料。因此，当事人聘请律师担任代理人代理诉讼比聘请其他人可以更好地维护自己的合法权益，实现自己的诉讼目的。同时，与律师接触亦有助于增强当事人的法律意识，预防违法行为的发生，提高运用法律手段保护自己合法权益的自觉性。

（二）有利于人民法院正确处理民事案件，提高审判质量

律师凭借自己特有的权利、地位和身份，能够比较透彻地调查案情，及时掌握案件的事实真相，通过法庭辩论的渠道，协助审判人员准确地判断案情。律师的代理活动亦可从不同的角度提出问题和意见，便于法院全面了解案情，分清是非，从而正确适用法律，对案件作出公正判决。律师代理民事诉讼，不仅能够从正面协助人民法院公正判决，而且也从反面制约着人民法院的审判活动。对于错误的判决和裁定，律师还可以帮助当事人提起上诉，通过第二审程序予以纠正。因此，律师代理民事诉讼，有助于增强审判人员的工作责任感，提高审判质量，同时矫正审判的失误和偏差，防止错案发生，从而有效地维护国家法律的正确实施。

（三）有利于经济体制改革的需要

随着经济体制改革的深入和经济发展速度的加快，对于处理头绪复杂的民事诉讼活动，无论是公民个人还是法人组织都是不能胜任的。为了保护国家、集体和个人的合法权益，就需要依靠律师代理诉讼。同时，社会经济生活的复杂性和保证诉讼有效率进行的需求，也决定了不可能要求当事人事事亲力亲为，允许律师代理民事诉讼也充分满足了社会经济发展的需要。

（四）有利于维护国家主权和促进对外开放

律师通过担任涉外民事诉讼当事人的代理人，可以有效地维护国家的主权和利益，保护我国公民、法人或其他组织的合法权益。同时，通过向外商及外国投资者提供法律服务，维护其合法权益，也有利于促进我国对外开放政策的进一步贯彻落实。

五、代理律师在民事诉讼中的法律地位

代理律师接受民事案件当事人的委托，担任代理人，参加诉讼，其目的在于维护当事人的合法权益，维护法律的正确实施，也由此决定了代理律师的诉讼地位。

（一）代理律师不是诉讼主体，不具有独立的诉讼地位

根据《民事诉讼法》第59条及有关规定，律师在民事诉讼中的代理权直接来自委托人的授权，律师只有在委托人的授权范围内实施的诉讼行为才能对被代理人产生法律效力。所以，代理律师不是独立的诉讼主体，其所进行的诉讼行为受当事人意志的约束，其代理意见不能违背当事人的意愿。根据《民事诉讼法》的规定，律师必须在代理人授权范围内进行活动，代为和解、变更、承认、放弃诉讼请求应该征得当事人的特别授权。而且，在代理过程中，当事人对代理律师不满意的，有权拒绝代理律师继续为其代理，也可以另行委托代理人。因此，律师在民事诉讼中不具有独立的诉讼地位，只是从属于一方当事人的诉讼参与人。

（二）代理律师在民事诉讼中具有相对的独立性

尽管代理律师在民事诉讼活动中，既要受到代理权限范围的严格限制，又要受到被代理人意志的约束。但是为了有效地维护当事人的合法权益，代理律师在当事人授权的范围内，就实施诉讼行为的方式和步骤拥有自主决定的权利，可以作出独立的意思表示，而不受当事人意志的约束。因为只有这样，代理律师才能采取有效措施收集证据、查明事实，也才能根据自己对法律的理解作出判断，最大限度地维护当事人的合法权益。并且，根据《律师法》的规定，委托事项违法、委托人利用律师提供的服务从事违法活动或者委托人故意隐瞒与案件有关的重要事实的，律师有权拒绝辩护或代理。因此，代理律师在民事诉讼中具有一定的独立性，并不需要处处听命于委托人。在委托人的要求与法律相冲突时，律师应为捍卫法律的尊严而拒绝代理。

六、代理律师在民事诉讼中的权利和义务

（一）代理律师在民事诉讼中的权利

根据《律师法》和《民事诉讼法》，代理律师的诉讼权利主要包括两个部分：①依法直接享有的诉讼权利；②依代理关系取得的诉讼权利。前者是律师的法定权利，后者为律师的继受权利。

律师的法定权利，是指律师在代理民事诉讼中，按照有关法律规定直接享有的权利。根据《律师法》和《民事诉讼法》的有关规定，律师代理民事诉讼主要享有以下几项权利：①依法执业受法律保护。任何组织和个人不得侵害律师的合法权益。②拒绝代理的权利。如果委托事项违法、委托人利用律师提供的服务从事违法活动或者委托人故意隐瞒与案件有关的重要事实的，律师有权拒绝代理。③查阅、摘抄和复制与案件有关的所有材料。受委托的律师自案件被人民法院受理之日起，有权查阅、摘抄和复制与案件有关的所有材料。④调查收集证据的权利。律师承办法律事务，可以向有关单位或者个人调查与承办法律事务有关的情况。根据案情的需要，可以申请人民法院收集、调取证据或者申请人民法院通知证人出庭作证。⑤辩论权利依法受到保障。律师担任民事诉讼代理人的，其辩论的权利依法受到保障。⑥人身权利不受侵犯。律师在执业活动中的人身权利不受侵犯。

律师的继受权利，是指律师因被代理人的委托授权而取得的权利。代理律师只能在被代理人授权范围内行使诉讼权利。代理权限的具体内容都必须在委托代理合同中明确表明。

（二）代理律师在民事诉讼中的义务

代理律师的诉讼义务，按照《律师法》和《民事诉讼法》中的规定，主要包括以下内容：①律师应当在受委托权限内，维护委托人的合法权益；②接受当事人的委托后，无正当理由，不得拒绝代理；③律师应当保守在执业活动中知悉的国家秘密和当事人的商业秘密，不得泄露当事人的隐私；④律师不得在同一案件中为双方当事人担任代理人，不得代理与本人或者其近亲属有利益冲突的法律事务；⑤忠实于法律和事实真相，不得提供虚假证据、隐瞒事实或者威胁、引诱他人提供虚假证据，隐瞒事实以及妨碍对方当事人合法提出证据；⑥认真履行职责，遵守职业道德和执业纪律，不得从事有损律师名誉的活动；⑦遵守法庭纪律和秩序，不得扰乱法庭秩序、干扰诉讼活动的正常进行。

第二节　民事诉讼中的律师代理关系

民事诉讼中的律师代理关系，是指根据法律的规定，律师接受当事人或者他的法定代理人的委托，代理其进行民事诉讼活动所形成的权利义务关系。

律师代理关系的产生，通常基于当事人或者他的法定代理人的委托。此外，确立律师代理关系后，在代理过程中，因为法定或者约定事由的出现，代理关系也能

发生变更或者消灭。

一、民事诉讼中的律师代理关系的成立

律师代理关系的成立，是指在民事诉讼中，根据法定事由，律师与被代理人之间形成代理关系，律师成为被代理人的代理人。根据《民事诉讼法》和《律师法》的规定，成立代理关系，主要是基于当事人及其法定代理人的委托。具体如下：

（一）当事人及其法定代理人提出委托

根据《民事诉讼法》第 58 条第 1 款规定："当事人、法定代理人可以委托 1 ~ 2 人作为诉讼代理人。"可知，有权委托律师参加民事诉讼的是当事人及其法定代理人。对于自然人来说，其可以自行委托代理律师，当其是无民事行为能力人或者是限制民事行为能力人时，应当由其法定代理人为其委托代理律师；对于法人或其他组织来说，委托律师由其意思机关进行，一般是法人的法定代表人或者其他组织的负责人，以及法人或者其他组织授权的人。

当事人及其法定代理人委托律师参加诉讼没有时间限制，既可以在起诉之前也可以在诉讼进行中。这样，当事人及其法定代理人委托律师代理民事诉讼往往有两种情况：①当事人尚未向法院起诉，希望委托律师代为提起诉讼；②当事人已经向法院提起诉讼并由法院立案受理，或者已经由法院通知参加诉讼，再委托律师代理诉讼。前者可以称为诉前委托，后者可以称为诉后委托，它们是律师代理民事诉讼的两种方式。但二者之间还是存在明显的区别的：①当事人授予律师代理权的时间不同；②当事人授予律师代理权的内容不同。诉前代理的代理权在起诉以前就授予律师了，包括诉前的调查了解案情、收集运用证据、代为起诉以及进入诉讼以后的一般代理或特别诉讼代理。

（二）律师事务所统一接受委托

根据有关法律规定，律师不能私自接受委托，当事人及其法定代理人提出委托的，由律师事务所统一接受委托。在接受委托前，应当先对当事人提出的委托事项进行审查。对于诉前委托，审查的内容主要包括以下几个方面：

1. 审查该民事纠纷是否具备法定的起诉条件。起诉是法律赋予当事人的一项重要的诉讼权利，但起诉必须具备一定的条件，否则起诉是不会被法院受理的。根据《民事诉讼法》的规定，起诉必须符合下列条件：①原告是与本案有直接利害关系的公民、法人和其他组织；对污染环境、侵害众多消费者合法权益等损害社会公共利益的行为，法律规定的机关和有关组织可以向人民法院提起诉讼。②有明确的被告。③有具体的诉讼请求。④属于人民法院受理民事诉讼的范围和受诉人民法院管辖。如果该民事纠纷不符合上述条件，法院就会裁定驳回，民事诉讼程序不能启动。由此，律师对上述事项进行审查后，认为符合上述条件的，才可以接受委托；如果认为不符合起诉的法定条件，则应尽快告知当事人。

2. 审查委托人的诉讼请求是否违背法律、政策和社会公德。律师应当向当事人阐明律师在代理民事诉讼时，是从"以事实为根据，以法律为准绳"的原则出发来维护委托人的合法权益的。如果委托人将要提起的诉讼请求违背法律、法规、行政规章、有关的国家政策和社会公德，律师应当向委托人讲明这种诉讼请求不会受到司法保护，并应该说服当事人放弃或者改变其诉讼请求。如果当事人不愿改变或无法改变为符合法律、政策和社会公德的诉讼请求，那么律师可以拒绝接受委托。

3. 审查委托人的诉讼请求有无事实根据，有无相应的证据予以证明。民事诉讼程序奉行严格的"谁主张，谁举证"原则，如果委托人将要提起的诉讼请求既没有事实根据，也无证据材料予以证明，律师应当根据具体案情分析能否通过调查取证收集到有关的证据材料。经分析，如果认为能够收集到证据材料的，可以接受委托；如果认为不可能收集到证据材料，或者对能否收集到证据材料把握不大时，应当向委托人说明原因，不接受委托。

4. 审查是否超过诉讼时效期限。对于符合起诉条件的民事案件，律师应认真审查其有无超过诉讼时效，有无诉讼时效中止、中断或延长的法定事由。对于已经超过诉讼时效的案件，委托人的诉讼权益不再受法律保护，起诉会被法院驳回，律师代理诉讼没有什么意义，因而不应接受委托。

诉后委托也应当对当事人提供的诉讼文书、事实依据进行审查，律师应当根据当事人对于案件的陈述作出初步判断，并向律师事务所表明是否接受委托。诉后委托，除非当事人的委托事项违法，一般情况下应当接受委托。

（三）签订委托协议

经过审查，律师认为民事纠纷、民事案件符合上述条件，可以接受委托的，应当进行利益冲突审查并作出是否接受委托决定。决定接受委托的，要由律师事务所与委托人签订委托协议。这种协议是以代理诉讼的法律行为为标的的有偿服务合同，是规定委托人与代理律师在诉讼中各自的权利和义务的法律文书。律师应当与委托人就委托事项范围、内容、权限、费用、期限等进行协商，经协商达成一致后，由律师事务所与委托人签署委托协议。其具体内容包括：①委托人的状况（包括姓名、性别、年龄、单位名称、法定代理人、其他组织的主要负责人等基本情况）及案件。②律师事务所指派参加诉讼代理律师的状况。对于委托人指明律师委托的应根据实际情况尽可能满足，对于委托人未指明的委托，由律师事务所主任指派具体的承办律师。③委托代理事项及权限，必须以委托人真实意思为准。关于委托代理权限的确定，应该明确的界定为是一般诉讼代理还是特殊诉讼代理，以免产生歧义。④代理关系的有效期限。代理期限一般是从接受委托、起诉或应诉开始，至审理终结作出判决或达成调解协议为止。很多律师在跟当事人签订委托代理协议时，经常会写上"一审终止"的字样。而什么时候算是一审终止可能产生歧义。有时候当事人因为案件和解、撤诉等，没有经过审理，而拒绝支付律师费。为了避免歧义，可以在一审后面注明"一审终止包括下列情形：案件的撤销、和解、调解、裁定、裁决和判决"。这样不论出现哪种情况都算是律师做了代理工作，从而可以最大程度地保护律师自身的利益。至于上诉或申请再审，则应当另行签订委托协议，不应有无限期的代理。⑤委托双方的权利和义务。⑥双方商定的委托代理费用。委托代理合同中还应对律师费的退还作出详细的规定。所以，在委托协议中就可以明白地写：如果因当事人原因中途终止/中止代理，则已收律师费不退还，同时停止代理。同样，如果因律师原因中途转换律师，则全额退还律师费。

委托协议签订后，代理关系即行成立。收到律师费后一定要出具发票。

（四）当事人或者法定代理人授权

委托人除了与律师事务所签订委托协议外，还应当根据有关法律规定提交授权委托书。授权委托书是委托人根据委托协议向代理律师授权，说明代理律师代理权限，并向人民法院提交的法律文书。它是委托人单方授权的一种法律行为，其法律意义是代理律师向对方当事人、第三人和审判机关证明其有代理资格。授权委托书要一式三份，一份送交人民法院，一份由律师事务所存档，一份由代理律师保留以作为参加诉讼活动的根据。

根据《民事诉讼法》的规定，当事人、法定代理人可以委托 1～2 名律师作为诉讼代理人。但是，当委托 2 名律师共同充当诉讼代理人时，应在授权委托书中载明每个律师的委托代理事项以及权限范围。如果律师接案以后，发现本案已事先委托 1 名诉讼代理人的，应与该代理人交换意见，明确分工，密切协作。如果先后受托的诉讼代理人的意见不一致，应当及时通报委托人决定，并由其分别授予不同权限。

二、民事诉讼中的律师代理关系的变更或者终止

在律师代理民事诉讼的过程中，代理关系可能因法定或者约定的事由而发生变更或者终止。例如，被代理人要求更换代理律师、变更代理权限等代理关系发生变更；被代理人要求解除代理协议、代理事项办理完毕等使代理关系终止。不过，在诉讼进行之中，当事人或者他的法定代理人更换代理律师的，应当及时通知受理案件的人民法院。

通常情形下，代理关系成立后，律师不应拒绝代理，但是，如果律师发现委托事项违法、委托人利用律师提供的服务从事违法活动或者委托人故意隐瞒与案件有关的重要事实的，可以拒绝代理。律师拒绝代理的，代理关系即时终止。

第三节　第一审程序中的律师代理

律师既可以接受原告方的委托，也可以接受被告方的委托。律师接受当事人的委托后，就成为当事人的代理律师，律师应当充分运用专业知识，依照法律和委托协议完成委托事项，维护委托人或者当事人的合法权益。律师应当严格按照法律规定的期间、时效以及与委托人约定的时间办理委托事项。

一、代理起诉或应诉

（一）律师代理原告起诉

律师在起诉前接受原告委托的，受托后应进行以下代理工作：①根据案件事实和法律规定，代写起诉状，并确定受诉法院，然后代为起诉或者告知委托人向法院递交起诉状。如果法院裁定驳回起诉或不予受理，律师则应当协助当事人提起上诉，请求上一级人民法院裁定受理。②考虑是否需要申请人民法院采取诉前保全措施。根据《民事诉讼法》第101条的规定，利害关系人因情况紧急，不立即申请保全将会使其合法权益受到难以弥补的损害的，可以在提起诉讼或者申请仲裁前向被保全财产所在地、被申请人住所地或者对案件有管辖权的人民法院申请采取保全措施。申请人应当提供担保，不提供担保的，裁定驳回申请。人民法院接受申请后，必须在48小时内作出裁定；裁定采取保全措施的，应当立即开始执行。申请人在人民法院采取保全措施后30日内不依法提起诉讼或者申请仲裁的，人民法院应当解除保全。③在开庭前发现与案件有直接利害关系的当事人没有参加诉讼的，可以申请人民法院追加这些人为本案当事人。因为如果这些人不参加诉讼，不仅不利于查清案情，也会损害当事人的合法权益。

（二）律师代理被告应诉

律师在应诉阶段接受被告人委托的，应当注意做好如下两项工作：①根据案件事实和法律规定，针对原告的诉讼请求和理由，代写答辩状，然后代为提交或告知委托人自收到起诉书15日内向人民法院提交答辩状；②考虑委托人能否提起反诉。如果委托人接受律师建议提起反诉的，律师应当代写反诉状，并将其与答辩状一起提交法院。当然，提起反诉既可以随答辩状一并提出，也可以另用反诉状单独提起。提起反诉，应当在举证期限届满前提出。

无论是原告的代理律师还是被告的代理律师都应注意此项代理工作，即我国《民事诉讼法》第134条规定："人民法院审理民事案件，除涉及国家秘密、个人隐私或者法律另有规定的以外，应当公开进行。离婚案件，涉及商业秘密的案件，当事人申请不公开审理的，可以不公开审理。"据此，代理律师在接到开庭通知前或在接到开庭通知后，可根据案件的性质和当事人的申请，及时向人民法院申请不公开审理。

二、开庭前的准备工作

律师接受委托后至出庭前是律师代理民事诉讼最重要的一个诉讼阶段，这一阶段的准备工作做得是否充分直接关系到整个代理活动的成败。因此，在出庭前，律师必须认真、细致地做好以下几项准备工作：

（一）确定举证期限

《民事诉讼法》第65条规定，当事人对自己提出的主张应当及时提供证据。人民法院根据当事人的主张和案件审理情况，确定当事人应当提供的证据及其期限。当事人在该期限内提供证据确有困难的，可以向人民法院申请延长期限，人民法院根据当事人的申请适当延长。当事人逾期提供证据的，人民法院应当责令其说明理由；拒不说明理由或者理由不成立的，人民法院根据不同情形可以不予采纳该证据，或者采纳该证据但予以训诫、罚款。第66条规定，人民法院收到当事人提交的证据材料，应当出具收据，写明证据名称、页数、份数、原件或者复印件以及收到时间等，并由经办人员签名或者盖章。

举证期限对于民事诉讼具有十分重要的意义，很多诉讼活动必须在举证期限内完成。例如，当事人必须在举证时限内向人民法院提交证据材料，当事人在举证期限内不提交的，将被视为放弃举证权利。对于当事人逾期提交的证据材料，人民法院在审理时不组织质证，但对方当事人同意质证的除外。当事人在举证期限内提交证据材料确有困难的，应当在举证期限内向人民法院申请延期举证，经人民法院准许，可以适当延长举证期限。当事人在延长的举证期限内提交证据材料仍有困难的，可以再次提出延期申请，是否准许由人民法院决定。

（二）查阅案卷材料，了解熟悉案情

阅卷既是代理律师的一项基本权利又是律师了解案情的一条重要途径。案卷材料是法院掌握的关于本案的各项材料，其来源有三个方面：①原告方当事人以及代理人提供的；②被告方当事人及其代理人提供的；③法院通过自行调查收集到的。案卷材料包含了当事人制作并提交至法院的各种诉讼文书，如起诉状和答辩状，以及各种证据材料。这里的证据材料既包括双方当事人的举证材料又包括法院通过调查或鉴定得到的证据材料，能够比较客观、全面地反映案件事实以及双方当事人各自的诉讼请求和主张。

（三）与委托人谈话，听取委托人的意见

在了解基本案情和双方争执焦点的基础上，代理律师应与委托人进行一次有针对性的谈话，要求他详细地介绍案件的发生、经过和结果，并向委托人说明本案争论的焦点以及对其有利和不利的方面。此外还要听取当事人的意见，以便确定是否还需要委托人再提供新的证据和线索。同时，要注意委托人的思想动态，避免激化矛盾，而且要跟委托人介绍举证及参加诉讼时应注意的事项。

（四）调查收集证据

除当事人客观上无法收集的证据应由人民法院依职权收集外，根据《民事诉讼法》规定的"谁主张，谁举证"原则，当事人必须对自己提出的主张承担举证责任。这对代理律师提出了很高的要求。为全面弄清案件的事实真相，分清是非，明确责任，有效维护当事人的合法权益，代理律师应深入实际，调查研究，全面认真地审查证据。因此，向有关单位和个人调查取证，既是代理律师的一项基本诉讼权利，也是代理工作的一项重要内容。代理律师调查取证，侧重点在于收集和掌握有利于委托人的事实和证据，但对于不利于委托人的事实和证据也应予以足够的重视，这样能够形成正确的、令人信服的代理意见，真正达到维护委托方当事人合法权益的目的。代理律师对于在调查中了解到的不利于委托方当事人的事实和证据，不应向法院提供，只可作为自己发表代理意见时的参考资料。

我国《民事诉讼法》第 64 条第 2 款规定："当事人及其诉讼代理人因客观原因不能自行收集的证据，或者人民法院认为审理案件需要的证据，人民法院应当调查收集。"根据《最高人民法院关于民事诉讼证据的若干规定》第 17 条的规定，符合下列条件的，当事人及其诉讼代理人可以申请人民法院调查收集证据：①申请调查收集的证据属于国家有关部门保存并需人民法院依职权调取的档案材料；②涉及国家秘密、商业秘密、个人隐私的材料；③当事人及其诉讼代理人确因客观原因不能自行收集的其他材料。当事人及其诉讼代理人申请人民法院调查收集证据，不得迟于举证期限届满前 7 日。

当事人及其诉讼代理人申请人民法院调查收集证据，应当提交书面申请。申请书应当载明被调查人的姓名或者单位名称、住所地等基本情况，所要调查收集的证据的内容，需要由人民法院调查收集证据的原因以及要证明的事实。

人民法院对当事人及其诉讼代理人的申请不予准许的，应当向当事人或其诉讼代理人送达通知书。当事人及其诉讼代理人可以在收到通知书的次日起 3 日内向受理申请的人民法院书面申请复议一次。人民法院应当在收到复议申请之日起 5 日内作出答复。

当事人可以就查明事实的专门性问题向人民法院申请鉴定。当事人申请鉴定的，由双方当事人协商确定具备资格的鉴定人；协商不成的，由人民法院指定。

当事人未申请鉴定，人民法院对专门性问题认为需要鉴定的，应当委托具备资格的鉴定人进行鉴定。

当事人可以申请人民法院通知有专门知识的人出庭，就鉴定人作出的鉴定意见或者专业问题提出意见。

（五）申请证据保全、财产保全或先予执行

在证据可能灭失或者以后难以取得的情况下，诉讼参加人包括诉讼代理人可以向人民法院申请保全证据，申请保全证据的，人民法院可以要求其提供相应的担保。

申请人民法院保全证据，应当写明所请求保全的对象以及所处的地点、位置和保全方式。法院进行证据保全时，根据人民法院的要求，代理诉讼的律师应当亲自到场或者商请委托人到场。

如果认为由于对方当事人的行为或者其他原因，将使日后判决不能执行或难以执行的，代理律师应建议当事人提出财产保全申请。财产保全限于请求的范围或者与本案有关的财物。人民法院进行财产保全应当采取查封、扣押、冻结或者法律规定的其他方法。人民法院冻结财产后，应当立即通知被冻结财产的所有人。被申请人的代理律师可以建议其提供担保以解除财产保全。如果财产保全裁定是错误的，代理律师可以向申请人要求赔偿。

如果律师代理的是追索赡养费、抚养费、抚育费、抚恤金、医疗费用以及劳动报酬等案件，代理律师应考虑是否建议当事人向人民法院提出先予执行的申请。

作为对方当事人的代理律师，如果认为人民法院作出的财产保全或者先予执行裁定不当，应建议当事人或在其授权的情况下申请复议。

（六）申请或参加庭前证据交换

庭前证据交换有两种情况：①经当事人申请，人民法院可以组织当事人在开庭审理前交换证据；②人民法院对于证据较多或者疑难复杂的案件，应当组织当事人在答辩期满后、开庭审理前交换证据。交换证据的时间可以由当事人协商一致并经人民法院认可，也可以由人民法院指定。人民法院组织当事人交换证据的，交换证据之日举证期限届满。当事人申请延期举证经人民法院准许的，证据交换日相应顺延。证据交换应当在审判人员的主持下进行。

在证据交换的过程中，审判人员对当事人无异议的事实、证据应当记录在卷；对有异议的证据，按照需要证明的事实分类记录在卷，并记载异议的理由。通过证据交换，确定双方当事人争议的主要问题。

当事人在收到对方交换的证据后提出反驳并提出新证据的，人民法院应当通知当事人在指定的时间进行交换。

证据交换一般不超过两次。但重大、疑难和案情特别复杂的案件，人民法院认为确有必要再次进行证据交换的除外。

（七）申请司法鉴定

当事人可以就查明事实的专门性问题向人民法院申请鉴定。当事人申请鉴定的，由双方当事人协商确定具备资格的鉴定人；协商不成的，由人民法院指定。当事人未申请鉴定，人民法院对专门性问题认为需要鉴定的，应当委托具备资格的鉴定人进行鉴定。

对于需要鉴定的事项，当事人或者其诉讼代理人可以向人民法院申请鉴定。对需要鉴定的事项负有举证责任的当事人，在人民法院指定的期限内无正当理由不提出鉴定申请，或者不预交鉴定费用，或者拒不提供相关材料，致使对案件争议的事实无法通过鉴定意见予以认定的，应当对该事实承担举证不能的法律后果。

当事人申请鉴定经人民法院同意后，由双方当事人协商确定有鉴定资格的鉴定机构、鉴定人员，协商不成的，由人民法院指定。当事人申请鉴定，应当在举证期限内提出。当事人对人民法院委托的鉴定部门作出的鉴定意见有异议且符合法定情形而申请重新鉴定的除外。

（八）准备代理意见

代理意见是代理律师在开庭审理中，根据法庭调查的情况，对案件事实与法律适用发表的见解，书面的代理意见又称代理词。准备代理意见时，通常应当做比较广泛的书面准备，即根据本案的实际情况和自己的诉讼经验，尽可能多的预想案件审理中可能出现的问题，全面准备代理意见。当然，也可以只准备代理词的大纲，在开庭审理结束后，再根据案件审理情况书写代理词。

（九）庭前准备过程中的其他工作

根据代理律师的工作经验，庭前准备工作主要包括以下几个方面：

1. 通过调查取证，如果事实已经查清，责任已经明确，律师应利用有利的地位和身份尽力做和解工作，促使双方当事人互让互谅，达成和解协议。

2. 根据法院通知的合议庭组成人员或者独任审判员的情况，以及本案书记员的情况，在发现回避事由时提出回避申请。

3. 根据法律规定，代理律师可以根据当事人的意愿和案件的实际情况，申请法院采用简易程序。

4. 注意法院有没有程序违法或者侵犯委托人合法权益的行为，如果存在前述行为，代理律师应当依法要求法院予以纠正。

三、法庭审理过程中的律师代理活动

根据《民事诉讼法》的规定，人民法院审理第一审案件通常采用普通程序。普通程序是民事诉讼的基础性程序，其开庭审理分为宣布开庭、法庭调查、法庭辩论、评议与宣判四个阶段。每个阶段都有该阶段的特点与任务，相应的，代理律师也各有其业务活动。

（一）宣布开庭阶段的律师代理活动

1. 申请延期审理。根据《民事诉讼法》的规定，有下列情形之一的，代理律师可以建议当事人申请延期开庭审理：①必须到庭的当事人和其他诉讼参与人有正当理由没有到庭的；②当事人临时提出回避申请的；③需要通知新的证人到庭，调取新的证据，重新鉴定、勘验，或者需要补充调查的；④其他应当延期的情形。

2. 申请有关人员回避。如果有《民事诉讼法》规定的回避情形的，代理律师可向当事人说明回避的意义和目的，告知当事人提出回避申请，同时，还要告知委托人申请回避必须要有合法的理由，当事人不能滥用申请回避的权利影响审判的顺利进行。对于法院作出的不予回避的决定不服的，可以申请复议一次。

另外，代理律师要注意核对对方当事人的身份以及当事人的代理人的代理权限。

（二）法庭调查阶段的律师代理活动

法庭调查是开庭审理的中心环节。

1. 代理宣读起诉状或者答辩状。法庭调查阶段，根据律师与原告委托人的分工，可以由律师宣读起诉状，也可以由委托人宣读起诉状，由律师补充说明诉讼请求。对于代理被告参加诉讼的，也可以作类似的分工，由律师宣读答辩状，或者由委托人宣读答辩状，由律师补充说明答辩的事实与理由。

2. 举证、质证。举证、质证是法庭调查阶段的核心内容。在法庭调查中举证，应当出示在举证期限内已向法院提交并将副本送达对方当事人的证据。质证时，当事人应当围绕证据的真实性、关联性、合法性，针对证据证明力的有无以及证明力的大小进行质疑、说明与辩驳。对书证、物证、视听资料进行质证时，当事人有权要求出示证据的原件或者原物。但有下列情况之一的除外：①出示原件或者原物确有困难并经人民法院准许出示复制件或者复制品的；②原件或者原物已不存在，但有证据证明复制件、复制品与原件或原物一致的。

证据应当在法庭上出示，由当事人质证。未经质证的证据，不能作为认定案件事实的依据。

另外，在法庭调查过程中，代理人可以提出新的证据，对于当事人逾期提交的证据材料，人民法院应当责令其说明理由；拒不说明理由或者理由不成立的，人民法院根据不同情形可以不予采纳该证据，或者采纳该证据但予以训诫、罚款。

代理人也可以要求重新进行调查、鉴定或者勘验，是否准许由法院决定。

3. 确定争议焦点。在此阶段，要在双方分别提出诉讼请求和答辩意见，并且经过质证的基础上确定双方争议的焦点。争议焦点可以由审判人员在双方主张的基础上总结。但是对于审判人员的总结，律师认为不正确或不全面的，应当及时向法庭提出。

（三）法庭辩论阶段的律师代理活动

法庭辩论是指在审判人员的主持下，双方当事人或其诉讼代理人根据法庭调查的证据、事实和相关法律的规定，当庭就双方争议的事实问题和法律问题进行辩驳和论证的诉讼活动。法庭辩论既是双方当事人及其诉讼代理人辨明事实，发表意见的主要阶段，又是审判人员听取双方意见，做到兼听则明的重要环节。代理律师在这一阶段，应通过发表代理词和与对方辩论，阐明自己对本案的基本看法和法律见解，从而维护委托人的合法权益。

代理律师应当根据法律规定，利用辩论发言的机会，充分论证己方观点的正确和对方观点的错误之处。为了充分发挥代理律师在法庭辩论中的作用，达到维护被告人合法权益的目的，代理律师在法庭辩论过程中，要注意以下几个问题：①要明确辩论的目的和对象。辩论的目的是说服审判人员，让他相信并采纳代理律师的意见。表面上，辩论的对象是对方当事人及其代理人，而实际上的对象是审判人员。代理律师通过辩论，只要使审判人员认为其主张合理合法就能达到预期目的。否则，即使通过辩论驳倒了对方当事人及其代理人，但未说服审判人员，审判人员也不会采纳代理律师的意见，不能最终使法院的判决、裁定有利于委托人。②在法庭辩论过程中，要做到有理、有利、有节，不要重复。③律师在反驳对方观点时，要以理服人，切忌讽刺挖苦、人身攻击。

另外，《民事诉讼法》第141条第2款规定："法庭辩论终结，由审判长按照原告、被告、第三人的先后顺序征询各方最后意见。"代理律师应注意协助委托人行使这最后发表意见的权利。

（四）评议与宣判阶段的律师代理活动

评议与宣判阶段，代理律师的主要工作是认真听取审判，向当事人说明和解释判决或者裁定的内容，并就上诉等问题向当事人提供咨询意见，询问当事人是否提出上诉，可以根据当事人的授权，接受法院送达的判决书或裁定书。

如果代理律师认为裁判正确，而当事人要求上诉的，代理律师可以向当事人提出裁判正确合法的意见，但是不能强迫当事人放弃上诉的诉讼权利。如果判决确有错误，应该根据当事人的请求，再办理委托手续，代理上诉。

（五）律师代理民事诉讼的其他问题

1. 诉讼调解中的律师代理。我国《民事诉讼法》第 142 条规定："法庭辩论终结，应当依法作出判决。判决前能够调解的，还可以进行调解，调解不成的，应当及时判决。"法庭调解是指在审判人员的主持下，当事人通过平等协商就双方争议的民事权益或法律关系达成协议，以终结诉讼的活动。法庭调解应当遵循自愿、合法的原则。代理律师在调解阶段的主要工作是：

（1）配合法院促成调解。根据当事人的态度和案件情况，代理律师认为有调解可能的，应提请和配合法院进行调解，以及时结案。

（2）监督法院依法调解。人民法院进行调解必须符合自愿和合法的原则，代理律师发现调解有强迫和违法情况的，应建议当事人不接受调解协议，并请求法院及时判决。

（3）向委托人说明有关法律事项。代理律师要向委托人详细说明达成调解协议的法律后果和调解书的法律效力，如达成调解协议的，应当由人民法院制作调解书，调解书在双方签收后，即与生效的判决书具有同等的法律效力，等等。

（4）进行谈判时要维护委托人的合法权益。在法庭调解过程中，代理律师要在事实和法律的基础上进行一系列的谈判，因此，代理律师必须从维护当事人利益的最大化出发参加法庭调解。

2. 诉讼和解中的律师代理。在诉讼进行中，代理律师可以根据案件审理的实际情况，与对方当事人在协商的基础上达成和解协议，从而申请撤诉以终结诉讼。

需要注意的是，上述诉讼调解和诉讼和解都不得违背当事人的意愿，都需要根据当事人的特别授权进行。没有当事人的特别授权，律师不得进行调解或者和解。

3. 阅读庭审笔录。无论是中途休庭，还是法庭辩论终结后闭庭，代理律师均应当阅读庭审笔录。发现笔录有误的，应当及时要求补正。特别是涉及事实自认、证据认可、质证记录或诉讼请求表述的记录出现错误，将直接影响到当事人的利益，对此，代理人应当加以特别注意。

第四节　第二审程序中的律师代理

民事诉讼第二审程序，是指由于当事人上诉，上一级人民法院对下一级人民法院尚未发生法律效力的一审裁判进行审理所适用的程序。律师担任二审案件当事人的代理人是指律师接受第二审民事案件当事人的委托，担任诉讼代理人，参加二审民事案件的诉讼活动，以维护当事人合法权益的行为。根据《民事诉讼法》的规定，当事人不服一审判决的，有权在判决书送达之日起 15 日内向上一级人民法院提起上诉；不服一审裁定的，在裁决书送达之日起 10 日内向上一级人民法院提起上诉。因此，当事人可委托律师代为提起上诉，更好地维护自己的合法权益。

一、提起上诉前的准备

在当事人委托律师提起上诉时，律师应当首先审查当事人的上诉请求是否符合上诉的条件：①审查上诉人是否享有上诉权或依法可行使上诉权；②审查上诉对象是否属于依法允许上诉的判决和裁定；③审查上诉是否超过法定期限；④审查一审判决和裁定是否有错误；⑤审查是否有证明原一审裁判错误的新证据。

由于种种原因，在一审程序中，对当事人有利的证据可能没有被发现。如果在二审程序中能找到这些证据，对维护当事人的合法权益将有很大帮助。

律师接受委托的，应当参照前述代理一审程序的要求，与当事人或者他的法定代理人签订委托代理协议，并取得当事人或他的法定代理人的授权。律师接受委托后，应当根据第二审审理程序的特点，进行必要的准备。根据《民事诉讼法》及其司法解释的规定，第二审程序的审理范围限于对当事人提起的上诉请求的有关事实和适用法律进行审查，同时，对判决违反法律禁止性规定、侵害社会公共利益的，第二审人民法院也应当审理。第二审中当事人提出的证据应当限于第一审程序审理结束后新发现的证据。

代理律师应当充分了解案情和一审的裁判情况，仔细审阅一审裁判文书和有关诉讼材料，询问一审的情况，找出一审判决中违法或者违背客观事实的情况。根据当事人提供的新情况，与当事人共同寻找新证据。

二、提起上诉

根据有关法律规定，提起上诉要采取书面形式。律师接受被代理人的委托并在作了必要的准备后，应在法定的上诉期限内写好上诉状。在上诉状里，要写明上诉人的姓名、住址、原审法院名称、案件的编号和案由、上诉的请求和理由，并写明一审判决或裁定在适用法律、认定事实或者在程序上的错误之处，并要求上一级人民法院予以改正。上诉应当通过原审法院提出，并按对方当事人以及其诉讼代理人的人数提出上诉状副本。

三、第二审审判中的律师代理

对于上诉案件，第二审人民法院可以开庭审理也可以径行判决。开庭审理即在第二审人民法院合议庭的主持下，双方当事人被通知到庭，经过法庭调查和法庭辩论，由合议庭作出判决的审理方式。径行判决是指第二审人民法院合议庭认为不需要组织开庭审理，而是在审阅案卷材料、听取当事人的有关请求和答辩意见即可以查清事实的情况下，直接做出裁判，结束二审程序的诉讼活动。由于这两种审判方式的不同，律师的代理工作亦有很大差别。根据上述审理的不同情形，代理律师在二审中除了可以参照代理一审程序的做法外，还应注意以下问题：

1. 无论采取哪种方式审理，都必须由审判员组成合议庭，人民陪审员不能参加二审合议庭。律师应注意第二审人民法院组成的合议庭是否合法，如果没有组成合议庭，或者合议庭中有不应当参加二审审理的人员，代理律师应当要求法院组成合法的合议庭。

2. 对于开庭审理的，上诉人或被上诉人可以与代理律师同时出庭，也可以由代理律师单独出庭（但离婚案件除外）。律师除按照一审开庭审理的做法进行代理活动外，还应当特别指出应当撤销或者维持一审判决的理由，或者当事人提出的新证据成立或者不成立的理由，或者提出新提交的证据是否符合新证据的条件。

3. 对于径行判决的，代理律师应当通过提交上诉状或者答辩状、书面代理词的机会，充分阐述己方意见，提出应当改判或者维持原判的理由、事实与法律意见。对于案件复杂，或者二审中有当事人提出新证据的，代理律师应当建议开庭审理，并说明不宜径行判决的理由，以维护当事人的合法权益。

4. 在二审程序中，双方当事人也可以进行调解。二审程序中的代理律师可以根据案件的具体情况，本着最大限度地维护被代理人合法权益的原则，在取得同意的前提下与对方达成调解协议。

5. 人民法院审判民事案件实行两审终审制。因此，第二审人民法院的判决属于终审判决，一经送达立即生效，此时律师应当主动做好被代理人的思想工作，劝其服判息讼。如果代理律师认定二审裁判确有错误，可以向当事人作出说明，告知其可以申请再审，或者向人民检察院反映，请求人民检察院提出抗诉。

第五节　再审程序中的律师代理

再审程序中的律师代理，是指律师根据当事人或其法定代理人、近亲属的委托，依法担任再审案件当事人的代理人，进行民事诉讼活动的行为。根据我国《民事诉讼法》的规定，依审判监督程序提起再审的案件，依据原生效判决作出的程序不同，以及是否属于上级人民法院提审，分别适用第一审民事诉讼程序或者第二审民事诉讼程序。所以，此处仅阐述再审程序中律师代理的特殊部分，其他内容可以参照前述第一审程序或第二审程序的代理。

一、当事人申请再审中的律师代理

律师可以以委托人的名义，代表委托人的合法意志，依据案件的事实和有关法律，代委托人书写再审申请书。但当事人委托律师申请再审时，代理律师一定要掌握以下原则：①审查是否属于可以申请再审的范围；②审查申请再审的主体是否合法；③审查申请再审的对象是否合法；④审查申请再审是否具有法定的事实和理由；⑤审查调解是否违反自愿原则或调解协议内容是否违法；⑥审查申请再审是否超出法定期限。

二、再审程序中的律师代理

根据《民事诉讼法》的规定，再审案件分为自行再审案件、指令再审案件和上级法院提审的案件。因再审案件的类型不同，所适用的诉讼程序也有所不同。

1. 自行再审案件依原审判程序进行，但是必须另行组成合议庭，曾经参加此案审理的法官不能参加再审。按一审程序进行的再审，当事人可对再审的判决、裁定提起上诉，律师经特别授权后也可代为提出上诉；按二审程序进行的再审，所作的判决、裁定是发生法律效力的判决、裁定，当事人不能上诉，律师应劝说当事人服判息讼。

2. 指令再审案件，如系指令一审法院再审的，适用一审程序，对再审的判决、程序，可由经当事人特别授权的律师代为上诉；如系指令二审法院再审，适用二审程序，所作的判决、裁定为发生法律效力的判决、裁定，不能上诉。

3. 上级人民法院提审的再审案件，适用二审程序，由合议庭进行审理，所作的判决、裁定为发生法律效力的判决、裁定，不能上诉。

第六节　涉外民事诉讼中的律师代理

一、律师代理涉外民事诉讼的概念

涉外民事诉讼，是指具有涉外因素的民事诉讼，即作为诉讼主体的当事人一方或双方是外国人、无国籍人、外国企业或组织，或者双方当事人争议的标的物在外国，或者引起双方权利义务关系发生变动的法律事实发生在外国的民事诉讼。

二、律师代理涉外民事诉讼应注意的问题

律师代理涉外民事诉讼，除要遵守代理民事诉讼的一般程序外，还应注意以下问题：

（一）委托授权手续问题

我国律师接受外国当事人的委托，亦应与其签订委托代理合同，就委托的事项和权限、委托的期限和费用负担等作出详细的约定。外国当事人还应向我国律师出具授权委托书并将其提交人民法院。根据《民事诉讼法》第264条的规定，在中华人民共和国领域内没有住所的外国人、无国籍人、外国企业和组织委托中华人民共和国律师或者其他人代理诉讼，从中华人民共和国领域外寄交或者托交的授权委托书，应当经所在国公证机关证明，并经中华人民共和国驻该国使领馆认证，或者履行中华人民共和国与该所在国订立的有关条约中规定的证明手续后，才具有效力。另外，如果外国当事人委托我国律师代为承认、放弃或变更诉讼请求，进行和解，提起反诉或上诉，还必须进行特别授权并按《民事诉讼法》的上述规定办理有关手续，否则无效。如果该外国人所属国与我国没有外交关系，应当将经过公证机关证明的委托授权手续交与我国有外交关系的国家驻该国使领馆，再由该外国使领馆转交我国驻该国使领馆认证。

（二）期间问题

被告在中华人民共和国领域内没有住所的，人民法院应当将起诉状副本送达被告，并通知被告在收到起诉状副本内30日内提出答辩状。被告申请延期的，是否准

许，由人民法院决定。

在中华人民共和国领域内没有住所的当事人，不服第一审人民法院判决、裁定的，有权在判决书、裁定书送达之日起 30 日内提起上诉。被上诉人在收到上诉状副本后，应当在 30 日内提出答辩状。当事人不能在法定期间提起上诉或者提出答辩状，申请延期的，是否准许，由人民法院决定。我国《民事诉讼法》为涉外民事诉讼当事人规定如此充裕的诉讼期间，一方面体现了我国给外国当事人以优厚待遇；另一方面也是基于路途遥远、往返时间较长的考虑。律师接受在我国没有住所的外国当事人的委托，担任代理人参加诉讼时，应注意《民事诉讼法》的上述特殊规定，规定或协助其在规定的期限内进行答辩或上诉活动。当然，如果外国当事人不能在规定的期限内提出答辩或上诉状的，可以告知或协助其申请延期，是否准许，由人民法院决定。

（三）法律文书的送达问题

根据我国《民事诉讼法》第 267 条的规定，人民法院对在中华人民共和国领域内没有住所的当事人送达诉讼文书，可以采用下列方式：①依照受送达人所在国与我国缔结或者共同参加的国际条约中规定的方式送达；②通过外交途径送达；③对具有我国国籍的受送达人，可以委托我国驻受送达人所在国的使领馆代为送达；④向受送达人委托的有权代其接受送达的诉讼代理人送达；⑤向受送达人在我国领域内设立的代表机构或者有权接受送达的分支机构、业务代办人送达；⑥受送达人所在国的法律允许邮寄送达的，可以邮寄送达，自邮寄之日起满 3 个月，送达回证没有退回，但根据各种情况足以认定已经送达的，期间届满之日视为送达；⑦采用传真、电子邮件等能够确认受送达人收悉的方式送达；⑧不能用上述方式送达的，公告送达，自公告之日起满 3 个月，即视为送达。在上述几种送达方式中，第四种即向诉讼代理人送达，是最为普遍、最为可靠的一种送达方式。因为按照法律的规定，接受送达的律师在接受后，有义务将诉讼文书送交当事人。而且，律师一经接受送达即视为人民法院送达完成，并对委托人产生法律上的效力。一般来说，采用这种方式，都是由代理律师向自己所代理的当事人送达，但在特殊情况下，也可以由代理律师送达对方当事人。

（四）申请财产保全问题

涉外财产保全，当事人既可以在诉讼开始后提出申请，也可以在诉前申请保全，但是人民法院不能依职权进行保全。人民法院裁定准许诉前财产保全后，申请人应当在 30 日内提起诉讼，逾期不起诉的，人民法院应当解除财产保全，由此造成的被申请人的损失及有关费用由被代理人（即申请人）承担。

■思考题

1. 简述民事诉讼中律师代理的特点。
2. 简述民事诉讼中律师代理的范围。

3. 试述民事诉讼中律师代理的意义。

4. 如何理解民事诉讼中代理律师的诉讼地位？

5. 简述民事诉讼中代理律师的权利义务。

6. 简述民事诉讼中律师代理关系。

7. 简述第一审程序中代理律师的主要工作。

8. 比较一审、二审和审判监督程序中律师代理工作的异同。

9. 简述涉外民事诉讼中代理律师应遵守的特有原则。

■参考书目

1. 中华全国律师协会民事专业委员会编：《民事律师实务——前沿、务实与责任》，法律出版社 2006 年版。

2. 徐家力主编：《律师实务》，法律出版社 2007 年版。

3. 中华全国律师协会民事专业委员会编：《民事律师实务（第 2 辑）》，法律出版社 2007 年版。

第十二章　行政诉讼中的律师代理

■ 学习目的和要求

　　通过本章的学习，掌握律师代理行政诉讼的概念和特征、律师在行政诉讼中的地位以及律师在行政诉讼中的权利与义务，了解律师在行政诉讼中的工作方法和步骤。

第一节　律师代理行政诉讼概述

一、律师代理行政诉讼的概念和特征

（一）律师代理行政诉讼的概念

律师代理行政诉讼是指律师接受行政诉讼当事人或其法定代理人的委托，以被代理人的名义，在被授权的权限范围内，代理当事人参加行政诉讼，从而维护其合法权益的活动。

（二）律师代理行政诉讼的特征

行政诉讼具有明显的单向性，因此律师代理行政诉讼也具有一些与民事诉讼不同的特点。

1. 诉讼当事人的特定性。行政诉讼的被告是作出具体行政行为的行政主体，主要是行政机关，而原告是与行政主体的具体行政行为有法律上利害关系的公民、法人和其他组织。律师无论是代理行政诉讼中的原告还是被告，都必须首先考虑主体是否适格的问题。

2. 原被告在诉讼权利、义务上的不均衡性。行政诉讼一反民事诉讼中"谁主张，谁举证"的举证原则，而实行"举证责任倒置"原则，即由被告承担主要的举证义务，律师代理行政诉讼时的工作重点也因此变化。

3. 诉讼目标的确定性。相对于民事诉讼，行政诉讼的诉讼目标比较确定，只有撤销具体行政行为、确认具体行政行为违法、责令行政机关履行职责和申请行政赔偿等。

4. 诉讼程序的独特性。根据《行政诉讼法》的规定，行政诉讼有着独特的程序，不仅仅表现在举证责任的分配方面，而且在庭审的安排、诉前保全以及执行等方面也都有特殊的规定。

5. 法律依据的广泛性。目前我国的行政法体系尚未形成，行政诉讼案件的处理依据大多是行政法规，随着我国依法治国进程的推进，关于行政法律关系的法律法规会越来越多，只有具备扎实的法律基础，掌握丰富的行政法律知识，律师才能代理好行政诉讼案件，才能维护好当事人的合法权益。

6. 服务对象的复杂性。律师代理行政诉讼案件是基于当事人的委托，与其他案件不同的是，行政诉讼案件往往是群体性的，原告方人数众多。与代理单个委托人相比，在行政案件中律师将受到各方更多的关注。同时，律师在处理与委托人的关系上，也将耗费更多的精力。

7. 工作环境的多变性。律师代理行政诉讼案件的原告不仅将面对强势的被告，而且行政诉讼案件立案难、依法审判难、执行难的问题十分普遍。与其他类型的案件相比，律师代理原告参加行政诉讼的工作环境很不理想，有时甚至会遭受案外压力导致代理效果的可变性增强。

二、律师代理行政诉讼的范围

从我国现行《行政诉讼法》的规定和司法实践情况来讲，人民法院受理的行政案件范围即为律师代理行政诉讼的业务范围。

（一）《行政诉讼法》规定的受案范围

我国《行政诉讼法》第 11 条明确规定，人民法院受理公民、法人和其他组织对下列具体行政行为不服提起的诉讼：①对拘留、罚款、吊销许可证和执照、责令停产停业、没收财物等行政处罚不服的；②对限制人身自由或者对财产的查封、扣押、冻结等行政强制措施不服的；③认为行政机关侵犯法律规定的经营自主权的；④认为符合法定条件申请行政机关颁发许可证和执照，行政机关拒绝颁发或者不予答复的；⑤申请行政机关履行保护人身权、财产权的法定职责，行政机关拒绝履行或者不予答复的；⑥认为行政机关没有依法发给抚恤金的；⑦认为行政机关违法要求履行义务的；⑧认为行政机关侵犯其他人身权、财产权的。除前款规定外，人民法院受理法律、法规规定可以提起诉讼的其他行政案件。

《行政诉讼法》第 12 条规定，人民法院不受理公民、法人或者其他组织对下列事项提起的诉讼：①国防、外交等国家行为；②行政法规、规章或者行政机关制定、发布的具有普遍约束力的决定、命令；③行政机关对行政机关工作人员的奖惩、任免等决定；④法律规定由行政机关最终裁决的具体行政行为。

2003 年 3 月颁布的《最高人民法院关于执行〈中华人民共和国行政诉讼法〉若干问题的解释》第 1 条第 2 款规定，公民、法人或者其他组织对下列行为不服提起诉讼的，不属于人民法院行政诉讼的受案范围：①《行政诉讼法》第 12 条规定的行为；②公安、国家安全等机关依照《刑事诉讼法》的明确授权实施的行为；③调解行为以及法律规定的仲裁行为；④不具有强制力的行政指导行为；⑤驳回当事人对行政行为提起申诉的重复处理行为；⑥对公民、法人或者其他组织权利义务不产生实际影响的行为。

《行政诉讼法》颁布于 1989 年，当时立法者对行政行为与社会生活相互作用的广度和深度的预见还较为有限。在《行政诉讼法》颁布之后，随着社会的变迁，政府的行政职能得到很大的丰富和扩展，同时通过司法审查对政府行政行为加以约束的趋势也愈渐明显，因此，许多单行法律、法规都在赋予行政机关行政职权的同时规定了行政相对人的诉讼救济手段，保护的范围也从行政诉讼法的"人身权、财产权"扩展到"合法权益"。随着相关行政法律、法规的逐步完善，可以提起行政诉讼的行政行为范围大大扩展，除行政处罚、行政强制、行政征收、行政征用、行政裁决以外，还延伸到了行政确认、行政处分等。

通过《行政诉讼法》及其解释对行政诉讼受案范围的规定，结合行政法基本原理，我们可以看到，可以提起行政诉讼的行政行为具有以下特点：

1. 行政性，即行政行为应在行政管理活动中，基于行政职权，以行政主体的名义作出，排除了行政机关为了正常运作所进行的民事行为。

2. 具体性，即行政行为应是一个具体的行为，对特定相对人产生影响，排除了抽象行政行为。

3. 强制性，即行政行为应是一个具有强制性和法律后果的行政行为，排除了宣传、号召等行政指导行为。

4. 有效性，即行政行为应是一个成熟的、已经发生效力的行政行为，排除了尚未公布和实施的行政行为。

律师在判断一个行为能否提起行政诉讼时，首先要确认其行为是否具备以上四个特点。

（二）行政复议与行政诉讼的交叉

行政复议和行政诉讼都是行政相对人对具体行政行为造成的损害寻求救济的重要途径，其受案范围也多有交叉。律师在代理具体行政案件时，应十分注意行政复议与行政诉讼的交叉关系，以确定正确的办案路径。

1. 行政复议前置案件。在有些法律、法规中，规定了行政相对人对特定的具体行政行为不服的，应先行提起行政复议；对复议决定不服，再依法提起行政诉讼。

2. 没有复议前置要求的行政案件。对于其他没有复议前置要求的行政案件，律师可以建议当事人选择复议或诉讼的救济方式。选择复议的，对复议结果不服仍可提起诉讼，但在复议过程中不能提起诉讼。如果选择直接进行行政诉讼，在人民法院依法受理后，不得再申请行政复议。

三、律师在行政诉讼中的地位

律师在行政诉讼中既具有独立性的一面，又具有一定的从属性。

律师代理行政诉讼案件，是独立的诉讼参与人。虽然律师的代理目的是为了维护被代理人的合法权益，但他并不受被代理人或其他人的意志左右，只是根据案件的客观事实和有关法律、法规提出有利于被代理人的代理意见。与民事诉讼案件相比，律师代理行政诉讼案件具有明显的独立诉讼地位，究其原因是行政诉讼标的的确定性。

所谓从属性，是指律师的代理权限在很大程度上受制于委托人的诉讼权利。在行政诉讼过程中，律师既可担任作为原告的公民、法人或其他组织的代理人参加诉讼，也可以担任作为被告人的行政主体的代理人参加诉讼。所不同的是，律师担任作为被告人的行政机关的代理人参加诉讼时，其代理权就会受到一定限制，如没有起诉权和反诉权，没有自行收集证据权，没有和解权等。相反，如果律师担任原告人的代理人时，其代理权限就较为广泛。

四、律师在行政诉讼中的代理权利和义务

前文已经提到，在行政诉讼中，原被告的诉讼权利、义务是不相同的，而当事人的诉讼权利是律师代理权利的基础，因此律师的代理权限会因其是代理原告方还是代理被告方而有所不同。

1. 律师作为被告即行政主体的代理人时，没有代为起诉和提起反诉的权利。

2. 律师作为被告即行政主体的代理人时，不得自行向原告和证人收集证据。根据《行政诉讼法》及有关规定，在诉讼过程中，被告不得自行向原告和证人收集证据。同样，作为被告诉讼代理人的律师也不能自行向原告和证人收集证据。

3. 律师作为原告或被告的代理人，没有和解权。在行政诉讼中，当事人对行政法律关系的权利、义务无权自由处分，人民法院不能用调解的方式解决行政案件，双方当事人及其诉讼代理人也不能进行和解。

4. 律师作为原告的代理人时，没有举证证明原告诉讼主张成立的义务。

五、律师代理行政诉讼的作用

（一）有助于维护公民、法人和其他组织的合法权益

由于行政相对人的法律知识和诉讼经验有限，加之对"民告官"的天然恐惧，所以行政相对人难以独立进行有效的行政诉讼来维护自身权益。律师则可以通过行政诉讼中的代理活动，帮助广大公民、法人和其他组织对涉及其自身利益的行政行为交付司法审查，通过诉讼程序维护他们在行政管理活动中的实体性权益。律师的参与，有助于消解委托人对诉讼程序的恐惧心理，也能够节省委托人的时间，减少讼累，同时提高诉讼活动的有效性。

（二）有助于督促行政机关依法行政

通过行政诉讼，有助于行政主体检讨自身行政管理活动的合法性和合理性，促使其进一步优化行政程序，提高行政活动的透明度和公信力，提高行政机关"依法行政"的自觉性。

（三）有助于人民法院及时准确地审理行政案件

在那些因行政机关的不作为而提起的行政诉讼案件中，律师还可以主动收集证明行政机关应当作为的具体法律依据，从而免去了法院收集证据的奔波，提高了审判工作的效率。

（四）有利于促进行政立法的规范性和合理性

律师通过行政诉讼代理，研究个案，剖析法理，有助于行政机关对有关规范性文件和抽象性行政行为的合法性、合理性进行检讨，从而推进行政立法的规范性和合理性。

同时，律师能够通过自己的行政诉讼代理的实践活动和理论研究，为我国有关立法部门和各级法院的行政审判庭业务建设提供实践和理论的根据，有助于逐步健全和完善我国的行政审判法律制度。

六、律师代理行政诉讼的原则

1. 律师代理行政诉讼案件，应当坚持"以事实为根据，以法律为准绳"的原则，勤勉尽责，恪守律师职业道德和执业纪律，不受行政机关、其他组织和个人的干涉，维护当事人的合法权益和法律的正确实施。

2. 律师代理行政诉讼案件，依据当事人的委托，在被委托的权限内依法履行代理职责，不得损害委托人的合法权益。

3. 律师代理行政诉讼案件，应当保守国家秘密和当事人的商业秘密、个人隐私。按有关规定须向主管司法行政机关通报案情，但已失密或已解密的除外。

第二节　律师代理行政复议的工作流程

律师可以接受委托，担任行政复议案件的代理人。行政复议，是指公民、法人或者其他组织认为行政主体的具体行政行为违法或不当、侵犯其合法权益，依法向主管行政机关提出复查该具体行政行为的申请，行政复议机关依照法定程序对被申请的具体行政行为进行合法性、适当性审查，并作出行政复议决定的一种法律制度。

一、代理行政复议申请人

律师在行政复议阶段的代理活动分为以下七个步骤：

（一）审查案件是否属于行政复议的受理范围

律师应依法审查确定申请的事项是否属于行政复议机关受理行政复议案件的范围。《中华人民共和国行政复议法》（以下简称《行政复议法》）第 6 条对行政复议的受理范围作出了明确规定，我们可以看到，《行政复议法》规定的受案范围明显大于《行政诉讼法》规定的受案范围，根据《行政复议法》第 6 条第 11 项中的规定，相对人"认为行政机关的其他具体行政行为侵犯其合法权益的"，均可以申请行政复议。也就是说，行政机关实施的涉及教育、劳动、休息和政治等权利的具体行政行为，在没有法律、法规规定可以申请行政复议的情况下，行政管理相对人对其不服的也可以申请行政复议。这就突破了《行政诉讼法》规定的"人身权、财产权以外的具体行政行为必须是法律、法规明确规定可以提起行政诉讼"的规定。

此外，《行政复议法》在受案范围方面增加了一项重要内容，这就是相对人对具体行政行为申请行政复议时，可以一并对具体行政行为所依据的非立法性的规范性法律文件的合法性问题申请行政复议。具体包括：①国务院部门的规定；②县级以上地方各级人民政府及其工作部门的规定；③乡、镇人民政府的规定。

而行政诉讼的受案范围目前只限于具体行政行为，不能对抽象行政行为的合法性问题进行审查。

（二）审查确定行政复议的申请期限

律师应当依法审查确定行政复议的申请期限。根据《行政复议法》第9条的规定，公民、法人或者其他组织认为具体行政行为侵犯其合法权益的，可以自知道该具体行政行为之日起60日内提出行政复议申请；但是法律规定的申请期限超过60日的除外。因不可抗力或者其他正当理由耽误法定申请期限的，申请期限自障碍消除之日起继续计算。

上述规定中的"知道该具体行政行为"系指知道该具体行政行为的内容。与行政诉讼不同，行政复议法没有规定行政机关在作出具体行政行为时没有告知相对人复议权利的，申请复议期限从相对人知道复议权利之日起计算，这在实践中引起了不少争议。因此，《中华人民共和国行政复议法实施条例》（以下简称《行政复议法实施条例》）第15~17条对此作了针对性的规定，律师代理行政复议时，应格外注意上述新规定。

（三）审查确定行政复议的申请人和被申请人、确定行政复议机关

根据《行政复议法》第10条的规定，公民、法人或者其他组织认为行政机关的具体行政行为侵犯自己的合法权益的，可以作为申请人提起行政复议；有权申请行政复议的公民死亡的，其近亲属可以申请行政复议；有权申请行政复议的公民为无民事行为行为能力人或者限制民事行为能力人的，其法定代理人可以代为申请行政复议；有权申请行政复议的法人或者其他组织终止的，承受其权利的法人或者其他组织可以申请行政复议。

如果公民、法人、其他组织并非具体行政行为的相对人，但是与该具体行政行为具有法律上的利害关系，律师应告知其无权提起行政复议，但可以第三人的名义参加行政复议。《行政复议法实施条例》对申请人作了更为明确的规定。此外，该条例对被申请人也作了详尽的规定。

（四）代理申请行政复议

申请行政复议可以口头或者书面申请。申请人就申请事项有证据提供的，可随复议申请书一并提交。申请人书面申请行政复议的，可以采取当面递交、邮寄或者传真等方式提出行政复议申请。有条件的行政复议机构可以接受以电子邮件形式提出的行政复议申请。

申请人书面申请行政复议的，应当在行政复议申请书中载明下列事项：①申请人的基本情况，包括：公民的姓名、性别、年龄、身份证号码、工作单位、住所、邮政编码；法人或者其他组织的名称、住所、邮政编码和法定代表人或者主要负责人的姓名、职务；②被申请人的名称；③行政复议请求、申请行政复议的主要事实

和理由；④申请人的签名或者盖章；⑤申请行政复议的日期。

申请人口头申请行政复议的，行政复议机构应当依照《行政复议法实施条例》第19条规定的事项，当场制作行政复议申请笔录交申请人核对或者向申请人宣读，并由申请人签字确认。

（五）协助申请人调取、收集、提交相关证据材料

包括协助申请人查阅有关政府机关文件、工商登记档案、户籍档案等等。直接调取、收集相关证据材料有困难时，可向法院申请调取。

（六）查阅被申请人提交的证据材料

申请人的代理律师有权查阅被申请人提出的书面答复、作出具体行政行为的证据、依据和其他有关材料。涉及国家秘密、商业秘密或者个人隐私的，按相关规定办理。

（七）依法申请停止执行

申请人的代理律师应告知申请人，在行政复议期间一般不停止具体行政行为的执行。但是申请人申请停止执行，行政复议机关认为其要求合理的，可以决定停止执行。

二、代理行政复议被申请人

（一）审查申请人是否适格

行政复议中被申请人的代理律师应当自收到申请书副本或者申请笔录复印件之日起10日内，协助被申请人审查申请人是否适格，即是否符合《行政复议法》和《行政复议法实施条例》的规定，以便及时向复议机关提出异议。

（二）提交书面答复和相关证据

行政复议中被申请人的代理律师，应当自收到申请书副本或者申请笔录复印件之日起10日内，协助被申请人向复议机关提出书面答复，并提交当初作出具体行政行为的证据、依据和其他有关材料。

行政复议原则上采取书面审查的办法，律师可以根据案件需要要求复议机关向有关组织和人员调查情况，听取申请人、被申请人和第三人的意见。但是，在行政复议过程中，被申请人及代理律师不得自行向申请人和其他有关组织或者个人收集证据。

（三）申请强制执行

申请人逾期不起诉又不履行行政复议决定的，或不履行作为最终裁决的行政复议决定的，被申请人的代理律师可以代理被申请人在法定期限内向人民法院申请强制执行。

（四）依法提出对停止执行申请的审查意见

在行政复议期间，一般不停止具体行政行为的执行，但是申请人申请停止执行，且行政复议机关认为其要求合理的，可以决定停止执行。被申请人对此可以发表意见，代理律师对其应予以审查并提出意见。

第三节　律师代理行政诉讼的工作流程

律师代理行政诉讼的过程，可以分为诉前准备阶段、诉讼实施阶段和执行阶段。本节着重介绍代理律师在诉前、诉中的工作流程，律师在执行阶段的代理程序留待第四节讲解。

一、诉前准备阶段

（一）审查相关事项

诉前准备阶段只适用于律师代理行政诉讼原告的情形，时间段为开始诉讼准备活动至正式提交行政起诉状之前。律师在诉前准备阶段的主要活动是对各种事项进行审查，确保案件的适诉性。

1. 审查案件是否属于人民法院受理行政诉讼案件的范围。人民法院受理行政诉讼案件的范围在第一节已经详细讲过，在此不作赘述。除审查案件是否属于行政诉讼受理范围外，律师还应审查该案是否属于法律、法规规定的复议前置案件。

2. 审查原告是否适格。根据《行政诉讼法》的相关规定，与被诉具体行政行为有直接利害关系的公民、法人和其他组织有权作为原告提起行政诉讼。有权提起诉讼的公民死亡的，其近亲属[1]可以提起诉讼；有权提起诉讼的法人、其他组织终止，承受其权利的法人或其他组织可以提起诉讼。

这里需要注意的是，有权提起行政诉讼的不仅仅是行政行为的相对人。在某些情况下，行政主体的具体行政行为不但对行政相对人的利益产生影响，而且对第三人的利益也产生影响，此时，第三人就可以以行政行为利害关系人的身份提起行政诉讼。如《最高人民法院关于执行〈中华人民共和国行政诉讼法〉若干问题的解释》第13条规定："有下列情形之一的，公民、法人或者其他组织可以依法提起行政诉讼：①被诉的具体行政行为涉及其相邻权或者公平竞争权的；②与被诉的行政复议决定有法律上利害关系或者在复议程序中被追加为第三人的；③要求主管行政机关依法追究加害人法律责任的；④与撤销或者变更具体行政行为有法律上利害关系的。"

对于同案原告为5人以上的案件，律师事务所应当告知同案原告可以推选1~5名诉讼代表人参加诉讼。如果同案原告已经推选出诉讼代表人或已经由人民法院指定了诉讼代表人，而且被推选或被指定的诉讼代表人具有代表同案其他原告聘请律师的权限，律师事务所可以与诉讼代表人办理委托手续。被推选或被指定的诉讼代表人不具有代表同案其他原告聘请律师的权限的，律师事务所应当与同案原告分别办理委托手续。

---

〔1〕《行政诉讼法》中规定的近亲属包括夫妻、父母、子女、兄弟姐妹、祖父母、外祖父母、孙子女、外孙子女和其他具有扶养、赡养关系的亲属。

3. 审查是否超过起诉期限。行政诉讼的起诉期限,[1] 分为经复议的行政行为和未经复议的行政行为两种。对于经复议的行政行为,行政相对人应在收到复议决定书之日起 15 日内向人民法院提起诉讼;复议机关逾期不作决定的,申请人可以在复议期满之日起 15 日内向人民法院提起诉讼,法律另有规定的除外。对于未经复议程序,直接向人民法院提起诉讼的情况,应当在知道作出具体行政行为之日起 3 个月内提出,法律另有规定的除外。

（1）未告知诉权的起诉期限的。行政机关作出具体行政行为时,未告知公民、法人或者其他组织诉权或者起诉期限的,起诉期限从公民、法人或者其他组织知道或者应当知道诉权或者起诉期限之日起计算,但从知道或者应当知道具体行政行为内容之日起最长不得超过 2 年。

复议决定未告知公民、法人或者其他组织诉权或者法定起诉期限的,适用上述规定。

（2）未告知具体行政行为内容的起诉期限的。公民、法人或者其他组织不知道行政机关作出的具体行政行为内容的,其起诉期限从知道或者应当知道该具体行政行为内容之日起计算。对涉及不动产的具体行政行为从作出之日起超过 20 年、其他具体行政行为从作出之日起超过 5 年提起诉讼的,人民法院不予受理。

（3）行政不作为行为的起诉期限。公民、法人或者其他组织申请行政机关履行法定职责,行政机关在接到申请之日起 60 日内不履行的,公民、法人或者其他组织可以向人民法院提起诉讼,人民法院应当依法受理。法律、法规、规章和其他规范性文件对行政机关履行职责的期限另有规定的,从其规定。公民、法人或者其他组织在紧急情况下请求行政机关履行保护其人身权、财产权的法定职责,行政机关不履行的,起诉期限不受前款规定的限制。

（4）起诉期限的延长和扣除。《行政诉讼法》还规定了起诉期限延长的情况,即公民、法人或者其他组织因不可抗力或者其他特殊情况耽误法定期限的,在障碍消除后的 10 日内,可以申请延长期限,由人民法院决定。

由于不属于起诉人自身的原因超过起诉期限的,被耽误的时间不计算在起诉期间内。因人身自由受到限制而不能提起诉讼的,被限制人身自由的时间不计算在起诉期间内。

对于超过法定起诉期限,且无正当理由起诉的,律师应当告知委托人,该起诉可能被法院裁定不予受理或者驳回。

4. 审查被告是否适格。代理律师应当根据《行政诉讼法》第 25 条的规定审查被告是否适格。

5. 核实管辖法院。我国行政诉讼案件由普通人民法院受理,各级专门人民法院

---

〔1〕 对于行政诉讼中起诉期限的性质,学界仍存争议,有些学者认为其性质是诉讼时效,可类比民事诉讼中的诉讼时效,适用中止、中断和延长;有的学者认为其性质是期间,不具有弹性。

不能受理行政诉讼案件。

律师经审查认为法院管辖不当时，应告知委托人可以在接到人民法院应诉通知之日起 10 日内以书面形式向法院提出管辖权异议。

（二）确定诉讼请求

行政诉讼的本质和特点是司法权对行政权的审查和监督，这种审查和监督主要集中于行政行为的合法性。因此，律师代理行政案件时，必须向委托人明确解释行政诉讼的目的和后果：①行政诉讼基本不解决行政行为合理性的问题；②行政诉讼仅针对已发生的行政行为，一般不能对行政机关的未来行为作出具体指令（责令履行法定职责之诉和赔偿之诉除外）。③法院不能代替行政机关作出行政行为。比如在行政许可领域，是否颁发许可证和颁发给何人最终必须由行政机关来决定。

行政诉讼的诉讼请求是法定的，主要包括：①撤销之诉；②确认之诉；③责令履行法定职责之诉；④变更之诉；⑤赔偿之诉。律师在代理行政案件中，应当本着合法、有利的原则，正确提出诉讼请求。

在某些情况下，行政相对人认为被告几个连续的行政行为均使自己利益受损，因而就出现了诉讼请求的选择问题。我们可以举一个比较极端的例子说明这种选择，比如在某个拆迁纠纷中，被拆迁人认为拆迁管理机关颁发拆迁许可证的行为违法，且其对拆迁补偿安置争议作出的裁决也不合法，最后又违反法定程序实施了强制拆迁。因此，原告既可以针对房屋拆迁许可证的颁发提出确认违法之诉，也可以针对行政裁决提起撤销或变更之诉，或者针对强制拆迁提起赔偿之诉。这时律师要提示委托人，根据最终的诉讼目标选择具体诉讼请求，而且多个诉讼请求在逻辑上不能发生矛盾，以避免因技术原因导致败诉。

（三）收集相关证据

《行政诉讼法》规定被告对其作出的具体行政行为负有举证责任，原告所负的证明责任相对较小，主要体现在以下三个方面：①在提交行政起诉状时，法院往往要求原告提交被诉具体行政行为是由被告作出，而且原告与被诉行政行为存在利害关系的证据。在行政不作为案件中，原告需举证证明其已提出申请的事实。在行政赔偿案件中，原告需举证证明其受被诉行政行为侵害而造成损失的事实。②即使在原告依法不承担举证责任的案件中，如果原告掌握对方违法行政的证据，也有助于法院尽快厘清事实、作出判断。因此，作为原告方代理律师仍然应当积极收集相关证据。③律师应妥善保管委托人提供的证据材料原件；因律师保管不善遗失原件，给委托人造成损失的，律师事务所及承办律师应承担相应的赔偿责任。

（四）根据案件需要，提出停止执行申请

如果委托人的人身权、财产权正在受到被诉具体行政行为的侵害，例如行政拘留、劳动教养、强制销毁、变卖等，原告代理律师可以提出停止执行具体行政行为的申请。这是《行政诉讼法》明确赋予原告的权利，代理人应当准确行使。

二、诉讼实施阶段

（一）律师代理原告的工作流程

1. 提交行政起诉状。行政起诉状主要内容包括：原、被告的基本情况，诉讼请求、事实和理由三部分。其中，原、被告基本情况应列明原告的姓名（公民）、名称（法人或其他组织）、住址，被告的名称、法定代表人、住址。制作完毕后应由起诉人签名或盖章。

行政诉讼的诉讼请求分为以下四类：

（1）请求判决撤销或者部分撤销被诉具体行政行为；

（2）请求判决变更显失公正的行政处罚；

（3）对被告不履行法定职责的，请求判决被告在法定期限内履行法定职责；

（4）请求判决确认被诉具体行政行为违法或者无效，并可同时请求被告采取相应的补救措施。

提出上述诉讼请求的同时，原告人可根据其遭受损害的事实，一并请求判决被告承担行政赔偿责任。

行政起诉状中是否应详细列明原告起诉的事实根据和有关证据，在理论界和实践中都存在争议。这个问题的实质是另外两个问题：举证责任的分配和法院诉前审查的性质。既然《行政诉讼法》明确规定被告对其作出的具体行政行为承担举证责任，那么在起诉阶段，原告提交的证据就应严格限制在以下两个方面：被告作出具体行政行为的证据（在行政不作为案件中是原告申请被告履行行政职责的证据）和原告是被诉行政行为利害关系人的证据。当然，在行政赔偿案件中，原告还应提交因被诉行政行为而利益受损的证据。

有些法院要求行政诉讼的原告在起诉阶段提交全面、详细的证据，并列明证据来源、证人姓名和住址，我们认为此举多有不妥。首先，这违背了行政诉讼的举证责任分配原则；其次，由于立案后存在阅卷和证据交换环节，如果被告可以了解原告掌握的所有证据，就可能基于自身的行政管理优势地位补充、甚至伪造有利于己的证据。因此，富有经验的行政诉讼律师在制作行政起诉状时，倾向于将事实根据和证据部分列举得尽量简明，以迫使对方尽可能多地提交作出行政行为的证据。

但是，实践中有些法院以事实理由不充分为由对行政起诉状不予受理或责令补正。我们认为，行政诉讼的诉前审查与民事诉讼的诉前审查一样，属于程序性审查而非实质性审查。换句话说，人民法院在诉前审查阶段，审查内容是原告是否具备起诉条件而非原告是否具备胜诉条件。因为原告在行政管理关系中处于劣势地位，可能在起诉前无法得到被告违法行政的确切证据，而这一点恰恰需要通过诉讼加以明确。

2. 提交有关证据。

（1）提交证据的时间。人民法院组织庭前交换证据的，原告方应在指定的证据交换日提供证据；未组织庭前交换证据的，应当在开庭审理前提供证据。逾期无正当理由未提交证据材料的，视为放弃举证权利。

因正当事由申请延期提供证据的，律师应代理原告在举证期限内向人民法院申请延期举证，经人民法院准许，可以适当延长举证期限。原告逾期提交的证据材料，应当说明理由，不说明理由或理由不成立的，除非被告同意质证，人民法院将不组织质证。

（2）提交证据的内容。律师应代理原告提供符合起诉条件的相应证据材料。在起诉被告不作为的案件中，还应当提供在行政程序中曾经提出申请的证据材料。但下列情形除外：①原告申请的事项是被告应当依职权主动履行的法定职责；②原告因被告受理申请的登记制度不完备等正当事由不能提供相关证据材料并能作出合理说明。

在行政赔偿诉讼中，原告应当对被诉具体行政行为造成损害的事实提供证据。

原告也可以提供证明被诉具体行政行为违法的证据。提供的证据不成立的，并不免除被告对被诉具体行政行为合法性承担的举证责任。

（3）提交证据的形式。原告应按照《行政诉讼法》及其相关规定提供书证、物证、视听资料、证人证言、在中华人民共和国领域外形成的证据以及外文书证或者外国语视听资料等证据材料。对涉及国家秘密、商业秘密或者个人隐私的证据，应当作出明确标注，并向法庭说明，由法庭予以审查确认。

原告向人民法院提供证据，应当对提交的证据材料分类编号，对证据材料的名称、证明对象和内容作简要说明，签名或者盖章，注明提交日期，并依照对方当事人人数制作证据清单。

3. 查阅案卷材料。法院在受理行政诉讼后，一般会通知被告在收到行政起诉状之日起 10 日内提交相关证据。原告代理律师应当在被告提交证据的法定期限届满之日起尽早到人民法院阅卷，并根据人民法院规定，复制或摘抄被告提交的作出具体行政行为的全部证据、依据以及其他有关案卷材料，客观、真实地制作阅卷笔录。

对于被告提交的证据，原告代理律师应当从以下几个方面进行详细审查：

（1）证据的来源是否真实、可靠和合法；

（2）证据形成和制作的形式要件是否完备和合法；

（3）证据的内容是否清楚而无歧义，能否证明与案件有关的事实；

（4）证据之间能否互相印证，有无彼此矛盾之处；

（5）其他需要审查的内容或形式。

对于被告提交的据以作出具体行政行为的规范性文件，原告代理律师应从以下几个方面进行考查：

（1）是否与法律、上位法规、规章相冲突；

（2）是否超越法定权限；

（3）是否已被明示或默示废止。

4. 调查、核实证据。原告代理律师有权向当事人、证人或有关知情人调查、了解案情、收集证据。原告代理律师因客观原因无法自行收集证据的，应当及时申请人民法院调取该证据。

律师申请人民法院调取证据，应当在举证期限内向人民法院递交书面申请，并向人民法院提供证据线索。申请书应当写明证据持有人的姓名或名称、住址等基本情况，拟调取证据的内容、申请调取证据的原因及其要证明的案件事实。

对于应当由原告提供而无法提供的证据原件或者原物，原告应当申请人民法院调取该证据；对于根据案情需要或者委托人提出需要勘验物证现场或者重新勘验物证现场的，需要对专门性问题进行鉴定或重新鉴定的，应当向人民法院书面提出勘验申请或者鉴定申请。

（1）申请人民法院调取证据。原告因客观原因不能自行收集，但能够提供确切线索的证据材料，可以申请人民法院调取。

申请人民法院调取证据，应当在举证期限内提交书面申请。调取证据申请书应写明证据持有人的姓名或名称、住址等基本情况，拟调取证据的内容、申请调取证据的原因及其要证明的案件事实。

行政审判中，由于行政诉讼被告和行政诉讼原告的地位存在着实际的不对等，被告常常凭借自身的强势地位妨碍原告的举证，进而妨碍行政诉讼的顺利进行。因此，《最高人民法院关于行政诉讼证据若干问题的规定》强调了行政诉讼中被告妨碍举证的责任推定，规定原告确有证据证明被告持有的证据对原告有利，被告无正当事由拒不提供的，可以推定原告的主张成立。适用该规则，应满足以下条件：①被告持有的证据对原告有利。在这种情形下，被告为了获得有利的诉讼地位，往往不会主动向法庭提交此类证据。②原告确有证据证明被告持有此种证据。如果仅仅是原告在主观上认为被告持有此种证据，而实际上被告并不持有或原告不能有效证明被告持有时，就不能进行推定。③被告无正当事由拒不提供此种证据。这里的"正当事由"是指法律规定可以不提供证据的情形，如证据灭失、证据在诉讼期间不在国内等；"拒绝提供"则是指依法负有举证责任、应举证而不举证的情形。只有当被告无正当事由拒绝提供其持有的对原告有利的证据时，才可推定原告的主张成立。当原告拒绝提供其持有的对被告有利的证据时，并不能推定被告的主张成立。

当被告无正当理由拒绝提供其持有的对原告有利的证据时，法院"可以"推定原告的主张成立，并不是"必须"推定原告的主张成立。判断原告主张是否成立，应综合全案进行分析，而不仅仅取决于孤证。

（2）申请证据保全。在证据可能灭失或者以后难以取得的情况下，原告可以向人民法院申请证据保全。律师代理原告申请证据保全，应注意以下事项：①证据保全的对象。证据保全主要依据当事人申请而启动。行政诉讼中，证据保全的对象应符合两个条件：首先，该证据和案件事实之间存在一定的关联性，可能对案件的实体处理结果产生影响；其次，该证据可能灭失或以后难以取得。只有同时符合这两个条件，法院才能依法对证据加以保护和固定，实施证据保全行为。②申请证据保全的时间要求。原告应在举证期限届满前向法院申请证据保全，即当事人申请证据保全的期限和原告向法院提交证据的期限一致。如果原告依正当理由经法院准许延期举证，则证据保全申请期限也随之推延。律师需要注意，在民事诉讼中，当事人向法院申请证据保全，不得迟于举证期限届满前 7 日。而在行政诉讼中证据保全申请期限宽限至举证期限届满前。③申请证据保全的形式。原告应以书面形式向法院申请证据保全，在该申请书中，需详细列明证据名称、所在地点、证据保全的内容和范围、证据和案件事实之间的联系及申请证据保全的理由等事项。④法院可要求证据保全申请人提供相应的担保，即法院就是否要求申请人提供担保具有自由裁量权。⑤证据保全的方法。行政诉讼中的证据保全措施多种多样，由法官根据案件实际情况作出决定。行政诉讼中，法院进行证据保全时，可以要求当事人或其诉讼代理人到场，以见证证据保全行为。需要说明的是，"可以"一词意味着这并不是实施证据保全必不可少的条件，是否要求他们到场由法院根据案件的实际情况进行自由裁量。而且，如果当事人或其诉讼代理人拒不到场，并不会影响到法院采取证据保全措施。实际上，对证据保全的见证是当事人及其诉讼代理人对法院的证据保全行为进行的监督，也是其维护自身合法权益的一种手段，故当事人及其诉讼代理人应尽量亲自见证法院实施的证据保全行为。

根据《行政诉讼法》第 36 条的规定，证据保全申请的主体是诉讼参加人，除原告外，行政诉讼的被告和第三人也可向法院申请证据保全。其时间、程序和形式要求与原告申请的证据保全并无二致，在以后相应的章节中不再赘述。

（3）申请重新鉴定。原告有证据或者有正当理由表明被告据以认定案件事实的鉴定结论存在《最高人民法院关于行政诉讼证据若干问题的规定》第 30 条规定的情形之一，即鉴定部门或者鉴定人不具有相应的鉴定资格；鉴定程序严重违法；鉴定结论明显依据不足；经过质证不能作为证据使用的其他情形，可以申请重新鉴定。申请重新鉴定应在举证期限届满前以书面形式向人民法院提出，并应根据法院要求预交鉴定费用及提供相关材料。

律师应提醒委托人，对需要鉴定的事项负有举证责任的当事人，在举证期限内无正当理由不提出鉴定申请、不预交鉴定费用或者拒不提供相关材料，致使对案件争议的事实无法通过鉴定结论予以认定的，应当对该事实承担举证不能的法律后果。

（4）申请证人出庭作证。根据《最高人民法院关于行政诉讼证据若干问题的规定》第 43、44 条的规定，律师可代理原告申请证人出庭作证。原告提供的证人、鉴定人因出庭作证或者接受询问而支出的合理费用，由原告方先行支付，最后由败诉一方当事人承担。

（5）申请专家证人出庭作证。根据《最高人民法院关于行政诉讼证据若干问题的规定》第 48 条的规定，律师可代理原告申请专家证人出席作证。

5. 准备代理意见。根据前期收集的证据材料，原告代理律师应在开庭审理前准备代理意见，制作法庭调查、质证和辩论提纲，主要包括事实陈述、举证、质证、提问、辩论和综合陈述六个部分。

6. 参加法庭审理。在法庭审查阶段，原告律师的主要权利和职责有：申请回避、参加法庭调查、向证人和鉴定人发问、进行质证、参加法庭辩论、发表代理词等。

（1）律师代理当事人申请回避，应当说明理由，在案件开始审理时提出；回避事由在案件开始审理后知道的，应当在法庭辩论终结前提出。

（2）在法庭调查阶段，律师可以对对方当事人及其代理人出示的证据的真实性、关联性、合法性及其与所要证明的事实的关系等方面进行质证。

（3）经法庭许可，律师可以向证人、鉴定人及其他诉讼参与人发问。律师应当就与被诉具体行政行为是否合法以及该具体行政行为是否侵犯原告或者第三人合法权益有关的问题发问。发问受到法庭制止时，律师应尊重法庭的决定，调整问题或者发问方式，或表明发问的必要性和关联性。针对其他当事人或代理人威逼性、诱导性的发问、带有前提的发问或者与本案无关的发问，律师有权提出反对意见。

在法庭调查及质证过程中才发现的证据疑问，律师可以申请重新鉴定、勘验，要求补充证据，必要时可以申请中止或延期审理。但被告代理律师对被告提供的证据一般不得申请重新鉴定、勘验和要求补充证据。

律师对涉及关键事实和问题的陈述、举证、质证、发问，应注意语速，便于书记员准确记录。

（4）在法庭辩论阶段，律师发言应紧紧围绕被诉具体行政行为是否合法以及法庭调查中的争议焦点进行。原告代理律师可以从以下六个方面对具体行政行为发表代理意见：①事实是否清楚，证据是否充分；②适用法律、法规是否正确；③程序是否合法；④是否超越职权；⑤是否滥用职权；⑥是否不履行或拖延履行法定职责。

律师发表代理意见应当从事实和法律出发，尊重对方当事人的人格，不作无端猜测，不得讽刺、挖苦、谩骂、侮辱、嘲笑对方。

（5）在法庭辩论过程中，律师发现某些案件事实未查清的，可以申请恢复法庭调查。在庭审过程中，如果发现审判程序违法，律师应当指出并要求立即纠正，以维护当事人的诉讼权利。

（6）休庭后，律师应当认真阅读法庭笔录，如有遗漏或者差错，应当立即申请法庭予以补正。律师应按法庭要求及时提交代理词。需要并且可以补充证据的，律师应当在法庭指定的期限内提交。

如果被告在案件宣判前作出变更、撤销或部分撤销被诉具体行政行为的书面决定或意见，原告代理律师应当告知原告，并征求原告是否撤诉的意见。原告要求撤诉的，律师可以根据原告的书面请求代其向人民法院申请撤诉。

（二）律师代理被告的工作流程

现行《行政诉讼法》要求被告在收到行政起诉状副本之日起 10 日内提交证据并进行答辩。因此，被告代理律师一般自收到起诉状副本之日起开展实质性的工作。

1. 核实起诉的基本条件。被告代理律师收到人民法院送达的起诉状副本后应当核实本案是否符合起诉的基本条件，应全面审查下列事项：①被诉的具体行政行为是否客观存在；②被诉行政机关是否依法应被列为被告；③原告的起诉是否属于《行政诉讼法》及有关司法解释规定的受案范围；④原告起诉的案由是否属于复议前置或者复议终局事项；⑤起诉人是否具备原告的资格；⑥受诉人民法院有无管辖权；⑦起诉是否超过起诉期限；⑧是否遗漏诉讼当事人。

被告代理律师如果发现案件有应当不予受理的情形，应代理被告提请法院裁定不予受理或驳回起诉。如果发现案件不属于受诉人民法院管辖，应在接到人民法院应诉通知之日起10日内代理被告以书面形式向人民法院提出管辖权异议。

2. 整理、提交证据。确认起诉符合法定条件之后，被告代理律师应当按照行政诉讼的证据规则整理案卷材料提交法庭。一般应包括以下内容：①证明被告有权作出具体行政行为的职权依据；②证明被告的行为符合执法程序的事实依据和相应的程序性规范依据；③被告作出具体行政行为所认定事实的证据；④被告执法目的合法的依据；⑤被告作出具体行政行为的法律依据；⑥认为被诉案件涉及的具体行政行为属于复议前置的而原告未申请复议或超过起诉期限的证据；⑦在被告不作为的案件中，主张不作为理由的事实依据和法律依据；⑧其他相关证据和材料。

被告应当在收到起诉状副本之日起10日内，提供据以作出被诉具体行政行为的全部证据和所依据的规范性文件。不提供或者无正当理由逾期提供证据的，法院将视被诉具体行政行为没有相应的证据。

被告认为原告的起诉超过法定期限的，应当承担举证责任。

在提交证据时，律师应注意证据的有效性。书证应当是原件，如提供复印件、影印本或抄录本的，应注明出处，经过有关部门核对无疑并加盖印章；提供报表、图纸的，应附有说明材料；提交物证应尽量提供原物，只有在提供原物确有困难时才可以提供与原物无误的复印件和证明该物证的照片、录像；最后应制作证据目录，写明证据种类、份数、所要证明的问题等事项。

下列证据不能作为认定被诉具体行政行为合法的依据：①被告及其诉讼代理人在作出具体行政行为后，或者在诉讼过程中自行收集的证据。但是，如果原告或者第三人在诉讼过程中，提出了其在被告作出行政行为过程中没有提出的反驳理由或证据的，被告可以经人民法院准许补充相关证据。此外，人民法院根据需要，可以责令被告在判决前调查取证。②被告在行政程序中由非法剥夺公民、法人或其他组织依法享有的陈述、申辩或者听证权利而获得的证据。③被告在诉讼过程中提供的、被告在行政程序中未作为具体行政行为依据的证据。④复议机关在复议程序中收集和补充的证据，或者作出原具体行政行为的行政机关在复议程序中未向复议机关提交的证据，不能作为人民法院认定原具体行政行为合法的根据。

3. 进行书面答辩。被告代理律师应对被告作出具体行政行为所认定的事实、证据，适用的法律、法规及处理程序进行审慎、全面地审查。当被告代理律师确认被告作出的具体行政行为合法、有效时，应主要从以下几个方面出具代理意见：①作出具体行政行为的主体合法；②具体行政行为是在法定职权内作出的；③对行政管理相对人的主体资格、行为事实的认定符合法律规定的条件，并且证据充分；④适用法律、法规正确；⑤行政机关作出具体行政行为的意思表示真实，符合立法目的；⑥符合法定程序和形式。

如果被告代理律师认为被告作出的具体行政行为违法或不当，可建议被告在法庭宣判前自行撤销或变更该具体行政行为，并做好善后工作。

4. 参加法庭审理。在法庭审理阶段，被告代理律师应当根据法庭的询问，就被告作出的被诉具体行政行为，分别陈述下列内容：①具体行政行为的名称、文号、内容、作出的行政机关、作出的时间及有关送达情况；②被告的职权依据；③被告的行政执法程序及依据；④被告所认定的事实；⑤具体行政行为所适用的法律；⑥被告行政执法的目的；⑦法庭认为与被诉具体行政行为有关的其他问题或事实。

根据庭审的具体情况，被告代理律师可以征求被告是否对被诉具体行政行为进行变更、撤销或部分撤销的意见。被告要求或者愿意对被诉具体行政行为作出变更、撤销或部分撤销的，律师应当及时告知法庭，并附上被告变更、撤销或部分撤销被诉具体行政行为的书面决定或意见。

其他关于回避、出庭、质证、辩论的权利义务以及注意事项，与原告代理律师并无区别，在此不作赘述。

三、律师代理行政赔偿案件的工作内容

1. 律师事务所可以接受公民、法人或者其他组织的委托办理以下行政赔偿案件：

（1）代理委托人向有关行政机关请求赔偿。根据《行政诉讼法》第67条第2款的规定，赔偿义务机关的先行处理程序是提起行政赔偿之诉的前置条件。在行政复议过程中，复议申请人也可以一并提出行政赔偿请求。以上两种均属非诉行政赔偿案件。

（2）代理委托人在行政诉讼中一并提起损害赔偿请求。律师可代理委托人在撤销之诉、确认违法之诉、责令行政机关履行职责之诉等行政诉讼中一并提出损害赔偿请求。

（3）代理委托人提起行政损害赔偿之诉。在具体行政行为被确认违法后，律师可代理该具体行政行为的利害关系人单独提起损害赔偿之诉。这里的利害关系人不囿于具体行政行为的直接利害关系人，而是包括因该具体行政行为而权益受损的所有利害关系人。

2. 协助原告依法确定适格的赔偿义务机关。根据《国家赔偿法》第7、8条的规定，协助原告确定适格的赔偿义务机关。

3. 指导、协助委托人就被诉具体行政行为造成损害的事实收集、调取证据，核算赔偿数额。无论通过非诉还是诉讼途径申请行政赔偿，申请人都对自身权益受到损害的事实负有举证责任。因此，律师应积极协助委托人收集相关证据，准备估算赔偿数额。

4. 协助委托人及时准备办理案件的法律文书，参加庭审，举证质证，进行辩论，发表代理意见。

四、律师在二审与再审阶段的代理活动[1]

（一）律师在二审阶段的代理活动

律师可以根据当事人的请求，代其书写上诉状或答辩状。

没有参加一审诉讼的律师担任二审代理人的，应当及时到人民法院查阅案卷，复制或摘录案卷材料，审核有关证据材料和依据，并对一审人民法院的审判活动及其作出的判决或裁定从以下几方面进行审核：①案件是否属于人民法院的受案范围。②一审人民法院所列当事人是否正确、有无遗漏。③一审人民法院的审判程序是否合法。④一审认定事实是否清楚、完整，有无前后矛盾。⑤一审裁判的证据是否充分、确凿，有无未经质证的却作为判决或裁定的依据证据；有无采信了不应当采信、应当采信的却没有采信的情况；证据相互之间有无矛盾。⑥一审认定的事实与判决或裁定的结果是否具备必然的逻辑联系。⑦一审适用法律、法规是否正确。⑧一审判决有无加重对原告的处罚；有无应当变更显失公正的行政处罚而未变更；有无应当移送刑事处理的而未移送的情况。

律师应当根据一审情况，及时做好证据补充工作，但依法不得补充证据的情况除外。

当事人对一审人民法院认定的事实有争议的，律师应当要求二审法院依法开庭审理。二审案件不开庭审理的，律师应当及时提交书面代理词。

（二）律师在再审阶段的代理活动

律师可以根据原审当事人的委托，代其撰写、并向有管辖权的人民法院或人民检察院递交申诉状。律师接受申诉委托，应当着重审核是否具备下列情形：①发现了新的重要证据，使原判决、裁定的基础丧失。②原判决、裁定认定事实的主要证据不足。③原判决、裁定适用法律、法规有错误。④原审的审判人员、书记员应当回避而未回避，依法应当开庭审理而未经开庭即作出判决；未经合法传唤当事人而缺席判决，遗漏必须参加诉讼的当事人，对与本案有关的诉讼请求未予裁判以及其他违反法定程序可能影响案件正确裁判的情形。⑤有足够证据证明行政赔偿调解违反自愿原则或者调解协议的内容违反法律规定。

律师代理当事人在递交申诉状或再审申请书的同时，可以向人民法院提出中止执行的申请。

〔1〕　本节对律师在二审与再审阶段代理活动的介绍，仅集中于提交上诉状、申诉状或答辩状阶段，在法庭审理阶段律师的工作程序与一审中的并无二致。

第四节　律师代理行政执行案件

行政执行既是对行政机关的具体行政行为的实现，本身又可以是行政机关的具体行政行为。我国现行法律制度将行政执行分为行政机关执行和人民法院执行两种。本节将律师代理行政执行狭义地定义为律师代理人民法院执行案件，在律师代理行政机关执行案件时也可参考本节。把律师代理行政执行狭义的定义为律师代理人民法院执行案件的原因是作者主张尽量限制行政机关执行，以保证社会的公平正义，减少行政机关滥用职权的机会。

一、代理执行申请人的工作要点

（一）代理申请强制执行

公民、法人或者其他组织对行政机关的具体行政行为在法定期限内不提起诉讼又不履行的，律师可以接受行政机关委托，代为申请人民法院强制执行；行政机关根据法律的授权对平等主体之间的民事争议作出裁决后，当事人在法定期限内不起诉又不履行的，作出裁决的行政机关在申请执行的期限内未申请人民法院强制执行的，律师可以接受生效具体行政行为确定的权利人或者其继承人、权利承受人的委托代为申请人民法院强制执行。

1. 审查案件。接受代理前，律师应当审查执行案件是否符合以下条件：①具体行政行为依法可以由人民法院执行；②具体行政行为已经生效并具有可执行内容；③申请人是作出该具体行政行为的行政机关或者法律、法规、规章授权的组织；④被申请人是该具体行政行为所确定的义务人；⑤被申请人在具体行政行为确定的期限内或者行政机关另行指定的期限内未履行义务；⑥申请人在法定期限内提出申请。

2. 确定执行法院。律师代理申请人民法院强制执行具体行政行为，应当向作出该具体行政行为的行政机关所在地的基层人民法院提出；执行对象为不动产的，应当向不动产所在地的基层人民法院提出。

3. 提交执行申请书和相关证据。律师代理申请强制执行，应当在法定期限内向人民法院提交申请执行书、据以执行的生效法律文书以及其他必要材料。

4. 申请财产保全。行政机关或者具体行政行为确定的权利人申请人民法院强制执行前，有充分理由认为被执行人可能逃避执行的，代理律师可以根据委托人的要求代其申请人民法院采取财产保全措施。律师应当告知委托人提供相应的财产担保。

（二）代理申请执行人民法院的生效行政裁判

对发生法律效力的行政判决书、行政裁定书、行政赔偿判决书、裁定书和行政赔偿调解书，负有义务的一方当事人拒绝履行的，律师可以接受对方当事人的委托，代为申请人民法院强制执行。

律师代理申请行政诉讼执行，应首先审查该行政法律文书是否确已生效，且执行义务人未依此履行义务。

律师代理申请行政诉讼执行，应在《行政诉讼法》规定的申请期限内进行。申请人是公民的，申请执行生效的行政判决书、行政裁定书、行政赔偿判决书和行政赔偿调解书的期限为1年，申请人是行政机关、法人或者其他组织的为180日。申请执行的期限从法律文书规定的履行期间最后一日起计算；法律文书中没有规定履行期限的，从该法律文书送达当事人之日起计算。

对经过二审的行政案件，执行申请应当向第一审人民法院提出。

（三）审查执行中止、终结是否合法

律师应对人民法院裁定执行中止的事实与理由进行审查，确定是否提出执行中止的异议，协助委托人做好恢复执行程序的准备工作。

律师应严格审查人民法院终结执行是否符合法律规定。对于不符合条件的终结执行，律师应代理委托人及时提出异议。

二、代理被执行人的工作要点

（一）提出执行异议

律师可审查法院的执行裁定是否存在严重错误，例如是否有张冠李戴的情况，如发现存在严重错误，应及时代理当事人提出执行异议。

（二）申请执行复议

律师可根据案件的事实及时向法院提出对执行裁定的复议申请，并对存在错误的裁判申请再审。

（三）申请延期执行

律师可根据案件的性质及被执行人的执行能力等情况，提请委托人注意是否申请延期执行。

（四）申请执行回转

对于可执行回转的案件，律师可代理委托人提出执行回转申请，协助委托人提出有利于回转执行的措施。

（五）依法提出执行中止、终结的意见

律师应对人民法院执行的事实与理由进行审查，确定是否提出中止执行或终结执行的建议。

第五节　律师承办涉外行政案件应注意的问题

一、依法办理委托代理手续

外国人、无国籍人、外国组织在中华人民共和国进行行政诉讼，有权委托律师代理诉讼，而且应当委托中华人民共和国律师机构的律师。

外国人、无国籍人或外国组织除委托律师以外，还可以委托除律师之外的其他人作为诉讼代理人，如社会团体、外国人的近亲属（含国内和国外的近亲属）、所在单位推荐的人（如合资企业推荐的人）、外国驻华使领馆官员等。

外国人委托我国律师机构的律师代理行政诉讼的，如果该外国人、无国籍人、外国组织在国内没有住所的，其委托书要通过域外寄交或托交的，应当经所在国公证机关证明，并且经我国驻外使领馆认证，或者在履行我国与该国订立的有关条约中规定的证明手续以后，该委托书在我国境内才具有效力。

二、依法审查确定管辖法院

根据《最高人民法院关于执行〈中华人民共和国行政诉讼法〉若干问题的解释》第 8 条第 3 项的规定，重大涉外或者涉及香港特别行政区、澳门特别行政区、台湾地区的案件属于《行政诉讼法》第 14 条第 3 项规定的"本辖区内重大、复杂的案件"的，应依法由中级人民法院管辖。

三、注意程序法、实体法及国际条约的适用

根据《行政诉讼法》第 72 条的规定，中华人民共和国缔结或者参加的国际条约同本法有不同规定的，适用该国际条约的规定。中华人民共和国声明保留的条款除外。

四、与委托人确定送达方式

《最高人民法院办公厅关于向外国送达涉外行政案件司法文书的通知》规定，对于需要向海牙民商事送达公约成员国送达涉外行政案件司法文书的，可参照 1965 年订立于海牙的《关于向国外送达民事或商事司法文书和司法外文书公约》和我国国内相关程序向有关外国提出司法协助请求，通过公约规定的途径送达。代理律师应就司法解释中规定的涉外送达方式与委托人协商并达成一致意见。

■思考题

1. 简述律师在行政诉讼中的地位。
2. 简述律师在行政诉讼中的权利与义务。
3. 试述律师在行政诉讼中的工作程序和方法步骤。

■参考书目

1. ［美］斯蒂芬·克里格、理查德·诺伊曼：《律师执业基本技能：会见、咨询服务、谈判、有说服力的事实分析》，中伦金通律师事务所译，法律出版社 2006 年版。
2. 江平总主编：《中国律师办案全程实录——行政诉讼》，法律出版社 2006 年版。

第十三章　律师担任法律顾问

第一节　律师担任法律顾问概述

　　"法律顾问"这一职业最早于 19 世纪末出现在美国，近百年来，随着各国经济的发展，法律顾问在经济领域和社会生活中发挥着愈来愈大的作用，并得到了迅速的发展。我国在 20 世纪 70 年代末颁布的《律师暂行条例》中第一次明确了法律顾问这一概念。1997 年 1 月 1 日实施的《中华人民共和国律师法》（已于 2012 年修订）再次予以明确，并将"接受自然人、法人或者其他组织的委托，担任法律顾问"列为律师诸项业务中的首项。2000 年 3 月 26 日经全国律协四届六次常务理事会通过了《律师法律顾问工作规则》。各级司法行政机关、律师协会对律师事务所担任法律顾问工作进行监督、指导。

　　一、法律顾问的概念

　　本章所指法律顾问，是指律师依法接受公民、法人或者其他组织的聘请，以自己的专业知识和技能为聘请方提供多方面的法律服务的专业性活动。担任法律顾问的律师必须是依《律师法》及有关规定取得了律师执业证书并在律师事务所执业的执业律师。未经律师事务所指派，律师个人不得以任何形式或名义担任法律顾问。律师助理人员不得独立担任法律顾问，但可以协助律师完成法律顾问工作。

　　近年来，企业内部法律顾问制度发展较快，这种内设的法律顾问是企业的管理人员。虽然其中不乏有取得律师资格者，但一些未取得律师执业资格的人员，通过各种渠道受聘担任单位的法律顾问的情况也客观存在。

二、法律顾问的特征

（一）服务关系的持续性

法律顾问合同的时效一般以年或者某一项事务为单位，法律顾问与顾问单位之间的法律服务关系比较稳定。

（二）服务内容的综合性

法律顾问不仅为顾问单位及时提供法律意见，还可依据合同约定代理顾问单位参与诉讼、非诉讼活动，参与重要决策的作出，承担谈判、法律宣传、审查法律文书等广泛的工作。

（三）服务对象的广泛性

法律顾问最初出现在企业，随着社会的进步，国家机关、社会团体甚至公民个人都认识到聘请律师担任法律顾问的重要性，聘请法律顾问成为普遍现象，委托法律顾问处理法律事务日益增多，委托事务的内容也不再限于某一特定的法律领域。

（四）服务方式的个性化

随着社会的进步，顾问单位对律师的要求也越来越高。法律顾问必须对顾问单位管理、经营、运作方式进行深入了解，根据顾问单位的要求，提供个性化的法律服务方能胜任。

三、法律顾问的作用

（一）法律顾问的必要性

1. 聘请律师担任法律顾问是政治、经济体制改革，建设法治国家的需要。

2. 聘请律师担任法律顾问，是依法行政、经营以及进行其他活动的需要。

3. 聘请律师担任法律顾问，是贯彻对外开放政策的需要。

4. 聘请律师担任法律顾问，是社会主义市场经济发展的需要。

（二）法律顾问的作用

1. 通过参加谈判、诉讼、非诉讼活动预防、排除各种非法侵害，维护顾问单位的合法权益，避免或减少损失。诉讼是纠纷出现之后运用法律手段对自身权益进行的保护，而法律顾问的主要工作是在进行有法律意义的行为时，就对可能出现的法律问题进行预测，对顾问单位的权益进行预见性的保护。

2. 帮助聘方建立、健全各种规章制度，使聘方的工作、生产经营等相关活动和决策纳入法治轨道。

第二节　法律顾问合同

法律顾问合同是律师事务所与聘请方签订的，约定提供法律服务的期限、形式、范围、权利和义务以及报酬的书面协议。法律顾问合同是法律顾问关系成立的唯一证明。律师事务所与聘请方签订法律顾问合同应注意以下几个问题：

一、初步调查

律师事务所在受聘担任法律顾问前应对聘方资信进行初步调查。

聘方为法人、其他组织时，应调查聘方的以下情况：①是否依法成立，是否合法存续；②该法人目前的基本状况；③证照上所核准的经营范围；④实际上的主营业务范围；⑤聘请法律顾问的基本目的及要求。聘请方为自然人时应调查：①聘方的国籍及居住地；②聘方的职业及其他自然状况；③聘方聘请法律顾问的基本目的及要求。

进行初步调查的意义在于了解聘请方的基本情况，为合作奠定基础。同时要进行利益冲突检索，避免与其他委托人产生利益冲突。

二、签订法律顾问合同

律师事务所受聘担任聘请人的法律顾问，必须签订法律顾问合同，法律顾问合同是法律顾问关系成立的唯一证明。法律顾问合同应包括但不限于如下条款：

1. 聘方及受聘方的名称（姓名）、住所、通讯方式；

2. 法律顾问的工作范围、工作方式、履行职责的权限；

3. 受律师事务所委派担任该单位法律顾问的律师的姓名、执业证号；

4. 聘期起止时间；

5. 聘方为保证法律顾问职责的履行提供的必要工作条件和物质保障；

6. 顾问律师应有的知情权；

7. 法律顾问费的支付标准和办法；

8. 合同的变更和解除；

9. 双方约定的其他权利、义务；

10. 违约责任；

11. 解决争议的方法。

法律顾问合同经双方签字或盖章后生效。法律顾问合同的当事人是律师事务所与聘请方，律师事务所指派的提供具体法律服务的律师在业务上应当服从律师事务所的安排。当然，在一般情况下，聘请方有指名要求的，律师事务所应当满足其指名要求。

三、聘方及法律顾问应遵守的规则

1. 聘方应就其所为的民事行为，所提供的法律事实及证据、文件的真实性承担法律责任；律师事务所及顾问律师应就其所提供的法律意见的合法性承担法律责任。

2. 律师事务所及其指派的顾问律师在完成法律顾问工作中，应依法维护聘方的合法权益，遵守诚信原则，在授权委托范围内，依法独立提供法律服务。

3. 律师事务所及其指派的顾问律师，有权拒绝聘方要求为其违法行为及违背事实、违背律师职业道德等的事项提供服务，有权拒绝任何单位、个人的非法干预。

4. 律师事务所应结合本所的实际情况，在遵守本规则的基础上建立法律顾问工作制度，并根据实际情况予以充实和完善。

5. 法律顾问的报酬，由律师事务所统一收取，受律师事务所指派提供法律顾问服务的律师不得直接从聘请人处收取任何报酬。

6. 顾问律师应依法律顾问合同的规定或聘方的授权委托提供法律服务，不得超越委托权限。顾问律师不得从事与履行法律顾问职责无关的事务，不得以顾问律师身份从事任何盈利性活动谋取私利。

7. 律师事务所及其所指派的顾问律师应对其提供法律服务过程中接触、了解到的国家秘密、商业秘密、不宜公开的情况及个人隐私负有保密的义务。

8. 担任聘方法律顾问的律师事务所，应依照《律师执业避免利益冲突规则》的规定，避免利益冲突。

9. 顾问律师在受指派提供法律顾问服务过程中对遇到的重大问题、参与的重大项目、经济合同的谈判应及时向律师事务所汇报。

四、提供法律顾问服务的方式

律师事务所及其指派的律师提供法律顾问服务时，包括但不限于如下方式：①咨询；②出具法律意见书、律师函；③参与重大商务谈判；④起草、审查、修改合同和规章制度；⑤代办登记注册等法律事务；⑥法制宣传、教育、培训；⑦提供有关法律信息；⑧经另行委托，代理各类诉讼、仲裁、行政复议案件，参与调解纠纷。律师事务所受聘指派律师担任法律顾问的服务内容、范围、工作安排由双方在法律顾问合同中明确约定。

第三节　法律顾问的业务范围

一、法律顾问的法定业务

《律师法》第 29 条规定："律师担任法律顾问的，应当按照约定为委托人就有关法律问题提供意见，草拟、审查法律文书，代理参加诉讼、调解或者仲裁活动，办理委托的其他法律事务，维护委托人的合法权益。"据此，法律顾问的法定业务范围包括以下几个方面：

1. 解答法律咨询。

2. 为委托人草拟、审查法律文书。法律文书主要有合同、协议、章程、规则、声明、命令、决定、指示以及诉状、答辩状等，并就其合理性、合法性、可行性、风险性提出法律意见。担任企业的法律顾问，主要任务是把好签订经济合同的法律关。

3. 按照委托人的安排和聘请法律顾问合同的约定，参与委托人的合同谈判。一方面保证委托人的行为合法，在法律允许范围内，使委托人获得最大的经济效益；另一方面及时揭露对方的违法行为并防止其侵犯委托人的合法权益或给委托人造成损害，维护委托人的合法权益。

4. 代理委托人参加诉讼、调解或者仲裁活动。

5. 办理委托人委托的其他法律事务。

二、法律顾问的约定业务

约定业务是指双方经协商确定的法定业务以外的其他业务，主要有：

1. 帮助委托人建立健全各项规章制度，主要包括管理制度和工作纪律；

2. 帮助委托人建立法律事务机构并指导工作；

3. 开展法制宣传和法律培训，提高委托方人员的法律意识及法律知识水平。

第四节　担任政府法律顾问应注意的问题

一、律师担任政府法律顾问的任务

为政府各项决策提供法律意见，帮助政府机关依法行政，协助政府机关在民事法律关系中维护国家利益和自身合法权益。

二、律师担任政府法律顾问的工作内容

1. 就政府的重大决策提供法律方面的意见，或者应政府要求对决策进行法律论证；

2. 从法律方面对政府起草或者拟发布的规范性文件提出修改或补充建议；

3. 参与处理涉及政府一方的、尚未形成诉讼的民事纠纷、经济纠纷、行政纠纷和其他重大纠纷；

4. 代理政府参加诉讼，维护政府依法行使行政职权和维护政府机关的合法权益；

5. 协助政府审查重大的经济合同、经济项目以及重要的法律文书；

6. 协助政府进行法制宣传教育；

7. 向政府提供国家有关法律信息，就政府行政管理中的法律问题提出建议；

8. 办理政府委托办理的其他法律事务。

三、律师担任政府法律顾问的工作方式和开展非诉讼业务的主要做法

（一）工作方式

1. 通过举办法律知识讲座和培训班等形式，向行政机关及其工作人员进行法律知识的宣传和普及，促使他们增强依法行政的意识和自觉性，提高依法行政的水平。

2. 对行政机关的行政决定是否合法进行论证和审查，协助行政机关在实施具体行政行为时做到合法与规范。

3. 协助行政机关对相对人的申办事项进行审查，提出可否准许的法律意见。

4. 协助行政机关做好行政复议工作；为行政机关处理行政纠纷提供法律咨询，解答行政争议所涉及的法律问题；提出如何解决争议的法律意见；为行政机关处理行政纠纷进行专门的调查，收集证据，提供第一手材料。

（二）律师开展非诉讼业务的主要做法

1. 代理参加调解。即律师接受委托，以代理人的身份参与由上一级行政机关主持的行政调解活动，依法维护委托人的合法权益并促成调解成功。

2. 代理参加和解。即律师接受委托，参加行政争议和解工作，利用特殊身份说服行政机关改变不当行政行为；或者说服行政管理相对人放弃复议或诉讼请求，达到息讼解纷之目的。

3. 代理参加行政复议，主要工作是：①为申请人提供法律咨询；②为申请人代写复议申请书；③接受申请人的委托，作为代理人参与行政复议活动。

四、律师担任政府法律顾问的权利和义务

律师事务所及其指派的顾问律师，有权拒绝委托人要求为其违法行为及违背事实、违背律师职业道德等事项提供服务，有权拒绝任何单位、个人的非法干预。

各级政府及其职能部门或其派出机构聘请律师担任法律顾问的，应当向律师事务所支付律师费。为各级政府及其职能部门或其派出机构提供法律服务的律师，应根据合同规定和政府委托的权限履行义务，不得超越委托权限。

顾问律师不得从事与履行法律顾问职责无关的事务，不得利用为各级政府及其职能部门或其派出机构提供法律服务的便利进行不正当竞争，也不得利用政府法律顾问的身份代理他人法律事务。

律师事务所及其所指派的顾问律师应对其在提供法律服务过程中接触、了解到的国家秘密、商业秘密、不宜公开的情况及个人隐私等负有保密的义务。

第五节　律师担任企业法律顾问应注意的问题

一、律师担任企业法律顾问的任务

律师担任企业法律顾问的任务是按照合同约定，为企业的各项经营管理决策提供法律意见，促进企业决策和日常运行的科学化、规范化、合理化，对企业各项法律事务进行全过程控制，规避法律风险，保护合法权益。

二、律师担任企业法律顾问的工作范围

律师担任企业法律顾问的工作内容一般包括日常法律事务处理和纠纷处理两部分。

（一）日常法律事务

律师担任企业法律顾问所处理的日常法律事务范围应视合同约定而定，可以是（但不限于）下列事务的全部或一部分：

1. 协助制订和完善内部管理规章、制度；
2. 起草、制定、审查各类合同和法律文件；
3. 建立法律文件档案和法律风险预警机制；
4. 管理和监督合同的履行情况，建立健全财务风险和危机控制机制；
5. 参与经营管理层会议，为企业重大决策进行法律分析论证，提供保障意见；
6. 参与企业对外投融资、合作、并购、重组、上市等事务的可行性论证；
7. 协调、处理企业与工商、税务、商务等政府监管部门的关系和事务；

8. 参加商务谈判，接受委托对合作方资信、目标企业展开尽职调查，提供法律分析和保障意见；

9. 建立、健全企业商业资源、利益保护制度以及企业专利、商标、商业秘密、工业产权的注册、登记及保护制度；

10. 协助企业处理侵犯知识产权、商业秘密的法律事务，以及对不正当竞争行为的防范及对策；

11. 对企业员工进行法律知识培训。

（二）纠纷处理

法律顾问应当对企业因合同、侵权引起的各类纠纷进行处置（如投资、债权债务、劳资、购销、租赁、知识产权等），包括代表企业进行协商、谈判；出具律师函；为企业可能涉及的诉讼和仲裁做好前期的准备，收集相关证据材料，进行法律后果分析，出具法律意见；参与诉讼或仲裁等。

三、律师担任企业法律顾问的权利和义务

（一）律师担任企业法律顾问的权利

1. 有按照合同约定，由所在律师事务所向委托人收取顾问费的权利；

2. 有为履行法律顾问职责而要求委托人在人、财、物等方面提供必要支持的权利；

3. 有查阅委托人有关文件，参加有关会议和协商活动以及对其他关涉法律顾问服务质量问题的知情权；

4. 有在办理对外事务中获得授权的权利；

5. 有对企业及其工作人员违法、违规行为进行提示、劝导和举报的权利。

（二）律师担任法律顾问的义务

1. 尽职完成顾问事项的义务；

2. 不接受顾问企业利益冲突方委托的义务；

3. 保守顾问企业商业秘密的义务。

四、律师担任企业法律顾问的工作方式

律师担任企业法律顾问，根据委托合同的约定，一般采取两种工作方式：

1. 派驻式。律师事务所派员常驻顾问企业。承办律师在顾问企业的法律事务部工作。这种工作方式适用于顾问企业规模较大，日常法律事务较为琐碎，而法律部门的雇员又无法独立完成的情况。

2. 预约式。即律师事务所不派员常驻顾问企业，而是以事项为单位，顾问企业在遇到法律问题或执行法律事务时随时与承办律师约定服务。实践中，企业聘请法律顾问多数采取的是第二种工作方式。

五、律师担任企业法律顾问的常用文书

律师担任企业法律顾问，最常用的法律文书是法律意见书和律师函。法律意见书多用于律师与顾问企业之间，是律师将对顾问企业的法律文书、法律事务的监督审查意见整理成书面报告，加盖律师事务所印章，提交顾问企业作为参考。

律师函是律师在处理顾问企业对外法律事务过程中，向有关政府部门、单位和个人出具的法律意见书。内容主要是代表顾问企业阐明其对某个法律事项的立场，通报有关法律和事实，寻求沟通平台。

近年来，法律顾问依约为顾问单位提供见证服务不断增多，律师见证书日益受到重视。律师见证书是律师对于某项法律行为、法律事实或法律文书的真实性、合法性予以证实的证明文件，其性质和作用类似于公证书。律师见证书由当事人呈交政府部门办理有关法律手续时，经依法认可具有法律效力。在广东、浙江、上海等不少省市引进外资的过程中，律师出具的见证书已成为政府主管部门审批项目合同的必备文件之一。正因为如此，律师见证书的形式要求比较严格，律师违法出具见证书，造成损失的，要承担民事赔偿责任甚至刑事责任。

第六节　公职律师试点

依据司法部《关于开展公职律师试点工作的意见》，公职律师是指具有中华人民共和国律师资格或法律职业资格，供职于政府职能部门或行使政府职能的部门，或经招聘到上述部门专职从事法律事务的人员，包括政府律师和法律援助律师。司法部自 2002 年起陆续在全国开展公职律师试点工作。由于《律师法》中没有对公职律师加以规定，因此，截至 2012 年底，公职律师制度依然属于试点，各地的发展情况也不尽相同。

一、其他国家和地区公职律师概况

（一）英美法系国家

1. 美国把公司法律顾问、政府律师、非营利机构的法律顾问统称为 In‐House Lawyer。目前，美国有 18 000 多名政府律师在联邦政府、州政府、城市和县政府代表政府利益提供法律服务。仅联邦政府雇用的律师就达几千人，其中国务院法律顾问团有律师 30 多名，司法部有律师近千名，其他一些部门，如环境保护署、联邦贸易委员会、税务总署、联邦证券交易委员会、国家劳工委员会等，甚至版权中心也聘用政府律师。但美国没有专门的机构负责所有政府律师的招募、管理，而是由雇用他们的政府部门负责这些事务。在美国，还设有公设辩护人制度，公设辩护人一般都是由上诉法院的法官代表政府任命的，分别在美国各州所属的各个区里任职。公设辩护人每个月领取薪水，他们的工作主要是做法律援助，为付不起律师费的穷人辩护。

2. 英国政府律师被视为执业律师，同其他执业律师及公司律师等均可以加入同一个律师协会。政府律师作为国家职员，没有独立的行业组织。律师行业组织内部也不设立专门负责管理政府律师的部门。《获得司法公正法》将全新的合约制度引入了英国法律援助体制中，因而英国提供法律援助的主体是通过法律服务委员会质量认定，并与之签订合约的律师事务所和其他法律服务机构。

3. 澳大利亚有数量庞大的政府律师，他们在某一个政府部门工作，但其编制隶属于司法部，其在从事业务时要接受司法部的指导，而非所在部门的指导。政府律师的职能是为政府部门（包括联邦议会、政府）提供法律服务，不介入政府部门的行政事务。政府律师还包括律师援助署的律师。每个州或地区都有一个法律援助署，雇用一些律师为那些请不起律师的人服务，这些人的工资由政府支付，是政府的雇员。

（二）大陆法系国家

法、德两国设有较为强大的政府法制机构处理政府的法律事务，但政府法制机构的人员属于公务员，不是律师。德国政府从联邦到州到市县，再到各级政府都有法制机构。法国政府的主要部门，如内政部、国防部、外交部、财经部、社会事务部、教育部、交通部等，均设有法律事务司。此外，法国行政法院的情况比较特殊，它既是司法机关，又是政府就法案和某些条例草案进行咨询的机构，相当于政府的法律顾问。政府部门在起草法律、条例及进行某些具体的行政处理过程中，在提请内阁会议和议会审议之前，必须事先征询行政法院的意见。只有行政法院有权裁决条例是否合法，行政法院每年都要向总统提交一份报告，说明其拟向政府提出的法律、条例和有关行政改革的建议。在德、法两国，律师不能受雇于政府，没有专门的政府律师队伍。《德国联邦律师法》明文规定，担任政府官员或政府机关临时性雇员的，不得执行律师职务。但法律也规定了例外情况，律师在担任政府官员或临时雇员时，在不危害司法公正的前提下，司法行政部门可以根据其申请准许其继续执行律师职务。法国的每个法院都设有法律援助局，审查公民的法律援助申请是否符合条件，作出是否给予法律援助的决定，指派律师和其他法律服务人员提供法律援助，受理公民对下级法律援助局作出的不予法律援助决定的复议申请。法律援助局由以下几种人员组成：律师、执达员、诉讼代理人、税务官以及一些热心法律援助的社团代表等。

日本的法务省是日本最高司法行政管理机构，其管理的政府法律事务主要包括担任各政府机构的法律顾问。日本的法律援助律师的选任是采取由律师个人向律师协会自愿申报的方式，并且经该协会选拔登录的律师才能成为法律援助律师，承办法律援助案件。日本全国经登录的法律援助律师有 5 000 名，这种律师不属于国家公务员。

综上所述，目前大陆法系国家有着较为强大的政府法制机构，机构的成员大多是公务员，他们只参加公务员协会，受公务员条例的纪律约束，按照公务员的条件和要求进行管理。而在以英、美为代表的国家中，律师受政府雇用，在政府各部门法律事务工作。

二、我国公职律师试点的几种模式

国务院 1993 年 41 号文件提出"逐步在国家机关内部建立为各级政府及行政部门

提供法律服务的律师队伍，担任法律顾问、代理行政诉讼，维护政府和行政部门的合法权益"。按照国务院 1993 年 41 号文件精神，1993 年 12 月 26 日司法部发布的《关于深化律师工作改革的方案》为公职律师制度的建立提出了最初的设想，该方案要求通过试点，逐步在国家机关内部建立为各级政府及行政部门提供法律服务的律师队伍，担任法律顾问，代理行政诉讼，维护政府和行政部门的合法权益。从 2002 年开始，我国开展了公职律师的试点工作。在试点中，各地根据自身的情况，采用的模式也不尽相同。

（一）公职律师试点的几种主要模式

1. 广州模式。广州将公职律师集中起来，专门设立了公职律师事务所。以公职律师事务所为载体，在相关政府工作部门设立公职律师岗位，以参与政府决策、担任政府法律顾问、承办行政机关法律事务为主要工作内容，适当兼顾办理法律援助等政府性、公益性的法律服务事务。公职律师在市公职律师事务所统一指导下开展工作，以处理本单位相关法律事务为主，不得向社会提供有偿法律服务。此种模式下，公职律师虽然有公务员身份，但相对游离于行政部门。

2. 厦门模式。厦门的公职律师从供职于政府各职能部门、并专职从事法律事务的人员中选拔、审核产生，公职律师继续为本单位服务，由所在单位管理，而司法行政机关负责其资质管理并进行业务指导和监督。公职律师不得以律师身份办理本级政府或部门以外的诉讼和非诉讼案件（含下属企业、自己的近亲属）；不得从事有偿法律服务、不得在律师事务所和法律事务所兼职；公职律师必须加入律师协会，参加其组织的业务培训、研讨、职业道德和职业纪律教育等。

厦门公职律师的特点是：在政府各职能部门内设公职律师，不增加人员编制和经费。

3. 扬州模式。扬州市以政府名义在全国公开招聘具有高级职称的律师。公职律师实行聘用制，聘期为 5 年（其中试用期为 6 个月），期满可续聘。被聘用人员作为政府雇员，其工资待遇由协议确定，月薪不低于人民币 6000 元，并视其工作实绩给予相应奖励。受聘期间由市人才市场实行人事代理，并按规定为其办理养老保险和医疗保险。其工作职责是：担任政府法律顾问，为政府决策提供法律咨询和法律建议，参与政府规范性文件的起草、审核和修改，为涉及政府和社会公众重大利益的事项和纠纷提供专项法律服务或组织专家论证，代理政府参与诉讼和仲裁活动，成为政府依法行政的法律高参。

以上三种模式各有特色，也反映了当地政府机关在进行公职律师试点过程中不尽相同的理念。

（二）对于公职律师的管理

司法部《关于开展公职律师试点工作的意见》规定，公职律师由所在单位管理，司法行政机关负责其资质管理和业务指导；公职律师加入律师协会，享有会员权利；接受所在地司法行政机关的业务指导和监督。试点的公职律师的管理体制为所在单位、司法行政机关、律师协会"三结合"的管理体制。但在不同的模式下，"三结合"的管理体制在具体操作上存在差异。

1. 所在单位的管理。"厦门模式"将人事管理的权限归于公职律师所在单位。在厦门模式中，政府律师主要是政府法制部门中符合律师条件的公务员的置换，而且没有设立专门的公职律师执业机构。故政府律师原有的人事关系不改变，而由所在单位对公职律师进行人事管理。这样不但摆脱了资金上的困扰，而且可以获得政府各部门的支持，使公职律师制度在低成本的状态下建立并发挥作用。

重庆在公职律师管理方面采取由政府法制工作部门和政府律师所在单位分工合作的方式，二者共同负责政府律师的具体业务管理以及基于政府律师的公务员身份而对其进行的人、财、物方面的管理。

广州在公职律师管理上，由政府工作部门对本单位设立的公职律师岗位上的公职律师从人事、经费、福利待遇等方面进行组织领导。

2. 司法行政机关管理。司法行政机关是对律师行业进行管理的政府职能部门，《律师法》第4条规定，国务院司法行政部门依照律师法对律师、律师事务所和律师协会进行监督、指导。司法部《关于开展公职律师试点工作的意见》也规定了司法行政机关负责公职律师资质管理和业务指导。例如，广州市制定了《广州市公职律师管理办法》、《广州市岗位公职律师试点工作方案》、《公职律师政治和业务学习制度》、《收、结案登记及印章管理制度》等事务所规章制度，还设计制作了各种委托合同、授权委托书等法律文书的格式，对公职律师开展业务进行指导和管理。[1]

（1）严格准入。在政府律师准入问题上，司法行政机关要认真审查、严格把关，把握好政府律师的准入条件：①必须具有律师资格或法律职业资格；②必须是在政府及其职能部门从事法律事务工作；③所在单位同意。

（2）对政府律师的执业管理、业务指导和监督，建立政府律师的组织调配制度；做好政府律师的考核工作，处理有关政府律师执业活动的投诉。

（3）加强培训。司法行政机关有必要通过律师协会，根据政府律师职业特点，有针对性地加强其执业技能培训以及律师职业道德和职业纪律方面的培训，同时注重必要的业务指导。

3. 律师协会管理。律师协会是律师自律性组织，所有律师必须加入所在地的地方律师协会。地方律师协会的律师同时是中华全国律师协会的会员。按照律师协会章程，律师协会会员享有章程赋予的权利，并要履行章程规定的义务。公职律师加入律师协会，享有会员权利，律师协会负责公职律师行业管理，主要承担公职律师培训以及行业业务指导等职责。

4. 公职律师执业机构的管理。在公职律师的管理上，广州采取由公职律师事务

---

〔1〕　广东省司法厅："积极探索不断完善加快我省公职和公司律师制度建设"，见http：//www. legalinfo. gov. cn/moj/moj/2004－02/19/content_ 75921. htm.

所对本所公职律师进行人事、经费、福利待遇等管理，同时也对同级政府部门的公职律师进行业务上的管理和指导，对跨部门的重要法律事务进行协调的办法。

三、存在的问题及我国政府法律服务队伍的整合

（一）存在问题

在我国，目前为政府提供法律服务的队伍的常设机构有政府的法制部门、政府组建的非常设机构，如政府法律顾问团、被聘请担任法律顾问的律师。这几种力量工作职责相同，但管理体制各异。

1. 国务院及地方各级政府法制办。1998 年 3 月根据《国务院关于机构设置的通知》，设置国务院法制办公室，作为国务院办事机构。地方各级政府也设立了相应的法制机构，一些乡镇政府也在积极探索设立法制机构。

2. 政府法律顾问团。不少地方政府设立了政府法律顾问团，但具体的操作不尽相同。有的地方规定政府法律顾问是非官方的机构，与政府不存在领导与被领导的关系，受政府委托办理政府交办的法律事项，不具有决策的权力。有的地方规定政府法律顾问可以以政府的名义参与国内外经济合作项目的洽谈及签约，虽然是一种委托授权的关系，授予了政府法律顾问在法律事项以外的事务中也可以代表政府的权利，但是也受到政府意志的制约。有的地方政府的法律顾问的性质类似于政府律师。

3. 律师担任政府法律顾问。1980 年颁布的《律师暂行条例》规定了律师接受国家机关、企事业单位、社会团体、人民公社的聘请，担任法律顾问的业务及职责。但律师担任政府法律顾问则是 1985 年以后逐渐发展起来的。1989 年司法部发布了《关于律师担任政府法律顾问的若干规定》，规定了律师担任政府法律顾问的职责、权利与义务、政府与法律顾问处（律师事务所）之间聘用合同的主要内容以及司法行政机关对律师担任政府法律顾问工作进行指导、管理和监督的职权。国务院批准的"三定"方案，也从政策上确定了司法行政机关对政府法律顾问工作的指导和监督职能，但在客观上，政府法律顾问工作在整体上处于一种无序状态。政府法律顾问工作滞后，政府法律顾问工作欠缺管理。没有完善的、具体的法律法规去规范政府法律顾问工作，也没有明确司法行政机关应该如何指导、监督政府法律顾问工作。

（二）我国政府法律服务队伍的整合

目前公职律师的试点工作的政策依据只是司法部《关于开展公职律师试点工作的意见》，该意见指出，建立公职律师制度是我国加入世贸组织后社会经济生活发展的客观需要，也是推进依法治国、依法行政，进一步完善我国律师结构的需要。该意见规定了公职律师的任职条件、公职律师的职责范围、公职律师的权利和义务、公职律师队伍的管理等，但《律师法》并没有作这方面的规定，也没有权威部门对公职律师的工作作出明确定位。国务院《全面推进依法行政实施纲要》对公职律师制度的建立也只字未提，只是要求各级人民政府和政府各部门要切实加强政府法制机构和队伍建设，充分发挥政府法制机构在依法行政中作为参谋、助手和法律顾问

的作用，并为他们开展工作创造必要的条件。近年来，政府法律顾问工作也有很大的发展，各级政府纷纷组建法律顾问团（组）、各级政府和国家机关聘请律师担任法律顾问的也为数不少。笔者认为，公职律师制度的推广和完善，有赖于法律对其明确定位，以实现各种政府法律服务力量的整合。如果定位不明，公职律师可能只是部门内的一般办事员，影响其工作的效果。司法部规定了公职律师的职责，但由于隶属部门的不同，司法行政机关对其他部门的约束力和权威性明显不足。由于公职律师地位不明，其履行的审查和规范职能在政府职能部门内可能难以得到应有的重视。

设立公职律师后，其与政府法制部门之间的关系如何协调的问题摆在了我们面前。有人提出设立政府律师机构，以提供组织保障，撤销现有的政府法制部门，县级以上人大常委会及政府设立律师顾问团，各级行政执法机关必须配备一定数量的政府律师，将现有的各级政府机关的政策法规司、处、室、科一律更名为政府律师顾问处（室），列入公务员编制，配备专门的法律专业人员，这些专业人员一般应通过国家统一司法考试、具有从事律师工作的资格。政府律师顾问处内设首席律师、首席律师助理、律师若干，其负责人为政府首席律师，首席律师享受同级政府部门副职待遇，各级政府事业单位、国有投资、控股公司也应参照政府机关设立律师工作机构。[1] 目前，政府律师制度的目的主要是保持公职律师队伍的稳定，同时维护政府所代表的公众利益，其制度宗旨是值得肯定的。但笔者认为，政府律师制度的发展方向是从事政府法律服务工作的人员都由符合律师执业条件的人员担任，如扬州模式一样，政府律师是政府的雇员，并不具有公务员身份，而是作为专业的律师队伍的一部分，其服务对象是政府部门，政府律师在任职期间不得向社会提供法律服务。政府律师服务于政府部门，却保持律师职业的独立性，使之不仅是协助政府推进依法治国，实施依法行政的行为还是制衡行政权力的力量，从而真正实现兼顾维护职能部门的正当权益及社会公正的双重目的。

2007年6月，在广州召开的"2007全国公职律师理论与实践研讨会"上，来自全国各地的公职律师代表总结并交流了自公职律师试点以来各自的做法及成功的经验，以及实践中的困惑。与会代表希望新《律师法》能就公职律师问题作出明确规定，使公职律师的存在与发展具有法律的依据。然而新《律师法》并没有明确规定公职律师制度，只是改变了有关律师的定义，为公职律师的存在留下了空间。笔者认为，公职律师的存在和发展，对于完善我国律师制度，促进依法行政有着不容忽视的意义，只有整合力量、理顺体制才是公职律师最终的出路。

---

[1] 孙华明："公职律师制度疑问"，见 http://www.southcn.com/weekend/top/200308280009.htm.

■**思考题**

1. 试述法律顾问的主要特征。
2. 如何理解法律顾问的作用?
3. 法律顾问有哪些种类?
4. 法律顾问的工作原则是什么?
5. 聘请法律顾问合同的主要内容有哪些?
6. 律师受聘法律顾问与企业法律顾问的区别?

■**参考书目**

1. 蒲凌尘:《应诉欧共体反倾销律师业务》,法律出版社 2007 年版。
2. 国浩律师集团事务所编:《现代商事律师实务——新业务与新视角》,法律出版社 2007 年版。
3. 徐家力主编:《律师实务》,法律出版社 2007 年版。
4. [美] 斯蒂芬·克里格、理查德·诺伊曼:《律师执业基本技能: 会见、咨询服务、谈判、有说服力的事实分析》,中伦金通律师事务所译,法律出版社 2006 年版。

第十四章　律师办理诉讼外业务

■ **学习目的和要求**

　　通过本章的教学让学生了解律师办理非诉讼业务的概况。

■ **重点及难点**

　　律师办理非诉讼业务的现状及发展趋势。

第一节　律师办理诉讼外业务概述

　　随着市场经济环境的发展变化和律师自身素质的提高，很多新的业务被开拓出来，律师执业范围不断扩展，律师和律师事务所都趋向于从以往传统的单一诉讼业务范围向多领域、多元化发展，非诉讼业务在律师业务领域中所占的比重越来越大。律师的非诉讼业务涉及金融、投资、公司并购、工程项目、合资合作等各个领域。越来越多的律师乐意或者希望从事非诉讼业务，国内外企业的收购兼并业务、企业资产重组、跨国公司常年法律顾问以及涉外法律服务等非诉讼业务已成为最抢手的业务。部分律师或律师事务所已经开始放弃所有诉讼业务而改为专门从事非诉讼业务，律师专业化分工越来越细。非诉讼业务中的高端业务，包括公司设立、企业改制、收购重组、破产清算、上市融资、房地产开发及项目转让、基础设施建设、建设工程及政府采购招投标、企业重大资产处置、连锁经营、金融债券或资产包转受让、银行贷款审查、商标专利申请转让与许可使用、股票债券发行、股权激励机制设计等有着强劲的发展势头。这类服务专业化要求高，律师执业风险和工作量大，且通常需要律师团队协作进行，而能够从事高端非诉讼业务的律师的数量却明显不足。传统的咨询、代书业务的市场随着普法活动的开展、"148"等法律服务热线的开通而逐渐缩小。不同于20世纪80年代，律师的非诉讼业务已经不再主要是居间调解、出具法律意见书等简单的法律事务。随着专业化的要求越来越高，律师的新业务层出不穷。律师们在办理业务的过程中，不断地摸索、总结，以完善办案经验，但难以找到一成不变的流程供法学专业学生去效仿。故本章对律师的非诉讼业务以介绍为主，同时由于篇幅的限制仅选择了几类非诉讼业务，而列举了较多的参考书目供感兴趣的同学进一步学习。

一、诉讼外业务代理的概念

诉讼外业务代理，是指律师接受当事人的委托，在授权范围内处理当事人诉讼外法律事务的活动。

诉讼外业务是不包含纠纷而无需进行诉讼程序的事务，或者虽然已经出现纠纷，但不通过法院进行诉讼，而在当事人之间通过调解或者仲裁解决的事务。例如，索取或者偿还信贷，办理信托、转让、赔偿、买卖，立约、商业登记、公司债务等事项；还有属于行政范围的权益争议，如劳动争议等非诉讼法律事务，都属于诉讼外法律事务的范围。

诉讼外法律事务具有以下特征：①诉讼外法律事务必须是具有法律意义的事务。具体是指办理这类事务本身能够引起法律关系的发生、变更或者消灭，或者办理这类法律事务应当履行一定的法律程序或者需要律师给予法律上的某种帮助。②办理这类法律事务的方式必须是不通过诉讼程序，律师向当事人提供的是诉讼之外的法律帮助。③非诉讼法律事务是基于当事人的委托或者请求而产生的。④律师在办理诉讼外法律事务中，与当事人之间的关系因事而异，可以分为委托代办、委托代理、居间调停等关系。

按照不同标准，诉讼外法律事务可以分为不同种类。

1. 根据委托人所委托的事项是否会有争议，可以分为：①可能发生争议或者已经形成争议、纠纷，但不通过诉讼程序解决的诉讼外事务；②不含争议、纠纷，无需诉讼的诉讼外法律事务。前者如通过行政申诉、申请复议、申请复审等行政诉讼外事务；通过行政仲裁裁决的经济合同，技术合同，劳动争议，海事、商事仲裁的非诉讼事务；通过律师居间调解的各类争议和纠纷等。后者如各类行政申请事务、登记事项、声明事项、招标投标、商标注册、专利申请、技术转让、法律见证、项目调查、证券发行等。

2. 根据诉讼外法律事务所调整的法律关系，可以划分为：①民事诉讼外法律业务，即代书遗嘱、法律见证等；②经济诉讼外法律业务，即商标注册、专利申请等；③行政诉讼外法律事务，即行政申诉、行政申请等；④涉外诉讼外法律事务，即涉外仲裁等。

3. 根据律师在办理诉讼外法律事务过程中的地位及其所承办事务的特征，可以分为：①代理类诉讼外法律事务，即律师接受委托、以代理人身份办理的法律事务；②顾问类诉讼外法律事务，即律师接受聘请，为委托人的法律行为提供咨询、草拟法律文书、参与项目谈判等；③居间调解类诉讼外法律事务，即律师根据双方或者多方当事人的意愿，居间调解纠纷；④见证类法律事务，即律师根据当事人的申请，以见证人的身份，对当事人申请事项的真实性与合法性进行证明；等等。

4. 根据律师所办理的诉讼外法律事务的性质，还可以分为顾问类诉讼外法律事务，仲裁类诉讼外法律事务，咨询类诉讼外法律事务，代书类诉讼外法律事务，证券类诉讼外法律事务，知识产权类诉讼外法律事务，谈判类诉讼外法律事务，审查、签订合同类诉讼外法律事务，资信调查类诉讼外法律事务，税收类诉讼外法律事务，招投标类诉讼外法律事务等。

二、律师处理诉讼外法律事务的原则和范围

（一）律师处理诉讼外法律事务的原则

我国《律师法》对律师处理诉讼外法律事务的原则并没有作具体规定，但对律师职业活动的原则在总则中作了原则性的规定，如律师执业必须遵守宪法和法律，恪守律师职业道德和执业纪律，必须以事实为依据、以法律为准绳，应当接受国家、社会和当事人的监督，以及执业受法律保护的原则，这些都是律师进行执业活动的共有原则，也是律师处理诉讼外法律事务的工作原则。律师处理诉讼外法律事务，除了遵守上述原则外，还应当遵守下列几项原则：

1. 维护委托人合法权益的原则。委托人之所以聘请律师处理诉讼外法律事务，就是通过律师的工作，使其合法权益不受侵害，保护其行使法律赋予的权利。因此，律师必须把维护委托人的合法权益作为整个工作的基本准则，绝不能实施有损于委托人合法权益的行为。同时，维护委托人合法权益还表现在要为委托人保守商业秘密。

2. 开拓创新原则。我国改革开放和现代化建设事业已经进入了新的发展阶段，律师应当打破固有模式，冲破传统观念，大胆开拓，勇于创新，全身心地投入到改革开放和现代化建设中去，为社会主义市场经济的发展，为政府机关、企事业单位、社会团体和公民个人提供优质的、创造性的法律服务。

3. 合法原则。这一原则一方面要求律师处理诉讼外法律事务时应严格遵循法律的规定；另一方面要求律师对委托人违反国家法律、政策的行为，应当说服其停止并纠正。如果委托人拒不接受律师的正确意见，且影响国家利益或者产生其他不良后果，律师应当及时将情况反映给律师事务所，由其决定是否解除委托。

4. 平等原则。律师处理诉讼外法律事务，为委托人提供法律服务，双方的法律地位是平等的。因此，双方应当相互尊重，相互信任，平等待人。作为律师，绝不能动辄发号施令，把自己的法律意见和建议强加于委托人，甚至干涉委托人的非委托事务；即使是合同中规定的职责范围内的法律事务，也必须征求委托人的意见，在其同意或者授权的情况下方可以进行。作为委托人，应当把律师当做自己的参谋和助手，遇有重大疑难问题最好主动、及时征询律师的意见，对律师的法律意见和合理化建议要认真听取，以避免出现失误和纠纷。

（二）律师处理诉讼外法律事务的范围

非诉讼业务领域覆盖面广，有着宽阔的发展前景。从提供法律咨询服务、出具法律意见书到各种大型的项目合同的签订、大型企业的改制等各个领域都存在非诉讼业务资源。目前我国有一些非诉讼业务已经很成熟，一些正在逐渐开发，还有更多的服务业务尚待开发。非诉讼法律服务是与一个国家和地区的经济发展紧密相连的，也就是说，只要有法律服务需求，就会有律师提供相应的法律服务。但是由于经济发展水平及律师自身对非诉讼业务认识的诸多原因，目前各地非诉讼业务的开展尚不平衡。

三、律师处理诉讼外法律事务的意义

（一）有助于保护委托人的合法权益

在现实生活中，许多公民、法人或者其他组织在自己的权益被侵害时，不知道该通过何种渠道来获得救济，有的甚至不知道自己有许多权益是受法律保护的，更不知道是怎样受到保护的。通过律师处理诉讼外法律事务，一方面能够让委托人知道自己的权益，知道应当依法维护自己的权益；另一方面也使得委托人知道应当如何依法维护自己的权益。

（二）有助于维护社会的稳定

在日常生活中和经济活动中，公民、法人和其他组织之间极易产生各种矛盾和纠纷，这些矛盾得不到及时解决就会影响社会秩序的稳定，阻碍经济活动的正常运行，甚至酿成严重的经济犯罪活动。诉讼是解决矛盾和纠纷的主要途径，但受程序制约，往往需要几个月甚至更长时间，才能使矛盾和纠纷得以解决。律师处理诉讼外法律事务，可以将许多矛盾、纠纷消除在萌芽阶段，也可以抑制、阻止矛盾的激化，预防违法犯罪行为的发生，从而有助于社会的发展和社会秩序的稳定。

（三）有助于提高律师的法律素质

律师处理诉讼外法律事务涉及范围广泛，问题复杂多样，而且对于当事人提出的问题，一般要即时回答。因此这就要求律师必须具有扎实的业务知识基础，同时具有一定的实践经验及处理问题的能力，尤其是要有一定的应变能力，否则难以胜任这一工作。律师处理诉讼外法律事务，可以促使律师在实践中不断学习、积累、掌握广泛的业务知识及其他相关知识，以适应工作的需要。

（四）有助于强化社会的法治环境

律师处理诉讼外法律事务，用法律手段来保护委托人的合法权益，通过与有关当事人交流，使其明白法律保护什么、禁止什么、有哪些救济途径等，让当事人认知法律、期待法律、关注法律、信仰法律，从而形成遵守法律的社会环境。

四、非诉讼业务对律师的要求

非诉讼业务对律师提出了更高的要求：

1. 要具有团结协作、相互配合的意识。传统的诉讼业务由于流程明确，一般1名律师即可办理，而许多非诉讼业务往往涉及多方面的法律领域或同一法律领域的多方面，且持续的时间较长，单个甚至几个律师难以完成工作，需要律师团队在相当长时间内全方位的介入，律师之间的协作和配合显得十分重要。因此，做好非诉讼法律业务，必须具备合作精神。

2. 要具有较好的人际关系处理能力。非诉讼业务往往需要与众多客户打交道并协调各方面关系，具有良好的人际关系处理能力有助于业务的处理和律师业务的拓展。

3. 应具备较强的文字表达能力，善于和勤于文案工作。非诉讼业务往往需要制作大量的文书，要求律师具备用规范的法律语言准确完整的表达观点，并能够全面、系统、有针对性的阐述观点，在此基础上形成完整的文字资料和记录的能力。需要提交客户诸多工作成果，诸如方案、法律意见书、律师尽职调查报告、律师函、合同协议、法律服务工作报告等，以及律师自己留存备查的律师工作日志、会议记录、资料交接清单等。

4. 保守当事人的秘密。这是律师的基本职业道德之一，非诉讼业务中承办律师可能接触到当事人更多的秘密，因此，更要注意保守当事人的秘密。

第二节　律师办理调解业务

一、律师主持调解

随着社会矛盾纠纷大调解工作的推进，律师调解从配角开始向主角转变，不少地方相继成立了律师调解中心，并取得了良好的社会效果。

2006 年青岛市出台了《关于在我市建立社会矛盾纠纷"大调解"工作机制的意见（试行）》。该意见把律师参与调解纳入"大调解"体系，为贯彻落实上述"探索建立专门的律师调解服务机构"的意见，2006 年 10 月，国内首家律师调解服务机构在青岛揭牌，"青岛市涉外纠纷律师调解服务中心"成立，中心经过几年的试点，在化解矛盾、解决纠纷方面，在探索律师参与"大调解"方面，取得了重大成果，积累了丰富经验。2010 年，中心工作由青岛市律师协会全面接收。2011 年 11 月，青岛市律协向青岛青岛市民政局正式申请设立民办非企业法人单位性质的调解中心，定名为"青岛市律协律师调解中心"（简称青岛律师调解中心），并领取了"民办非企业单位登记证书"。

1. 律师主持调解的概念。律师主持调解是指律师接受发生权益纠纷双方当事人的委托，以中间人的身份进行调解，促使双方当事人通过协商达成和解协议，使纠纷得到解决的活动。律师调解属于民间调解性质。

律师主持调解的地位表现在：①律师与权益纠纷当事人之间的地位是平等的，属于居中调解。这种地位也决定了律师的工作方法不同于司法调解和行政调解，律师主持的调解没有司法权和行政权作为后盾，只能依靠深入的调查研究，依法确定调解方案，心平气和地说服教育，使争议得以解决。②律师作为主持人必须站在公正的立场上，不得偏向其中的任何一方。因为律师主持调解是接受双方的聘请，而不是代理其中的一方行为，因而要求律师在主持调解时必须做到不偏不倚，真正实现"一碗水端平"。

2. 律师主持调解的意义。无论从理论的角度上讲，还是从实践经验中看，律师主持调解都具有现实意义：

（1）律师主持调解有利于弥补调解人员的不足。在现实社会生活中，有不少是人民法院不愿受理、行政机关难办、人民调解委员会久拖不决的案件。由于律师的职责、素质和社会地位等更令当事人信服，因而由律师主持调解，不仅能够使发生权益纠纷的当事人在更加合乎法律情理的情况下达成和解协议，而且还可以增强当事人的法律意识，提高法律宣传教育的效果。

（2）律师主持调解有利于增进当事人之间的团结。在现实生活中的许多权益纠纷，当事人并不都希望通过诉讼程序来解决，其原因是多种多样的。例如怕打官司而激化矛盾，影响相互关系，特别是企业之间的债权债务纠纷，双方更希望通过调解方式解决；另外，通过调解方式解决纠纷，可以降低诉讼成本。

（3）律师主持调解有利于减轻人民法院的负担。由于律师主持调解可以拓宽诉讼外纠纷的解决渠道，减少诉讼案件的上升，有利于人民法院集中精力审理大案和要案，使人民法院的审判职能得到强化。

（4）律师主持调解有利于扩大律师业务。律师主持调解可以丰富律师为社会提供法律服务的内容，使其法律服务方式更加多样化，更具有灵活性，使律师为社会提供法律服务的职能得到更充分的发挥。

3. 律师主持调解的步骤和方法。

（1）接受聘请。律师事务所在和当事人协商后，应当与当事人签订聘请律师主持调解合同，并指派律师承办。

（2）调解前的准备工作。包括进行调查取证，例如审阅当事人提供的材料，和当事人分别谈话；研究有关法律法规；分别找当事人谈话做疏导工作；与当事人协商确定调解的时间、地点和参加人。

（3）调解中的工作。①调解开始，说明调解的内容与调解原则，以及有关法律法规和政策；②引导当事人围绕调解主题陈述事实；③在当事人陈述事实和辩论的基础上，分清是非责任，及时提出调解方案。

（4）制作调解协议书。双方经调解达成协议的，应制作调解协议书。调解协议书的内容包括：当事人的基本情况；纠纷发生的原因、过程和各方责任；调解的时间、地点、调解组织、主持人和参加人；调解协议的具体事项；调解协议的份数、报送、存档、生效时间及方式；当事人签名盖章及年、月、日。

4. 律师主持调解的原则。

（1）实事求是原则；

（2）自愿原则；

（3）合法原则；

（4）不干涉诉讼权利原则。

二、律师参与调解

1. 律师参与调解的概念。律师参与调解是指律师接受一方当事人的委托，以代理人的身份参加由他人主持的调解，以求得纠纷解决的活动。律师参与调解包括律师代理调解和律师代理和解。

2. 律师代理调解。

（1）受理。律师受理代理调解案件前，对其所提供的材料应当进行初步审查以决定是否受理。审查内容包括：所提供的材料是否具备非诉讼调解的基本条件；该案件是否具备调解的可能性；该案件是否属于有关调解机关受理的范围。

（2）签订委托代理调解合同。

（3）代理调解前的准备工作。包括和委托人谈话，调查取证，弄清纠纷的事实真相；研究相关法律和法规；找对方当事人进行意向接触，了解对方的态度；在调查研究的基础上，准备代理词。

（4）代理调解中的工作。主要是代理委托人陈述事实和主张；认真听取对方当事人的陈述和要求；认真听取调解主持人宣读的材料；在调解主持人提出调解方案时，应当分析该方案是否反映委托人的合法权益，并及时与委托人协商，提出修改意见。

（5）审查调解协议条款，决定是否签字时，需要注意以下三个方面的内容：①调解协议的内容是否合乎法律、政策和社会公德；②协议内容是否损害被代理人的合法权益；③协议内容是否具体、明确，权利义务是否清楚，是否适合于执行。

（6）后续工作。调解协议签订后，律师还应当协助被代理人按时履行协议。如果因为客观原因使协议不能履行，或者因为当事人的主观原因而不愿意履行协议时，律师可以依照代理调解合同的规定决定是否继续代理申请仲裁或者起诉。

3. 律师代理和解。和解与调解最主要的区别在于前者没有主持人，因而和解又称为自行和解。律师代理和解时，应当注意以下几点：

（1）由于和解没有主持人，使律师工作没有固定的模式和程序，这就要求律师灵活掌握，具体问题具体分析。

（2）由于对方当事人对律师有警惕心理甚至对立情绪，使律师的工作有一定的难度。这就要求律师应当有诚意，让对方理解和信任，乐于接受和解。

（3）在争取和解过程中，律师需要全面了解情况，在弄清事实真相的基础上依法提出和解方案，便于双方都能接受。

第三节　律师办理仲裁业务

一、律师办理仲裁业务的概念和种类

律师办理仲裁业务是指律师接受一方当事人的委托，代理其参加仲裁机构组织的仲裁程序，对当事人争议的事实和权利义务作出判断和裁决，从而解决争议的活动。从我国现行法律的规定来看，我国的仲裁包括国内仲裁、涉外仲裁和劳动仲裁3种，相应地，律师办理仲裁业务也包括这3种。

1. 国内仲裁。根据1994年8月31日通过的《中华人民共和国仲裁法》的规定，国内仲裁是指我国公民、法人和其他组织之间发生合同纠纷或其他财产权益争议之

后，按照事先达成的仲裁协议，自愿将争议提交我国仲裁机构裁决的一种仲裁。国内仲裁按照国际上通行的做法，对当事人之间的合同纠纷和其他财产权益纠纷的处理实行或裁或审、一裁终局的制度。国内仲裁在我国仲裁体系中占主导地位。

2. 涉外仲裁。涉外仲裁包括国际经济贸易仲裁和海事仲裁。国际经济贸易仲裁又称国际商事仲裁，是指中国国际经济贸易仲裁委员会根据双方当事人订立的仲裁协议，对国际经济和国际贸易中发生的争议进行的仲裁。海事仲裁是指中国海事仲裁委员会根据双方当事人达成的仲裁协议，对海事和海上运输中发生的争议进行的仲裁。此二者归属于涉外仲裁，涉外仲裁中适用的规则有：2012 年 2 月中国国际贸易促进委员会、中国国际商会修订并通过的《中国国际经济贸易仲裁委员会仲裁规则》；2004 年 7 月中国国际商会修订并通过的《中国海事仲裁委员会仲裁规则》。

3. 劳动仲裁。劳动仲裁是指由劳动争议仲裁委员会对当事人申请仲裁的劳动争议居中判断与裁决。在我国，劳动仲裁是劳动争议当事人向人民法院提起诉讼的必经程序。按照《劳动法》的规定，提起劳动仲裁的一方应在劳动争议发生之日起 60 日内向劳动争议仲裁委员会提出书面申请。除非因不可抗力或有其他正当理由，否则当事人的申请超过法律规定的仲裁时效的，仲裁委员会不予受理。用人单位和劳动者发生以下劳动争议可以申请劳动仲裁：①因用人单位开除、除名、辞退劳动者和劳动者辞职、自动离职发生的争议；②因执行国家有关工资、保险、福利、培训、劳动保护的规定发生的争议；③因履行劳动合同发生的争议；④法律、法规规定的其他劳动争议。

二、律师办理仲裁业务的基本原则

律师办理仲裁业务必须坚持《仲裁法》规定的仲裁的基本原则，因为仲裁的基本原则是包括代理律师在内的所有仲裁参与者都必须遵守的基本原则，所以仲裁的基本原则也是律师代理仲裁所应当坚持的基本原则。具体包括：

1. 当事人自愿原则。当事人自愿原则是仲裁制度中的基本原则，它是仲裁制度赖以存在与发展的基石，主要体现在以下几个环节：①以仲裁的方式解决纠纷，出于当事人双方的共同意愿。仲裁机构受理案件来源于当事人双方的共同授权，仲裁机构不能受理没有书面仲裁协议（含仲裁条款）的仲裁申请。②向哪个仲裁机构提请仲裁，由当事人双方协商选定。当事人在选择、约定仲裁机构时，不因当事人所在地、纠纷发生地在何处而受到地域管辖的限制；也不因争议标的额的大小、案件的复杂程度而受到级别管辖的制约。③组成仲裁庭的仲裁员由当事人在仲裁员名册中自主选定，也可以委托仲裁委员会主任代为指定，仲裁庭的组成形式也可以由当事人约定。④当事人可以约定交由仲裁解决的争议事项。即当事人将哪些纠纷提请仲裁，可以由当事人自主协商确定。当事人既可以约定把因履行合同所产生的所有争议均交由仲裁解决，也可以约定将某一项或某几项争议交付仲裁。对于仲裁机构来说，也应当尊重当事人的选择，对当事人在协议中没有交由自己处理的争议，则不能主动审理和裁决。⑤在开庭和裁决的程序中，当事人还可以约定审理方式、开庭形式等有关的程序事项。自愿原则是法律赋予当事人的诸项权利的集中体现，是仲裁活动的前提和基础。

2. 仲裁独立的原则。仲裁的独立，指的是从仲裁机构的设置到仲裁纠纷的整个裁决过程，都具有依法的独立性。仲裁法确立的仲裁独立的原则，是我国仲裁制度发展完善的一个里程碑。仲裁独立主要表现在以下几个方面：①仲裁与行政机构脱钩。即仲裁委员会独立于行政机关，与行政机关没有隶属关系。这有利于我国仲裁真正做到具有公正性、权威性。②仲裁组织体系中的仲裁协会、仲裁委员会和仲裁庭三者之间相对独立。即作为社会团体的中国仲裁协会，属于仲裁委员会的自律性组织。仲裁委员会是按地域分别设立的，相互之间无高低之分，无上下级之分，相互之间没有隶属关系，相互独立。③同时仲裁庭对案件独立审理和裁决，仲裁委员会不能干预。法院对仲裁裁决虽然有必要的监督，但并不意味着仲裁庭附属于法院。我国《仲裁法》第8条规定："仲裁依法独立进行，不受行政机关、社会团体和个人的干涉。"

3. 根据事实、符合法律规定、公平合理解决纠纷的原则。此项原则是公正处理民事经济纠纷的根本保障，是解决当事人之间的纠纷所应当依据的基本准则。①根据事实，就是在仲裁审理过程中，要全面、深入、客观地查清与纠纷有关的事实情况，包括纠纷的发生原因、发展过程、现实状况以及争议各方的争执所在。②符合法律规定，即仲裁庭在查清事实的基础上，应当根据法律的有关规定确认当事人各方的权利与义务，确定承担赔偿责任的方式以及赔偿数额的大小。③公平合理，就是仲裁庭在仲裁纠纷时应当公平、公正、不偏不倚。仲裁员在审理纠纷时应当处于公正地位，公平地对待双方当事人。同时公平合理还意味着，在仲裁中所适用的法律对有关争议的处理未作明确规定时，可以参照采用人们在经济贸易活动中普遍接受的做法，即参照经济贸易惯例或者行业惯例来判别责任。这样既体现了仲裁与诉讼的区别，也是仲裁的基本精神所在。

三、律师办理仲裁业务的步骤和方法

（一）审查收案

律师在决定接受委托前，应当认真审查案件内容。包括：①当事人的主体是否适格；②当事人之间是否达成仲裁协议；③当事人是否有具体的仲裁申请和事由；④所发生的纠纷是否属于仲裁机构受理的范围；⑤所发生的纠纷是否已超过仲裁时效。

律师经过审查后认为可以接受当事人的委托的，应当由律师事务所与委托人签订委托合同，委托人与律师签订授权委托书，明确委托代理事项和代理权限，至此律师正式与当事人建立委托代理法律关系。

（二）参加仲裁前的准备

律师参加仲裁后，在仲裁开始前应当积极为参加仲裁做好准备工作，主要包括两个方面的内容：①研究案情，调查收集证据。要向当事人了解案情，在此基础上

进行调查取证，通过查阅相关法律法规，分析和研究案情，力争与委托人统一认识和看法。②制作仲裁申请书或者仲裁答辩书。在全面分析案情的基础上，如果律师代理申请人一方，应当拟出或者协助申请人拟出仲裁申请书，并在征询申请人意见之后定稿。如是代理被申请人一方，则应当在被申请人收到申请书副本后，分析申请书，了解申请人的要求和理由，然后向被申请人了解案情，找出答辩理由，写出答辩书。

（三）参加仲裁代理

在进入仲裁程序之后，律师应当做好以下工作：①代理当事人选定仲裁员；②代理当事人行使请求回避权；③代理当事人选择仲裁方式；④律师应当按时到庭；⑤代理当事人提供证据和进行质证；⑥代理当事人申请证据保全；⑦代理当事人申请财产保全；⑧代理当事人进行言辞辩论；⑨代理当事人达成和解协议；⑩代理当事人请求或者参加调解；⑪代理当事人行使其他权利。

（四）仲裁裁决后的律师工作

在仲裁庭作出调解书或者仲裁裁决之后，律师可以根据当事人的委托，代为签收调解书或者仲裁裁决，同时告知当事人调解书或者仲裁裁决的法律效力：调解书经双方当事人签收后即发生法律效力；仲裁裁决书自作出之日起发生法律效力。

第四节　律师办理房地产业务

一、律师办理房地产业务的概念和范围

（一）律师办理房地产业务的概念

律师办理房地产业务是指律师接受当事人的委托，在当事人的房地产经营活动中，担任法律顾问或代理人，在当事人的授权范围内，以保障当事人依法经营权及维护当事人合法权益为目的，为当事人的经营行为提供咨询意见，草拟并审查法律文件，参与谈判及办理当事人委托的其他非诉讼事务的法律服务行为。

（二）律师办理房地产法律事务的范围

从律师的业务实践来看，其业务范围主要包括：①房地产开发活动中的法律事务，如设立房地产开发公司的法律事务，出让或转让土地使用权的法律事务，房屋拆迁和安置的法律事务，房地产公司以土地使用权为担保的融资法律事务，开发项目工程建设承发包的法律事务等；②房地产经营活动中的法律事务，如商品房预售和销售的法律事务，所有权人出售房屋的法律事务，所有权人出租房屋的法律事务，以房地产进行抵押的法律事务，房地产开发项目转让的法律事务，房地产中介活动中的法律事务，房地产物业管理的法律事务，房地产税收的法律事务，代理房地产行政复议等。

二、律师办理房地产业务的工作方式

1. 提供咨询意见，出具律师意见或法律意见书；

2. 代表当事人协商谈判或起草、审查法律文书；

3. 调查、查证；

4. 受托代办特定法律事务；

5. 提供律师见证；

6. 代理行政复议。

三、几项主要的房地产业务的工作程序

（一）国有土地使用权转让中的法律事务（以受让方的代理律师为例）

包括如下程序：①了解国有土地使用权转让的目的；②调查转让方的国有土地使用权出让合同，以便了解土地管理机关对出让该片土地使用权的土地使用条件及土地使用权期限；③调查待转让的土地使用权的状况；④委托评估土地使用权价格；⑤准备谈判资料，帮助当事人测算土地使用权转让价格；⑥参加土地使用权转让谈判；⑦根据谈判结果起草土地使用权转让合同并协助当事人签署该合同；⑧协助当事人清理并接收关于转让土地使用权的资料；⑨协助或代理当事人到当地的县级以上人民政府土地管理机关办理土地使用权转让登记，领取土地使用权证书。

（二）房地产抵押的法律事务

房地产抵押是指抵押人以其合法的房地产，以不移转占有的方式向抵押权人提供债务履行担保的行为。债务人不履行债务时，抵押权人有权依法以抵押的房地产实现债权。律师受委托办理该项事务的工作程序为：①核查主合同；②核查抵押的房地产状况；③协助当事人设定抵押权；④协助当事人对抵押房地产进行评估，以确定抵押房地产的价值；⑤参加谈判，根据谈判结果草拟房地产抵押合同；⑥办理抵押登记；⑦抵押权消灭；⑧抵押权的行使。

（三）房地产预售、销售的法律事务

律师代理该项业务的工作程序为：①协助开发商获取预售、销售批准文件；②起草商品房预售合同和销售合同；③审查开发商的广告，避免违反《广告法》和不实宣传、虚假宣传的广告用语；④准备预售的资料和文件；⑤谈判签约；⑥办理预售登记；⑦监督履行售房合同；⑧验收接管房屋；⑨代理办理产权过户。

（四）办理房地产权属登记中的律师代办业务

国家实行房地产登记发证制度，证明对房地产拥有财产权利的唯一形式是国家法律认可的房地产权属证件。由于房地产权属登记发生的法律后果的重要性，使代理办理房地产权属登记成为房地产律师业务的一项重要内容。①签订授权委托书；②准备房地产交易过户的文件资料；③申请交易过户；④代理申请测绘；⑤代理申报交纳印花税、交易过户手续费、买受人应纳的交易契税；⑥领取房地产买卖契证；⑦申请领取房屋所有权证、土地使用权证、交纳权证印花税、权证工本费、房屋测绘费、土地丈测费等有关费用。

第五节　金融创新促进法律服务大升级

在当今世界，金融已经开始突破国界限制，出现了金融资本的跨国扩张：突破单纯的工商产业服务，开始提供全程的家庭理财；突破传统金融观念与管制的束缚，不断推出新的金融品种和金融工具组合；突破传统的手工操作，实现电子化、网络化运作；突破传统的产业壁垒，走向业务交叉与功能多样化。金融的影响也开始突破国界，在地区之间、国与国之间传播。

加入 WTO 后，随着外资银行的全面进入，我国金融业也正经历着一场深刻而全面的历史性变革，金融机构也面临着全新的机遇和挑战。要在竞争中求生存、谋发展，我国金融业就必须加快金融创新的步伐，提高金融创新的赢利能力。与此同时，我国的金融人士也应该意识到，与金融的高回报性相伴而生的还有其高风险性。因此，金融创新要健康稳步地发展，要经受各种竞争的考验，就需要全方位地防范其自身的风险，就需要良好的法律服务为其"保驾护航"。而由金融律师把握法律风险，引导金融机构在法律的保护下安全地开展业务，也正是金融律师业务升级的标志，更为我国金融走向世界，与世界金融接轨所必需。

一、金融创新概述

（一）金融创新的概念

金融创新是指会引起金融领域结构性变化的新产品、新服务方式、新市场以及新体制，包括金融产品、金融技术以及金融市场的创新。其中金融产品创新直接丰富了金融资产和金融机构的种类；金融技术创新为新的金融资产和金融机构的出现提供了发展空间及保证；金融市场创新则是新的金融资产和金融机构运作的场所。金融产品与金融市场的创新是互动的，同时配之与其相适应的金融技术支持，构成了一个较为完整的金融创新系统。

在我国，金融业对外开放，外资银行机构进入中国国内市场，中国金融企业首当其冲。但是，中国银行业乃至整个金融业都可借此机会寻求更快速的发展和更深刻的改革。国内银行依靠利息差作为主要收入来源的盈利模式正在面临严重挑战，对金融创新的渴望也很强烈。随着银行业改革攻坚战役向纵深发展，我国商业银行进行了一系列的创新，从而为商业银行开展金融创新奠定了扎实的基础。商业银行的创新主要包括以下几方面：①新产品，如各种个人贷款产品、集消费融资与结算为一体的信用卡业务等；②新的服务方式，如各种银行卡逐渐取代了传统的存单和存折、与之相配套的网上银行和电话银行业务开始普及；③新市场，如银行已经进入的基金市场、国债市场，正在进入的年金业务市场等；④新体制，如营销体制改革和业务外包等。

（二）金融创新的特点

金融创新具有鲜明的时代特征，在不同的历史时期，金融创新的内容和特点各不相同。随着时间的推移，金融创新又呈现出新的趋势和特点。

1. 金融创新使金融业具有综合化趋势。金融是个大概念，而不再是银行的代名词，它是银行、证券、保险的有机结合体。面对经济全球化浪潮，出于竞争和金融业本身发展的需要，世界许多国家纷纷放松对本国金融业的限制，实行金融自由化，由此推动了全球金融业混业经营的发展和金融监管体系的改革。面对全球金融业混业经营大潮，我国金融业分业经营、分业监管模式面临着越来越大的改革压力。因此，在这种压力下所进行的金融创新必然使金融业具有混业经营的特点。

综观全球的混业经营，不外乎以下三种情况：①商业银行在其法人实体内部设立非银行金融经营部门，一个法人多种金融业务；②商业银行（或非银行金融机构）通过投资，设立控股的非银行金融机构（或商业银行），商业银行（或非银行金融机构）与其投资的非银行金融机构（或商业银行）是母子关系，一个法人一种金融业务，母公司是金融机构，以此来实现商业银行与其他金融业务的混业经营；③一家非金融的母公司控股银行、证券等金融机构，银行与其他金融机构的关系是兄弟关系，它们同属于同一个母公司。这种兄弟关系的混业经营，也能通过业务的协同来实现银行与其他金融机构利益共享，但不能直接从其他金融机构中取得利润，只能通过业务关系或关联交易来实现。

2. 金融创新使金融活动国际化。所谓金融活动国际化就是指金融活动超越国界，从局部地区性的传统业务活动发展为全球性的、创新性的业务活动。其具体内容包括：金融机构的国际化、金融市场的国际化、金融业务的国际化、金融资产和收益的国际化等方面。金融创新本身是我国面临世界金融市场的冲击与挑战、适应金融全球化趋势的一种必然措施，因此，金融创新驱动下的我国金融活动与国家金融市场的联系会更加的紧密。

3. 金融创新使金融衍生产品复杂化。金融衍生产品是指从传统的基础金融工具，如货币、利率、股票等交易过程中，衍生发展出来的新金融产品，其主要形式有期货、期权和掉期等。金融衍生品是金融自由化的产物，随着金融创新的发展，市场机制的作用增强，衍生产品会得到迅猛的发展。因此，金融衍生产品也会呈现出复杂化的特点。近年来，商业银行不断推出各种形式的衍生产品，不仅包括期权、期货和掉期等衍生品工具，还推出了与利率、汇率、商品价格和股票指数挂钩的结构性票据以及其他复合型金融工具。

4. 金融创新使金融业风险加大。风险性是指金融资产或权益在未来发生损失的可能性。从金融创新的成因看，金融创新实际上也是对金融资产的风险进行重组或调整，使金融资产的风险与收益重新组合的过程。因为创新的成本和创新后的市场本身就是未知的或不确定的，又由于风险与收益并存，追求高收益的创新也就蕴含着一定的风险扩大。如金融衍生工具大都采取类似于保证金交易制度的交易方式，交易双方只需要交付一定比率的保证金即获得相关资产收益的所有权。因此，资产管理的收益或损失的可能程度均有所放大，那么交易结果的风险自然增大。

5. 金融创新使金融服务个性化。随着我国市场对外资银行的全面开放，目前，外资银行可提供的个人业务有存款、贷款、汇款、外币兑换及理财等。虽然外资银行更多地以开展大额人民币定期存款业务为主，理财产品也有一定的准入额度，并且服务费、手续费偏高，但是外资银行还是提供了更为个性化的金融服务和更丰富的理财产品。面对这种竞争压力，我国的一些商业银行也推出了为特定客户"量身定做"的财务规划、投资分析和私人银行等个性化服务。因此，可以预见，金融个性化服务将成为未来金融创新的重要内容。

二、金融创新促进法律服务大升级

所谓金融法律服务，即法律服务工作者为金融业所提供的各种法律服务的统称。这里的法律工作者主要是指提供金融法律服务的律师。

律师事务所为金融业提供的法律服务大致可以概括为以下几种类型：

1. 常规金融法律服务。为国内各种金融机构、公司企业等就有关投资、借贷、信用等提供咨询、诉讼、仲裁等法律服务；为金融机构和企业就票据、信托、信用证、进出口押汇、项目融资、外汇交易、外汇担保、资金运作等项目及由此产生的纠纷提供法律服务。

2. 金融资产处理。协助国内、国际金融机构，资产管理公司对其到期或不良债权、债务、交易终止、清算、处置等方面提供全方位的策划、咨询和代理服务。

3. 国际贷款服务。就国际商业贷款、银团贷款、国外政府贷款、国外政府混合贷款、项目融资、资产优化重组等业务提供审查、谈判、合同文本制作、资源整合等法律服务。

4. 金融衍生交易法律服务。有关证券、外汇、国际金融衍生交易及商品衍生交易的法律服务，诸如金融机构在华的证券发行和募集、证券交易、外汇交易、掉期等相应事宜。

金融创新的发展将会引起金融领域的整体性和结构性的变化，为适应不断变化的金融市场需要，为金融业提供法律服务的律师事务所及律师们应该针对自己所服务的具体领域主要解决好两方面的问题：①如何向金融行业提供法律服务，即营销模式问题；②向金融行业提供什么样的法律服务问题，即服务内容问题。这两个问题是紧密相连的。一方面，只有找到合适的营销模式，才能顺利地进入金融法律服务市场；在进入金融法律服务市场后，只有提供有针对性的金融法律服务，才能巩固和稳定金融法律市场。另一方面，不同的金融法律服务内容，需要不同的金融法律服务营销模式与之相适应，只有找到最适合的营销模式，才可能迅速打进金融法律市场。

我们以银行的业务创新为例，来探讨一下金融创新对法律服务的影响。

在激烈的金融同业竞争中，商业银行只有致力于业务创新，才能不断提高业务发展潜力和质量。如果将金融业务创新聚焦于中间业务、银证合作和混业发展等新业务上，那么金融法律服务市场的新战场显然也会移师于此。如果说传统存贷款尚有固定的法律服务模式可循的话，更多的中间业务和金融新业务应该成为律师大有可为的领域。因为在银行业全面对外开放后，外资银行对我国商业银行的冲击，除凭借其资本实力雄厚、资产规模大、经营管理方式先进以外，最大的冲击将发生在中间业务领域。一是因为西方国家银行业多样化的中间业务服务可以起到服务客户、联系客户、稳定客户的作用，而且可以促进其传统银行资产负债业务的发展，从而导致大量的优秀客户资源由中资银行流向外资银行；二是因为考虑到网点的优势和信用度太差的现实，以及中间业务具有成本低、效益高、风险小的特点，外国银行首先关注的不是存贷款业务，而是中间业务和金融衍生产品业务，在这方面，外国银行更具优势，因为它们可以利用在国外经营的经验，从而在中国市场上有更高的起点。而我国银行业务的中间业务起点低、范围小，中间业务收入占总体业务收入的比重较低，因此，国内银行迫于竞争和资源配置的需要，必然要在这些领域与外国银行展开竞争。激烈的竞争不仅为法律服务留下了空间，而且辅助国内银行也应是律师服务的宗旨之一。同时，随着商业银行中间业务领域金融创新的加快，其内涵及外延已发生重大变化，服务品种更丰富多彩，这也为法律服务提供了更为广阔的空间。

下面我们再以北京市金诚同达律师事务所的金融法律服务业务的发展变化为例，简单的探讨一下银行业创新对法律服务的影响。近两年，该所的业务范围已经从传统的信贷服务领域逐步拓展到参与证券客户交易结算、资金第三方存管、银证合作、境外融资等交易框架的设计，调整中间业务中客户与银行的法律关系，规范中间业务和金融衍生工具业务中各方的权利义务，完善资产证券化操作中的风险隔离制度，并且参与到中小金融机构间的兼并、外资金融机构进入和商业银行的股份制改造等各类综合性法律服务中去。其中，由于外资金融机构的进入以及境内金融领域的逐步开放，境内银行等金融机构与外资金融机构的竞争愈演愈烈，境内金融机构规模化、国际化的趋势引发了新一轮的中小银行并购、城市商业银行扩容和国有商业银行股份化浪潮。这其中的法律服务商机是无限的：从并购前的法律论证到确定并购意向；从项目实施初期律师整体尽职调查，到对目标企业对外投资、关联交易、涉诉项目、或有负债、存续的重大合同的专项尽职调查；从设计并购方案到根据尽职调查结果修正并购方案；从起草系列收购法律文件到参加商务谈判，法律服务在每一个环节都不可或缺。而银行投资顾问业务的迅速扩展以及证券公司融资融券、发行短期融资券和次级债，进入银行间同业拆借市场等业务的放开，其间的金融法律服务将成为热点。从目前金融活动的多元化、综合化的发展趋势来看，金融、证券和公司业务间的交叉领域，以及综合类法律服务是金融律师不可忽视的新的业务领域。在这场热潮中，如果把握得好可以促进业务发展，抢占市场竞争的优势地位；如果把握得不好，则可能埋下巨大的风险隐患。但从总体上看，这是律师拓展法律服务市场的良机所在。

三、金融法律服务升级对律师的挑战

金融创新的发展，加之外资银行的全面进入，将会加快国内银行的业务创新，新的业务品种、新的经营体制、经营理念、业务范围等全方位的变革。正是这场前所未有的变革给金融法律服务带来了更加广阔的服务空间，也提出了更加专业的服务要求。

为积极迎接金融法律服务升级给金融律师带来的挑战，服务于金融业务的律师必须从以下方面入手：

（一）努力提高金融律师自身素质，更好地胜任金融法律服务工作

法律是一门社会科学，调节着社会不同领域内部及其相互之间的交易秩序。因此，法律工作者们不仅要精通法律知识，更要熟悉自己所服务领域的专业知识，只有通过反复的研究和不断的实践，将二者有机的结合，才能为客户提供更加优质的法律服务。

金融业关乎国家的经济命脉，政府要对其进行严格的监管及控制。因此，大量的、专业性较强的、涉及金融领域各个部门的规章制度层出不穷，尤其是金融创新使境内金融结构的经营体制、经营理念、业务范围等发生了全方位的变革，其间所面临的法律问题都是前所未有的、专业性也更强。因此，金融律师们如果不了解其服务的金融机构所在领域的操作流程，及其与相关领域的交叉关系，也就很难掌握该机构的业务风险所在，自然也就无法帮助其规避法律风险。所以，金融律师们要"两条腿走路"——既精通法律，又熟悉金融领域；不仅要精通本国的金融法律服务技术，还要熟练掌握一体化的国际市场中的金融法律事务运作方法。不断的学习研究，不断提高自身在法律及金融方面的技能，选择更高的定位：不仅要从具体的金融机构法律事务入手，还要更多地从金融监管行为服务入手，这样不仅可以扩大金融律师们的业务范围、增加业务量，还可以提高金融律师们的服务层次。

（二）改变服务方法，转变服务观念

目前我国大部分的律师事务所及律师还是从金融诉讼开始介入金融法律服务的，多属于救火性质的，只有很少的几家大型律师事务所能够为金融机构如银行，提供长年的法律服务。因此，当新型金融业务品种出现时，法律服务难以及时地跟进，从而形成了金融法律服务的真空地带。这就要求律师事务所及金融律师们，改变以往简单、粗放的服务模式，因地制宜地寻求新的法律服务模式，不仅服务于具体事务，更要去研究、去论证、去从事金融法律服务方面的项目开发，为银行乃至整个金融法律领域提供指导性的意见。在这方面做得比较成功的，如北京市金诚同达律师事务所，在总结为国内几家银行提供长年法律服务的经验的基础上，致力于研究金融创新的发展，找到其发展规律，并进行前瞻性研究，开展有针对性的营销，最终推出了多项新颖的金融法律服务模式，其中，"驻行式办公"就深得客户好评。这种服务模式的特点是：所里派出精通金融法律的律师团进驻所服务的银行机构，为其提供全天候的现场服务，这样不仅使客户的法律问题能够得到及时的解决，而且

也使律师们更加深入地了解自己服务的银行所经营的业务品种及其风险防范需求，为他们更好地服务客户提供了实践机会。这种律师进驻模式既满足了客户的需求，也使得该律师事务所在激烈的竞争中立于不败之地。

（三）致力于金融法律服务中冲突的解决

在我国，随着外资银行的全面进入，国内商业银行基于国家政策保护的竞争优势将逐渐减少；加之，外资银行在零售业务、中间业务等领域，凭借其规模庞大、资金实力雄厚、资产质量优良、经营机制灵活、操作规范、管理先进等得天独厚的优势，给我国的商业银行带来了前所未有的压力。所以今后几年我国的银行业竞争将会逐渐升级，商业银行只有通过金融创新来完善其业务功能，才能在国内外竞争中立于不败之地。

同时，从各国的金融业发展历程中，我们可以知道，金融业有从分业经营向混业经营发展的规律。但是在我国，目前还实行严格的分业经营体制，这种体制在缺少政策保护的形式下，面对实力强大的综合性外资银行必然会表现出业务品种单一、资金实力薄弱等缺点；而混业经营必然是我国金融业发展的一个方向，也将引起我国金融体制的变革。因此，随着金融体制及法律体制的不断变革，这就需要金融律师能够提供优良的法律服务，使立法与现实的冲突得到化解。

（四）加强内部团结协作，提高团队作战能力

金融创新的逐渐升级使金融法律服务面临着巨大的考验，如法律服务需求量的增加、金融机构对法律服务需求层次的提高及以银行法律服务为主业的国外律师事务所的竞争等。面对这些挑战，我国律师事务所必须及时调整营销策略，提高服务层次，优化服务质量，为金融业提供全方位的法律服务。而以我国目前大部分小规模律师事务所的那种单打独斗的方式是不能胜出的。我国的律师事务所应当在总结现有经验和借鉴国外模式的基础上，迅速发展以团队机制为基础且拥有专门金融业务人才，具备综合服务实力的大、中型律师事务所，来满足日益提高的金融法律服务需求。

（五）抓住机遇，走出国门，加强合作，扩大规模，巩固既有市场，积极开发新市场，加快发展速度

目前，我国金融法律服务的本土色彩非常浓厚，而金融业的对外开放及随之而来的金融创新要求我国的金融法律服务也要对外开放。同时，外资银行及国外律师事务所的大量涌入，提供给我国金融法律服务工作者一个有利的条件就是可以借鉴西方发达国家的金融法律服务经验，在中间业务、银行不良资产处置业务和新兴的网上银行业务等方面与外国律师事务所积极的进行交流，以期更快更好地提高我国金融法律服务工作者自身的服务能力及水平。

另外，在加强学习西方国家律师事务所金融法律服务经验、技巧的同时，我国金融法律服务者应当充分发挥自己熟悉本土国情、金融法规的优势，以高效、优质的服务赢得更大的市场份额。中资银行也要踏出国门，这除了对律师的知识结构、

服务方式和服务能力提出了更高的要求外，也为律师业的发展提供了契机，律师将有更多的机会在本土或国外开展国际化业务，学习外国先进经验，改造自己，发展自己，在融入国内外法律服务市场，甚至全球化市场的同时，也要朝着全球化要求的方向实现自身体制的转变和素质的提高，与世界接轨，开创更新的领域。

第六节　知识产权律师业务

知识产权业务是以知识产权专业知识与技能为手段向目标客户提供的一种中介服务。由于我国知识产权法律制度的历史并不长，知识产权业务还是一门新兴的法律业务，随着知识产权法律制度的发展，律师在知识产权业务中可谓"大有可为"。

一、知识产权业务的类型

知识产权业务从不同的角度，可以分为不同的类别：

1. 从业务内容来看，包括专利权（发明、实用新型、外观设计专利申请权、专利权、实施许可权），商标权（商品商标、服务商标、驰名商标、厂商名称权、原产地等标记权、许可使用权），著作权（作品著作权、软件著作权、邻接权、许可使用权），防止不正当竞争权（商业秘密权、竞业限制、知名商品特有包装装潢权），集成电路布图设计权，植物新品种权等知识产权，并涉及与上述知识产权相关或相交叉的科学发现权、发明人设计人身份权和奖励权、技术载体或作品原物所有权、合同债权、公司股权、劳动权、姓名权、肖像权、名誉权、荣誉权、商誉权等民事权利。

2. 从办理业务需要运用的法律来看，既要运用知识产权法律、法规、司法解释，又要运用相关的民事、商事、经济、行政、刑事法律；既要运用实体法，又要运用《民事诉讼法》、《仲裁法》、《行政诉讼法》、《刑事诉讼法》等程序法；既要运用国内法，又要运用我国参加的国际公约。

3. 从服务的时空来看，律师可以介入智力成果产生，知识产权取得、管理、使用和保护的全过程或其任何阶段；可以介入相关的各类社会、经济、科技、文化活动；可以介入涉内和涉外知识产权法律事务。

4. 从服务的方式来看，知识产权业务可以分为获权和确权代理类，包括专利代理、商标代理等；诉讼代理类，包括民事、行政、刑事诉讼代理；法律顾问类，包括审核知识产权规章制度、制定知识产权战略、解答知识产权法律咨询等；许可贸易服务类，即为知识产权的许可贸易提供全程跟踪法律服务。

5. 从业务的发展来看，随着知识产权保护范围的扩大和保护力度的加强，社会知识产权法律意识的不断提高，科技作为第一生产力的威力日益显现，知识产权与产业和贸易的关系日益紧密，知识产权国际合作领域的不断拓展，律师的知识产权业务量会大幅度上升。

二、知识产权业务对律师的要求

(一) 专注知识产权法律事务

知识产权律师应定位在提供知识产权方面的法律服务，倾向于法律专业性；而专利代理人、商标代理人则定位在专利和商标的代理申请、代理申请撤销、代理申请确认商标或专利无效等业务，倾向于技术专业性；在知识产权诉讼等领域，律师和代理人可以进行有效配合、合作互补。选择自己喜爱和擅长的某一知识产权专业领域作为突破口，也是取得成功的关键因素。

(二) 精通知识产权相关知识

作为知识产权律师，必须加强对知识产权理论、国际规则、判例、法律实务的研究，还要对新科学、新技术以及新的管理体制有所涉猎甚至研究。一定要走在客户前面，先行一步成为专家型人才，这样才能提供优质高效的法律服务，才能引领法律业务发展的潮流，才能与外国同行合作与对话。

(三) 宏观驾驭知识产权案件

律师解决知识产权纠纷，一定要有大局观念，对案件要有宏观的驾驭能力，不要仅仅局限于案件本身，而要了解案件的背景、分析纠纷发生的原因，进而找到最恰当的解决方法。

三、律师担任知识产权专项顾问

知识产权专项顾问，是指律师事务所接受企事业单位或者自然人的委托，指派律师为委托人提供知识产权方面的法律服务。

从工作内容上看，知识产权法律顾问主要有以下类型：①知识产权管理服务，包括知识产权发展规划设计、知识产权规章制度拟定与审查、知识产权管理模式设计、知识产权激励与约束机制设计、知识产权工作评价指标设计等。②涉及知识产权的合同谈判、起草、审查、修改以及合同管理制度的制定和实施等。③知识产权合作和投资服务，包括策划具体方案、参与谈判、审查相关法律文件，并监控其实施过程。④进行知识产权信息的查询和检索，帮助客户制定知识产权战略及其具体实施方案。⑤侵权和防范侵权调查。⑥签发律师函、发表律师声明、出具法律意见书。⑦进行诉前、诉外调解。律师应当掌握权属争议、合同争议或侵权纠纷的基本事实，找出相关法律依据，分清过错方及过错责任大小，了解争议双方对通过非诉讼解决争议或诉外和解的意愿和期望值，晓之以理，动以利害，争取调解成功。⑧法律宣传与培训，结合个案讲解知识产权法律，培养和提高科研、生产、经营管理人员的知识产权意识，使其牢记哪些法律规定、哪几种权利、哪几项义务是必须维护与遵守的，预防纠纷发生，减少律师工作量和工作难度。

根据不同的工作内容，知识产权专项顾问服务可以采取常年顾问和专项顾问两种形式。一般来讲，经常发生的、业务量较大的服务，如知识产权管理服务、知识产权合同审查、知识产权信息利用等较适合采用常年顾问的形式；而针对性较强、有特定目的的服务，如知识产权战略制定与实施、签发律师函、发表律师声明等则宜采用专项顾问的形式，做到"专事专办"，保证法律服务的质量。律师担任知识产权专项顾问工作的主要内容有：

（一）制定知识产权管理制度

中国加入 WTO 后，国内企业面临的国际竞争越来越激烈。进入中国市场的跨国公司，利用知识产权"跑马圈地"，纷纷实施知识产权战略，国内企业的生存空间受到了制约。由于国内企业技术创新能力不足，自主知识产权严重缺乏，在市场竞争中经常处于被动挨打的地位。国内企业不仅要提高知识产权意识，而且要为知识产权的开发、保护、运营等提供切实可行的制度保障，以实现知识产权利益的最大化。但是，目前建有完善知识产权管理制度的国内企业并不多见，更多的国内企业在知识产权意识觉醒之后，仍不知道该怎样进行实际操作，希望有人帮助他们设计适合企业自身特点的知识产权管理制度。因此，对律师来讲，为客户设计知识产权管理制度是有很大市场空间的。

（二）审查知识产权合同

1. 知识产权开发合同的订立。知识产权开发合同，是指当事人之间就新技术、新产品、新工艺或者新材料及其系统、商标标识以及文学、艺术和科学作品（包括计算机软件）等的研究开发所订立的合同。实践中，知识产权开发最主要和最常见的合同形式就是技术开发合同。订立知识产权开发合同的注意事项如下：

（1）正确理解知识产权开发合同的内涵和特征。知识产权开发合同的目的是创造新的智力成果，是为创新活动而签订的协议，因此合同标的必须具有创新成分和技术进步特征。如果仅仅是根据用户需要，按常规加工定做不同尺寸的产品或者是对现有产品的改型、工艺变更、材料配方的调整以及技术成果的检验、测试和使用等，均不能视为知识产权开发活动，不应适用知识产权开发合同的相关规范。

（2）应区别知识产权开发合同与承揽合同。这是实践中当事人容易混淆的两类合同。它们的主要区别是：技术开发合同涉及新的技术方案，具有创造性；承揽合同的工作成果仅是重复性劳动的结果，不具有创造性。了解两类合同的区别，对于确定合同双方当事人的权利义务有一定帮助。

（3）应区别委托开发合同与合作开发合同。委托开发合同与合作开发合同的区别在于双方当事人是否都参与了实质性的研究开发。两类合同当事人的权利义务是不一样的，因此，辨别合同类型是解决纠纷的前提。

（4）应注意知识产权开发合同的风险责任。风险责任是指开发工作遇到技术困难而失败，责任由谁承担。这是技术开发合同中特有的制度。在当事人无约定或以其他方法不能确定时，风险责任由当事人合理分担。所以当事人最好在合同中明确约定风险责任，以便研究开发工作的顺利进行。

2. 订立知识产权转让合同的注意事项。

（1）技术的界定。技术具有无形性和发展性，所以难以明确界定其内容，这也是许多技术合同产生争议的原因。因此，作为技术合同的标的，技术的界定显得尤为重要，在订立技术合同时双方当事人首先应当就合同所涉及的技术范围达成共识。技术合同中一般应明确技术的内容、要求和工业化开发程度，必要时可以以附件形式将技术的详细描述在合同中加以规定。

（2）保密条款和技术改进的所属规定。订立技术转让合同前的保密协议的一般要求：①对于一方透露的技术机密，另一方只能作出是否受让的意见，不得用于实际生产，更不得泄露给其他人。如果使用或泄露，则要承担由此造成对方损失的赔偿责任。②对于一方透露的技术秘密，另一方应在协议规定的期限内作出是否受让的决定。如果决定不受让，则要退还技术资料，并保证在公开前不使用该技术秘密。③双方可以约定，对事先透露技术秘密支付一定费用。如决定受让，此费用可以抵作部分技术价款或使用费；如不受让，则要明确费用是否退还或部分退还。我国《合同法》规定，当事人可以按照互利的原则，在技术转让合同中约定实施专利、使用技术秘密后续改进的技术成果的分享办法。没有约定或者约定不明确，依照《合同法》第 61 条的规定仍不能确定的，一方后续改进的技术成果，其他各方无权分享。

（3）专利权的状况。包括专利权期限、专利技术领域的发展、专利权有没有经历无效程序、诉讼程序及其结果、专利权许可状况、专利权应用情况等。了解专利权的状况，可以较为全面地对专利权加以评估，以便在专利技术转让中获得利益最大化并占据主动地位。

（4）专利权的性质。主要分析该项专利技术中有没有包含其他专利权人的专利权项。如果该专利技术中包含了其他专利权人的权项，则该专利技术属于第二专利，专利权人无权独立将其专利权转让。

（5）专利纠纷的处理。即该专利权在转让后出现无效宣告、诉讼等情况时的处理。专利权人只保证该专利无权利瑕疵，但若出现第三方向专利局请求宣告该专利无效的情况时，专利权人有义务举证或进行回应。在专利转让中，纠纷出现的可能性很大，因此，若双方在订立合同时能够明确此类情况的处理，就能够及时应对该类危机，有利于保障双方的权益。

3. 订立商标转让合同的注意事项。

（1）转让人如果在同种或者类似的商品上注册了几个相同或近似的商标，转让时应一并转让，不能单独转让其中某一个。

（2）转让人应将注册商标的专用权全部转让，不允许将注册商标指定保护的类别进行部分转让。

（3）转让人用于药品、卷烟、报刊杂志的注册商标，受让人应出具有关部门批准经营的有效证明文件。

（4）转让人如果正在许可他人使用其注册商标期内，须征得被许可人的同意方可转让给第三人。

4. 订立知识产权许可合同的注意事项。

（1）知识产权应当有效。知识产权期限届满后，将为社会自由使用，任何人都可以不支付使用费。因此首先在合同签订时，知识产权应当是有效的。其次，合同期限应当在知识产权保护期限内。缔约双方应当明确约定合同期限，并确定合同期限不得超过权利保护期限。最后，合同可以约定在知识产权被终止后，合同也同时终止。

（2）知识产权许可合同可以约定由知识产权权利人向被许可人提供、交付实施有关知识产权的技术资料，并提供必要的指导。

（3）知识产权许可合同的许可人应当保证自己是所提供的技术、商标、作品、软件的合法拥有者。如果知识产权在权利上存在瑕疵，就可能在合同履行过程中发生纠纷。

5. 订立员工保密合同的注意事项。近年来，随着人才流动的日益频繁，员工与用人单位之间的商业秘密纠纷逐渐增多。对于拥有商业秘密的企业而言，和员工在劳动关系存续期间签订保密合同是有效保护知识产权的重要手段。

一般来说，保密协议应当包括下列条款：

（1）对原单位合同义务的条款。企业在聘用新员工时应调查其在进入本企业前是否承担了对原企业的保密义务及竞业禁止义务。如未承担此类义务，应在合同中明确声明或保证，如"乙方保证在甲方工作期间使用任何知识均与前受聘单位无关，乙方承担甲方交付的任何工作或任务，均不会侵犯前受聘单位的商业秘密"。如承担了对前单位的保密义务，则应保证在本企业工作期间不利用前单位的保密信息为本企业服务。

（2）企业商业秘密范围条款。①按照技术信息和经营信息的划分，列举所有属于本企业商业秘密的内容。②对该员工所在岗位涉及的技术信息或经营信息作进一步的详细规定。

（3）义务明示条款。此条款主要是把法定的、默示的保密义务明示为合同义务。员工应保证对在本企业工作期间知悉的本企业的商业秘密承担无条件的保密义务。

（4）员工义务的具体描述。如"对上述所列商业秘密，不得直接或间接向企业内部无关人员泄露；不得复制、披露包含企业商业秘密的文件及文件副本"等。

（5）离职时保密信息载体的交还。比如，载有保密信息的文档、笔记本电脑、移动存储器等，应在员工离职时交还企业。

（6）保密费的数额及支付。比如，在工资中明示出"保密费"或者"保密津贴"一栏。

（7）违约责任。根据违约行为对企业可能造成的损失，约定违约金。

签订保密协议应当注意以下几个问题：

（1）明确企业商业秘密的范围。《反不正当竞争法》第10条第3款规定："本条所称的商业秘密，是指不为公众所知悉、能为权利人带来经济利益、具有实用性并经权利人采取保密措施的技术信息和经营信息。"这是商业秘密的法定概念。其中，"不为公众所知悉"，是指该信息是不能从公开渠道直接获取的；"能为权利人带来经济利益、具有实用性"，是指该信息具有确定的可应用性，能为权利人带来现实的或者潜在的经济利益或者竞争优势；"权利人采取保密措施"，包括订立保密协议，建立保密制度及采取其他合理的保密措施；"技术信息和经营信息"，包括设计、程序、产品配方、制作工艺、制作方法、管理诀窍、客户名单、货源情报、产销策略、招投标中的标底及标书内容等信息。[1] 企业在与员工签订保密协议时，首先要正确界定商业秘密的范围。商业秘密是根据法律的明确规定来认定的。如企业将本行业公知的技术作为商业秘密，或者将没有任何商业价值的信息作为商业秘密，就不属于商业秘密的范围，即使签订了保密合同，也不受法律的保护。

（2）在保密合同中要约定保密费用。在保密合同中，企业和员工的权利义务应当是对等的。通过保密合同要求员工保守商业秘密是企业的权利，员工保守秘密是其义务。而向员工支付保密费则是企业的义务，要求企业支付保密费是员工的权利。在实践中，有些技术秘密保密合同中只有员工负保密义务的约定，而没有企业支付保密费用的约定，这是显失公平的。一旦发生争议，员工以企业未支付保密费用作为抗辩的理由，企业的利益就很难得到保护。

（3）保密合同要按照企业的不同岗位而有所区别。对不直接接触本企业核心秘密的员工，其保密义务相对其他人员来说并不特定且内容较简单，类似于第三人负有的不得侵犯企业商业秘密的义务。因此，这类人员未必一定要签订专门的保密协议，可以考虑在其劳动合同中加入相应的保密义务条款。而其他类别的人员依据其工作性质，在其工作范围内均有可能接触到企业的商业秘密，包括技术信息和经营信息，特别是高级研发技术人员和高级经营管理人员，通常掌握着企业最核心的商业秘密。这些人员应该与企业签订专门的保密协议，协议内容应依据其接触商业秘密的程度和范围尽可能地细化。

6. 订立竞业禁止协议的注意事项。竞业禁止（又称竞业限制）协议是指，用人单位为避免商业秘密被侵犯，禁止劳动者在劳动关系存续期间或劳动关系结束后的一定时期内，到生产同类产品或经营同类业务且具有竞争关系的其他用人单位兼职或任职，或者自己生产与原单位有竞争关系的同类产品或经营同类业务而签订的一种协议。

（1）竞业禁止协议的常见形式。①在劳动合同中约定竞业禁止条款。②在用人单位的员工守则或内部规章制度中规定员工的竞业禁止义务。③在员工离职时签订竞业禁止协议或在解聘文书中签定相关条款。

竞业禁止协议内容一般包括竞业禁止的具体时间、期限、补偿费的数额及支付

---

[1]《关于禁止侵犯商业秘密行为的若干规定》（国家工商行政管理局令第41号）。

方式、违约责任等内容。

（2）应当注意的问题：①补偿费用。竞业禁止是对劳动者劳动权利的一种限制，从公平角度出发，用人单位应当给予劳动者合理补偿，以适当弥补劳动者由于不能从事协议禁止的工作所造成的损失。为稳妥起见，在竞业禁止协议中最好明确补偿费用的数额以及支付方式，以避免发生不必要的争议。②竞业限制的范围。一般认为，用人单位签订竞业禁止协议的前提是企业应当具有可保护利益。只有企业花费大量人力、物力所开发的商业秘密、业务关系等，才应是竞业禁止的范围，而不应将公共领域的内容纳入到限制范围中，否则很难得到法律支持。③人员范围。作为企业，应选择核心技术人员、关键技术工人、高级管理人员、市场销售人员等签订竞业禁止协议，达到保护企业核心秘密和经营利益的目的。④竞业限制的时间。虽然没有法律明确规定竞业限制的时间，但劳动部《关于企业职工流动若干问题的通知》和国家科委《关于加强科技人员流动中技术秘密管理的若干意见》中对竞业禁止的期限要求为不得超过 3 年。实践中可以参照前述规定并结合实际情况确定竞业限制的合理时间。

四、制定实施企业知识产权战略

知识产权是法定的垄断性权利，越来越多的企业、科研院所在激烈的市场竞争中重视对知识产权的运用，并开始制订和实施知识产权战略。

首先，在参与制定企业知识产权战略时，律师要明确客户企业关于知识产权战略的基本原则和主要目标。通过对企业实际情况的调研，了解客户企业的治理结构、在行业中的现状和存在的问题、知识产权工作的基础、在知识产权战略上能够投入多大人力、物力和财力等。其次，律师应当将知识产权战略的总目标进行分解，划分为不同层级的分目标，就分目标中相关的知识产权法律问题发表意见，提出具体实施方案。最后，律师还应当对整个知识产权战略方案的各个环节中涉及的法律问题把关。由于企业知识产权战略的制订和实施并不仅仅涉及知识产权法律制度，还可能涉及合同法律制度、公司法律制度、广告法律制度甚至证券法律制度等，因此律师应当对知识产权战略中体现的法律问题进行宏观掌控。

在参与实施企业知识产权战略时，律师主要应从知识产权的取得、使用和保护等方面来进行。比如，当有了创新成果时，应根据创新成果的性质、是否易于模仿、对企业甚至行业的影响等角度，分析是采取商业秘密保护还是专利保护，如果采取商业秘密保护，必须根据企业的商业秘密保护制度，及时采取保密措施，防止泄密。如果采取专利保护，则要适时申请专利，而在申请专利之前，务必不能破坏专利的新颖性。再比如，对市场上存在的侵权行为，在调查取证的基础上，选择适用和解、行政查处、民事诉讼、刑事制裁等方式，以保护企业的合法权益。

此外，制定实施专利战略、商标战略、著作权战略、商业秘密战略，受托发表警告函、律师声明等，都是律师专项法律顾问工作的重要内容。其他诸如律师代理知识产权的获权和确权、律师对知识产权侵权调查取证、律师代理知识产权侵权诉讼、知识产权权属诉讼、知识产权合同诉讼、知识产权行政和刑事业务等，也是知识产权律师的重要工作。

■思考题

1. 试述律师非诉讼业务发展的趋势。
2. 简述律师业务的专业化与法学学生专业知识的准备。

■参考书目

1. 国浩律师集团事务所编：《现代商事律师实务——新业务与新视角》，法律出版社 2007 年版。

2. 国浩律师集团事务所编：《新业务与新视角：金融证券律师实务》，法律出版社 2005 年版。

3. 任勇、江鹏主编：《中国律师办案全程实录：贸易救济之反倾销》，法律出版社 2006 年版。

4. 朱妙春：《中国名律师办案实录：商标及专利纠纷案代理纪实》，知识产权出版社 2003 年版。

5. 姜俊禄、段海燕：《中国律师办案全程实录：劳动仲裁》，法律出版社 2004 年版。

6. 王立华等主编：《中国律师办案全程实录：知识产权诉讼》，法律出版社 2006 年版。

7. 中华全国律师协会民事专业委员会编：《公司法、破产法律师实务（第 2 辑）》，法律出版社 2007 年版。

8. 唐波：《中国律师办案全程实录：房地产开发、项目融资与转让》，法律出版社 2006 年版。

9. ［美］斯蒂芬·克里格、理查德·诺伊曼：《律师执业基本技能：会见、咨询服务、谈判、有说服力的事实分析》，中伦金通律师事务所译，法律出版社 2006 年版。

10. ［美］弗拉斯科纳、赫瑟林顿：《法律职业就是谈判：律师谈判制胜战略》，高如华译，法律出版社 2005 年版。

公 证 编

第十五章 公证制度概述

第一节 公证的概念及特征

一、公证的概念

　　"公证"（notary system）一词来源于拉丁语 nota 这个词，原意指古罗马"书写人"用来记录文书的一种速记符号。后来"公证"一词被用来表达国家及为社会公认的非诉讼证明活动。作为一种重要的非诉讼活动，公证是相对私证而言的。在我国，根据自 2006 年 3 月 1 日起施行的《中华人民共和国公证法》第 2 条的规定，公证是指"公证机构根据自然人、法人或者其他组织的申请，依照法定程序对民事法律行为或具有法律意义的事实和文书的真实性、合法性予以证明的活动"。

　　要正确理解公证的概念，至少要从以下几个方面去把握：

　　（一）公证的主体是依法设立的公证机构和申请公证的当事人

　　任何证明活动都离不开主体的参与。一般来说，在公证这样一种非诉讼证明活动中，参与的主体主要包括两类：一是公证机构，二是申请公证的当事人。公证机构是依法设立，不以营利为目的，依法独立行使公证职能，承担民事责任的证明机构。在我国，公证机构是进行公证活动的专设法律证明机构，公证职能只能由公证机构统一行使。除公证机构外，任何机关、团体以及个人在未有法律明确规定的情况下均不能从事公证事务，进行公证证明活动。需要注意的是，公证员是公证机构中负责具体办理公证事务的法律专业人员，代表公证机构进行公证证明活动，所以公证员不应该被理解为是公证的主体之一。申请公证的当事人包括自然人、法人和其他组织。在公证活动中，任何个人、法人以及其他组织都可以就需要证明的事项向公证机构申请公证；没有公证申请人的申请则启动不了公证程序，公证也就无从谈起。另外应注意，公证证明中只有申请人而没有被申请人。

（二）公证的客体，即公证的对象，是需要证明的民事法律行为、有法律意义的事实和文书

这里所说的民事法律行为是指自然人、法人或者其他组织设立、变更、终止法律上的权利义务关系的行为，如继承、赠与、委托等。有法律意义的事实包括法律事件和其他在法律上有一定意义的事实。法律事件是指不以人的意志为转移、并能引起一定法律后果的自然发生或存在的事实，如出生、死亡、各种自然灾害、意外事件等。其他在法律上有一定意义的事实，是指虽然不直接引起权利义务关系的设立、变更、终止，但却对当事人的生存状态具有特定法律意义的事实，如学历、职称、健康状况、亲属关系、婚姻状况等。具有法律意义的文书是指一切在法律上有特定意义或作用的各种文件、证书、文字资料的总称。凡当事人申请对不属于民事法律行为或不具有法律意义的事实和文书进行公证，公证机构都不应予以证明。

（三）公证的内容是证明公证对象的真实性、合法性

我国公证的内容强调真实性与合法性不能偏废。所谓真实性，是指公证证明的对象必须是客观存在的事实，并且该事实的内容与证明的内容是一致的；所谓合法性，是指待证事项从内容到成立方式都必须符合国家法律、法规和规章的规定，不违反政策及社会公序良俗。"以事实为根据，以法律为准绳"是我国社会主义法治的基本原则，也是公证活动中必须遵循的基本准则。

（四）公证的程序是法定的

公证机构必须依照国家有关公证的法律、法规及规章履行公证职能，同时也要求当事人必须按照有关公证的规定申请公证。公证机构违反法定程序进行的证明活动不具有公证的效力。《公证法》第四章专门就公证的程序作了详细规定，公证机构办理公证以及当事人申办公证都必须严格遵守公证的程序。

二、公证的特征

公证的特征，是指公证活动本身所展现出的特点以及与其他相关活动相比较而显示出的不同之处。在理论上分清公证与其他类似行为的区别，有助于正确认识公证的特征，并对理解公证的概念以及掌握公证的基本原理具有重要的意义。

（一）公证是非诉讼活动

一般认为，公证活动是属于非诉讼领域内的一种活动，主要是相对于民事诉讼活动而言的。两者的主要区别在于：①两者的宗旨不同。公证的宗旨是预防纠纷，避免不法行为的发生，减少诉讼，为社会提供公证法律服务和法律保障；而民事诉讼活动的主旨则在于解决当事人之间的纠纷。②两者的当事人不同。公证的当事人都属于申请人，不存在被申请人一说，且诸申请人没有明显的对立或利益冲突；而民事诉讼的当事人则存在申请人和被申请人的区分，且两者一般都存在较大的利益冲突。③两者的法律依据不同。公证活动是依照《公证法》等法律规定进行的；而

民事诉讼活动是依照《民事诉讼法》等法律规定的程序进行的。④两者产生的法律后果不同。公证主要是赋予证明对象证据效力；而民事诉讼则要通过法院调解或作出民事裁判解决当事人之间的争议。

（二）公证是公证机构独立行使公证职能的活动，而非行政活动

公证机构独立行使公证职能是由国家授权的，它仅仅是一种证明性质的活动，与国家机关的行政活动有着重大的区别。两者的主要区别是：①两者性质不同。公证是由公证机构行使证明权的专项职能，公证机构不是国家行政机关，不具有管理职能，因此，公证活动不是行政活动；而行政活动是通过各级政府和法律、法规授权的组织行使行政管理权来实现的。②两者的活动方式不同。公证活动是公证机构依照法定程序进行的一种证明活动，它无权解决任何争议；而行政活动则是行政机关依照相关规定对特定的行政法律关系作出特定的行政处理，包括行政强制措施等。③两者产生的法律后果不同。公证主要是赋予证明对象特定的法律效力；而行政活动的结果是实现了国家的行政管理职能。

（三）公证是一种特殊的证明活动

公证机构的基本职能就是应申请人的申请对待证事项进行公证证明，是一种依法实施的特殊证明活动，它不同于证明活动。一般证明是相对于公证证明而言的。在我国，除法定的公证机构外，我们一般把公民、法人或其他组织出具的证明文书称为一般证明。公证证明与一般证明的区别主要在于：①两者的法律地位不同。我国《公证法》第36条明确规定，"经公证的民事法律行为、有法律意义的事实和文书，应当作为认定事实的根据，但有相反证据足以推翻该项公证的除外"。但对于一般公民、法人或其他组织出具的证明文书，《民事诉讼法》则规定人民法院应当辨别真伪，审查确定其效力。可见，公证证明的证明效力高于一般证明文书的效力，只要找不出足以推翻其证明的相反证据，就应确认其证据效力。②两者获得社会认可的范围和程度不同。就目前来看，我国的公证及其证明文书已在绝大多数国家得到承认和接受。在国内，公证证明已经深入到社会生活之中，受到全体公民及法人组织的认可，而一般证明则没有达到这种程度，如任何人都要对公民、法人或其他组织出具的证明文书进行认真分析、仔细考证后方可承认和接纳，而且其他国家对我国公民、法人或其他组织出具的证明一般也是不予承认的。

（四）公证证明具有特殊的法律效力

公证证明在法律上的效能和约束力，又称为公证书的效力，具体而言，公证证明的特殊法律效力表现在：证据效力、强制执行效力、法律行为成立要件效力以及其他效力。

1. 证据效力。证据效力指公证书是一种可靠的证据，具有证明公证对象真实、合法的证明力，可直接作为认定事实的根据。而且，公证证明的法律效力高于一般公民、法人或其他组织对同一事项所出具的证明的效力。《公证法》第36条和《民事诉讼法》第69条均规定，经公证的民事法律行为、有法律意义的事实和文书，应

当作为认定事实的根据，但有相反证据足以推翻该项公证的除外。而对一般公民、法人或其他组织的证明文书，人民法院应当辨别真伪，审查确定其证明效力。

2. 强制执行效力。债务人不履行公证机构依法赋予强制执行效力的债权文书时，债权人可以直接向有管辖权的人民法院申请强制执行，而不必经过诉讼程序。《公证法》第 37 条第 1 款规定，对经公证的以给付为内容并载明债务人愿意接受强制执行承诺的债权文书，债务人不履行或者履行不适当的，债权人可以依法向有管辖权的人民法院申请执行。公证的强制执行效力是法律赋予公证的特殊功能，是法律强制性在公证活动中的体现。这不仅有利于迅速解决债务人不履行债务的问题，及时保护债权人的合法权益，维护法律的严肃性，保证经济的正常运行，而且可以避免因诉讼或仲裁带来的各种成本损失。

3. 法律行为成立要件效力。《公证法》第 38 条规定，法律、行政法规规定未经公证的事项不具有法律效力的，依照其规定。特定的法律行为只有经过公证程序才能成立，并产生法律效力；不履行公证程序该项法律行为就不能成立，不具有法律效力。

4. 其他效力。主要包括对抗第三人的效力和不可撤销的效力。如《担保法》第 43 条规定，当事人以其他财产抵押的，可以自愿办理抵押物登记，当事人未办理抵押物登记的，不得对抗第三人。当事人办理抵押物登记的，登记部门为抵押人所在地的公证部门。《继承法》第 20 条第 3 款规定，自书、代书、录音、口头遗嘱，不得撤销、变更公证遗嘱。

（五）公证与认证、鉴证及签证的区别

1. 公证与认证有着紧密关系。认证又称"领事认证"，是指外交、领事机构对公证书的最后一个签名或印章的真实性给予证明的行为。目前，我国只有涉外公证存在认证的问题，对外使用的公证文书须经外交机构认证后，才能在其他国家发生效力；同样，外国的公证文书也需要在其外交机构认证后，才能在我国境内具有法律效力，但文书使用国另有规定或者双方协议免除领事认证的除外。公证与认证的区别在于两者的内涵不同：公证要对证明事项的真实性和合法性展开证明；而认证只是审查公证文书是否由盖章中表明的公证机构及签字的公证员所公证，即只进行形式审查，不就其内容进行审查。

2. 公证与鉴证属于两种不同范畴的业务活动。鉴证是工商行政管理机关对合同的管理活动，是合同管理机关审查经济合同当事人的资格和合同内容是否真实、合法并予以证明的活动。两者的区别主要在于：①出具证明文书的主体不同。鉴证是工商行政管理机关或其他经依法授权的机关作出的；公证文书是公证机构根据申请依法出具的；②业务范围不同。鉴证是就合同而言的；而公证并不仅限于合同公证，其涵盖的范围更广。③获得确认的主体不同。鉴证是合同主管部门的确认；而公证是国家和社会的确认，其法律效力原则上应强于鉴证。

3. 公证与签证分属于不同性质的活动，二者无直接联系。签证是出入一国国境的自然人必须办理的手续，是国家主权的体现。签证一般由各国驻外使（领）馆负责，即在出入国境的人员所持的相关证件上办理签字盖章等手续，表示允许其出入该国领土。签证时一般无需公证文书，但在某些情形中需要公证文书证明出入境人员的有关情况。

第二节　公证制度的概念、特征及其功能

公证制度是国家制定的关于公证机构对当事人的民事法律行为、有法律意义的事实和文书的真实性、合法性予以证明的一系列规范性文件的总称，它是公证机构办理公证事务必须遵循的规范和准则。公证制度的特征主要表现在其是一种预防性的司法证明制度。它是保障实体法正确实施的程序性法律制度，是国家司法制度的重要组成部分。

国家设立公证制度的目的是为社会提供具有普遍证明力的公证证明，并通过公证活动及公证法律服务，教育公民、法人和其他组织应规范其法律行为，预防纠纷，减少诉讼，保障国家法律法规的贯彻实施。在司法体系中，公证组织是最先介入公民、法人或其他组织的民事经济活动中，并向社会提供法律服务的部门，其基本功能是统一行使国家司法证明权，通过公证证明活动来预防纠纷、减少诉讼、制止不法行为，维护社会主义法制的统一，保护公民、法人和其他组织的合法权益。公证制度作为一种司法证明制度，具有独特的制度功能，主要表现在以下几个方面：

一、预防纠纷功能

公证制度是一种预防性的司法证明制度，具有防微杜渐、规范法律行为、预防纠纷、减少诉讼、促进经济稳定和社会安定和谐的作用，是国家预防纠纷的第一道防线。公证活动一般发生在纠纷发生之前，它并非以解决纠纷为目的，因而，它有助于降低当事人的交易风险和交易成本，有助于消除纠纷隐患，促进当事人依法行使权利和履行义务，从而达到预防纠纷，减少诉讼的目的，并最终有益于经济活动的有序运行，有利于维护法治。例如，山东菏泽地区公证机构通过办理宅基地公证，使农村民事纠纷发生率下降了20%，保护了个人和集体的合法权益，促进了社会的和谐稳定和当地经济的发展。

二、引导服务功能

公证机构是最先参与社会民事、经济活动，为公民、法人和其他组织提供法律服务和法律保护的机构。公证机构通过公证活动，帮助、指导公民、法人或其他组织依法设立、变更、终止法律行为，理顺当事人之间的关系，消除纠纷隐患和不真实、不合法的因素，制止违法行为，从而也间接地促进了法律行为的确实履行。根据有关统计，经公证的合同的履约率在98%以上，而未经过公证的合同的履约率只有70%左右。

三、规范公证功能

公证通过法定的程序来实现社会所期望的诚信，进而最大限度地降低交易风险，防止非法行为的发生，保障社会的公正、公平和效率。公证之所以能够达到这样的效果，其原因在于公证具有一定的社会公信力，而社会公信力的获得则来自于公证活动的程序化、制度化。只有将公证活动纳入制度化的轨道才能使其具有生命力、公信力。只有通过对公证的制度化建设，才能规范公证行为、提高公证队伍的素质，树立起公证队伍良好的职业形象，把公证行业建设成为一个对社会负责的行业，进而不断提高公证的公信力，使公证制度为构建我国市场经济的信用体系发挥积极的作用。

四、利益保障功能

保障自然人、法人或其他组织的合法权益，是公证制度的出发点和落脚点。公证机构在当事人提起公证申请后，对公证事项进行审查，对于真实、合法的事项予以公证，并出具公证书。经过公证的法律行为、有法律意义的事实和文书具有法定的证明效力，并且能够得到法律的保护。例如，公证机构直接参与招标、拍卖、开奖、抽签、评选等活动的现场监督，保障这些活动能够严格依法进行，防止徇私舞弊行为的发生，从而保护自然人、法人或其他组织的合法权益。

五、沟通媒介功能

公证是国际认可的一种证明制度，是国际经济交往的重要媒介。公证书具有真实、合法的特点，且不受人员、语言、地域等因素的影响，是国际通行的可靠的法律文书。在市场经济环境下，公证可以作为增进了解、提升诚信、消除隔阂、建立信用机制和相互信任关系的重要手段和工具。

随着世界经济全球化和一体化的发展，我国与世界各国的交往日益增多。在国际交往过程中，有许多方面需要我国公证机构提供相应的公证法律服务。按照国际惯例，在不同国家公民和法人组织之间的民事、经济活动中，许多法律行为、有法律意义的事实和文书，例如法人资格、资信状况等，都需要办理公证，才能在域外更好地发挥作用。所以公证是国际交往中双方进行良好沟通和交往的重要媒介。

第三节　公证制度的历史沿革

一、外国公证制度的历史沿革

公证最早出现在古罗马共和国末期。在当时的奴隶制社会中出现了"诺达里"，他们专门为奴隶主起草各种文书、契约。后来，由于罗马法在司法程序上受严格形式主义的影响，复杂的程序难以为人们所掌握，为了适应罗马居民办理法律事务的需要，出现了一批专门提供法律服务的"达比伦"，专职代写法律文书。当时的"达比伦"除提供法律服务外，还在代写的文书上签字作证，并且向当事人索取一定数目的酬金。而后，"达比伦"渐渐取代了"诺达里"。这种代书制度被公认为是现代公证制度的最初萌芽。公元 4 世纪后，罗马帝国把基督教确认为国教，宗教公证开始盛行起来。自此，公证制度正式确立了。公元 9 世纪到 15 世纪，宗教公证制度受到限制，最后被取消，取而代之的是法国皇室、诸侯的公证人制度。

1802 年颁布的《法国公证人法》，是世界历史上第一部系统的公证法律，公证人事务所是法国资产阶级革命的产物。公证人地位的确定，为公证制度的发展奠定了良好的基础。1804 年拿破仑颁布了《拿破仑法典》，其中对公证作出了相应的规定。而后，德、意、日、英等国都先后采用了公证制度，这些国家大多根据本国的具体情况，制定了各自的公证法。

二、我国公证制度的历史沿革

（一）古代私证制度

我国的公证制度是从古代私证制度演化而来的。"私证"在我国古代封建社会相当普遍。西汉时期，土地买卖，以至布袍、长裤的买卖"券书"的订立，都有证人参加。唐代在买卖奴婢、牛、马等物品时，应立"市券"。立券时由卖方出立契券，由文书代写后，再由当事人画押，在场的中证人也必须在契券上签名画押。清代以后统一把中证人称为"中人"，意思是居中见证，属于第三者。买卖时有中人介入后，当事人双方在事后就不能轻易更改契券内容，这就起到了预防纠纷的作用。但古代的中人只证明文书所载明的内容真实，至于事实自身的合法性，则不属中人过问的范畴。因此，这种私证制度也难以保护买卖双方的合法利益。

而后，私证逐渐被公证取代。我国最早的公证机构出现在宋代，称为"书铺"，它代理各种公证业务，如证明当事人供状、核验地产契约、证明婚姻、为参加考试者办理验审手续等。"书铺"的出现，使得证明的证据效力增强了，与私证相比有了较大的进步。

（二）民国时期的公证制度

我国历史上真正意义的公证制度出现在民国时期。1920 年（民国 9 年），为了澄清讼源，当时的广东省特区法院首先推行公证制度。1935 年 7 月，经司法院拟定，由司法行政部颁布《公证暂行规则》，初步设定由地方法院设公证处，指定推事专办公证事务，也可兼办。必要时，可在辖区内适当之处设立公证分处。而后，又颁布了《公证暂行规则实施细则》、《公证费用规则》。1943 年 3 月，国民政府颁布了《公证法》，同年 12 月 25 日又颁布了《公证法实施细则》。这样，公证制度在民国时期基本上得到了确立。

民国时期的公证制度不允许私人办理公证业务，其立法意图在于：国家在法院设立公证处或分处办理公证业务便于监督和管理。而私人办理公证业务，恐出现各种弊端，不利于管理。当时的公证范围包括两种：①公证书的作成，指当事人或其他关系人请求公证人就某些法律行为或其他私权事实为其作成公证书的活动；②私证书认证，指当事人或其他关系人，把私人就法律行为或私权事实作成的证书提交公证处，请求公证人予以认证的活动。

民国时期，政府积极采取各种措施扩大公证业务，如司法行政部曾制定《各地方法院办理公证事务竞赛办法》，每年定期举行竞赛，优胜者可记功受奖。尽管当时的国民政府大力推行公证制度，但这些制度都是为国民党统治服务、用于剥削劳苦大众的，广大民众无法运用它来维护自己的权益。

（三）新中国的公证制度

中华人民共和国成立后，公证制度经历了创建、取消和重建的发展过程。

1. 新中国公证制度的确立与发展时期。建国后，1951 年 9 月中央人民政府委员会颁布了《中华人民共和国人民法院组织暂行条例》，规定由县级人民法院和中央及大行政区、直辖市人民法院管辖公证及其他法令所规定的非诉案件。同时，又相继颁布了《北京市人民法院公证暂行办法》、《中南区公证试行办法》。自此，公证组织在我国大中城市及县级城市相继建立，并开始办理公证业务。

1956 年公私合营后，公私合同转变为国营企业与公私合营企业之间，以及公私合营企业之间的合同关系，在合同履行上杜绝了私营企业的欺诈行为，保证了合同的确实履行。为此，司法部决定扩大公证业务范围，颁布了《关于公证业务范围的通知》，要求各地在原有业务范围之外，加大力度办理有关公民权利义务关系方面的业务。因此，公证工作的范围扩展至遗嘱、继承、收养、房屋买卖、死亡、亲属关系等诸多方面。仅 1957 年，全国办理公证业务近 30 万件，公证队伍也在不断发展壮大。这时期的公证活动极大地推动了社会主义经济建设，在法制建设中也发挥了重要的作用。

2. 公证的低谷期。1957 年后，由于"反右"斗争扩大化，法律虚无主义严重地破坏了社会主义法制建设，公证机关也未能幸免。1959 年公证机关被撤销，除了几个大城市办理一些涉外公证业务外，国内公证业务停办，而后的文化大革命更是为公证制度蒙上了一层阴影。

3. 公证的恢复与发展期。1978 年，党的十一届三中全会强调健全社会主义民主与法制，公证制度开始走出低谷，逐步在全国范围内得到恢复与发展，国内及涉外公证业务迅速增加。

1980 年 3 月，司法部颁发了《关于公证处的设置和管理体制问题的通知》，采取了公证处归属司法行政机关领导的新举措。而后又通过全国公证座谈会，进一步规范了公证工作的性质、原则、任务和程序，为恢复、发展和健全公证组织奠定了基础。

1982 年 4 月 13 日，国务院正式颁发了《中华人民共和国公证暂行条例》（以下简称《公证暂行条例》），这是我国公证发展史上的一件大事，标志着我国公证制度又进入了一个新时期。该条例对公证的性质、任务、原则、业务范围、程序等诸项内容都作出了规定。为了进一步贯彻实施这一条例，司法部颁发了《关于办理几项主要公证行为的试行办法》，统一规范了办理继承、遗嘱、收养、经济合同、委托书等公证业务的程序。

在积累公证实践经验的基础上，司法部于 1986 年 12 月 4 日颁发了《办理公证程序试行细则》。经过几年的试行后，司法部于 1990 年 12 月 12 日颁发了《公证程序规则（试行）》，增加了四项基本原则、特别程序、复议程序等重要内容。同时，为了统一公证文书格式，司法部颁布了《公证书格式》、《公证处内部使用文书格式》等一系列配套实施的文件。2002 年 6 月 18 日，司法部部长办公会议审议通过了《公证程序规则》，自 2002 年 8 月 1 日起施行。该规则的正式颁布施行，对于规范公证程序，保障公证活动的正常、有序进行，起到了重要的作用。

4. 公证发展的新历史时期。我国公证发展的新历史时期以我国第一部公证法典——《中华人民共和国公证法》的颁布为起点。2005 年 8 月 28 日，我国的《公证法》诞生了，并自 2006 年 3 月 1 日起施行。

我国《公证法》是对 1982 年国务院发布的《公证暂行条例》的全面修订。作为新中国第一部公证法规，《公证暂行条例》对恢复和发展我国公证制度发挥了重要的作用。根据有关统计，目前我国已设立公证机构 3000 多个，比 1980 年增长了 5 倍；有公证从业人员 2 万多人，比 1980 年增长了 1.5 倍；年办案量超过了 1000 万件，比 1980 年增长了 110 多倍。

与公证事业的迅速发展相比，我国公证立法严重滞后。20 多年来，调整和规范公证工作的主要法律依据就是《公证暂行条例》。应当说，随着经济体制改革的深化和政治文明建设的发展，原条例设计的制度框架，已经不能完全适应市场经济和法治国家的需要，行政化的公证体制、偏低的行业准入条件、公证范围的规定不明、办证程序和规则的不完善、公证责任的缺位，影响了公证的质量和公信力，也束缚了公证业的健康发展。司法部从 20 世纪 90 年代初开始，特别是 2000 年国务院批准《关于深化公证工作改革方案》以来，我国在公证机构组织形式、人员准入、管理模式、法律责任、办证程序及运行机制等方面进行了一系列的探索和改革，在很多方面都突破了《公证暂行条例》的规定。因此，为了规范公证活动，保障公证机构和公证员依法履行职责，继续发挥公证工作预防纠纷，保护公民、法人或其他组织的合法权益等多种功能，全国人大常委会在总结原条例实施经验的基础上，根据形势发展的需要，制定了我国第一部《公证法》，并在 2006 年 5 月 10 日司法部部务会议审议通过了新的《公证程序规则》，该规则自 2006 年 7 月 1 日起施行。

《公证法》的颁行，对于建立和完善中国特色社会主义公证制度，推动公证事业发展，充分发挥公证工作在全面建设小康社会、加快推进社会主义现代化建设、构建社会主义和谐社会中的积极作用，具有十分重要的意义。

■ **思考题**

1. 什么是公证？
2. 公证的特征是什么？
3. 公证制度具有哪些功能？

■参考书目

1. 马宏俊主编:《公证实务》,北京大学出版社 2012 年版。
2. 吴凤友主编:《中华人民共和国公证法释义》,中国法制出版社 2005 年版。
3. 曲玉国:《公证诚信论》,中国文化出版社 2011 年版。
4. 张文章主编:《公证制度新论》,厦门大学出版社 2005 年版。
5. 时显群、宁艳岩主编:《律师与公证学》,重庆大学出版社 2002 年版。
6. 吕乔松:《公证法释论》,台湾三民书局 1984 年版。

第十六章　公证的基本原则

第一节　概　　述

　　公证的基本原则，一般是指公证机构办理公证时必须遵循的根本准则，是公证文书质量和效用的保证。应该说，公证的基本原则不仅仅是公证机构办理公证业务时应遵循的准则，也是公证当事人参与公证活动时必须遵循的行为规则，贯穿于《公证法》和公证程序始终。作为根本性规则，公证的基本原则具有概括性和指导性，集中体现了公证活动的意旨。公证的基本原则既引导公证立法，又指导公证活动实践，具体体现在《公证法》条文之中，贯穿于公证的各个阶段。

　　公证的基本原则是公证活动的立法准则。公证活动的内容十分丰富，其对象也各不相同，这就决定了《公证法》是一个由多种具体制度和规则组成的统一体。这些不同的制度、规则和程序要形成一个相互统一、协调一致的法律体系，就必须依靠共同的基本原则来统摄全部。公证的各项具体制度、原则、程序和规范都依公证的基本原则设定，并在基本原则的统摄下形成一个共同体。

　　公证的基本原则是参与主体的行为准则。在公证基本原则统摄下的各项具体制度和规范使公证活动具有可操作性。但是，由于公证事项纷繁复杂，《公证法》不可能穷尽有关公证活动的全部事项，当公证的具体制度和规范未就有关内容作出规定时，公证的基本原则就是公证活动中所有参与主体的行为准则。

　　在公证法学界，学者们对我国公证的基本原则的理论概括并不一致。第一种观点认为，公证的基本原则只有一个，即真实合法原则，其他原则属于办理公证的原则，而不是公证的基本原则。第二种观点认为，公证的基本原则包括六项，即真实、合法原则，自愿原则，直接原则，保密原则，回避原则和使用本国的和本民族的语言文字原则。第三种观点认为，公证的基本原则包括客观真实原则、合法原则、自愿原则、回避原则、保密原则、便民原则和使用本国的和本民族的语言文字原则。第四种观点认为，公证的基本原则有真实、合法、可行原则，必须公证与自愿公证相结合原则，公证员亲自办理公证的原则，回避原则，保密原则，便民原则和使用本国的和本民族的语言文字原则。根据《公证法》的规定以及公证理论与实务界的观点，我们认为，我国公证的基本原则有以下几项：守法原则、客观原则、公正原则、独立行使公证职能原则、法定公证与自愿公证相结合原则、保密原则、回避原则及使用本国和本民族语言文字的原则。

第二节　公证的基本原则

一、守法原则

守法原则也称为合法原则，是指公证证明的法律行为或有法律意义的事实和文书的内容、形式及取得方式符合国家法律、法规、规章的规定，不违反有关政策和社会公德及公序良俗。守法原则包含两个方面的内容：①公证事项内容合法，即公证事项本身合法，包括其内容合法和形式合法，两者缺一不可；②公证活动的程序合法，即办理公证事务必须遵照法律规定的程序。实体内容不合法的事项不能进行公证，否则应为无效；严重违反法定程序的公证文书也不能产生相应的法律效力。

（一）公证事项内容合法

公证事项的本身是否合法（包括内容和形式两个方面），对于公证是否合法具有重大的意义。公证机构对待证事项进行审查时，不仅要审查公证事项的内容和所制成文件的表达方式是否合法，还要审查公证的动机、目的、可能导致的后果是否合法，当事人所表示的意思和所制定的文件的内容及含义是否一致、真实及确定。另外，对于不符合公证事项受理范围的，公证机关应当不予公证。比如司法部曾明确表示不办理信仰公证，不宜办理"安乐死"公证证明。

（二）公证的程序合法

程序是实体的保障。办理公证必须按照法定的程序进行，对于特别的公证事项，还应当按照特定的程序进行。公证程序是法律规定的公证机构办理公证事务时必须遵守的操作规程。

我国一直比较重视公证活动的程序规范问题。从20世纪50年代开始，国务院及司法部就先后制定了《公证书试行规则》等一系列程序规范。1991年4月1日开始施行的《公证程序规则（试行）》是在1986年《办理公证程序施行细则》的基础上修改完善的，全面、具体地规定了办理各类具体公证事务必须遵守的基本程序规则。2002年6月18日司法部颁布了《公证程序规则》。2006年5月10日司法部部务会议审议通过了新的《公证程序规则》，已于2006年7月1日起施行。2006年3月1日起施行的《中华人民共和国公证法》第四章也专门就公证程序问题作了详细的规定。

（三）公证事项内容合法的判断标准问题

这个问题实际上就是公证机构究竟是以何种法律法规为依据来确认公证事项合法的。《最高人民法院关于适用〈中华人民共和国合同法〉若干问题的解释（一）》第4条规定："合同法实施以后，人民法院确认合同无效，应当以全国人大及其常委会制定的法律和国务院制定的行政法规为依据，不得以地方性法规、行政规章为依据。"那么，在公证事务中，公证机构是否也应该按照法院对合同效力判断的标准进行合法性判断呢？我们认为，对是否合法的判断，公证机构采用的标准应该与司法机关采用的标准保持一致。

二、客观原则

客观原则，也称为真实原则，是指公证文书所证明的法律行为、有法律意义的事实和文书的内容在公证时是客观存在的，或者是有充分证据证明其是客观存在的，而不是虚假或伪造的事实。客观原则要求，公证文书所证明的内容应当与事实相符，只有客观的事实才能为公证所证明；也只有客观真实的公证文书，才能产生公证的法律效力。对于主观虚构的事实、待证的事实或者与事实不相符的事实，或者没有任何证据作为支撑的事实，都是不能通过公证活动取得证明的，否则就违背了客观原则。

在公证活动中，客观真实是公证制度的灵魂与生命，是公证活动的出发点与归宿。为了实现公证的客观真实，在公证实践中，我们应当注意以下几点：

（一）公证机构应审查当事人申请的公证事项是否客观真实

这就要求申请公证的当事人必须如实向公证机构陈述公证的目的和要求，并提供充足必要的证据、文件和材料，以证明公证事项的真实性。公证客观目标的实现不仅仅依赖于公证机构和公证人员的活动，更取决于当事人的行为。当事人申请公证是公证活动开始的必要条件，同时，也是公证实现客观真实目标的第一步。只有当事人如实地向公证机构陈述公证的目的和要求，并提供相关证据、文件以及材料，公证的客观真实才有可能实现。所以，客观原则不仅仅规范公证机构及公证人员，同时也应当规范申请公证的当事人。

（二）公证机构应审查当事人申请公证的意愿是否出自本人的真实意思表示

意思表示是指表意人将其期望发生某种法律效果的内在意图以一定方式表现于外部的过程。意思表示真实是指当事人在意志自由，能清楚认识到自己的意思表示之法律效果的前提下，内心意图与外部表示相一致的状态。意思表示不真实又分为主观原因不真实和客观原因不真实。主观原因不真实是由于表意人自身的原因产生；客观原因不真实是表意人的认识或意志受到他人的不正当干涉，在非自愿的情况下而作出的错误意思表示。这种不正当干涉行为主要表现为欺诈、胁迫和乘人之危等。在公证实践中，如果当事人申请公证是因为受到他人的欺诈、胁迫或乘人之危而作出的，公证机构应该拒绝予以公证，否则就违反了客观原则。

（三）公证机构必须客观核实证据

《公证法》第 29 条明确规定，公证机构对申请公证的事项以及当事人提供的证明材料，按照有关办证规则需要核实或者对其有疑义的，应当进行核实，或者委托异地公证机构代为核实，有关单位或者个人应当依法予以协助。可见，审查公证事项的客观真实性，不仅是公证机构的职责，更是公证机构的法定义务。公证机构应认真、深入、细致地审查当事人提供的材料、文件以及其他证据，必要时应到有关单位以及当事人所在的基层组织等地进行调查核实。

三、公正原则

公正是公证的本质要求，也是公证制度的方向和目标。我们必须用公正的价值追求指导我们全方位地为社会提供公证服务。在某种意义上，市场经济就是公平经济，公证活动是否公正，与当事人的实体权益紧密相连。公证机构是代表国家行使法律证明权的一种机构，虽然它并不具有国家机关的性质，但在一定意义上，公证机构仍然是公权力的象征。作为一定程度上代表公权力的机构，其在公证活动中必须保持公正的形象，否则公证以及公证制度就失去了它存在的基础和应有的意义。

公证的公正应该包括两个方面：一是实体公正；二是程序公正。实体公正是指公证活动对公证申请人要求公证的民事法律行为、有法律意义的事实和文书的内容是公正的。程序公正是指公证活动中所有的过程对有关人员来说都是公正的，即公证参与人在公证活动中所受到的一切对待是公正的。对于公证活动的公正来说，实体公正就是指公证活动的结果是公正的，程序公正就是指公证活动的过程是公正的。

近年来，有少数公证机构在公证活动中严重偏离了公正原则的要求。在利益的驱动下，有些公证机构把办理公证业务当做生财之道，搞成了"公证经济"，将法律赋予的公权视为资本，并使之私有化和经济化，将本应服务于公共福祉的行为变异为谋取私利的行为。在这种情况下，有些公证机构为追求经济利益，用简化法定公证程序，迎合客户不当要求等手段拉拢客户，从而导致假证、错证迭出，严重损害了当事人的合法权益，更是严重破坏了公证机构本应具有的公正形象。

公证机构在公证活动中违反公正原则，其根源在于监督和约束的责任机制乏力，公证机构及公证人员违法公证的成本低廉。在《公证法》出台之前，《公证暂行条例》和《公证程序规则》仅规定了对错误或不当的公证文书应当予以撤销；因公证机构的过错撤销公证的，所收的公证费应退还当事人，而对因错误公证或不当公证对当事人造成的损失如何处理，法律并没有规定。应当说，责任机制的缺位、违法成本的低廉以及问责机制的缺乏，无疑是公证活动屡屡有违公正原则的制度根源。

《公证法》第 6 条明确规定公证机构依法独立承担民事责任，又在第六章专门规定了法律责任，这就为公证活动的公正提供了制度性保障。为了有效地防止公证活动中发生违法公证的事项，《公证法》首次明确了公证的法律责任，这填补了原公证条例的空白。《公证法》除明确规定公证机构独立承担民事责任外，还专门规定了公证机构应当对公证员执法行为进行监督，建立公证员执业过错责任追究制度，如公证机构和公证员不得为不合法、不真实的事项出具公证书或者出具虚假公证书，公证员不得私自出具公证书等。违反上述规定者，由司法行政部门对公证机构处以警告、罚款或停业整顿；对公证员处以警告、罚款、没收违法所得、吊销公证员执业证书，构成犯罪的依法追究刑事责任；公证机构和公证员因过错行为给当事人造成损失的应当承担赔偿责任，公证机构承担赔偿责任后，可以向有故意或者重大过失行为的公证员追偿。

四、独立行使公证职能原则

《公证法》第 6 条明确规定，公证机构依法独立行使公证职能。这表明公证机构是国家专门依法设立的法律证明机构，独立行使司法证明权，依法履行公证机构的职责。

公证机构独立行使公证职能是维护我国法制统一的需要。公证机构依法认定民事法律行为、有法律意义的事实和文书是否具有真实性、合法性，这关系到当事人的切身利益。这种职能只能交由专门的机构来行使，除非有法律特别规定，否则任何自然人、法人或其他组织均不得从事公证活动。

公证机构独立行使公证职能的关键是公证机构的"独立"。只有保证了公证机构的"独立"才能避免其他机关、组织、团体和个人的非法干预，维护公证秩序，保证公证活动的公正性，维护公证机构的权威和当事人的合法权益。

公正机构独立行使公证职能并不意味着公证机构不受法律的约束。《公证法》在赋予公证机构独立行使公证职能的同时，也通过一系列的制度和责任设计来约束公证机构的公证活动，确保公证机构能够在法律的框架内进行公证活动，独立行使公证职能。

五、法定公证与自愿公证相结合原则

法定公证与自愿公证相结合的原则意味着，在公证活动中，有些公证事项是法律、行政法规规定必须通过公证才能确认其法律效力的；而有些公证事项无需通过公证就可以取得其应有的法律效力，但是当事人自愿申请公证机构对该事项进行公证，使其更具有权威性和公信力。

法定公证是指法律、行政法规规定采用公证形式设立、变更的法律行为或须经公证证明的法律事实、文书，自然人、法人或其他组织必须申请办理公证，公证机构也应当依法给予公证；经过公证，其设立、变更法律行为，或者确认有法律意义的事实和文书才能成立并发生法律效力。一般而言，办理公证应当以自愿为原则，但是为了切实保护公民、法人、其他组织及国家的合法权益，保障社会经济秩序的稳定和社会的安定团结，减少纠纷，在法律、行政法规中规定比较重要的事项不经公证就不具备一定的法律效力是相当有必要的。

《公证法》第 11 条第 2 款和第 38 条分别规定，"法律、行政法规规定应当公证的事项，有关自然人、法人或者其他组织应当向公证机构申请办理公证"，"法律、行政法规规定未经公证的事项不具有法律效力的，依照其规定"。根据我国相关法律、法规的规定，法定公证的事项有：重要资产买卖转让、涉及公众利益较广的事务以及涉及家庭、婚姻、财产等事项。当然，法定公证也应当建立在当事人自愿申请的基础上，公证机构不得依职权主动办理、甚至强制办理公证。因为公证活动不同于人民法院的审判活动，也有别于人民检察院的法律监督活动和国家行政机关的管理活动，后者具有国家强制力，而公证活动则是一种非诉讼活动，必须在当事人自愿申请的基础上才能办理。对于法定公证事项来说，虽然公证机构不能依职权强制办理公证，但当事人如不申请公证，则要承担一定的法律后果。

自愿公证是指在法律、行政法规没有规定应当采用公证形式的情况下，由自然人、法人或者其他组织自行决定是否就特定的法律行为、有法律意义的事实和文书申请办理公证。在自愿公证的情况下，即便当事人未向公证机构申请办理公证也不会影响该事项的既定法律效力，但一旦进行了公证，则为该事项增添了一定的公信力和权威性，也相应地具备了《公证法》上的法律效果。自愿公证中的自愿内容是指公证机构受理的公证事项，法律、行政法规未规定应当进行公证，必须由当事人基于自己的意愿提出申请，公证机构无权强迫当事人申请公证，也无权对当事人没有提出的事项强行公证。在自愿公证的情况下，自愿原则贯穿整个公证过程，当事人可以申请公证，也可以撤回申请。

六、保密原则

所谓的保密原则，是指公证机构及其工作人员，以及其他受公证机构委托、邀请或因职务需要而接触公证事务的人，对其在公证活动中所接触到的国家秘密、商业秘密或者个人隐私，负有保守秘密的义务。《公证法》第13、23条均明确规定公证机构、公证员不得泄露在执业活动中知悉的国家秘密、商业秘密或者个人隐私。《公证程序规则》第6条第2款也规定，公证机构的其他工作人员以及依据本规则接触到公证业务的相关人员，不得泄露在参与公证业务活动中知悉的国家秘密、商业秘密或者个人隐私。

保守秘密成为公证制度的一项基本原则，这是由公证制度的本质属性及其基本特征所决定的。作为一种预防性的司法制度，公证制度的目的在于预防纠纷，减少诉讼，保护国家以及社会主体的合法权益。为了实现公证预防纠纷的制度目的，公证机构及其相关人员只有严格保守其在公证活动中接触到的秘密，才能更好地保护当事人的合法权益，获得社会大众的信任，从而树立起公证的社会权威性和公信力。如果公证机构及其相关人员不能保守公证秘密，势必危及公证的社会信誉，并可能引发相应的纠纷，最终将损害当事人的合法权益。以遗嘱公证为例，其法律效力可改变法定继承人的范围、顺序和继承份额。如果在遗嘱人未死亡时，其遗嘱公证内容被不慎泄露，势必将引起相关继承人的纠纷，甚至将可能发生隐藏、转移、变卖、毁损相关财产的情况，这一方面影响了遗嘱人家庭的团结和社会的稳定，更是对公证机构良好社会声誉的破坏，所以，保守秘密是公证制度的一项基本原则。

在公证实践中，贯彻保密原则有以下几个方面的要求：①公证机构对参加办理公证事务的人要严格加以控制，除必须到场的当事人及其帮助公证的代理人、翻译人员等在场外，其他任何与公证事项无关的人员都不得参与办理公证事务；②公证人员除对本人办理的公证事项保守秘密外，对同一公证机构及其他公证机构办理的公证事务，同样负有保密义务；③公证人员不仅要对已办理的公证事务保守秘密，也要对拒绝办理公证事项的内容保守秘密；④公证人员不仅要对当事人申请公证的法律行为、有法律意义的事实和文书的内容保守秘密，而且要对当事人申请公证的动机、目的、作用、后果及其实现的方式方法等保守秘密；⑤公证机构制作的专项公证文书，只能发给当事人及其代理人，未经当事人同意，不得将公证书发给其他人员；⑥对于办理公证的有关档案材料，要设专职人员报告，未经法定程序，不得查阅和复制。

七、回避原则

回避原则是指公证员不能为本人及近亲属办理公证或者办理与本人及近亲属有利害关系的公证。回避原则是为了保证公证事务得到公正处理而设计的一种制度。确定回避原则，一方面可以防止公证员对公证事项先入为主，枉法公证，作出不公正的公证；另一方面也可以避免当事人以及其他人员对公证事项产生怀疑和非议。所以，公证活动中确立回避原则对于消除当事人的顾虑，保护当事人的合法权益，维护公证机构的独立性以及社会声誉等，都具有十分重要的意义。我国《公证法》第23条明确规定，公证员不得为本人及近亲属办理公证或者办理与本人及近亲属有利害关系的公证。《公证程序规则》第23条也规定，当事人要求该公证员回避，经查属于《公证法》第23条第3项规定应当回避情形的，公证机构应当改派其他公证员承办。

根据我国《公证法》及《公证程序规则》的相关规定，回避原则在具体的公证实践中需要着重把握回避的情形。回避的情形包括以下两类：

（一）为本人及近亲属办理公证

根据《公证法》第23条的规定，公证员不得为本人及近亲属办理公证。即当公证当事人为其本人或近亲属时，公证员应该回避。根据《最高人民法院关于贯彻执行〈中华人民共和国民法通则〉若干问题的意见（试行）》的解释，近亲属是指"配偶、父母、子女、兄弟姐妹、祖父母、外祖父母、孙子女、外孙子女"。

（二）办理与本人及近亲属有利害关系的公证

虽然公证当事人不是公证员本人及其近亲属，但公证事项与公证员本人及近亲属有利害关系的，该公证员也应该予以回避。这里所说的"利害关系"，一般是指公证事项的结果可能对本人及近亲属的利益产生相应的影响。

另外，回避的方式有两种：①申请回避。即当事人认为公证员具有法定回避的情形时，向公证机构申请该公证员予以回避。②自行回避。即公证员认为自己具有法定回避的情形时，主动向公证机构提出回避申请。

八、使用本国和本民族语言文字的原则

使用本国和本民族语言文字的原则，是指公证机构在全部的公证活动中，都必须统一使用本国和本民族通用的语言文字。

公证机构在公证活动中使用本国的语言文字，是维护国家主权和尊严的具体体现。在涉外公证事务中，凡是不通晓我国通用语言文字的外国当事人，公证机构应依法为其提供翻译。公证员不得直接运用外语进行公证活动，也不得使用外文制作公证文书，而必须以中文制作的公证文书作为正本。

公证机构使用本民族通用的语言文字是我国各民族人民一律平等的宪法原则在公证活动中的具体体现。我国《宪法》第 4 条第 4 款规定："各民族都有使用和发展自己的语言文字的自由……"；《公证法》第 32 条第 2 款也明确规定："公证书应当使用全国通用的文字；在民族自治地方，根据当事人的要求，可以制作当地通用的民族文字文本。"在公证实践中，对于不通晓普通话和汉文的少数民族当事人，应该为他们提供翻译；在少数民族聚居地或多民族共同居住的地方，除涉外公证事项外，公证机构在发布通告、颁发公证书和制作其他文件等活动中，应当使用当地民族通用的语言和文字；办理两个以上不同民族当事人之间的公证，也应当采用各自民族的语言文字进行公证活动、发布公证文书。

■ 思考题

1. 公证基本原则的重要意义表现在哪些方面？
2. 简述客观原则与合法原则的区别与联系。
3. 如何理解法定公证与自愿公证相结合原则？

■ 参考书目

1. 马宏俊主编：《公证实务》，北京大学出版社 2012 年版。
2. 吴凤友主编：《中华人民共和国公证法释义》，中国法制出版社 2005 年版。
3. 曲玉国：《公证诚信论》，中国文化出版社 2011 年版。
4. 张文章主编：《公证制度新论》，厦门大学出版社 2008 年版。
5. 时显群、宁艳岩主编：《律师与公证学》，重庆大学出版社 2002 年版。

第十七章　公证机构的任务与业务范围

■ 学习目的和要求

　　本章结合《公证法》的相关规定，介绍了公证机构的性质、任务及其业务范围。学习本章，应正确理解公证机构的性质，了解公证机构的任务，重点把握公证机构的业务范围。

第一节　公证机构概述

一、其他国家及地区公证机构概述

　　英美法系国家大多没有专门的公证机构，一般实行律师兼任公证人制度，由具有一定执业年限和资历的执业律师担任公证人。大陆法系国家的公证人一般具有公职人员和自由执业者双重身份。一方面，公证人作为国家公职人员，根据国家法律授权行使职权，为公共利益服务；另一方面，作为自由执业者，其执业方式大多采取设立公证人事务所的形式，经费靠公证业务收入，不由国家财政负担，自负盈亏，自主管理，独立承担责任。大陆法系国家通过设置严格的公证人执业准入条件、控制公证人和公证人事务所数量等方式对公证人进行有效监督，各公证人事务所之间没有隶属关系，公证人必须在国家指定的地域内执业，国家严格限制公证竞争。

　　英国的公证人分为斯克莱温公证人与一般公证人两种，他们都不是专职的公证人，大部分是律师或律师聘用的人士，公证人大多数会将公证的职能与其主要职业，如律师或律师的雇员相结合。

　　法国的公证人事务所有个人开业和合伙开业两种形式：个人开业的公证人事务所以公证人个人名义签名，由公证人个人承担法律责任；合伙开业的公证人事务所由合伙人签名，由合伙人共同承担法律责任。

　　德国的公证体制具有多元性，有专职公证人、律师公证人、官员公证人三种类型。三种类型的公证人在执行公证职务时，同专职公证人一样，都属于国家公职人员，依国家授权自由执业，出具的公证文书具有相同的效力。

　　在意大利，大约90%的公证人开设个人事务所，约10%的公证人联合办公，但这种联合办公不同于合伙，联合办公的公证人各自独立办证，独立承担法律责任，只是在业务上分工合作，共同分担办公费用。

日本的公证人是准国家公务员，选拔、任命、奖惩均按国家公务员对待。妨碍公证人执行职务的以"妨碍公务执行罪"追究。公证人不从国家领薪俸，而是从收费中支取。《日本公证人法》第 11 条规定："公证人由法务大臣任命，并指定所应隶属的法务局或地方法务局。"第 18 条规定："公证人应在法务大臣指定的地点设事务所。"

我国台湾地区在 2001 年 4 月以前，一直实行法院公证人制度。1999 年，台湾地区颁布了新修订的"公证法"，并于 2001 年 4 月 23 日施行，对其公证制度进行了重大改革，引进了民间公证人制度，采用法院公证人与民间公证人并存的双轨制。台湾地区"公证法"第 1 条规定："公证事务，由法院或民间公证人办理之。"

香港的法律公证业务被列为事务律师业务的一部分，不存在专门的公证机构和专门的公证人，公证人又称"法律公证人"或"公证事务律师"。

二、祖国大陆公证机构概述

《中华人民共和国公证法》第 6 条规定："公证机构是依法设立，不以营利为目的，依法独立行使公证职能、承担民事责任的证明机构。"这一条集中体现了现行法律关于公证机构性质的规定。从这一条当中可以看出，现行法律将公证机构的性质规定为一种证明机构。根据《公证法》第 6 条的规定可知公证机构的性质主要包括以下四个方面的内容：

1. 公证机构必须是依法设立的，它体现了公证机构的法定性。依法设立是指公证机构必须依据公证法规定的条件和程序设立，公证机构负责人的产生也应符合法定的条件和程序，未依法定条件和程序设立的机构，不得行使公证证明权办理公证。公证机构所履行的职能是法律赋予的专门证明职能。根据公证法的规定，公证机构的业务法定、效力法定。

2. 公证机构应当是不以营利为目的，它体现了公证机构的非营利性。非营利性是指公证机构的设立不是以营利为目的，具有公益性。公证机构的设立旨在承担部分社会职能，预防纠纷，减少诉讼，因而具有公益性。如果一项公益性事业以营利为目的，则势必与其履行的社会职能相背离，公证机构的非营利性表明公证机构不是企业，不是国家机关，也非一般的中介服务机构。

当然，"不以营利为目的"并不排除公证机构按照规定收取公证费。因为公证机构的公证员通过自己的劳动来满足当事人的需要，必然要消耗一定的精力和成本，收取公证费一是补充公证机构办理公证的消耗，二是减少不必要的公证。

3. 公证机构应当是依法独立行使公证职能的，它体现了公证机构的独立性。公证法律服务活动，建立在公证人与当事人双方相互信任的基础上，当事人请求公证最本质的目的是通过公证人所掌握的法律知识、技术和能力，使双方合意的契约、文书合法化，从而取得证明效力。因此，公证的特性就是其必须以中立的第三方的身份进行工作。如果公证机构不具有独立性，其出具的公证书的公信力就会受到社会的怀疑。

公证机构依法独立行使公证职能并不是不受司法行政机构的监督和指导。我国《公证法》第 5 条规定："司法行政部门依照本法规定对公证机构、公证员和公证协会进行监督、指导。"

4. 公证机构应对执业过错承担民事责任。《公证法》第 41 条和第 42 条第 1 款规定了公证机构承担行政责任的情形，第 43 条规定了公证机构承担民事责任的情形。该法第 43 条规定："公证机构及其公证员因过错给当事人、公证事项的利害关系人造成损失的，由公证机构承担相应的赔偿责任；公证机构赔偿后，可以向有故意或者重大过失的公证员追偿。当事人、公证事项的利害关系人与公证机构因赔偿发生争议的，可以向人民法院提起民事诉讼。"该条的规定包含了以下几层意思：

（1）明确了对外承担民事责任的主体是公证机构，而不是公证员，更不是司法行政机关和国家。公证员、司法行政机关和国家不是对外承担民事责任的主体，也就不对外承担连带民事责任。

（2）明确了何种情形下公证机构须承担民事责任。公证机构及其公证员必须要有过错，如果没有过错则无须承担法律责任。过错包括故意和过失两种情形，过失是指公证机构及公证员违反了其负有的特殊的"注意"义务。判断公证员是否有过错，应当根据不同公证事项的办理规则所确定的标准来衡量。

（3）明确了公证机构承担民事责任的前提是要有损失，没有损失不予赔偿。

（4）明确了公证机构承担的民事责任为相应的民事法律责任，相应的民事法律责任即直接的损失责任。赔偿方式是首先由公证责任保险方支付，保险金不足用公证机构的财产支付。

（5）明确了公证机构对过错公证员的追偿权。公证机构对外承担赔偿责任后，有权对有故意或重大过失的公证员进行追偿。

综上，我国《公证法》确定了公证机构的性质是证明机构。公证机构是我国法律明确规定的唯一的证明机构，我国的公证证明统一由公证机构行使。公证证明是特定的主体通过特定的程序对特定的事项进行证明并产生特定效力的证明活动。公证证明不同于普通证明，它与合同鉴证、认证、律师见证有本质的区别。

第二节　公证机构的任务

公证机构的任务是指公证机构在依法履行公证职能的过程中，应当努力做到或达到的目标。从立法上来看，现行《公证法》关于公证机构的任务的规定主要体现在《公证法》第 1 条和第 2 条。归纳起来，公证机构在依法履行国家公证职能的过程中，应当努力完成以下四个方面的任务。

一、依法证明民事法律行为、有法律意义的事实和文书的真实性与合法性

公证制度是国家的一项法律制度，它是国家司法制度的重要组成部分。国家设立公证机构的目的是为社会提供具有普遍证明力的公证证明，保护国家、社会和公民的合法权益。

公证机构是证明机构，公证机构的这一性质决定了公证机构的任务。根据《公证法》第2条的规定，公证机构的首要任务是根据自然人、法人或者其他组织的申请，按照法定程序对于民事法律行为和具有法律意义的事实、文书的真实性、合法性予以证明的活动。公证机构通过证明活动，帮助、引导公民、法人和其他组织从事各种合法的民事、经济活动，稳定当事人之间的民事权利义务关系，并教育和监督当事人正确行使民事权利，认真履行民事义务，从而避免出现虚假的事实和违法的行为。

二、预防纠纷，减少诉讼，维护社会经济秩序

公证机构对公民、法人或者其他组织申请公证的事项，经审查，认为申请人所提供的证明材料真实、合法、充分，申请公证的事项真实、合法的，应当依法出具公证书，赋予其法律上的证明效力。对于当事人申请的不真实、不合法的公证事项，公证人员应事先向当事人宣传法律，讲明道理，帮助和指导当事人加以修正，再予以公证。这样就排除了隐患，及时制止了违法现象的发生，使当事人之间的民事和经济法律行为一开始就置于公证制度的保护与监督之下，把可能发生的纠纷消灭。对当事人的民事法律行为、具有法律意义的事实和文书进行公证，即使以后发生纠纷，由于公证机构出具的公证书具有证明效力，也有利于人民法院及时地认定案件事实、解决纠纷。公证是最早介入民事活动和经济活动的一种法律手段，通过公证机构的公证行为可以规范法律行为，预防纠纷，减少诉讼，制止不法行为，维护正常的社会秩序。

三、教育公民自觉遵守法律，维护社会主义法制

公证机构既是社会主义法制的执行者和维护者，又是社会主义法制的宣传者。公证机构结合自己的业务，通过生动的公证案例，向人民群众进行法制宣传。公证机构在办理公证过程中，通过向当事人提供法律咨询，制定、修改和完善法律文书等多项业务活动，向当事人和广大人民群众宣传法律知识，使广大人民群众知法、守法、树立法制观念，引导他们在国家法律、政策允许的范围内进行各种民事、经济活动。同时使民众学会运用法律武器，同一切违法犯罪行为作斗争，保障国家、社会和公民的合法权益，维护社会主义法制。

四、促进国际间的友好交往，保护中外当事人的合法权益

随着世界经济全球化与一体化的步伐加快，我国的对外交往活动日益频繁，这种交往不仅体现在经济、贸易、技术与文化的交流及合作等方面，还体现为各国人民之间的交往活动日益增多。频繁的对外交往活动产生了大量的涉外民商事法律关系。按照国际惯例，在不同国家公民、法人和组织之间进行的民事、商事活动中，对许多法律行为、有法律意义的事实和文书，例如法人资格，科技人员的学历、经历、职称，未受刑事制裁等，都需要办理公证才能在域外发生法律效力。我国公证机构开展涉外公证的主要任务，就是保护我国公民、侨胞在域外的正当权益，保证我国对外经济贸易活动的合法和有效，从而维护国家主权和人民的利益，同时也保护外国人在华的合法权益。

第三节　公证机构的业务范围

公证机构的业务范围，又称为公证机构的主管，是指公证机关根据当事人的申请，依据法律规定所能够办理的公证事项和其他相关法律事务。公证机构的业务范围所解决的是公证机构可以对哪些事项进行公证的问题，它是我国公证法律制度的重要组成部分。确定公证机构的业务范围，有利于公证机构积极开展公证业务，有利于公民、法人或其他组织及时对应予公证的事项申请公证，使其合法权益及时得到保护。

《公证法》第 2 条规定："公证是公证机构根据自然人、法人或者其他组织的申请，依照法定程序对民事法律行为、有法律意义的事实和文书的真实性、合法性予以证明的活动。"按照公证机构的公证活动是否直接证明特定事项的真实性与合法性，可以将公证机构的业务范围划分为证明业务与非证明业务，后者又称为与证明活动有关的法律事务。

一、公证机构的证明业务

根据《公证法》第 11 条第 1 款的规定，自然人、法人或其他组织可以向公证机构申请办理所列举的 11 项公证事项，内容涉及民事法律行为、有法律意义的事实和文书三个方面：①合同；②继承；③委托、声明、赠与、遗嘱；④财产分割；⑤招标投标、拍卖；⑥婚姻状况、亲属关系、收养关系；⑦出生、生存、死亡、身份、经历、学历、学位、职务、职称、有无违法犯罪记录；⑧公司章程；⑨保全证据；⑩文书上的签名、印鉴、日期，文书的副本、影印本与原本相符；⑪自然人、法人或者其他组织自愿申请办理的其他公证事项。

根据公证事项是否必须公证进行划分，又可以将公证机构的证明业务分为自愿公证事项与法定公证事项。

（一）自愿公证事项

公证机构的证明是公证机构最主要、最基本的业务，根据《公证法》第 11 条第 1 款的规定，公证机构根据自然人、法人或者其他组织的申请，可以办理上述 11 项事项的公证业务。也就是说，这 11 项证明业务的公证程序的启动来源于当事人提出的申请，当事人可以根据实际情况，自行决定是否向公证机构申请办理公证，这也就是所谓的自愿公证事项。

1. 对法律行为的公证。

（1）合同。合同是一种法律行为，而且是法律行为的一种重要形式。合同有广义与狭义之分，广义的合同是指一切产生权利义务的协议，包括民事合同、劳动合同、行政合同等，狭义的合同是指《中华人民共和国合同法》（以下简称《合同法》）规定的合同，即民事合同。我国《合同法》规定，合同是平等主体的自然人、法人、其他组织之间设立、变更、终止民事权利义务关系的协议，这里所谓的合同显然是狭义的合同。但是作为公证事项之一的合同公证，不仅包括《合同法》中所列举的15种合同的公证，还包括在《合同法》规范之外的其他合同类型的公证，例如劳动合同、土地承包经营合同、企业承包经营合同等。

对法律行为的公证，是公证机构办理最多的一项公证业务，而合同公证又是法律行为公证中最常见的。合同当事人依法向特定执业区域内的公证机构申请办理合同公证，可以有效地防止因签订合同的当事人不符合法律规定的资格，或者因合同条款不完善甚至内容违法等使合同的法律效力受到影响，进而有效地保障了交易安全。

（2）继承。继承是继承人依法取得被继承人生前所遗留的个人财产的所有权的民事法律行为。《中华人民共和国继承法》规定，继承从被继承人死亡时开始，遗产是公民死亡时遗留的个人合法财产。继承有法定继承和遗嘱继承两种。为了保证继承行为依法进行，预防继承和遗产分割方面的纠纷，保护自然人的合法权益，继承人可以在继承遗产时向公证机构申请办理继承公证。公证机构通过办理当事人申请的继承公证，审查该行为内容的真实性与合法性，确认继承人的继承权与被继承财产的产权，提高继承行为的公信力，从而达到预防纠纷之目的。

（3）委托、声明、赠与、遗嘱。委托、声明、赠与、遗嘱这4项行为均属于单方民事法律行为，行为大都涉及行为人单方面处分民事权利的内容。行为人办理公证，可以增强行为的证明效力和公信力，更容易取信于他人，从而顺利达到实施这些行为的目的。

关于委托、赠与、遗嘱的公证将会在以后的章节中详细介绍，在此只简单地介绍关于声明的公证。申请人在涉外的民事活动中，为主张权利、放弃权利或承担义务而发表声明，一般要求办理声明书公证。申请办理声明书公证应提交如下证件：①申请人的身份证、户口簿或其他身份证明；②声明人草拟的声明书；③与声明书内容有关的材料，如放弃财产权利声明应提交其享有该项财产权利的证明；④法人（企业）申办的，应提交法人资格证明、营业执照、法定代表人身份证明，如法定代表人委托代理人申请的，还应提交法定代表人的授权委托书及代理人身份证明；⑤个人放弃继承权的应亲自到公证处办理。

（4）财产分割。财产分割，俗称析产，是财产共有人分配共有财产的行为。常见的财产分割有家庭共有财产分割、夫妻共有财产分割、合伙共有财产分割、共同继承或受益的财产分割等。财产分割的基础一般为共有人之间达成了有关财产如何分割的协议，协议当事人可以向公证机构申请办理财产分割公证。

财产分割公证，是指公证机构依法证明当事人之间签订的共有财产分割协议的真实性、合法性的活动。财产分割协议公证，涉及动产的由当事人住所地、经常居住地、分割行为发生地的公证机构受理；涉及不动产的由不动产所在地公证机构受理。协议各方当事人应向公证处提交如下证明材料：①各方当事人的身份证明（户口簿、身份证、营业执照等）；②共有财产的产权证明；③分割协议书草稿等。办理财产分割公证，有利于防止纠纷的发生，维护各共有人的合法权益。

（5）招标投标、拍卖。招标投标、拍卖公证属于现场监督类公证。招标投标公证是指公证机构根据招标方的申请，依照国家法律法规和招标文件的规定，对招标投标各方的主体资格和招标投标文件的真实性、合法性进行审查，对招标投标程序进行现场监督，并证明其真实性与合法性的活动。随着我国经济体制的改革与商品经济的发展，为促进竞争，形成良好的经济秩序，招标在城建、科研、机电设备引进、工业企业租赁经营等部门和行业中已广为实行。对招标活动进行公证是完善招标体制，使之纳入社会主义法制轨道的一个重要措施。为此，司法部于 1992 年 10 月发布实施了《招标投标公证程序细则》，使公证机构在依法开展此项业务时有章可循，在操作程序上也更加规范和严谨，以免公证监督流于形式。办理招标投标、拍卖等各类现场监督公证，对于保证《招标法》、《拍卖法》等法律法规的贯彻实施将起到重要作用。

例如，某银行新建一办公大楼，拟对其中的计算机房及计算机房专用空调工程进行公开招标。为保证整个招标活动的真实性、合法性，该行向公证处提出了公证申请。公证员在正式受理之前，根据《招标投标公证程序细则》的有关规定，首先重点审查了申请人的招标资格及招标文件的合法性，在确认其符合《招标投标公证程序细则》第 7 条规定的受理条件后，公证处于当日正式受理了该行的招标公证申请。

根据该行的招标书规定，两个项目的开标活动分两次在某饭店举行。在此阶段公证员重点审查的是投标书是否有效。有效标书应为密封完好，投标文件按招标文件规定的内容、格式填写和编制完善，且投标文件上投标人的单位公章及法定代表人或其委托代理人的签字属实。经过现场检查，公证员发现一份招标书缺少法定代表人签字和单位公章，另一份投标书未密封，属《招标投标公证程序细则》第 19 条中所列的无效标书情况，当即宣布这两份投标书为无效标书。在随后的评标和决标活动中，公证员重点审查、监督整个过程是否符合公正性和保密性的要求。根据《招标投标公证程序细则》第 24 条的规定，评标结束后，公证人员当场宣读了公证词，对整个招标活动的真实性、合法性予以证明，并依法出具了招标公证书。

2. 对有法律意义的事实的公证。

（1）婚姻状况、亲属关系、收养关系。这 3 项均属于有法律意义的事实。婚姻状况公证，是指公证机构根据申请人的申请，依法对其未婚、已婚、离婚状况的真实性、合法性予以证明的活动。办理婚姻状况公证，由当事人住所地或事实发生地的公证机构受理。亲属关系公证是公证处根据当事人的申请依法对申请人因血缘、婚姻、收养而与他人产生的相互关系的真实性、合法性予以证明的活动。收养关系公证即公证机构根据申请人的申请，依法对其建立、存在、解除收养关系的法律事实的真实性、合法性予以证明的活动。当事人办理婚姻状况、亲属关系、收养关系公证，一般是为了证明某种特定的人身关系（尤其是家庭成员之间的人身关系），对于维护和保障人身权利，促进家庭和睦和社会稳定具有重要意义。

（2）出生、生存、死亡、身份、经历、学历、学位、职务、职称、有无违法犯罪记录。这些都属于有法律意义的事实。当事人对上述有法律意义的事实申请办理公证，通常是为了在中国境外使用。在对外交往活动中，一国公民在向他国申请办理签证等事务时，经常被要求提供相关公证书，国家与国家之间一般都相互承认对方国家公证机构所出具的公证书的效力。

3. 对具有法律意义的文书的公证。

（1）公司章程。公司章程是具有法律意义的文书，是公司设立的主要条件和重要文件之一，是确定股东之间权利义务关系的基本法律文书。一般认为，公司章程是关于公司组织和行为的基本规范。正因为如此，许多国家在相关法律中都明确规定公司章程应当经公证人公证。但我国《公证法》将其列为自愿公证事项，当事人可以自主决定是否向公证机构申请对本公司章程进行公证。办理公司章程公证，有利于确保章程的真实性、合法性，有利于依法加强对公司设立行为的规范和管理。

（2）文书上的签名、印鉴、日期，文书的副本、影印本与原本相符。文书上的签名、印鉴、日期是文书生效的必要条件和重要内容，是文书制作单位和个人对文书内容负责的书面意思表示和凭据。文书签名、印鉴、日期公证是指公证机构根据当事人的申请，依法对具有法律意义的文书上的签字人的签字及日期和文书制作单位所加盖的印鉴及日期的真实性、合法性予以证明的活动。上述文书主要包括：学位证书、学历证书、技术等级证书、驾驶证、夫妻关系证明书等。文书的副本与原本相符，是指在同时存在文书原本和副本的情况下，经公证机构加以证明，确认文书的副本与原本相符合，使得副本与原本具有同等法律效力。文书的影印本与原本相符，是指公证机构通过证明，确认文书的影印本（即复印件）与原本相符，以便为文书的使用人采证。

（3）债权文书。在此需要特别指出的是，在全国人大常委会讨论公证法草案时，有人建议应当在自愿公证事项中增加规定"赋予债权文书强制执行效力"这一公证事项。关于赋予债权文书强制执行效力，在过去的《公证暂行条例》中将其作为一项公证业务加以规定。考虑到现行《公证法》第37条已经对公证债权文书强制执行效力作了具体规定，并且关于债权文书的公证将在第七章"公证的效力"中进行详细阐述，这里仅简单地介绍一下相关内容。

对债权文书进行公证，是公证机构开展的一项重要业务。公证机构根据当事人的申请，依据规定对债权文书进行公证后，该债权文书即具有了执行效力。当债务人不履行债务或者履行债务不适当时，债权人可以不经过诉讼或者仲裁程序，直接向有管辖权的人民法院申请强制执行。

　　公证机构在办理债权文书公证时，应当就以下事项进行审查：①公证债权文书的内容是否具有给付金钱、物品、有价证券等单方义务。可以办理强制执行公证的文书仅限于金钱之债、物品和有价证券之债，同时，这种给付义务应为单务性质。因为在双务合同中，当事人双方互负给付义务，当事人的权利和义务处于不确定状态，会随着合同的履行不断地发生变化，不符合债权必须确定且无异议的特征。因此，公证机构无法对其中一方的给付义务进行公证并赋予其强制执行力。②债权债务关系明确，债权人和债务人对债权文书有关给付内容无异议。债权文书中应当对债务额、履行债务的期限、地点、履行方式等内容作出了明确的规定，债权人和债务人对债权文书中的内容没有任何的争议。③债权文书中载明债务人不履行义务或不适当履行义务时，债务人愿意接受依法强制执行的承诺。债权文书必须有债务人愿意接受强制执行的承诺，如果债务人未表示或者意思表示不明确，则表明债务人未放弃诉权，债权人只能通过诉讼或者仲裁程序解决纠纷，而不宜在债务人未履行债务时直接向人民法院申请强制执行。德国、奥地利、日本等国家的法律，也要求债权文书应当载明债务人愿意接受即时强制执行的声明，或者债务人在该债权文书中明确承认该公证文书具有即时执行的效力。

　　当事人对债权文书进行公证一般是在合同履行之前向公证机构提出。但是，如果合同履行之前债权文书未经公证，而在合同履行过程中，债权人向公证机构申请公证的，公证机构经审查认为符合规定的条件的，也可以依法赋予债权文书以强制执行效力。公证机构对于事实清楚，证据充分，符合规定条件的债权文书应当依法出具"具有强制执行力债权文书公证书"。

　　4. 保全证据公证。保全证据公证是指公证机构对于日后可能灭失或者难以取得的证据，依法事先加以提取、收存、固定、描述，以保持该证据的真实性和证明力的措施。根据公证保全的证据形式的不同，保全证据公证通常可以分为：对证人证言及当事人陈述的保全公证；对书证、物证、视听资料和计算机软件的保全公证；对行为过程的保全公证等。《民事诉讼法》第 69 条规定，经过法定程序公证证明的法律行为、法律事实和文书，人民法院应当作为认定事实的根据，但有相反证据足以推翻公证证明的除外。这是公证的证明效力在法律上的具体体现。对于公证机构出具的保全证据公证书，人民法院和仲裁机构应当直接将其作为证明案件事实的证据，但有相反证据足以推翻公证书的除外。

　　在理论界关于证据保全应否作为公证的事项之一尚存在争议。不赞成将保全证据作为公证事项的理由主要在于保全证据公证与司法机关的证据保全容易发生冲突，但是鉴于公证实践中保全证据公证在维护当事人的合法权益方面发挥着重要作用，《公证法》仍将其列为公证事项之一。当然，司法行政部门和公证机构应当更加细致地规范保全证据公证的相关问题，特别是要处理好公证保全证据和诉讼保全证据的关系，保证公证质量。

　　5. 自然人、法人或者其他组织自愿申请办理的其他公证事项。这其实是一个兜底条款，是对前 10 项未能穷尽列举的、公证机构可以办理公证的事项的概括性规定。例如，民事法律行为中的票据背书公证、寄养行为公证、认领亲子公证等，有法律意义的事实中的国籍公证、健康状况公证、不可抗力事件公证、海损公证等，有法律意义的文书公证中的文书的节本、译本与原本相符公证，以及专利注册证书公证、商标注册证书公证、股东会或董事会决议公证等内容。对于这些公证申请事项，自然人、法人或者其他组织自愿申请办理公证的，只要符合真实性与合法性原则，公证机构都可以办理。

（二）法定公证事项

在公证的证明业务中，与上述自愿公证事项相对应的还有法定公证事项。所谓法定公证事项，是指公民、法人或者其他组织对于法律或者行政法规中规定的应当办理公证的事项，应当依法向公证机构申请办理公证。根据《公证法》第 11 条第 2 款的规定，法律、行政法规规定应当公证的事项，有关自然人、法人或者其他组织应当向公证机构申请办理公证。根据这一规定，法定公证的事项只能由法律、行政法规规定，而地方性法规对此是无权规定的。

关于法定公证事项，国务院曾在 2001 年颁布的《城市房屋拆迁管理条例》（已失效）中有所规定。该条例第 14 条规定："房屋拆迁管理部门代管的房屋需要拆迁的，拆迁补偿安置协议必须经公证机关公证，并办理证据保全。"第 17 条规定："被拆迁人或者房屋承租人在裁决规定的搬迁期限内未搬迁的，由房屋所在地的市、县人民政府责成有关部门强制拆迁，或者由房屋拆迁管理部门依法申请人民法院强制拆迁。实施强制拆迁前，拆迁人应当就被拆除房屋的有关事项，向公证机关办理证据保全。"第 29 条规定："拆迁产权不明确的房屋，拆迁人应当提出补偿安置方案，报房屋拆迁管理部门审核同意后实施拆迁。拆迁前，拆迁人应当就被拆迁房屋的有关事项向公证机关办理证据保全。"这类事项被称为法定公证事项或必须公证事项，属于法律、行政法规规定的应当公证的事项。当事人必须依法向公证机构申请办理公证，否则，如该事项为民事法律行为，则该行为将会因不具备法律、行政法规规定的形式要件而不发生法律效力。

二、公证机构的非证明业务

公证机构的证明活动是公证机构最主要、最基本的业务，但是除了证明业务外，为了体现公证机构的服务功能，《公证法》还规定了公证机构可以办理与证明活动有关的法律事务，即非证明业务，也是公证机构依法可以办理的辅助性的法律事务。根据《公证法》第 12 条之规定，公证机构根据自然人、法人或者其他组织的申请，可以办理的非证明业务具体包括以下五类：

（一）法律、行政法规规定由公证机构登记的事务

根据《担保法》第 43 条的规定，当事人以其他财产（即《担保法》第 42 条所列财产之外的财产）抵押的，可以自愿办理抵押物登记，"登记部门为抵押人所在地的公证部门"。这是现行法律对公证机构办理登记事务的规定。根据担保法的规定，

当事人以其他财产抵押的，在公证机构办理登记后，即具有对抗第三人的效力。为落实《担保法》的这一规定，规范公证机构的抵押登记活动，2002 年 2 月 20 日司法部专门发布了《公证机构办理抵押登记办法》（司法部第 68 号令），对公证机构办理抵押登记的程序作出了具体明确的规定。

（二）提存

根据《合同法》的规定，提存是指由于债权人的原因而无法向其交付合同标的物，债务人将该标的物交给提存机构而消灭债务的一项法律制度。所谓的"债权人的原因"主要包括债权人无正当理由拒绝受领、债权人下落不明、债权人死亡未确定继承人或者丧失劳动能力未能确定监护人等。《合同法》规定的提存主要是以清偿为目的的。除此之外，我国《担保法》中还规定了以担保为目的的提存。为了加强对提存公证业务的管理，保证提存公证质量，1995 年 6 月 2 日司法部在总结以往提存公证工作实践的基础上，发布了《提存公证规则》，对公证机构办理提存公证的原因、条件、程序和法律效力等作了更为明确、具体的规定，具有很强的可操作性。《提存公证规则》既规定了以清偿为目的的提存，也规定了以担保为目的的提存。所谓以清偿为目的，就是通过办理提存使债务消灭；而以担保为目的的提存，乃是以提存作为担保债的履行的一种手段。

从实践来看，就公证机构接受并向对方当事人给付提存标的物的行为而言，提存属于与证明活动有关的法律事务。但公证机构接受给付提存标的物都是以其出具的提存公证书为依据的，从这个意义上讲，提存也是一项证明业务。10 多年来，全国各地公证机构积极开展提存公证业务，现在提存公证已经成为一项重要的公证业务，公证机构也成为当事人信赖的专门提存机构。

例如，甲与乙拟订立矿石购销合同，双方对合同的基本条款达成了一致意见，但在签订合同时，双方当事人为"见货付款"和"见款发货"发生了分歧。虽然双方都有诚意，但因合同标的额较大（近 200 万元），且此前曾发生过付了款收不到货和发了货收不到款而诉争不止的"前车之鉴"，当事人对采取哪种方式履行合同都存有重重顾虑，双方为此互不相让，久商未决，在一定程度上对该购销业务产生了不利影响。鉴于此，双方当事人向公证处进行业务咨询。公证处在认真了解双方争执的焦点后，细致地解答了双方提出的问题，并进一步向双方当事人宣讲了"提存公证"在经济交往中的重要作用，双方当事人当即提出公证申请。

公证处严格按照司法部《提存公证规则》的规定，认真为当事人办理了公证，并指导双方在协议中明确约定：由购货方将货款事先交存到公证处在银行的提存账户，然后由公证处书面通知供货方将货物运至指定的地点，由购货方组织人员验收合格，购、供货双方无异议后，由购货方书面通知公证处将款项给付给供货方，并由供货方开具收据。若双方在履约过程中发生纷争，则货款冻结于公证处，双方当事人可向人民法院起诉，公证处将依据人民法院的生效判决执行。双方当事人通过办理提存公证，从根本上解决了分歧的焦点，使得购销合同顺利履行。

（三）保管遗嘱、遗产或者其他与公证事项有关的财产、物品、文书

这是对公证机构办理保管业务的规定。公证机构不是专门的保管机构，因此公证机构一般不承担保管义务。但是，在公证活动中，某些当事人因为个人的特殊需要，要求将与公证事项有关的财产、物品、文书等提交公证机构保管，公证机构应当予以受理。因此，《公证法》特别强调，公证机构办理的保管业务必须与其办理的公证事项有关，如果不作此限制，当事人将一切他们认为需要保管的文书、财产、物品等都提交公证机构保管，公证机构将不堪重负。公证机构保管的财产、文书一般包括经公证的遗嘱和遗嘱中指明的遗产，以及其他与申请办理公证事项有关的财产、物品、文书等。

另外，公证机构保管财产应当符合适宜保管的原则，不得接受易腐、易烂、易爆和具有放射性以及体积较大的、一切不适合保管的财产和物品。公证机构根据当事人的申请保管财产、物品、文书的，应当与当事人签订保管协议书，写明保管文书、财产、物品的名称、种类、数量、保管期限和费用等，明确双方的权利义务关系。

（四）代写与公证事项有关的法律事务文书

公证机构在自然人、法人或其他组织提出申请后，可以为当事人代写与公证事项有关的法律事务文书，这是对公证机构代书业务的规定。在实践中，一些公证申请人因为不具备法律知识，在申请公证时，无法提交其申请办理公证所需的法律文书，如遗嘱、委托书、声明书、合同等。公证机构可以根据申请人的请求，代其撰写法律文书。考虑到公证机构的特殊性质，《公证法》将公证机构代书业务的范围限定在"与公证事项有关"的范围之内。因此，对于那些与办理公证无关的法律事务文书，公证机构一般不予代写。公证机构在起草与公证事项有关的法律事务文书时，应当尊重申请人的真实意思表示，文书内容应当合法。在存在多方当事人的情况下，必须遵循公平、公正原则，依法维护各方当事人的合法权益。

（五）提供公证法律咨询

公证机构是向社会提供专业法律服务的证明机构，公证机构的主要组成人员——公证员均为法律专业人员，因此公证机构完全有能力就当事人提出的有关公证法律问题提供咨询意见。对于当事人就有关公证法律事务向公证机构提出的咨询，公证机构应当依法提供准确、可靠的咨询意见，供其在处理相关事务时参考。根据当事人的需要，公证机构既可以提供口头公证法律咨询，也可以出具书面的法律意见书。为了规范公证法律咨询业务，2003 年司法部专门制定了公证机构出具法律意见书的格式（要素式格式），现在正在一些公证机构试行。司法部将在试行工作的基础上总结经验，对公证法律意见书的格式加以完善，逐步在各地公证机构推广使用。

■ 思考题

1. 公证机构的性质是什么？怎么理解其性质？

2. 公证机构的任务有哪些?

3. 公证机构的证明对象有哪些?

4. 公证机构的证明对象与其业务范围是什么关系?

■**参考书目**

1. 王胜明、段正坤主编:《中华人民共和国公证法释义》,法律出版社 2006 年版。

2. 宣善德主编:《律师公证与仲裁制度》,中国政法大学出版社 2005 年版。

3. 张文章主编:《公证制度新论》,厦门大学出版社 2008 年版。

4. 马宏俊主编:《公证实务》,北京出版社 2012 年版。

5. 张云柱等主编:《现代公证法学》,新华出版社 2001 年版。

第十八章　公证机构的设置及管理体制

第一节　公证机构的设置

一、我国公证机构设立的模式

（一）四级公证处模式

　　建国初期，我国没有设立专门的公证机构，公证职能由人民法院行使。1950 年前后，北京、天津、上海等大城市的人民法院相继设立了公证处办理公证业务。1951 年 9 月 4 日中央人民政府公布的《中华人民共和国人民法院暂行组织条例》规定，公证职能由人民法院行使。1954 年 9 月 21 日第一届全国人民代表大会第一次会议通过《中华人民共和国人民法院组织法》后，公证工作移交司法行政机关主管，并正式筹建国家公证机关。1956 年 7 月 10 日，国务院批准了司法部的《关于开展公证工作的请示报告》。该报告规定，在直辖市和 30 万人口以上的市设立公证处，受当地司法行政机关直接领导；人口不满 30 万的市和侨眷较多的县，如不具备条件设立公证处，则应在市中级人民法院或在市、县人民法院内附设公证室，其业务由省、自治区司法行政机关授权法院院长负责领导。1959 年，随着司法行政机关被撤销，绝大多数公证处随之撤销。1979 年司法部重建之后，开始恢复重建全国的公证机构。

　　1982 年国务院颁布的《中华人民共和国公证暂行条例》第 5 条对公证机构的设置进行了规定："直辖市、县（自治县，下同）、市设立公证处。经省、自治区、直辖市司法行政机关批准，市辖区也可设立公证处。"根据这一规定，直辖市、县、市必须设立公证处；市辖区是否设立公证处，由省、自治区、直辖市司法行政机关决定。公证暂行条例颁布实施后，为适应改革开放和经济发展的需要，司法部提出公证机构的设置要向上向下向外延伸，规定省、自治区可以设立公证处；经司法厅批准，报司法部备案，可以设立自治州公证处。这样，我国就建立起了四级公证处体制，即国家公证处（后改名为"长安公证处"）、省级公证处、市级公证处、县（市辖区）级公证处。同时，《公证暂行条例》规定公证处之间没有隶属关系。各公证处不管设立于何级行政区划内，都是平等的。也就是说，在法律地位上，各公证处都具有独立地位，相互之间权利平等，不存在行政上的领导与被领导的关系，各自受所在地的司法行政机关的领导；在公证执业区域上，各公证处之间由于无上下级关系，有相互平等的执业区域范围，公证处之间就案件受理发生争议不能协商解决时，由其共同的上级司法行政机关指定某个公证机构受理；在公证业务上，各公证处独立办理业务，不受其他公证处的干涉；在公证效力上，各公证处出具的公证文书具有同等的法律效力。

这种模式在一定程度上促进了公证处之间的竞争，推动了公证的发展。然而，随着市场经济和公证制度的深入发展，这种体制也暴露了一些弊端，主要表现在：

1. 公证处的名称具有浓厚的行政色彩，造成公证处地位的不平等。在这种四级公证处体制下，公证处是依照行政区划而设立的，就必然导致一个辖区内存在省、市、县（区）公证处不同等级的差异。公证处以省、市、区命名，更强化了这种事实上的不平等，导致了各公证处竞争中的不平等，扰乱了人们对公证文书效力一致性的看法，这不利于国家统一规范公证行为。

2. 无序的竞争导致公证质量的下降。在四级公证处体制之下，尽管在一定程度上促进了公证处之间的竞争，但是由于这种四级分设的体制在事实上导致了各公证机构之间的不平等，在很大程度上也导致了无序的竞争。另外，公证机构由国家财政扶持转变为自收自支的单位，也不利于公证机构之间的竞争。为了在竞争中获得更加有利的地位，公证机构的商业属性越来越膨胀，而公证职能一旦商品化，便难以保证公证质量。

由此可见，在1982年《公证暂行条例》规范下建立的四级公证处体制与公证事业的发展是不相适应的。在新的形势下，应当构建适应社会主义市场经济发展需要的公证机构的合理布局。

（二）现行公证机构的设置模式

《公证法》第7条规定："公证机构按照统筹规划、合理布局的原则，可以在县、不设区的市、设区的市、直辖市或者市辖区设立；在设区的市、直辖市可以设立一个或者若干个公证机构。公证机构不按行政区划层层设立。"《公证机构执业管理办法》第8条规定："公证机构可以在县、不设区的市、设区的市、直辖市或者市辖区设立；在设区的市、直辖市可以设立一个或者若干个公证机构。公证机构不按行政区划层层设立。"本条针对四级公证处体制的弊端对公证机构的设置作了相应的调整：

1. 明确了公证机构设置的原则，即统筹规划，合理布局。"统筹规划"旨在说明公证不是市场行为，"统筹规划"也意味着公证机构的设立要实行总量控制，而不是随意设置。"合理布局"是指要从本地的实际情况出发，以可持续发展的眼光，本着方便当事人的原则，科学、合理地确定公证机构的设置。各地要根据地区经济发展程度、人口数量、交通状况和对公证业务的实际需要等情况确定公证机构的设置。综合上述因素，在经济相对发达的地区，要争取设立两个或两个以上的公证机构，形成一个规范、有序、适度竞争的公证执业环境；在经济相对不发达的地区，可以只设立一个公证机构；在不具备设立条件的地区，可不再设立公证机构。

2. 明确了在国家、省一级、地区、盟、州不再设立公证机构，但允许继续在直辖市设立公证机构。

3. 明确了公证机构可以在县、不设区的市、设区的市、直辖市或者市辖区设立。

4. 明确了公证机构设置的数量。在设区的市、直辖市可以设立一个或者若干个公证机构。

5. 明确规定了公证机构不按行政区划层层设立。对于设区的市、直辖市来说，同一城市公证机构只能是同一层级，不再出现两个层级的公证机构。如果在设区的市、直辖市设立公证机构，在城区范围的市辖区就不再设立；如果城区范围的市辖区设立公证机构的，市就不再设立。

通过这一规定可以看出，公证机构在同一层级设立，将公证机构整体设立在一个平台上，各公证处主体地位平等。其意旨在于实现各公证处在法律上和事实上的平等，公平竞争有利于提高公证效率和公证服务质量，进而提高公证的公信力。

二、公证机构设立的条件

公证机构是依法设立，不以营利为目的，独立行使公证职能、承担民事责任的证明机构。公证机构以自己的专业知识向社会提供公证法律服务。公证机构向社会提供的是两种特殊产品，一种是有形产品——公证书，另一种是无形产品——公信力。这种特殊性就要求公证机构必须要具备一定的条件才能设立。规定比较严格的行业准入机制，才能够提高整个公证行业的公信力，保障公证行业的健康发展。

公证机构作为证明机构，具有区别于其他成员利益的团体利益，其独立承担民事责任需一定的条件。根据《公证法》第8条的规定，设立公证机构，应当具备以下四个方面的条件：

1. 公证机构应当有自己的名称。名称是公证机构区别于其他单位或者个人的显著标志。"公证"是专有名词，由公证机构专门使用，其他任何单位和个人都不能使用。公证机构成立后，对自己的名称享有权利，其他任何单位和个人都不得侵犯。

2. 公证机构应当有固定的场所。固定场所是指在一定时期内具有相对稳定的办公场所，包括自有的场所和租用的场所。拥有固定的办公场所，是公证机构能独立承担民事责任的基础和前提，是公证机构独立享有民事权利和承担民事义务的物质基础。拥有固定的场所，可以方便当事人办理公证事项，向当事人提供更加优质的服务。如果一个公证机构没有固定的办公场所，则不能给社会大众提供一个稳定的预期，其公信力就会大打折扣。

　　3. 公证机构应当有 2 名以上公证员。公证是一种专业性很强的法律服务，必须由具备了比较深厚的法学基础、比较丰富的法律实践经验、良好的道德水准的公证员担任。公证员是公证机构的主要组成人员，公证机构必须拥有一定数量的公证员，才能对外开展业务。拥有 2 名公证员是设立一个公证机构的最低标准，低于 2 名公证员，不得设立公证机构。

　　4. 公证机构应当有开展公证业务所必需的资金。公证机构有必要的资金是公证机构独立承担民事责任的基础和前提。要有一定数量的资金满足办公需要，如购买独立办公用房、公证书专用纸保管用房、电脑、办公用车等。公证机构独立承担民事责任，是它拥有独立财产的必然反映和结果。一个有着较好的资信的公证机构，更加容易获得社会的认可，使其公信力得到提高。不具备开展公证业务所必需资金的不得设立公证机构。根据《公证机构执业管理办法》第 13 条规定，公证机构的开办资金数额，由省、自治区、直辖市司法行政机关确定。在此可以参照 2000 年 9 月 5 日司法部发的《关于贯彻〈深化公证处工作改革的方案〉的若干意见》规定的标准。该意见规定，各公证处应按《深化公证处工作改革的方案》要求尽快建立法人财产制度。公证处的法人资产应在 30 万元以上。根据该规定，公证机构在设立时，其开展业务所必需的资金不得少于 30 万元。

　　在《公证法》实施后拟设立的公证机构，应完全达到上述四个方面的要求才能许可设立；在《公证法》实施前已经建立的公证机构也要在合理的期限内达到该标准。

　　三、公证机构设立的程序

　　（一）公证机构设立的原则

　　公证机构的设立是指依照法定程序，公证机构得以成立并获得办理公证业务的资格的过程。设立公证机构必须要按照法律规定的程序进行，任何未经法定程序设立的公证机构都是非法的。

　　一国公证机构设立的程序与其机构设立的原则密切相关。机构设立的原则在世界范围内主要有如下几种：①自由设立主义，即国家对于机构的设立，不加以任何干涉，不作任何限制，完全由当事人自由决断；②特许设立主义，即机构的设立需有专门的法令或国家特别许可；③许可设立主义，又称核准设立主义，指机构设立时除了应符合法律规定的条件外，还须经过主管行政机关的批准，主管行政机关依照规定进行审查，作出批准或不批准的决定；④登记主义，也称准则设立主义，指法律预先规定机构成立的条件，一旦符合成立条件，无需经主管部门批准，就可直接到登记机关进行登记，机构即可成立；⑤强制设立主义，即国家以法令规定某种行业或某种情况下必须设立一定机构。

　　我国《公证法》第 9 条规定："设立公证机构，由所在地的司法行政部门报省、自治区、直辖市人民政府司法行政部门按照规定程序批准后，颁发公证机构执业证书。"在我国设立公证机构，除应当符合公证法规定的条件外，还需经省、自治区、直辖市人民政府司法行政部门批准。因此，我国公证机构的设立采取的是许可设立主义。

（二）公证机构审批程序

根据《公证机构执业管理办法》第 14 条的规定，设立公证机构的审批权依法属于省、自治区、直辖市人民政府司法行政部门，其他任何机关无权批准公证机构的设立。所在地的司法行政部门具体是指县司法局、不设区的市司法局、市辖区司法局等。在直辖市设立的，由直辖市人民政府司法行政部门自行依规定程序批准设立。

设立公证机构，由所在地司法行政机关组建，逐级报省、自治区、直辖市司法行政机关审批。申请设立公证机构，应提交下列材料：①设立公证机构的申请和组建报告；②拟采用的公证机构名称；③拟任公证员名单、简历、居民身份证复印件和符合担任公证员条件的证明材料；④拟推选的公证机构负责人的情况说明；⑤开办资金证明；⑥办公场所证明；⑦其他需要提交的材料。

省、自治区、直辖市人民政府司法行政部门在审批时，应当依法审查如下内容：

1. 该公证机构的设立是否符合统筹规划、合理布局的原则。

2. 该公证机构的设立是否符合公证机构设立的规则，即《公证法》第 7 条的规定。

3. 该公证机构是否已经具备了《公证法》所要求的 4 项条件。

4. 报送的主体是否正确。即是否由所在地的司法行政部门逐级报送审批。

省、自治区、直辖市司法行政机关应当自收到申请材料之日起 30 日内，完成审核，作出批准设立或者不予批准设立的决定。对准予设立的，颁发公证机构执业证书；对不准予设立的，应当在决定中告知不予批准的理由。批准设立公证机构的决定，应当报司法部备案。

公证机构执业证书是公证机构享有公证证明权的标志，没有公证机构执业证书，不得以公证机构的名义从事公证证明活动。公证机构应当按照公证机构执业证书载明的权限办理公证事项，不得逾越此范围。

四、公证机构负责人

依法设立公证机构，不仅包括公证机构的设立要符合法律规定的规则、条件和程序，还包括公证机构负责人的任职条件、产生方式及其产生程序也应符合法律规定的要求。

（一）公证机构负责人的任职条件

公证机构的负责人是指在公证机构担任领导并担负责任的人，包括公证机构的主任、副主任。公证机构是向社会提供专业法律服务的证明机构，为了保障服务的质量，必须保证公证执业活动的主体，即公证员具有与从事这项工作相适应的综合素质，因此公证法有关条款对公证员规定了较高的任职条件。而作为公证机构的负责人，他们不但要管理公证机构内部行政事务，更应当熟悉公证业务工作，以便全面加强对各项工作的指导、管理和监督。为此，必须对公证机构负责人的任职条件进行必要的限制。根据《公证法》第10条的规定，公证机构负责人的任职条件主要包括以下两点：

1. 公证机构的负责人必须具有公证员资格。公证机构的负责人只有具有公证员资格，才能执行公证职务，才能保证他们掌握与担任这一职务相适应的业务知识。

2. 公证机构的负责人应当有3年以上的执业经历。这是为了确保公证机构的负责人具备必要的公证工作经验。应当说，这一规定是有针对性的。在《公证法》颁布以前，一些地方的司法行政部门出于种种考虑，将一些不具有公证员资格的人员安排到公证机构担任负责人，影响了公证机构业务工作的正常开展。这一做法在《公证法》施行后得到纠正。

（二）公证机构负责人的产生方式和程序

《公证法》对公证机构负责人的产生方式、程序与该法施行前相比，有相当大的区别。《公证法》施行前，公证机构的负责人的产生方式主要有两种，即任命制和聘任制。这两种方式的共同特点是公证机构的负责人都直接由同级司法行政机关决定。

综合考虑公证机构与国家机关性质上的差异，为了保证公证机构独立行使公证职能，体现机构内部的民主管理，《公证法》采取以下方式和程序确定公证机构的负责人。①由公证机构的组成人员（即包括公证员在内的所有在编人员）按照《公证法》等法律、法规规定的条件和程序以及国务院司法行政部门的有关规定，通过内部酝酿、投票等方式从本公证机构内部推选出本机构的负责人。②在推选出负责人之后，报请公证机构所在地的司法行政部门核准。所在地司法行政部门经审核，认为公证机构的推选符合法定条件和程序的，应当予以批准，反之则不予批准。所在地的司法行政部门核准后，应当将核准的情况报所属的省、自治区、直辖市人民政府司法行政部门备案，以备查考。

《公证法》已经于2006年3月1日起施行，在这之后新设公证机构负责人的产生及原有公证机构的负责人的变更均应符合《公证法》所规定的条件与程序。

第二节　公证机构的管理体制

公证机构的管理体制，是指国家司法行政管理部门和公证协会对公证机构的监督管理及其监督管理权限的规定。公证是独立的法律行业，公证处是直接向社会提供法律服务的机构，有其特有的运行规律和管理需要。科学的公证机构管理体制应包括两个不可分割的方面，即行政管理和行业管理。公证机构接受国家的监督管理是各国的通例，同时世界各国也普遍规定了公证人协会对公证行业的自律性管理。目前德国即采用这种体制对公证机构进行管理。德国的公证人管理体制是建立在公证公职性和自由职业性的基础上的：基于公职性，法院、司法行政机关代表国家对公证人行为的合法性进行强力监督；基于自由职业性，法院、司法行政机关的监督不得干预其具体执业行为，由公证人协会对公证人执业道德、执业纪律及执业规范程度进行监督。

我国在《公证法》出台之前，一度按照行政机关的模式来管理公证机构。这种体制主要有以下特征：公证机构由国家设立，其人员编制由国家决定；公证处的经费、公证人员的工资福利由国家统包；公证处隶属于各级司法行政机关，形同司法行政机关的一个职能部门；公证处从机构设置、组织领导、经费管理到人员培训、业务活动，均由司法行政机关统管。

应当肯定的是，公证机构自恢复重建以来，按照这种体制进行管理，积极办理公证事项，为我国公证制度的迅速发展起到了一定的促进作用。但是由于这种公证机构管理体制与公证机构的性质不符，并且随着我国政治、经济体制改革的不断深入，这种管理体制也越来越不利于公证工作的开展，迫切地需要加以改革。当前，随着《公证法》的颁布与实施，我国逐渐开始推行一种具有我国特色的"两结合"管理体制，将司法行政部门的行政管理，即行政监督指导，与公证协会行业自律管理相结合的管理制度。

一、行政监督指导与行业自律相结合

2000年7月31日国务院批准的《关于深化公证工作改革的方案》明确规定，要建立与社会主义市场经济体制相适应的、具有中国特色的公证制度。随着公证制度的改革和发展，我国已建立起司法行政机关行政管理与公证协会自律管理相结合的公证管理体制。《公证法》在第一章总则中进一步确立了这一管理体制，明确规定"司法行政部门依法对公证机构、公证员和公证协会进行监督、指导"，同时也规定了"公证协会是公证业的自律性组织，对公证机构、公证员的执业活动进行监督"。

在行政管理与行业自律管理相结合的公证管理体制下，公证机构管理工作由司法行政机关和公证协会共同完成。两者从不同的角度进行管理，但这两类管理又不是截然分开的，它们相辅相成，需要各级司法行政机关和各公证协会之间的协调配合才能真正做好。这种"两结合"的公证管理体制，具体地说，是指司法行政机关监督、指导公证机构工作，主要侧重于组织和队伍建设、法律法规和政策的制定、执业监督处罚等宏观管理；公证协会是公证行业的自律性组织，侧重于行业规范、业务交流和培训、行业奖惩、维护权益等工作。

二、司法行政机关的行政管理

由司法行政部门对公证业实施行政管理，符合我国公证管理的实际，也与国外通行做法一致。《公证法》第5条明确规定："司法行政部门依照本法规定对公证机构、公证员和公证协会进行监督、指导。"从法律上确认了司法行政机关与公证机构、公证员和公证协会之间的关系，规定了司法行政部门的管理权限和形式。根据有关法律法规规定和公证体制改革的有关精神，司法行政机关的监督、指导公证工作主要是对公证机构进行宏观管理。

（一）监督管理的范围

《公证机构执业管理办法》第24条规定："司法行政机关依法对公证机构的组织

建设、队伍建设、执业活动、质量控制、内部管理等情况进行监督。"根据《公证机构执业管理办法》的相关规定，我国将司法行政机关对公证行业实施的监督管理分为两级，一级为省、自治区、直辖市司法行政机关，另一级为设区的市和公证机构所在地司法行政机关，两级司法行政机关各有其监督管理的范围：

1. 省、自治区、直辖市司法行政机关对公证机构的下列事项实施监督：①公证机构保持法定设立条件的情况；②公证机构执行应当报批或者备案事项的情况；③公证机构和公证员的执业情况；④公证质量的监控情况；⑤法律、法规和司法部规定的其他监督检查事项。

2. 设区的市和公证机构所在地司法行政机关对本地公证机构的下列事项实施监督：①组织建设情况；②执业活动情况；③公证质量情况；④公证员执业年度考核情况；⑤档案管理情况；⑥财务制度执行情况；⑦内部管理制度建设情况；⑧司法部和省、自治区、直辖市司法行政机关要求进行监督检查的其他事项。

公证机构存在下列情形之一的，所在地司法行政机关应当进行重点监督检查：①被投诉或者举报的；②执业中有不良记录的；③未保持法定设立条件的；④年度考核发现内部管理存在严重问题的。

司法行政机关实施监督检查，可以对公证机构进行实地检查，要求公证机构和公证员说明有关情况，调阅公证机构相关材料和公证档案，向相关单位和人员调查、核实有关情况。公证机构和公证员应当接受司法行政机关依法实施的监督检查，如实说明有关情况、提供相关资料，不得谎报、隐匿、伪造、销毁相关证据材料。

（二）年度考核

公证机构由所在地司法行政机关在每年的第一季度进行年度考核。年度考核，应当依照《公证法》的要求和《公证机构执业管理办法》第 26 条规定的监督事项，审查公证机构的年度工作报告，结合日常监督检查掌握的情况，由所在地司法行政机关对公证机构的年度执业和管理情况作出综合评估。考核等次及其标准，由司法部制定。年度考核结果，应当书面告知公证机构，并报上一级司法行政机关备案。

特别需要指出的是，司法行政部门履行"监督、指导"职责时，应当遵守《公证法》关于公证机构"依法独立行使公证职能"的规定，即司法行政部门无权干预公证机构及其公证员独立行使办证权，无权撤销公证书，但对公证机构及其公证员执业活动的违法行为有权实施行政处罚。

三、公证协会的行业自律

公证机构所进行的活动是具有特定法律意义的职能活动，但公证处不同于其他行政机关，公证活动也不同于其他行政管理活动，具有很强的专业性。因而，如果将对公证员职业道德和职业纪律等的管理和监督权仅仅赋予司法行政机关，容易导致因司法行政机关专业知识的欠缺而难以做出公正的评价。这就要依靠另一种管理体制，即行业管理，或行业自律来完成。

《公证法》第 4 条规定："全国设立中国公证协会，省、自治区、直辖市设立地方公证协会。中国公证协会和地方公证协会是社会团体法人。中国公证协会章程由会员代表大会制定，报国务院司法行政部门备案。公证协会是公证业的自律性组织，依据章程开展活动，对公证机构、公证员的执业活动进行监督。"这一规定第一次明确了公证协会的法律地位，为今后进一步建立和完善行业自律与行政管理相结合的管理体制奠定了法律基础。

中国公证协会，原名中国公证员协会，是在 1990 年 3 月第一次全国公证员代表大会上宣告成立的，并且在此次大会上审议通过了《中国公证员协会章程》。根据该章程的规定，全国设立中国公证协会，在省、自治区、直辖市设立地方公证协会。中国公证协会是全国公证业的行业管理组织，负责对全国范围内的公证机构和公证员的执业活动进行监督。省级公证协会是省级行政区域内公证业的行业管理组织，负责对本行政区域内公证机构和公证员的执业活动进行监督。中国公证协会有权对各省级公证协会的工作进行指导和监督，但依据章程两级公证协会间无隶属关系。

（一）公证协会的特性

公证协会在法人属性上讲是社会团体法人，但是在管理职能上，却与一般的社会团体法人有本质不同。公证协会作为公证业的自律性管理组织具有以下三个方面的特性：

1. 自律性。公证协会是公证业内部自我管理、自我约束的行业管理组织。公证协会的自律性表现在：①公证协会由公证机构、公证员、公证管理人员等与公证事业有关的专业人员和机构组成；②公证协会的权力来自于协会章程，协会章程由会员代表大会制定和修改；③公证协会的会长、副会长、常务理事均为执业公证员；④公证协会的主要经费来源为会员会费。

2. 管理性。公证协会的管理性有以下三点：①公证协会可以制定行业规范；②公证协会可以对公证机构、公证员进行行业惩戒；③公证协会可以配合司法行政部门指导全国或各省级行政区域内公证机构的业务工作。

3. 行业性。公证机构的行业性体现为以下四点：①公证协会的宗旨是监督会员认真履行职责，维护会员的合法权益，繁荣发展我国的公证事业；②公证协会的职责是进行行业管理、监督、指导，维护会员合法权益，举办会员福利事业，制定行业规范等；③公证协会的会员绝大部分为公证机构和公证员；④中国公证协会作为公证业的行业管理组织，已经成为国际拉丁公证联盟的会员。

（二）公证协会监督的性质

公证协会对公证机构、公证员的执业活动进行监督是《公证法》赋予公证协会的法定职责。根据《公证法》的规定，除公证协会对公证机构、公证员进行监督外，司法行政部门对公证机构、公证员也可以进行监督。虽然均为监督，但两者却有很大的区别：司法行政部门的监督是行政监督，对公证机构、公证员实施的处罚是行政处罚，行使的是行政执法权；而公证协会的监督是行业性的自律监督，对公证机构、公证员进行的处罚是行业惩戒。

（三）公证协会自律的内容

《公证法》的相关规定表明，公证协会依据法律授权，有责任和义务推进公证行业的自律。公证协会的章程，对会员具有约束力。根据章程的规定，公证协会主要负责事务性的公证业务管理工作和提供相关的服务，主要包括以下内容：

1. 协助政府主管部门监督公证工作。行政机关查处公证机构的违法行为，可以委托公证协会对公证机构的违法行为进行调查、核实。接受委托的公证协会应当查明事实、核实证据，并向司法行政机关提出实施行政处罚的建议。

在行政管理与行业自律"两结合"的管理体制下，公证协会行使监督职能，主要在业务指导与行业规范的制定、落实，以及行业惩戒、协助司法行政机关查处会员的违纪行为等方面。

2. 维护会员的合法权益，保障会员依法履行职责。作为个体的会员，其保护自己的能力是有限的，必须依靠集体的力量来维护自身的合法权益。

3. 对会员进行职业道德纪律教育与业务培训。职业道德和职业纪律的培养，是公证行业自律管理的重要内容和手段。开展必要的培训，组织会员开展学术研究和工作经验交流也是公证协会的重要职责。

4. 其他事务性管理活动，如管理公证赔偿基金、公证专用纸、公证信息系统；负责海峡两岸公证文书的使用、查证和寄送副本工作；开展对外和港、澳、台地区公证方面的交流与合作事务等。

综上，我国从立法上对公证机构的管理体制进行了一定程度的规范。公证协会的行业自律与司法行政机关的监督管理两者相结合，共同构成了我国公证机构的管理体制，这种"两结合"的管理体制将是公证行业的一项长期制度。

司法行政机关对公证机构、公证员进行监督与指导，这种监督与指导应侧重于宏观上的管理与调控；而公证协会作为公证行业的自律性组织，严格依据其章程开展各项活动，对公证机构和公证员也可以进行监督，只不过这种监督侧重于做好微观方面的管理工作。在行政管理与行业自律"两结合"的管理体制下，要正确处理好司法行政机关和公证协会的关系，要充分发挥两个方面的优势，避免出现争相管理或互相推诿的现象，既要有分工，又要有合作，既要相互独立，又要互相配合。

■思考题

1. 设立公证机构的条件包括哪些？
2. 某直辖市一辖区欲设立一公证机构，该遵守怎样的程序？
3. 怎样理解我国公证协会的行业特性？
4. 如何理解当前我国"两结合"的公证管理体制？

■参考书目

1. 叶青、黄群主编：《中国公证制度研究》，上海社会科学院出版社 2004 年版。

2. 司法部律师公证工作指导司编：《〈中华人民共和国公证法〉宣传提纲》，中国政法大学出版社 2005 年版。

3. 徐新跃主编：《公证与律师制度》，法律出版社 2002 年版。

4. 王胜明、段正坤主编：《中华人民共和国公证法释义》，法律出版社 2005 年版。

5. 时显群、宁艳岩主编：《律师与公证学》，重庆大学出版社 2002 年版。

第十九章　公　证　员

第一节　公证员概述

　　公证员是法律工作者，是公证机构独立办理公证事务的执业人员。公证员是公证机构的核心成员，是每一个公证机构的基本构成人员。

一、国外公证人的概念及其法律地位

　　公证员，国际上一般称之为公证人，最早出现于古罗马时期。由于法律传统的不同，世界各国的公证人的概念及法律地位有着质的不同。有的规定公证人为国家公务人员，如前苏联的公证人、葡萄牙的公证人及我国台湾地区的法院公证人。有的认为公证人为自由职业者，大多数英美法系国家的公证人即属此类。比如美国现有的公证人人数约 60 万人，只要提出申请，经过简单的考核或宣誓，即可取得公证人资格，其业务也属于营业性质，公证书的内容也大多限制在对签名的认证方面。有的是介于两者之间具有双重性的大陆法系国家的公证人，如法国、德国、意大利、阿根廷、墨西哥、西班牙、日本等国家，以及美国的路易斯安那州、加拿大的魁北克地区。在这些国家和地区，公证人一方面作为自由职业者，自负盈亏，照章纳税，独立开展业务；另一方面，公证人又是在执行国家公务，履行国家赋予的使命。民法、商法、公司法、家庭法、票据法等国家法律中规定了公证人的主要业务，包括不动产事务、公司事务、遗嘱、继承、家庭财产事务等，公证人制作的公证文书具有极高的法律效力。在法国、意大利等国还授权公证人作为不动产税的征收人。如此重要的法律地位要求公证人必须是公正、优秀的法律人，必须受过正规的高等法学教育，并通过国家组织的专门考试方能取得从业资格。

二、我国公证员的概念

　　在公证法审议和征求意见的过程中，主要有三种不同意见：第一种意见认为，应当把公证员定性为国家公务员，这种观点认为公证法是公法，公证员行使的是国

家证明权，依法履行公职，应当按照国家公务员的标准进行管理和规范。第二种意见认为，公证员接受国家法律的授权，站在中立的立场上独立行使司法证明权，但由于公证机构的特殊性，应当且正在逐步转变为自收自支、自我发展的国有事业单位，故公证员的身份不同于公务员，应定性为执行国家授权的国家公职人员。第三种意见认为，公证员应为具有双重身份的法律职业者，一方面，接受国家法律的授权，依法行使公证权，保护国家利益不受侵害；另一方面，公证员应当是独立的自由职业者，站在中立的立场上通过自己的法律执业行为保证社会利益和自然人利益得到实现。这种观点认为我国是国际拉丁公证联盟的成员国，公证制度应与大陆法系国家一致；公证法之所以为公法，是基于公证的职能、公证员的执业准入以及公证文书的效力等在法律上的确定；公证员行使的公证证明权是社会公权而非国家公权。

针对各方面提出的不同意见，全国人大法律委员会反复研究认为，目前我国的公证制度正处在变革当中，根据国务院批准的司法部《关于深化公证工作改革的方案》，公证体制的改革随着市场经济的发展不断深入，如何构建多种形式的公证机构组织形式正在探索之中，公证员的概念界定应与公证制度的发展进程相一致。因此，《公证法》第16条将公证员的概念表述为"公证员是符合本法规定的条件，并在公证机构从事公证业务的执业人员"。

三、严格准入条件，确定公证员职业化

我国的公证制度始于1946年，20世纪50年代末～70年代末，受"左"倾错误思潮的影响，我国的公证制度几乎被取消，直至1979年才开始恢复重建。公证制度恢复之初，没有明确的公证员选任标准和程序，没有建立公证员任职资格制度，社会各界缺乏对公证的重视，管理者习惯运用行政手段进行管理，老百姓不善于运用包括公证在内的法律手段维护自身的合法权益。公证员依附于人民法院和司法行政机关，公证队伍的准入门槛很低，公证行业难以吸引高素质的人才。因此使得公证队伍中部分人员学历水平偏低，法律知识不足，知识结构不尽合理，职业道德素质亦良莠不齐，难以适应快速发展的经济状况及社会对公证工作的要求。

为此《公证法》第16条明确规定，必须是符合《公证法》规定的条件并在公证机构从事公证业务的执业人员方可称其为公证员，这就从法律上确定了公证员的职业化。公证员职业化有利于提高公证公信力、权威性和独立性。通过公证员职业化建设有利于全面提高公证员的素质，而高素质的公证员能够更好的为社会提供优质的公证法律服务，从而提高了公证的公信力。目前，公证员在整个法律职业群体中地位比较低，通过公证员职业化建设，能够有效地提高公证员的社会认可度，提高自己在法律职业群体中的地位和形象，通过提高公证人员的社会地位，才能够更有效地吸收高素质的人才进入公证队伍，形成良性循环；公证员职业化有利于培养公证员的独立意识，依据法律，根据自己的判断对公证事项予以证明，从而实现公证员的独立性。

四、公证员的配备

公证员的配备，又称为公证员的数量控制，在拉丁公证国家称为定额条款，是指一定公证管辖区域内的公证员的数量应该与该区域内的公证业务需求相适应。

实行公证员数量控制是拉丁公证制度核心原则之一。《德国公证人法》规定，被任命的公证人总数应该与司法实践的需求相适应。《意大利公证法》规定，公证人数额参考人口、业务量、地域和通讯手段等因素。《奥地利公证人法》规定，联邦司法部长有权根据法院管辖区的法院组织、人口、经济关系或交通关系发生的重大变化，在必要时，用命令的方式增设公证人职位，废除现行的职位或转移公证人的任职地。《韩国公证人法》规定，归属于各地方检察厅的公证人人数，由司法部长根据各地方检察厅管辖区的情况分别规定。在我国，《公证法》施行之前，根据《公证暂行条例》的规定，公证处是国家机关，公证员是公务员，所以公证员的数量是国家人事管理部门按人事编制控制的。我国现行《公证法》参考多数拉丁公证国家的立法经验，根据我国的实际情况，特别制定了对公证员数量进行控制的规定。

实行公证员的数量控制，有两方面的考虑：一方面，公证是国家设立的一项旨在预防纠纷、减少诉讼的准司法证明制度，并且公证的业务主要集中在民商事领域，从这个角度看，公证制度的设计应该便利公证申请人，并尽量贴近社会生活。如果公证员人数太少，社会的公证需求就不能得到有效满足；此外，公证员业务繁重也可能导致工作质量下降，长此以往，公证制度的功能必然不能得到充分发挥。在我国西部地区和经济相对不发达的地区，由于公证人员流失，有些公证处已经不具备从事公证业务的最基本人员条件，公证业务几乎陷于瘫痪。另一方面，控制公证员的数量，也是为了维持公证质量，避免公证员之间恶性竞争。如果一定区域内公证员的数量太多，而公证实际需求不足，必然导致公证员之间恶性竞争，进而影响整个公证业的服务质量和正常执业秩序。在东部沿海地区和经济相对发达的地区，由于公证机构和公证员数量的增长速度超过了公证需求的增长速度，公证机构和公证员之间的不正当竞争，以及由此导致的公证服务质量下降，已经成为一个突出的问题。《公证法》第7条对公证机构设置的改革所作的规定也体现了这一立法精神。

在我国，公证员数量确定的具体实施标准、方法和程序，由省、自治区、直辖市人民政府的司法行政部门依照《公证法》的原则和司法部的实施性规定，根据本地区公证机构的设置情况和公证业务的需求具体制定。这主要是因为我国地域辽阔，地区之间人口、环境、经济和文化发展水平差别巨大，司法行政部门很难面面俱到地考虑各地区的具体情况而制定一个统一的公证员的数量配备方案。

省、自治区、直辖市人民政府的司法行政部门制定的公证员配备方案必须报国务院司法行政部门备案，并由其监督该方案的执行情况。

第二节　公证员的条件和专业职务评聘制度

一、公证员的基本条件

《公证法》第18条规定："担任公证员，应当具备下列条件：①具有中华人民共和国国籍；②年龄25周岁以上65周岁以下；③公道正派，遵纪守法，品行良好；④通过国家司法考试；⑤在公证机构实习2年以上或者具有3年以上其他法律职业经历并在公证机构实习1年以上，经考核合格。"从该规定来看，我国公证员应具备的基本条件包括：

（一）国籍条件

我国的公证员必须是中华人民共和国公民，即需要有中国国籍，外国人、无国籍人不得在我国从事公证执业。这主要是因为我国公证法律制度是国家司法制度的一个重要方面，关系国家司法权的行使，公证的效力远远超出一般私证的效力，特别是表现在诉讼过程中的证明效力，公证权的行使与国家主权之间有着千丝万缕的联系，因此我国的公证权必须掌握在中国公民手中。

（二）年龄条件

我国《公证法》第18条明确规定公证员年龄在25周岁以上65周岁以下，这一规定主要是出于对公证工作的特殊性考虑。公证员是在公证机构独立办理事务的法律专业人员，公证业务涉及社会生活的各个方面，这就要求公证员应当具有较为丰富的法律知识、社会阅历、人生经验，以及处理各种复杂问题的能力，否则很难胜任这一重要社会角色。所以，《公证法》将公证员的任职年龄从原来的18岁提高到现在的25周岁，而且年龄必须在65周岁以下，这样才能承受公证工作的辛劳，也有利于公证系统在人员上的新老交替。

（三）品德条件

由于公证员是在行使具有公信力的证明权，并为社会提供法律服务，其职务行为从某种意义上说关系着整个公证行业的形象，这就要求公证员有良好的道德品质，高尚的思想情操，廉洁公正，以事实为根据，以法律为准绳，客观公正地办理公证事务，维护公证机构的形象及公证文书的权威。

（四）业务条件

公证员的业务条件由两个方面构成：①通过国家司法考试；②在公证机构实习2年以上或者具有3年以上其他法律职业经历并在公证机构实习1年以上，经考核合格。

国家通过立法提高了公证员准入的门槛，旨在提高公证从业人员的素质。与律师队伍相比，目前我国公证员队伍学历普遍偏低，知识结构不尽合理，缺乏高层次人才，职业道德素质良莠不齐。在全国注册的公证员中，大学本科以上学历的占有率很低。为了维护公证的公信力，公证员应该从受过系统法学知识教育的群体中挑选，同时又是全国统一司法考试合格者。只有这样，才能造就一支符合市场需求的高素质的公证队伍，为公证取信于社会提供人才支撑。

此外，公证员职业具有极强的实务性和操作性，除了扎实的法学知识功底外，娴熟的业务技能和丰富的经验也是一名合格公证员必备的条件。《公证法》规定担任公证员必须有在公证机构的实习经历，其目的是为了保证公证员在任职前掌握从事公证职业所必备的法律技巧，并且可以避免一些缺乏实际经验的公证员给当事人的合法权益造成损害。

二、公证员任职特许条件

为吸收有较高法学造诣和丰富法律工作经历的高层次人员进入公证队伍，提高公证员队伍素质，《公证法》还规定了特许程序，允许高层次法律人才经过考核担任公证员。

公证员任职的特许条件，包括以下几个层次的内容：

1. 特许条件的对象。简单地说，主要是三类人：①从事法学教学、研究工作，具有高级职称的人员，如大学教授、研究机构的研究员；②公务员；③律师。

2. 对公务员和律师的要求。①学历要求：必须具有本科以上学历；②经历要求：必须是已经从事审判、检察、法制工作、法律服务满10年；③必须是已经离开原工作岗位。

3. 程序。凡是符合规定的特许条件的人员，都必须要经过考核合格后，才可以担任公证员。

三、公证员任职禁止条件

《公证法》第18条在规定了公证员任职的基本条件的同时，又在第20条以列举的方式规定了公证员任职的禁止条件。只要具有下列情形之一，就不得担任公证员：

（一）无民事行为能力人或者限制民事行为能力人

根据《民法通则》及其相关司法解释，限制民事行为能力人是指具有部分的行为能力，不完全具有以自己的独立行为进行民事活动的人。具体说，限制民事行为能力人包括10周岁以上的未成年人和虽已成年、但由于精神存有障碍而不能完全辨认自己行为的精神病人。无民事行为能力人是指完全不具有以自己的独立行为从事民事行为活动的人，具体地说，无民事行为能力人包括不满10周岁的未成年人和完全不能辨认自己行为的精神病人。

毫无疑问，需要较高知识水平和实践能力的公证行业，是不可能由无民事行为能力人或者限制民事行为能力人来执业的。

（二）因故意犯罪或者职务过失犯罪受过刑事处罚的人员

根据《刑法》规定，明知自己的行为会发生危害社会的结果，并希望或者放任这种结果发生，因而构成犯罪的，是故意犯罪；应当预见自己的行为可能发生危害社会的结果，因为疏忽大意而没有预见，或者已经预见而轻信能够避免，以致发生这种结果的，是过失犯罪。国家工作人员利用职务上的便利，进行非法活动，或者滥用职权，或者对工作严重不负责任，不履行或不正确履行职责，破坏国家对职务行为的管理活动，致使国家和人民利益遭受重大损失的，是职务犯罪。公证员从事的是为全社会提供法律服务的公共职务行为，遵纪守法和品行良好是公证员履行职务所必须具备的条件。犯罪行为是一种严重危害社会的行为，故意犯罪说明行为人主观上有危害社会的意图，职务过失犯罪说明行为人不能按规定履行职务。故意犯罪和职务过失犯罪与公证员职务所要求的服务性和职责性是完全矛盾的，所以因故意犯罪和职务过失犯罪受过刑事处罚的人，不能担任公证员。这里需要特别指出必须是因职务过失犯罪受过刑事处罚的人员才是《公证法》禁止的人员，如果仅是因为过失犯罪而受刑事处罚的人则不属于禁止的范围。

（三）被开除公职的人员

对于公职，公证法并没有明确界定其含义，但可以根据其他法律的相关规定来理解公职人员的范围：①国家工作人员。所谓国家工作人员，是指国家机关中从事公务的人员；国有公司、企业、事业单位、人民团体中从事公务的人员；国家机关、国有公司、企业、事业单位委派到非国有公司、企业、事业单位、社会团体从事公务的人员；以及其他依照法律从事公务的人员，以国家工作人员论。②在依照法律、法规规定行使国家行政管理权的组织中从事公务的人员，或者在受国家机关委托代表国家机关行使职权的组织中从事公务的人员，或者虽未列入国家机关人员编制但在国家机关中从事公务的人员。

（四）被吊销执业证书的人员

执业证书是具备从事特定行业的能力的证明。吊销执业证书是专业人员所受到的最严重的职业处分，吊销执业证书的处罚对于受处罚人终生有效，也就是说，专业人员受到吊销执业证书的处罚，就意味其终生不能从事该项职业。受过吊销执业证书的处罚的专业人员，也终生不具备担任公证员的条件。

四、公证员专业职务评聘制度

1988年中央职称改革工作领导小组印发的《公证员职务试行条例》规定，公证员职务实行限额聘任，公证员职务分为公证员助理、四级公证员、三级公证员、二级公证员和一级公证员。其中公证员助理和四级公证员为初级职务，三级公证员为中级职务，二级公证员和一级公证员为高级职务。评聘或任命公证员职务，以履行岗位职责的专业知识、学识水平、解决实际问题的能力和工作成就为主要依据，并应具备相应的学历和专业工作经历，最后还要有较高的政治思想水平和职业道德。

（一）公证员助理

公证员助理的任职条件是：高等院校法律专科毕业生和中等法律学校毕业生，见习1年期满，经考核合格，初步掌握必要的法律基础和公证业务知识，基本了解办证程序，能办理公证业务中的有关事务性工作。公证员助理主要负责：①接受当事人咨询；②审核公证申请人的资格是否符合法律的规定；③受理公证申请；④协助公证员进行调查、取证、制作谈话笔录；⑤协助公证员办理遗嘱、招标、现场监督等需要两名公证人员办理的公证事项；⑥整理、装订、移交公证卷宗。

（二）四级公证员

四级公证员的任职条件：获得法学硕士学位，获得第二学士学位，或研究生班结业证书，高等院校法律本科毕业生见习满 1 年，高等法律专科毕业生担任公证员助理满 2 年以上，经考核合格，基本掌握法律基础知识和公证业务知识，能独立承办一般的公证事项。四级公证员主要负责：①处理群众来信、来访，解答有关公证事项的询问，办理其他公证处委托调查的事项；②独立承办一般的公证事务；③协助三级以上公证员办理公证事项；④办理其他公证事务。

（三）三级公证员

三级公证员的任职条件：获得法学博士学位；获得法学硕士学位，或第二学士学位、或研究生班结业证书并担任四级公证员 2 年以上；高等院校法律本科和法律专科毕业生担任四级公证员 4 年以上，经考核具备下列条件者，可聘任或任命为三级公证员：①能比较系统地掌握法律知识和公证业务知识；②熟悉办证程序，能独立承办公证事项；③有指导四级公证员工作的能力；④初步掌握一门外语。三级公证员主要负责：①处理群众来信、来访，解答有关公证事项的询问；②办理公证事项；③指导四级公证员以下的人员工作；④办理其他公证事务。

（四）二级公证员

二级公证员的任职条件：获得法学博士学位担任三级公证员 2 年以上，高等院校法律本科以上毕业生担任三级公证员 5 年以上，经考核具备下列条件者，可聘任或任命为二级公证员：①系统掌握法律知识和公证业务知识，具备同本职工作相适应的其他学科知识；②有丰富的公证业务经验，能办理较复杂的公证业务事项，解决公证业务中遇到的疑难问题，工作成绩显著；③有指导三级以下公证员工作的能力；④能提出公证理论研究课题，并组织、承担研究工作和写出较高水平的专业论文或论著；⑤掌握一门外语。二级公证员主要负责：①办理复杂的公证事项；②指导三级公证员以下人员的工作和业务进修；③组织、承担公证专题研究工作；④研究、解决公证业务活动中遇到的疑难问题。

（五）一级公证员

一级公证员的任职条件：大学本科以上毕业生，担任二级公证员 5 年以上，经考核合格具备下列条件者，可聘任或任命为一级公证员：①具有丰富的法律知识和公证业务知识，并掌握同本职工作有关的其他学科知识；②能够解决公证业务上的重大疑难问题，具有全面指导公证业务工作的能力，工作成绩显著；③能提出有重要意义的公证理论研究课题，并能组织、承担、指导研究工作和写出较高水平的专业论文和论著；④熟练掌握一门以上外语。一级公证员主要负责：①办理重大、疑难的公证事项，研究解决公证业务中遇到的重大疑难问题；②指导二级公证员以下人员的工作和业务进修；③组织、承担、指导公证理论研究工作。

第三节　公证员的产生和免除

一、公证员产生程序

（一）提出申请

个人提出申请是公证员产生的开始环节。它是指符合公证员条件的人员提出自愿担任公证员的书面请求。具体而言，就是既要符合公证员任职的基本条件或符合公证员任职的特许条件，且又不属于法律规定禁止条件的个人，以书面形式提出自愿担任公证员的请求。

（二）推荐

符合公证员条件的个人提出申请后，还必须由公证机构负责推荐。作为推荐人的公证机构，对其推荐的人员是否符合公证员任职条件负有考查、证实义务。

（三）报请审核

根据公证机构的推荐，由所在地的司法行政部门把申请人的申请和相关证明材料报请省、自治区、直辖市人民政府司法行政部门，由省级人民政府司法行政部门进行审核。这种审核，属于实质审查，需要依据《公证法》并结合申请人提供的相关证明材料，对其是否符合公证员任职条件进行全面严格审查。对于符合任职条件的申请人，应当依法报国务院司法行政部门；而对于不符合任职条件的申请人，应当驳回其申请，并退回相关材料。

（四）任命

根据省级人民政府司法行政部门依法报送的符合任职条件的申请人，由国务院司法行政部门统一任命，一般来讲，是由现任司法部长签发任命令或任命状。

（五）颁发执业证书

省级人民政府司法行政部门根据司法部的任命，对申请人颁发公证员执业证书。这是公证员产生的最后一个环节。公证员执业证书，是其能够独立办理公证业务的凭证，在没有获得执业证书之前不得单独办理公证业务。

二、公证员职务的免除

《公证法》第24条规定了公证员职务免除的条件和程序。

（一）公证员免职的条件

1. 丧失中华人民共和国国籍的情形。国籍的丧失是指一个人由于某种原因失去了我国国籍。一般而言，有两种情形：①自愿丧失，即基于个人意愿退出我国国籍；②非自愿丧失，指当某些法律事实出现，导致当事人丧失原有的我国国籍。这些事实一般有涉外婚姻、收养、已加入外国国籍等。丧失了我国国籍，当然就不能再担任我国公证员。

2. 年满65周岁或者因健康原因不能继续履行职务的情形。《公证法》第18条规定的公证员任职年龄的上限是65周岁。已经年满65周岁的，自然也就不符合继续担任公证员的条件了。而对于未满 65 周岁，仍然符合公证员任职条件的人，如果因健康原因不能继续履行职务的，属于行为人的主观不能。公证工作是一项复杂的脑力和体力劳动，不仅需要丰富的专业知识和技能，还需要有完成公证工作的身体条件。身体健康状况不好，是很难胜任公证工作的。因此，由于健康原因不能继续行使职务的公证员应当免除公证员职务。

3. 自愿辞去公证员职务的情形。辞职是公证员的一项法定权利，应当尊重当事人的这种自由选择。

4. 被吊销公证员执业证书的情形。公证员执业证书是执业凭证，被吊销了执业证书的公证员，已经不再具有公证员资格了，故应该依照法定程序予以免职。

（二）公证员免职的程序

公证员职务的免除有着严格的程序要求：①由所在地的司法行政部门报省一级人民政府司法行政部门；②再由省一级人民政府司法行政部门提请国务院司法行政部门；③由国务院司法行政部门予以免职。对照公证员的产生程序，我们可以看出《公证法》遵循了"谁任命谁免职"的原则。

第四节　公证员的权利与义务

一、公证员的权利

公证员的权利，是指依法设定的、为保障公证员执行职务而赋予的各项权利。作为公证员，在公证活动过程中，依法享有一定的权利，有利于公证员更好地履行职责。《公证法》第 22 条第 2 款明确规定了公证员享有的权利包括：有权获得劳动报酬，享受保险和福利待遇；有权提出辞职、申诉或者控告；非因法定事由和非经法定程序，不被免职或者处罚。

（一）有权获得劳动报酬，享受保险和福利待遇

根据《宪法》有关规定，中华人民共和国公民有劳动的权利和义务。劳动者有权获得报酬，享受福利待遇和保险。公证员作为法律工作者，既然在公证活动中，付出了一定的脑力劳动和体力劳动，就有权获得报酬、享受保险和福利待遇。公证员的报酬，并不是直接由当事人交给承办业务的公证员，而是按照收费标准，由公证机构对于办理的公证业务合理收取费用后，再分配给公证员。

（二）有权提出辞职、申诉或者控告

《宪法》第 41 条规定，中华人民共和国公民对于任何国家机关和国家工作人员的违法失职行为，有向有关国家机关提出申诉、控告或者检举的权利。可见，公证员享有申诉、控告权是《宪法》关于公民基本权利的规定在《公证法》中的体现和落实。此外，公证员作为自由职业者，有权自由决定是否继续在某公证机构工作，也有权决定是否继续从事公证事业。任何机关、机构、个人都应当尊重这种选择的自由。当然，对于企图利用辞职掩盖自己违法行为逃避惩罚的，应当严格依照有关

规定进行处罚。

（三）非因法定事由和非经法定程序，不被免职或者处罚

这是为保障公证员能够依法独立执业、排除其他组织和个人的非法干预而规定的。公证的性质和宗旨决定了公证员只服从于法律，其只有违反了法律才应受到制裁，任何组织和个人不得在法律规定的事由和程序之外，凭自身意志对公证员进行处罚。由于公证员是经过严格的遴选程序最终由司法部任命的，所以公证员的免职、处罚也必须经过法定程序由法定机关做出。

需要说明的是，所谓"法定事由"和"法定程序"的"法"并非仅限于法律和行政法规，国务院司法行政部门作为行政主管机关，中国公证协会作为行业自律组织，在不违背《公证法》规定的前提下制定的部门规章和行业规范，也属于公证员应当遵循之"法"，国务院司法行政部门和中国公证协会可依之对违反者给予行政处罚或行业惩戒。

二、公证员的义务

公证员的义务是指法律规定的，公证员在办理公证业务中应当履行一定行为或不应当为一定行为的范围或权限，对公证员的义务，《公证法》第 22 条第 1 款作出了明确的规定。

（一）遵纪守法

公证员在公证活动中，必须遵守国家各项法律的规定和行业纪律。这里的法律，应作广义理解，不仅包括全国人大及其常务委员会制定或修改的法律，还包括行政法规、地方性法规、部门规章等具有法律效力的规范性文件。行业纪律主要是指中国公证协会和地方公证协会制定的章程和各种行为规范。遵纪守法，就要求公证员必须严格依照法定条件和法定程序，办理公证业务。

（二）恪守职业道德

职业道德，是指一定社会的道德规范在一定的职业行为和职业关系中的具体体现。公证员的职业道德，正是社会一般道德和司法职业道德在公证活动范围的特殊体现，是社会主义司法道德的重要组成部分，是公证员必须遵循的职业行为准则。

公证员职业道德建设是公证队伍建设的重要组成部分，是提高公证员队伍整体素质的重要内容。它对于公证员认真履行职责，恪守执业纪律，提高工作效率，充分发挥公证的职能有着重要意义。

（三）依法履行公证职责

1. 公证员应当按照权限履行职责。公证员只能在法律规定的范围内行使职权，不得超越法律的规定活动，否则就属于滥用职权。公证证明的对象很多，而且随着社会的发展，新的公证事项会不断出现，所以该权限不能理解为"法律没有明文规定可予以公证的就不能公证"，而是指不能行使应当由其他机关或组织行使的职权，如纠纷裁判权、专业鉴定权等。

2. 公证员应当依照法定的程序履行职责。程序正义是实体正义的保障，公开、

公正的程序能够使得实体的权利、义务得到公平的体现，有利于更好地维护公众的合法权益，所以公证员应当按照规定的程序办理公证。

3. 公证员应当正确适用实体法。实体法是以确认权利义务关系和法律责任为主要内容的法律，是判断公证对象是否合法的依据。公证员在办理公证过程中，必须正确适用公证事项所涉及的实体法，以保障该事项主体适格、当事人意思表示真实、标的物确定（或可能）、不违反社会公益，真正做到预防纠纷。

4. 公证员应当认真履行职责。①公证员应当亲自履行职责，不得委托他人履行；②应当坚守工作岗位，不得擅离职守；③应当努力提高工作效率和工作质量，反对"官老爷"作风。

（四）保守执业秘密

由于工作原因，公证员易于接触到国家、当事人的秘密和隐私。因此，《公证法》特别规定公证员对于执业活动中知道的国家秘密和商业秘密、个人隐私，负有保密义务。如遗嘱公证，应作为密卷进行保存；再如招标投标公证，评标过程应严格保密，公证员对此必须守口如瓶。另外，公证员还应当保守公证工作秘密，对于办证过程中形成的内部意见、内部材料和不应当透露的其他与公证工作有关的信息，一律不得泄露。

三、公证员的执业禁止行为

公证员的执业禁止行为，是指公证员在公证活动中不能从事的行为，即"行为禁区"，公证员一旦从事该行为，就要承担法律责任。禁止行为如下：

（一）禁止同时在两个以上公证机构执业

如果允许公证员同时在两个以上的公证机构执业，会导致公证员致力于扩大"地盘"，追求个人利益的最大化，这与公证的价值背道而驰；允许公证员同时在两个以上公证机构执业，将导致公证机构和司法行政部门的管理、监督工作目标指向不明，陷入混乱、无序的状态。

（二）禁止从事有报酬的其他职业

所谓"从事有报酬的其他职业"，是指与其他组织或个人形成可为《公务员法》、《劳动法》等调整的身份关系、占据一定工作岗位、承担相关岗位职责、领取货币等具有经济价值的报酬的行为。包括：①兼任党政机关、立法机关和政协组织中领取报酬的职务；②兼任法官、检察官、律师；③兼任企业、事业单位的职务；④个人投资开办公司、个人独资企业、合伙企业、个体工商户；⑤从事有偿的其他中介活动等。对于已经从事上述有关职业的人员，如果要任命其为公证员，则该人员必须退出该职业；如果一名公证员要从事上述有关职业，则应当依照《公证法》的有关规定提出辞职或者依照法律规定的程序免除其职务。

公证的价值和功效要求公证员持一种中立性的态度，对各方当事人所追求的利益进行平衡，如允许公证员从事有报酬的其他职业，公证员与某些当事人之间将不可避免地先行产生利益交错，在办理有利害关系的公证事项时容易徇私枉法、滋生腐败，此时公证将失去其中立性和衡平作用。所以公证员从事有报酬的其他职业，违反公证职责，有损公证职业的纯洁和尊严，应予禁止。《公证法》第41条第4项规定，公证员从事有报酬的其他职业，由司法行政部门给予相应行政处罚。除此之外，《公证员职业道德基本准则》第23条还规定，公证员不得经商和从事与公证员职务、身份不相符的活动。

在大陆法系的一些国家，如德国，公证人经监管人允许可以从事其他有报酬的职业。《公证法》在审议过程中，也有意见认为可以适当允许公证员从事其他职业，只要该职业不影响公证执业。《公证法》没有采取这一主张，因为：①我国的监管体系还不完善，如允许公证员从事其他有报酬的职业，容易导致监管失控；②我国的公证员队伍职业道德素养尚待提高，允许其从事其他有报酬的职业可能导致本末倒置和"寻租"行为；③公证员行使的是专属性的、具有公信力的证明权，他们从事其他有报酬的职业不能为民众在情感上认可；④在德国等国家，允许公证人从事其他有报酬的职业也仅仅属于例外。

应该说明的是，从事有报酬的其他职业与从事有报酬的其他行为并非同一概念，公证员作为客座教授、客座研究员、仲裁员、陪审员也会领取一定的报酬，但客座教授、客座研究员、仲裁员、陪审员并不构成一种职业，故公证员就此领取报酬并不违反《公证法》规定；另外，利用自有资金进行投资运作并非等同于从事其他有报酬的职业，公证员以个人名义将自有资金投入证券市场并无不妥，只要其不成为控股股东、不参与公司日常经营即可。

（三）禁止为本人及近亲属办理公证或者办理与本人及近亲属有利害关系的公证

回避制度是现代诉讼和非诉讼法律活动中的一项重要程序制度，在公证活动中，公证员对于与自己或自己的近亲属有某种利害关系的公证事项不享有公证权力。这是由公证的性质和任务决定的，公证员在公证活动中必须秉公办理、公正无私、清正廉洁，一旦允许公证员在其中追求私利，则公正将无法实现。从各国公证立法来看，对公证员回避制度的规定是普遍的，均将其视为公证文书合法性和真实性的保障。我国《公证法》第41条第5项规定，公证员违反回避制度的，由司法行政部门给予相应行政处罚。除《公证法》之外，《公证程序规则》第23条对公证员回避也作出了规定；《公证员惩戒规则（试行）》第13条第6项规定公证员违反回避规定的，予以严重警告。

（四）禁止私自出具公证书

我国公证实行机构本位主义，公证机构对公证员的执业行为需要承担民事责任，根据权利义务相一致的原则，公证员出具公证书应当经所在公证机构同意。《公证法》第22条规定，公证员应当依法履行公证职责，这包括依照法定程序办理公证。《公证程序规则》第40条规定："符合《公证法》、本规则及有关办证规则规定条件的公证事项，由承办公证员拟制公证书，连同被证明的文书、当事人提供的证明材料及核实情况的材料、公证审查意见，报公证机构的负责人或其指定的公证员审批。

但按规定不需要审批的公证事项除外。公证机构的负责人或者被指定负责审批的公证员不得审批自己承办的公证事项。"《公证法》没有规定审批程序，考虑到机构本位主义的实现和公证质量的保障，审批程序将会通过部门规章在一定时期内继续存在，违反审批程序出证即被视为私自出具公证书，应根据《公证法》第42条第1款第1项的规定给予处罚。

（五）禁止为不真实、不合法的事项出具公证书

真实、合法是公证活动的基本原则，是公证建立和保持公信力的核心所在，各国立法均严格禁止对不真实、不合法的事项进行公证，《公证法》第2条和第42条第1款第2项正是这两大原则的体现，《公证员职业道德基本准则》、《公证员惩戒条例（试行）》等也有相关规定。一个事项只有同时符合真实、合法两个条件，才能予以公证。不真实、不合法的情况包括：①事项违反法律、当事人主体资格不当、意思表示瑕疵、标的物受限、有悖于社会公益等；②事项虽不违法，也是真实的，但是没有法律意义；③事项不真实，真实分为事实真实和法律真实，有些公证事项应当达到事实真实，如身份，有些公证事项要达到法律真实，如遗嘱；④事项既不真实又不合法。

（六）禁止侵占、挪用公证费或者侵占、盗窃公证专用物品

我国《宪法》规定，公共财产神圣不可侵犯。我国公证实行机构本位主义，公证费、公证专用物品是公证机构正常开展业务的物质保障，是公证机构的公共财产，侵占、挪用公证费或者侵占、盗窃公证专用物品均属于侵犯公证机构公共财产的行为。公证机构向当事人收取的报酬和由此增值、衍生的金钱都属于公证费，上级机关为支持公证事业而划拨的资金也应被视为公证费，但是公证机构所接受的馈赠和所监管的资金、提存资金不属于公证费。公证专用物品是指公证专用水印纸、公证员签名印章、公证机构公章和钢印、公证票证、公证档案等不可替代的特定物，复印纸张、打印机等可替代的种类物不属于公证专用物品，但有些种类物可经特定化而成为公证专用物品，如保存公证信息资料的电脑。公证员有本项禁止之行为的，应当承担如下法律责任：①依据《公证法》第42条第1款第3项的规定给予行政处罚；②依据《公证员惩戒规则（试行）》给予行业惩戒；③构成犯罪的，依照《刑法》的有关规定处以刑罚；④向公证机构返还财产或赔偿损失。

（七）禁止毁损、篡改公证文书或者公证档案

公证文书是指公证机构就其办理的公证事项出具的法律文书或公证机构出具的其他法律文书。公证文书包括公证书和由公证机构出具的其他法律文书，如法律意见书、拒绝或终止公证的决定书、撤销或维持公证书的决定书等；其中公证书的内容又包括公证词和公证证明的文书。公证文书属于司法文书，对当事人、其他个人和组织具有法律规定的效力。毁损、篡改生效的公证文书，一方面规避了公证程序控制，容易出现错、假证；另一方面也使得公证文书的效力处于不稳定甚至互相冲突的状态之中，损害公证的严肃性和权威性。公证文书如有错误，应当依照法定程

序收回、修正或撤销，不能擅自毁损、篡改。

公证档案是司法业务档案，公证机构将办理公证过程中所收集和形成的所有法律文件立卷归档形成公证档案。公证档案是公证机构进行公证证明活动和当事人从事民事活动的真实记录，体现了公证机构的基本职能。公证档案涉及国家秘密、商业秘密或者当事人隐私，是公证机构出具公证文书的证据依托，反映了一个时期社会生活的特点和不同时期的社会变迁。这是其他材料所不可替代的，公证员因此被称为"书写历史的人"，所以绝不容许对公证档案毁损、篡改。公证档案应当依照《公证法》以及《公证程序规则》、《公证文书立卷归档办法》、《公证档案管理办法》的规定进行管理，违反规定致使原始立卷材料部分或全部灭失的，即为毁损公证档案；对原始立卷材料进行调换或作文字改动的，即为篡改公证档案。应当指出的是，公证卷宗归档之后，如发现公证文书错误而需要进行修正的，此时公证档案也应随之修正，这种修正行为不属于毁损、篡改公证档案。

（八）禁止泄露在执业活动中知悉的国家秘密、商业秘密或者个人隐私

《公证法》第 22 条规定，公证员应当保守执业秘密。执业秘密包括国家秘密、当事人的商业秘密或者个人隐私以及公证机构的内部秘密。《公证法》第 42 条第 1 款第 5 项规定，公证员泄露国家秘密、商业秘密或者个人隐私的，由司法行政部门给予相应行政处罚，构成犯罪的，依法追究刑事责任。

（九）法律、法规、国务院司法行政部门规定禁止的其他行为

"其他行为"主要是指以上 8 项行为之外的其他不应有的行为。《公证法》第 22 条规定的禁止性行为，多数与公证员履行职务行为有关，具有较强的针对性，但并不是说其禁止性行为只有这 8 项。公证员首先是一个公民，国家法律，尤以《刑法》为代表，对于一般公民的禁止性规定对公证员同样适用；《公证法》虽然没有对公证员的身份属性作出明确定位，但公证员行使的是中立的司法证明权这一点却毋庸置疑，所以公证员仍然属于法律职业人，法律职业人普遍遵守的规则，公证员要遵守。

第五节　公证员的职业道德

一、公证员职业道德的概念

公证员职业道德是指公证员在办理公证事务、履行公证职责的过程中或者从事与之相关的活动所应遵守的道德规范。

二、公证员职业道德的依据

公证员职业道德的依据是 2002 年 3 月 3 日中国公证员协会三届三次理事会通过、2010 年 12 月 28 日中国公证协会六届二次理事会会议修订的《公证员职业道德基本准则》。

三、公证员职业道德的内容

（一）忠于事实、忠于法律

具体要求是：①公证员应当忠于宪法和法律，自觉践行社会主义法治理念；②公证员应该政治坚定、业务精通、维护公正、恪守诚信，坚定不移地做中国特色社会主义事业的建设者、捍卫者；③公证员应当依法办理公证事项，恪守客观、公正的原则，做到以事实为依据、以法律为准绳；④公证员应当自觉遵守法定回避制度，不得为本人及近亲属办理公证或者办理与本人及近亲属有利害关系的公证；⑤应当自觉履行执业保密义务，不得泄露在执业中知悉的国家秘密、商业秘密或个人隐私，更不得利用知悉的秘密为自己或他人谋取利益；⑥公证员在履行职责时，对发现的违法、违规或违反社会公德的行为，应当按照法律规定的权限，积极采取措施予以纠正、制止。

（二）爱岗敬业、规范服务

具体要求是：①公证员应当珍惜职业荣誉，强化服务意识，勉励敬业、恪尽职守，为当事人提供优质高效的公证法律服务。②公证员在履行职责时，应当告知当事人、代理人和参与人的权利和义务，并就权利和义务的真实意思和可能产生的法律后果做出明确解释，避免形式上的简单告知。③公证员在执行职务时，应当平等、热情地对待当事人、代理人和参与人，并要注重其民族、种族、国籍、宗教信仰、性别、年龄、健康状况、职业的差别，避免言行不慎使对方产生歧义。④公证员应当严格按照规定的程序和期限办理公证事项，注重提高办证质量和效率，杜绝疏忽大意、敷衍塞责和延误办证的行为。⑤公证员应当注重礼仪，做到着装规范、举止文明，维护职业形象。现场宣读公证词时，应当语言规范、吐字清晰，避免使用可能引起他人反感的语言表达方式。⑥公证员如果发现已生效的公证文书存在问题或其他公证员有违法、违规行为，应当及时向有关部门反映。⑦公证员不得利用媒体或采用其他方式，对正在办理或已办结的公证事项发表不当评论，更不得发表有损公证严肃性和权威性的言论。

（三）加强修养、提高素质

具体要求是：①公证员应当牢固树立社会主义荣辱观，遵守社会公德，倡导良好社会风尚。②公证员应当道德高尚、诚实信用、谦虚谨慎，具有良好的个人修养和品行。③公证员应当忠于职守、不徇私情、弘扬正义，自觉维护社会公平和公众利益。④公证员应当热爱集体，团结协作、相互支持、相互配合、相互监督，共同营造健康、有序、和谐的工作环境。⑤公证员应当不断提高自身的业务能力和职业素养，保证自己的职业品质和专业技能满足正确履行职责的需要。⑥公证员应当树立终身学习理念，勤勉进取，努力钻研，不断提高职业素质和执业水平。

（四）清正廉洁、同业互助

具体要求是：①公证员应当树立廉洁自律意识，遵守职业道德和执业纪律，不得从事有报酬的其他职业和与公证员职务、身份不相符的活动。②公证员应当妥善处理个人事务，不得利用公证员的身份和职务为自己、亲属或他人谋取利益。③公证员不得索取或接受当事人及其代理人、利害关系人的答谢款待、馈赠财物或其他利益。④公证员应当互相尊重，与同行保持良好的合作关系，公平竞争，同业互助，共谋发展。⑤公证员不得以不正当方式或途径对其他公证员正在办理的公证事项进行干预或施加影响。⑥公证员不得从事以下不正当竞争行为：利用新闻媒体或其他手段炫耀自己，贬损他人，排斥同行，为自己招揽业务；以支付介绍费、给予回扣、许诺提供利益等方式承揽业务；利用与行政机关、社会团体的特殊关系进行业务垄断；其他不正当竞争行为。

■思考题

1. 担任公证员应具备哪些基本条件？
2. 在什么情况下公证员会被免职？
3. 公证员执业的禁止行为有哪些？
4. 公证员的义务有哪些？

■参考书目

1. 肖胜喜主编：《律师与公证制度及实务》，中国政法大学出版社 2003 年版。
2. 吴凤友主编：《中华人民共和国公证法释义》，中国法制出版社 2005 年版。
3. 江晓亮主编：《公证员入门》，法律出版社 2007 年版。
4. 马宏俊主编：《公证实务》，北京大学出版社 2012 年版。
5. 张云柱等主编：《现代公证法学》，新华出版社 2001 年版。

第二十章　公证程序

■ 学习目的和要求

本章通过介绍公证程序中的公证当事人、公证执业区域、公证的普通程序、公证的特别程序和公证争议处理，有利于系统了解我国公证程序方面的规定。本章的内容均应重点把握。

公证程序是公证机构和公证当事人依照法律、法规实施公证行为、办理公证事项时必须遵循的步骤。公证制度是保证实体法正确实施的程序性法律制度，而公证程序则是公证法的核心内容，是公证机构进行公证活动的基础。只有严格遵守公证程序，才能保证公证机构正确执行国家法律，依法行使公证职权，确保公证的真实性、合法性，从而保障公证当事人的合法权益。

公证程序的内容包括公证当事人、公证执业区域、公证的普通程序、公证的特别程序和公证争议处理。公证普通程序包括申请与受理、审查、出证三个阶段以及办理公证的其他程序规则，如公证期限、终止公证和不予公证等内容；公证的特别程序是公证机构在办理某些特殊类型的公证事项所应当遵循的程序，如现场监督类公证、保全证据类公证、公证调解等。

第一节　公证当事人

公证当事人，是指与公证事项有利害关系并以自己的名义向公证机构提出公证申请，在公证活动中享有权利和承担义务的自然人、法人或者其他组织。

公证当事人是公证法律关系的主体之一，要成为当事人，必须具备以下四个条件：

1. 当事人应具备民事权利能力和民事行为能力。无论是自然人、法人或者其他组织申请公证，都必须具有权利能力和完全民事行为能力，能够享有公证中的权利和履行公证中的义务，同时能够亲自进行公证活动，独立地行使权利和履行义务。

2. 以自己的名义向公证机构提出公证申请。其主要包括三层含义：①公证申请必须由自然人、法人或者其他组织以自己的名义提出，而非以他人的名义提出。代理人由于不是以自己的名义提出公证申请而参与公证活动，因此其不是当事人，仅是公证活动的参与人之一。②申请应当向公证机构提出。公证机构是从事公证活动的法定机构，申请公证必须向公证机构提出。③提出的应当是公证申请。向公证机构提出公证事项范围以外的申请的人不能成为当事人。

3. 当事人与申请事项有利害关系。申请公证的事项对申请人的身份关系或者财产关系将产生重大影响，当事人以自己的名义申请公证，其目的在于经过公证，保护自己依法享有的民事上、经济上的权利。其申请公证的事项包括：①当事人自己亲力亲为的事项，如当事人自己所为的民事法律行为；②与当事人有直接关系的事项，如婚姻关系、亲属关系等；③其他对当事人产生重大影响的事项。

4. 在公证活动中享有权利和承担义务。即当事人能以自己的名义独立承担公证活动中的权利义务。公证当事人的权利包括公证请求权、委托权、回避申请权等权利；公证当事人的义务包括举证、交纳公证费等义务。

在申请公证过程中，必须审查当事人的主体资格。我国《公证程序规则》第10条规定："无民事行为能力人或者限制民事行为能力人申办公证，应当由其监护人代理。法人申办公证，应当由其法定代表人代表。其他组织申办公证，应当由其负责人代表。"无民事行为能力人或者限制民事行为能力人由于不能完整表达自己的意思或者不能辨认自己行为的法律后果，因此必须由其监护人代理，不能独自申办公证；法人和其他组织是法律上的拟制人，不宜由任一自然人表达拟制人的意思，必须由其代表人或者负责人统一行使。

当事人可以在一般的公证事项中委托他人代理申办公证。在现实生活中，由于各种原因，比如当事人生病住院、在海外学习、交通不便等，使其不能亲自前往公证机构提出申请。因此，《公证法》规定当事人可以委托他人代理申办公证，但是申办遗嘱、遗赠扶养协议、赠与、认领亲子、收养关系、解除收养关系、生存状态、委托、声明、保证以及其他与自然人人身有密切关系的公证事项，应当由当事人亲自办理，不得委托他人代理。同时我国《公证法》基于回避原则作出了一项禁止性规定，即公证员和公证机构的其他工作人员不得代理当事人在本公证机构申办公证。

居住在香港、澳门、台湾地区的当事人，委托他人代理申办涉及继承、财产权利处分、人身关系变更等重要公证事项的，其授权委托书应当经其居住地的公证人（机构）公证，或者经司法部指定的机构或者人员证明；而居住在国外的当事人，委托他人代理申办涉及继承、财产权利处分、人身关系变更等重要公证事项的，其授权委托书应当经其居住地的公证人（机构）或我国驻外国使（领）馆公证。

第二节　公证执业区域

公证执业区域是指各公证机构之间受理公证业务的地域范围，它是司法行政机关对公证机构之间受理公证业务的地域范围所进行的横向划分。根据《公证法》的规定，由于各公证机构之间无隶属关系，地位平等，因此公证机构受理公证事项不存在上下级之间的纵向分工。划定公证执业区域的意义在于：一方面可以明确公证机构执业的范围或者说受理公证事项的基本准则；另一方面可以明确当事人申请办理公证时向哪个地方的公证机构申请。

一、公证执业区域的划定

根据《公证机构执业管理办法》第 10 条以及当地公证机构设置方案的规定，省、自治区、直辖市司法行政机关以下列区域单位划定公证机构受理公证业务的地域范围：①县、不设区的市、市辖区的辖区；②设区的市、直辖市的辖区或者所辖城区的全部市辖区。各公证机构受理的公证业务必须是本执业区域的公证业务，但受理以后，在办理公证过程中，如果需要超出公证执业区域从事一些公证行为则是被允许的。例如，家住 A 市 B 区的甲某向 B 区公证机构申请证据保全公证，但某些证据在 A 市 C 区，B 区公证机构受理后，可以委派公证机构的工作人员前往 C 区实施证据保全行为，而不受只在 B 区从事证据保全的限制。

二、公证机构受理公证事项的基本准则

（一）根据有关地域确定公证机构

1. 公证事项由当事人住所地的公证机构受理。住所地是指自然人的户籍所在地和法人或者其他组织的主要办事机构所在地。自然人的户籍所在地一般是以其户口簿或者居民身份证上登记的地址为准，法人或者其他组织的主要办事机构所在地一般是以营业执照上登记的地址为准。只要申请人的户籍所在地或者主要办事机构所在地在本公证机构的执业区域内，该公证机构就有权受理当事人的公证申请。

2. 公证事项由当事人经常居住地的公证机构受理。经常居住地是指自然人离开住所后连续居住一年以上的地方，但住院治病的除外。一般来说，公民的住所地与经常居住地是一致的，当两者不一致时，由经常居住地的公证机构受理公证事项比较合适。

3. 公证事项由法律行为地的公证机构受理。法律行为地是指当事人实施法律行为的地点。法律行为从主体上可以分为单方法律行为、双方法律行为和共同法律行为，一般情况下，属于单方发生的，如遗嘱、声明等单方法律行为，就由该行为发生地的公证机构受理；属于双方发生的，如收养、解除收养等双方法律行为，就由收养人或者被收养人所在地的公证机构受理；如果一个法律行为的发生地涉及两个或者两个以上有权受理的公证机构的，可以由当事人协商一致后，选择一个公证机构。

4. 公证事项由法律事实发生地的公证机构受理。法律事实是指由法律规范所规定的能够引起法律关系产生、变更和消灭的事实。法律事实可分为两类：一是行为，即以人的意志为转移的法律事实；二是事件，即不以人的意志为转移的法律事实，如出生、死亡、失踪等，法律事实一般是由具有法律意义的文书来表示，当事人可以向法律事实发生地的公证机构申请公证。

5. 凡申请办理涉及不动产的公证事项，由不动产所在地的公证机构受理。不动产主要是指土地、地上建筑物及其附属物，不动产转让包括不动产所有权和使用权的转让。涉及不动产的公证事项，由不动产所在地的公证机构受理，非不动产所在地的公证机构无权受理不动产公证事项；但涉及不动产的委托、声明、赠与、遗嘱的公证事项，既可以由不动产所在地的公证机构受理，也可以由当事人住所地、经常居住地、行为地或事实发生地的公证机构受理。例如，住所地在重庆市 A 区的甲某在上海市 B 区有一处房产，其欲委托在上海的亲戚乙某变卖该房产，需要申办委托书公证的，甲某既可以向重庆市 A 区（住所地）的公证机构申请办理委托公证，也可以向上海市 B 区（不动产所在地）的公证机构申请办理委托公证。

在公证申请中，除了不动产公证以外的其他公证事项，都是并行的关系，在确定公证机构时，只要满足条件，当事人可以任意选择向当事人住所地、经常居住地、行为地或者事实发生地的公证机构申请。当事人向 2 个以上可以受理该公证事项的公证机构提出申请的，由最先受理申请的公证机构办理。

（二）当事人协商选择公证机构

申办同一公证事项的几个当事人因住所地、经常居住地、行为地或者事实发生地不在同一公证机构执业区域，就会存在当事人之间决定由谁去申办公证事项或者向哪个公证机构申办公证事项的问题。《公证程序规则》第 15 条规定："2 个以上当事人共同申办同一公证事项的，可以共同到行为地、事实发生地或者其中一名当事人住所地、经常居住地的公证机构申办。"当事人之间可以协商确定共同向一个公证机构提出申请，如果当事人之间协商不成，则公证机构不能受理，也不能由公证机构之间通过协商确定受理的公证机构。

三、有关涉外公证书的外交认证制度

外交认证，又称领事认证，是指外交、领事机关对公证证明文书上公证机构或认证机关的最后一个签名或印章的真实性予以证明的活动。《公证法》第 33 条规定："公证书需要在国外使用，使用国要求先认证的，应当经中华人民共和国外交部或者外交部授权的机构和有关国家驻中华人民共和国使（领）馆认证。"所以公证是外交认证的前提，只有公证书需要在国外使用时，才有外交认证的必要。外交认证和公证的主要区别有：

1. 证明对象不同。公证的证明对象是民事法律行为、有法律意义的事实和文书；而外交认证的对象则是公证书上公证机构或认证机关的签名或印章。

2. 受理机构不同。公证是由公证机构受理；而办理外交认证的机构是中华人民共和国外交部或者外交部授权的机构和有关国家驻中华人民共和国使（领）馆。

3. 审查要求不同。公证审查的是民事法律行为、有法律意义的事实和文书的真实性、合法性；而外交认证则不需要审查上述内容，只需审查公证机构的签名或印章是否属实。

4. 目的不同。公证的目的是通过证明民事法律行为、有法律意义的事实和文书的真实性、合法性来预防纠纷，保障自然人、法人或者其他组织的合法权益；而外交认证的目的在于使一国的公证机构所制作的公证书能为使用国当局所确信，从而保证其在域外的效力。

有权认证机关在办理外交认证需要注意的事项：①公证书因发往国外使用而需要外交认证时必须附有指定的公证书译文，译文上不盖公证机构的印章，公证员也无需签字或盖章。②公证员应在公证书上亲笔签字或印章，不得以代签字或代盖印章的方式代替。③发往与我国尚未建立外交关系的国家的公证书，应交我国外交部领事司认证后，转请与该国有外交关系的第三国驻华使领馆认证，然后再发往该国使用。④发往虽与我国建立外交关系，但尚未设立使馆的国家的公证书，只办理我国外交领事馆认证。

第三节　公证的普通程序

一、公证的申请与受理

（一）公证的申请

公证的申请是指自然人、法人或者其他组织向公证机构提出办理公证事项的请求。《公证程序规则》第 17 条第 1 款规定："自然人、法人或者其他组织向公证机构申请办理公证，应当填写公证申请表。……"因此，我国公证申请方式只有书面申请，不能口头申请。办理申请的步骤主要有：

1. 填写公证申请表。申请人提出申请时，应按照规定填写公证申请表，公证申请表应当载明下列内容：①申请人及其代理人的基本情况。具体来说，申请人或者其代理人是自然人的，一般包括姓名、性别、出生日期、身份证号码、工作单位以及联系方式等。申请人或者其代理人是法人的，一般包括其名称、地址、法定代表人或负责人以及联系方式等。②申请公证的事项及公证书的用途。③申请公证的文书的名称。④提交证明材料的名称、份数及有关证人的姓名、住址、联系方式。⑤申请的日期。⑥其他需要说明的情况。

自然人在申请公证时，原则上应当亲自填写公证申请表，并签名或者盖章。但如果该申请人因不识字或者身体健康等原因亲自填写有困难的，公证人员也可以代为填写，经申请人核对后，再由其签名或者盖章，不能签名或者盖章的由本人捺指印。

2. 提交必要的证明材料。申请人申请公证应当向公证机构提交与公证事项有关的材料，以证明与公证内容有关的事实的真实性和合法性。申请人应当提交如下材料：①自然人的身份证明，法人的资格证明及其法定代表人的身份证明，其他组织的资格证明及其负责人的身份证明。②委托他人代为申请的，代理人须提交当事人的授权委托书，法定代理人或者其他代理人须提交有代理权的证明。③申请公证的文书。如《合同书》、《遗嘱书》、《赠与书》、《声明书》、《毕业证书》、《学位证书》等，作为法律文书，申请人应提交原件，法定机关制作的文书，应当提交正本或经公证人员审核无误的副本或复印本。④申请公证的事项的证明材料，涉及财产关系的须提交相关财产权利证明，如《房产证》、《土地使用权证》、转让专利技术的《专利证》等。⑤与申请公证的事项有关的其他材料。

在提交材料的要求上，我国《公证法》第 27 条第 1 款规定："申请办理公证的当事人应当向公证机构如实说明申请公证事项的有关情况，提供真实、合法、充分的证明材料；提供的证明材料不充分的，公证机构可以要求补充。"因此，当事人在提交材料时应提交真实、合法、充分的材料。

（二）公证的受理

公证的受理是指公证机构接受申请公证事项的当事人的申请，并同意给予办理公证的行为。受理是公证机构公证行为的开始，同时表明其法律关系的产生。

1. 公证机构受理应具备的主要条件。①申请人与申请公证的事项有利害关系。②申请人之间对申请公证的事项无争议。公证与诉讼、仲裁等救济途径不同，它是一种非诉活动，其目的不是解决争议或者纠纷，因此《公证法》规定，对于有争议事项的公证申请，公证机构不予受理。③申请公证的事项属于公证机构的业务范围。对于超出公证机构业务范围的申请事项，公证机构不予受理，公证机构应当告知申请人到有关部门请求解决。④申请公证的事项符合公证机构受理公证事项的基本准则。

法律、行政法规规定应当公证的事项，符合前面①、②、④项规定条件的，公证机构应当受理；对不符合规定条件的公证申请，公证机构不予受理，并通知申请人。

2. 公证机构受理的程序。

（1）制作受理通知单。公证机构受理公证申请后，应及时向申请人发送受理通知单，申请人或其代理人应当在回执上签收。受理通知单是公证机构制作并发给公证申请人，告知申请人已经作出受理公证申请决定的文书。公证书中的受理日期，是公证期限的起算点，也是公证法律关系产生的起始点，它标志着公证行为的开始。当事人和公证机构及公证员在公证活动开始后均应自觉履行义务，并依法行使权利。

（2）告知当事人。为了使当事人和利害关系人了解公证活动中的实体和程序权利，以维护其合法权益，公证机构受理公证申请后，应当告知当事人申请公证事项的法律意义和可能产生的法律后果，并告知其在办理公证过程中享有的权利和承担的义务。同时，告知必须采用书面形式，告知的内容、方式和时间应当记录归档。

（3）在公证登记簿上登记。这是公证事项的登记制度，公证机构办理公证时，应当由承办公证员填写公证登记簿，登记事项包括：公证事项类别、当事人姓名（名称）、代理人（代表人）姓名、受理日期、承办人、审批人（签发人）、结案方式、办结日期、公证书编号等。

（4）建立公证卷宗。公证机构受理公证申请后，承办公证员应着手立卷的准备工作，开始收集有关的证明材料，整理询问笔录和核实有关材料，建立公证卷宗。

（5）收取公证费。公证机构受理公证申请后，应当按照规定向当事人收取公证费。公证办结后，经核定的公证费与预收数额不一致的，应当办理退还或者补收手续。对符合法律援助条件的当事人，公证机构应当按照规定减收或者免收公证费。

二、公证的审查

（一）审查的内容

审查是公证机构对申请公证的当事人的资格、申请公证的有关民事法律行为、有法律意义的事实和文书的材料的真实性和合法性的审定、核实。公证审查是公证行为中最重要、最关键的一个步骤，它直接关系到公证机构出具的公证书的质量。《公证法》第28条规定："公证机构办理公证，应当根据不同公证事项的办证规则，分别审查下列事项：①当事人的身份、申请办理该项公证的资格以及相应的权利；②提供的文书内容是否完备，含义是否清晰，签名、印鉴是否齐全；③提供的证明材料是否真实、合法、充分；④申请公证的事项是否真实、合法。"

我国香港特别行政区以及国外许多国家的公证制度只对文书的形式及提供的材料内容进行公证，不对其真实性和合法性进行实质公证，但祖国大陆采取实质审查主义，即对待证的事项负有进行真实性和合法性审查的义务。公证机构审查的重点内容包括以下几个方面：

1. 当事人的人数、身份、资格和民事行为能力。公证员应当核实必须亲自到场的当事人及人数；审查当事人以及代理人的身份是否属实；审查当事人主体的民事权利能力和民事行为能力。

2. 当事人的意思表示和相应的权利。公证机构审查当事人的意思表示是否真实、自愿，以避免弄虚作假、欺诈、乘人之危等违法行为的出现；审查当事人是否享有与申办的公证事项相关的权利，以保证公证事项的真实性和合法性。

3. 需要公证的行为、事实或文书的内容是否真实、合法。

4. 需要公证的文书内容是否完善，文字是否准确，签名、印鉴是否齐全。

5. 当事人提供的材料是否真实、充分。公证机构在审查中，对申请公证的事项的真实性、合法性有疑义的，认为当事人的情况说明或者提供的证明材料不充分、不完备或者有疑义的，可以要求当事人作出说明或者补充证明材料。当事人拒绝说明有关情况或者拒绝补充证明材料的，公证机构不予办理公证。

（二）核实程序

公证机构在审查中，对申请公证的事项以及当事人提供的证明材料，按照有关办证规则需要核实或者对其有疑义的，应当进行核实。公证机构可采用下列方式核实公证事项的有关情况以及证明材料：

1. 通过询问当事人、公证事项的利害关系人核实。

2. 通过询问证人核实。

3. 向有关单位或者个人了解相关情况或者核实、收集相关书证、物证、视听资料等证明材料。

4. 通过现场勘验核实。通过现场勘验核实时，应当制作勘验笔录，由核实人员及见证人签名或者盖章。根据需要，可以采用绘图、照相、录像或者录音等方式对勘验情况或者实物证据予以记载。

5. 委托专业机构或者专业人员鉴定、检验检测、翻译。通过委托专业机构或者专业人员鉴定、检验检测、翻译的，应当告知当事人由其委托办理，或者征得当事人的同意代为办理。鉴定意见、检验检测结论、翻译材料，应当由相关专业机构及承办鉴定、检验检测、翻译的人员盖章和签名。委托鉴定、检验检测、翻译所需的费用，由当事人支付。

采用询问方式向当事人、公证事项的利害关系人或者有关证人了解、核实公证事项的有关情况以及证明材料的，应当告知被询问人享有的权利、承担的义务及法律责任；在向当事人、公证事项的利害关系人、证人或者有关单位、个人核实或者收集有关公证事项的证明材料时，需要摘抄、复印（复制）有关资料、证明原件、档案材料或者对实物证据照相并作文字描述记载的，摘抄、复印（复制）的材料或者物证照片及文字描述记载应当与原件或者物证相符，并由资料、原件、物证所有人或者档案保管人对摘抄、复印（复制）的材料或者物证照片及文字描述记载核对后签名或者盖章。

如果待核实的事项或者材料在异地，可委托异地公证机构代为核实。委托异地公证机构核实公证事项及其有关证明材料的，应当出具委托核实函，对需要核实的事项及内容提出明确的要求。受委托的公证机构收到委托函后，应当在 1 个月内完成核实。因故不能完成或者无法核实的，应当在上述期限内函告委托核实的公证机构。

公证机构派员外出核实的，应当由两人进行，但核实、收集书证的除外。特殊情况下只有一人外出核实的，应当有一名见证人在场，依照法律规定有关单位或者个人应当予以协助。

三、出证

出证是公证机构根据审查的结果，对符合出证条件的公证事项，在法定期限内，按照规定程序审批、制作、发送公证书的活动。出证是公证机构活动的结果，是受理、审查等公证工作的归宿。

（一）出证的条件

出证的条件即公证机构出具公证书的标准。公证书具有较强的法律效力，一旦出具，将对当事人和利害关系人的权益产生重大影响。因此，明确出证的条件才能更好地规范公证活动。

1. 民事法律行为公证的出证条件。

（1）当事人具有从事该行为的资格和相应的民事行为能力。当事人是公证事项的权利义务主体，当其为一定的法律行为时，必须具有从事该行为的民事权利能力和民事行为能力。

（2）当事人的意思表示真实。即行为人在没有外在强制或诱惑的情况下，根据自己内心的真实效果，独立作出的意思表示。意思表示真实是法律行为生效的必要条件，也是办理法律行为公证的条件。如果在公证中发生欺诈、胁迫、乘人之危或重大误解等影响当事人真实意思表示的情况，应加以纠正，防止违法行为的发生，确保公证的质量。

（3）该行为的内容和形式合法，不违背社会公德。法律行为的合法包括内容合法和形式合法两个方面：在内容上不得损害国家、集体或他人的利益，不得违反法律和社会公共利益；在形式上应符合法律规定的各种形式要件，并成为法律行为成立的有效要件。

（4）《公证法》规定的其他条件。

2. 有法律意义的事实或者文书公证的出证条件。

（1）该事实或者文书与当事人有利害关系。该事实或文书对当事人的权利义务或活动产生一定的法律效果。

（2）事实或者文书真实无误。真实无误，是指事实或文书是客观存在的，不是虚假或伪造的，事实或文书的内容与客观实际相一致，不得夸大、缩小或任意改变。

（3）事实或者文书的内容和形式合法，不违背社会公德。

（4）《公证法》规定的其他条件。

3. 文书上的签名、印鉴、日期公证的出证条件。

（1）其签名、印鉴、日期应当准确、属实。

（2）文书的副本、影印本等文本的公证，其文本内容应当与原本相符。

4. 具有强制执行效力的债权文书公证的出证条件。

（1）债权文书以给付货币、物品或者有价证券为内容。

（2）债权债务关系明确，债权人和债务人对债权文书有关给付内容无疑义。

（3）债权文书中载明当债务人不履行或者不适当履行义务时，债务人愿意接受强制执行的承诺。

（4）《公证法》规定的其他条件。

（二）公证书的制作

公证书的制作有严格的要求，必须由具备公证员资格的公证员按照司法部规定的格式制作签章。制作程序主要包括草拟、审批、编号、打印、盖章等，涉外公证书还需要翻译和有关部门的认证。公证书一般包括以下几个方面的内容：

1. 公证书编号。编号采用按年度、公证机构代码、公证书类别、公证书编码。

2. 当事人及其代理人的基本情况。当事人及其代理人是自然人的，应写明其姓名、性别、年龄、住址等；当事人是法人的，应写明法人名称、法定代表人、住所等。

3. 公证证词。这是公证书的核心内容，应写明公证证明的事项、具体范围和内容，以及适用的法律、法规等。

4. 承办公证员的签名（签名章）、公证机构印章。

5. 出证日期。

需要注意的是，公证证词证明的文书也是公证书的组成部分，无论是当事人手写的还是公证机构打印的文书，只要是在公证证词中予以证明的，均是公证书的组成部分，与公证证词具有同等法律效力。

制作公证书应当使用全国通用的文字。在民族自治地方，根据当事人的要求，可以同时制作当地通用的民族文字文本，两种文字的文本具有同等效力；发往我国的香港、澳门、台湾地区使用的公证书应当使用全国通用的文字；发往国外使用的公证书应当使用全国通用的文字，根据需要和当事人的要求，公证书可以附外文译文。

（三）公证书的发送

公证书制作完毕后，公证机构应当依法将公证书发送给当事人。公证书可以由当事人自己到公证机构领取，也可以委托其代理人到公证机构领取，还可以应当事人的要求由公证机构发送。

当事人领取公证书应当出示领取凭证和身份证件；如果代理人领取公证书，原则上要出示委托书、领取凭证和身份证件；如果要求公证机构代为发送的，当事人应当交付寄送费用、载明明确的地址等。公证机构应保留寄送凭证，以备查询。当事人或其代理人收到公证书的，应当在回执上签收。

对于发往国外使用的公证书，使用国要求先认证的，应当经中华人民共和国外交部或者外交部授权的机构和有关国家驻中华人民共和国使（领）馆认证。

四、公证期限、终止公证和不予办理公证

（一）公证期限

公证期限是公证机构办理公证事项和处理某些公证事务的法定时间限制。公证期限的意义在于保证公证机构及时有效地依法履行职责，并保护当事人的合法权益。

办证期限是指公证机构办理公证事项从受理到办结的最长期限。一般情况下，公证机构经审查，认为申请提供的证明材料真实、合法、充分，申请公证的事项真实、合法的，应当自受理公证申请之日起15个工作日内向当事人出具公证书。但是因不可抗力、补充证明材料或者需要核实有关情况的，所需时间不计算在期限内。公证机构委托异地公证机构核实公证事项及其有关证明材料的，受委托的公证机构收到委托函后，应当在1个月内完成核实。因故不能完成或者无法核实的，应当在上述期限内函告委托核实的公证机构。

对现场监督公证而言，公证期限是7日。办理招标投标、拍卖和开奖等现场监督公证的，现场宣读公证证词后7日内将公证书发送当事人。办理提存公证的，公证机构应当从提存之日起3日内出具提存公证书。

（二）终止公证

终止公证，是指公证申请受理后，在办理公证的过程中，由于出现法定事由致使公证事项不能继续办理，或者继续办理已无意义时，作出的停止公证程序的决定。终止公证是公证程序的一种特殊的结束方式。

1. 终止公证的法定情形。公证事项出现下列情形之一的，公证机构应当终止公证：

（1）因当事人的原因致使该公证事项在 6 个月内不能办结的；

（2）公证书出具前当事人撤回公证申请的；

（3）因申请公证的自然人死亡、法人或者其他组织终止，不能继续办理公证或者继续办理公证已无意义的；

（4）当事人阻挠、妨碍公证机构及承办公证员按规定的程序、期限办理公证的；

（5）其他应当终止的情形。

2. 终止公证的程序规则。终止公证的，由承办公证员写出书面报告，报公证机构负责人审批。报告的内容主要包括：所办理公证事项的概况和办理现状、当事人基本情况、终止公证的事实和理由以及承办公证员本人的处理意见。终止公证的决定应当书面通知当事人或其代理人。终止公证的，公证机构应当根据终止的原因及责任，酌情退还部分公证费。

（三）不予办理公证

不予办理公证是指在办理公证的过程中，公证机构发现证明对象不真实、不合法或者当事人有妨害公证活动的行为时，拒绝给予办理公证。

1. 不予办理公证的法定原因。根据《公证法》第 31 条和《公证程序规则》第 48 条的规定，有下列情形之一的，公证机构不予办理公证：

（1）无民事行为能力人或者限制民事行为能力人没有监护人代理申请办理公证的；

（2）当事人与申请公证的事项没有利害关系的；

（3）申请公证的事项属专业技术鉴定、评估事项的；

（4）当事人之间对申请公证的事项有争议的；

（5）当事人虚构、隐瞒事实，或者提供虚假证明材料的；

（6）当事人提供的证明材料不充分或者拒绝补充证明材料的；

（7）申请公证的事项不真实、不合法的；

（8）申请公证的事项违背社会公德的；

（9）当事人拒绝按照规定支付公证费的。

2. 不予办理公证的程序规则。不予办理公证的，由承办公证员写出书面报告，报公证机构负责人审批。不予办理公证的决定应当书面通知当事人或其代理人。不予办理公证的，公证机构应当根据不予办理的原因及责任，酌情退还部分或者全部公证费。

第四节　公证的特别程序

公证的特别程序，是指公证机构在办理某些特殊类别的公证事项时，依法所适用的程序。它区别于普通程序，但仍是公证程序的组成部分。由于它只是适用于法律规定的特定公证事项，在办理公证事务时，依据特别法优于普通法的法律原则，就应当优先适用特别程序。没有特别程序规定的，才适用普通程序。依照法律规定，公证的特别程序适用的范围有：招标投标、拍卖和开奖公证、保全证据公证、出具执行书和公证调解等。

一、招标投标、拍卖和开奖公证的特别程序

（一）概念

1. 招标投标。招标投标，是指招标方以公告或邀请的方式，将其招标的项目和招标程序公布于众，愿意承担该项目的自然人、法人或者其他组织，按照招标人的要求进行投标，招标人从中选出最佳投标，并与该投标人签订合同的活动。

招标投标公证，是指公证机构根据招标方的请求，依照法定程序，确认招标投标各项主体资格及整个活动的真实性、合法性的证明活动。招标投标的公证对于完善招标投标机制，规范招标投标行为，保护招标投标各方的合法权益，促进市场经济的发展有着重要意义。

2. 拍卖。拍卖是指拍卖人按照事先公告的程序，公开叫价，竞争购买的活动。拍卖公证是指公证机构根据拍卖人的申请，依照法定程序，证明其拍卖活动的真实性、合法性的证明活动。

3. 开奖。开奖，是指对设定的奖品、奖金，采取抽奖、摇奖或评奖的方式确定中奖人的活动。开奖公证，是指公证机构根据有奖活动主办单位的申请，依照法定程序，对抽奖、摇奖或评奖活动的真实性、合法性予以证明的活动。

（二）共同特征

1. 一般是采取现场公证。基于招标投标、拍卖和开奖活动的特殊性，通常由主办方申请公证机构到现场公证。

2. 是特定人与不特定的多数人进行的活动。申请公证的事项有多方主体参加，但除主办方以外，其他参加主体在申请公证的活动开始前处于不特定状态，所以公证申请通常由主办现场活动的一方提出，公证机构在受理阶段也是仅对主办方的资格进行审查。

3. 具有公开性和竞争性。现场活动的主办方必须在活动举办前拟定活动规则，并以适当的方式公开；在活动中均以公开竞争的方式确定其中标人、应买人或中奖人。

4. 一次性完成。整个活动是一次性完成的，无法重复进行。

（三）招标投标、拍卖和开奖公证的办理

1. 由特定的一方当事人向公证机构申请办理公证。

2. 公证机构指派两名公证员亲临现场，依照有关规定，通过事前审查、现场监督，对公证事项的真实性、合法性进行证明。

3. 经审查核实，该公证事项真实合法的，现场宣读公证证词，并在宣读后7日内将《公证书》发送给当事人，该《公证书》自宣读公证证词之日起生效。

4. 办理现场监督类公证，承办公证员发现当事人有弄虚作假、徇私舞弊、违反活动规则、违反国家法律和有关规定行为的，应当及时要求当事人改正。当事人拒不改正的，不予办理公证。

二、保全证据公证的特别程序

保全证据公证是指在诉讼活动外，公证机构根据自然人、法人或其他组织的申请，依照法定程序对日后可能灭失或者难以取得的证据，事先加以提取、收存、固定、描述等方式进行保全的活动。

（一）对证据的审查

保全证据行为并不必然具有合法性，其是否具有合法性，取决于证据的取得方式。如果证据是采用法律法规禁止的方式取得的，比如以侵害他人合法权益或者违反法律禁止性规定的方法取得的证据，则不能作为认定案件事实的依据。因此公证机构在保全证据的过程中要严格审查下列内容：①申请保全的证据来源；②保全证据的方式、方法以及被保全的证据的取得是否侵害他人的合法权益；③保全的证据是否与当事人有利害关系；④参与保全证据的相关人是否具有相应的资格；等等。

（二）保全证据公证的办理

1. 由当事人向公证机构提出证据保全的申请。

2. 公证机构派员外出办理公证，应当由2人共同办理，其中至少1人是公证员，承办公证员应当亲自办理。

3. 公证员对证据的合法性进行审查，审查合格的予以公证，如果承办公证员发现当事人是采用法律、法规禁止的方式取得证据的，应当不予办理公证。

三、出具执行证书的特别程序

关于出具执行证书程序，《公证法》并未作出明确规定，该程序设计的主要依据是2000年9月21日最高人民法院和司法部《关于公证机关赋予强制执行效力的债权文书执行有关问题的联合通知》。《公证程序规则》第55条第1款亦规定："债务人不履行或者不适当履行经公证的具有强制执行效力的债权文书的，公证机构可以根据债权人的申请，依照有关规定出具执行证书。执行证书应当在法律规定的执行期限内出具。"

《公证程序规则》第39条规定了具有强制执行效力的债权文书的公证，应当符合下列条件：①债权文书以给付货币、物品或者有价证券为内容；②债权债务关系明确，债权人和债务人对债权文书有关给付内容无疑义；③债权文书中载明当债务人不履行或者不适当履行义务时，债务人愿意接受强制执行的承诺；④《公证法》规定的其他条件。债权文书被赋予强制执行效力以后，在债务人不履行或者不适当履行债务时，债权人为了实现债权，还必须凭经过公证的具有强制执行效力的债权文书向原公证机构提出出具执行证书的申请，公证机构依照有关规定出具执行证书后，当事人再凭公证书和执行证书向人民法院申请执行。执行证书的内容并不是具有强制执行效力的债权公证文书的内容的简单重复，它需要对债权债务既成事实和变化加以确认，出具执行证书既是对债务人动态履行事实的审查，同时又标志着执行程序的启动。

公证机构出具执行书时应当注意以下几个事项：

1. 赋予债权文书强制执行效力的公证书是本公证机构出具的。

2. 当事人申请公证机构出具执行证书的原因是债务人有拒绝履行、迟延履行或者瑕疵履行的情形。

3. 执行证书应当载明申请人、被申请执行人、申请执行标的和申请执行的期限，债务人已经履行的部分，应当在申请执行标的中予以扣除。因债务人不履行或者不适当履行而发生的违约金、滞纳金、利息等，可以应债权人的要求列入申请执行标的。

4. 关于执行证书出具的期限。《公证法》没有明确规定出具执行证书的期限，但司法部有相关规定，即债权人申请公证机构出具执行证书的，应当适用《民事诉讼法》。2012 修改通过的《民事诉讼法》第 239 条规定："申请执行的期间为 2 年。申请执行时效的中止、中断，适用法律有关诉讼时效中止、中断的规定。前款规定的期间，从法律文书规定履行期间的最后一日起计算；法律文书规定分期履行的，从规定的每次履行期间的最后一日起计算；法律文书未规定履行期间的，从法律文书生效之日起计算。"因此债权人申请公证机构出具执行证书的，应当在《民事诉讼法》第 239 条规定的期限内提出；逾期提出的，公证机构不予受理。

5. 出具执行证书后，公证机构应当告知申请人有执行管辖权的人民法院。根据《民事诉讼法》第 238 条的规定，对公证机构依法赋予强制执行效力的债权文书，一方当事人不履行的，对方当事人可以向有管辖权的人民法院申请执行，受申请的人民法院应当执行。但公证债权文书确有错误的，人民法院裁定不予执行，并将裁定书送达双方当事人和公证机关。

四、公证调解的特别程序

调解是通过说服教育和劝导协商，在当事人双方互相谅解的基础上解决纠纷的措施，是处理民事、经济、刑事自诉、行政赔偿案件的重要方式之一。调解可以分为诉讼外调解和诉讼内调解，其中诉讼外调解又包括人民调解、行政调解和仲裁调解等。公证机构开展的公证调解属于诉讼外调解的范畴。

公证调解是指公证机构根据当事人的申请，针对经过公证的事项在履行过程中发生的纠纷，依照法律和事实，对当事人双方进行说服教育、劝导协调，促使当事人之间和解，消除纠纷的活动。与其他调解主要是诉讼调解和仲裁调解相比，公证调解有以下几个特点：

1. 公证调解具有非强制性。公证调解基于当事人的自愿申请而启动，当事人有权自主决定是否进行调解。公证调解的程序和结果不具有强制性，对于正在进行的公证调解和已经达成的协议的公证调解，当事人可以反悔，寻求其他救济方式。

2. 公证调解对象的有限性。一般进入诉讼和仲裁的案件都可以通过调解程序加以解决，但是对于公证调解而言，只有纠纷发生前进行过公证的案件才可以进行调解，对于没有经过公证的案件一般不予调解。

3. 公证调解的附加性。在诉讼和仲裁制度中，调解是一种与判决裁决程序并行的纠纷处理程序，是诉讼和仲裁的组成部分。在公证制度中，公证证明是公证机构的主要业务，公证程序一般基于公证证明的结束而终结，公证调解并不必然是公证程序的组成部分。公证调解是公证机构提供的一种附加性法律服务，是公证机构已经履行完公证职责之后的附加活动。对纠纷的调解是基于当事人的信任作出的，是深化公证法律服务的需要。

预防纠纷，减少诉讼，维护社会主义法治和正常的民事、经济流转秩序，是公证机构的主要任务。公证机构主要是通过办理公证来实现上述任务的，但公证不是保证，经过公证的民事法律行为在履行过程中经常会发生纠纷，这就需要公证机构帮助解决。经过公证的事项在履行过程中发生争议后，当事人可以请求出具公证书的公证机构进行调解，公证机构应当受理并进行调解。

经过公证程序调解后，当事人之间达成协议并申请公证的，只要符合公证申请条件，公证机构可以办理公证，对于当事人在履行过程中再次发生的纠纷，基于当事人的申请，公证机构仍然可以给予公证调解。当事人之间达成调解协议但并没有申请公证的，公证机构不能强制当事人必须办理公证，对当事人在履行过程中再次发生的纠纷，公证机构不再给予公证调解。在调解过程中当事人放弃调解、无法达成调解协议或者达成调解协议后又反悔的，公证机构应当及时告知当事人向法院起诉或者依法提请仲裁，不得要求当事人继续调解。

第五节　公证救济

公证争议是指当事人、公证事项的利害关系人认为公证书有错误，而与公证机构就错误是否存在、过错责任和公证赔偿数额所发生的争议。公证救济是指当事人或者公证事项的利害关系人在其合法权益受到或者可能受到公证活动的侵害时，可依法请求纠正公证行为、赔偿损失的活动。公证救济主要包括向公证协会投诉、向人民法院提起民事诉讼和公证机构复查三种途径。

一、公证投诉

当事人、公证事项的利害关系人对公证机构作出的撤销或者不予撤销公证书的决定有异议的，可以向地方公证协会投诉。公证投诉制度的建立有利于增强公证行业的公信力，维护公证机构的声誉和公证投诉人的合法权益，有利于查处投诉工作的制度化、规范化。其主要特点有：

1. 公证投诉的主体是当事人和公证事项的利害关系人。

2. 公证投诉的受理机构是被投诉公证机构所在地的公证协会。我国公证管理体制实行的是司法行政机关行政管理和公证协会行业管理相结合的管理模式。依据《公证法》的规定，公证协会是公证业的自律性组织，依据章程开展活动，对公证机构、公证员的执业活动进行监督。公证协会经授权，有权处理当事人、公证事项的利害关系人的投诉。

3. 公证投诉的原因是当事人、公证事项的利害关系人对公证机构作出的撤销或者不予撤销公证书的决定有异议。

二、民事诉讼

当事人、公证事项的利害关系人对公证书涉及当事人之间或者当事人与公证事项的利害关系人之间实体权利义务的内容有争议的，公证机构应当告知其可以就该争议向人民法院提起民事诉讼。

当事人、公证事项的利害关系人因实体权利义务发生争议提起民事诉讼的条件有：①必须是当事人、公证事项的利害关系人之间对公证事项涉及的实体权利义务内容产生的争议；如果不是实体的权利义务争议，则不能通过民事诉讼解决。②争议的性质必须是民事争议。③争议发生在当事人之间或者当事人与公证事项的利害关系人之间。

就公证事项争议提起民事诉讼所要遵循的规则，适用我国的《民事诉讼法》。

三、公证复查

公证复查是指公证机构根据当事人、公证事项的利害关系人的申请，对相关的公证书进行复查并作出相应处理决定的活动。《公证法》第39条规定："当事人、公证事项的利害关系人认为公证书有错误的，可以向出具该公证书的公证机构提出复查。公证书的内容违法或者与事实不符的，公证机构应当撤销该公证书并予以公告，该公证书自始无效；公证书有其他错误的，公证机构应当予以更正。"其目的是保障当事人、公证事项的利害关系人的合法权益。

（一）复查申请

复查申请应当以书面形式提出，载明申请人认为公证书存在的错误及其理由，提出撤销或者更正公证书的具体要求，并提供相关证明材料。

当事人认为公证书有错误的，可以在收到公证书之日起一年内，向出具该公证书的公证机构提出复查申请。公证事项的利害关系人认为公证书有错误的，可以自知道或者应当知道该项公证之日起一年内向出具该公证书的公证机构提出复查申请，但能证明自己不知道的除外。提出复查申请的期限自公证书出具之日起最长不得超过20年。

（二）复查审理

公证机构收到复查申请后，应当指派原承办公证员之外的公证员进行复查，且应当自收到复查申请之日起 30 日内完成复查，作出复查处理决定，发给申请人。需要对公证书作撤销或者更正、补正处理的，应当在作出复查处理决定后 10 日内完成。复查结论及处理意见，应当报公证机构的负责人审批。复查处理决定及处理后的公证书，应当存入原公证案卷。

公证机构办理复查，因不可抗力、需要补充证明材料或者需要核实有关情况的，所需时间不计算在上述规定的期限内，但需要补充证明材料或者需要核实有关情况的，最长不得超过 6 个月。

公证机构进行复查，应当对申请人提出的公证书的错误及其理由进行审查、核实，区别不同情况，按照以下规定予以处理：

1. 公证书的内容合法、正确，办理程序无误的，作出维持公证书的处理决定；

2. 公证书的内容合法、正确，仅证词表述或者格式不当的，应当收回公证书，更正后重新发给当事人；不能收回的，另行出具补正公证书；

3. 公证书的基本内容违法或者与事实不符的，应当作出撤销公证书的处理决定；

4. 公证书的部分内容违法或者与事实不符的，可以出具补正公证书，撤销对违法或者与事实不符部分的证明内容；也可以收回公证书，对违法或者与事实不符的部分进行删除、更正后，重新发给当事人；

5. 公证书的内容合法、正确，但在办理过程中有违反程序规定、缺乏必要手续的情形，应当补办缺漏的程序和手续；无法补办或者严重违反公证程序的，应当撤销公证书。

被撤销的公证书应当收回，并予以公告，该公证书自始无效。公证书被撤销的，所收的公证费按以下规定处理：

1. 因公证机构的过错撤销公证书的，收取的公证费应当全部退还当事人；

2. 因当事人的过错撤销公证书的，收取的公证费不予退还；

3. 因公证机构和当事人双方的过错撤销公证书的，收取的公证费酌情退还。

公证机构撤销公证书的，应当报地方公证协会备案。

■思考题

1. 简述公证当事人需要具备的条件。

2. 简述公证和外交认证的区别。

3. 公证机构受理公证申请的一般程序有何具体规定？

4. 公证机构在什么情况下可以终止公证？

5. 试论公证争议解决的方法。

■参考书目

1. 徐新跃主编：《公证与律师制度》，法律出版社 2002 年版。
2. 马宏俊主编：《公证实务》，北京大学出版社 2012 年版。
3. 张文章主编：《公证制度新论》，厦门大学出版社 2006 年版。
4. 王胜明、段正坤主编：《中华人民共和国公证法释义》，法律出版社 2006 年版。
5. 司法部、中国公证协会编：《公证程序规则释义》，法律出版社 2006 年版。

第二十一章　公证的效力

■ **学习目的和要求**

　　本章结合《公证法》和《民事诉讼法》的相关规定，阐述了公证的三种效力的含义和各自的范围。本章理论性较强，在学习过程中要着重理解公证效力的种类和各自的含义。

　　公证的效力，是指公证证明在法律上的作用和约束力。公证之所以产生效力，是公证机构以其自身的信用为担保，依照法定的程序和条件，对申请公证事项的真实性、合法性进行严格审查核实的结果。

　　根据《公证法》、《民事诉讼法》及相关法律的规定，公证具有三种基本的法律效力：证明效力、强制执行的效力和法定公证的效力。

第一节　证明效力

一、证明效力的含义

　　证明效力，是指公证证明的内容是一种可靠的证据，在诉讼中具有不同于一般证据的证明力。《公证法》第36条对公证的证明效力作出了规定："经公证的民事法律行为、有法律意义的事实和文书，应当作为认定事实的根据，但有相反证据足以推翻该项公证的除外。"目前，我国的理论界和实务界对公证这一效力的表述不尽一致，有的称之为证据效力，有的称之为证明效力，还有的将两者混合使用。我们认为，证明效力的表述可能更全面、更准确一些，证据效力没有完全揭示公证效力的深刻内涵。首先，从公证活动的实质看，公证是公证机构依照法定程序对民事法律行为、有法律意义的事实和文书的真实性、合法性予以证明的活动。公证活动实质上是一种法律证明活动，公证所起的作用是证明作用，这种作用主要表现为，根据法律的规定，经公证证明的事实应当作为认定事实的根据，当事人无需举证证明。其次，从词源词义上看，根据《现代汉语词典》的解释：证据，是指能够证明某事物真实性的有关事实或材料；证明，是指用可靠的材料来表明或断定人或事物的真实性。也就是说，证据是一种事实或材料，是一种静态的描述；而证明是判断真实性的过程，是一种动态的描述，这种对事物真实性的判断与公证活动的实质是完全一致的。从一定意义上讲，证据效力侧重于事实判断，而证明效力侧重于价值判断。再次，从实践情况看，在一般情况下，公证文书本身并不是证据，作为证据的只是它所证明的对象。从《公证法》第 36 条的表述也可以看出这一点，只有根据法律规定或当事人约定，公证作为法律行为的生效要件或成立要件时，公证文书本身才直接作为证据使用。可见，证据效力的表述带有片面性。最后，从国外立法看，法国是现代公证制度的起源地，《法国公证法》第 19 条规定："公证证书不仅具有裁判上的证明力，而且在法兰西共和国的全部领域内具有执行力。"这一规定清楚地表明，公证效力主要包括证明力和执行力。

二、证明效力的来源

1. 公证的证明效力具有法定性，公证的证明力直接源于法律的规定，它排除了法官的自由心证。这是公证证明与其他证明最根本的区别。比如，我国《民事诉讼法》第 67 条第 2 款规定："人民法院对有关单位和个人提出的证明文书，应当辨别真伪，审查确定其效力。"而该法第 69 条规定："经过法定程序公证证明的法律事实和文书，人民法院应当作为认定事实的根据，但有相反证据足以推翻公证证明的除外。"法律直接推定公证证明的事实为真实，并赋予其完全的证明力。最高人民法院《关于适用〈中华人民共和国民事诉讼法〉若干问题的意见》和最高人民法院《关于民事证据的若干规定》均规定，已为有效公证书所证明的事实，当事人无需举证。《公证法》在现有规定的基础上，又对公证的证明效力作了进一步的扩张。与大陆法系国家相比较，从制度规定上讲，我国公证的证明力的地位更加突出，因为，在我国除了公证书可以排除法官自由心证外，其他所有证明文书的证明力均需经法庭审查后确定。而在大陆法系国家，具备一定形式要件的所有文书都排斥法官自由心证，公证书只是这类文书中的一种。

2. 公证是公证机构根据自然人、法人或者其他组织的申请，依照法定程序对民事法律行为、有法律意义的事实和文书的真实性、合法性予以证明的活动。遵守法律，坚持客观公正的原则是法律对公证活动的最基本要求。

三、证明效力的范围

1. 公证的证明效力具有普遍性。主要表现在：

（1）从领域上讲，公证的证明效力不仅存在于当事人之间，还广泛体现在司法诉讼活动、行政管理活动、仲裁调解活动、日常民商事活动之中。

（2）从空间上讲，公证的证明效力不仅在国内有效，还具有域外效力，它不受政治制度、意识形态、文化传统等因素的影响。从某种意义上讲，公证文书是唯一能够通用于全球的有效法律文书。目前，我国的公证文书已经发往 100 多个国家和地区使用。

（3）从时间上讲，公证证明的效力不因时间流逝而改变，它可以永久存续下去。鉴于此，《公证档案管理办法》对公证档案保管期限作出明确规定，对一些重要的公证档案要求列为永久卷，一直保存下去。

2. 公证的证明效力具有优先性。这是从公证证明力强弱的角度考察的。公证文书不管用于何种场合，都较其他文书具有更强的证明力。公证书在法院诉讼、仲裁机构的仲裁、人民调解委员会的调解、行政机关办理与行政相对人有关的行政事务等活动中，都具有优于一般证据的证明力。"文书证明力优先"是法国民事证据制度最具特色之处。尽管我国的《民事诉讼法》、《公证法》没有明确规定这个原则，但在公证证明效力的规定上也体现了这种精神。因为，从逻辑上讲，如果将公证文书作为认定事实的依据，同时也就意味着经公证的事实在证明效力上是强于其他证明材料的，除非存在与公证证明相反的证据并达到足以推翻公证证明的程度。比如，我国《继承法》第 20 条第 3 款规定："自书、代书、录音、口头遗嘱，不得撤销、变更公证遗嘱。"这一规定表明，当存在多份遗嘱时，无论其内容是否相抵触，如果有公证遗嘱，则应当以公证遗嘱为准，公证遗嘱具有优先的证明力。

四、证明效力的相对性

公证的证明效力是法律推定的，既然是推定，则是允许当事人提出反证予以推翻的，这在民事诉讼制度上称之为"可反驳的推定"，这是各国立法的通例。从《公证法》第 36 条的规定看，在承认经过公证的民事法律行为、有法律意义的事实和文书具有法定的证明效力的前提下，允许当事人、公证事项的利害关系人提出相反的证据予以推翻。根据《民事诉讼法》第 69 条的规定，相反证据足以推翻公证证明的，应当否定公证证明的效力。对于公证而言，不能因为其具有极强的法律效力就不加怀疑地将其作为证据，还应考虑各种导致公证书不真实、不合法的情况。因此，不能认为公证书具有无可辩驳的证明力。把公证文书的效力绝对化，就会剥夺当事人提出证据以维护其合法权利的抗辩权。在民事诉讼过程中，对于当事人提交的公证证明，法院也应当进行审查，判断证据的真伪，必要时应当向公证机构调查核实；同时，还要审查公证书与其他证据之间有无矛盾，经过审查判断后，没有足够证据推翻公证时，才应认定公证的效力。从这个意义上说，公证的证明效力不是绝对的，而是相对的。

例如，2007 年 3 月 12 日，家住重庆市南岸区的程女士拿到母亲生前公证的遗嘱，她对遗嘱内容产生怀疑：母亲程清华为什么只留给自己几张桌椅，而哥哥却得了房产？发现公证程序疑点后，程女士将南岸区公证处告上法庭，请求撤销遗嘱公证书。南岸法院经审理后认为，南岸区公证处 1997 年 4 月 23 日在办理该公证书时有如下不当之处：一是公证员在为程清华老人代书遗嘱时，无 2 个以上的见证人见证，遗嘱也没有代书人和其他见证人的签名，公证处对程清华老人所作出的遗嘱公证，证明对象不符合《中华人民共和国继承法》有关规定；二是司法部《公证程序规则》规定遗嘱公证应由 2 名公证员共同办理，而南岸区公证处在办理该公证时，只有一名公证员。最终法院判决撤销南岸区公证处为程清华老人制作的遗嘱公证书。

第二节　强制执行的效力

一、公证的强制执行效力的含义

公证的强制执行效力是指公证机构依法赋予强制执行效力的债权文书，债务人不履行义务时，债权人可以直接向有管辖权的人民法院申请强制执行，不再经过诉讼程序，人民法院应当采取强制执行措施。

一般情况下，公证文书仅有证明效力，而不产生强制执行效力。但是，对于经过公证的债权文书，法律赋予了其强制执行的效力，这主要是考虑到对于一些债权债务关系比较简单的债权文书，当事人在申请办理公证时，各自的权利和义务均已明确，并对违约的后果即强制执行作出了承诺，这样一旦债务人不履行债务，债权人就可以直接持债权文书向人民法院申请强制执行，无需再经过诉讼或者仲裁程序，这样，有利于减少诉讼和仲裁案件，减轻法院和仲裁机构的负担。对当事人来说也比较便捷，节省了时间和财力，有利于纠纷的及时解决。同时，债权文书经过公证后，债务人更加明确了不履行债务会给自己带来的不利因素，从而加强履约的责任心，有助于防止纠纷的发生。此外，根据我国审判和仲裁程序的规定，民事纠纷的解决需要一定的时间，允许债权人可以直接持经公证的债权文书向人民法院申请强制执行，可以有效地防止债务人在案件受理和诉讼期间转移财产，逃避债务，从而保证债权的实现。

《公证法》第 37 条对公证的强制执行效力作出了完整的表述。公证的执行效力是以证明效力为基础的，是证明效力的自然延伸。法律之所以能够赋予公证债权文书以强制执行效力，主要基于以下三个原因：①这种债权文书以给付为内容，具有可执行性；②当事人就强制执行达成一致意见，债务人有接受强制执行的承诺；③公证证明能够确保债权文书的真实性、合法性，从而达到与法院裁判同样清晰、确定的程度，可以作为执行的根据。

德国、日本、我国台湾地区等部分大陆法系国家和地区的法律中，都明确规定经公证的债权文书系执行名义之一。比如，《日本民事诉讼法》第 22 条规定："根据下列文书进行强制执行……⑤对于支付一定金额或者给付其他替代物或一定数额的有价证券的请求，由公证人做成的，记载债务人立即服从强制执行的公证文书……"；我国台湾地区的"强制执行法"第 4 条规定："强制执行，依下列执行名义……④依公证法规定的为强制执行之公证书……"

二、具有强制执行效力的债权文书

公证的强制执行效力是通过公证机构赋予强制执行效力的债权文书体现出来的。具有强制执行效力的债权文书，是指公证机构根据债权人的申请，认为无疑义的，依法出具公证书并赋予强制执行力的债权文书，与人民法院的判决同样具有强制执行的法律效力。公证机构运用这一手段预防并解决那些事实清楚、是非明确的债权债务纠纷，能有效地节省诉讼时间，避免日后陷入繁琐的诉讼之中。

（一）出具强制执行效力公证文书的条件

根据《公证程序规则》第39条规定，公证机构赋予强制执行效力的债权文书应具备以下条件：

1. 债权文书以给付一定货币、物品或有价证券为内容。赋予强制执行效力的债权文书要求其内容必须适宜强制执行，否则，赋予强制执行效力的公证行为就失去了意义。根据《公证法》的规定，公证机构只能对以给付货币、物品、有价证券为内容的债权文书赋予强制执行效力。

2. 债权债务关系明确，债权人和债务人对债权文书有关给付内容无疑义。赋予债权文书强制执行力的目的在于预防和迅速解决纠纷。如果债权债务关系不明确，则无法起到预防纠纷和迅速解决纠纷的目的。同时，如果当事人之间对给付内容有争议，公证机构一般也不能予以公证。

3. 债权文书中载明债务人不履行义务或不完全履行义务时，债务人愿意接受强制执行的承诺。债权文书必须有债务人愿意接受强制执行的承诺，如果债务人未表示或者表示的意思不明确，则表明债务人未放弃诉权，所以，债权人只能通过诉讼或者仲裁程序解决纠纷，而不宜在债务人未履行债务时，直接向人民法院申请强制执行。德国、奥地利、日本等国家的法律，也要求债权文书应当载明债务人愿受即时强制执行的意志或声明，或者债务人在该债权文书中明确承认该公证文书具有即时执行的效力。

4.《公证法》规定的其他条件。

（二）公证机构赋予强制执行效力的债权文书的范围

根据《公证法》的规定，公证可以分为民事法律行为公证、有法律意义的事实公证、有法律意义的文书公证。在这三种公证中，只有民事法律行为能够被赋予强制执行效力，因为只有民事法律行为是以债权文书的形式表现出来的。但也不是所有的经过公证的债权文书都能够具有执行效力，《公证法》又进一步设定了两个条件：①从客观上讲，债权文书必须以给付为内容；②从主观上讲，债务人必须要有自愿接受强制执行的承诺。这两个条件缺一不可。在《公证法》出台前，最高人民法院和司法部曾经下发了《关于公证机关赋予强制执行效力的债权文书有关问题的联合通知》的规定，将给付的内容限定为货币、物品、有价证券。但是，从民法理论上讲，给付应当包括金钱给付、物的给付及行为的给付，行为给付中的行为又包括作为和不作为。《公证法》并未对给付的内容作进一步的限定，给付内容中完全可以包括行为的给付，从而进一步扩展了公证执行效力的范围。可见，对给付的内容作出限制性的解释，将行为给付排除在给付范围之外，是不符合公证法立法精神的，同时也使公证文书的强制执行效果大打折扣。

三、公证的执行效力必须借助司法机关的强制力才能得以实现

公证机构的职责是依法对债权文书进行公证，从而使其成为法院的执行根据。

根据最高人民法院《关于人民法院执行工作若干问题的规定（试行）》规定，公证机构依法赋予强制执行效力的公证债权文书，由被执行人住所地或被执行财产所在地人民法院执行。离开了司法机关的配合，公证债权文书的强制执行效力就无法得到应有的保障。

四、公证的强制执行效力具有可异议性

公证的强制执行效力并不意味着对公证机构赋予强制执行效力的债权文书人民法院可以不加审查地强制执行。公证并不是对当事人的民事法律行为、有意义的法律事实和文书的最终确认，公证行为的效力仅限于证明法律事实或者证明当事人的真实意思。在公证证明过程中，由于各种因素的影响，也难免存在错误，因此人民法院在执行公证机构赋予强制执行效力的债权文书时，应该认真审查。《民事诉讼法》第238条第2款规定，公证债权文书确有错误的，人民法院裁定不予执行，并将裁定书送达双方当事人和公证机关。这说明人民法院对是否执行公证机构赋予强制执行效力的债权文书具有最终审查权，也体现了司法对公证的监督。但是，这里有一个重要的问题，就是谁有权提出异议。我们认为，这种异议权应当属于被执行人，即当事人、公证事项的利害关系人，法院不具有这种权力，它只能对公证机构依法赋予强制执行效力的公证债权文书作形式审查，不能以其职权主动提出异议。

一般来说，被执行人提出证据证明公证债权文书有下列情形之一的，执行法院经组成合议庭审查核实，应当裁定不予执行：①公证债权文书属于依法不得赋予强制执行效力的债权文书；②公证债权文书未载明债务人不履行或者不适当履行义务，愿意接受强制执行的；③债务人一方未亲自或者委托代理人到场公证的；④债务人未收到公证债权文书的；⑤公证债权文书的内容违背事实或违背法律的。公证债权文书被法院裁定不予执行的，当事人可以重新依法申请公证，也可以直接向法院起诉。

第三节　法定公证的效力

某些民事法律行为，按照法律规定或者当事人约定，只有经过公证证明才能发生法律效力，否则就不能发生法律效力，公证的这种效能称为法定公证效力。公证之所以能够具有使法律行为生效的效力，是因为国家通过法律规定将公证作为法律行为的生效要件，以便更好地规范民事法律主体的民事法律行为，保护自然人、法人和其他组织的合法权益，法律、法规关于公证使法律行为生效的强制性规定，当事人不得违反。这些民事法律行为即是法定公证事项。

一、法定公证效力的含义

法定公证效力，是指法律、行政法规规定采用公证形式设立、变更的法律行为或须经公证证明的法律事实、文书，自然人、法人或其他组织必须申请办理公证，公证机构应当依法给予公证；经过公证，其设立、变更法律行为，或者确认有法律意义的文书和事实的行为才能成立并发生法律效力。法律、行政法规规定应当公证的事项，有关自然人、法人或者其他组织应当向公证机构申请办理公证。

法定公证效力主要包含以下三层意思：

1. 法定公证效力不是指一种单一的法律效力。法定公证的效力可能是证明效力、法律行为成立或生效要件效力，也可能是公示及对抗第三人效力、不可撤销效力等。法定公证的效力到底是什么，取决于法律、行政法规的具体规定，取决于法律设定法定公证事项的目的与宗旨。

法定公证的效力主要有以下几种：一是证明效力。《婚姻登记条例》第5条第2款规定："办理结婚登记的香港居民、澳门居民、台湾居民应当出具下列证件和证明材料：①本人的有效通行证、身份证；②经居住地公证机构公证的本人无配偶以及与对方当事人没有直系血亲和三代以内旁系血亲关系的声明。"二是法律行为成立或生效要件效力。如《城市房屋拆迁管理条例》第14条规定："房屋拆迁管理部门代管的房屋需要拆迁的，拆迁补偿安置协议必须经公证机关公证，并办理证据保全。"在这种情况下，拆迁补偿安置协议只有经过公证后才能生效。三是公示及对抗第三人效力。《担保法》第43条规定："当事人以其他财产抵押的，可以自愿办理抵押物登记，抵押合同自签订之日起生效。当事人未办理抵押物登记的，不得对抗第三人。当事人办理抵押物登记的，登记部门为抵押人所在地的公证部门。"四是不可撤销效力。根据《合同法》第186条的规定，经过公证的赠与合同，赠与人在赠与财产的权利转移之前，不得撤销赠与。

2. 法定公证效力只能由法律、行政法规规定。法定公证事项和法定公证的法律效力都只能由法律、行政法规规定，地方性法规、部门规章和地方政府规章都无权创设法律、行政法规没有规定的法定公证事项和法定公证的法律效力。根据《立法法》第87条的规定，该法生效后，对于地方性法规、部门规章和地方政府规章中创设的法律、行政法规没有规定的法定公证事项和法定公证效力的有关规定，都应当由有权机关予以改变或者撤销。此外，《公证法》也明确规定，法定公证的创设权仅限于法律和行政法规，地方性法律和部门规章均不能设定法定公证事项。

3. 法定公证效力的实质是公证制度对民商事活动领域的强制介入。公证介入民商事活动有两种基本方式，一种是自愿选择介入，另一种是法定强制介入。法定公证即属于第二种方式。

二、法定公证的意义

法定公证制度，是国家运用公证制度保障民商事交易活动安全的重要手段，它有助于确定和保障民事法律行为意思表示的真实性、合法性。《德国民法典》将公证认证和做成公证书作为意思表示的"形式强制"而规定下来，它的主要目的有四个：①提醒行为人审慎决定；②确保意思表示真实；③永久性地保全证据；④减少或简化诉讼程序。在大陆法系国家，国家通过设置法定公证事项已经将公证制度的功能和作用发挥得淋漓尽致。相比较而言，目前我国法定公证的事项很少，法定公证效力体现得也不充分，但随着公证事业的发展和公证立法的完善，法定公证制度的功能与价值一定会为越来越多的人所认识，法定公证效力将会得到更加充分的体现。

三、法定公证的范围

目前我国法定公证主要有以下三种情况：

1. 根据法律、法规和行政规章的规定，某项法律行为必须经公证才能生效。目前，世界上许多国家在公证法中明确规定了法定公证事项的范围。如《日本公证人法》中规定，下列事项须经公证人公证：制作财产继承目录；确定有价证券是信托财产；对破产财产贴封条及确认财产评估的结果；对设立公司时的财产进行评估。《法国公证法》也规定五项内容须经法定公证：遗产的分割和拍卖；亲属关系的认定；赠与行为；不动产的买卖、分割、转让、抵押、拍卖和出租；债权的转让、抵押权和质权的设立与变更。我国《公证法》第38条和第11条第2款对法定公证效力的基本原则作出了规定，而在一些法律制度中也可以找到一些零散的规定，如《民事诉讼法》第264条规定："在中华人民共和国领域内没有住所的外国人、无国籍人、外国企业和组织委托中华人民共和国律师或者其他人代理诉讼，从中华人民共和国领域外寄交或者托交的授权委托书，应当经所在国公证机关证明，并经中华人民共和国驻该国使领馆认证，或者履行中华人民共和国与该所在国订立的有关条约中规定的证明手续后，才具有效力。"《继承法》及其解释规定，遗嘱人如需撤销、变更其原来所立的经过公证证明的遗嘱，仍须办理公证，否则，原来的公证遗嘱将继续有效，而遗嘱人自行立的撤销、变更原公证遗嘱内容的新遗嘱，则不能发生法律效力。

2. 由当事人之间约定某种法律行为必须办理公证。某些民事法律行为，虽然法律没有规定必须公证，但是，凡当事人双方商定某项法律行为必须经过公证才能成立，公证就是该项法律行为成立的必要条件。如果不办理公证，该项法律行为就不能成立，也就不发生法律效力。

3. 按照国际惯例、国际条约或双边协定，某些事项必须办理公证。根据国际惯例或双边协定，在国外使用的某些文书，必须经过公证，才能在域外发生法律效力。例如出国使用的学历证明、亲属关系证明等文书，都必须办理公证，但两国协议免除公证的除外。

四、法定公证的效力

根据法律、行政法规的规定，对于必须公证的法律事实、文书，如果欠缺公证要件，则不能起证明作用。人民法院或者其他机关对欠缺公证要件的法律事实或文书也不予认可。

对一些重大民事法律行为，为了防止侵害自然人、法人或其他组织的合法权益和影响社会秩序的结果发生，法律规定自然人、法人或其他组织必须到公证机构办理公证的，其设立、变更法律行为或者确认有法律意义的文书和事实的行为才能成立并发生法律效力。公证机构的公证对于当事人的法律行为而言，是其生效要件。

生效要件是法律行为发生法律效力、具有约束力的必要条件，欠缺公证要件，法律行为不发生当事人预期的法律效果。

■思考题

1. 公证有哪几种效力？各自的含义是什么？
2. 公证机关出具强制执行效力公证文书的条件是什么？
3. 公证作为法律行为成立要件的效力有哪几种情况？

■参考书目

1. 肖胜喜主编：《律师与公证制度及实务》，中国政法大学出版社 2003 年版。
2. ［德］迪特尔·梅迪库斯：《德国民法总论》，邵建东译，法律出版社 2001 年版。
3. 江晓亮主编：《公证员入门》，法律出版社 2007 年版。
4. 马宏俊主编：《公证实务》，北京大学出版社 2012 年版。
5. 张文章主编：《公证制度新论》，厦门大学出版社 2008 年版。

第二十二章 公证机构及公证员的法律责任

■ 学习目的和要求

本章重点介绍了在公证活动中，公证机构及公证员违反相关法律、行政法规、规章办理公证业务所应承担的法律责任，包括行政法律责任、民事法律责任与刑事法律责任。学习本章，应了解这三种法律责任分别适用的情形，重点掌握公证机构及公证员应承担的行政法律责任与民事法律责任。

公证机构及公证员办理公证，应当遵守法律，坚持客观、公正的原则。公证机构及公证员的法律责任是指公证机构及其公证员在办理公证业务时违反相关的法律规定，违反客观、公正的公证原则，从事了法律所禁止的行为，所应当承担的法律责任。公证机构及公证员的法律责任不完全等同于公证法律责任，公证法律责任有广义与狭义之分，广义的公证法律责任是指公证机构、公证员、公证当事人和参与公证活动的其他人员对其违反与公证有关的法律、法规、规章的行为所造成的危害结果所应当承担的法律责任。而狭义的公证法律责任即是本章所讲的公证机构及公证员的法律责任。

公证是公证机构和公证员行使国家证明权的活动。明确公证法律责任，对维护国家法制和公证工作秩序，预防、减少、制裁公证活动中的违法行为，督促公证机构和公证员恪尽职守，依法办事，不断提高办证质量，保护国家利益和公民、法人的合法权益，维护社会主义法制都具有重要意义。

公证机构及其公证员的法律责任，按责任主体的不同，可以分为公证员的法律责任和公证机构的法律责任；按责任性质的不同，可以分为行政法律责任、民事法律责任和刑事法律责任。

第一节 行政法律责任

在公证活动中，行政法律责任是指司法行政部门对于公证机构及公证员在办理公证活动或者其他与公证有关的活动时，因违反法律和有关公证管理的行政法规所给予的行政处分。根据《公证法》第41、42条的规定，公证机构与公证员在法定的12种情形下应承担相应的行政法律责任。

　　行政法律责任包括5种：警告、罚款、停止执业、没收违法所得和吊销执业证书。公证机构及公证员的行政法律责任有以下特点：①分级处罚原则。有权行使行政处罚权的主体共有两级，一级是省、自治区、直辖市人民政府司法行政部门，另一级是设区的市人民政府司法行政部门。应当注意，司法部和不设区的市、县、区人民政府司法行政部门在此没有行政处罚权。在5种形式的行政处罚中，警告、罚款、停止执业与没收违法所得这4种行政处罚，两级行政执法主体均有权作出，而吊销执业证书的行政处罚只能由省、自治区、直辖市人民政府司法行政部门作出。②责任法定原则。所谓责任法定原则，是指只有法律上明确规定的行为才能成为追究行政法律责任的依据，具体即法律规定的12种情形。

　　按照公证机构及公证员违反法律的程度不同，《公证法》规定了轻重不同的处罚，《公证法》第41条集中规定了对一般违法行为的行政责任，第42条则对较严重的违法行为规定了更为严重的行政处罚。

一、一般违法行为的行政法律责任

　　《公证法》第41条规定，公证机构及其公证员有下列行为之一的，由省、自治区、直辖市或者设区的市人民政府司法行政部门给予警告；情节严重的，对公证机构处1万元以上5万元以下罚款，对公证员处1000元以上5000元以下罚款，并可以给予3个月以上6个月以下停止执业的处罚；有违法所得的，没收违法所得：①以诋毁其他公证机构、公证员或者支付回扣、佣金等不正当手段争揽公证业务的；②违反规定的收费标准收取公证费的；③同时在两个以上公证机构执业的；④从事有报酬的其他职业的；⑤为本人及近亲属办理公证或者办理与本人及近亲属有利害关系的公证的；⑥依照法律、行政法规的规定，应当给予处罚的其他行为。

　　根据本条的规定，公证机构及其公证员将对下列行为，承担相应的行政法律责任：

　　1. 以诋毁其他公证机构、公证员或者支付回扣、佣金等不正当手段争揽公证业务。所谓"诋毁"，是指以不存在的或者虚假的信息对其他公证机构、公证员的声誉进行打击、破坏；所谓"回扣"，是指公证机构为了招揽业务，不正当地、直接或间接地向申请公证的当事人或者招揽到公证业务的其他人员提供的任何礼品、赏金或任何其他形式的补偿；所谓"佣金"，是指公证机构为了招揽业务，向申请公证的当事人或者招揽到公证业务的其他人员支付的服务酬金。实践中，佣金通常可分为"明佣"和"暗佣"，"明佣"即公证机构明确表示佣金数量或者表明佣金在公证费用中的比率；"暗佣"指公证机构没有明示佣金的多少，也没有明示佣金率，而是由双方私下确定的。

　　《公证法》规定公证证明权由公证机构统一行使，公证机构是行使公证证明权的唯一机构，但这并不排斥各公证机构之间的适度竞争。《公证法》第25条规定，自然人、法人或者其他组织申请办理公证，可以向住所地、经常居住地、行为地或者事实发生地的公证机构提出。申请办理涉及不动产的公证事项，应当向不动产所在地的公证机构提出；申请办理涉及不动产的委托、声明、赠与、遗嘱的公证，也可以向住所地、经常居住地、行为地或事实发生地的公证机构提出。由此可见，我国在办理公证业务中，仍然允许公证机构之间存在适度的竞争关系。由于竞争关系的存在，就有可能出现有的公证机构以诋毁其他公证机构、公证员或者支付回扣、佣金等不正当手段争揽公证业务的现象。这种现象将严重损害公证机构作为国家法定证明机构的形象，破坏正常的公证程序，降低公证质量，损害自然人、法人或者其他组织的合法权益，必须禁止这种不正当竞争。

2. 违反规定的收费标准收取公证费。公证机构是不以营利为目的的证明机构，不是市场经营主体，不能自己决定公证业务的收费标准。按照《公证法》的规定，公证费的收费标准由国务院财政部门、价格主管部门会同国务院司法行政部门制定。现行的全国性的公证收费标准是原国家发展计划委员会和司法部于1998年5月发布的《关于调整公证服务收费标准的通知》，该《通知》对各类公证业务的收费标准作出了明确的规定。

但是在实践中，常常出现一些公证机构擅自提高公证费用，任意向申请公证的当事人收取公证费用的现象，这违反了《公证法》的规定，加重了公证当事人的负担，必须对这种行为予以禁止。为此，《公证法》明确规定公证机构不得违反规定的收费标准收取公证费。如果公证机构违反规定的收费标准收取公证费的，应当承担行政责任。

3. 同时在两个以上公证机构执业。公证员是符合《公证法》规定的条件，在公证机构从事公证业务的执业人员。《公证法》规定，公证员的数量根据公证业务的需要确定。如果允许公证员在两个以上公证机构执业，就有可能违反该原则。此外，担任公证员，应当由符合公证员条件的人员提出申请，经公证机构推荐，由所在地的司法行政部门报省、自治区、直辖市人民政府司法行政部门审核同意后，报国务院司法行政部门任命，并由省、自治区、直辖市人民政府司法行政部门颁发公证员执业证书。《公证法》规定，公证机构应当建立业务、财务、资产等管理制度，对公证员的执业行为进行监督，建立执业过错责任追究制度。由此可见，从公证员的推荐到对公证员的监督，每个公证员都是与具体的公证机构联系在一起的，如果允许公证员在两个以上的公证机构执业，不但不利于对公证员的监督和管理，而且还会使公证秩序变得混乱，不利于公证活动正常有序地进行。所以，法律专门规定了公证员不得在两个以上公证机构执业。

4. 从事有报酬的其他职业。公证的价值与功效要求公证员持一种中立的态度，对各方当事人所追求的利益进行衡平。实践中常常出现公证员在从事公证业务的同时，还从事有报酬的其他职业，如有的公证员从事律师业务，有的直接或者间接经商办企业。这些活动不但不利于对公证员的管理，而且还损害了公证员的形象，削弱了公证机构及其公证员的公信力。公证员从事有报酬的其他职业，违反公证职责，有损公证职业的纯洁和尊严，应予禁止。鉴于此，司法部在（1985）司发公字第 117 号批复中明确规定，公证员不能兼做其他工作职务。《公证法》采纳了这一规定，在该法第 23 条就明确规定"公证员不得……从事有报酬的其他职业"。

5. 为本人及近亲属办理公证或者办理与本人及近亲属有利害关系的公证。公证是公证机构根据自然人、法人或者其他组织的申请，依照法定程序对民事法律行为，有法律意义的事实和文书的真实性、合法性予以证明的活动。经过公证的民事法律行为、法律事实和文书，除有相反证据足以推翻该项公证以外，应当作为认定事实的根据。对经公证的以给付为内容并载明债务人愿意接受强制执行承诺的债权文书，债务人不履行或者履行不适当的，债权人可以依法向有管辖权的人民法院申请强制执行。可见，公证机构及其公证员出具的公证书具有极强的证明力和公信力。要确保公证书的这种效力，就必须确保公证员在公证活动中不徇私枉法，对申请公证的事项以及公证当事人提供的所有材料依法审查，对按照有关规则需要核实或者对其真实性有怀疑的，应当进行核实，对不得公证的事项要坚决拒绝。但如果公证员为本人及近亲属办理公证或者办理与本人及近亲属有利害关系的公证的，公证员就有可能徇私枉法，滥用自己的职权，出具不真实、不合法的公证书或者私自出具公证书等，损害他人的利益。为避免这种现象的出现，法律规定公证员不得为本人及近亲属办理公证或者办理与本人及近亲属有利害关系的公证。

6. 依照法律、行政法规的规定，应当给予处罚的其他行为。随着公证业务的发展，仍有可能出现公证法尚未列举完全的其他形式的违法行为，因而公证法允许其他法律或者行政法规规定应当给予行政处罚的其他行为。但是需要强调的是，这种行政处罚涉及司法行政部门的行政处罚权范围，根据我国行政法律的规定，行政部门行使行政处罚权必须有明确的法律、行政法规规定，否则不得行使行政处罚权。所以，司法行政部门若要对某一违法行为行使行政处罚权，必须以法律、行政法规有明确规定为前提，不得任意行使。

二、严重违法行为的行政法律责任

根据《公证法》第 42 条第 1 款的规定，公证机构及其公证员有下列行为之一的，由省、自治区、直辖市或者设区的市人民政府司法行政部门对公证机构给予警告，并处 2 万元以上 10 万元以下罚款，并可以给予 1 个月以上 3 个月以下停业整顿的处罚；对公证员给予警告，并处 2000 元以上 1 万元以下罚款，并可以给予 3 个月以上 12 个月以下停止执业的处罚；有违法所得的，没收违法所得；情节严重的，由省、自治区、直辖市人民政府司法行政部门吊销公证员执业证书：①私自出具公证书的；②为不真实、不合法的事项出具公证书的；③侵占、挪用公证费或者侵占、盗窃公证专用物品的；④毁损、篡改公证文书或者公证档案的；⑤泄露在执业活动中知悉的国家秘密、商业秘密或者个人隐私的；⑥依照法律、行政法规的规定，应当给予处罚的其他行为。

以上列举的 6 项违法行为，较之《公证法》第 41 条规定的违法行为，不管从性质上还是从程度上都更为严重，因而法律对这些严重的违法行为规定了更重的法律责任。

司法行政机关在对公证机构及公证员作出行政处罚决定之前，应当告知其查明的违法行为事实、处罚的理由及依据，并告知其依法享有的权利。口头告知的，应当制作笔录。公证机构及公证员有权进行陈述和申辩，有权依法申请听证。公证机构及公证员对行政处罚不服的，可以依法申请行政复议或者提起行政诉讼。

第二节　民事法律责任

公证活动中的民事法律责任是指公证机构、公证员在公证活动中违反有关法律、行政法规的规定，给当事人及公证事项的利害关系人造成损失所应承担的民事赔偿责任。这种民事赔偿责任即公证赔偿责任，其主要是一种财产责任。司法部在《关于深化公证工作改革方案》中明确规定了要建立完善的公证赔偿制度。公证赔偿制度的建立，有利于切实保障自然人、法人或者其他组织的合法权益，有利于提高公证质量，维护公证声誉，保障公证制度健康发展。

一、各国/地区公证民事赔偿模式

考察世界各国、各地区关于公证民事赔偿模式的规定，大致有以下几种：

1. 法国式。根据《法国公证机关条例》的规定，当事人对于公证员由于本身业务上的行为而造成的损失，可以直接向法院提出赔偿诉讼。公证员承担民事赔偿责任实行过错责任原则。如果法院认定应当进行公证赔偿，则由公证人事务所对外承担公证赔偿责任，事务所对外承担责任后再解决内部的责任问题。

2. 墨西哥式。根据《墨西哥联邦直辖区公证人法》的规定，对于公证人应负的民事责任，由民事法院在管辖范围内进行处理；同时，这也不妨碍联邦直辖区行政机关对相应公证人予以行政上的惩戒处分，即实行双罚制。

3. 德国式。《德国公证人法》区分了故意与过失两种形态，规定公证人如有故意违反职务义务的行为，受害人可以直接向违法公证人请求赔偿；公证人如果仅有过失，则受害人须先以其他方法寻求赔偿，只有在以其他方式求偿失败后，才可以向公证人提出赔偿要求。

4. 我国台湾地区。在我国台湾地区，根据其"公证法"，公证赔偿方式有两种：一种是通过保险理赔的方式来进行，在依此方法得不到补偿时，被害人还可依"国家赔偿法"所定程序请求救济；另一种是请求"国家"赔偿，其赔偿义务机关为该民间公证人所属之地方法院或其分院。

二、我国公证赔偿模式

我国在《公证法》颁布以前，对于公证赔偿，在《公证暂行条例》和《公证程序规则》这两个规范性文件中都没有涉及。在这两个文件中仅提到了关于撤销错误的公证书的问题，而且撤销错误的公证书后，也仅仅只涉及公证费用的退还问题，而没有涉及赔偿问题。实际上，在 2000 年 10 月 1 日之前，公证处基本上是作为行政机关在从事公证执业，公证员被作为公务员进行管理，其赔偿当然也比照国家赔偿进行。根据司法部经国务院批准的《关于深化公证工作改革的方案》，自 2000 年 10 月 1 日起，公证行业不再实行国家赔偿，开始引入过错赔偿责任制度，并提出要建立完善公证赔偿制度。

在《公证法》颁布以后，我国的公证赔偿制度以法律的形式得以确立下来。《公证法》第 43 条规定："公证机构及其公证员因过错给当事人、公证事项的利害关系人造成损失的，由公证机构承担相应的赔偿责任；公证机构赔偿后，可以向有故意或者重大过失的公证员追偿。当事人、公证事项的利害关系人与公证机构因赔偿发生争议的，可以向人民法院提起民事诉讼。"通过该条规定不难看出，我国《公证法》采用的是机构本位的立法模式，机构本位是指公证书的公信力由公证机构予以保障，公证人在公证机构执业，公证机构承担第一责任。与机构本位相对应的是公证人本位，所谓公证人本位是指公证书的公信力由公证人予以保障，公证人独立执业，公证人承担第一责任。我国现行立法采用机构本位的立法模式是符合我国现阶段实际情况的。在现阶段，公证机构经过长期的发展，在社会中已经积累了较高的公信力，继续由公证机构向社会提供证明服务，并承担由此带来的法律责任符合整个社会的一般法律预期。

三、公证赔偿的法律要件

根据公证工作进一步深化改革的需要，并且考虑到公证行业已经建立的公证赔偿制度，《公证法》规定了公证机构承担民事赔偿责任的四个要件：

1. 公证机构承担赔偿责任的前提，是公证机构及其公证员存在过错，即公证赔偿的归责原则为过错原则。传统民法承继了罗马法"无过错即无赔偿"的法理，概括出一般侵权的四个构成要件：一为有侵权行为；二为有损害后果；三为侵权行为与损害后果之间存在因果关系；四为侵权人有过错。因此，公证机构只应对基于自己的过错而给当事人及公证事项的利害关系人造成的损失承担赔偿责任。对于非因自己的过错而造成的损失，公证机构不负赔偿责任。

公证赔偿之所以采用过错原则，是由于公证制度的局限性，公证员并不能保证公证活动不存在任何的错漏，公证员对于公证对象只能起合理的保证作用。合理的保证责任是基于公证的成本效益原则确定的。一般来说，公证工作越细，出现错漏的概率越小，但是它同时意味着申请人所要支付的公证费用也越高。公证作为国家证明制度的产物，本来就是用来降低交易成本的，如果公证不但不能降低成本、增加效益，反而提升交易成本，公证制度就得不偿失了。考虑到成本效益原则，公证风险更有其存在的合理性，这也正是公证员承担过错赔偿责任的理论基础。如果公证员已尽到合理的职业关注，整个工作过程不存在过错。对于此类情况下发生的错误公证，公证机构及其公证员不承担任何责任。

另外需要说明的是对"过错"的界定，侵权法上的过错包括故意和过失，虽然目前理论界对公证过错的认定标准存在一定的分歧，但通说认为仍存在一个相对客观的判断标准——即是否履行了义务，是否严格按照法律、行政法规及规章的规定出具公证书。首先，看其是否符合实体法的规定，如继承权公证，若将继承关系分析错误无疑是存在过错的；其次，要看是否符合程序法的规定，看其是否严格按照公证程序的规定办理。此外，承担公证赔偿，必须是在办理公证证明及其辅助性事务的过程中存在过错。

2. 当事人及公证事项的利害关系人受到损失。当事人及公证事项的利害关系人如果没有因为公证机构及其公证员的过错行为而遭受损失，则公证机构不予赔偿。赔偿的范围原则上仅限于直接经济损失，对于间接经济损失，一般不予赔偿。《关于深化公证工作改革的方案》明确规定：公证赔偿实行有限责任制，以公证处的资产为限，赔偿范围为公证机构及其工作人员在履行公证职务中，因过错给当事人造成的直接经济损失。

3. 公证赔偿的请求人，是当事人及公证事项的利害关系人。《公证法》规定提出公证赔偿的主体不仅包括申请公证的当事人，还应包括基于对公证书的信赖从事一定的法律行为，结果却因这种信赖而使自身利益受损的与公证申请人发生法律关系的相对人。

例如，甲公司欲与乙公司签订一购销合同，甲公司为谨慎起见，要求乙公司提交公证机构证明的有关其资信方面的材料。乙公司向公证机构提交了虚假的资信文件，而公证机构由于重大过失未能审查出该文件的虚假性而出具了公证书。甲公司基于对公证书的信任而与乙公司签订了合同。之后，甲公司发现乙公司的资产长期处于不良状态，根本无力履行合同。对于甲公司因此而遭受的损失，公证机构应承担赔偿责任。

需要注意的是，公证当事人及公证事项利害关系人因此而遭受的损失与公证机构的过错必须有必然的因果关系，如果当事人及公证事项的利害关系人所遭受的实际损失并非因公证机构及公证员的过错所造成的，则公证机构不予赔偿。因此应避免无限制地扩大公证机构的赔偿范围，避免当事人或利害关系人不适当地将本应该由自己承担的契约风险转嫁给公证机构。

4. 公证赔偿责任的承担方式是先由公证机构承担相应的赔偿责任，而后公证机构可以向有故意或重大过失行为的公证员追偿，法律在这一规定上的设计再次体现了我国公证立法上所采取的机构本位主义模式。从理论上讲，公证赔偿责任具有两重性，因为具体侵权行为的实施者与侵权责任的承担者是两个不同的主体。具体实施侵权行为的人往往是具体承办某项公证业务的公证员，而侵权责任的承担者依照法律规定，首先应当是该公证员所属的公证机构。因而在此需要注意，在公证赔偿的外部关系上，赔偿责任的具体承担者仅仅是公证机构而非公证员，公证机构和公证员既不是连带关系也不是补充责任关系。对于公证机构而言，公证机构的责任类似民法中关于雇主责任的特殊侵权责任。在责任承担上，公证机构要对公证当事人及公证事项的利害关系人的损失先行承担相应的赔偿责任；公证机构赔偿后，可以向具体的侵权行为人，即有故意或者重大过失行为的公证员进行追偿。

四、公证赔偿的保障机制

由于我国公证机构长期采用行政体制，造成一些公证机构经济不独立，绝大多数公证机构缺乏必要的资产，甚至完全没有资产。目前国内许多公证机构不具备承担赔偿责任的实际能力，如果不建立公证责任保险、公证赔偿基金、公证赔偿后备金等有效的赔偿保障机制，公证赔偿制度将难以实现。

（一）公证责任保险制度

公证责任保险是公证机构在依法履行公证职务时，因工作过错给当事人或利害关系人造成直接经济损失，依法应当承担公证赔偿责任的，在公证执业责任保险合同规定的范围内，由保险人对公证机构应当承担的民事赔偿金及有关费用给予支付的法律制度。《公证法》第 15 条规定："公证机构应当参加公证执业责任保险。"可见，《公证法》将参加执业责任保险作为公证机构的法定义务，这既是为了弥补公证机构赔偿能力之不足，以达到规避部分赔偿风险之目的，又保证了公证机构具有适当的民事赔偿能力，确保赔偿得以实现。

1. 我国公证责任保险的特点。

（1）实行强制性全行业统一投保。这就集中了全行业的整体优势，较好地解决了公证机构的赔偿能力问题。

（2）保障率高。保险责任几乎涵盖了公证责任的全部内容，最高赔偿总限额为所交保费的 200 倍，单项赔偿限额为该项公证收费的 1000 ~ 1200 倍，基本满足了公证赔偿的需要。

（3）实行索赔发生制，即只要在保险单保险的期限内提出索赔要求并依法应当承担赔偿责任的，保险公司都应负责赔偿。被保险人可以直接向保险人进行索赔，也可以委托省级公证协会代为索赔。

（4）实行浮动费率制，并制定了《费率浮动规则》。被保险人按上一自然年度本机构总收入的一定比例（浮动费率，可协商调整），在每年年检注册前缴纳保险费。

（5）索赔程序简洁，实行明列单证索赔制，建立了公证责任保险赔偿网站，可通过计算机网络索赔，保证迅速赔付，最大限度地避免了索赔纠纷。

2. 承担公证保险责任的条件。公证保险责任的发生应当基于以下条件：①公证机构及其公证人员在执业过程中存在过错；②因公证机构及其公证人员的过错给公证申请人或利害关系人造成了损失。如果公证机构及其公证人员没有过错，或当事人没有遭受损失，或其遭受的损失与公证机构及其公证人员的执业过错没有因果关系，则公证机构不承担赔偿责任。就赔偿的性质而言，公证赔偿应为补偿性赔偿，赔偿的范围通常仅限于直接经济损失，对于间接经济损失，公证机构一般不予赔偿。

3. 公证保险责任赔偿的范围。公证保险人所应承担的赔偿责任，一般包括：①人民法院判定或经保险人同意由公证机构与公证责任赔偿当事人协商确定的因公证责任引起的赔偿金额；②人民法院收取的诉讼费；③其他诉讼费用，如律师费、调查取证费用等；④法律规定或保险合同约定应当由保险人承担的费用。

按照中国公证员协会，现改称为中国公证协会，与中国人民保险公司签订的《公证责任保险合同》，公证责任赔偿数额由人民法院以判决书或调解书的方式确定，采用调解书时，赔偿数额要事先征得保险人同意；由被保险人与公证责任索赔人以非诉讼方式确定的赔偿数额，必须事先经保险人书面同意，当保险人和被保险人就调解方案中赔偿数额意见不一致时，保险人具有决定权。

（二）公证赔偿基金

公证赔偿基金是为了适应公证改革需要建立的现代风险保障体制，以确保公证机构的赔偿能力，维护公证行业的信誉，根据司法部《关于深化公证工作改革的方案》建立的专门用于偿付公证责任赔偿费用的专项基金。公证赔偿基金实行统一提取、分级管理、集中使用、专款专用的原则，由中国公证协会统一负责公证赔偿基金的管理工作。

（三）公证赔偿后备金

公证赔偿后备金是公证赔偿基金中用于支付公证责任保险金后剩余的部分。它主要用于支付公证责任保险保险责任范围以外的公证责任赔偿的费用，如偿付公证责任保险中的绝对免赔额、超过个案保险赔偿限额的公证赔偿费用，不属于保险赔偿范围的公证责任赔偿费用等。

总的看来，以上三项制度均属于公证行业的补偿制度，共同构成了我国公证行业的行业救济制度。其中，公证责任保险已经成为公证行业补偿制度的主干，是公证机构的重要经济保障，为维护公证行业的信誉发挥了重要的作用。

第三节　刑事法律责任

公证活动中的刑事法律责任，是指公证机构、公证员在办理公证业务或履行其他公证职责过程中，触犯了《刑法》的规定，构成犯罪，依法应当承担的受到刑事制裁的法律后果。

我国《公证法》第42条规定，公证机构及其公证员有下列行为之一，情节严重，构成犯罪的，依法追究刑事责任：①私自出具公证书的；②为不真实、不合法的事项出具公证书的；③侵占、挪用公证费或者侵占、盗窃公证专用物品的；④毁损、篡改公证文书或者公证档案的；⑤泄露在执业活动中知悉的国家秘密、商业秘密或者个人隐私的；⑥依照法律、行政法规的规定，应当给予处罚的其他行为。法律对这6种严重的违法行为不仅规定了较重的行政法律责任，而且在行为符合我国《刑法》所规定的犯罪构成要件时，还有可能触犯《刑法》，构成犯罪的，依法还需承担相应的刑事责任。

刑事责任是公证机构及公证员法律责任中最严厉的一种。从公证的立法与实践来看，公证机构及其公证员承担刑事责任主要有以下几种情形：

1. 公证员因履行职务不当引起的刑事责任。在我国现阶段，存在三种体制的公证机构，即行政体制、事业体制与合作制。在行政体制的公证机构中，其公证员属于国家工作人员，如公证员因玩忽职守行为给社会造成严重后果，构成犯罪的，根据《刑法》第397条的规定，应当追究其刑事责任。而在后两种体制下的公证机构的公证人员，由于不符合玩忽职守罪的主体要件，因而不可能构成玩忽职守罪。公证员玩忽职守，是指公证员在公证活动中严重不负责任，不履行或不正确履行法定职责的行为。根据司法部、最高人民检察院《关于认真办理公证人员玩忽职守案件的通知》规定，公证员是玩忽职守罪的主体，公证人员玩忽职守的，应当视情节轻重，追究行政责任乃至刑事责任。

2. 公证员故意提供虚假证明文件，情节严重的。根据《刑法》第229条的规定，承担资产评估、验资、验证、会计、审计、法律服务等职责的中介组织的人员故意提供虚假证明文件，情节严重的，构成中介组织人员提供虚假证明文件罪。我国《公证法》将公证机构定性为证明机构，并未明确其中介组织的性质，但是我们认为，从其业务范围来看，公证机构实际上履行着证明、验证、法律服务方面的职能，故公证机构的公证员在公证业务中故意提供虚假证明文件的，可以构成中介组织人员提供虚假证明文件罪。

3. 公证员在履行公证职责过程中，严重不负责任，出具的公证书有重大失实，造成严重后果的，依照《刑法》第229条第3款的规定，以出具证明文件重大失实罪追究刑事责任。

《最高人民检察院关于公证员出具公证书有重大失实行为如何适用法律问题的批复》明确规定，公证法施行以后，公证员在履行公证职责过程中，严重不负责任，出具的公证书有重大失实，造成严重后果的，依照《刑法》第229条第3款的规定，以出具证明文件重大失实罪追究刑事责任。该批复自2009年1月15日起施行。

4. 公证员泄露在执业活动中知悉的国家秘密，情节严重的。根据《刑法》第398条的规定，国家机关工作人员违反保守国家秘密法的规定，故意或过失泄露国家秘密，情节严重的，构成故意泄露国家秘密罪或者过失泄露国家秘密罪。非国家工作人员犯此罪的，依照国家机关工作人员的相关规定酌情处罚。公证活动中有些会涉及国家秘密，根据《保守国家秘密法》的要求，公证员应当保守在执业活动中知悉的国家秘密，不应当以任何形式泄露。公证员泄露在执业活动中知悉的国家秘密，情节严重的，依法应当承担相应的刑事责任。

■ **思考题**

1. 在公证活动中，导致行政法律责任产生的情形有哪些?
2. 怎样理解公证赔偿责任的承担方式?
3. 试论公证赔偿制度的归责原则。
4. 我国公证赔偿的保障机制包括哪些内容?

■ **参考书目**

1. 王胜明、段正坤主编:《中华人民共和国公证法释义》，法律出版社 2006 年版。
2. 江晓亮主编:《公证员入门》，法律出版社 2007 年版。
3. 叶青、黄群主编:《中国公证制度研究》，上海社会科学院出版社 2004 年版。
4. 宣善德主编:《律师公证与仲裁制度》，中国政法大学出版社 2005 年版。

第二十三章　合同公证

■ 学习目的和要求

　　本章介绍了合同公证的含义与功能，并简要介绍了对部分常见合同的公证。学习本章要能够理解合同公证的含义与功能，掌握常见合同公证的主要内容与程序。

第一节　合同公证概述

一、合同公证的概念及特征

合同公证是公证机构根据合同当事人的申请，依照法定程序，对当事人之间签订的合同的真实性、合法性进行审查、确认，并作出证明的一种非诉讼活动。

合同公证是国家对合同的签订、履行实行监督管理，预防纠纷，减少诉讼，维护当事人合法权益的重要法律手段。它具有以下法律特征：

1. 合同公证的双方当事人即主体是特定的。根据 2006 年 7 月 1 日起施行的《公证程序规则》第 4 条的规定，我国证明合同真实、合法的机构是公证处，公证处是国家法律规定的专门证明机构，依法统一行使国家公证权。公证人员代表公证处办理具体公证业务。任何其他机关、团体或个人都无权代行对合同的公证职能。作为合同公证的当事人，必须是合同的签订人，是具有一定民事权利能力和民事行为能力的公民、法人或其他组织。除此之外，任何人都不能成为合同公证的当事人。

2. 合同公证的对象，即证明对象，是双方当事人签订的合同。它既包括了《合同法》规定的合同，如买卖合同、供用电水热气合同、赠与合同、借款合同、租赁合同、融资租赁合同、建设工程合同、承揽合同、运输合同、技术合同、保管合同、仓储合同、委托合同、行纪合同、居间合同等，还包括《合同法》规范之外的合同，如当事人依法订立的农村承包经营合同、企业承包经营合同、联营合同、劳动合同、土地使用权出让（转让）合同等，也可以成为合同公证的对象。

3. 合同公证并不是签订所有合同的必经程序。合同公证分为两种：一种是合同双方当事人为了使合同约定的条款得到法律上的保障，并得以顺利履行，经协商自愿向公证机关申请的合同公证，即自愿公证；另一种是按照国家法律、法规或有关规定，必须经过公证才能取得法律效力的合同公证，即强制公证。

4. 合同公证是一种非诉讼法律活动。其目的是通过公证活动，证明合同的真实性与合法性，以保障合同的履行，维护当事人双方的合法权益。

二、合同公证的功能与意义

市场经济是契约经济，合同成了经济交往和民事流转的主要纽带和桥梁。进行合同公证，是用法律手段规范合同当事人双方的法律行为，以提高合同的公信力，确保合同的履行，从而保证合同当事人的合法权益，维护社会秩序。具体来说，合同公证具有以下功能：

1. 预防合同纠纷，减少诉讼。由于有些当事人不熟悉法律规定，不清楚合同签订的程序与必备条款，不了解对方当事人的资信情况，难免订立条款不完善、责任不明确、内容不真实的合同。但是，一旦进行了合同公证，由具有专业知识的公证员通过行使国家公证权对合同的真实性与合法性进行审查，并根据审查结果对合同条款进行修改和完善，就会使合同建立在真实、合法、可靠的基础上，从而强化合同的效力，消除合同纠纷隐患，预防合同纠纷，减少诉讼。

2. 促进纠纷的迅速、及时解决，维护当事人的合法权益。根据法律规定，除有相反的证据足以推翻公证证明以外，经法定程序公证证明的法律行为、具有法律意义的事实与文书，人民法院应当作为认定案件事实的根据。因此，即使当事人之间因合同发生纠纷而诉诸法院或者申请仲裁，经公证的合同会成为一种具有特殊效力的证据，除非有相反的证据足以推翻该公证证明，法院或仲裁机构应当直接认定该合同的内容与效力，从而促进了纠纷的迅速、及时解决，维护了当事人的合法权益。

3. 加强对经济活动的法律监督，维护正常的民事经济流转秩序。在合同公证程序中，公证机构从法律的角度，对合同主体及内容的真实性、合法性进行审查，制止不具备民事主体资格的当事人签订合同，防止当事人采取欺诈、胁迫等手段签订合同，纠正合同中的差错与漏洞，督促当事人认真履行合同，从而维护了正常的民事经济流转秩序，促进了经济的发展。

4. 宣传和维护法制，确保国家法律正确实施。公证机构在对当事人签订的合同的真实性、合法性进行审查时，通过肯定其真实的、合法的内容，指出并纠正其不真实的、不合法的部分，促使当事人坚持诚信、依法立约，也就是在宣传和维护国家的法律制度，确保国家法律的正确实施。

第二节 《合同法》规范之内合同类型的公证

我国《合同法》已经规定了买卖合同、赠与合同、借款合同、建设工程合同、租赁合同、融资租赁合同、委托合同、技术合同等15种基本合同类型，本节主要介绍8种常见的有代表性的合同公证，其他的就不再赘述。

一、买卖合同公证

（一）买卖合同公证的概念

所谓买卖合同，是指出卖人转移标的物的所有权于买受人，买受人支付相应价款的合同。买卖合同是标的物的所有权与价金对等转移的合同。

买卖合同公证是国家公证机构根据法律规定和买卖双方当事人的申请，依法定程序证明当事人之间签订买卖合同的行为以及买卖合同本身的真实性与合法性的非诉讼活动。买卖合同是最常见、最典型的经济合同。买卖合同公证是公证机构合同公证业务中最常见、最主要的项目，它有利于及时发现买卖合同中存在的问题，预防纠纷，减少诉讼。

（二）办理买卖合同公证的程序

1. 申请与受理。买卖合同的当事人应当向公证机构提出申请，填写公证申请表并提交下列证明材料：

（1）当事人主体资格证明。法人提交营业执照副本及法定代表人资格证明和身份证明；自然人提交身份证明，如居民身份证、户口簿等；委托他人代理的，提交授权委托书和代理人的身份证明。

（2）买卖合同书文本及其附件。

（3）出卖人对标的物的所有权证明或其有权处分的证明。合同标的属于国家计划物资的，应当提供有关的国家计划及主管单位的批件；合同标的属国家控制社会集团购买的商品的，买方应当提供当地控制社会集团购买力办公室的批准文件。

（4）公证机构要求提交的其他材料。

公证机构初步审查后，认为符合受理公证的法定条件，应当予以受理，并书面通知申请人；如不符合申请条件，公证机构应当作出不予受理的决定，并告知当事人对不受理决定不服的申诉程序。

2. 审查并依法出具证明。公证机构受理当事人的公证申请后，应当重点审查以下内容：

（1）当事人双方的主体资格、权利能力、行为能力以及担保人的担保能力是否符合法律规定；

（2）合同内容是否真实、合法，条款是否齐全；

（3）出卖人应当有权对标的物进行处分，已经征得共有人或其他有权机关的同意；

（4）当事人的意思表示是否真实，有无欺诈、胁迫、乘人之危、重大误解等情形；

（5）有关证明文件和材料是否齐全、真实、有效。

公证机关经认真审查，认为买卖合同当事人有主体资格，双方意思表示真实、一致，合同内容和形式合法、真实，不违背社会公共利益的，应依法出具公证书。

二、赠与合同公证

（一）赠与合同公证的概念

所谓赠与合同，是指赠与人在法律允许的范围内，自愿将自己所有的或有权处分的财产无偿地给予受赠人，受赠人予以接受而达成的协议。赠与的财产既可以是动产或不动产，也可以是某种特定的权利，如知识产权中的财产权等。

赠与合同公证，是指公证机构根据当事人的申请，依法对赠与人与受赠人之间签订的赠与合同的真实性、合法性予以证明的活动。赠与合同公证是一种常见的公证事项，办理赠与合同公证有利于稳定财产关系、避免赠与纠纷、保护赠与人与受赠人的合法权益。

（二）办理赠与合同公证的程序

1. 申请与受理。当事人申请办理赠与合同公证，应当亲自向公证机构提出申请，填写公证申请表，并提交以下证明材料：

（1）申请人的身份证明。申请人是法人的，应提交法人资格证明及法定代表人身份证明，受赠人是法定代理人代为申请的，应提交法定代理人资格及其身份证明。

（2）赠与合同书或赠与书、受赠书。

（3）赠与财产清单和产权证明。

（4）赠与财产是共有财产的，应提交其他共有人同意赠与的意见书；赠与财产是国有财产的，应提交政府主管部门的批准文件；赠与财产是集体财产的，应提交集体组织成员同意赠与的书面意见。

（5）其他有关材料。

公证机构初步审查后，认为符合受理公证的法定条件的，应当予以受理，并书面通知申请人；对不符合条件的申请，公证机构应作出不予受理的决定，并告知当事人对不受理决定不服的申诉程序。

2. 审查并依法出具证明。公证机构受理当事人的赠与合同公证申请后，应当重点审查以下内容：

（1）审查当事人的主体资格，特别是赠与人的民事权利能力和民事行为能力。赠与人是公民的，必须具有完全的民事行为能力。无民事行为能力人所实施的赠与行为，以及限制民事行为能力的人所实施的与其民事行为能力不相适应的赠与行为，均为无效。

（2）赠与人的意思表示是否真实。

（3）所赠财产的产权是否为赠与人所有或有权处分的。

（4）赠与合同的内容是否合法，合同条款是否明确、完备。

（5）所提交的材料是否真实、齐全。

经过审查核实，对于符合条件的赠与合同，公证机构应依法出具公证书。

三、借款合同公证

（一）借款合同公证的概念

借款合同是指借款人向贷款人借款，到期返还借款并支付利息的合同。借款合同有狭义与广义之分，狭义的借款合同仅指金融机构向单位或个人提供借款的合同；广义的借款合同除信贷合同外，还包括民间借贷合同。

借款合同公证，是指公证机构根据借款合同借、贷双方当事人的申请，依照法定程序，证明借款合同的签订和内容真实、合法的活动。

（二）借款合同公证的程序

1. 申请与受理。当事人向公证机构申请办理借款合同公证，应提交以下证明材料：

（1）当事人的身份证明或法人资格证明，法定代表人的资格和身份证明；代理人代为申请的，应提交授权委托书和代理人的身份证明。

（2）贷款方为金融机构的，提供《经营金融业务许可证》；涉及外汇内容的应当同时提交《经营外汇业务许可证》。

（3）借款合同文书及其附件。

（4）有担保人的，提交有关担保文件；抵押贷款的，提交抵押物清单、所有权或经营管理权证明。

（5）公证员认为应当提供的其他证明材料。

公证机构初步审查后，认为符合受理公证的法定条件的，应当予以受理，并书面通知申请人；对不符合条件的申请，公证机构应当作出不予受理的决定，并告知当事人对不受理决定不服的申诉程序。

2. 审查并依法出具证明。公证机构办理借款合同公证，应当重点审查以下内容：

（1）双方当事人的主体资格是否合法；

（2）双方当事人的意思表示是否真实；

（3）借款金额、期限、利率、用途是否明确约定，是否符合有关规定；

（4）借款的用途是否违反法律的禁止性规定，借款的额度是否符合法律的规定；

（5）对于约定抵押的借款合同，用于抵押的财产是否符合法律的规定；

（6）双方当事人履行合同的能力。

公证机构经过审查，如果认为事实清楚，证明材料齐全，当事人有主体资格，意思表示真实、一致，合同内容真实、合法，应当依法出具公证书。

例如，甲向乙借款用于装修门面。双方约定：乙借给甲12万元用于门面装修，年利率20%，3年内还清，甲以其现住房屋作为抵押，该房屋为甲与其弟丙二人共有。考虑到双方都不熟悉法律规范，于是二人约定到公证处办理借款合同公证。公证机构受理后，公证员经审查后发现，双方约定的借款用途、期限、抵押物的性质等符合法律规定，但是仍有不完善之处。请思考有哪些地方是不符合法律规定的？该怎样予以改正？

（1）有关利率的约定不合法。根据最高人民法院的相关司法解释，民间借贷利息最高不得超过银行同期存款利率的 4 倍，而双方约定的年利率 20% 显然超过了该限度。

（2）甲用于抵押的房屋属于与丙的共有物，若以该房屋作为借款合同的抵押物并办理公证，必须提供丙同意抵押的书面意见。

基于以上两点，双方协议修改了借款合同的年利率，并且补充提交了丙同意将共有房屋用于抵押的书面意见。在对借款合同及当事人提供的材料进行全面审查后，公证处认为该借款合同及担保协议真实、合法，符合出证条件，依法出具了借款合同公证书。

四、建设工程合同公证

（一）建设工程合同公证的概念

所谓建设工程合同，是指承包人进行工程建设，发包人支付价款的合同。建设工程合同一般包括工程勘察、设计、施工合同。建设工程合同中的当事人，一方是委托他人建设并支付报酬的发包人，另一方是进行工程建设的承包人。

建设工程合同公证，是指公证机构根据当事人的申请，依法证明发包人与承包人之间签订的建设工程合同的真实性、合法性的活动。

（二）建设工程合同公证的程序

1. 申请与受理。当事人申办建设工程合同公证，在向公证机构提出申请时，应填写公证申请表，并提交以下证明材料：

（1）双方当事人的法人资格证明：法人营业执照，承包人的资质证明，法定代表人资格证明和身份证明；有委托代理人的，还应提交授权委托书和代理人的身份证明。

（2）建设项目的立项批准书，开工许可证，主管部门核准的建设工程概算，规划部门颁发的建设工程用地规划许可证。

（3）通过招标投标程序选定承包人的，需提交招标文件、投标文件以及与招标投标有关的其他资料；未实行招标的，应提交建设主管部门出具的不需要招标的批文。

（4）建设工程合同文本。

（5）有担保人的，担保人应作为公证之一方当事人，并提供其主体资格证明和资信证明。

（6）公证员认为应当提供的其他证明材料。

公证机构初步审查后，认为符合受理条件的，应予以受理，并书面通知申请人；如果认为不符合受理条件的，公证机构应作出不予受理的决定，并告知当事人对不受理决定不服的申诉程序。

2. 审查并依法出具证明。公证机构依法受理当事人的建设工程合同公证申请后，在审查相关材料时，应重点审查以下事项：

（1）承包人应当具备建设项目本身以及招标文件、合同等要求的技术资质条件。

（2）双方的履约能力。

（3）建设项目的法律文件和法律手续是否完备，是否取得各种许可证明。

（4）合同内容是否真实、合法，遵守法律的强制性规定。这些强制性规定包括：承包人不得将其承包的全部建设工程转包给第三人，不得将其承包的全部工程肢解之后以分包的名义转包给第三人；禁止承包人将工程分包给不具备相应资质条件的第三人；禁止分包单位将其承包的工程再分包；建设工程的主体部分必须由承包人完成；工程质量必须符合法律、法规、有关规定和招标文件的要求；禁止承包人垫付工程款项，等等。

（5）签订合同的程序是否符合法定程序。对于依法应当采取招投标方式确定承包人、施工人、设计人的建设工程合同，必须采取招投标的方式，否则将因签订合同的程序不合法而不能予以公证。

（6）合同条款是否齐全、明确。在建设工程合同中，当事人必须对工程质量、工程期限、工程范围和内容、工程造价、设计文件及预算、技术资料的提供日期、材料和设备、工程验收等内容以合同条款的方式作出明确约定。

公证机构审查结束后，如果认为合同当事人有主体资格和履约能力，合同内容真实，签订合同的程序等不违背国家法律、法规、政策的规定，即可依法出具公证书。

五、租赁合同公证

（一）租赁合同公证的概念

所谓租赁合同，是指出租人将租赁物交付承租人占有、使用、收益，承租人支付租金的合同。租赁是满足当事人对物的临时使用或收益需要、充分发挥物的效益，降低成本的有效经济形式，在社会经济生活中具有十分重要的地位和作用。

租赁合同公证，是指公证机构根据当事人的申请，依法证明当事人之间签订租赁合同的真实性与合法性的活动。

（二）办理租赁合同公证的程序

1. 申请与受理。当事人申办租赁合同公证，应向公证机构提出申请，填写公证申请表，并提交以下证明材料：

（1）当事人双方的主体资格证明和身份证明，如当事人为法人，应提供法人资格证明和法定代表人身份证明；如当事人为公民，应提交本人身份证件；委托他人代理的，代理人应提交有效的授权委托书及身份证明。

（2）出租物的所有权证明及其与出租物有关的技术资料，如房屋所有权证、平面图、机器设备的说明等。

（3）出租物为共有的，还应提交共有人同意出租的书面意见。

（4）出租方要求提供担保的，承租方应当提交担保书。

（5）财产租赁合同文本。

（6）公证员认为应当提供的其他证件、文件、材料。

公证机构初步审查后，认为符合受理公证的法定条件的，应当予以受理，并书面通知申请人。

2. 审查并依法出具证明。公证机构受理租赁合同公证申请后，应进行审查，重点审查以下事项：

（1）当事人双方的主体资格。

（2）审查租赁物是否合法。根据规定，租赁物必须是特定物、非易耗物、法律不禁止流通的物。

（3）租赁物为限制流通物的，是否经有关主管部门批准。

（4）租赁物为共有物的，审查共有人的意思表示。

（5）特殊主体如机关、事业单位、国有企业作为出租人的，应当提交主管部门的批准文件。

（6）承租人租赁财物的目的与用途是否违反法律的禁止性规定。

公证机构审查后，认为租赁合同内容真实、合法，当事人具备主体资格，符合法定条件的，应当依法出具公证书。

六、融资租赁合同公证

（一）融资租赁合同公证的概念

融资租赁合同是出租人根据承租人对出卖人、租赁物的选择，向出卖人购买租赁物，提供给承租人使用，承租人支付租金的合同。在融资租赁交易中，一般包含两种合同关系即租赁合同与买卖合同关系，和三方当事人，即出租人、承租人、出卖人（即供货人），其中租赁合同是融资租赁交易的核心与纽带。

融资租赁合同公证是指公证机构根据当事人的申请，依法证明出租人、承租人、出卖人订立融资租赁合同的行为以及合同本身的真实性、合法性的证明活动。

（二）融资租赁合同公证的程序

1. 申请与受理。当事人申请办理融资租赁合同公证，在向公证机构提出申请后，应当填写公证申请表，并提交下列材料：

（1）合同各方当事人的主体资格证明，如法人资格证明、营业执照副本和法定代表人的身份证明，出租人经营融资租赁业务的合法资格的证明等；

（2）代理人代为申请的，委托代理人应当提交授权委托书及代理人的身份证件；

（3）融资租赁合同文件及其附件，如融资租赁物的技术资料等；

（4）融资租赁物为国家限制租赁物的，当事人应当提交有权机关同意租赁的批件；

（5）公证机构要求提供的其他证件、材料。

公证机构初步审查后，认为符合条件，应当依法予以受理，并书面通知申请人。

2. 审查并依法出具证明。公证机构在办理融资租赁合同公证时，应当重点审查以下事项：

（1）当事人和担保人的身份、资格和行为能力；

（2）合同内容是否真实、合法，材料是否齐全，当事人意思表示是否真实；

（3）租赁物本身是否合法；

（4）出租人是否具有开展融资租赁业务的资格，是否存在非法经营的问题；

（5）承租人的租赁目的与用途是否违反法律的禁止性规定，是否存在非法经营甚至从事非法活动的问题。

公证机构经过审查，认为融资租赁合同真实、合法，符合法定条件的，即可出具公证书。

七、委托合同公证

（一）委托合同公证的概念

委托合同，也称委任合同，是受托人以委托人的名义，由委托人支付相应费用，在委托权限范围内办理委托事务的协议。

委托合同公证是指公证机构根据当事人的申请，依法证明委托人与受托人之间签订委托协议的真实性、合法性的活动。公证机构办理委托合同公证，对于明确委托人与受托人之间的权利义务关系，保证受托人代理行为的合法有效，预防和减少纠纷的发生，都具有重要意义。

（二）办理委托合同公证的程序

1. 申请与受理。当事人向公证机构申请办理委托合同公证，委托人应当填写公证申请表，并提供以下证明材料：

（1）委托人、受托人身份证明，法人申办的，应提交法人资格证明和法定代表人身份证明。

（2）委托合同文本。当事人申办公证的委托合同书，必须由委托人和受托人亲自签名或盖章。

（3）与委托事项相关的证明、材料。

（4）公证员认为应当提交的其他证明材料。

2. 审查并依法出具证明。公证机构受理当事人的委托合同公证申请后，应当重点审查以下内容：

（1）凡依照法律规定或依双方约定由行为人本人亲自实施的民事行为，应由其本人亲自实施，公证处对此类委托不予办理委托公证。

（2）委托人的民事行为能力。无民事行为能力人不能实施委托行为，限制行为能力人的委托行为必须征得其法定代理人的同意。

（3）当事人的意思表示是否真实，有无欺诈或胁迫等情况存在。

（4）委托事项是否符合法律规定和社会公德。违法和违背社会公德的行为，不能成为委托授权的标的，对此，公证机构有权拒绝公证。

（5）委托合同的内容是否明确、具体，条款是否完整、齐全，签名、盖章是否真实等。

公证机关经认真审查，认为委托合同委托人具有主体资格，双方意思表示真实、一致，合同内容和形式合法、真实，不违反法律和社会公德的，应依法出具公证书。

八、技术合同公证

（一）技术合同公证的概念

技术合同是当事人就技术开发、转让、咨询或者服务订立的确立相互之间权利与义务的合同。技术合同的标的是知识形态的特殊商品。根据其内容不同，技术合同可分为技术开发合同、技术转让合同、技术咨询合同、技术服务合同等类型。

技术合同公证是指公证机构根据当事人的申请，依法定程序证明当事人之间就技术开发、转让、咨询或者服务签订合同的行为以及合同本身的真实性、合法性的非诉讼活动。技术在社会经济生活的重要性以及技术合同本身的特殊性决定了技术合同公证具有十分重要的意义。

（二）技术合同公证的程序

1. 申请与受理。申请办理技术合同公证，当事人向公证机构提出申请时，应填写公证申请表，并提交下列证明材料：

（1）当事人的法人资格证明、营业执照副本、法定代表人证明；当事人为公民的，应当提交公民的身份证明，如居民身份证、户口簿等；委托代理人代为申请的，应当提交授权委托书和代理人的身份证明。

（2）技术主管部门下达的科研计划，属于列入国家或者地方计划的科研项目合同，要提交相应部门的审批文件。

（3）转让方应当提交技术转让项目的技术鉴定书及有关资料，专利权人应当提交专利证书。

（4）转让方应当提交技术可以转让的证明，对职务技术成果的转让，必须提交其所在单位的认可证明。

（5）转让保密技术或国防科技成果的，应当提交有关主管部门的批件。

（6）技术合同文本及有关的附件。

（7）公证机构认为应当提交的其他证明材料。

对于符合上述条件的公证申请，公证机构应当予以受理、登记，制作受理通知书并发给当事人，建立公证卷宗；对于不符合上述条件的申请行为，公证机关应当告知申请人进行补正或作出不予受理的决定书，并通知申请人。

2. 审查并依法出具证明。公证机构在办理技术合同公证时，应当对下列事项进行审查：

（1）技术合同是否成立。技术合同的成立有以下几种情况：①双方签字盖章合同即成立。对于无需批准的技术合同，经双方当事人签字并在合同上加盖单位的印章后即宣告成立。②合同经批准后才能成立。如内容涉及国家安全或重大利益需要保密的技术合同，应当由核定密级的机关审批。③附条件和附期限的技术合同，需待条件和期限成就后合同才能够成立。

（2）技术合同是否有效。根据《合同法》第329条的规定，非法垄断技术、妨碍技术进步或者侵害他人技术成果的技术合同无效。公证员在进行审查时，应当特别注意该合同是否存在上述无效的情形。

（3）技术合同的条款是否完备。技术合同的种类不同，其应当具备的条款的具体内容也不一样。《合同法》第324条规定了技术合同的一般条款，共计11项。公证员在审查申请公证的技术合同时，应当审查该合同是否具备法定的11项内容。

公证人员对技术合同进行全面审查后，如认为技术合同条款完备、内容合法，应向有关机关进行报批，获得批准后及时制作公证书送达当事人。

第三节　《合同法》规范之外合同类型的公证

除《合同法》规定的15种基本合同类型之外，我国其他法律、行政法规还对某些合同作了具体规定。实践中，公证机构除了办理《合同法》规定的合同公证外，还根据市场经济发展的需要，开展了农村承包经营合同、企业承包经营合同、企业兼并合同、联营合同、劳动合同、担保合同、土地使用权转让（出让）合同、股权转让协议、投资协议等新型合同的公证业务。以下重点介绍比较常用的农村承包经营合同、企业承包经营合同、企业兼并合同、联营合同和劳动合同的公证问题，其余合同的公证不再赘述。

一、农村承包经营合同公证

（一）农村承包经营合同公证的概念

农村承包经营合同是指集体经济组织与本集体经济组织成员之间，或者与本集体经济组织以外的单位或个人之间，就经营集体所有或国家所有集体使用的资产所达成的协议。主要包括：土地承包合同、林业承包合同、牧业承包合同、渔业承包合同、工副业承包合同、果园承包合同等。在这些承包合同中，标的物的所有权并不发生转移，仍然属于集体组织，承包者取得的只是承包经营权，即对承包标的物的使用和收益的权利。

农村承包经营合同公证，是指公证机构根据当事人的申请，依法定程序，证明农村承包经营户与农村集体经济组织之间签订农村承包经营合同的真实性、合法性的活动，其对促进农村经济体制改革发挥着重要作用。

（二）办理农村承包经营合同公证的程序

1. 申请与受理。当事人申办农村承包经营合同公证的，向公证机构提出申请时，应填写公证申请表，并提供以下证明材料：

（1）作为发包方的集体经济组织的资格证明和负责人的身份证明；承包方的身份证明；当事人委托代办公证的，应提交授权委托书和代理人身份证明。

（2）承包方的身份证明，对承包者身份有特别要求的，还应提供相应的证明文件。

（3）村民代表大会或村民委员会关于承包事项的决议。

（4）发包方应当提交承包标的所有权或使用权的证明。

（5）承包经营合同文本。

（6）公证人员认为应提交的其他材料。

公证机构对当事人的公证申请进行审查后，符合条件的，应当受理并制作受理通知书。

2. 审查并依法出具证明。公证机构受理农村承包经营合同公证申请后，应重点审查以下事项：

（1）发包方的主体资格，发包对象是否为其所有，有无相应的权利证书；审查发包方代表人和代理人的行为能力和代理证书是否真实，授权是否明确。

（2）承包方的生产经营能力和行为能力，有无进行承包经营的资格和能力；对承包行为和后果有无正确的认识。

（3）当事人双方的意思表示是否真实、一致，有无欺诈、胁迫或串通损害国家、集体、第三人利益的行为。

（4）承包的项目和经营范围是否明确。

（5）合同条款是否完备，合同内容是否符合《土地法》、《农业技术推广法》、《农业法》等法律、法规关于农业生产的规定。

（6）是否有承包合同的批准手续。

公证机构受理后经审查，认为事实清楚、内容合法、证据材料充分的，应依法出具公证书。

二、企业承包经营合同公证

（一）企业承包经营合同的概念

企业承包经营合同是指在确保企业性质不变的前提下，依照所有权与经营权相分离的原则，承包方与发包方为明确相互权利、义务关系而签订的协议。订立企业承包经营合同是实行企业承包经营的法定形式。

企业承包经营合同公证是指公证机构根据当事人的申请，依法定程序证明企业承包经营发包方与承包方之间签订合同的行为以及合同本身的真实性、合法性的非诉讼活动。企业承包经营合同的履行期限一般较长，加上受市场行情、国家政策的影响较大，合同双方当事人都可能对对方当事人缺乏信心，从而影响企业在承包经营期间及后续的发展。因此，通过合同公证，不但有助于完善合同条款，确保合同的效力，而且有利于当事人树立信心，提高企业的生产经营效率与效益，确保和促进企业的可持续发展。

（二）办理企业承包经营合同公证的程序

1. 申请与受理。申请办理企业承包经营合同公证，当事人应当分别提交以下材料：

（1）发包方应当提交的材料：①发包方的法人资格证明、法定代表人的身份证明；委托代理人办理公证事项的，应当提交授权委托书和委托代理人的身份证明；②企业主管部门同意其实行承包经营的有关批准文件；③实行承包经营的企业的现有资产审计报告、评估报告、企业的会计报表等；④通过招标确定承包人的，应当提交能够证明承包人中标的证明文件，如招标书、决标记录、中标证明书等；⑤企业承包经营合同文本；⑥公证人员要求提供的其他材料。

（2）承包方应当提交的材料：①承包方为企业法人的，应当提交法人的营业执照副本、资产和经营状况证明、法定代表人的身份证明；承包方为企业全体员工的，应提交员工代表大会的决议；合伙承包的，应提交合伙人个人状况的证明以及合伙协议；个人承包的，应当提交个人的身份证明及其所在单位同意的证明或者其他证明。②企业经营者符合国家有关法律规定和发包方要求的厂长（经理）条件的证明材料。③担保合同及抵押物的有效权利证明；抵押物若为共有物，应同时提供共有人同意的声明。④公证人员要求提供的其他材料。

2. 审查并依法出具证明。对于符合上述条件的公证申请，公证机构应当予以受理。在受理公证申请之后，公证机构应重点审查以下内容：

（1）合同的双方当事人是否具备法定的主体资格。实行承包经营的企业通常是国有企业和集体所有制企业，发包方往往是企业的主管部门，承包方既可以是法人，也可以是个人、合伙、企业的全体职工，只有具备主体资格的人才能签订企业承包经营合同。

（2）企业承包经营合同是否符合法律、法规的原则及规定。例如，根据有关规定，实行承包经营的，企业的性质不变，当事人在企业承包经营合同中约定改变企业性质的，就属于违反法律规定；实行承包经营的目的是实现全民所有制企业的所有权与经营权分离，当事人签订的企业承包经营合同如不能体现两权分离的，也就违背了实行承包经营制的宗旨。

（3）合同是否具备法定的必备条款，内容是否明确，有无损害国家利益或集体利益的条款和内容。

（4）订立承包经营合同的程序是否合法。根据有关规定，企业实行承包经营，一般应采取招投标的方式确定承包人。依法必须通过招投标的方式确定承包的，当事人申请办理企业承包合同公证时，公证员应当审查合同是否通过招投标确定承包人，招投标的程序是否符合法律规定。

经审查，企业承包经营合同的双方当事人均具有主体资格，企业的承包方式及其内容和程序合法，合同条款完备，公证机构即可依法出具证明书。

三、企业兼并合同公证

（一）企业兼并合同公证的概念

企业兼并合同是指两个具有法人资格的企业之间，就一个企业有偿、概括地承受另一企业的资产及其债权、债务，实现产权转移，致使被兼并的企业丧失全部产权和法人资格而达成的协议。企业兼并是市场经济条件下资产交易的形态之一，也是优胜劣汰的市场机制作用的结果。

企业兼并合同公证是指公证机构根据法律规定和当事人的申请，依法定程序证明兼并企业与被兼并企业签订企业兼并合同的行为以及合同本身的真实性、合法性的活动。企业兼并意味着被兼并企业的终止，它涉及大量的资产流转和人员变化。进行企业兼并合同公证，有利于确保企业兼并合法、有序地进行，对于保护国家和集体的财产所有权、维护企业及其职工的合法权益都具有十分重要的意义。

（二）办理企业兼并合同公证的程序

1. 申请与受理。当事人申请企业兼并合同公证时应当填写公证申请表，并提交以下材料：

（1）兼并企业或被兼并企业的法人资格证明，法人代表证明和本人的身份证明；委托代理人代办的，应提交委托证书和代理人的身份证明。

（2）双方就兼并达成的意向书。

（3）双方当事人要求兼并的申请报告以及主管批准文件。

（4）被兼并企业的清产核资明细表及资产评估组织对兼并企业的验收、评估报告，债权债务清理报告。

（5）资产评估小组组成人员名单，成立文件。

（6）被兼并企业的资产权利证书。

（7）涉及第三人权利义务的有关材料。

（8）兼并合同的文本。

（9）法律、法规规定应当提供的其他材料和公证人员认为应提交的其他证件、材料。

对于符合上述条件的公证申请，公证机构通过形式审查后应当予以受理，再进一步进行实质审查，即审查合同内容是否真实、合法，合同条款是否完备。

2. 审查并依法出具证明。公证机构受理申请后，应主要审查以下事项：

（1）合同双方当事人是否具备法人资格，法人代表身份证明及委托代理相关证明文件是否真实有效。

（2）审查当事人的意思表示是否真实，有没有串通损害他人利益或社会利益以及其他不符合兼并宗旨的情况。

（3）全面把握企业兼并合同是否符合法律、法规、现行政策的规定，条款是否完备。

（4）企业兼并程序是否符合法律规定。企业实行兼并，应当征得主管部门同意，并由职工或职工大会作出决议，经对被兼并的企业进行清产核资，确定兼并价格，才能签订企业兼并合同。报批、民主评议、清产核资等程序应完整，不能逾越。

（5）企业资产评估活动是否真实合法，有无抽逃资金、侵吞国家资产等现象发生。

（6）公证人员认为应当审查的其他事项。

公证机构经过审查，兼并合同的主体合法、内容完备、意思表示真实，其他事项均符合相关法律规定的，公证机构应依法出具公证书。

四、联营合同公证

（一）联营合同公证的概念

联营合同是指两个或两个以上的经济组织为了达到一定的经济目的，约定共同出资、联合经营而达成的协议。根据联营各方关系的紧密程度不同，联营合同可分为法人型联营合同、合伙型联营合同、合作型联营合同三种。法人型联营合同就是当事人各方约定联营后组成新的法人的联营合同。合伙型联营合同是当事人约定联营后不组成新的法人，仅组成合伙体的联营合同；在合伙型联营体中，各方按约定分享利润、分担亏损，并对联营债务承担无限连带责任。合作型联营合同是指当事人之间仅以协作的方式实行联营，各方当事人完全独立地自主经营、自负盈亏的联营合同。

联营合同公证是指公证机构根据法律规定和联营当事人的申请，依法定程序证明当事人之间签订联营合同的行为以及合同本身的真实性、合法性的非诉讼活动。通过公证完善联营合同，防止虚假陈述，对于确保联营合同的效力，维护联营各方的合法权益，都具有重要作用。

（二）办理联营合同公证的程序

1. 申请与受理。当事人向公证机构提出公证申请后，应当填写公证申请表，并提交以下证明材料：

（1）联营各方法人资格证明、法定代表人身份证明；联营方为农村承包经营户、个体工商户、一般公民的，应当提交营业执照的副本、公民的身份证明。

（2）联营企业的主管部门及其他部门对联营项目的批准文件。

（3）联营项目涉及土地使用权变更、供用电计划及其他国家有特殊规定的领域，应当提交有关部门的专业批文。

（4）以技术成果、专利权、商标专用权等作为投资的，应当提交技术成果鉴定书、专利证书、商标注册证书等相应的证明文件。

（5）联营合同文本及联营组织的章程。

（6）公证机构认为应当提交的其他证明材料。

2. 审查并依法出具证明。公证机构受理当事人办理联营合同公证的申请后，应当重点审查以下内容：

（1）联营各方是否具备主体资格。

（2）联营各方当事人的意思表示是否真实。

（3）联营合同是否符合法律、法规、规章的规定。

（4）联营合同的条款是否完备，不同类型的联营，其联营合同的具体条款也不相同，公证机构应当根据当事人约定的联营类型审查其联营合同是否完备。

（5）联营合同是否符合联营的原则要求。如联营各方订立联营合同是否坚持

"平等互利、协商一致、等价有偿"的原则，是否依法办理了审批手续等。

公证机构审查后，认为联营各方的意思表示是真实的，合同内容是合法的，公证机构应当依法出具公证书。

五、劳动合同公证

（一）劳动合同公证的概念

劳动合同，是指劳动者与用人单位确立劳动关系，明确双方权利义务的协议。劳动合同的种类很多，如长期固定工聘用合同、干部或企业界经营者聘用合同、临时工或季节工聘用合同等。目前，劳动合同已成为我国确立劳动法律关系的依据，成为现阶段建立和维护劳动力市场正常运作的法律武器。

劳动合同公证是指公证机构根据用人单位和劳动者的申请，依法确认双方签订劳动合同的真实性、合法性的证明活动。劳动合同公证对于完善合同条款，消除双方思想顾虑，提高合同履约率，预防和减少劳动合同纠纷，都具有十分重要的意义。

（二）办理劳动合同公证的程序

1. 申请与受理。当事人向公证机构提出公证申请之后，应填写公证申请表，并且双方当事人应分别提供以下材料：

（1）聘用方应当提交的材料：①劳动主管部门批准的招聘计划和招聘指标；②招聘单位的资格证明，代表人或代理人的身份证件，代理人的授权委托书；③招聘简章、招聘条件及与招聘有关的规章制度；④采用公开招标方式招聘干部或企业经营者的，应提供有关招标文件、记录等材料；⑤签订技术培训、人才定向培训协议，要提供与代培单位签订的代培合同；⑥合同草稿；⑦公证机构要求提供的其他材料。

（2）受聘方应当提交的材料：①本人的身份证明与健康状况证明，如受聘方为未满18周岁的未成年人的，必须提供其法定代理人同意的证明；②所在地人才交流中心、街道、乡镇出具的无工作证明或停薪留职证明；③与聘用方要求相一致的学历证明、技术等级证书；④合同草稿；⑤公证机构要求提供的其他材料。

对于符合上述条件的劳动合同公证申请，公证机构应予以受理，并进一步审查劳动合同的条款和内容；不符合上述条件的劳动合同申请，公证机构应拒绝受理，并作出拒绝受理的决定书；对于当事人的申请行为虽有欠缺，但是可以补正的，公证机构应告知当事人在完善相关手续后再提出申请。

2. 审查并依法出具证明。公证机构受理当事人的申请后，应对以下事项予以重点审查：

（1）劳动合同当事人是否具有合法的主体资格。

（2）劳动合同是否符合劳动报酬法律规定、劳动保护法律规定和社会保险法律制度；如果劳动合同一方当事人为不满18周岁的未成年人的，公证机构还须审查是否符合劳动法等有关法律法规关于聘用未成年人的规定。

（3）劳动合同订立的程序是否合法。劳动合同的订立一般包括招工、报名、考核、录用和签订劳动合同 5 个阶段，公证机构应当逐阶段进行审查，以确保合同的合法性。

（4）劳动合同的条款是否完备。劳动合同的条款一般包括：①用人单位的名称、性质、地址，受聘方的姓名、年龄、文化程度、专业技术等基本情况；②工作任务；③试用期限、聘用期限；④劳动条件；⑤劳动报酬及保险福利待遇；⑥劳动者的权利、义务；⑦劳动纪律、技术培训及安全操作条款；⑧劳动合同终止或解除的条件；⑨违约责任；⑩其他约定条款；等等。

公证机构审查结束后，认为当事人双方具有签订劳动合同的资格和行为能力，双方意思表示真实，劳动合同条款齐全，签订劳动合同的程序合法的，应依法出具公证书。

■思考题

1. 合同公证在市场经济中有哪些作用？
2. 什么是买卖合同公证？申请买卖合同公证应当经过哪些程序？
3. 什么是赠与合同公证？办理赠与合同公证应当重点审查哪些内容？
4. 什么是劳动合同公证？申请劳动合同公证应当提交哪些材料？

■参考书目

1. 江晓亮主编：《公证员入门》，法律出版社 2007 年版。
2. 谭秋桂主编：《经济活动中怎样办理公证》，中国检察出版社 2004 年版。
3. 徐新跃主编：《公证与律师制度》，法律出版社 2002 年版。
4. 宣善德主编：《律师公证与仲裁制度》，中国政法大学出版社 2005 年版。
5. 云南省昆明市国信公证处组编：《要素式公证书试行格式及参考样式》，云南大学出版社 2009 年版。

第二十四章　继承、遗嘱和遗产分割 协议公证

■ 学习目的和要求

　　本章分别介绍了继承权公证、遗嘱公证和遗产分割协议公证。不仅从宏观角度介绍了各个制度，而且从微观和实践的角度介绍了继承权公证、遗嘱公证、遗产分割协议公证的具体操作程序和应注意的事项。学习时应该掌握各个制度的程序规则。

第一节　继承公证

一、继承公证的概念

　　继承，是指继承人依照法律的规定，承受被继承人生前个人所有的财产权利和义务的行为。法律赋予继承人享受被继承人遗产的权利，称为继承权。继承权有一个最突出的特征，就是出现了"被继承人死亡"这一法律事实，它包括自然死亡、被法院宣告死亡。如果没有被继承人死亡这一事实，就不发生继承权的问题。

　　继承的形式有两种，即法定继承和遗嘱继承。①法定继承，是指按照法律规定的继承人范围、继承顺序和遗产分配份额所进行的继承。法定继承中的继承人称为法定继承人。我国《继承法》规定的法定继承人分为两个顺序。第一顺序：配偶、子女、父母。第二顺序：兄弟姐妹、祖父母、外祖父母。继承开始后，先由第一顺序继承人继承，第二顺序继承人不得继承。没有第一顺序继承人的，由第二顺序继承人继承。②遗嘱继承，是指按照死者生前遗嘱指定的继承人所进行的继承。我国公民可以通过立遗嘱将自己拥有的财产的全部或一部分，指定由法定继承人中的一人或者数人继承；也可以通过立遗嘱将自己拥有的财产赠送给国家、集体或者法定继承人以外的人。

　　继承公证，是指公证机关根据当事人的申请，依照有关法律规定，证明继承人对被继承人的财产享有继承权的一种法律行为。申请办理继承公证有很多益处，它有利于保护公民个人财产所有权、避免发生不必要的家庭财产纠纷，维护社会和家

庭的安定团结，对促进社会主义物质文明和精神文明建设都具有重要的作用。

2009 年，中国公证协会出台了《办理继承公证的指导意见》，规范公证机构办理继承公证事项。

二、办理继承公证的程序

（一）申请与受理

依据我国《公证法》第 25 条规定，继承公证由被继承人住所地或者遗产所在地的公证机构受理，所继承的遗产不在同一地时，由主要遗产所在地的公证机构受理，但是，涉及不动产的继承公证，均由不动产所在地的公证机构受理。如果继承人较多，由若干名继承人到同一个有权受理的公证机构申请公证。有时被继承人遗产所在地分属几个公证辖区时，可由当事人协商来选择其中的一个公证机构办理公证。

例如，李先生的父亲是南海人，后来在南宁当兵并在当地定居下来，一直在广西工作生活。今年年初，李先生的父母先后去世，在南宁留下了一套房子及一笔存款，在南海有祖屋一间。作为父母唯一的子女，李先生想继承父母留下的遗产。可李先生家在广州市，父母的遗产分别在南宁和南海，李先生要继承其父母在南宁留下的房子和存款，就只能到南宁当地公证机构申请办理；要继承其父母在南海的房子，就要到南海公证机构申请办理。

当事人申请办理继承公证时，应提供下列证明材料：①当事人的身份证件。如居民身份证、户口簿等。②被继承人的死亡证明。该证明应由被继承人死亡时的医院或原户籍所在地公安派出所出具。如果继承人已死亡，也应出具继承人的死亡证明。"死亡证明"，是指医疗机构出具的死亡证明；公安机关出具的死亡证明或者注明了死亡日期的注销户口证明；人民法院宣告死亡的判决书；死亡公证书。③全部法定继承人的基本情况及与被继承人的亲属关系证明；"亲属关系证明"，是指被继承人或者继承人档案所在单位的人事部门出具的证明继承人与被继承人之间具有亲属关系的证明；基层人民政府出具的证明继承人与被继承人之间具有亲属关系的证明；公安机关出具的证明继承人与被继承人之间具有亲属关系的证明；能够证明相关亲属关系的婚姻登记证明、收养登记证明、出生医学证明和公证书。④其他继承人已经死亡的，应当提交其死亡证明和其全部法定继承人的亲属关系证明。⑤继承记名财产的，应当提交财产权属（权利）凭证原件。⑥被继承人生前有遗嘱或者遗赠扶养协议的，应当提交其全部遗嘱或者遗赠扶养协议原件。⑦被继承人生前与配偶有夫妻财产约定的，应当提交书面约定协议。⑧继承人中有放弃继承的，应当提交其作出放弃继承表示的声明书。⑨委托他人代理申办公证的，应当提交经公证的委托书。来自国外的委托书还必须经所在国公证机构公证和我国驻该国外交领事机构认证。⑩监护人代理申办公证的，应当提交监护资格证明。

（二）审查

公证机构受理了当事人的申请后，需向当事人询问有关继承的具体情况，并制作询问笔录，询问笔录除需要按照《公证程序规则》的规定应当载明的内容外，还应当载明下列内容：①被继承人死亡的时间、地点、原因；②被继承人生前工作单位、住址、婚姻状况；③申请继承的遗产的来源、取得时间、权属及基本状况；④被继承人全部法定继承人（包括尽了主要赡养义务的丧偶儿媳或者女婿）的姓名、性别、与被继承人的亲属关系、工作单位、住址。法定继承人已经死亡的，应当载明死亡的时间；⑤在继承人以外有无依靠被继承人扶养的缺乏劳动能力又没有生活来源的人或者对被继承人扶养较多的人，有无需要为其保留遗产份额的胎儿；⑥被继承人生前有无遗嘱或者遗赠扶养协议，有几份；⑦继承人中有无表示放弃继承的。

审查应查明如下几个问题：

1. 被继承人的姓名（包括别名）、性别、出生日期、生前住址、死亡地点、时间、死因、婚姻状况、近亲属状况等。审查被继承人的姓名、性别、年龄等基本身份情况，是为了防止他人冒充继承人或被继承人，或将同名同姓的人误以为是被继承人。查清被继承人的死亡原因，也就是看其是否为正常死亡，有无继承人对被继承人施以虐待、迫害等情形。因为这直接关涉该继承人有无继承权，依据《继承法》第7条的规定，虐待、杀害被继承人的，应当剥夺其继承权。

2. 查明被继承人生前是否立有遗嘱或签订了遗赠扶养协议；遗嘱的性质、订立日期、有无变更、所涉及的遗产和继承人等。处理继承事务时，遗赠扶养协议优先于遗嘱继承，遗嘱继承又优先于法定继承，法定继承必须是在没有遗嘱和遗赠的前提下进行。

被继承人虽然立有遗嘱，但具有下列情形之一的，公证员仍然可以对法定继承进行公证：被继承人生前虽留下遗嘱，但因该遗嘱违反法律而归于无效；遗嘱继承人放弃继承权或受遗赠人放弃受遗赠权；遗嘱继承人、受遗赠人先于被继承人死亡；遗嘱继承人因法定原因而丧失继承权；被继承人生前所立遗嘱中没有处分的遗产可按法定继承办理；被继承人生前遗嘱部分无效，对无效部分可按法定继承办理。

公证员办理遗嘱公证时，应当着重查清：被继承人生前所立遗嘱是否真实、合法；有没有被变更和撤销的情形；提起公证请求的当事人是否为遗嘱中所指定的人。

3. 核实遗产的范围、数量、种类、价值、状况、所在地等基本情况与继承人的陈述是否一致；遗产中是否包括有共有财产，共有人是谁，占有多少份额；除已知遗产外，被继承人有无其他债权和债务。遗产必须是被继承人生前的合法所得，必须是被继承人生前的合法财产，必须是从被继承人与他人共同财产中分割出来的那部分财产，而且被继承人生前欠税、负债的，应先从遗产中优先清偿所欠税款及债务。

4. 审查继承人的范围、人数、资格、权利能力和行为能力等。查明有无依靠被继承人生活又无其他生活来源的人，以及对被继承人尽到了主要的赡养义务的人。公证员要审查是否遗漏了其他相关的合法继承人，以避免因疏忽大意而损害了这些继承人的合法权益。

5. 在有继承人死亡的情况下，审查其死亡时间和有关当事人是否真正具有代位继承人的资格。

6. 审查当事人接受或放弃继承的具体情况。接受继承是公民以明示或默示的方式，同意接受被继承人的遗产的行为。而放弃继承是公民不同意接受被继承人的遗产行为，放弃继承的意思表示必须在遗产处理前以明示的方式作出，并且不能附加任何条件。

例如，谭某于2002年2月28日在南京市死亡，死亡后留有一处坐落于南京市鼓楼区建设新村的夫妻共有房产，谭某生前无遗嘱，谭某的父亲仍健在，谭母于2004年1月12日在谭某死亡后去世。谭某与潘某夫妇共有两个子女，谭父、谭母夫妇共有谭某和其妹妹两个子女，谭某的妹妹已于2000年8月死亡，其生前离异并留有一个子女。2004年3月，潘女士带着身份证、户口簿、房屋所有权证、其丈夫谭某的死亡证明及谭某单位出具的一份家庭成员证明，来到公证机构申请办理房产继承权公证。

在此案例中潘女士需补充如下证明材料：①谭某母亲的死亡证明；②谭某单位出具的个人履历表复印件。

公证机构办理继承公证，除需要按照《公证程序规则》规定的事项进行审查外，还应当重点审查下列事项：①当事人的身份是否属实；②当事人与被继承人的亲属关系是否属实；③被继承人有无其他继承人；④被继承人和已经死亡的继承人的死亡事实是否属实；⑤被继承人生前有无遗嘱或者遗赠扶养协议；⑥申请继承的遗产是否属于被继承人个人所有。

（三）出证

公证机构经过审查当事人提供的有关材料、询问当事人、外出调查访问之后，如果认为与继承相关的事实清楚，证据充分，继承的意思表示真实、合法，当事人具有继承遗产的资格，遗产处分合法、适当，继承关系合法，继承人之间无争议，没有遗漏合法继承人，继承人中没有实施侵害被继承人或其他继承人合法权益的行为，也就是达到真实性和合法性的要求，应当按照法定程序，为继承人出具继承公证书。

例如，卢某与薛某婚后生有一女。2年后，二人离婚。薛某曾继承其父母房屋3间、存款6000元，约定为夫妻共同财产，可离婚时薛某一分钱都没给妻子卢某。女儿随母卢某生活。离婚不久，薛某因车祸身亡，卢某和家人一起料理了后事。薛某的姐姐认为其弟弟的遗产应由她继承，遂与卢某发生争执，二人一起来到公证机构申请办理继承权公证。

此案中，卢某与薛某已离婚，财产亦分割完毕，卢某对薛某的遗产已不享有继承权。薛某离婚后，其女儿应当作为第一顺序继承人继承父亲的遗产。薛某的姐姐为第二顺序继承人，第一顺序继承人存在时，第二顺序继承人不得继承。公证员只能为卢某的女儿办理继承权公证。

（四）拒绝公证

公证人员在审查继承公证的申请时，如果发现存在以下情形时，应当立即拒绝为其公证，以维护法律的尊严和被继承人的合法权益：

1. 继承人有故意杀害被继承人、为争夺遗产而杀害其他继承人、遗弃被继承人、或者虐待被继承人且情节严重、伪造篡改或者销毁遗嘱且情节严重等法定的导致丧失继承权的行为。

2. 遗嘱违背立遗嘱人的真实意愿，是在其受威胁、强迫和欺骗的情况下订立的。

3. 申请人无继承权。被他人收养的子女一般不能再继承生父母的遗产，生父母对已送养的子女的遗产，一般也无权继承。

4. 遗嘱内容违反国家法律。如把属于国家、集体或者他人所有的财产，当做个人遗产，用遗嘱转移或按法定继承转移。

5. 除《公证法》和《公证程序规则》规定的不予办理公证的情形外，有下列情形之一的，公证机构不予办理遗嘱继承公证：①根据法律规定遗嘱继承人丧失继承权的；②遗嘱经审查无效或者效力无法确认的；③遗嘱处分的财产不属于被继承人个人所有或者被继承人生前已经处分了遗嘱所涉及的财产的；④继承同一遗产，遗嘱继承人中有人未提出公证申请且又未作出放弃继承表示的；⑤利害关系人与遗嘱继承人就遗嘱内容是否符合《中华人民共和国继承法》第 19 条的规定有争议的；⑥利害关系人有充分证据证明遗嘱继承人没有履行遗嘱所附义务的。

6. 除《公证法》和《公证程序规则》规定的不予办理公证的情形外，有下列情形之一的，公证机构不予办理法定继承公证：①根据法律规定法定继承人丧失继承权的；②被继承人生前所立遗嘱或者签订的遗赠扶养协议已经处分了法定继承人申请继承的遗产的；③法定继承人中有人未提出公证申请且又未作出放弃继承表示的；④法定继承人不能协助公证机构完成核实或者有关单位及个人拒绝协助公证机构进行核实的；⑤法定继承人之间对法定继承人的范围、遗产的权属或者是否有适用《中华人民共和国继承法》第 12 条、第 14 条规定的人有争议的。

三、放弃继承公证

（一）放弃继承公证的概念

放弃继承公证是指公证机构根据当事人的申请，证明继承人放弃其所享有的继承他人遗产的权利的意思表示真实、合法的活动。我国法律一方面保护公民的合法继承遗产的权利，另一方面，也允许公民自愿放弃自己的继承权，但是放弃继承权应当依法作出明确的意思表示。《继承法》第 25 条第 1 款明确规定："继承开始后，继承人放弃继承的，应当在遗产处理前，作出放弃继承的表示。没有表示的，视为接受继承。"

（二）放弃继承的程序

根据《公证法》和《公证程序规则》的有关规定，公民申请办理放弃继承权公证，应当亲自到其住所地或行为发生地的公证机构提出申请，而不能委托他人代理。

申办时应当逐项填写公证申请表，并提供以下文件、材料：本人签字的放弃继承权的声明书，并且注意在被继承人死亡前放弃继承权不具有实际的法律意义；本人的身份证明；被继承人死亡的证明；本人与被继承人关系的证明，可以由其所在单位、街道办事处或乡镇政府提供，只要能证明其的确享有继承权就可以。继承人表示放弃继承的，公证机构仅需审查继承人个人的意思表示。

第二节　遗嘱公证

一、遗嘱的概念和特征

所谓遗嘱是指遗嘱人生前在法律允许的范围内，按照法律规定的方式对其遗产或其他事务所作的个人处分，并于遗嘱人死亡时发生效力的法律行为。遗嘱有以下几个特征：

1. 遗嘱是单方法律行为，即遗嘱是基于遗嘱人单方面的意思表示即可发生预期法律后果的法律行为。

2. 遗嘱人必须具备完全民事行为能力，即限制行为能力人和无民事行为能力人所立遗嘱无效。

3. 设立遗嘱不能进行代理。遗嘱的内容必须是遗嘱人的真实意思表示，应由遗嘱人本人亲自作出，不能由他人代理。如是代书遗嘱，也必须由本人在遗嘱上签名，并要有两个以上无利害关系的见证人在场见证。

4. 遗嘱是要式法律行为。一般情况下，遗嘱必须是书面的，只有在遗嘱人生命垂危或者在其他紧急情况下，才能采用口头形式，而且要求有两个以上的见证人在场见证。危急情况解除后，遗嘱人能够以书面形式或录音形式立遗嘱的，所立口头遗嘱因此失效。

5. 遗嘱是遗嘱人死亡时才发生法律效力的行为。因为遗嘱是遗嘱人生前以遗嘱方式对其死亡后的财产归属问题所作的处分，死亡前还可以加以变更、撤销，所以，遗嘱必须以遗嘱人的死亡作为生效的条件。

二、遗嘱的生效条件

在实践中，并非只要是遗嘱人作出的任何遗嘱都是合法有效的，遗嘱要想生效，必须同时具备以下条件：

1. 遗嘱人具有完全民事行为能力。《最高人民法院关于贯彻执行〈中华人民共和国继承法〉若干问题的意见》第41条规定："遗嘱人立遗嘱时必须有行为能力。无行为能力的人所立的遗嘱，即使其本人后来有了行为能力，仍属无效遗嘱。遗嘱人立遗嘱时有行为能力，后来丧失了行为能力，不影响遗嘱的效力。"有聋、哑、盲等生理缺陷而无精神病的成年人，他们是有完全行为能力的，所以他们所立遗嘱仍是有效的。

2. 遗嘱人所立的遗嘱必须是其真实意思表示。意思表示不真实有如下几种情况：

①遗嘱人受胁迫所立的遗嘱；②遗嘱人受欺骗所立的遗嘱；③被非遗嘱人假造的遗嘱；④被篡改的遗嘱；⑤遗嘱人在神志不清的状态下所立的遗嘱。

3. 遗嘱人对遗嘱所处分的财产必须是有处分权的。在现实生活中，常见到丈夫立遗嘱不经妻子同意便处分了全部夫妻财产，另外，根据《最高人民法院关于贯彻执行〈中华人民共和国继承法〉若干问题的意见》第 39 条规定："遗嘱人生前的行为与遗嘱的意思表示相反，而使遗嘱处分的财产在继承开始前灭失、部分灭失或所有权转移、部分转移的，遗嘱视为被撤销或部分撤销。"

4. 遗嘱的内容必须合法。内容不合法的遗嘱主要有三种情况：①遗嘱取消了缺乏劳动能力又没有生活来源的继承人的继承权；②遗嘱没有为胎儿保留必要的继承份额；③遗嘱内容违反其他法律。

5. 遗嘱的形式必须合法。可采用公证、自书、代书、录音、口头等形式。如果遗嘱人先后立了多份遗嘱，以最后所立的为准，但任何遗嘱都不能和已经公证过的遗嘱相抵触。

三、遗嘱公证的概念和法律效力

遗嘱公证是指公证机构依据当事人的申请，依法证明遗嘱人设立遗嘱的行为真实合法，并出具公证书的活动。公证遗嘱是经过公证机构证明的遗嘱，它的重要特征是内容真实、合法，具有较强的法律效力。

公证遗嘱一经成立即具有法律效力，主要表现在：

1. 不可任意变更性。一般在有数份遗嘱的情况下，应以遗嘱人最后订立的遗嘱为准。而对于公证遗嘱，却不能以自书、代书、录音、口头形式予以撤销、变更。立遗嘱人要想变更、撤销公证遗嘱，只能到公证机构办理变更或撤销手续。如果不经过公证证明，自行宣告变更或撤销原公证遗嘱，其行为不发生法律效力，原订立的公证遗嘱仍有效。

但这种不可变更性不是绝对的，随着时间的推移，客观情况会不断发生变化。有些法定情形，如立遗嘱人在订立遗嘱时，所有的法定继承人都能自食其力，而在立遗嘱人死亡时，恰恰某一被取消继承权的法定继承人突然丧失了劳动能力，且无经济来源时，原公证遗嘱就发生了部分无效的情况，这时，应为不能自食其力的法定继承人保留继承份额。

2. 在法定遗嘱形式中，公证遗嘱的效力最高。不管是公民立下自书、代书、录音或口头遗嘱，后又申办公证遗嘱的，还是先订立公证遗嘱后，又订立其他形式的遗嘱的，公证遗嘱由于是公证机构对遗嘱的真实合法性的证明，所以效力最高。也就是说，在遗嘱人存有多份遗嘱而且内容相抵触的情况下，若有公证遗嘱，则仅此遗嘱有效，而不论是否是当事人生前最后所订立的。

例如，李某是一位中学高级教师，在当地中学教育界颇有名气。他早年丧妻，独自把 3 个孩子（长子李甲、次子李乙、小女李丙）抚养成人。1997 年，李某退休后变卖了自己的三居室住房，跟随长子李甲生活。1998 年，李某亲自到公证机构办理了一份遗嘱，表明其过世后全部存款 34 万元中的 24 万元由长子李甲继承，10 万元由次子李乙继承。事隔不久，李某因突发脑中风造成半身不遂，长子李甲和其妻忙于工作难以悉心照料。次子李乙见状就将父亲接到自己家中进行照料，并请了钟点工帮忙。李某觉得先前所立遗嘱不太妥当，就在病床上当着其妻之弟的面重新书写了一份遗嘱，表示死后存款 34 万元由次子李乙继承 24 万元，长子李甲和小女李丙各继承 5 万元。2000 年 3 月，长子李甲因突发心脏病死亡。同年 9 月，李某病故。针对 34 万元存款，长子之妻王某和其子李丁根据李某生前所订立的公证遗嘱，要求公证机构为其办理继承权公证。次子李乙和小女李丙则拿出父亲最后所订立的遗嘱，要求公证机构据此办理公证。

在这个案例中，公证遗嘱和自书遗嘱同时存在且内容相抵触，应当以公证遗嘱为准。

四、遗嘱公证的程序

订立公证遗嘱应到公证机构依法定程序进行，且必须由立遗嘱人亲自进行，不得由他人代理。具体规则如下：

1. 立遗嘱人应向住所地的公证机构提出申请，并填写公证申请表。申请表应记明以下内容：①申请人的姓名、性别、出生日期、身份证号码、工作单位、住址等；②请求公证的事项及公证书的用途；③提交材料的名称、份数及有关证人的姓名、地址；④申请的时间及其他需要说明的问题。立遗嘱人应在申请表上签名或盖章；填写申请表有困难的，可由公证员代填。

2. 立遗嘱人申请遗嘱公证应提交身份证明、遗嘱所涉及财产的所有权证明及其他证明材料。

3. 公证机构认为符合规定、决定受理申请的，应发给受理通知单，并按规定标准收取公证费。立遗嘱人如交纳公证费有困难的，可提出书面申请缓交。

4. 公证人员通过询问证人、调取书证物证、视听资料、现场勘验、进行鉴定等方式，对遗嘱涉及的事项、财产进行审查。立遗嘱人应当如实陈述与公证事项有关的事实，并提供相应的材料。

办理遗嘱公证时，应对以下内容进行实质审查：①立遗嘱人在立遗嘱时是否具有完全民事行为能力；②申请公证的遗嘱是否能体现立遗嘱人的真实意愿；③遗嘱的内容是否违背国家的有关法律和政策，是否有损社会公共利益。由于我国对遗嘱自由有一定的限制，规定遗嘱不得取消胎儿和继承人中无劳动能力又缺乏经济来源的人应当得到的、适当的遗产份额。所以公证机构应认真审查立遗嘱人的所有继承人的情况，确认遗嘱的合法性。

例如，张某于 1981 年结婚，与妻子生有一子，现已成年。1991 年，张某与其妻离婚，后来认识李某，并生育了一个女儿，但张某与李某并未办理结婚登记。1993 年，张某与李某感情破裂，签订了一份协议书，约定李某为女儿的监护人，双方共同承担抚养义务。张某同意给予李某 20 万元，其中 10 万元作为女儿未成年前的全部生活及教育费用，10万元作为女儿成年后的购房费用。张某由于有重大疾病，为防止以后因财产发生纠纷，前来公证机构申请遗嘱公证。其遗嘱的内容为："一处房产由儿子继承；另一处房产及去世后的银行的剩余存款由其哥哥继承；由于女儿的抚养已通过协议书一次性全部解决，所以不再给予女儿任何遗产。"

在此案例中，由于张某的女儿尚未成年且无生活来源，即使张某已与该女儿的母亲签订了抚养协议，仍必须在遗嘱中为其女儿保留相应的财产份额，因该遗嘱的内容有违背国家法律之处，所以公证员应拒绝为其公证。

此外公证机构还应该严格审查遗嘱见证人、遗嘱执行人的资格：如对遗嘱见证人的身份情况进行调查，若属于无行为能力人、限制行为能力人、该财产的继承人、该财产的受遗赠人、与该财产继承人、受遗赠人有亲属、财产关系的人，则不予办理该项遗嘱的公证。

公证机构应核对遗嘱执行人的身份，确认其是否被立遗嘱人所指定。

5. 遗嘱公证应由两名公证人员共同办理。特殊情况下由1名公证员办理时，至少应有1名见证人在场，见证人应在遗嘱和笔录上签名。

6. 经公证人员审查合格、认为可以出具证明，承办公证员草拟公证书后，连同卷宗报批。任何人不得审批自己承办的公证事项。

7. 审批合格后，按司法部规定或批准的格式制作公证书，且不得涂改、挖补，必须修改的应加盖公证机构校对章。公证机构应制作公证书正本和若干副本发给立遗嘱人。

8. 除法律另有规定外，遗嘱公证书从审批人批准之日起生效。审批人批准日期即为出证日期。

公证机构要为当事人保密，在遗嘱发生法律效力前，遗嘱卷宗不得借阅，有关人员不得向外透露遗嘱内容。遗嘱公证卷应列为密卷单独保存，立遗嘱人死亡后，转为普通卷保存。

9. 遗嘱公证书由立嘱人到公证机构领取；必要时，也可由公证机构发送。立遗嘱人应在公证书送达回执上签名或盖章，并注明收到日期、份数和公证书的编号。

五、公证遗嘱的变更、撤销

口头、自书、代书、录音遗嘱需要进行变更、撤销时，可以用同样的方式进行，也可以用公证方式进行。而对于公证遗嘱的变更和撤销，必须以公证方式进行，口头、自书、代书、录音这四种方式都不能变更或撤销公证遗嘱。

公证遗嘱的变更是指遗嘱公证人依法改变、增减原遗嘱的部分内容。变更公证遗嘱必须经过原公证机构公证，情况紧急下，可向就近的公证机构申请变更，并且由办理变更的公证机构通知原公证机构备案。

例如，在本节第一个案例中，李某要想变更公证遗嘱必须经过原公证机构公证，所以其后所立的自书遗嘱无效。

公证遗嘱的撤销是指立遗嘱人撤销原遗嘱的全部内容。撤销公证遗嘱也必须经过原公证机构公证。立遗嘱人向公证机构申请公证时，应在后立的遗嘱上写明"撤销原某年某月某日遗嘱"的字样，并经原公证机构办理必要的手续。原有见证人在场见证的，应使其再次见证撤销的情况。

又例如，李甲和李乙是兄弟，其父为李兵。李甲游手好闲，长期在外流浪，一直未婚，对父母也从不关心；李乙勤俭持家，结婚生子，孝敬父母。1998 年，李甲因犯盗窃罪被判处有期徒刑 5 年。李兵一气之下，宣布与李甲断绝父子关系。2001 年 8 月，李兵在体检中查出患胃癌，且已到晚期。为避免自己死后亲属为遗产发生纠纷，李兵到本市的公证机构办理了遗嘱公证，将其全部遗产归其妻及次子李乙继承。2002 年 5 月，由于在劳改期间有立功表现，李甲被提前释放。令李兵意想不到的是，原来不通事理的大儿子经过改造，竟然与从前判若两人，对父母十分孝顺，李兵对以前作出的剥夺大儿子继承权的遗嘱感到十分后悔，便又亲笔写下书面遗嘱，宣布原来所立遗嘱无效，考虑到李甲无子女，老来可能无人照顾，李兵在遗嘱中决定将其遗产的 2/3 留给李甲。立完遗嘱不久，李兵病情恶化，很快就离开了人世。

在此案例中，李兵留下的第一份遗嘱是经过公证的，而第二份遗嘱没有经过公证，因此第一份遗嘱在效力上高于第二份遗嘱。对于李兵的遗产，应当按照第一份遗嘱执行，李甲没有继承李兵遗产的权利。李兵撤销或变更第一份遗嘱，没以公证的形式进行，所以不具有法律效力，也就是说不能产生撤销或变更第一份公证遗嘱的效力。

六、办理遗嘱公证的注意事项

（一）办理遗嘱公证普遍应注意的事项

1. 认真审查遗嘱人的民事行为能力，严格限制见证人的范围。遗嘱人在订立遗嘱时，一般必须具有完全民事行为能力。通常情况下，公证机构的审查不会出现失误，但对于精神病人应谨慎分析并且区别对待，关键是查明订立遗嘱时当事人的精神状况。如果是该精神病人在丧失完全民事行为能力前订立的遗嘱，并有证据表明该遗嘱真实、合法，并且精神正常时有公证遗嘱的意思，公证机构应当给予公证。这样利于保护精神病患者神智正常时的合法民事权利。在只有 1 名公证员办理公证的特殊情况下，应当有 1 名见证人在场，并要求该见证人在笔录和遗嘱上签名、盖章。

2. 公证遗嘱必须由本人亲自进行。公证遗嘱必须由立遗嘱人亲自到本人住所地或立遗嘱行为的发生地的公证机构进行办理，不得委托他人代理。对立遗嘱人因伤病或其他特殊情况确实不能亲往公证机构办理的，公证机构可以派 2 名公证员到立遗嘱人所在地办理。

3. 注意保密。为了防止引起家庭纠纷，损害立遗嘱人的合法利益，遗嘱生效前公证机构要为立遗嘱人保守秘密。立遗嘱人申请办理遗嘱公证若有陪同人员在场，当公证员与立遗嘱人交谈时，应要求陪同人员予以回避。公证机构应当事人的要求，可以为其保管遗嘱，在保管期间也要注意保密，避免泄露。

4. 深入、全面了解立遗嘱人的产权状况。法律规定立遗嘱人只能处分自己享有所有权并且没有争议的财产，公证机构必须认真查清立遗嘱人所处分的财产是否为其所有，是否存有争议。

5. 正确处理立遗嘱人在办理遗嘱公证的过程中死亡的遗嘱效力。如果立遗嘱人在公证还未办理完毕前死亡，依据我国《公证程序规则》的规定，公证机构应当终止公证。但并不意味着遗嘱的无效，因为办理公证的公证人员即为遗嘱见证人，且与遗嘱无任何利害关系，所以虽然公证遗嘱尚未办理完毕，但遗嘱仍可以按照法律的规定以自书、代书等方式发生法律效力。

（二）单独遗嘱公证中应注意的事项

单独遗嘱是单个公民以遗嘱的方式处分其个人所有的财产，在办理此类公证时，要注意查清立遗嘱人处分的财产是否为其本人所有。具体来说：

1. 立遗嘱人无权擅自处分夫妻共同财产。我国法律明确规定，夫妻在共同生活期间的合法所得都是共同财产，双方都享有所有权。公证员在审查时，要注意查清立遗嘱人所处分的财产是否是其应有份额内的财产，若该遗嘱涉及其无权处分的共同财产中另一方的份额，则不予公证。

2. 立遗嘱人无权擅自处分家庭共同财产。家庭共同财产是指家庭成员共同劳动、共同生活所得的共有财产。我国传统上一般在分家之前，参与共同积累家庭财产的家庭成员，对家庭共有财产享有所有权，并不进行分割。因此，公民在申办公证遗嘱时，只能在自己享有的份额内进行处分，而不能擅自处分其他家庭成员的共同财产。公证员在审查时，要查清家庭共同财产的范围和申请人的应有份额。

（三）共同遗嘱公证中应注意的事项

与单独遗嘱相区别，共同遗嘱是指共同享有财产的两个以上公民对他们共同所有的财产预先进行死后的处分。共同遗嘱人一般是具有共同财产的人，而且其共同财产不宜分割，他们之间无论谁先死亡，另一方都要受共同遗嘱的约束。实践中，立共同遗嘱的人多为夫妻双方，也有母子、父子、婆媳等双方或多方。他们订立共同遗嘱，一般采取两种方式：一种是双方共同约定在一方死后，另一方为唯一的遗产继承人，取消其他人的继承权；另一种是共同遗嘱人共同约定，将他们的财产在死后留给某一个或某几个人继承。

在第一种情形下，一般不易产生纷争，只要不违背法律规定的遗嘱的有效要件，就应当承认并予以公证；在第二种情形下，共同遗嘱人某一方死亡后，另一方可能继续生存若干年，这会使相关财产长期处于不稳定状态，其他方难以再对遗嘱进行相应变更，因此，对于共同遗嘱的公证申请，公证机构应予以拒绝。

第三节　遗产分割协议公证

一、遗产分割协议公证的概念

（一）遗产分割协议公证的概念

继承人就被继承人遗留的财产进行协商后，达成一致意见来分割遗产，这种一致意见就是遗产分割协议。

遗产分割协议公证，是指公证机构根据当事人的申请，依法证明当事人之间签订的遗产分割协议的行为真实、合法的活动。

（二）与继承权公证的区别

继承权公证与遗产分割协议公证相关，实践中，常常是若干遗产继承人首先办理继承权公证，在公证机构对继承权确认后，再就遗产分割协议公证。二者主要的区别在于：

1. 申请公证的当事人的范围不同。申请继承权公证的当事人一般是享有较优先继承顺序的人或是遗嘱继承人；而申请遗产分割协议公证的当事人的范围较广，包括法定继承人、受遗赠人、被继承人生前扶养且没有生活能力的人等。

2. 申请公证的目的不同。申请继承权公证的当事人，其目的在于确认他应享有的继承权；而申请遗产分割协议公证的目的则在于请求公证机构证明遗产分割协议的真实性和合法性，取得分割遗产的有效法律凭据。

二、办理遗产分割协议公证，当事人应提交的证件、文件或材料

根据《公证法》和《公证程序规则》的有关规定，当事人申请办理遗产分割协议公证，应当到被继承人主要遗产所在地或继承人比较集中的住所地的公证机构申请办理；而且，所有接受继承的合法继承人，应当一起到该公证机构提出申请。他们需要提交的有关证明文件和资料，主要包括：

1. 申请人各自的身份证明材料。如申请人的居民身份证、户口簿等。没有完全民事行为能力的当事人应由其监护人代为申请；委托他人代为申办的，应向公证机构提交相应证明材料。

2. 申请人各自享有继承资格的证明材料。比如，被继承人的遗嘱原件、继承权证明书、亲属关系证明书等。若参加遗产分割的是代位继承人或转继承人，则应提交被代位继承人或被转继承人的死亡证明和本人与被代位继承人或转继承人的亲属关系证明。

3. 被继承人的死亡证明和其所遗留的遗产的产权证明。

4. 当事人所达成的遗产分割协议。遗产分割协议的内容主要包括：协议各方的姓名、性别、年龄、职业和住址；分割遗产的名称、数量、所处位置等；具体的分割意见，也就是当事人各自可以分得的遗产的多少、种类等；分割后如何兑现等问题；所有当事人核实后的签名或盖章。

三、办理遗产分割协议公证应注意的事项

1. 审查遗产分割协议是否真实有效。遗产分割协议是否经过享有合法继承权的当事人的集体协商，各方有无反对意见。如果其中有继承人要放弃继承权的，必须在法定时间内作出明确表示，并向公证机构提交放弃继承权声明书。如果存在当事人的遗漏，公证人员应说服申请人再行协商分割并重新制作分割协议。

2. 审查遗产分割协议的内容是否合法、适当。包括审查遗产分割协议中是否为胎儿保留了应有的份额。若胎儿出生是死体，保留的份额再按法定继承办理；查清楚遗产分割协议中对被继承人生前所立遗嘱或遗赠中指定财产的处理是否合法，在出现法定情形时，被继承人的部分或全部遗产是否按照法定继承方式办理；审查遗产分割协议中关于继承份额的确定和遗产的具体分配方案是否合法、恰当。正确的遗产分配原则是：①法定继承均等原则，即在法定继承人中，继承人都有权分得遗产，不因性别、年龄等因素而有所歧视；②适当照顾弱势群体原则，对生活有特殊困难、无生活能力的继承人可以考虑适当多分一些遗产；③权利与义务相一致的原则，也就是对那些尽到了主要赡养义务的人或与被继承人共同生活的继承人，可以适当多分遗产，反之则可以少分或不分；④最大程度发挥遗产的效用原则，即分割遗产应从有利于生产和生活考虑，避免社会资源的浪费。

■思考题

1. 继承权公证的程序规则是什么？审查时应重点审查哪些内容？
2. 遗嘱公证的程序规则是什么？审查时应重点审查哪些内容？
3. 财产分割协议公证的程序规则是什么？审查时应重点审查哪些内容？

■参考书目

1. 肖胜喜主编：《律师与公证制度及实务》，中国政法大学出版社 2003 年版。
2. 吴凤友主编：《中华人民共和国公证法释义》，中国法制出版社 2005 年版。
3. 江晓亮主编：《公证员入门》，法律出版社 2007 年版。
4. 马宏俊主编：《公证实务》，北京大学出版社 2012 年版。
5. 徐新跃主编：《公证与律师制度》，法律出版社 2002 年版。

第二十五章　与婚姻关系有关的公证

■ 学习目的和要求

　　通过对本章的学习，系统地了解各类与婚姻关系有关的公证的概念和公证程序，应重点把握婚前财产协议公证的内容。学习本章时应结合婚姻法的有关规定。

第一节　婚姻状况公证

　　婚姻状况是指有关公民婚姻嫁娶的事实现状，包括已婚、离婚、未婚和未再婚四种情形。婚姻状况公证是指公证机构根据当事人的申请，依法对其现存的婚姻状况这一法律事实的真实性、合法性予以证明的活动。它与当事人身份、财产上的权利义务有密切联系，常用于当事人申请入境签证、到国外定居、出国探亲、办理结婚手续等事项，也用于国内部分经济、民事活动中，在民事公证中占有重要的地位。

一、已婚状况公证

　　已婚状况公证是指公证机构依法证明当事人现存的婚姻（夫妻）关系是否真实、合法的活动。已婚状况公证分为结婚公证和夫妻关系公证。

　　（一）已婚状况公证的申请

　　当事人申办已婚状况公证，应向其户籍所在地的公证机构提出申请，并提交下列证明材料：①当事人的居民身份证、户口簿。代为申请的，应提交授权委托书及受托人的身份证。②结婚证。如果当事人结婚证件已丢失而要求办理结婚公证的，应要求当事人到婚姻登记机关补办《夫妻关系证明书》。③档案管理部门出具的婚姻状况证明。④应提交的其他材料。

　　（二）已婚状况公证的出证条件

　　1. 结婚公证的出证条件。当事人持有我国婚姻登记机关出具的《结婚证书》、《夫妻关系证明书》的，公证机构在审查合格后可出具结婚公证书，公证书一般包括夫妻双方的姓名、性别、出生日期、结婚的时间、地点、方式并加贴二人照片。

　　2. 夫妻关系公证的出证条件。凡不具备结婚公证条件，但在现实中又确是夫妻关系的，公证机构只能为其出具夫妻关系公证书。如对于在我国 1950 年《婚姻法》

实施前建立的事实婚姻关系的公证，公证机构一般不出具结婚公证书，当事人的档案中有关于结婚事实的记载，同时为群众公认并有两个以上知情人作证的，公证机构也只能为其出具夫妻关系公证书。夫妻关系公证书的内容和结婚公证书的内容基本相同，只是前者没有结婚的时间和地点。正是因为夫妻关系公证无婚姻的起点和过程，它仅能证明婚姻的结果，所以在使用中受到很大的限制，甚至不被有些国家所接受。

（三）办理已婚状况公证时注意的事项

1. 公证证明的婚姻关系，必须是为我国法律所承认的婚姻关系，包括经合法手续登记的婚姻关系、1950年《婚姻法》颁布前建立的事实婚姻关系、解放前建立的婚姻关系以及当时存在的一夫多妻制的婚姻关系。

2. 对于申请人要求办理"打算结婚声明书"公证的申请，公证机构不予受理。

3. 对于申请人要求办理"夫妻关系未破裂"公证的申请，公证机构不予受理。

4. 公证机构在审查申请人的结婚证时，应注意结婚登记时当事人是否达到了法定婚龄。如登记时尚未达到法定婚龄但申办公证时已达到的，公证机构只应证明其结婚证的复印件内容与原件相符，不可出具结婚公证书；如申请人在申办结婚公证时也未达到法定婚龄的，公证机构应当不予办理公证。

二、离婚公证

离婚公证是指公证机构根据人民法院出具的判决书、调解书，婚姻登记机关出具的离婚证书或解除婚姻关系证明书，依法证明当事人的婚姻关系已经解除的事实真实、合法的活动。

办理离婚公证，申请人须提交的证明材料与申办已婚状况公证基本相同，但由于是离婚公证，申请人还必须提交人民法院或婚姻登记机关出具的已生效的离婚判决书、调解书或离婚证书。但我国公民持未经国内中级人民法院裁定承认的外国法院的离婚判决书申办离婚公证的，公证机构不予受理。同时，对于在解放前已经离婚的当事人申请公证的，公证机构经过调查，根据当事人所在单位的证明及两名以上知情人证实，可为其出具离婚公证书。

三、未婚、未再婚公证

未婚公证是指公证机构根据当事人的申请，依法证明当事人未结过婚的事实真实的活动。

未再婚公证是指公证机构根据当事人的申请，依法证明当事人婚姻关系因离婚或丧偶而终止后未再结婚的事实真实的活动。因未再婚的情况不同，未再婚公证分为离婚后未再婚公证和丧偶后未再婚公证两种。

当事人可以向其户籍所在地的公证机构申请办理，如其无法亲自前往办理，也可委托他人代理。当事人须提交的证明材料有：①申请人的身份证明；②申请人未曾登记结婚或未再婚的证明信；③已经离境的申请人应提交出国护照；④公证机构认为应提交的其他材料。

公证机构对当事人提交的材料要认真审查，经核实准确无误后为当事人出具公证书。同时公证机构在办理未婚公证时应注意，对于未达到法定婚龄的申请人申办未婚公证的，公证机构不予办理，但可以出具申请人尚未达到法定婚龄的公证书。

未婚、未再婚公证很大一部分用于当事人申请入境签证、到国外定居、出国探亲、办理结婚手续等涉外事项上，因此有必要谈及涉外未婚、未再婚公证的问题。《婚姻登记条例》自2003年10月1日实施后，公证机构在办理涉外未婚、未再婚公证时遇到了一些新情况：一是我国婚姻登记机关在为我国公民办理结婚登记时，不再要求当事人提供所在单位或村（居）民委员会的证明，单位或村（居）民委员会已无法准确掌握有关当事人的婚姻状况；二是户籍管理部门也不能掌握准确的居民婚姻状况，户口簿上登记的婚姻状况不能及时准确地反映当事人的婚姻状况；三是全国婚姻登记机关目前没有联网，婚姻登记机关不能提供有关当事人未婚、未再婚的证明。上述情况的出现，导致公证机构难以查实当事人是否为未婚或未再婚。因此，司法部在公证机构无法获得有效证明之前，于2003年12月31日发布了《司法部关于暂时调整涉外未婚、未再婚公证办证方式问题的通知》，对涉外未婚、未再婚公证暂作如下调整：

1. 根据当事人的申请，可对当事人的未婚、未再婚声明书予以公证。办理未婚、未再婚声明书公证时，应注意：①须向当事人说明声明书公证与原规定格式的实体性未婚或未再婚公证不同，国外使用机构有可能不予采证；②应当要求当事人在声明书中表明"本人保证上述声明完全真实，如有不实，愿承担一切法律责任"。

2. 根据当事人的申请，对能提供证明材料并经查证属实的，公证机构可以对当事人在其户籍所在地婚姻登记机关无婚姻登记记录的事实进行公证。

3. 当事人申请办理未婚、未再婚公证的，不宜再按《关于修改部分民事公证书格式及公证书译文、贴照片等问题的通知》和《关于发布〈公证书格式〉（试行）的通知》所规定之第34式未婚公证书格式（之一～之四）和第38式未再婚公证书格式（之一、之二）出具公证书。但是对于尚未达到法定结婚年龄的，以及在2003年10月1日前已经离境，要求证明离境前未曾在中华人民共和国境内登记结婚或再婚的，如能提供证明材料，公证机构仍可按原有公证程序及公证书格式出具公证书。

第二节　婚前财产协议和夫妻财产协议公证

男女双方因结婚而建立夫妻关系，在共同的生活中必然会形成一定的财产关系。无论是实行法定财产制还是约定财产制，夫妻间的财产关系会因离婚而终止，进而会发生夫妻财产的清算、共同财产的分割、共同债务的清偿、经济帮助的给付等问题，因此财产关系是婚姻家庭关系中最重要的内容之一。事先对夫妻财产关系进行公证，有利于稳定夫妻关系和家庭财产关系，可以预防和减少由此引起的财产纠纷，保护夫妻双方的合法权益，促进社会的安定团结。有关夫妻财产关系的公证可以分婚前财产协议公证和夫妻财产协议公证。

一、婚前财产协议公证

（一）婚前财产协议公证的概念

婚前财产协议公证，是指公证机构根据当事人的申请，依照法定程序，对夫妻或者未婚夫妻双方就各自婚前的财产和债务的范围以及权利的归属达成协议行为的真实性、合法性给予证明的活动。

婚前财产协议公证分两种形式：一种是为未婚夫妻在结婚登记前达成的婚前财产协议办理公证；另一种是为夫妻双方在婚姻关系存续期间达成的婚前财产协议办理公证。

婚前财产是指夫妻双方在结婚登记以前各自所有的财产。在理解婚前财产时应注意以下几个方面：

1. 判断是否属于婚前财产的关键在于财产权的取得时间是在结婚之前还是结婚之后。如果财产权的取得时间是在婚前，但婚后才实际占有该项财产，其性质仍属于婚前个人财产。如夫妻一方在婚前接受继承，但遗产是在婚后才分割，该遗产虽然是婚后才实际取得，但应认定为一方婚前财产。

2. 夫妻一方的婚前财产，不因婚姻关系的延续而转化为夫妻共同财产，但当事人另有约定的除外。《最高人民法院关于人民法院审理离婚案件处理财产分割问题的若干具体意见》第6条规定："一方婚前个人所有的财产，婚后由双方共同使用、经营、管理的，房屋和其他价值较大的生产资料经过8年，贵重的生活资料经过4年，可视为夫妻共同财产。"该司法解释规定婚前财产只要经夫妻共同使用、经营、管理并经过一定期限就可以转化为夫妻共同财产。这种规定既不符合婚后所得共同制的原理，也不符合所有权取得的理论，而且有超越司法解释权限之嫌。修正后的《婚姻法》没有采纳这一司法实践中的做法，《婚姻法》第18条第1项明确规定一方的婚前财产为个人财产。为此，《最高人民法院关于适用〈中华人民共和国婚姻法〉若干问题的解释（一）》第19条指出："婚姻法第18条规定为夫妻一方的所有的财产，不因婚姻关系的延续而转化为夫妻共同财产。但当事人另有约定的除外。"由于前一司法解释与新的司法解释相抵触，因而应以新的司法解释为准。

3. 婚前个人财产在婚后共同生活中自然毁损、消耗、灭失，离婚时一方要求以夫妻共同财产抵偿的，不予支持。

（二）办理婚前财产协议公证的程序

1. 申请。当事人双方申请婚前财产协议公证时，应向其住所地或协议签订地的公证机构提出申请，填写公证申请表，并提交以下证明材料：

（1）个人的身份证明，如身份证、户口簿等，已婚的还需提交结婚证。

（2）与协议内容有关的财产所有权证明，如房屋产权证。

（3）双方已经草拟好的协议书。协议书的内容一般包括：当事人的姓名、性别、职业、住址等个人基本情况；财产的名称、数量、价值、状况、归属；婚前财产的使用、维修、处分的原则等。双方当事人的签名和订约日期应暂时空缺，待公证员对协议进行审查后再签字。

（4）应当提交的其他材料。

值得注意的是，当事人双方必须亲自到公证机构申办婚前财产协议公证，不能委托他人代理，也不能仅由一方当事人申办。

例如，张某和王某出钱为其儿子买了一套房子，准备用于结婚，但又怕自己的孩子发生婚变。同时受传统思想的影响，以为自己现在买的房子会在孩子结婚一段时间后变成夫妻共同财产，在孩子离婚的时候自己的辛苦钱会无偿地分给女方一半。于是张某和王某带着儿子的身份证、户口簿，来到不动产所在地的公证处要求为其儿子办理婚前财产公证，目的是想证明房子所有权是儿子一个人的，但又不想让儿子的女朋友知道，怕影响双方的感情。公证人员在了解情况后，告知张某和王某有关婚前财产协议的公证不能由他人代办，只能由当事人双方本人亲自来公证处办理，因此，未受理张某和王某的该公证申请。

2. 审查。公证机构办理婚前财产协议公证时，应重点审查以下内容：①当事人的身份和民事行为能力；②当事人的意思表示是否真实；③协议内容是否完善，文字是否准确，签名、印鉴是否齐全；④协议的内容和形式是否真实、合法，是否符合社会公序良俗原则；⑤当事人提供的证明材料是否真实、有效；⑥公证员认为应当审查的其他内容。

同时，公证机构在受理公证申请后，承办公证员可以询问当事人有关情况，当事人应如实回答公证员的提问。公证员应履行必要的告知义务，告知当事人签订财产协议后承担的义务和后果。当事人应配合公证员做完公证笔录，并在笔录上签字确认。公证机构审查确认无误后，出具婚前财产协议公证书，并发送给双方当事人。

二、夫妻财产协议公证

（一）夫妻财产协议公证的概念

夫妻财产协议是指夫妻在法定财产制之外，依法以契约的方式对婚姻期间的财产所有权、使用权等所作的约定。我国实行的是以法定财产制为主，以约定财产制为辅的夫妻财产所有制。《婚姻法》第 19 条第 1 款规定："夫妻可以约定婚姻关系存续期间所得的财产以及婚前财产归各自所有、共同所有或部分各自所有、部分共同所有。……"夫妻对婚姻关系存续期间所得的财产以及婚前财产的约定，对双方具有约束力。同时，该法第 17 条规定夫妻在婚姻关系存续期间所得的下列财产，归夫妻共同所有：①工资、奖金；②生产、经营的收益；③知识产权的收益；④继承或赠与所得的财产，但该法第 18 条第 3 项规定的除外；⑤其他应当归夫妻双方共同所有的财产。该法又在第 18 条规定夫妻在婚姻关系存续期间的下列财产为夫妻一方的财产：①一方的婚前财产；②一方因身体受到伤害获得的医疗费、残疾人生活补助费等费用；③遗嘱或赠与合同中确定只归夫或妻一方的财产；④一方专用的生活用品；⑤其他应当归一方的财产。

　　夫妻财产协议公证，是指公证机构根据当事人的申请，依法证明夫妻双方就夫妻关系存续期间实行何种财产制和所得财产的分配及产权归属事项达成协议行为的真实性、合法性活动。它对于完善夫妻财产协议内容，保证协议真实合法，预防纠纷，减少诉讼，起着重要的作用。

　　（二）办理夫妻财产协议公证的程序

　　1. 申请。申请办理夫妻财产协议公证时，当事人双方应当亲自向其住所地或协议签订地的公证机构提出申请，填写公证申请表，并提交以下证明材料：

　　（1）申请人的身份证明。即居民身份证或者户口簿及其复印件。

　　（2）夫妻财产协议书草稿。协议书草稿应当包括以下内容：当事人的姓名、性别、职业、住址等基本情况；现有夫妻财产（债务）的名称、数量、规格、种类、价值、状况等；现有夫妻财产的归属及今后夫妻存续期间所得财产（债务）的归属；夫妻关系存续期间，财产的使用、维修、处分的原则；其他约定，如夫妻关系终止时，财产分割原则；共同债务如何清偿等。当事人书写协议有困难的，公证人员可以代为书写。

　　（3）与协议内容有关的所有权证明、使用权证明材料及双方签署的财产清单。

　　（4）应当提交的其他材料。

　　2. 审查。公证机构在收到当事人提出的夫妻财产协议公证的申请后，应重点审查下列内容：

　　（1）当事人的身份和民事行为能力。申请办理夫妻财产协议公证的当事人必须具有完全民事行为能力，而且当事人双方必须亲自申请，不得委托他人代理。

　　（2）当事人的意思表示是否真实。夫妻双方的意思表示必须真实自愿，以欺诈、胁迫等方式使对方在违背真实意思的情况下作出的约定是无效的。

　　（3）协议的内容和形式是否真实、合法，是否符合社会公序良俗原则。对于协议内容或形式不真实、不合法或者违背社会公序良俗原则的公证申请，公证机构应当不予公证。

　　（4）协议内容是否完善，文字是否准确，签名、印鉴是否齐全。协议内容不完善、用词不当的，公证人员应当指导当事人予以改正。当事人拒绝修改的，公证人员应在公证笔录中写明，只要该内容不影响协议的真实性、合法性，公证机构仍可以予以公证。

　　（5）夫妻财产协议不得对他人的财产进行约定。一般也不得约定夫妻财产归一方所有或婚前财产归他方所有，因为这种约定实质上是赠与行为，可以另行办理赠与公证。

　　公证机构审核后，确认申请人的申请符合条件的，依法出具公证书。

■ 思考题

1. 简述婚姻状况公证的几种类型及概念。

2. 试论办理已婚状况公证时应注意的事项。

3. 公证机构在审查夫妻财产协议公证时应重点审查哪些内容?

■参考书目

1. 张云柱等主编:《现代公证法学》,新华出版社 2001 年版。

2. 张文章主编:《公证制度新论》,厦门大学出版社 2008 年版。

3. 谭秋桂主编:《民事活动中怎么办理公证》,中国检察出版社 2004 年版。

第二十六章　收养关系公证

■ 学习目的和要求

　　本章主要要求掌握收养关系公证的概念、种类以及各类收养关系公证的程序。

　　收养关系公证，是指公证机构根据当事人的申请，对当事人之间进行的收养法律行为，依法证明其真实性与合法性的活动。按照公证的不同内容，收养关系公证可以分为确认收养关系公证和解除收养关系公证；按照收养人是否为外国人，收养关系公证可以划分为国内收养关系公证和涉外收养关系公证。通过对依法确立的收养关系予以公证证明，明确各方当事人的权利义务，减少纠纷，有利于维护当事人特别是老人和儿童的合法权益，保障社会的稳定。

第一节　确认收养关系公证

一、收养的概念和法律特征

　　收养是自然人依照法定程序，把他人的子女领养为自己的子女，使本来没有血缘关系的收养人与被收养人之间形成拟制血亲父母子女关系的法律行为。收养法律关系涉及三方行为主体：一是领养他人子女的人，即收养人，亦即养父母；二是被他人收养的人，即被收养人，亦即养子女；三是将子女或儿童送给他人收养的父母、其他监护人或者社会福利机构，即送养人。

　　收养关系的法律特征包括：

　　1. 收养是一种法律行为。收养关系不同于自然血亲关系，它基于当事人的法律行为而产生。原本没有自然血亲关系的收养人与被收养人之间产生父母子女间的权利义务的唯一法律事实是当事人按照法律规定的条件和程序，以意思表示为构成要素的收养行为。收养行为的当事人进行收养活动，按照自己的意望，希望通过自己的行为达到相应的法律效果，因而收养行为是以意思表示为构成要素，能够引起行为人预期创设身份关系法律效果的法律行为。收养不仅涉及当事人的人身关系和财产关系，而且关系到社会公共利益，因此，收养关系的成立和解除必须符合法律规定的条件和程序，否则没有法律效力。我国《收养法》于 1998 年 11 月 4 日修正，于 1999 年 4 月 1 日施行，在实践中，通常对于 1999 年 4 月 1 日以前的"事实收养"原则上予以承认，但是对于其后发生的"事实收养"不予承认，当事人之间不发生养父母子女的法律关系。

2. 收养是一种产生拟制血亲关系的法律行为。收养关系和自然血亲关系不同，收养人与被收养人的亲属关系可依法产生，也可依法解除；而自然血亲关系则是自然产生，一旦产生，就不能解除，只能是自然消灭。

3. 收养是变更亲属身份和权利义务的法律行为。收养关系一旦成立，在收养人和被收养人之间就产生了等同于直系血亲的权利义务关系，而养子女和其生父母之间的权利义务关系则因收养关系的成立而解除。

4. 收养关系产生于非直系血亲之间。原本就有直接血亲关系的人，如父母与子女、祖父母、外祖父母与孙子女、外孙子女等直系血亲之间，其自然血缘关系密切，辈份分明，如允许互相收养，势必造成亲属关系的混乱；而且对于直系血亲之间的权利义务，《婚姻法》已经作出明确的规定，因此，没有必要在直系血亲之间建立收养关系。我国《收养法》规定收养人应具备的条件之一是无子女，这实际上也就排除了收养人与被收养人之间原是直系血亲的可能。

二、收养关系成立的实质要件

根据我国《收养法》规定，建立收养关系，除必须符合平等自愿、协商一致等原则外，收养人、送养人和被送养人还须具备以下实质要件：

（一）收养人的条件

根据我国《收养法》第 6 条的规定，收养人应同时具备下列条件：①无子女；②有抚养教育被收养人的能力；③未患有在医学上认为不应当收养子女的疾病；④年满 30 周岁。有配偶者收养子女，必须夫妻共同收养。无配偶的男性收养子女的，收养人与被收养人的年龄应当相差 40 周岁以上。收养人只能收养 1 名子女，但收养孤儿、残疾儿童或社会福利机构抚养的查找不到生父母的弃婴和儿童，可以不受收养人无子女及收养 1 名子女的限制。此外，公民收养三代以内同辈旁系血亲的子女，可以不受送养人有特殊困难无力抚养子女以及被收养人不满 14 周岁的限制。华侨收养三代以内同辈旁系血亲的子女，可以不受无子女的限制。继父或者继母经继子女的生父母同意，可以收养继子女，并可以不受上述收养人的条件、送养人有特殊困难，以及被收养人不满 14 周岁、只能收养 1 名子女的限制。

（二）送养人的条件

根据我国《收养法》第 5 条的规定，下列公民、组织可以作为送养人：①孤儿的监护人；②社会福利机构；③有特殊困难无力抚养子女的父母。生父母送养子女的，须生父母双方共同同意送养，如果生父母一方不明或者查找不到的，可由生父母单方送养。未成年人的父母均不具备完全民事行为能力的，该未成年人的监护人不得将其送养，但父母对该未成年人有严重危害的除外。监护人送养未成年人孤儿的，须征得抚养义务人同意；抚养义务人不同意送养，监护人又不同意继续监护的，应当依照我国《民法通则》的规定变更监护人。

（三）被收养人的条件

根据我国《收养法》第4条的规定，下列年龄不满14周岁的未成年人可以被收养：①丧失父母的孤儿；②查找不到生父母的弃婴和儿童；③生父母有特殊困难无力抚养的子女。被收养人是10周岁以上的未成年人的，收养应征得其同意，不得由父母包办，更不得用威胁、诱惑、变相买卖等手段进行收养。此外，收养已婚的被收养人，还须征得其配偶同意；配偶不同意的，不得办理收养。

三、收养关系成立的程序要件

根据我国《收养法》第15条的规定，收养关系成立应履行的程序规范为：收养关系当事人应当向县级以上人民政府民政部门办理登记手续，收养关系自登记之日起成立。办理登记的民政部门对于当事人收养查找不到生父母的弃婴和儿童的，应当在登记之前予以公告。如果收养关系的当事人愿意订立收养协议的，可以订立收养协议。如果收养关系的当事人各方或者一方要求办理收养公证的，应当办理收养公证。

确认收养关系的公证，是指公证机构根据法律规定和当事人的申请，依法证明当事人之间进行的收养法律行为的真实性、合法性的活动。它是一项涉及人身关系和财产关系的重大法律行为，因此不能由他人代理申请，必须由本人亲自实施。我国《公证法》第26条规定："自然人、法人或者其他组织可以委托他人办理公证，但遗嘱、生存、收养关系等应当由本人办理公证的除外。"在办理公证过程中，应当遵循的程序主要有：

1. 当事人申请收养关系公证应提交有关材料。申请办理收养关系公证，应由收养人、有识别能力的被收养人和送养人三方亲自到收养人住所地的公证机构提出申请，填写公证申请表，并提交以下材料：①收养人、送养人和被收养人的身份证明；②收养人和被收养人的出生证明；③收养人和送养人的婚姻状况证明；④收养人的职业、经济状况和健康状况证明；⑤收养人和送养人的子女情况证明；⑥双方的收养协议；⑦其他有关材料。

2. 公证机构办理确认收养关系公证应重点审查的事项。公证机构办理收养关系公证时，应重点审查以下事项：①当事人各方的身份证明的真实性；②收养人、送养人是否具有民事行为能力；③当事人各方的意思表示是否真实、收养的动机和意图是否正当；④收养人的经济状况、健康状况、道德品质和抚养能力；⑤收养协议的内容是否真实、合法，有关材料是否齐全；⑥如果被收养人年满10周岁，是否征得了其本人同意。

公证机构经过审查，认为收养关系真实、合法的，应出具公证书并发送给当事人。

四、收养关系公证的证明效力

我国《婚姻法》第26条第1款规定："国家保护合法的收养关系。……"怎样才能使收养关系合法呢？一般是要求在民政部门登记，但双方协议要求公证的，公证机构依照法定程序，对收养当事人双方的条件以及其收养的动机、目的进行审查，确认其收养关系真实、合法以后进行公证。收养关系公证具有证据效力，受法律保护，它可以督促收养人和被收养人履行各自的权利义务。

值得关注的是，收养登记和收养关系公证之间的区别。依据我国《收养法》的规定，收养关系当事人可以在办理收养登记前提出公证申请，也可以在办理收养登记后提出公证申请。当事人同时办理了收养登记和收养关系公证的，收养关系成立是以登记之日为准。即收养关系公证并不是收养关系成立与生效的要件，其只是起到证明的作用。

第二节　解除收养关系公证

一、解除收养关系的概念和条件

解除收养关系是指收养人与被收养人由于一定的原因使收养关系无法维持下去时，经双方协商同意，依法终止收养双方的人身和财产权利义务关系的行为。

解除收养关系的条件如下：

1. 收养人和被收养人双方自愿解除收养关系。在被收养人未成年之前，收养人一般不得解除收养关系。但是收养双方因感情原因，难以共同生活，都要求解除收养关系时，应当予以解除。养子女已年满10周岁的，应征得其同意。

2. 收养关系一方有正当理由而要求解除收养关系。收养人不履行抚养义务，有虐待、遗弃等侵害未成年养子女合法权益行为的，送养人有权要求解除收养关系；养子女行为不端，经常在外寻衅滋事，屡教不改，收养人要求解除收养的，可以解除。

3. 养父母与成年养子女关系恶化，无法共同生活，可以协议解除收养关系。如成年养子女经常打骂收养人、不尽赡养义务，在这种情况下，如果养父母因年老无生活能力的，应当要求子女给付一定的生活费用后，解除收养关系。

例如，张某和李某婚后无子女且年事已高，担心日后无人赡养照顾，于1990年收养王某为养女，并到当地公证机构办理了收养公证。收养关系成立后，由于被收养人年满14周岁，收养人和被收养人之间难以真正建立起养父母子女间的感情，王某长大成人后也未能很好地履行对两位老人应尽的赡养义务，并且与养父母之间的关系越来越疏远和冷淡。考虑到这种收养关系继续下去已无实际意义，张某和李某向当地公证机构提出解除收养关系的申请。公证机构耐心地作了调解，但张某和李某态度坚决，并表示过去对王某的抚养教育费用不再要求追偿。在公证员的建议下，张某和李某与其养女王某达成了解除收养关系的协议，并就两位老人的赡养以及财产分割等问题作了妥善安排，公证机构在对解除收养关系的协议进行审核无误后，经民政部门办理解除收养关系登记后，为双方当事人办理了解除收养关系公证。

在本案中，由于养女王某没有尽到赡养义务，使养父母无法与之共同生活，收养人张某和李某要求解除收养关系是正当的。因此，公证机构为他们办理了解除收养关系公证，证明他们之间的收养关系已解除。

二、解除收养关系公证的程序要件

解除收养关系公证，是指公证机构根据当事人的申请，依法证明养父母与养子女解除收养关系的民事法律行为真实、合法的活动。当事人解除收养关系应当达成书面协议，并应到民政部门办理解除收养关系的登记；收养关系经公证证明的，应当到公证机构办理解除收养关系的公证证明。

1. 申办解除收养关系公证时，当事人应当亲自到公证机构填写申请表，并提交以下证明材料：

（1）身份证件，包括户口簿、身份证。

（2）收养关系成立的公证书或者其他能够证明收养关系成立的证明材料。

（3）解除收养关系协议书。该协议书应包括以下内容：①当事人双方同意解除收养关系的意思表示。养子女年满10周岁的，应征得其本人同意，并在该协议书中写明。②当事人双方对既缺乏劳动能力又无生活来源的父母或者未成年养子女的生活安置问题以及养父母在收养期间支出的生活费和教育费的补偿问题都作了约定。

2. 在当事人提出解除收养关系公证申请后，公证机构应当全面、认真地审查以下内容：

（1）当事人所提交的证明材料是否真实、有效。

（2）当事人解除收养关系的意思表示是否真实。收养人与有行为能力的被收养人中有一方不同意解除的或者收养人与无行为能力的被收养人的生父母中有一方不同意解除的，不得办理解除收养关系公证。

（3）解除收养关系的原因和理由是否正当、属实。

（4）当事人双方解除收养关系后有无独立生活能力以及对生活是否作出妥善安排。例如，收养人或被收养人一方患病，生活不能自理的，不能办理解除收养关系公证。

（5）解除收养关系协议条款是否完备。

凡是符合法律规定的解除收养关系条件的，公证机构应当出具解除收养关系的公证证明；对于不符合解除收养关系条件的，公证人员应进行说服教育，动员当事人撤回解除收养关系公证的申请。如果当事人双方在是否解除收养关系的问题上发生争执，且在财产和生活方面的纠纷无法解决，公证人员应当拒绝作出公证，并建议当事人到人民法院起诉，通过诉讼解除收养关系。

三、解除收养关系公证的证明效力

1. 收养关系的解除对养子女与养父母以及其他近亲属的效力。收养关系解除后，养子女与养父母之间的权利义务关系即行消除，不再具有抚养教育、管教保护、赡养扶助和继承遗产的关系。同时，养子女与养父母的其他近亲属如养祖父母、养兄弟姐妹之间的权利义务也随收养关系的解除而消除。

2. 收养关系的解除对养子女与生父母以及其他近亲属的效力。收养关系解除后，未成年养子女与生父母以及其他近亲属之间的权利义务关系自行恢复；成年的养子女或者生父母不愿恢复彼此之间的权利义务关系的，任何一方或者他人不得强迫对方或者成年养子女与生父母恢复权利义务关系。

3. 收养关系解除后养子女对养父母的赡养。收养关系解除后，经养父母抚养成年的子女，对缺乏劳动能力又无生活来源的养父母，应当给付一定的生活费；因养子女成年后虐待、遗弃养父母而解除收养关系的，养父母可要求养子女补偿收养期间支出的生活费和教育费。

第三节　涉外收养关系公证

涉外收养关系公证，是指公证机构根据当事人的申请，对外国人（包括夫妻一方或双方为外国国籍的）收养我国公民为子女以及双方解除收养关系的民事法律行为，依法证明其真实性和合法性的活动。涉外收养关系公证包括确认涉外收养关系和解除涉外收养关系两项具体业务。

根据我国《收养法》第 21 条的规定："外国人依照本法可以在中华人民共和国收养子女。外国人在中华人民共和国收养子女，应当经其所在国主管机关依照该国法律审查同意。收养人应当提供由其所在国有权机构出具的有关收养人的年龄、婚姻、职业、财产、健康、有无受过刑事处罚等状况的证明材料，该证明材料应当经其所在国外交机关或者外交机关授权的机构认证，并经中华人民共和国驻该国使领馆认证。该收养人应当与送养人订立书面协议，亲自向省级人民政府民政部门登记。收养关系当事人各方或者一方要求办理收养公证的，应当到国务院司法行政部门认定的具有办理涉外公证资格的公证机构办理收养公证。"

有关涉外收养关系公证的内容将在本书涉外公证一章详细介绍。

■思考题

1. 什么是确认收养关系公证？简述申请确认收养关系公证应当提交的材料。
2. 公证机构办理确认收养公证应重点审查的事项有哪些？
3. 解除收养关系公证的条件是什么？

■参考书目

1. 徐新跃主编：《公证与律师制度》，法律出版社 2002 年版。
2. 陈苇主编：《婚姻家庭继承法学》，法律出版社 2002 年版。
3. 《法律及其配套规定》编写组编：《公证法配套规定》，中国法制出版社 2005 年版。
4. 马宏俊、郑小川编著：《民事公证的理论与实务》，人民法院出版社 2001 年版。
5. 谭秋桂主编：《民事活动中怎样办理公证》，中国检察出版社 2004 年版。
6. 丁伟、黄群主编：《涉外继承权公证法律适用和实务研究》，法律出版社 2011 年版。

第二十七章　身份关系公证

■ 学习目的和要求

　　通过对本章的学习，重点应把握各类身份关系公证的概念和公证程序。

　　身份关系是指个人之间发生的与人的身份有关的特殊的法律关系。身份关系是否存在，直接关系当事人对各种民事权利义务的取得与丧失，所以，公证机构依法对人身关系的法律事实进行公证，对于保障当事人的合法权益，明确其权利义务关系，维护社会法律关系秩序，特别是在涉外关系中有着重要作用。根据《公证法》的规定，我国公证机构办理的有关身份关系的公证，主要是包括出生、死亡、生存、经历、学历、亲属关系等法律事实的公证。

第一节　出生、死亡、生存和定居公证

一、出生公证

出生，是指胎儿脱离母体且具有生命而成为民事权利主体的法律事实。关于出生时间的认定，学理上主要有"部分露出说"、"全部露出说"、"断脐带说"、"初啼说"、"独立呼吸说"等理论学说，我国主张出生时间应当是胎儿全部脱离母体且独立呼吸之时。

出生公证是公证机构根据当事人的申请，依照法定程序，对当事人何时何地出生这一法律事实的真实性予以证明的活动。出生公证用途广泛，主要是用于国外定居、求学、继承、结婚、办理出入境签证等方面，因此出生公证的办理对于当事人有重大意义。

当事人和公证机构在办理出生公证时必须遵循的程序：

1. 申请。当事人申办出生公证，可以向出生地或住所地公证机构申请，移居境外的当事人，应向其在境内的最后住所地公证机构申请。当事人应填写公证申请表并提交以下材料：①申请人的身份证明，如居民身份证、户口簿等；②接生医院签发的出生证、出生地基层组织出具的证明或申请人所在单位的证明，申请人属于在

校学生的，可由所在学校出具证明；③代理人代为申请的，应当提交授权委托书和代理人的身份证明；④公证机构要求提交的其他材料。

公证员经过初审后，认为符合受理条件的，予以受理。对于提交材料不全的，要求当事人补全材料后，再予以受理。

2. 审查和出证。公证机构受理申请后，应对当事人提交的材料调查核实，认为所申办的公证事项事实清楚，材料充分，符合法律规定的，可以出具出生公证书。公证书上载明被证明人的姓名、性别、出生年月日、出生地点和生父母姓名等。

应注意的是，我国公证机构一般不对域外发生的事实进行公证，公证机构只为我国境内出生的我国自然人和外国人办理出生公证。由于出生公证主要用途在于对外使用，因此办理出生公证时应参考国外具体的要求，以保证公证书的效力。

二、死亡公证

自然人死亡属于重要的法律事件，可分自然死亡和宣告死亡两种，自然死亡是自然人生命的绝对消灭，是人的机体生命活动和新陈代谢的终止。宣告死亡是一种推定死亡，但它与自然死亡具有相同的法律后果，均会导致继承的开始、婚姻关系的消灭、民事权利能力的终止等法律后果。

死亡公证是指公证机构对某人死亡的法律事实的真实性进行确认的活动。死亡公证书主要是被用于继承遗产、领取抚恤金或福利费等方面。

当事人应向死亡事实发生地公证机构申请办理公证。当事人必须向公证机构提交医院或有关单位出具的死亡证明书，或人民法院的宣告死亡书以及尸体火化证明、派出所的注销户口证明等。公证机构受理申请后，要告知当事人对其所作的陈述和提供的证明应负的法律责任，因为人的死亡这一法律事实会引起一系列相关权利义务的变动；如果证明错误，可能造成严重后果和不良影响。为了确保公证书的真实合法性，公证机构在办理死亡公证时必须慎重，取得可靠证明后才能出具证明。如果当事人提交的证明不足以证实所要公证的事实，应要求其补充证据；若发现有故意涂改、伪造有关证据的，应对其批评教育或交有关部门处理。

公证机构对当事人提供的证明材料经审查核实，取得可靠证据后，应为其出具死亡证明书。死亡证明书应写明死者姓名、性别、出生年月日、生前住址、死亡日期及地点，必要时还要写明死亡原因。

三、生存公证

生存公证是指公证机构根据当事人的申请，依法对当事人健在的事实予以证明的活动。生存公证书一般是用于当事人向定居国家或地区领取抚恤金、养老金。当事人申请办理生存公证，应当亲自到其住所地的公证机构提出申请，不得委托他人代理申请，如果当事人确实有特殊原因无法前往公证机构，公证机构可派员到其住所地办理有关手续。

当事人应当提交的材料包括当事人的身份证明、居住地证明以及姓名证明等。生存公证书的证明重点在于证明被证明人确实尚在人世，因此，公证员在审查时不能仅凭证明材料就出具公证书，必须要看到当事人本人，并核实身份才能出具。

四、定居公证

定居公证是公证机构根据当事人的申请，依法对其居住地点予以证明的活动。定居地公证书主要用于归国华侨和其他曾经在我国居住、工作过的我国公民及在我国居住的外国人向其曾经工作过的国家或地区有关部门领取养老金、退休金等事项。

定居公证证明的是被证明人定居的确切地点，定居公证书应当写明其姓名、性别、出生年月日、国籍、原居住国、何时来华定居、现在居住地址等。在当事人申请办理定居公证证明时，还必须遵守有关国家在手续和时间上的要求。特别要注意时效问题，一旦超过时限，就会妨碍当事人合法权益的实现。

第二节　经历和学历公证

一、经历公证

经历公证是指公证机构根据当事人的申请，依法对公民的工作经历这一法律事实的真实性予以证明的活动。它主要用于办理入境签证、到国外谋职、提供劳务和技术服务等。

1. 申请。当事人申办经历公证时，应向户籍所在地或本单位所在地的公证机构提出申请，填写公证申请表，并提交下列材料：

（1）本人居民身份证；

（2）所在单位或者上级主管单位出具的工作经历证明；

（3）提交国家主管部门正式颁发的职称证书或评定职称的文件；

（4）如委托他人代理，应向代理人出具授权委托书，代理人在办理时还需要提交自己的身份证。

2. 审查和出证。公证机构接受申请后，应当认真审查当事人提交的各种证明材料，必要时可采取查阅本人人事档案、询问证人等方式进行调查与核实。出具的经历公证书只证明申请人的工作经历，即何年何月在何单位从事何工作、任何职、在何年何月取得何职称、现在单位任何职等。在出证时应注意下列事项：

（1）公证书不能写成详细的履历书，不宜写学历，也不宜写技术程度和工资级别；

（2）用语要尊重他人的职业，做到文明用语；

（3）公证书中职称的写法要准确无误，对职称未定的，只能在主管部门出具证明或作出技术鉴定后方能出证，否则只能出具"从事某种工作"的证明；

（4）对从事家庭服务工作的当事人申办经历公证的，应由其服务的街道办事处出具证明，公证机构核实后，可出具公证证明书。

二、学历公证

学历公证是指公证机构依法对被证明人的毕业证书、肄业证书、学位证书以及学习成绩单等证件的真实性、合法性予以证明的活动。当事人申请办理学历公证和经历公证有类似的作用，主要用于出国留学、进修、谋职、对外提供劳务和技术等。

1. 申请。当事人申请办理学历公证，由申请人住所地或学校所在地的公证机构受理，如果当事人已移居国外，则应当向出国前在国内最后住所地或学校所在地公证机构申请办理。申请人应填写公证申请表，并提交以下材料：

（1）申请人的身份证明。

（2）申请人所在单位出具的办理学历公证的证明信；无工作单位的，由住所地街道办事处或存放档案的人才交流中心出具证明信；在校学习的，由所在学校出具证明信。

（3）如委托他人代理的，应向代理人出具授权委托书，代理人在办理时还需提交自己的身份证明。

（4）提交毕业证书（学位证书）或肄业证书原件及其复印件，需要附译文的，当事人应将中文证件和需要提交的译文一并提交。

（5）应提交的其他材料。

2. 审查。公证机构受理当事人的申请后要编号立卷，告知当事人办理公证所需的时间、费用等。同时还要对当事人的身份、行使权利和履行义务的能力及提交的证件是否真实合法进行审查，必要时应通过查阅原学校的档案资料进行核实，然后出证。公证机构在审查时要注意以下几个方面：

（1）审查当事人提供的毕业证书或肄业证书是否为有权颁发证书的学校所颁发，国家是否承认其学历；

（2）审查毕业证书或肄业证书的签名、印章是否齐全，证书的内容是否真实、合法；

（3）对于党校毕业和军事学校毕业的学历公证，公证机构不宜直接出具公证书，应当与该学校和有关主管部门联系，经同意后方可出具相应学历证明；

（4）对已经批准出国求学、就业的当事人申请办理学历证明，其原就读学校已被撤销的，由批准出境的市、县公证机构向他们原就读学校的接管单位进行调查，属实的则按规定办理学历公证书。如无接管单位，当事人档案中又有学历记载的，可由其所在单位的人事组织部门出具书面证明和原校两名同学证明。公证机构可依此为据，为其出具公证书。

第三节　亲属关系公证

亲属关系是基于婚姻、血缘或法律拟制而形成的人与人之间的社会关系。亲属关系以婚姻、血缘、收养、抚养关系为主要纽带，是一种人与人之间有固定身份和称谓的社会关系。

亲属关系公证，是指公证机构根据当事人的申请，依照法定程序，证明当事人之间因婚姻、血缘、收养和抚养而产生的彼此间具有法律上权利义务的亲属关系的真实性、合法性的活动。亲属关系公证的范围不仅限于直系血亲、旁系血亲和姻亲，只要属于我国《婚姻法》规定的亲属范围，均可公证。亲属关系公证主要是用于我国公民到国外定居、探亲、留学、继承遗产、领取抚恤金、赔偿金以及当事人回国探亲、定居、继承域外遗产、申请劳工伤亡赔偿等事务。具有涉外性质的公证，对保护我国公民合法权益有重要的意义。

当事人和公证机构在办理亲属关系公证时必须遵循的程序：

（一）申请

当事人应当到其住所地的公证机构办理公证申请，并提交以下主要材料：①本人身份证明；②申请人为外国国籍的，应提交本人的护照、所在国的身份证件及其复印件；③申请人所在单位出具的亲属关系证明信，申请人无工作单位的，由其住所地街道办事处或乡镇人民政府出具亲属关系证明信；④代理人代为申请的，须提交授权委托书和居民身份证及其复印件；⑤申请人应提交关系人的身份证、护照、旅游证或其他可以证明关系人身份的证明材料。

（二）审查

当事人提出申请后，公证机构应对其提交的证明材料进行审查，主要是审查公证目的、证明材料的真实性以及亲属关系产生的真实性、合法性，这是为了防止有些当事人利用虚假的亲属关系达到出国或其他不正当的目的。另外，为了保证公证书的有效性，公证机构应对申请人、关系人的姓名、出生日期进行核对，相互之间的称谓按照我国法律规定或习惯统一称谓。同时，公证机构还要考虑亲属关系公证书使用国的特殊规定和要求，按照实际情况出具公证书。

（三）办理亲属关系公证应注意的事项

1. 审查亲属关系产生的合法性，对要求办理具有封建色彩的"义父"、"干爹"等关系的公证申请，公证机构不予受理。

2. 对用于继承的亲属关系公证，无论法定继承人范围内的关系人是否死亡，均应列入公证书中。

3. 亲属关系公证书中一般不宜采用"婚前"或"非婚生"子女的提法，因为不同国家对非婚生子女的权利义务在法律上有不同的规定。

4. 对申请人申请与国外亲属的亲属关系证明的，只要能查清楚他们之间的亲属关系，就可以为其出具亲属关系公证。

5. 我国亲属关系公证原则上是当事人自愿申请办理，不具有强制性。但依据国际惯例或双边条约，专门用于出国的亲属关系证明，必须经过公证证明。

第四节   未受刑事处分公证

未受刑事处分公证是指公证机构根据当事人的申请，依法对其在中华人民共和国居住期间，未受过刑事处分这一法律事实给予证明的活动。未受过刑事处分公证书主要是用于当事人在国外定居、移民、结婚、收养子女等事项，许多国家基于自身利益考虑都要求赴该国定居者提供未受刑事处分公证。

当事人和公证机构在办理未受刑事处分公证时必须遵循以下程序：

一、申请

当事人申办未受刑事处分公证，应向其住所地公证机构提出申请。已移居域外的当事人，无论是我国公民，还是外国人，均应向其在中国最后住所地的公证机构提出申请。对于我国公民在国外居住期间未受刑事处分的公证，应告知当事人由其居住国办理。该证明在我国使用时，需由办理公证国外交部或其授权机关和我国驻该国的使、领馆认证。

当事人申请办理未受刑事处分公证应填写申请表，并提交下列证明材料：

1. 申请人的身份证明。已经出境的，应提交护照或有效旅行证件、通行证的复印件；已经注销户籍的，应提交原住所地派出所出具的户籍记载情况的证明。

2. 当事人所在工作单位或户籍所在地公安部门出具的"未受刑事处分"证明。

3. 代理人代为申请的，须提交授权委托书、代理人的居民身份证及复印件。

4. 公证机构认为应提交的其他证明材料。

二、审查

公证机构受理申请后，应认真审查当事人提交的证明材料的真实性，经审查核实后为当事人出具未受刑事处分公证书。公证书的内容包括：当事人的姓名、性别、出生日期、现在住址；至证明材料截止日期或公证员实施调查的日期止，在中国居住期间，没有受过刑事处分；如当事人已离境，没有受过刑事处分的截止日期是当事人第一次出境时，我国边防检查部门在其护照上加盖印章的时间。

三、办理未受刑事处分公证应当注意的事项

1. 申请人必须达到我国刑法所规定的刑事责任年龄。如申请人未达到法定刑事责任年龄，就不能为其出具未受刑事处分公证。

2. 未受过刑事处分公证书的使用具有较强的时间性。有效期一般是6个月，期限届满后，当事人仍未离开的，需重新申办未受刑事处分公证。

3. 对于解放前曾在国内居住，后移居外国的当事人申办其在国内居住期间未受过刑事处分公证的，原则上应予以办理。如果能查到当时的档案记载，可为其出具是否受过刑事处分的公证书；如果确实无法查证，可为其出具无档案记载公证书。

4. 曾在外国驻华使、领馆工作，享有外交豁免权的外交、领事人员及其家属申办其在享有豁免权期间未受刑事处分公证的，公证机构不予受理。

■思考题

1. 简述出生公证和死亡公证的办理程序。

2. 办理学历公证需要注意的事项有哪些？

3. 简述亲属关系公证的概念和用途。

■参考书目

1. 江晓亮主编：《公证员入门》，法律出版社 2007 年版。
2. 《法律及其配套规定》编写组编：《公证法配套规定》，中国法制出版社 2005 年版。
3. 徐新跃主编：《公证与律师制度》，法律出版社 2002 年版。
4. 张文章主编：《公证制度新论》，厦门大学出版社 2008 年版。
5. 谭秋桂主编：《民事活动中怎么办理公证》，中国检察出版社 2004 年版。

第二十八章　涉外公证

第一节　涉外公证概述

一、涉外公证的概念和特征

所谓涉外公证，一般是指公证机构办理的含有涉外因素的公证，即公证当事人、证明对象或公证书使用地诸因素中至少含有一个或一个以上涉外因素的公证。

涉外公证是与国内公证相对应的公证活动，是我国公证制度的有机组成部分。与国内公证相比较，涉外公证具有以下几个特征：①申办公证的主体具有涉外因素，即申办涉外公证的当事人包括外国人（自然人和法人）、无国籍人；②公证证明的客体具有涉外因素，即公证证明的对象（民事法律行为、有法律意义的事实和文书）具有涉外因素；③公证文书的使用地是在除本国以外的国家或地区；④适用法律具有双重性。由于涉外公证文书通常在域外使用，所以，公证机构在适用中国法律的同时也要注意不能违反公证书使用地的法律，否则将影响当事人对公证书的使用。

虽然涉外公证与国内公证具有较大的差别，但是两者之间也具有密切的联系。两者的联系主要表现在：①两者都是由公证机构独立行使公证职能，其法律效力相同；②两者都是根据当事人的申请和法律规定进行的证明活动；③两者公证的内容都是对民事法律行为、有法律意义的事实和文书确认其真实性和合法性；④在公证程序上，除特殊规定外，两者适用的办证程序基本相同。

二、涉外公证的意义和作用

应当说，涉外公证是国际交往中不可或缺的工具，它对促进我国与世界各国的交往与联系，保护国家、公民、法人或其他组织的合法权益具有以下重要意义：①通过涉外公证可以使国际交往增加透明度和可信度，有助于交往双方建立起良好的互信关系，从而促进民间和商业的交流，推动交往双方的经济发展；②有利于保护交往双方当事人的合法权益。由于涉外民事和经济交往都是发生在不同国家或地区的当事人之间，各个国家或地区的法律制度和文化环境都不尽相同，甚至存在巨大的差异，而国际交往一般都是跨度大、时间长的交往活动，如果交往双方的当事人没有充分了解对方的法律和文化，就容易产生各种纠纷，这将给国际交往带来种种不便。所以，公证以其特有的公信力和证明力为维护国际交往的双方当事人的权益起到不可替代的作用。

涉外公证事项的用途非常广泛，根据涉外公证的实践，其作用主要体现在以下几个方面：①用于获得出入境手续及其他的签证。根据法律和国际惯例，一国或地区在办理入境签证时，一般都要求申请人办理公证手续；另外，要加入他国国籍或取得居留权一般均需要申请人提交其原所在国公证机构出具的当事人相关情况证明。②用于民事和经济交往。由于各国地域和法律制度不同，交往双方对彼此的情况一般了解都不多，因此为证明对方身份和资信的真实性，一般都要求对方提供公证机构出具的相关证明。③用于域外的司法程序。依国际惯例和有关条约，在他国一方启动司法程序所需的资料，如证据材料的认证，一般均需办理公证。

三、涉外公证的分类

根据涉外公证办理业务的范围和性质的不同，一般可分为涉外民事公证和涉外经济公证两大类。

涉外民事公证是相对于国内民事公证而言的，是指公证当事人、所证明对象和公证书使用地诸因素中至少有一个或一个以上因素涉及外国的民事公证。涉外民事公证是涉外公证业务中一个重要的组成部分，尤其是随着国际交往的不断增多，涉外民事公证的需要也在不断增加，业务范围也在不断扩展。

涉外经济公证是指公证当事人、所证明对象和公证书使用地诸因素中至少有一个或一个以上因素涉及外国的经济公证。涉外经济公证按其公证书的使用目的不同大致可以分为两类：①我国企业和其他组织到国外从事进出口贸易、设立办事机构、参加投标、承包工程、输出劳务、引进贷款和技术设备等；②公证机构按照法律、法规的规定对涉外招标、拍卖等法律行为进行公证，对涉外房地产以及贸易等涉外经济合同进行公证。

四、我国对涉外公证的特别规定

（一）办理涉外公证事务的机构

办理涉外公证事务的机构有两类：一是由国内公证机构办理涉外公证业务；二是依照国际惯例，我国驻外使（领）馆办理与其驻在国相关的涉外公证业务。有关的国际条约对驻外使（领）馆办理公证业务作出了明确的规定，如《维也纳领事关系公约》中规定：领事可以担任公证员、民事登记员及类似之职。我国《公证法》第45条明确规定："中华人民共和国驻外使（领）馆可以依照本法的规定或者中华人民共和国缔结或者参加的国际条约的规定，办理公证。"

（二）涉外公证文书的认证

认证是指一国外交、领事机关对公证书上的印鉴和签名的真实性，或对前一次认证机关的印鉴和签名的真实性予以证明，从而使其具有境外法律效力的行为。按照国际惯例，除公证书使用国另有规定或两国签有互免认证的协议外，凡是对外使用的公证文书，一般都要求办理认证。我国《公证法》第33条也明确规定："公证书需要在国外使用，使用国要求先认证的，应当经中华人民共和国外交部或者外交部授权的机构和有关国家驻中华人民共和国使（领）馆认证。"

认证的目的是一国公证机构出具的公证文书能为另一国的有关当局所认可，不至因怀疑公证文书上的印鉴或签名的真实性而影响该文书的法律效力。我国办理认证的机关，在国内是外交部领事司和外交部授权的外国驻华领馆区的省、自治区以及直辖市的外事办公室；在国外则是中国驻外国的使（领）馆。

（三）涉外公证文书的制作

涉外公证文书，一般要求以中文作出。我国《公证法》第32条第2款明确规定"公证书应当使用全国通用的文字"。《公证程序规则》第43条第3款也明确规定："发往国外使用的公证书应当使用全国通用的文字。根据需要和当事人的要求，公证书可以附外文译文。"

第二节　涉外民事公证的常见业务

涉外民事公证是指我国公证机构根据当事人的申请，依法对涉外民事法律行为、有法律意义的事实和文书的真实性、合法性进行证明的活动。

近年来，我国对外交往日趋频繁，各种涉外民事往来不断增多，使涉外民事公证业务范围迅速扩大。据不完全统计，目前的涉外民事公证项目已由传统的涉外继承、涉外收养、亲属关系、婚姻状况、出生、死亡等项目发展到100多种项目。涉外民事公证在涉外民事交往中发挥着重要的作用，其主要的业务类型有以下几种：

一、涉外继承公证

涉外继承公证，是指公证机构依据当事人的申请，对涉外继承关系中继承人继受被继承人遗产的权利进行确认，以及对继承人为继受国外遗产的有关法律行为、法律事实和法律文书的真实性、合法性进行确认的活动。

在涉外继承中，申请人一般要提交以下相关材料：①身份证明以及代理权证明。身份证明是指申请人的有效身份证件，申请人授权他人代为办理的，须提交经公证的授权委托书及受托人的有效身份证件。②被继承人的死亡证明。如在国内死亡的，可提供医院、公安机关出具的死亡证明，或户籍注销证明；如在国外死亡的，须出具所在地公证或认证的死亡证书；被宣告死亡的应提法院宣告书。③遗产状况证明。④被继承人的亲属关系证明，以及有无依靠被继承人生活的人的证明。⑤与被继承人的关系证明。其中，若为遗嘱继承的，还需要提供遗嘱。

公证机构在审查涉外继承公证时，一般着重审查以下几个方面：①审查被继承人的死亡情况、生前住所和国籍等具体情况；②审查遗产是否真实、合法，并确认继承人的真实身份及与被继承人的关系等；③审查继承人的主体是否适格。

二、涉外收养公证

涉外收养公证是指外国人收养中国儿童的公证。通过办理涉外收养公证，旨在证明外国人收养中国儿童的行为具有真实性、合法性。

（一）涉外收养的程序

根据我国《收养法》第21条第2、3款的规定，涉外收养的法定程序为：外国人在中华人民共和国收养子女，应当经其所在国主管机关依照该国法律审查同意。收养人应当提供由其所在国有权机构出具的有关收养人的年龄、婚姻、职业、财产、健康、有无受过刑事处罚等状况的证明材料，该证明材料应当经其所在国外交机关或者外交机关授权的机构认证，并经中华人民共和国驻该国使领馆认证。该收养人应当与送养人订立书面协议，亲自向省级人民政府民政部门登记。收养关系当事人各方或者一方要求办理收养公证的，应当到国务院司法行政部门认定的具有办理涉外公证资格的公证机构办理收养公证。

（二）涉外收养公证中应注意的几个问题

1. 收养人应亲自到公证机构申请办理公证，不得委托他人办理；

2. 收养人提供的材料应当经其所在国外交机关或者外交机关授权的机构认证，并经中华人民共和国驻该国使领馆认证；

3. 必须适用我国《收养法》及其他相关法律规定。适用收养人所在国的法律时，不得与我国法律、法规相冲突。

三、涉外亲属关系公证

涉外亲属关系公证是指公证机构对我国公民之间或与境外国家或地区的公民所存在的亲属关系予以的证明。其公证的范围不仅仅包括直系血亲、旁系血亲、姻亲，只要是我国《婚姻法》规定的亲属范围均可公证。涉外亲属关系公证主要用于我国公民到国外办理定居、探亲、留学、继承遗产、领取抚恤金等事项。

公证机构在办理涉外亲属关系公证时，应注意以下几个问题：①公证人员在办理时要注意材料是否齐全，所提交的材料有无伪造、虚假情形，当事人之间亲属关系是否真实合法等；②公证书中关于亲属关系的称谓，应使用我国法定的和习惯上的统一称谓，不得使用地方方言。

四、涉外婚姻状况公证

涉外婚姻状况公证是指公证机构对涉外婚姻建立、变更、解除的状况的真实性、合法性予以证明，包括结婚、离婚、未婚、未再婚公证。这类公证主要用于申请人到国外定居、探亲、办理结婚手续等相关事项。

在办理涉外婚姻状况公证中，申请人应提供以下主要材料：①申请人有效身份证件（包括身份证、户口簿）；②结婚证或离婚证、法院判决书或调解书；③配偶一方的死亡证明（由医院、公安机关以及法院等有权机构出具）；④婚姻登记部门或计划生育部门出具的未婚证明。

应该注意的是，公证机构在面对当事人申请事实婚姻公证时，应先要求申请人办理结婚证，否则不得出具公证。对于事实婚姻的当事人申请未婚公证的，如果当事人确未办理结婚登记手续的，公证机构可证明其未曾登记结婚。

五、出生、死亡公证

出生公证是指公证机构对公民的出生这一事实予以证明的活动。出生是指胎儿安全脱离母体，独立存在的事实。出生公证一般由当事人或委托代理人申请，并主要提交以下材料：①本人生父母有效身份证件、户口簿；②出生证、户籍底册或人事档案等资料的复印件。在出生公证中，公证机构应主要审查当事人的生父母情况，父母死亡的应在查证属实的基础上注明死亡，对于无法查证的可出具查无记载的证明，或者其近亲属以声明的方式予以公证。

死亡公证是指公证机构对公民的死亡这一事实予以证明的活动。死亡是指人的生命终止。当事人申请死亡公证的，主要提交以下材料：①死者有效身份证件或注销后的户口簿；②医院或公安机关的死亡证明、法院宣告书等。

六、未受刑事处分公证

未受刑事处分公证是指公证机构应我国公民或曾在我国居住的外国人的申请，对其在中国居住期间，未受过我国司法机关的刑事制裁这一事实进行证明的活动。凡我国公民和不享有外交豁免权并在我国居住半年以上的外国公民，均可向我国相关公证机构申办此项公证。

未受刑事处分公证主要用于当事人在国外定居、移民、结婚、收养子女等事项。应该注意的是，未达我国法定刑事责任年龄的人申请此项公证，公证机构不应受理。

第三节　涉外经济公证的常见业务

涉外经济公证是指公证当事人、所证明对象和公证书使用地诸因素中至少有一个或一个以上因素涉及外国的经济公证。涉外经济公证按其公证书的使用目的不同大致可以分为以下两类：一是我国企业和其他组织到国外从事进出口贸易、设立办事机构、参加投标、承包工程、输出劳务、引进贷款和技术设备，以及在域外参加诉讼、仲裁、索赔等，结合外国法律的要求，必须办理公证证明书，包括法人资格、公司章程、资信情况、银行保函、授权委托书、商标注册证书等。二是公证机构按照法律、法规的规定对涉外招标、拍卖等法律行为进行公证，对涉外房地产以及对外贸易等涉外经济合同进行公证。

涉外经济公证在海外经济交往中发挥着重要的作用，其主要的业务类型如下：

一、涉外商标注册、专利公证

涉外商标注册证明是指公证机构对已经取得商标专用权的合法商标的真实性、合法性予以证明的活动，也指我国公民、法人为了取得境外商标专用权而对所提交的有关文件材料予以证明的活动。商标注册是指商标使用人为了取得商标专用权，将其使用的商标依法向商标注册机关提出注册申请并取得商标专用权的行为。在涉外商标注册公证中，公证机构应对商标注册证的真实性予以查证，并应注意核查《商标国际注册马德里协定》的相关规定以及有关国际惯例。

涉外专利公证是指公证机构对专利权人向我国以外的国家或地区申请专利所提交的有关法律文件的真实性、合法性予以证明的活动。专利是指专利人对已经取得的发明、实用新型或外观设计依法享有专有使用的权利。在具体实务中，公证机构应主要审查当事人提供的申请专利相关文件的真实性、合法性。但对专利申请人所申请的发明、实用新型或外观设计是否达到专利的实质要件，公证机构不作实质性审查。实质性审查应由专利申请受理机关进行。

二、国际货物买卖合同公证

国际货物买卖合同公证是指公证机构依当事人的申请，对其所签订的国际货物买卖合同之行为的真实性、合法性予以证明的活动。国际货物买卖合同是指不同国家的当事人之间订立的货物买卖协议。

在国际货物买卖合同公证中，当事人主要提交的材料有：①买卖双方的法人资格证明，法定代表人身份证明，代理人代为办理的需要提交授权委托书和本人身份证明，外方提供此项材料需要经所在国公证机构公证和领事认证；②买卖合同的中文文本和复印件；③需要主管部门批准的买卖货物要提交主管部门的批文。

公证机构在办理国际货物买卖合同公证时，主要审查和注意的问题有：①判断是否为国际货物买卖合同的依据不是双方当事人的国籍，而是双方当事人的营业地点；②合同双方的主体资格是否真实、合法；③双方当事人是否具有相应的民事行为能力；④双方当事人签订合同是否是其真实的意思表示；⑤合同的形式和内容是否违反法律法规的规定，是否合乎公序良俗等。

三、补偿贸易合同公证

补偿贸易合同公证是指公证机构根据合同当事人的申请，对当事人之间所签订补偿贸易合同的真实性、合法性予以证明的活动。补偿贸易是一种常见的国际经济合作形式，一般是指国际间一方从另一方进口设备、技术，也可以同时辅以必要的原材料、劳务等，在一定期限内，用进口的设备、技术制造的产品或所得利益，或用其他商品予以偿还的贸易方式。

在补偿贸易合同公证中，申请人主要提交的材料有：①申请人的身份证明；②担保人的身份和资格证明；③补偿贸易合同文本；④引进技术、设备的可行性报告，有关批准文件，双方资信情况的证明等；⑤其他证明材料，如引进设备的原始产地证明等。

■ **思考题**

1. 什么是涉外公证？
2. 涉外公证具有什么意义和作用？

3. 公证与认证的区别与联系何在?
4. 涉外收养公证的程序以及应注意的问题是什么?

■参考书目

1. 徐新跃主编:《公证与律师制度》,法律出版社 2002 年版。
2. 吴凤友主编:《中华人民共和国公证法释义》,中国法制出版社 2005 年版。
3. 张文章主编:《公证制度新论》,厦门大学出版社 2008 年版。
4. 马宏俊主编:《公证实务》,北京大学出版社 2012 年版。
5. 时显群、宁艳岩主编:《律师与公证学》,重庆大学出版社 2002 年版。